Belas Letras.

MÚSICA   CULTURA POP   ESTILO DE VIDA   COMIDA
CRIATIVIDADE & IMPACTO SOCIAL

SLASH

SLASH
COM
ANTHONY BOZZA

SLASH

Tradução
Tina Jeronymo

Belas Letras

Título original: Slash
Copyright © 2007 by Snakepit, Inc.
Todos os direitos de reprodução (parcial ou total) reservados.

Nenhuma parte desta publicação pode ser reproduzida, armazenada ou transmitida para fins comerciais sem a permissão do editor. Você não precisa pedir nenhuma autorização, no entanto, para compartilhar pequenos trechos ou reproduções das páginas nas suas redes sociais, para divulgar a capa, nem para contar para seus amigos como este livro é incrível (e como somos modestos).

Este livro é o resultado de um trabalho feito com muito amor, diversão e gente finice pelas seguintes pessoas:
Gustavo Guertler (*publisher*), Tina Jeronymo (tradução), Celso Orlandin Jr. (capa, projeto gráfico e diagramação), Cintia Oliveira (revisão) e Giovana Bomentre (edição).
Obrigado, amigos.

Foto de capa: Karl Larsen

Fotografias de miolo: Gene Kirkland, Jack Lue, J.Nez, Karl Larsen, Marc Canter, Ola Hudson, Perla Hudson

2021
Todos os direitos desta edição reservados à
Editora Belas Letras Ltda.
Rua Antônio Corsetti, 221 – Bairro Cinquentenário
CEP 95012-080 – Caxias do Sul – RS
www.belasletras.com.br

Dados Internacionais de Catalogação na Fonte (CIP)
Biblioteca Pública Municipal Dr. Demetrio Niederauer
Caxias do Sul, RS

S631s   Slash, 1965-
            Slash: parece exagero, mas aconteceu / Slash, Anthony Bozza ; tradução: Tina Jeronymo. - Caxias do Sul, RS: Belas Letras, 2021.
            544 p.

            ISBN brochura: 987-65-5537-141-3
            eISBN: 987-65-5537-146-8
            ISBN kit: 987-65-5537-140-6

            1. Slash, 1965-. 2. Autobiografia. 3. Músicos de rock - Estados Unidos – Biografia. 4. Rock (Música). 5. Guns n' Roses (Conjunto musical). I. Bozza, Anthony. II. Jeronymo, Tina. III. Título.

21/74   CDU 929Slash

Catalogação elaborada por Vanessa Pinent, CRB-10/1297

Para minha querida família, por todo o apoio nos momentos bons e ruins.

E aos fãs do Guns N' Roses em todo o mundo, antigos e novos. Sem a eterna lealdade e infinita paciência deles, nada disso teria importância.

SUMÁRIO

INTRODUÇÃO
CONSIDERANDO TODOS OS FATORES
11

CAPÍTULO 1
PISANDO EM BRASA EM STOKE-ON-TRENT
15

CAPÍTULO 2
ARRUACEIROS SOBRE DUAS RODAS
29

CAPÍTULO 3
COMO TOCAR ROCK NA GUITARRA
47

CAPÍTULO 4
ALTA EDUCAÇÃO
71

CAPÍTULO 5
AZARÕES
97

CAPÍTULO 6
VOCÊ APRENDE A VIVER COMO UM ANIMAL
127

CAPÍTULO 7
APETITE PARA A DISFUNÇÃO
167

CAPÍTULO 8
COM O PÉ NA ESTRADA
233

CAPÍTULO 9
NÃO TENTE ISSO EM CASA
289

CAPÍTULO 10
LOBO MAU
347

CAPÍTULO 11
ESCOLHA A SUA ILUSÃO
383

CAPÍTULO 12
ROMPIMENTO
447

CAPÍTULO 13
VOLTA POR CIMA
489

SE NÃO ME FALHA A MEMÓRIA
535

INTRODUÇÃO
CONSIDERANDO TODOS OS FATORES

Pareceu um bastão de beisebol batendo no meu peito, mas de dentro para fora. Pontos luminosos azuis ofuscaram minha visão por instantes. Foi uma violência abrupta, sem sangue, silenciosa. Nada estava visivelmente fraturado, nada mudara a olho nu, mas a dor congelou o meu mundo. Continuei tocando; terminei a música. O público não sabia que meu coração dera um salto momentos antes do solo. Meu corpo retribuíra de forma cármica, lembrando, no palco, quantas vezes eu intencionalmente o fizera dar um solavanco vertiginoso desses.

O choque brusco transformou-se rápido numa dor branda e quase boa. De qualquer modo, me senti mais vivo do que um momento antes, porque *estava* mais vivo. A máquina no meu coração me fazia recordar do quão preciosa esta vida é. O momento foi perfeito: com um estádio cheio diante de mim, enquanto tocava minha guitarra, recebi a mensagem em tom alto e claro. Eu a ouvi algumas vezes naquela noite. E a ouvi em outros momentos de palco ao longo daquela turnê. Eu nunca sabia quando ela viria e, por mais que fosse surpreendente, não me ressinto desses momentos de lucidez alienada.

Um cirurgião instalou um cardioversor-desfibrilador implantável (CDI) no meu coração quando eu tinha trinta e cinco anos. Quinze anos de excesso de álcool e abuso de drogas incharam este órgão até chegar a ponto de explodir. Quando fui enfim hospitalizado, disseram que eu tinha entre seis dias e seis semanas de vida. Passaram-se seis anos desde então, e já fui salvo por essa máquina algumas vezes. Aproveitei um conveniente efeito colateral que o médico não pretendera que houvesse: quando meus novos abusos fizeram com que meu coração desacelerasse, o desfibrilador foi acionado, mantendo a morte longe da minha porta por mais um dia. Também aquieta o órgão com um choque quando ele bate depressa o bastante para causar um ataque cardíaco.

  Foi bom eu tê-lo ajustado antes da primeira turnê do Velvet Revolver. Fiz isso mantendo-me sóbrio durante a maior parte do tempo, o suficiente para que o entusiasmo de tocar com uma banda na qual eu acreditava, para fãs que também acreditavam em nós, me tocasse o mais profundamente possível. Eu não me sentia tão inspirado havia anos. Corri por todo o palco, deleitando-me com a nossa energia coletiva. Meu coração disparava, eufórico, batendo depressa o bastante para acionar a máquina dentro de mim no palco todas as noites. Não era uma sensação agradável, mas comecei a achar esses lembretes bem-vindos. Eu os reconhecia pelo que eram. Estranhos momentos de lucidez, momentos atemporais que englobavam a sabedoria de uma vida inteira, uma sabedoria conquistada a duras penas.

SLASH

Os pais de Slash adoravam fotografia. Esta parece ter sido tirada pelo pai dele.

PISANDO EM BRASA EM STOKE-ON-TRENT

Nasci em 23 de julho de 1965 em Hampstead, Inglaterra, e fui criado em Stoke-on-Trent, a cidade onde Lemmy Kilmister, do Motörhead, nasceu vinte anos antes de mim. Foi o ano em que o rock and roll como o conhecemos se tornou maior do que a soma de suas partes; o ano em que algumas bandas isoladas mudaram a música pop para sempre. Os Beatles lançaram Rubber Soul e os Stones, Rolling Stones Nº 2, com seus melhores covers de blues. Havia uma revolução criativa que jamais foi igualada acontecendo, e me orgulho de ser fruto dela.

Minha mãe é negra e americana, e meu pai, inglês e branco. Eles se conheceram em Paris nos anos 60, apaixonaram-se e me tiveram. O tipo de união inter-racial e intercontinental deles não era comum, bem como a ilimitada criatividade de ambos. Eu lhes agradeço por serem quem são. Meus pais me expuseram a ambientes tão ricos, diversificados e únicos que o que vivenciei, mesmo ainda bem pequeno, me marcou de maneira permanente. Os dois me trataram de igual para igual tão logo consegui ficar de pé sozinho. E me ensinaram, ao longo do caminho, a lidar com o que quer que aconteça no único tipo de vida que já conheci.

Tony Hudson, pai de Slash, e os filhos, 1972. Slash está a cara do filho, London, aqui.

Minha mãe, Ola, tinha dezessete anos, e meu pai, Anthony ("Tony"), estava com vinte quando se conheceram. Ele nasceu pintor e, como pintores fazem historicamente, deixou sua conservadora cidade natal para buscar a si mesmo em Paris. Minha mãe era precoce e exuberante, jovem e bonita; ela partira de Los Angeles para ver o mundo e fazer contatos no ramo da moda. Quando seus caminhos se cruzaram, os dois se apaixonaram e, depois, casaram-se na Inglaterra. Então eu nasci, e ambos se prepararam para construir a vida juntos.

A carreira da minha mãe como figurinista começou por volta de 1966 e ela teve clientes como Flip Wilson, Ringo Starr e John Lennon. Também trabalhou para as Pointer Sisters, Helen Reddy, Linda Ronstadt e James Taylor. Sylvester foi um de seus clientes também. Não está mais conosco, mas foi outrora um artista da era disco que era como o gay Sly Stone. Tinha uma ótima voz e era muito gente fina, a meu ver. Ele me deu um rato branco e preto que chamei de Mickey. Ele era durão. Nunca sequer estremeceu quando eu alimentava as minhas cobras com outros ratos.

Mickey sobreviveu a uma queda da janela do meu quarto depois de ter sido atirado para fora pelo meu irmão mais novo, e estava novo em folha quando apareceu à nossa porta dos fundos, três dias depois. Mickey também sobreviveu à remoção acidental de uma parte da cauda, quando a estrutura do nosso sofá-cama cortou-a, como também a quase um ano sem comida ou água. Nós o deixamos para trás por engano num apartamento que usávamos como depósito e, quando, enfim, aparecemos para pegar algumas caixas, Mickey aproximou-se de mim amistosamente, como se eu tivesse me ausentado apenas por um dia; foi como se dissesse: "E aí, garoto? Por onde andou?".

Foi um dos meus bichos de estimação mais memoráveis. Houve muitos, desde o meu leão da montanha, Curtis, até as centenas de cobras que criei. Basicamente, sou um tratador de zoológico autodidata e sem sombra de dúvida me dei melhor com os animais com que convivi do que com a maioria dos humanos. Esses animais e eu partilhamos um ponto de vista que a maioria das pessoas esquece: no fim das contas, a vida gira em torno da sobrevivência. Uma vez que essa lição é aprendida, conquistar a confiança de um animal que pode devorar você num ambiente selvagem se torna uma experiência decisiva e gratificante.

LOGO DEPOIS QUE NASCI, MINHA MÃE VOLTOU PARA LOS ANGELES para expandir seu negócio e estabelecer o alicerce financeiro sobre o qual nossa família se firmou. Meu pai me criou na Inglaterra, na casa de seus pais, Charles e Sybil Hudson, durante quatro anos – e não foi fácil para ele. Eu era um menino bastante perspicaz, mas não pude discernir o grau da tensão lá. Meu pai e o pai dele, Charles, pelo que entendo, não tinham o melhor dos relacionamentos. Tony era o filho do meio entre os três irmãos e quase uma espécie de ovelha negra. O irmão caçula, Ian, e o mais velho, David, agiam muito mais de acordo com os valores da família. Meu pai cursou a faculdade de Belas Artes; ele era tudo o que o pai dele não era. Tony *era* os anos 60 e lutava por suas crenças com tanto ardor quanto o pai as condenava. Meu avô, Charles, era um bombeiro de Stoke, uma comunidade que acabara parando no tempo. A maioria dos habitantes nunca deixava a cidade; muitos, como meus avós, nunca tinham se aventurado

pelos pouco menos de duzentos quilômetros até Londres. A determinação de Tony em cursar a faculdade de artes e ganhar o próprio sustento pintando era algo que Charles não conseguia engolir. A divergência de opiniões gerava discussões constantes e, com frequência, levava a violentas brigas. Tony afirma que Charles o espancava com regularidade durante a maior parte de sua adolescência.

Meu avô era um típico representante da Grã-Bretanha de 1950 e seu filho, dos anos 60. Charles queria ver tudo em seu respectivo lugar, ao passo que Tony queria reposicionar e tornar a pintar tudo. Imagino que meu avô tenha ficado tão chocado quanto se esperaria quando o filho retornou de Paris apaixonado por uma exuberante afro-americana. Fico me perguntando o que ele teria dito quando Tony lhe contou que pretendia se casar e criar o filho recém-nascido de ambos sob o teto de Charles até que ele e minha mãe colocassem as coisas em ordem. Levando tudo em consideração, fico tocado com quanta diplomacia foi demonstrada pelas partes envolvidas.

MEU PAI ME LEVOU A LONDRES TÃO LOGO PUDE AGUENTAR A VIAGEM de trem. Eu tinha talvez uns dois ou três anos, mas sabia instintivamente quanto a cidade ficava distante de Stoke, com seus intermináveis quilômetros de casas de tijolos marrons enfileiradas e suas famílias pacatas, porque meu pai era um tanto boêmio. Nós dormíamos em sofás e não voltávamos por dias. Havia a iluminação exótica, misteriosa, e a empolgação eletrizante das bancas ao ar livre e dos artistas ao longo de Portobello Road. Meu pai nunca se considerou um autêntico representante da geração Beat, mas absorvera aquele tipo de estilo de vida por osmose. Era como se tivesse escolhido a dedo o melhor lado daquele estilo: uma paixão pela aventura, pegar a estrada com nada além das roupas do corpo, encontrar abrigo em apartamentos cheios de gente interessante. Meus pais me ensinaram muito, mas aprendi a maior lição cedo – quase nada é melhor do que a vida na estrada.

Tenho ótimas recordações da Inglaterra. Eu era o centro das atenções dos meus avós. Ia à escola. Participei de peças: *The Twelve Days of Christmas*; fiz o papel principal em *The Little Drummer Boy*. Desenhava o tempo todo. E, uma vez por semana, assistia aos desenhos *The Avengers* e *The Thunderbirds*. A televisão na Inglaterra no final dos anos 60 era limitadíssi-

Não é de admirar que a geração dos meus pais tenha se atirado de cabeça na mudança cultural que estava acontecendo.

ma e refletia o período pós-Segunda Guerra Mundial, a visão de Churchill do mundo da geração dos meus avós. Havia apenas três emissoras na época e, exceto pelas duas horas por semana em que alguma delas exibia esses programas, nas três eram apresentados apenas noticiários. Não é de admirar que a geração dos meus pais tenha se atirado de cabeça na mudança cultural que estava acontecendo.

Uma vez que Tony e eu nos reunimos a Ola em Los Angeles, ele nunca mais falou com os pais. Meus avós desapareceram da minha vida rapidamente e senti muito a falta deles. Minha mãe encorajava meu pai a manter contato, mas não fazia diferença; ele não tinha o menor interesse. Não voltei a ver meus parentes ingleses até o Guns N' Roses se tornar famoso. Quando tocamos no estádio de Wembley em 1992, o clã dos Hudson compareceu em peso. Nos bastidores, antes do show, testemunhei um dos meus tios, meu primo e meu avô, em sua primeira viagem de Stoke a Londres, enxugando cada gota de álcool no nosso camarim. Consumido de uma vez, nosso suprimento de bebida daquela época teria matado qualquer um que não fosse a gente.

Minha primeira lembrança de Los Angeles é a de "Light My Fire", do The Doors, tocando na vitrola dos meus pais, todos os dias, o dia inteiro. No final dos anos 60 e começo dos 70, Los Angeles era o lugar para se estar, sobretudo para os jovens britânicos envolvidos em arte ou música. Havia trabalho amplamente criativo comparado ao estilo conservador na Inglaterra, e o clima era o paraíso em comparação à chuva e à névoa de Londres. Além do mais, abandonar a Inglaterra pela costa ianque era a melhor maneira de fugir do sistema e de sua criação – e meu pai estava mais do que feliz em fazê-lo.

Minha mãe continuava seu trabalho como figurinista, enquanto meu pai empregava seu talento artístico nato em design gráfico. Ola tinha contatos na indústria musical e, assim, o marido logo estava criando capas de discos. Morávamos nas proximidades da Laurel Canyon Boulevard numa comunidade bem anos 60, no alto da Lookout Mountain Road. Aquela área de Los Angeles sempre foi um reduto de criatividade por causa da paisagem bucólica, tranquila. As casas ficam na encosta da montanha em meio à vegetação exuberante. São bangalôs com casas de hóspedes e variados tipos de construções que propiciam uma vida bastante natural e de espírito comunitário. Havia um grupo bem acolhedor de artistas e músicos morando lá quando eu era garoto: Joni Mitchell vivia a algumas casas depois da nossa. Jim Morrison morava atrás de Canyon Store, na época, como também um jovem Glen Frey, que estava formando a banda Eagles. Era o tipo de atmosfera em que todos estavam interligados: minha mãe desenhava as roupas de Joni, enquanto meu pai criava as capas dos álbuns dela. David Geffen também era nosso amigo, e me lembro bem dele. Ele fechou um contrato com o Guns N' Roses anos mais tarde, embora, quando o fez, não soubesse quem eu era – e não lhe contei. David telefonou para Ola no Natal de 1987 e lhe perguntou como eu estava.

— Você deve saber melhor do que eu – respondeu ela. – Afinal, acabou de lançar o disco da banda dele.

DEPOIS DE UM ANO OU DOIS EM LAUREL CANYON, NOS MUDAMOS para um apartamento em Doheny, na parte sul da cidade. Troquei de escola e foi aí que descobri como era diferente a vida de uma criança comum. Nunca tive um "quarto de criança" tradicional cheio de brinquedos e tons pastel. Nossas casas nunca tinham sido pintadas com tons neutros comuns. A fragrância de maconha e de incenso quase sempre pairara no ar. A vibração sempre fora alegre, mas o esquema de cores, invariavelmente escuro. Não era um problema para mim, porque nunca me preocupei em me entrosar com crianças da minha idade. Preferia a companhia de adultos, porque os amigos dos meus pais ainda são alguns dos tipos mais interessantes que já conheci.

Eu ouvia rádio direto, em geral a KHJ, da AM. Dormia com ele ligado. Fazia o dever de casa e obtinha boas notas, embora minha professora dissesse que eu era desatento e sonhava acordado o tempo todo. A verdade é: a minha paixão era arte. Adorava o pintor pós-impressionista francês Henri Rousseau e, como ele, fazia desenhos de selvas repletas dos meus animais favoritos. Minha obsessão por cobras começou muito cedo. Na primeira vez em que minha mãe me levou a Big Sur, na Califórnia, para visitar uma amiga e acampar lá, eu tinha seis anos de idade e passei horas nos bosques apanhando cobras. Cavei debaixo de cada arbusto e árvore até encher um aquário antigo. Depois, soltei-as.

Essa não foi a única parte emocionante do passeio. Minha mãe e a amiga eram jovens com um espírito aventureiro e independente em comum, ambas adorando correr com o fusca de Ola pelas estradas sinuosas à beira dos penhascos. Lembro-me de ter ido junto no banco de trás, petrificado de medo, olhando pela janela para os rochedos e o oceano abaixo, passando a milímetros da porta do carro.

A COLEÇÃO DE DISCOS DOS MEUS PAIS ERA IRRETOCÁVEL. OUVIAM tudo, de Beethoven a Led Zeppelin, e continuei a encontrar joias perdidas na coleção deles até a adolescência. Conhecia cada artista do momento porque meus pais sempre me levavam a shows e eu ia com minha mãe para o trabalho com frequência também. Em tenra idade, tive contato com os bastidores do mundo do entretenimento: vi o interior de muitos estúdios de gravação e locais de dos ensaio, como também os bastidores da TV e sets de filmagem do cinema. Assisti a muitas das gravações e dos ensaios de Joni Mitchell. Também vi Flip Wilson (um comediante que era um sucesso na época, mas foi esquecido) gravar seu programa de TV. Vi a cantora pop australiana Helen Reddy ensaiar e se apresentar, e estava lá quando Linda Ronstadt tocou no Troubador. Mamãe também me levou junto quando fez o figurino de Bill Cosby para suas apresentações no palco e algumas peças exclusivas para a esposa dele. Fui com ela ver as Pointer Sisters. Tudo isso se deu ao longo da carreira de Ola, mas quando moramos naquele apartamento em Doheny, seu negócio estava mesmo decolando. Carly Simon foi até lá; a cantora de soul Minnie Ripperton também. Conheci Stevie Wonder e Diana Ross. Minha mãe me diz que conheci John Lennon, mas, infelizmente, não lembro. Recordo-me, porém, muito bem de ter conhecido Ringo Starr: mamãe desenhou o traje bem ao estilo do Parliament-Funkadelic que Ringo usou na capa de seu álbum de 1974, *Goodnight Vienna*. De cintura alta, era cinza-metálico com uma estrela branca no meio do peito.

Cada cena de bastidores ou palco que vi com minha mãe exerceu algum tipo de estranha magia em mim. Não fazia ideia do que estava acontecendo, mas fiquei fascinado com o mundo fantástico das apresentações na época, e ainda continuo. Um palco cheio de instrumentos à espera de uma banda é empolgante para mim. A visão de uma guitarra ainda me excita. Há uma tácita e poderosa força em ambos: contêm a habilidade de transcender a realidade com o conjunto certo de músicos.

MEU IRMÃO, ALBION, NASCEU EM DEZEMBRO DE 1972. O acontecimento mudou um pouco a dinâmica da minha família; de repente, havia uma nova personalidade entre nós. Era legal ter um irmãozinho, e eu ficava contente por ser um dos incumbidos de cuidar dele. Adorava quando meus pais me pediam para fazer isso.

Mas não foi muito tempo depois que comecei a notar uma mudança maior na minha família. Meus pais não eram mais os mesmos quando estavam juntos e passavam tempo demais separados. As coisas começaram a ficar ruins, acho eu, uma vez que mudamos para o apartamento em Doheny Drive e o negócio da minha mãe se tornou um imenso sucesso. Nosso endereço era 710 North Doheny, a propósito, onde agora há um espaço vazio com venda de árvores de Natal em dezembro. Também devo mencionar que nosso vizinho naquele prédio era o original autodenominado Elvis Negro, que pode ser contratado para festas em Las Vegas – caso alguém esteja interessado.

Agora que estou mais velho, posso enxergar alguns dos problemas óbvios que minaram o relacionamento dos meus pais. Meu pai nunca gostou do quanto minha mãe e a mãe dela eram unidas. Ficou com o orgulho ferido quando a sogra nos ajudou financeiramente, e nunca aprovou o envolvimento dela na família. O fato de ele beber não ajudou muito: Tony gostava de beber – e muito. Era o estereótipo do mau bebedor. Nunca foi violento, porque papai é esperto e complicado demais para se expressar através de violência física, mas tinha um humor terrível sob a influência do álcool. Quando bêbado, fazia comentários impróprios à custa dos que estavam em sua presença. É desnecessário dizer que ele fechou muitas portas dessa maneira.

Eu tinha apenas oito anos, mas devia saber que algo estava muito errado. Meus pais sempre haviam se tratado com respeito, mas durante os meses que precederam a separação de ambos, evitavam um ao outro. Ola saía quase todas as noites e Tony as passava na cozinha, soturno e sozinho, bebendo vinho tinto e ouvindo as composições de piano de Erik Satie. Quando minha mãe estava em casa, meu pai e eu saíamos em longas caminhadas.

Ele andava por toda parte, na Inglaterra e em Los Angeles. Na Los Angeles anterior a Charles Manson – antes de a "família" Manson ter assassinado

Sharon Tate e os amigos dela –, também tínhamos o costume de pegar carona para todo canto. A cidade fora inocente antes disso. Aqueles assassinatos significaram o fim dos utópicos ideais dos anos 60 de paz e amor.

Minhas recordações de infância de Tony são cinematográficas. Todas são tardes passadas caminhando ao lado dele, observando-o com admiração. Foi numa dessas caminhadas que acabamos parando no Fatburger, onde papai me disse que ele e a mamãe estavam se separando. Fiquei arrasado; a única estabilidade que já tivera terminara. Não fiz perguntas, apenas encarei o meu hambúrguer.

Quando minha mãe sentou comigo para explicar a situação, mais tarde naquela noite, apontou as vantagens práticas: eu teria duas casas onde viver. Pensei a respeito por um momento e fez sentido de certa maneira, mas soou como uma mentira. Meneei a cabeça, enquanto ela falava, mas parei de ouvir.

A separação dos meus pais foi amigável, mas, ainda assim, constrangedora porque só se divorciaram anos depois. Sempre moraram à distância de uma caminhada um do outro e sociabilizaram no mesmo círculo de amigos. Quando se separaram, meu irmãozinho tinha apenas dois anos e, portanto, por razões óbvias, ambos concordaram que ele devia ficar aos cuidados da mãe; mas a mim deixaram a opção de morar com qualquer um deles, e escolhi ficar com a minha mãe. Ola nos sustentou da melhor maneira que pôde, viajando constantemente para onde seu trabalho a levava. Por necessidade, meu irmão e eu tínhamos de nos dividir entre a casa da minha mãe e a da minha avó. A casa dos meus pais sempre fora movimentada, interessante e nada convencional – mas também estável. Uma vez que romperam seus laços, porém, a mudança constante tornou-se habitual para mim.

A separação foi dura demais para meu pai, e eu não o vi por um bom tempo. Foi difícil para todos nós. Ela enfim se tornou real para mim quando vi minha mãe na companhia de outro homem. Esse homem era David Bowie.

EM 1975, MINHA MÃE COMEÇOU A TRABALHAR DIRETAMENTE COM David Bowie, enquanto ele estava gravando *Station to Station*. Estivera criando roupas para ele desde *Young Americans*. Assim, quando David assinou o contrato para estrelar *O homem que caiu na Terra*, Ola foi contratada para fazer os figurinos do filme, que foi rodado no Novo México. Ao longo do caminho, ela e Bowie embarcaram num romance um tanto intenso. Olhando para trás agora, pode não ter sido nada assim tão sério, mas, na época, foi como ver um alienígena aterrissando no quintal dos fundos.

Após a separação de meus pais, mamãe, meu irmão e eu nos mudamos para uma casa na Rangely Drive. Era ótima. As paredes da sala de estar eram azul-celeste e decoradas com nuvens. Havia um piano, e a coleção de discos da minha mãe tomou uma parede inteira. Era convidativa e aconchegante.

Bowie aparecia com frequência, acompanhado da mulher, Angie, e do filho, Zowie. Os anos 70 foram únicos. Parecia totalmente natural que Bowie levasse a esposa e o filho à residência da amante para que todos confraternizassem. Na época, minha mãe praticava o mesmo tipo de meditação transcendental que David. Eles entoavam seu canto diante do altar que ela mantinha no quarto.

Aceitei David depois que o conheci melhor, porque ele é inteligente, divertido e muitíssimo criativo. Nossa convivência fora do palco aumentou meu apreço pelas apresentações dele. Fui vê-lo com Ola no Forum de Los Angeles em 1975 e, como me aconteceu tantas vezes desde então, no momento em que David entrou no palco, caracterizado, fiquei cativado. O concerto inteiro foi a essência da performance. Vi os elementos familiares de um homem que passei a conhecer indo do exagerado ao extremo. Ele reduzira o estrelato do rock às suas raízes: ser um astro de rock é o elo entre quem você é e quem quer ser.

Slash tinha certeza de que era um dinossauro; depois, entrou na sua fase de Mogli.

SER UM ASTRO DE ROCK É O ELO ENTRE QUEM VOCÊ É E QUEM QUER SER.

Slash e seu irmão, Albion, em La Brea Tar Pits.

2
ARRUACEIROS SOBRE DUAS RODAS

Ninguém espera que puxem o seu tapete de repente. Acontecimentos que mudam a sua vida não costumam se anunciar. Embora o instinto e a intuição possam ajudar dando alguns sinais de aviso, pouco podem fazer para preparar você para o sentimento de estar sem raízes que surge quando o destino deixa seu mundo de pernas para o ar. Raiva, confusão, tristeza e frustração mesclam-se dentro de você num redemoinho. Leva anos para que a poeira emocional assente, enquanto você se empenha ao máximo apenas para conseguir ver através da tempestade.

A separação dos meus pais foi a imagem de um rompimento amigável. Não houve brigas, nem mau comportamento, nem advogados ou tribunais. Ainda assim, levei anos para superar a dor. Perdi uma parte de quem eu era e tive de me redefinir em meus próprios termos. Aprendi muito, mas essas lições não me ajudaram mais tarde, quando a única outra família que tive se desintegrou. Vi os sinais dessa vez, quando o Guns N' Roses começou a se desestruturar. Embora tenha sido eu a sair dessa vez, o mesmo redemoinho de sentimentos me aguardava; foi igualmente difícil reencontrar meu caminho.

Quando meus pais se separaram, fui transformado pela mudança repentina. Por dentro, ainda era um bom menino, mas por fora tornei-me uma criança problemática. Expressar emoções ainda é uma de minhas fraquezas, e não existiam palavras para expressar o que eu sentia na época. Assim, segui minhas inclinações naturais – passei a me comportar mal e me tornei um problema disciplinar na escola.

Em casa, a promessa de dois lares sem grandes mudanças que meus pais fizeram não se cumpriu. Mal vi papai durante o primeiro ano ou mais da separação de ambos e, quando o via, era um encontro tenso, estranho. A separação atingiu-o em cheio e vê-lo tentando se ajustar era difícil para mim. Por um tempo, Tony não conseguiu nem trabalhar. Vivia modestamente e andava com seus amigos artistas. Quando eu o visitava, ele me levava junto para o encontro com os amigos, nos quais bebia-se muito vinho tinto, falava-se sobre arte e literatura, a conversa sempre levando a Picasso, o pintor favorito do meu pai. Ele e eu saíamos para nossas aventuras também, ou íamos até a biblioteca, ou ao museu de arte, onde nos sentávamos juntos e desenhávamos.

Minha mãe ficava cada vez menos em casa. Viajava muito, trabalhando para sustentar a mim e ao meu irmão. Passávamos muito tempo com a minha avó, também chamada Ola, que era a nossa salvação quando mamãe não conseguia segurar as pontas. Também ficávamos com a minha tia e meus primos que moravam na grande South Central de Los Angeles. A casa deles era alegre, cheia da energia de uma porção de crianças. Nossas visitas reavivavam a ideia que tínhamos do que era uma família. Mas, levando-se tudo em conta, eu tinha tempo de sobra nas mãos e tirei proveito dele.

Uma vez que completei doze anos, cresci depressa. Fiz sexo, bebi, fumei cigarros, usei drogas, roubei, fui expulso da escola e, em algumas ocasiões, teria ido para a cadeia se não fosse menor de idade. Estava me rebelando, tornando minha vida tão intensa e instável quanto eu me sentia por dentro. Uma característica que sempre me definiu, na verdade, veio à tona nesse período: a intensidade com a qual eu cultivava meus interesses. Minha primeira paixão, por volta dos doze anos, mudara de desenho para bicicross.

UMA VEZ QUE COMPLETEI DOZE ANOS, CRESCI DEPRESSA. FIZ SEXO, BEBI, FUMEI CIGARROS, USEI DROGAS, ROUBEI, FUI EXPULSO DA ESCOLA E, EM ALGUMAS OCASIÕES, TERIA IDO PARA A CADEIA SE NÃO FOSSE MENOR DE IDADE.

Em 1977, as corridas de bicicross eram o mais novo esporte radical a se seguir ao surfe e ao skate do final dos anos 70. Eu já tinha alguns ídolos, como Stu Thomsen e Scot Breithaupt; algumas revistas, como *Bicycle Motocross Action* e *American Freestyler*, e mais competições semiprofissionais e profissionais viviam surgindo. Minha avó me comprou uma *Webco* e fiquei gamado. Comecei a vencer corridas e fui citado em umas duas revistas como um corredor revelação na categoria dos treze aos quatorze anos de idade. Adorei aquilo. Estava pronto para me tornar profissional, assim que tivesse conseguido um patrocinador, mas faltava algo. Meus sentimentos não eram claros o bastante para que eu verbalizasse com exatidão como as corridas de bicicross não me satisfaziam por dentro. Descobri o que era poucos anos depois.

Após as aulas, eu ficava em lojas de bicicletas e tornei-me parte de uma equipe de corredores de uma loja chamada Spokes and Stuff, onde comecei a arranjar um bando de amigos bem mais velhos – alguns dos outros caras mais velhos trabalhavam na Schwinn, em Santa Mônica. Dez ou mais de nós corríamos por Hollywood todas as noites, e todos nós exceto dois – eram irmãos – vínhamos de situações domésticas conturbadas de algum tipo. Encontramos alento na companhia uns dos outros. O tempo que passávamos juntos era o único tipo de companheirismo frequente com que podíamos contar.

Nossos encontros aconteciam todas as tardes em Hollywood, e corríamos por toda parte, desde Culver City até o La Brea Tar Pits, fazendo das ruas nossa ciclovia. Saltávamos de cada superfície elevada que encontrávamos pela frente e, quer fosse meia-noite ou o horário de maior congestionamento, sempre desrespeitávamos o direito de ir e vir dos pedestres. Éramos apenas garotos magricelos, na maioria, montados em bicicletas de cinquenta centímetros de altura, mas, multiplicados por dez, em bando, pedalando pela calçada a toda velocidade, éramos um furacão. Costumávamos pular sobre um banco numa parada de ônibus, às vezes enquanto algum pobre estranho estava sentado lá, saltávamos hidrantes e competíamos constantemente para vencer um ao outro. Éramos adolescentes desiludidos tentando lidar com épocas difíceis em nossas vidas e o fazíamos pulando feito lebres por todas as calçadas de Los Angeles.

Corríamos por uma trilha de terra no Vale, junto ao centro da juventude em Reseda. Ficava a cerca de vinte e quatro quilômetros de Hollywood, o que é uma meta ambiciosa numa bicicleta BMX. Costumávamos pegar carona agarrando-nos aos veículos na Laurel Canyon Boulevard para abreviar o tempo de percurso. Não é nada que eu aconselhe, mas usávamos os carros que passavam como se fossem assentos de um teleférico. Esperávamos numa esquina e, então, cada um pegava um carro e subia a ladeira. Equilibrar uma bicicleta, mesmo uma com um centro baixo de gravidade, enquanto nos segurávamos a um carro seguindo a cinquenta ou sessenta quilômetros por hora é emocionante, mas arriscado em chão reto; tentar isso numa série de curvas fechadas em S ladeira acima como na Laurel Canyon é outra história. Ainda não acredito como nenhum de nós nunca foi atropelado. Fico ainda mais surpreso em lembrar que costumava fazer aquilo, tanto ladeira acima como abaixo, muitas vezes sem freios. A meu ver, ser o mais jovem significava que eu tinha algo a provar aos meus amigos a cada vez que corríamos. A julgar pelas expressões no rosto deles depois de algumas de minhas proezas, eu havia conseguido. Podiam ser apenas adolescentes, mas a minha galera não era fácil de impressionar.

Para dizer a verdade, éramos uma pequena gangue inconsequente. Um dos integrantes era Danny McCracken. Tinha dezesseis anos; um tipo forte, pesado, silencioso; já era um cara que todos sabiam por instinto que não deviam provocar. Numa noite, Danny e eu roubamos uma bicicleta e, quando ele pulou sobre ela para quebrar o garfo dianteiro e fazer com que ríssemos, caiu por cima do guidão e abriu um corte no pulso. Eu via o que ia acontecer e observei como se estivesse em câmera lenta enquanto o sangue esguichava por todo lado.

— Aiiii! — gritou Danny. Mesmo com dor, a voz dele soou estranhamente suave, considerando-se seu tamanho, mais ou menos o de Mike Tyson.

— Puta merda!
— Porra!
— Danny tá fodido!

Danny morava logo além da esquina e, assim, dois de nós colocamos as mãos em torno do pulso dele, enquanto o sangue ia escorrendo por entre nossos dedos, e o levamos para casa.

Chegando à varanda, tocamos a campainha. A mãe dele veio atender, e lhe mostramos o pulso de Danny. Ela nos olhou com incredulidade.

— *Que porra* vocês querem que eu faça?! — exclamou e bateu a porta.

Não sabíamos o que fazer. Àquela altura, Danny estava pálido. Nem sequer imaginávamos onde ficava o hospital mais próximo. Caminhamos de volta para a rua, o sangue ainda escorrendo por cima de nós, e paramos o primeiro carro que vimos.

Meti a cabeça janela adentro.

— Ei, meu amigo vai sangrar até a morte. Pode levá-lo ao hospital? — perguntei, histérico. — Ele vai morrer!

Felizmente, a mulher ao volante era enfermeira. Ela sentou Danny no banco da frente, e nós seguimos o carro em nossas bicicletas. Quando chegou ao pronto-socorro, Danny não teve de esperar; o sangue jorrava de seu pulso como o de uma pobre vítima num filme de horror e, portanto, foi atendido na mesma hora, enquanto as pessoas apinhadas na sala de espera observavam, putas da vida. Os médicos deram pontos no pulso dele, mas esse não seria o final. Ao ser liberado e vir ao nosso encontro na sala de espera, de algum modo, um dos pontos se abriu, lançando um esguicho de sangue que deixou uma trilha no teto, o que nos assustou e revirou o estômago de todos ao redor. É desnecessário dizer que Danny foi atendido mais uma vez; a segunda rodada de suturas resolveu o problema.

OS ÚNICOS QUE DESFRUTAVAM DE ESTABILIDADE FAMILIAR NA NOSSA gangue eram John e Mike, a quem chamávamos de os Irmãos Cowabunga. Eram estáveis pelas seguintes razões: eram do Vale, onde a típica vida suburbana americana florescia, os pais se davam bem, tinham irmãs e todos viviam juntos numa casa confortável e tranquila. Mas não eram a única dupla de irmãos. Havia também Jeff e Chris Griffin. Jeff era o mais adulto da nossa turma. Com dezoito anos, tinha um emprego que levava a sério. Esses dois não eram tão bem resolvidos quanto os Cowabungas, porque Chris tentava como louco ser como o irmão mais velho e falhava tristemente. Chris e Jeff tinham uma irmã gostosa chamada Tracey, que tingira o cabelo de preto se rebelando contra o fato de todos na família serem loiros. Tracey tinha todo um estilo gótico antes mesmo de o gótico ter surgido.

E havia Jonathan Watts, que era o mais pirado de todos nós. O cara era maluco de verdade. Fazia qualquer coisa, não importava o risco de uma possível lesão física ou de acabar preso. Eu tinha apenas doze anos, mas, assim mesmo, conhecia o bastante sobre música e pessoas para achar um tanto estranho que Jonathan e o pai fossem fãs aficionados do Jethro Tull. Quero dizer, eles veneravam o Jethro Tull. Lamento dizer que Jonathan não está mais conosco. Morreu tragicamente de uma overdose após ter passado anos como um alcoólatra inveterado e, depois, como um ferrenho divulgador dos Alcoólicos Anônimos. Perdi contato com ele no passado, mas tornei a vê-lo numa reunião dos AA a que fui obrigado a comparecer (chegaremos a tudo isso em breve), depois de ter sido preso numa noite no final dos anos 80. Não pude acreditar. Entrei naquela sala e ouvi todas aquelas pessoas falando até que, passado certo tempo, percebi que o cara que conduzia a reunião, que defendia a sobriedade com unhas e dentes com a mesma veemência com que o tenente-coronel Bill Kilgore, personagem de Robert Duval em *Apocalypse Now*, apregoara sua adoração pelo surfe, era ninguém menos do que Jonathan Watts. O tempo é um catalisador de mudanças tão poderoso... Nunca se sabe como almas gêmeas acabarão – ou se voltarão a se ver algum dia.

Na época, aquela galera e eu passávamos muitas noites na Escola Primária Laurel, fazendo um uso bastante criativo do pátio de recreação. Era um ponto de encontro para todo garoto de Hollywood com uma bicicleta, um skate, um pouco de bebida para tomar e de erva para fumar. O pátio tinha dois níveis ligados por duas rampas compridas de concreto; implorava para que a galera do skate e das bikes usassem e abusassem dele. Tiramos o máximo de proveito do lugar arrancando as mesas de piquenique do chão para fazê-las de rampas que conectavam os dois níveis. Não tenho orgulho da nossa depredação de propriedade pública, mas avançar por aquelas duas rampas e me lançar por cima da cerca na minha bicicleta era uma emoção que fazia tudo valer a pena. Embora fossem atitudes delinquentes, elas também geraram tipos criativos. Muitos dos garotos de Hollywood que acabaram fazendo coisas ótimas se reuniam lá. Eu me lembro de Mike Balzary, mais conhecido como Flea, aparecendo por ali, tocando seu trompete, e de grafiteiros fazendo murais artísticos o tempo todo. Não era o lugar certo, mas todos lá ficavam orgulhosos do cenário que criamos. Infelizmente, eram os alunos e professores daquela escola que tinham de pagar o pato e arrumar a bagunça a cada manhã.

O diretor tomou a decisão impensada de resolver a questão por conta própria e ficou à nossa espera para nos confrontar certa noite. A situa-

Slash pulando em uma pista na sua bicicleta Cook Bros.

ção não transcorreu nada bem. Nós o desafiamos e provocamos, ele ficou exaltado demais e meus amigos e eu o enfrentamos. As coisas fugiram do controle tão depressa que alguém que passava chamou a polícia. Nada dispersa mais um bando de garotos do que o som de uma sirene e, portanto, a maioria dos presentes escapou. Por azar, não fui um deles. Eu e outro garoto fomos os únicos a ser apanhados. A polícia nos algemou ao corrimão de ferro diante da escola, bem no meio da rua, em exibição para que todos vissem. Éramos como dois animais amarrados, acuados ali e nem um pouco contentes com isso. Nós nos recusamos a cooperar. Bancamos os espertinhos, demos nomes falsos, fizemos tudo, exceto grunhir para eles e chamá-los de porcos. Os policiais continuaram fazendo perguntas e se empenhando ao máximo em nos assustar, mas nos recusamos a revelar nossos nomes e endereços e, uma vez que garotos de doze anos não carregavam documentos de identidade, foram obrigados a nos soltar.

ATINGI A PUBERDADE POR VOLTA DOS TREZE ANOS, QUANDO cursava o ensino fundamental na Escola Brancroft, em Hollywood. O que quer que eu continuasse sentindo em relação à ruptura na minha família ficou um pouco de lado por causa da intensa influência dos hormônios. Ficar sentado o dia inteiro na escola parecia inútil, então comecei a cabular aula. Passei a fumar maconha com frequência e a pedalar para todo lado. Achava difícil me controlar; apenas queria fazer o que desse na telha à hora que fosse. Numa noite, enquanto meus amigos e eu tramávamos como invadir a Spokes and Stuff — a mesma loja de bicicletas onde nos reuníamos —, por alguma razão que não me recordo, notei um garoto nos espiando pela janela de um apartamento do outro lado do beco.

— O que é que está olhando?! — gritei. — Não olhe para mim! — Então, atirei um tijolo na janela do menino.

Os pais dele chamaram a polícia, é claro, e a dupla que respondeu ao chamado perseguiu a mim e aos meus amigos por toda a cidade pelo resto da noite. Pedalamos feito loucos por toda Hollywood e West Hollywood para salvar nossa pele. Entramos na contramão em ruas cheias de carros, cortamos caminho através de becos e parques. Os tiras eram tão tenazes quanto Jimmy "Popeye" Doyle, o personagem de Gene Hackman em *Ope-*

ração França; a cada vez que dobrávamos uma esquina, eles estavam lá. Enfim, conseguimos fugir para as colinas de Hollywood e nos escondemos num desfiladeiro como um bando de foras-da-lei do Velho Oeste. E como acontece num filme de caubói, quando achamos que era seguro deixar o esconderijo e rumar de volta para casa, fomos detidos no caminho pelos mesmos dois tiras.

Acho que foi porque eu era o menor que eles decidiram me perseguir quando a galera e eu nos separamos. Corri velozmente, pelo bairro inteiro, sem conseguir despistá-los até que, por fim, busquei abrigo num estacionamento subterrâneo. Desci alguns níveis voando, desviando dos carros estacionados, escondi-me num canto escuro e deitei no chão, esperando que não me apanhassem. Eles haviam corrido até lá a pé e, quando desceram até o nível em que eu estava, acho que já tinham se cansado daquela perseguição. Após vasculharem com muita atenção por entre os veículos com suas lanternas, a cerca de uns trinta metros de distância de mim, deram meia-volta. Tive sorte. Essa batalha entre os meus amigos e a polícia de Los Angeles continuou pelo resto do verão e decerto não foi um uso construtivo do meu tempo, mas era o que eu considerava diversão.

Eu era muito bom em guardar meus assuntos para mim mesmo já naquela época, mas, quando deixava escapar algo, minha mãe e minha avó me perdoavam. Eu ficava em casa o mínimo possível na metade do ensino fundamental. No verão de 1978, não fazia ideia de que minha avó estava se mudando para uma unidade num novo complexo monstruoso que ocupava um quarteirão inteiro entre a Kings Road e a Santa Mônica Boulevard, embora conhecesse bem o prédio porque andara pelo local de bicicleta desde que estivera em construção. Meus amigos e eu ficávamos chapados e disputávamos corrida pedalando pelos corredores e escadarias abaixo, batendo portas uns na cara dos outros, saltando em corrimões e deixando marcas de rodas de formato criativo nas paredes recém-pintadas. Estávamos fazendo isso quando dobrei um corredor gritando e quase passei por cima da minha mãe e da minha avó, enquanto ambas carregavam braçadas dos pertences de vovó até o novo apartamento. Jamais esquecerei a expressão no rosto da minha avó; foi algo entre choque e horror. Recobrando-me, lancei um olhar por sobre o ombro, no que vi o último dos meus amigos fugindo depressa de cena. Eu estava com um pé no chão, outro no pedal, ainda achando que talvez devesse dar o fora.

Arrasando na pista do Youth Center em Reseda.

— Saul? – disse Ola em sua voz aguda e gentil de avó. – É *mesmo* você?
— Sim, vovó – respondi. – Sou eu. Como vai? Meus amigos e eu estávamos apenas passando por aqui para uma visita.

Aquela conversa mole não convenceu nem um pouco minha mãe, mas vovó Ola ficou tão contente em me ver que mamãe Ola deixou que eu me safasse daquela. Na verdade, tudo acabou correndo tão bem no final que, algumas semanas depois, me mudei para aquele mesmo apartamento, e foi quando minhas variadas aventuras de adolescente em Hollywood começaram mesmo a acontecer. Mas chegaremos lá daqui a pouco.

NÃO VOU ANALISAR DEMAIS O QUE SE TORNOU MEU OUTRO NOVO interesse – a cleptomania –, limitando-me a dizer que eu era um adolescente revoltado precoce. Roubava o que achava que precisava, mas não podia comprar. Roubava o que achava que poderia me fazer feliz e, às vezes, roubava apenas por roubar.

Roubei uma porção de livros, porque sempre adorei ler; uma tonelada de fitas cassete, porque sempre adorei música. As fitas cassete, para os que são jovens demais para as conhecerem, têm suas desvantagens: a qualidade do som diminui, elas se enroscam nos toca-fitas e derretem sob a luz direta do sol. Mas eram fáceis de surrupiar. São como um maço fino de cigarros e, desse modo, um larápio audacioso podia meter a coleção inteira de uma banda dentro das roupas e sair despercebido.

Na minha pior fase, roubava tantas coisas quanto minhas roupas pudessem ocultar, ia esconder minha mercadoria nos arbustos e voltava para roubar mais, às vezes na mesma loja. Certa tarde, furtei algumas cobras na Aquarium Stock Company, uma loja de animais que eu visitava tanto que acabaram se acostumando com a minha presença. Acho que os donos nunca imaginaram que eu roubaria deles. Não eram completos otários. Eu ia até lá porque, de fato, adorava os animais que vendiam. Apenas não respeitei a loja o bastante para não levar alguns para casa comigo. Furtava cobras enrolando-as nos pulsos e, depois, vestia a jaqueta, certificando-me de que ficassem para cima o bastante no meu braço. Uma vez fui à cidade e peguei uma porção delas, escondendo-as em algum lugar do lado de fora, e em seguida voltei à loja para roubar livros que me ensinariam como cuidar das cobras raras que acabara de furtar.

Em outra ocasião, peguei um camaleão Jackson, o que não se pode chamar de um furto sutil. São camaleões com crista que medem cerca de vinte e cinco centímetros e se alimentam de moscas; têm o tamanho de pequenas iguanas e aqueles estranhos olhos protuberantes. Eu tinha muita coragem quando garoto – saí direto da loja com ele, e era um item bastante caro e exótico entre as espécies à venda. Quando fui para casa com o bichinho, não consegui inventar para a minha mãe uma história plausível para explicar a presença dele no meu quarto. Concluí que minha única opção era deixá-lo viver do lado de fora, junto à cerca de metal coberta de trepadeiras no quintal dos fundos, perto das latas de lixo. Eu roubara um livro sobre os camaleões Jackson e, portanto, sabia que adoravam comer moscas. Não pude pensar num lugar melhor para o Velho Jack encontrar moscas do que próximo à cerca, atrás das latas de lixo – era o que não faltava lá. Era uma aventura encontrá-lo a cada dia devido à sua habilidade em se camuflar de acordo com seu ambiente, como o verdadeiro camaleão que era. Sempre levava algum tempo para localizá-lo, e eu adorava o desafio. Isso durou uns cinco meses.

Com o passar do tempo, o Velho Jack foi ficando cada vez mais hábil em se esconder entre as trepadeiras, até o dia em que simplesmente não consegui encontrá-lo. Fui até lá todas as tardes durante dois meses, mas não adiantou. Não faço ideia do que aconteceu ao Velho Jack, mas, considerando a miríade de possibilidades do que possa ter recaído sobre ele, espero que tenha ficado bem.

Tenho muita sorte por não ter sido flagrado na maioria dos meus furtos a lojas, porque foram inúmeros. Fui estúpido a este ponto: num momento de ousadia, roubei um bote de borracha inflável de uma loja de artigos esportivos. Precisei de um pouco de planejamento, mas consegui e, por incrível que pareça, *não fui pego*.

Não foi grande coisa. Vou revelar meus "métodos". O bote estava pendurado numa parede perto da porta dos fundos do estabelecimento e do corredor que dava direto no beco. Uma vez que consegui abrir aquela porta sem levantar suspeitas, tirar o bote da parede foi fácil. E, depois que o bote já estava no chão, escondido da vista de todos por um mostruário qualquer de equipamentos de acampamento, apenas esperei o momento para carregá-lo até o beco e levá-lo até a esquina, onde meus amigos me esperavam. Sequer fiquei com o bote. Uma vez que provei ser capaz daquele desafio, eu o joguei fora um quarteirão depois, no gramado da frente da casa de alguém.

Não tenho o menor orgulho, mas, levando tudo em conta, quando estava a quinze quilômetros de casa, sem dinheiro, e o pneu da minha bicicleta furou, fico contente que tenha sido fácil para mim roubar um tubo para vedação da Toys "R" Us. Do contrário, poderia ter ficado lá, tentando voltar para casa, em uma situação do tipo "só Deus sabe como". Ainda assim, como qualquer um que abuse da sorte, tenho de admitir que, por mais que você tente convencer a si mesmo de que suas atitudes são necessárias quando sabe que não são as certas, elas acabarão se voltando contra você no final.

No meu caso, no que se refere a furtos em estabelecimentos comerciais, no final fui apanhado na Tower Records, na Sunset Boulevard, que era a loja de discos favorita dos meus pais. Lembro-me daquele dia com toda a clareza. Foi um daqueles momentos em que eu soube que algo estava errado, mas embarquei na aventura assim mesmo. Tinha quinze anos, acho, e disse a mim mesmo, enquanto estacionava minha bicicleta do lado de fora, que devia tomar cuidado naquela loja, futuramente. A constatação não me ajudou a curto prazo. Meti fitas cassete jaqueta adentro e na calça, e estufei tanto as roupas que achei que deveria comprar alguns álbuns só para desviar a atenção dos vendedores. Creio que me adiantei até o balcão com *Dream Police*, do Cheap Trick, e *Houses of the Holy*, do Led Zeppelin, pensando que, depois que tivesse pago, estaria livre para ir para casa.

Estava do lado de fora, subindo na minha bicicleta, pronto para sair em disparada, quando uma mão segurou meu ombro com força. Neguei tudo, mas fora apanhado. Fui levado até a sala acima da loja, onde funcionários tinham me observado roubar através de uma abertura de vidro espelhado. Ligaram para a minha mãe. Eu tirei todas as fitas escondidas das roupas, e eles as colocaram numa mesa para que ela visse quando chegasse. Safei-me de muita coisa quando garoto, mas ser apanhado roubando fitas cassete da loja que meus pais haviam frequentado por tantos anos foi uma ofensa que se mostrou mais grave no círculo da minha família do que perante a lei. Jamais esquecerei a expressão no rosto de Ola quando subiu até aquele escritório e me encontrou sentado lá com tudo o que eu havia roubado, espalhado bem na minha frente. Ela não disse muito, e não foi preciso. Ficou claro para mim que mamãe estava farta de achar que eu não era capaz de fazer nada de errado.

Ao final, a Tower não prestou queixa porque toda a mercadoria fora recuperada. Deixaram-me ir sob a condição de que nunca mais voltasse a pôr os pés ali, sobretudo porque um gerente de lá reconheceu minha mãe como uma cliente assídua e benquista.

É claro, quando fui contratado pela mesma loja seis anos mais tarde para trabalhar na seção de vídeos, durante cada turno ao longo dos seis meses seguintes, estive convencido de que alguém lembraria que eu fora apanhado roubando e faria com que fosse demitido. Achei que qualquer dia alguém descobriria que mentira descaradamente no meu formulário de admissão e deduziria o que eu sabia ser verdade: que o que havia conseguido roubar até ser apanhado somava mais do que o salário de alguns meses.

TODAS ESSAS QUESTÕES IRIAM SE RESOLVER AO LONGO DOS OITO anos seguintes, mas somente quando eu tivesse encontrado uma família a meu modo.

No vazio que a dissolução do meu lar acabou deixando, criei meu próprio mundo. Tenho bastante sorte pelo fato de, apesar da minha idade, durante um período em que testei meus limites, ter feito um amigo que nunca esteve longe de mim, mesmo quando estivemos a um mundo de distância um do outro. Ele ainda é um dos meus confidentes mais próximos, o que, depois de trinta anos, diz uma porrada de coisas.

O nome dele é Marc Canter; a família é dona daquela que já se tornou uma famosa instituição de Los Angeles, o Canter's Deli, em North Fairfax. A família Canter mudou-se de Nova Jersey e abriu o restaurante em 1940, que tem sido um recanto para pessoas do meio musical desde então, por causa da comida e do fato de que abre vinte e quatro horas por dia. Fica a menos de um quilômetro da Sunset Strip e, nos anos 60, tornou-se um reduto para músicos e permaneceu assim desde então. Nos anos 80, bandas como o Guns fizeram muitas refeições tarde da noite lá. O Kibbitz Room, que é o bar deles ao lado com música ao vivo, ofereceu noites de música memoráveis demais para citar. Os Canter têm sido maravilhosos comigo. Eles me deram emprego e abrigo. Nunca poderei lhes agradecer o suficiente.

Conheci Marc na Escola Primária de Third Street, mas só nos tornamos amigos depois que quase roubei a bicicleta dele no sexto ano.

Nossa amizade se fortaleceu logo de início. Marc e eu andávamos no Hancock Park, que era próximo ao bairro nobre onde ele morava. Costumávamos ir até as ruínas do Pan Pacific Theater, que é onde fica o shopping center Grove hoje em dia. O Pan Pacific era uma relíquia incrível. Fora um glamouroso cinema nos anos 40, com teto abobadado e a imensa tela que passara notícias e definira a cultura de cinematografia de uma geração. Na minha época, ainda era bonito: os arcos verdes *art déco* ainda permaneciam intactos, embora o restante tivesse sido reduzido a entulho. Ao lado do terreno, havia uma biblioteca pública e um parque com uma quadra de basquetebol e uma piscina. Como a Escola Primária Laurel, era um ponto de encontro para garotos entre os doze e os dezoito anos, que por uma razão ou outra saíam de casa à noite.

Meus amigos e eu éramos os mais novos no pedaço. Havia meninas que certamente não eram para o nosso bico. Havia também mendigos e desabrigados, sendo que a maioria vivia nas ruínas do teatro e sobrevivia com a comida que roubava do mercado dos fazendeiros, que se realizava ao lado duas vezes por semana. Marc e eu ficávamos fascinados. Ganhamos aceitação entre eles porque em geral tínhamos erva, o que sempre agradava a todos. Conhecer Marc despertou uma mudança em mim. Era o meu primeiro melhor amigo – alguém que me entendia quando eu sentia que ninguém mais era capaz de fazê-lo. Nenhum de nós tinha uma vida que se poderia chamar de normal, mas orgulho-me em dizer que continuamos tão próximos quanto éramos naquela época. Essa é a minha definição de família. Um amigo que ainda conhece você tão bem quanto antes mesmo que fiquem sem se ver por anos. Um amigo verdadeiro está a seu lado quando você precisa dele; não aparecem apenas nos feriados e finais de semana.

Descobri isso por experiência própria alguns anos depois. Quando eu mal tinha dinheiro para comer, não me importava, desde que tivesse dinheiro para divulgar o Guns N' Roses. E quando não tinha grana para mandar imprimir panfletos ou até mesmo para comprar cordas para a guitarra, Marc Canter estava lá para me apoiar. Ele me emprestava a grana para providenciar o que fosse preciso. Eu o reembolsei quando tive condições, uma vez que o Guns fechou contrato, mas jamais esqueci que Canter me deu sua mão amiga quando eu estava por baixo.

Essa é a minha definição de família. Um amigo que ainda conhece você tão bem quanto antes mesmo que fiquem sem se ver por anos.

Slash tocando com o Tidus Sloan, em junho de 1982.

3
COMO TOCAR ROCK NA GUITARRA

Testar a si mesmo fora do contexto, à parte do seu ponto de vista habitual, muda sua perspectiva - é como ouvir a própria voz numa secretária eletrônica. É quase como conhecer um estranho, ou descobrir um talento que jamais soube que possuía. Na primeira vez em que toquei uma melodia numa guitarra bem o bastante para soar como o original foi um pouco assim. Quanto mais aprendia a tocar, mais me sentia como um ventríloquo: reconheci minha própria voz criativa filtrada através daquelas seis cordas, mas também era algo inteiramente diferente. Notas e acordes tornaram-se minha segunda língua e, com frequência, esse vocabulário expressa o que eu sinto quando as palavras me faltam. A guitarra é a minha consciência também - sempre que me perdi em meu caminho, ela me trouxe de volta ao centro; sempre que esqueço, ela me lembra da razão de eu estar aqui.

Devo tudo a Steven Adler – ele é o responsável. É graças a ele que toco guitarra. Nós nos conhecemos numa noite no pátio da Escola Primária Laurel quando tínhamos treze anos. Se bem me lembro, ele estava andando muito mal de skate. Após uma queda feia, aproximei-me na minha bicicleta e o ajudei a se levantar. Ficamos inseparáveis a partir daquele momento.

Steven crescera no Vale com a mãe, o padrasto e os dois irmãos; isso até que a mãe não pôde mais aguentar o mau comportamento dele e o despachou para morar com os avós em Hollywood. Ele conseguiu ficar lá durante o restante do ensino fundamental, incluindo as férias de verão, até ser enviado de volta para a mãe para cursar o ensino médio. Steven é especial; é o tipo de desajustado que apenas uma avó pode amar, mas com quem não pode conviver.

Steven e eu nos conhecemos no verão que antecedeu o nono ano e andamos juntos até o ensino médio, uma vez que eu acabara de me mudar para o novo apartamento da minha avó em Hollywood, deixando o da minha mãe em Hancock Park. Ambos éramos novos tanto na nossa escola, a Escola Secundária Bancroft, como no bairro. Desde que o conheci, Steven nunca passou o equivalente a uma semana inteira na escola num mesmo mês. Eu me arranjava porque ia bem o bastante nas aulas de educação artística, música e inglês para que a média total da minha nota alcançasse o suficiente para passar de ano. Tirava A nessas três disciplinas porque eram as únicas que me interessavam. Exceto por isso, não ligava muito para o resto e cabulava aulas o tempo todo. Visto que eu roubara um bloco de notificações de ausências do escritório da secretaria e falsificava a assinatura da minha mãe quando precisava, aos olhos da administração a minha frequência às aulas era bem maior do que na realidade. Mas a única razão para eu ter conseguido me formar no fundamental foi uma greve de professores no meu último ano. Nossos professores habituais foram substituídos por outros que eram fáceis demais de ludibriar e cativar. Não quero enveredar nisso, mas em mais de uma ocasião toquei a música favorita da minha professora na guitarra para a classe inteira. Esse fato basta.

Para ser franco, a escola não era tão ruim. Eu tinha um círculo inteiro de amigos, incluindo uma menina (à qual chegaremos logo), e participei de tudo o que torna a escola apreciável para um maconheiro. Nossa galera se encontrava no início da manhã antes da aula para uma "sessão de inalação" de vestiário – uma marca comercial de um nitroderivado, um produto químico cujos vapores expandem os vasos sanguíneos, baixam a pressão arterial e, no processo, dão uma breve sensação de euforia. Depois dessa reuniãozinha no vestiário, fumávamos alguns cigarros e, no intervalo do almoço, retomávamos a parada no pátio para fumar um baseado... Fazíamos o que podíamos para tornar o dia de aula agradável.

Quando eu não ia à escola, passava o dia com Steven andando pela área mais ampla de Hollywood, ambos com as cabeças nas nuvens, conversando sobre música e como ganhar dinheiro. Fizemos alguns bicos, como mudança de mobília para algumas das pessoas que conhecíamos ao acaso. Hollywood sempre foi um lugar estranho que atrai tipos bizarros, mas, no final dos anos 70, com as peculiares viradas que a cultura deu, desde o enfraquecimento da revolução dos anos 60 para a expansão do uso das drogas e da liberação sexual, havia tipos realmente esquisitos por lá.

Não me recordo de como o conhecemos, mas havia um sujeito mais velho que costumava nos dar dinheiro a troco de nada. Apenas aparecíamos e conversávamos com ele; acho que nos pediu para ir à loja umas duas vezes. Eu, sem dúvida, achava aquilo estranho, mas ele não era ameaçador o bastante para fazer algo de que dois garotos de treze anos não pudessem se defender. Além disso, os trocados extras vinham a calhar.

Steven não tinha inibições de tipo algum e, assim, conseguia arranjar dinheiro regularmente de muitas maneiras. Uma delas era através de Clarissa, uma vizinha minha de uns vinte e cinco anos, que morava no início da rua. Um dia, nós a vimos sentada na varanda enquanto passávamos e Steven sentiu a inclinação de lhe dizer oi. Os dois começaram a conversar, e ela nos convidou para entrar. Ficamos lá por algum tempo e, então, decidimos ir, mas Steven disse que ficaria um pouco mais. Aconteceu que ele fez sexo com ela naquela noite *e ainda* ganhou dinheiro dela. Não faço ideia de como Steven conseguiu, mas sei que ficou com a garota mais umas quatro ou cinco vezes e obteve dinheiro *em cada uma das ocasiões*. Era inacreditável para mim; estava realmente com inveja.

Quando eu não ia à escola, passava o dia com Steven andando pela área mais ampla de Hollywood, ambos com as cabeças nas nuvens, conversando sobre música e como ganhar dinheiro.

Por outro lado, Steven vivia se envolvendo em situações daquele tipo, e em geral não terminavam bem. Naquele caso, ele estava transando com Clarissa quando a colega de quarto dela, lésbica, os flagrou. Arrancou Steven de cima de Clarissa e ele caiu em cheio no chão. Foi o fim daquela história.

Steven e eu nos virávamos; eu roubava toda música e revistas de rock de que precisávamos. Não havia muito mais coisas em que quiséssemos gastar dinheiro, além de alguns goles e cigarros e, assim, estávamos bem. Subíamos e descíamos a Sunset Boulevard, e depois a Hollywood Boulevard, desde a Sunset até a Doheny, checando pôsteres de rock nas muitas bancas ou entrando em qualquer loja de presentes ou de discos que nos parecesse interessante. Apenas perambulávamos, observando a animada realidade que se passava por lá. Costumávamos ir a um lugar chamado Piece O' Pizza e ficar durante horas ouvindo o Van Halen na jukebox sem parar. Era um ritual, àquela altura: Steven pusera o primeiro álbum deles para eu ouvir alguns meses antes. Foi um daqueles momentos em que um novo tipo de música me cativou por completo.

– Você tem de ouvir isso – disse Steven, os olhos arregalados. – É uma banda chamada Van Halen. Eles são demais!

Tive minhas dúvidas, porque Steven e eu nem sempre partilhávamos das mesmas opiniões musicais. Ele colocou o disco, e o solo de Eddie em "Eruption" reverberou pelas caixas acústicas.

– Jesus Cristo! – exclamei. – O *que* é isso!?

ASSISTI AO MEU PRIMEIRO GRANDE SHOW DE ROCK NAQUELE ANO também. Foi o California World Music Festival, no Memorial Coliseum de Los Angeles, em 8 de abril de 1979. Tinha cento e dez mil pessoas lá, e a programação era uma loucura: havia inúmeras bandas, mas as principais eram Ted Nugent, Cheap Trick, Aerosmith e Van Halen. Sem dúvida, o Van Halen detonou todas que tocaram naquele dia, até o Aerosmith. Acho que não foi difícil. O Aerosmith estava tão fodido na ocasião que foi impossível para mim diferenciar uma música da outra na apresentação deles. Eu era um fã, e a única música que reconheci foi "Seasons of Wither".

Eventualmente, Steve e eu evoluímos, passando para a etapa de fazer ponto de encontro do lado de fora do Rainbow e do Starwood em meio a toda a cena prévia ao glam metal. O Valen Halen arrasava naquele circuito e o Mötley Crue estava prestes a fazer o mesmo. Exceto por bandas como essas, os primeiros traços do punk rock de Los Angeles vinham surgindo. Havia sempre uma multidão do lado de fora dos clubes e, como tinha acesso a drogas, eu as vendia não apenas pelo dinheiro, mas para nos ajudar a ficar mais entrosados naquele ambiente. Mais perto do ensino médio, descobri um método melhor. Comecei a fazer identidades falsas, o que serviu para me tornar realmente popular.

Havia muita movimentação em West Hollywood e em Hollywood à noite: todo o panorama homossexual – em torno de um sofisticado restaurante gay, o French Quarter, de bares gays, como o Rusty Nail, entre outros incrustados bem no meio do cenário de rock bem heterossexual. Todo aquele contraste era bizarro para mim e Steven. Tinha muitos doidos por toda parte, e gostávamos de observar tudo, por mais esquisito e sem sentido que a maioria fosse.

Steve e eu entramos em todos os tipos de encrencas aparentemente inofensivas enquanto crescíamos. Numa noite, meu pai nos levou a uma festa oferecida por um grupo de amigos artistas que moravam em casas ao longo de um beco sem saída perto da Laurel Canyon. O anfitrião e amigo do meu pai, Alexis, fez uma mistura de um ponche horrivelmente letal que deixou todos completamente chapados. Steven nunca vira um ambiente tão incrível na época em que morava no Vale. Aquele era um grupo de artistas pós-hippies, e assim a combinação da multidão de adultos peculiares e do ponche deixou-o atordoadíssimo. Para garotos de treze anos, aguentávamos bem a bebida, mas aquela mistura explosiva era avançada demais para nós. Eu estava tão alto que não notei Steven saindo com a mulher que vivia na casa de hóspedes no andar de baixo. Ele acabou transando com ela, o que não foi nada legal: ela era casada e tinha mais de trinta. Na minha cabeça de treze anos, era uma senhora de idade. Para mim, Steve acabara de trepar com uma velhota... que, ainda por cima, era comprometida.

Pela manhã, acordei no chão, com o gosto daquele ponche na boca, sentindo como se um espeto de ferro tivesse sido enfiado na minha cabeça. Fui para a casa da minha avó, para dormir até a ressaca passar.

Steven ficou para trás, optando por permanecer na cama no andar de baixo. Havia dez minutos que eu chegara em casa quando meu pai me ligou para dizer que Steven devia temer pela vida. A mulher com quem passara a noite confessara tudo, e o marido estava *possesso*. O homem, segundo meu pai, planejava trucidar Steven, o que, Tony me assegurou, era uma ameaça bem real. Quando pareceu que eu não o levei a sério, meu pai falou que o sujeito chegara a jurar que mataria Steven. Ao final, não aconteceu nada. Steven se safou daquela, mas foi uma clara indicação do que estava por vir. Aos treze anos, ele reduzira seus objetivos de vida a exatamente dois: transar com as meninas e fazer parte de uma banda de rock. Não posso culpá-lo.

Na sabedoria musical de um garoto de treze anos, a qual (provavelmente graças às suas precoces habilidades de mulherengo) eu considerava superior à minha, Steven concluíra que havia apenas três bandas que importavam no rock: Kiss, Boston e Queen. Steven as ouvia todos os dias, o dia inteiro, quando deveria estar na escola. A avó trabalhava numa padaria e saía de casa às cinco da manhã diariamente; não fazia ideia, portanto, se Steven de fato ia à escola. O dia dele consistia em ouvir os discos do Kiss quase no último volume, ao mesmo tempo que tocava um pouco de uma guitarra elétrica simples com amplificador, também bem alto. Eu ia até lá para participar, e ele gritava para mim acima de todo o barulho:

— *Ei!* A gente devia começar uma banda, sabe?

Steven possui uma alma tão livre e aberta que seu entusiasmo é tremendamente contagiante. Não duvidei da intenção e da motivação dele. Fiquei logo convencido de que aquilo aconteceria. Steven elegera a si mesmo como o guitarrista, e decidimos que eu tocaria baixo. Quando ouço música agora, depois de vinte e cinco anos tocando, consigo distinguir todos os instrumentos isolados. Posso ouvir o timbre da guitarra e, de imediato, consigo pensar em várias maneiras de tocar a melodia. Aos treze, já fazia anos que ouvia rock and roll. Assistira a shows e sabia quais instrumentos formavam uma banda de rock, mas não imaginava qual produzia cada determinado som na música. Sabia o que era uma guitarra, mas não tinha a menor noção das diferenças entre uma guitarra e um baixo, e ver Steven tocar na época não melhorou a situação.

Quando andávamos pela cidade, costumávamos passar diante de uma escola de música entre a Fairfax e a Santa Mônica chamada Escola de Música Fairfax (hoje, é o consultório de um quiroprático), e concluí que era um bom lugar para aprender a tocar baixo. Um dia, entrei, adiantei-me até a recepção e apenas disse:

– Quero tocar baixo.

A recepcionista apresentou-me a um dos professores, um cara chamado Robert Wolin. Quando Robert apareceu para falar comigo, não era bem o que eu esperara. De estatura média, era um camarada branco que usava Levi's e uma camisa xadrez metida na cintura da calça. Tinha bigode farto, barba por fazer e cabelos castanhos precisando urgentemente ser aparados – na certa, já tivera um bom corte, mas fugira ao controle dele. Ou seja, Robert não se parecia nem um pouco com um astro de rock.

Ele, entretanto, informou-me com toda a paciência que eu precisaria ter o meu próprio baixo para fazer as aulas, o que era algo que nem sequer me ocorrera. Pedi ajuda à minha avó, e ela me deu um velho violão espanhol, com uma só corda de náilon, que mantivera guardado no armário. Quando voltei a falar com Robert na escola, ele deu uma olhada no meu violão de madeira e entendeu que era melhor começar bem do início, porque eu não fazia ideia de que o que eu estava segurando não era bem um baixo. Robert colocou para tocar a música "Brown Sugar", dos Stones, pegou sua guitarra e tocou, com a música, o riff e o solo. E foi quando eu ouvi o som. O que quer que Robert estivesse fazendo, era aquilo. Olhei fixo para a guitarra com total fascínio. Apontei para ela.

– Isso é o que eu quero fazer – disse-lhe. – Isso.

Robert foi muito encorajador. Escreveu algumas partituras para mim, mostrou-me a maneira correta de dedilhar sua guitarra e afinou o violão de uma só corda que eu tinha. Também me informou que eu deveria arranjar as cinco cordas restantes muito em breve. A guitarra entrou na minha vida daquela maneira repentina e inocente. Não foi nada pensado, premeditado; não era parte de um grande plano, a não ser o de tocar na banda dos sonhos de Steven. Dez anos mais tarde, eu teria todas as vantagens com que Steven sonhara: viajar pelo mundo, me apresentar em shows com venda de ingressos esgotada e ter mais garotas à nossa disposição do que poderíamos dar conta... tudo graças àquele instrumento caindo aos pedaços que a minha avó desenterrou do armário.

A guitarra entrou na minha vida daquela maneira repentina e inocente. Não foi nada pensado, premeditado; não era parte de um grande plano, a não ser o de tocar na banda dos sonhos de Steven.

A GUITARRA SUBSTITUIU AS COMPETIÇÕES DE BICICROSS COMO minha principal obsessão literalmente da noite para o dia. Era como algo que eu nunca tinha feito, uma forma de expressão tão gratificante e pessoal para mim quanto a arte e o desenho, mas num nível bem mais profundo. Ser capaz de criar o som que significava tanto para mim, na música, desde que me lembro, dava-me uma sensação maior de poder do que qualquer coisa que eu já tivesse vivenciado. A mudança foi tão instantânea quanto acender uma luz, e igualmente elucidativa. Da escola, eu ia para casa e copiava os métodos de Robert, colocando minhas músicas favoritas no aparelho de som e me empenhando ao máximo para tocar junto. Fazia o que podia com uma única corda. Depois de algumas horas, já conseguia acompanhar as mudanças de timbre e imitar algumas melodias, ainda que com precariedade. Músicas como "Smoke on the Water", do Deep Purple, "25 or 6 to 4" do Chicago, "Dazed and Confused" do Led Zeppelin e "Hey Joe" de Jimi Hendrix podem ser tocadas apenas com a última corda da guitarra, e assim eu me contentava em repetir essas músicas. O simples entendimento de que eu podia imitar as músicas no meu estéreo foi o bastante para manter a guitarra na minha realidade para sempre.

    Tive aulas com Robert no meu velho violão espanhol ao longo de todo o verão antes do último ano do fundamental — com todas as seis cordas no lugar, as quais, é claro, ele me ensinou a afinar. Fiquei surpreso quando Robert colocou um disco que não conhecia e aprendeu a tocá-lo no ato, numa questão de minutos. Decidi alcançar tal habilidade. Como todo iniciante ansioso, tentei pular para aquele nível logo de cara e, como todo bom professor, Robert me obrigou a dominar o básico primeiro. Ensinou-me a escala maior, a escala menor e a do blues, e as principais posições para fazer os acordes. Também escrevia partituras das minhas músicas favoritas, tais como "Jumpin' Jack Flash" e "Whole Lotta Love", que eu tocaria como minha recompensa uma vez que tivesse feito os exercícios da semana. Geralmente, eu pulava direto para a recompensa e, quando aparecia na escola de música no dia seguinte, ficava óbvio para Robert que eu nem sequer encostara no dever de casa. Às vezes, gostava de tocar como se ainda tivesse apenas uma corda. Todas as músicas que eu apreciava tinham um riff, e assim tocá-las com uma só corda era mais divertido; até que meus dedos aprenderam a forma adequada.

Meu equipamento de bicicross ficou acumulando pó no armário. Meus amigos se perguntavam aonde eu ia à noite. Vi Danny McCracken um dia quando voltava de bicicleta da escola de música, o velho violão pendurado nas costas. Ele quis saber por onde eu andava e se vencera corridas recentemente. Disse-lhe que eu era um guitarrista, agora. Danny me encarou, olhou para o meu instrumento gasto de seis cordas, e tornou a encontrar os meus olhos.

— Ah, é mesmo? — Tinha uma expressão bastante confusa no rosto, como se não soubesse como assimilar o que eu acabara de falar.

Ficamos sentados ali em nossas bicicletas por um minuto, constrangidos, silenciosos, e, então, trocamos um "até mais". Foi a última vez que o vi. Eu respeitava meu professor de guitarra, Robert, mas era impaciente e ingênuo demais para enxergar a linha direta entre o básico que ele me ensinava e as músicas dos Rolling Stones e do Led Zeppelin que eu queria tocar. Tudo entrou nos eixos depressa o bastante, uma vez que descobri meu manual pessoal de instruções, por assim dizer. Era um livro usado que encontrei na cesta de artigos em liquidação de uma loja de guitarras chamado *Como Tocar Rock and Roll na Guitarra*. Esse livro tinha partituras, cifras e exemplos de solos de mestres como Eric Clapton, Johnny Winter e Jimi Hendrix. Vinha até com um pequeno disco que demonstrava a maneira adequada de se tocar o que havia no volume. Levei-o para casa e o devorei. Logo que consegui imitar os sons daquele pequeno disco, me vi improvisando sozinho e pegando *bem* o jeito. E quando ouvi a mim mesmo produzindo imitações que soavam como uma guitarra-solo de rock and roll foi como se tivesse encontrado o Santo Graal. Aquele livro mudou minha vida. Ainda tenho o meu exemplar velho e gasto guardado em algum canto e nunca vi outro antes ou depois disso. Já procurei outro exemplar muitas vezes, sem sucesso. Tenho a impressão de que aquele foi o único exemplar que restou no mundo e que estava lá naquele dia especificamente à minha espera. Aquele livro me deu as habilidades que eu buscava e, uma vez que comecei a dominá-las, abandonei a escola de música para sempre.

Agora eu era um "guitarrista de rock", no que me dizia respeito. Assim, movido pela necessidade, pedi cem dólares emprestados à minha avó e comprei uma guitarra elétrica. Era uma cópia bem barata de uma Les Paul, fabricada por uma empresa chamada Memphis Guitars. Senti-me atraído pelo formato, porque meus guitarristas favoritos tocavam Les Paul – era o epítome da guitarra de rock para mim. Na verdade, eu não conhecia o bastante do assunto nem para ao menos saber quem era Les Paul. Não conhecia sua maneira sublime de tocar jazz e não fazia ideia de que ele fora o pioneiro no desenvolvimento de instrumentos elétricos, efeitos e técnicas de gravação. Não sabia que sua marca sólida de guitarras logo se tornaria minha principal escolha de instrumento. E não imaginava em absoluto que eu teria a honra de dividir um palco com ele muitas vezes, vários anos depois. Não, aquele dia foi bastante básico; na minha mente, aquele formato representava visualmente o som que queria fazer.

ENCONTRAR A GUITARRA FOI COMO ENCONTRAR A MIM MESMO; ELA me definia, dava-me um propósito. Foi uma criativa válvula de escape que me permitiu compreender a mim mesmo. O turbilhão da minha adolescência ficou subitamente em segundo plano; tocar guitarra me deu foco. Eu era fechado; parecia não conseguir expressar meus sentimentos de uma maneira construtiva, mas a guitarra me deu lucidez emocional. Adorava desenhar. Essa era uma atividade que distraía minha mente, mas não se tratava de um meio suficiente para que eu me expressasse por completo. Sempre invejara os artistas capazes de se expressarem através de sua arte, e apenas através da guitarra passei a entendê-la como uma maravilhosa forma de liberdade.

Praticar durante horas, onde quer que eu me encontrasse, era, de fato, libertador. Tocar tornou-se um transe que acalmava minha alma. Com as mãos ocupadas e a mente concentrada, encontrei a paz. Uma vez que entrei numa banda, descobri que o esforço físico de tocar num show tornou-se meu principal meio de libertação. Quando estou tocando no palco, sinto-me mais à vontade comigo mesmo do que em qualquer outro momento da vida. Há um nível subconsciente, emocional ligado ao ato de tocar e, uma vez que sou o tipo de pessoa que carrega a própria bagagem dentro de si, nada me ajudou mais a expressar meus sentimentos.

Encontrar minha voz através da guitarra aos quinze anos era, para mim, algo revolucionário. Foi um salto na minha evolução. Não me ocorre nada que tenha feito mais diferença em minha vida. O único momento que chegou perto acontecera dois anos antes quando experimentei pela primeira vez o mistério do sexo oposto. Depois disso, achei que não existisse nada melhor do que sexo... até que toquei guitarra. E logo na sequência, descobri que esses dois interesses não podiam coexistir em harmonia no meu mundo adolescente.

Minha primeira namorada chamava-se Melissa. Era bonitinha, um tipo de menina roliça, de seios fartos, um ano mais nova do que eu. Melissa tinha doze anos e eu treze quando perdemos a virgindade um com o outro. Não é um fato chocante pelos padrões de hoje, quando adolescentes estão iniciando a vida sexual cada vez mais cedo, mas, em 1978, ela e eu estávamos à frente dos demais: a maioria dos nossos colegas ainda estava no beijo de língua. Nós dois soubemos instintivamente como não estragar algo bom e, assim, ficamos juntos, entre idas e vindas, durante anos. Na primeira vez em que fizemos algo foi na lavanderia do prédio dela, que ficava no primeiro andar, na parte dos fundos. Melissa me masturbou; foi uma novidade partilhada pelos dois. Então, passamos para o apartamento de um quarto onde ela morava com a mãe, Carolyn. Entretanto, na primeira vez em que fizemos sexo, Carolyn chegou em casa mais cedo e, assim, tive de escapulir pela janela do quarto de Melissa com as calças nos tornozelos. Para minha sorte, os arbustos suavizaram a aterrissagem.

As coisas ficaram bem quentes entre nós bastante rápido. Quando a mãe dela não estava em casa, fazíamos sexo na cama de Melissa e, quando ela estava, usávamos o sofá, depois que Carolyn adormecia com Valium, torcendo para que ela não acordasse e nos flagrasse. É claro que esperar que o Valium de Carolyn fizesse efeito não era sempre fácil. Foi logo depois que as duas se mudaram para o andar de cima, para um apartamento de dois quartos, que Carolyn se resignou a aceitar o que estávamos fazendo. Concluiu que era melhor que o fizéssemos em casa em vez de em qualquer outro lugar, e nos disse isso. Segundo Melissa e eu, partindo de nosso ponto de vista adolescente e sexualmente ativo, a mãe dela era *o máximo*.

Carolyn fumava uma tonelada de maconha e não fazia o menor segredo disso. Preparava baseados perfeitos para nós e permitia que eu ficasse com elas, dormindo no quarto de Melissa durante semanas. Minha mãe não se importou quando começamos a namorar durante o verão. Carolyn não trabalhava. Tinha um namorado bem mais velho, traficante de drogas, que vendia maconha e coca, e nos provia tudo aquilo de graça, desde que fizéssemos uso dentro de casa.

O prédio delas ficava entre a Edinburgh e a Willoughby, duas quadras a oeste da Fairfax e a meia quadra a sul da Santa Mônica Boulevard. A localização era perfeita. A Escola Primária Laurel onde meus amigos e eu nos encontrávamos era logo adiante na rua. Foi onde Melissa e eu nos conhecemos, na verdade. O pátio era tanto uma comunidade quanto o lugar onde ela morava. A vizinhança era composta de uma interessante mistura cultural: jovens gays, famílias mais velhas de judeus, russos, armênios e um pessoal do Oriente Médio viviam ao lado uns dos outros. Havia lá um teor plácido, pacífico, ao estilo do seriado Veronica Mars, com todos sorrindo, acenando e dizendo olá, mas também existia uma tensão palpável.

Era comum, à noite, Melissa e eu curtirmos nosso barato e ouvirmos música com a mãe dela, e depois atravessarmos a rua para visitar Wes e Nate, os dois gays que moravam na única casa entre os conjuntos habitacionais num raio de seis quadras. Os rapazes tinham um terreno enorme, provavelmente de cerca de uns quatro mil metros quadrados, com um carvalho alto e um balanço pendurado nele. Fumávamos um baseado com Wes e Nate e íamos para o pátio dos fundos, onde nos deitávamos debaixo do carvalho, olhando para as estrelas.

Descobri muito sobre música contemporânea nesse período também. Mencionei que meus pais ouviam música o tempo todo; é a lembrança de infância de que mais gosto. Ainda ouço tudo até hoje, desde os compositores clássicos favoritos do meu pai até as lendas dos anos 60 e início dos 70, que ambos adoravam. Aquela foi a época mais criativa do rock and roll. Vivo à procura e é raro encontrar música melhor. Quando acho que é o caso, um exame mais de perto revela que é apenas mais uma imitação dos originais. Assim, concluo que prefiro ouvir os Stones, o Aerosmith, ou qualquer que seja a fonte em que a música se baseia, do que as imitações.

Mas, aos treze anos, apenas a coleção dos meus pais não me satisfazia mais. Buscava novos sons e encontrei uma infinidade na casa de Melissa. Foi onde escutei em primeira mão bandas como Supertramp, Journey, Styx, April Wine, Foghat e Genesis – sendo que nenhuma delas se adequava ao meu gosto. Mas a mãe de Melissa ouvia demais o Pink Floyd, que eu conhecia através da minha mãe – e levando em conta, porém, que Carolyn tinha maconha tão boa, a música deles de repente ganhou um significado completamente novo. Aquele apartamento era o paraíso para um guitarrista em desenvolvimento: ficar alto de graça, descobrir novos sons e transar com a namorada a noite inteira; tudo antes de eu ter me formado no ensino fundamental.

Passei o restante do oitavo ano e o nono ano inteiro passeando por Hollywood com Steven de dia, tocando guitarra no meu quarto e dormindo com Melissa. Roubei um grande toca-fitas Panasonic em determinada altura e o carregava por toda a parte, ouvindo música de Ted Nugent, Cheap Trick, Queen, Cream e Edgar e Johnny Winter. Roubava mais e mais cassetes diariamente, absorvendo uma banda de cada vez. Começava com o álbum ao vivo, porque acredito que é a única maneira de se determinar se um grupo é digno de atenção. Se soava bem o bastante ao vivo, eu roubava a coleção inteira do grupo. Também usava as gravações ao vivo para ouvir os melhores sucessos antes de partir para o furto da coleção toda – eu era frugal. Ainda adoro gravações ao vivo; como fã de rock – e ainda me sinto como um fã primeiro –, não acho que exista nada melhor do que ouvir sua banda favorita ao vivo. Ainda acredito que as melhores interpretações das minhas bandas prediletas foram capturadas em álbuns ao vivo, quer se trate de *Live Bootleg*, do Aerosmith, *Live at Leeds*, do The Who, *Get Yer Ya Ya's Out*, dos Rolling Stones, ou *Give the People What They Want*, do Kinks. Bem mais tarde, fiquei bastante orgulhoso quando o Guns N' Roses lançou *Live Era*; acho que ele captura alguns ótimos momentos.

EXCETO POR MELISSA E STEVEN, MEUS AMIGOS ERAM BEM MAIS velhos do que eu. Conhecera muitos deles através da minha galera das bicicletas e fiz muitos mais ao longo do caminho porque eu sempre tinha erva de uma fonte ou de outra. Minha mãe fumava maconha e era bastante liberal em sua filosofia: preferia que eu fumasse sob sua supervisão em vez de ficar puxando fumo por aí afora. Com todo o devido respeito a ela, Ola só tinha o meu bem em mente, porém não sabia que não apenas eu fumava em casa sob seu olhar vigilante, mas também pegava um pouco da maconha dela (às vezes só as sementes) para fumar ou vender quando eu saía. Era invariavelmente a melhor maneira de eu me enturmar e sou grato a ela.

Os caras dos círculos mais velhos que eu frequentava tinham apartamentos, vendiam drogas, davam festas e, é claro, não viam nada de mais em entreter menores. Além das vantagens óbvias, um ambiente desses também permitiu que eu descobrisse bandas do momento que me teriam passado despercebidas do contrário. Havia um grupo de surfistas e de feras do skate com o qual eu andava que me despertou a atenção para Devo, Police, 999 e mais algumas bandas de New Wave amigas das rádios. Num outro círculo que eu frequentava, um cara magricelo e negro de vinte e poucos anos, chamado Kevin, apresentou-me ao primeiro álbum do Cars durante uma das nossas festas.

Kevin era o irmão mais velho de um dos meus parceiros de bicicleta, um cara chamado Keith, que me apelidara de Solomon Grundy. Eu andava com Keith porque ele vivia com as meninas mais gostosas do ensino médio do Colégio Fairfax no pé dele. Dos meus treze aos quatorze anos, quando estive muito envolvido nos campeonatos de bicicross, esse garoto estava em cena, mas era tão maneiro que sempre parecia estar a um passo de largar tudo em troca de interesses mais sofisticados e adultos. Ainda não sei ao certo por que Keith me chamava de Solomon Grundy.

De qualquer modo, o gosto musical de Kevin era duvidoso. Gostava de discoteca, que era um interesse que não partilhávamos, embora hoje eu perceba que ele tinha essa inclinação porque lhe dava a oportunidade de ficar o mais em forma possível – assim, respeito-o mais por isso agora. Era algo bom também porque as meninas que participavam do círculo e das festas dele eram gostosas e promíscuas, o que me era especialmente intrigante. Dito isso, não esperei gostar da "nova banda legal" que Kevin iria colocar para eu ouvir enquanto fumávamos um baseado em seu quarto durante a festa naquela noite. Mudei de ideia na metade da primeira música e, quando a segunda terminou, eu já era um fã para o resto da vida de Elliot Easton. Elliot era a alma do Cars, e aquele primeiro álbum deles me conquistou. Na minha opinião, o Cars foi um dos poucos grupos de impacto que surgiu quando a New Wave invadiu as ondas do rádio.

Um pouco antes de eu ter deixado a festa naquela noite, ouvi um tipo de música que atraiu de verdade a minha atenção. Alguém colocara *Rocks* do Aerosmith no estéreo e tive a chance de ouvir apenas duas músicas, mas foi o bastante. O álbum tinha aquela espécie de malícia das ruas que eu nunca ouvira antes. Se a guitarra era a voz ainda não descoberta que estivera dentro de mim, aquele era o disco que eu esperara a vida inteira para ouvir. Tratei de olhar a capa do álbum antes de sair, para que eu soubesse de quem era. Lembrava-me do nome Aerosmith. Quatro anos antes, em 1975, a banda tivera o único sucesso na rádio AM da época, "Walk This Way". Deparei com o disco *Rocks* outra vez uma semana ou duas depois... mas no momento mais inoportuno.

Devo iniciar esta próxima história dizendo que relacionamentos nunca são fáceis, em especial quando ambas as partes são jovens, inexperientes e estão com os hormônios a mil. Melissa e eu nos gostávamos muito, no entanto rompíamos e voltávamos com frequência, geralmente em consequência do meu compromisso em aprender a tocar guitarra, que acabava sendo maior do que o de passar tempo com ela. A essa altura em particular, estávamos separados e eu andava de olho numa menina que chamaremos de Laurie. Era mais velha do que eu e, sem dúvida, estava bem longe do meu alcance no meu círculo de amigos. Laurie tinha peitos incríveis, cabelos compridos, castanho-aloirados, e usava regatas transparentes e decotadas. Eram tão finas e soltas que ficava fácil demais ver os seios dela. Como eu, Laurie estava solteira havia pouco tempo. Terminara com Ricky, seu típico namorado surfista. Eu estava determinado a ficar com ela. Não estava nem aí para o fato de que era quatro anos mais velha do que eu e nem me daria bola. Eu sabia que era capaz. Comecei a falar com Laurie, a prestar atenção a ela e, fenfim, consegui desenrolar um diálogo. A garota baixou a guarda e passou a me conhecer melhor. Aí, pareceu esquecer que, poucas semanas antes, eu não passava de um menino mais novo qualquer, que nem sequer notara. Por fim, convidou-me para ir vê-la numa noite, quando a mãe ia viajar.

Deixando minha bicicleta no gramado, segui-a até o quarto dela no andar de cima. O ambiente estava a anos da minha compreensão do que era legal e descolado na época. Laurie tinha abajures cobertos com lenços transparentes, pôsteres de rock por toda parte, o próprio estéreo e uma pilha imensa de discos. Nós nos dopamos, e eu pretendia bancar o experiente. Olhei os álbuns à procura de algo para impressioná-la. Reconheci *Rocks* da festa de Kevin semanas antes e coloquei-o para tocar, alheio ao fato de que ele estivera tocando sem parar no meu subconsciente desde o momento em que ouvira aquelas duas músicas. Assim que as primeiras notas de "Back in the Saddle" preencheram o quarto, entrei em transe. Escutei o disco milhões de vezes, agachado junto às caixas acústicas, ignorando

Laurie. Eu a esqueci por completo, como também os planos sensacionais que tivera para a noite, quaisquer que tenham sido. Após umas duas horas, ela me deu um tapinha no ombro.

– Ei – falou.

– Ei – respondi. – O que está rolando?

– Acho que você deve ir para casa agora.

– Ah, sim… Tudo bem.

Rocks continua sendo tão poderoso para mim hoje quanto foi naquela época: os vocais rasgados, as guitarras pesadas e o ritmo marcante são rock and roll com um toque de blues e foram feitos para serem ouvidos. Havia algo na adolescência crua do Aerosmith que estava em perfeita sintonia com meu desenvolvimento interior na época; aquele disco soava exatamente da maneira como eu me sentia. Depois da oportunidade que perdi com Laurie, dediquei-me a aprender a tocar "Back in the Saddle". Roubei a fita cassete e uma revista de músicas do Aerosmith, e toquei-a sem parar até saber os riffs. Aprendi uma lição valiosa durante o processo: revistas de músicas não ensinam uma pessoa a tocar direito. Eu aprendera razoavelmente a ler partitura e, assim, pude ver que as notas na revista não eram as mesmas tocadas no disco. Fazia sentido. Eu me esforçara durante horas e ainda não conseguia tocar de acordo. Assim, larguei as revistas e continuei tentando até aprender de ouvido. Aprendi qualquer outra música que quis tocar desse modo dali em diante.

Enquanto ia aprendendo cada nota de "Back in the Saddle", dei-me conta de como Joe e Brad tocam de maneira idiossincrática e de que ninguém pode realmente tocar como qualquer outra pessoa a não ser ela mesma. A imitação deve permanecer como uma etapa para que um músico encontre a própria voz, mas nunca deve se tornar sua voz. Ninguém deve idolatrar seus ídolos a ponto de imitá-los nota por nota. A guitarra é uma forma de expressão pessoal demais para isso; deve ser exatamente o que é – uma extensão única do músico.

NA ÉPOCA EM QUE MEU ÚLTIMO VERÃO DO ENSINO FUNDAMENTAL terminou, eu havia criado um mundo próprio que era tão consistente quanto a minha vida em família era instável. Isso se deve ao fato de que, durante aquele período, após a separação, minha mãe e meu pai entraram em relacionamentos bastante instáveis. Morei com cada um durante breves períodos, mas nenhuma das situações parecia a certa. Eu acabava indo morar com a minha avó na maior parte do tempo no apartamento dela em Hollywood, enquanto meu irmão caçula ficava com a nossa mãe. É claro que, na maior parte do tempo, eu dormia na casa de Melissa.

Depois do caso com David Bowie, minha mãe começou a sair com um talentoso fotógrafo que chamaremos de "Namorado". Ficaram juntos por cerca de três anos e, eventualmente, mudaram-se para um apartamento na Cochran, na altura da Third, perto do La Brea, onde vivi com eles por uns tempos. Namorado devia ser uns dez anos mais novo que Ola. Quando se conheceram, era um astro em ascensão. Conheci Herb Ritts, Moshe Brakha e alguns outros fotógrafos e modelos famosos na casa deles. Minha mãe e Namorado tinham um relacionamento bastante tumultuado, durante o qual ela regrediu a assistente dele e colocou a própria carreira de lado.

Namorado tinha um banheiro adaptado para ficar sempre escuro e lidar com ampliações fotográficas. Perto do final do relacionamento de ambos, descobri que inalava fumaça de cocaína aquecida lá a noite toda enquanto "trabalhava". As coisas não eram sempre tão ruins lá, mas uma vez que a cocaína tornou-se de repente a vida de Namorado, isso causou o imediato declínio da carreira dele – levando o relacionamento com a minha mãe junto por água abaixo. Namorado sentia-se torturado. Sofria, e o sofrimento adora companhia. Assim, embora eu não gostasse nem um pouco de Namorado (e ele sabia disso), o camarada estava determinado a me arrastar junto. Nós inalávamos fumaça de coca juntos e aí saíamos pela vizinhança, perambulando pelas garagens de outras pessoas. Roubávamos mobília usada, brinquedos velhos e quaisquer outras tranqueiras que pareciam aposentadas por aquelas famílias. Um dos itens que encontramos foi um sofá vermelho que carregamos até em casa. Nós o pintamos de preto com tinta spray e o colocamos na sala. Nem imagino o que Ola pensou na manhã seguinte quando acordou; nunca mencionou o fato. De qualquer modo, após nossas aventuras, Namorado ficava na dele, inalando coca a manhã inteira e, presumo, o dia inteiro. Eu me metia no meu quarto às sete e meia, fingia dormir por uma hora e, então, me levantava, dizia bom-dia à minha mãe e rumava para a escola como se tivesse tido uma boa noite de sono.

Minha mãe insistira para que eu fosse morar com ela e Namorado porque não aprovava as condições às quais eu me sujeitara na casa do meu pai. Uma vez que Tony se acostumara à separação, recobrara-se o bastante para alugar um apartamento onde seu amigo Miles e um grupo dos conhecidos em comum dos meus pais moravam. Parecia que todos lá bebiam muito, e Tony estava saindo com uma mulher atrás da outra. Assim, minha mãe não achava que fosse um ambiente adequado para mim. Meu pai passou a sair com regularidade com uma mulher chamada Sony naquele período. A vida não fora boa para Sonny, que perdera o filho num acidente horrível e, embora fosse bondosa, estava totalmente desequilibrada. Ela e meu pai passavam muito tempo juntos, bebendo e transando. Assim, por algum tempo, enquanto morava com a minha mãe, via meu pai apenas nos fins de semana. Quando eu o via, porém, ele sempre tinha algo interessante à minha espera: um boneco de dinossauro incomum ou algo mais técnico, como um aeromodelo por controle remoto que precisava ser montado.

Depois, comecei a vê-lo com mais frequência, quando ele se mudou para um apartamento entre a Sunset e a Gardner, num prédio de lofts com um banheiro comunitário. Seu amigo artista, Steve Douglas, morava logo adiante no corredor. No primeiro andar, havia uma loja de guitarras; mas na época eu ainda não tinha descoberto minha paixão. O ateliê do meu pai ocupava o apartamento inteiro e, assim, ele erguera uma plataforma para dormir numa extremidade, e morei lá em sua companhia por um tempo, quando estava no oitavo ano, logo depois de ter sido expulso da Escola Secundária John Burroughs por ter roubado bicicletas... mas essa é uma história que não vale a pena contar. De qualquer modo, durante aquele breve período em que estudei na Escola Secundária Conte, como o meu pai não dirigia, eu percorria os oito quilômetros de ida e volta até a escola todos os dias.

Não sei ao certo o que meu pai ou Steve faziam para ganhar dinheiro. Steve também era artista e, pelo que eu podia observar, os dois passavam os dias bebendo e as noites pintando para si mesmos, ou conversando sobre arte. Uma das lembranças mais divertidas dessa época envolveu uma velha maleta de Steve cheia de revistas pornográficas antigas com as quais fui flagrado um dia.

O loft dele e o nosso eram basicamente o mesmo espaço dividido e, assim, era completamente normal para mim zanzar até o dele sempre que queria. Um dia ele chegou e me pegou vasculhando seu baú do tesouro de pornografia.

— Vamos fazer um trato, Saul — propôs. — Se conseguir roubar essa mala bem debaixo do meu nariz, ela é sua. Acha que consegue? Sou bastante rápido; é bom que seja esperto.

Apenas sorri para Steve. Já havia elaborado um plano para me apossar dela antes de ele ter me desafiado. Eu morava logo ao lado — em comparação ao que eu já fazia em termos de furtos mundo lá fora, aquilo não era complicado.

Uns dois dias depois, fui até o loft de Steve à procura do meu pai e, no momento, estavam tão absortos numa conversa que nem sequer notaram que eu entrara. Foi a oportunidade perfeita. Apanhei a maleta, saí e a escondi no telhado. Porém, foi uma vitória breve. Papai ordenou-me que eu a devolvesse quando Steve deu pela falta dela. Foi uma pena; aquelas revistas eram clássicas.

Houve épocas ao longo da minha infância em que insisti com os meus pais que não eram os meus pais de verdade, porque tinha certeza de que fora raptado. Também fugia muito de casa. Um dia, quando me preparava para fugir, meu pai chegou a me ajudar a arrumar minha bagagem, uma pequena mala xadrez que comprara para mim na Inglaterra. Foi tão compreensivo em relação àquilo, tão prestativo e bondoso que, ao agir assim, convenceu-me a ficar. Esse tipo de sutil psicologia reversa é um dos traços dele que espero ter herdado, porque gostaria de usá-lo com os meus filhos.

EU DIRIA QUE A MINHA MAIOR AVENTURA ACONTECEU NO DIA EM que saí no meu grande triciclo aos seis anos de idade. Na época, morávamos no alto da Lookout Mountain Road, e eu a desci inteira a bordo do velocípede até a Laurel Canyon e, em seguida, percorri a Laurel Canyon inteira até a Sunset Boulevard, o que, somando-se tudo, dá uns três quilômetros e pouco. Eu não estava perdido. Tinha um plano. Ia me mudar para uma loja de brinquedos e morar lá para o resto da vida. Acho que sempre fui determinado. Claro, houve muitas ocasiões em que quis sair de casa quando garoto, mas não tenho nada a lamentar em relação à maneira como

Houve épocas ao longo da minha infância em que insisti com os meus pais que não eram os meus pais de verdade, porque tinha certeza de que fora raptado.

fui criado. Se tivesse sido de um jeito um pouquinho diferente, se eu tivesse nascido apenas um minuto depois, ou estado no lugar errado na hora certa, ou vice-versa, a vida que tenho vivido e passei a amar não existiria. E essa é uma possibilidade que eu nem sequer quero considerar.

Slash arrepia com a BC Rich dele.

4
ALTA EDUCAÇÃO

Centros institucionais são todos iguais, mudam apenas de endereço. Vi o interior de várias clínicas de reabilitação, algumas mais sofisticadas do que outras, mas a sobriedade fria de suas paredes era idêntica. Todas eram predominantemente brancas e repletas de mensagens otimistas como "É uma jornada, não um destino" e "Um dia de cada vez". Achei essa última irônica, levando em conta a estrada que Mackenzie Phillips percorreu. As salas eram panos de fundos genéricos, elaboradas para inspirar esperança nas pessoas de qualquer posição social e profissional, porque, como aqueles que já passaram por isso sabem, a reabilitação é um grupo representativo mais preciso da sociedade do que um júri de tribunal. Nunca aprendi muito com o "grupo"; não fiz novos amigos na reabilitação e não tirei proveito das inúmeras oportunidades para fazer novos contatos relacionados às drogas também. Depois de passar dias de cama com o meu corpo em nós de agonia, incapaz de comer, falar ou pensar, não ficava a fim de jogar conversa fora. Para mim, o aspecto de coletividade da reabilitação era forçado - igual à escola. E, como na escola, não me enquadrei. Nenhuma instituição me ensinou as lições que pretendia, mas aprendi algo importante em cada uma delas. No caminho de volta pelos corredores em direção à saída, tinha a certeza de que deixava o lugar sabendo exatamente quem eu era.

Entrei no Colégio Fairfax em 1979. Era uma típica escola pública americana de ensino médio – piso de linóleo, fileiras de armários, pátio, alguns cantos nos arredores dos fundos onde adolescentes têm fumado cigarros e usado drogas durante anos. Era pintada de um cinza-claro neutro. Havia um bom lugar para se ficar chapado junto ao campo de futebol americano. E também uma escola de recuperação do outro lado do campus chamada Walt Whitman, para onde todos os verdadeiros fracassados iam, porque eram obrigados. Parecia ser o fim da linha e, assim, embora fosse mais interessante, mesmo a distância, do que o campus normal, eu tentava ficar longe daquele lugar o máximo possível.

Meu melhor amigo, Steven Adler, foi despachado de volta para o Vale para cursar o ensino médio, que era, para mim, um local tão longínquo quanto a Espanha. Cheguei a visitá-lo umas poucas vezes, e o lugar nunca deixava de desapontar: era plano, seco, mais quente do que eu estava acostumado, e exatamente como um bairro de seriado de TV. Todos lá pareciam adorar seus gramados idênticos e suas vidas idênticas. Mesmo sendo tão jovem, eu sabia que tinha algo errado naquele lugar. Sob a normalidade, podia sentir que aquela gente era mais fodida do que qualquer um em Hollywood. Lamentei por Steven e, uma vez que ele se mudou para lá, me retraí ainda mais no meu mundo da guitarra. Ia à escola, sempre marcando presença como se estivesse lá todos os dias, mas, em geral, eu assistia às primeiras três aulas e passava o resto do tempo na arquibancada tocando guitarra.

Havia apenas uma matéria que significava algo para mim, no ensino médio. Consequentemente, também era a única em que eu tirava A. Era a aula de teoria musical que escolhi no primeiro ano chamada Harmonia, dada por um cara chamado dr. Hummel. A aula reduzia os elementos da composição musical às raízes, definindo os fundamentos em termos matemáticos. Aprendi a escrever acordes, estruturas de acordes e marcação de tempo analisando a lógica que as une. Nunca tocávamos instrumentos. Nosso professor usava um piano como um meio de ilustrar as teorias, mas apenas isso; a aula era um estudo puramente teórico. Apesar de ser péssimo em matemática, eu era bom naquilo e, portanto, era a aula que nunca perdia. A cada vez que aparecia, eu me sentia como se já soubesse as lições que aprenderíamos. Nunca apliquei nada de forma consciente à guitarra, mas não posso deixar de pensar que o conhecimento de notação musical que adquiri penetrou em minha mente e contribuiu de algum jeito para a minha maneira de tocar. Existia um grupo de figuras naquela aula: entre outros, Sam, o ás do piano, um judeu com cabelo curto e encaracolado; e Randy, que era um chinês metaleiro de cabelos compridos. Randy sempre usava uma jaqueta de cetim do Aerosmith e, na sua opinião, Keith Richards e Pete Townshend eram uma droga, e Eddie Van Halen, um deus. Acabamos nos tornando amigos e passei a gostar tanto de nossas conversas diárias quanto gostava daquela aula, porque consistia em grande parte de músicos não falando de outra coisa a não ser música.

Em outras matérias, por outro lado, eu não ia tão bem. Tínhamos um professor que resolveu me fazer de exemplo uma vez quando adormeci na carteira. Eu tinha um emprego noturno na época, no cinema local, e talvez estivesse cansado. Era mais provável, porém, que apenas estivesse morrendo de tédio porque a aula era de estudos sociais. Segundo soube, o professor parou tudo para discutir o conceito de estereótipo com a classe. Notou meu cabelo comprido e o fato de eu estar dormindo e, ilustrando o significado da palavra, concluiu que eu era um músico de rock que provavelmente não possuía maiores aspirações na vida do que tocar música bem alto. Ele me acordou em seguida e fez algumas perguntas diretas.

— Pelo que se vê, você deve ser músico, certo? O que toca?
— Toco guitarra – respondi.
— Que tipo de música?
— Rock and roll, acho.
— É alta?
— Sim, muito alta.
— Note, classe, esse jovem é o *perfeito exemplo* de um estereótipo.

Fico sempre mal-humorado logo que acordo e, portanto, aquilo foi mais do que eu estava disposto a aguentar. Levantando-me, adiantei-me até a frente da sala de aula, virei a mesa dele e saí. Aquele incidente, combinado com um flagrante anterior envolvendo maconha, marcou o final da minha trajetória no Colégio Fairfax.

APRENDI MAIS SOBRE O MEU GRUPO DE COLEGAS NO REDUTO extraoficial do ensino médio, onde alunos do primeiro ao último ano, tanto do Fairfax quanto de outras escolas, reuniam-se ao final de uma longa estrada de terra, no alto de Fuller Drive, nas colinas de Hollywood. Chamava-se Propriedade Fuller; não existe mais – agora é apenas uma curva na trilha que sobe por Runyon Canyon. Era uma terra de ninguém tomada por adolescentes no final da década de 70 e começo da de 80, mas, antes disso, havia sido muito mais interessante. Na década de 20, fora a mansão de Errol Flynn; ocupara alguns hectares no alto daquela colina ampla com vista para Los Angeles. Entre essa época e aquela em que eu era garoto, entrou em sério declínio e, em 1979, estava em ruínas, reduzida a apenas algumas lajes de concreto e uma piscina vazia. Na época em que eu o vi, o lugar era um monte de entulho com uma vista incrível.

As paredes de concreto em ruínas eram um labirinto de dois andares: um reduto perfeito, afastado, para drogados de todas as idades. Ficava escuro como breu lá à noite, estando bem longe de quaisquer luzes de rua. Mas alguém sempre tinha um rádio. Eu estava tomando LSD ali na primeira vez em que ouvi o Black Sabbath. Viajando, olhava para o céu preto acima da Propriedade Fuller, desenhando trilhas entre as estrelas, quando alguém por perto sintonizou "Iron Man" a todo volume. Não sei ao certo se posso definir como me senti. A batida apocalíptica e bombástica da música simplesmente consumiu meu corpo inteiro.

O lugar e todos lá pareciam saídos direto de um filme adolescente dos anos 70. Na verdade, foi capturado perfeitamente em *Over the Edge*, um filme estrelado por um jovem Matt Dillon, sobre um bando de adolescentes reprimidos, drogados e descontrolados do Texas, que foram ignorados pelos pais a ponto de tomarem sua cidade inteira como refém. No filme, como aposto que era para todos os adolescentes da Fuller, os pais dos personagens não faziam ideia do que os filhos andavam de fato aprontando. Em seus momentos mais agressivos e realistas, o filme foi uma verdadeira representação da cultura adolescente daquela época: a maioria dos pais não se importava o bastante para notar, ou achava ingenuamente que estavam fazendo a coisa certa ao confiar nos filhos e permanecer cegos.

QUANDO EU ESTAVA NO ENSINO MÉDIO, A GALERA ADOTAVA alguns visuais diferentes. A influência da lycra foi grande, graças a Pat Benatar e David Lee Roth, e a moda pegou, deixando sua marca colorida. As meninas usavam collants justos, decotados, de tons fosforescentes, e alguns caras não ficavam muito atrás. Cheguei a ver sapatilhas de balé quando estava no final do fundamental, mas graças a Deus, já haviam saído de moda na época em que comecei o ensino médio; se bem que cabelos enfeitados com plumas ainda eram o padrão para ambos os sexos. Era comum demais e não era nem um pouco descolado.

Outra enorme influência foi o filme *O gigolô americano*, estrelado por Richard Gere, que contava a decadência de um garoto de programa sofisticado de Beverly Hills. Foi a pior coisa que poderia ter acontecido aos adolescentes de Hollywood, porque todas as meninas que assistiram ao filme se determinaram a recriar sua versão pessoal daquele mundo. De repente, garotas de treze, quatorze e quinze anos tentavam se vestir como se tivessem vinte e cinco e queriam sair com caras bem-vestidos e muito mais velhos. Nunca saquei a psicologia delas, mas vi várias meninas que conhecia, ainda aos quinze anos, começando a usar maquiagem demais, abusando de drogas e namorando caras de dezenove e vinte e poucos anos. Era ridículo e, ao mesmo tempo, triste demais. Muitas se tornaram fatalidades do cenário antes de sequer terem chegado à idade permitida para beber. Afinal, tiveram um começo precoce, e o feitiço virou contra o feiticeiro antes que ao menos se dessem conta.

Eu não me parecia com nenhum dos outros garotos da escola, e meus interesses sem dúvida me diferenciavam dos demais. Usei cabelo comprido, camisetas, jeans e tênis desde que tive idade o bastante para poder fazer minhas escolhas. Uma vez que iniciei o ensino médio, tudo o que me importava era música e tocar guitarra. Nunca segui os modismos que os meus colegas abraçavam e, portanto, eu era praticamente um pária. Sempre tem sido um paradoxo comigo; eu me destacava, mas não ansiava por atrair atenção óbvia. Ao mesmo tempo, estava acostumado a não me enquadrar, e não me sentia à vontade em nenhuma outra circunstância: havia mudado tanto de escola que era o eterno aluno novo – e, provavelmente, aos olhos dos meus colegas, o aluno novo esquisito.

Não ajudou o fato de que, para quem observasse a olho nu, eu não me enquadrava em nenhuma categoria: de classe alta, média ou baixa; branco ou negro ou qualquer outra coisa. Conforme fui ficando mais velho e meu endereço de casa continuou mudando, compreendi por que minha mãe analisava tanto os meus formulários de matrícula de escola antes de se decidir. Se eu fosse listado como negro em certos distritos escolares poderia ser tirado daquela área e mandado para uma escola inferior, sendo que, do contrário, poderia ser matriculado numa escola melhor na mesma rua se estivesse cadastrado como caucasiano. Nunca encontrei um nicho racial no ensino médio, e apenas me dava conta da minha raça quando isso era uma questão na mente dos outros. Tenho estado em muitas situações, naquela época e desde então, em que notei indivíduos de "mente bem aberta" adaptarem o comportamento por não saberem ao certo se eu era negro ou branco. Como músico, sempre achei divertido o fato de ser britânico e negro; em especial porque tantos músicos americanos parecem aspirar a ser britânicos, enquanto tantos músicos britânicos, em especial nos anos 70, davam-se a tanto trabalho para ser negros. Era mais uma maneira de eu ser diferente de todos, mas posso contar nos dedos de uma mão os confrontos que já tive por motivos raciais; ocorreram quando mergulhei no universo bastante branco do metal dos anos 80. Uma vez, no Rainbow, tive uma briga com Chris Holmes do W.A.S.P. Por acaso, Duff ouviu Chris dizer que "crioulos" não deviam tocar guitarra. Não falou isso diretamente para mim, mas ficou óbvio que era a meu respeito. Segundo me lembro, Duff contou-me isso depois e, na vez seguinte em que vi Chris, fui confrontá-lo, e ele fugiu correndo. Além de ter me insultado, é uma das coisas mais absurdas e mentirosas que um músico, entre todas as pessoas, jamais poderia dizer.

ENCONTREI MEU PRÓPRIO CÍRCULO DE AMIGOS NO ENSINO MÉDIO, pessoas que eram únicas, diferentes do restante do corpo estudantil. Meus amigos mais chegados, Matt e Mark, definiram aquele período da minha vida. Matt Cassel é o filho de Seymour Cassel, um dos melhores atores dos últimos cinquenta anos. Seymour participou de quase duzentos filmes desde a década de 60, destacando-se aqueles que fez com seu amigo John

Cassavetes. Esteve em inúmeros filmes e programas de TV. Nos anos mais recentes, o diretor Wes Anderson tem sido um grande incentivador dele. Escalou Seymour para *Três é demais*, *Os excêntricos Tenenbaums* e *A vida marítima com Steve Zissou*. Seymour é uma lenda de Hollywood. Apoiou a produção de filmes independentes antes de ter se tornado uma instituição (sua filosofia era a de que faria um papel com o qual se identificasse pelo valor de uma passagem de avião). Também era figura carimbada numa classe de boêmios da realeza da produção cinematográfica, que incluía Cassavetes, Ben Gazzara, Roman Polanski e outros.

Eu podia aparecer na casa de Matt, sentar em sua sala e tocar guitarra durante horas, aprendendo coisas dos discos que ele tinha: *Live de Pat Travers*, o mais novo trabalho do AC/DC na época, *Back in Black*. Aqueles álbuns forneciam horas e horas de riffs marcantes para aprender. Eles moravam logo acima da Sunset, na Kings Road, atrás do Riot Hyatt e ao lado de uma produtora de filmes pornográficos que ainda continua lá. Os filmes eram rodados naquela casa o tempo todo, enquanto Seymour cultivava erva nos fundos de sua propriedade. O fato de haver a produtora ao lado era uma grande vantagem em frequentar a casa de Matt: nós íamos até lá e conversávamos com as atrizes pornôs. Não era apropriado, mas elas gostavam de deixar a nós, garotos adolescentes, todos excitados e frustrados ao "encenarem" umas com as outras.

Seymour promovia as melhores festas e criara os filhos bem o bastante para confiar neles a ponto de poderem participar. Minha mãe conhecia Seymour, mas jamais teria aprovado o que acontecia lá. Nas festas dele, havia muita liberdade, tudo era permitido. Os filhos, Matt e Dilynn, eram tão espertos e independentes que ele não tinha de se preocupar: já haviam descoberto quem eram em meio àquela louca existência. A esposa de Seymour, Betty, nunca saía de seu quarto; era um mistério sombrio e proibido para mim o que se dava no andar de cima. Levando em conta o fato de que Seymour dirigia a casa com pulso de ferro, Matt deixava que apenas uns poucos e seletos amigos, um dos quais era eu, entrassem em seu mundo.

Um dia Seymour olhou para mim e lançou-me o apelido que julgou combinar mais comigo do que o meu próprio nome. Enquanto eu passava de uma sala a outra em sua casa, numa festa, pensando no que quer que seja que faria em seguida para me divertir, ele tocou meu ombro, fitou-me com seu olhar afável e disse:

— Ei, Slash, aonde vai? Aonde vai, Slash? Hein?

Obviamente, o apelido pegou. Slash. Meus amigos que iam à casa dele começaram a me chamar assim na escola, e não demorou para que esse se tornasse o único nome pelo qual passei a ser conhecido. Na época, meus amigos e eu apenas achamos que era um apelido maneiro, mas foi somente anos depois que conversei a respeito com Seymour e ele me explicou direito. Eu estava na turnê *Use Your Illusions*, e por acaso passei por Paris, com minha mãe, quando Seymour também estava lá. Nós três almoçamos juntos e ele me disse que o apelido incorporava meu ímpeto, meu dinamismo e rapidez, em todos os sentidos. Seymour estava orgulhoso do fato de eu ter feito nome e de ter sido ele a me dar aquele apelido. A razão para ter me chamado de Slash foi por eu ser muito ativo, por nunca ficar parado por mais do que cinco minutos. Seymour me via como alguém que estava sempre trabalhando no próximo plano. E tinha razão. É de minha natureza estar muito mais em movimento do que parado. Estou perpetuamente em ação, dizendo "até logo" ainda enquanto digo "olá", e Seymour sintetizou essa característica em uma palavra.

Conheci uma porção de gente na casa de Seymour — incluindo os Stones. Depois de terem se apresentado no Coliseum de Los Angeles, foram à casa dele para um pós-pós-festa. Eu assistira ao show naquela noite. Eles tocaram "You Can't Always Get What You Want" com tanta alma que jamais esquecerei. Consegui trocar um aperto de mão com Ronnie Wood. Eu tinha quinze anos e sequer podia imaginar que ele se tornaria um dos meus melhores amigos. Inclusive, meu primeiro filho, London, foi concebido na casa dele.

Meu outro amigo chegado, Mark Mansfield, tem entrado e saído da minha vida desde que nos conhecemos, no ensino médio. O pai de Mark, Ken, era produtor de discos, e a madrasta, cantora — a mãe morava em Santa Bárbara, para onde ele sempre ia quando estava encrencado; e ele vivia encrencado. A família de Mark morava numa excelente casa acima da Sunset, e ele era um James Dean mirim com um toque de Dennis Hopper. Tentava e fazia qualquer coisa a que o desafiassem — com puro entusiasmo e um sorriso no rosto. Lenta mas indubitavelmente, tal atitude conduziu-o por um caminho sombrio: detenção juvenil, reabilitação e coisas assim. Mark era o tipo de cara que uma vez me ligou às dez da manhã para dizer que ele e um amigo haviam saído da estrada com o carro da mãe do amigo em algum ponto ao longo da Mulholland Drive. Tinham roubado o carro da garagem da mãe do garoto, enquanto ela estava viajando, e, sem querer, despencaram num barranco. Para sorte deles, aterrissaram sobre uma árvore e conseguiram sair do veículo e subir de volta até a estrada. Desnecessário dizer que a ligação seguinte que recebi de Mark foi do exílio, na casa da mãe em Santa Bárbara.

TÃO LOGO CONSEGUI TOCAR TRÊS ACORDES EM SEQUÊNCIA consistentemente e improvisar um solo, quis formar uma banda. Steven estava longe, no Vale, e, assim, procurei me virar sozinho. Havia tentado formar uma banda no final do ensino fundamental, mas as coisas não deram tão certo. Encontrei um baixista e um baterista cuja mãe lecionava francês no Colégio Fairfax. Aquela seria a minha primeira experiência com um baterista temperamental e dado a chiliques; se cometia um erro, o garoto chutava todo o equipamento para longe. Então, tínhamos de esperar que ele arrumasse tudo de novo. O baixista, por sua vez, era simplesmente incrível. Chamava-se Albert, e tocávamos covers do Rainbow, como "Stargazer". Infelizmente, ele sofreu um acidente de bicicleta na Mulholland Drive e acabou ficando em coma por um mês ou mais. Foi sério; teve de usar pinos no pescoço e nas pernas e aparelho de sustentação para mantê-las separadas. Voltou para a escola parecendo um grande A maiúsculo e não tinha mais aspirações a tocar baixo.

Minha primeira apresentação profissional foi no Al's Bar, tocando numa banda com amigos do meu pai. Ele se orgulhava muito da minha paixão pela guitarra e sempre se vangloriava de mim para os amigos. Não sei o que foi, mas algo deve ter acontecido com o guitarrista deles, e Tony convenceu-os a me deixar tocar. Tenho certeza de que ficaram preocupados, perguntando-se se eu seria ou não capaz de fazê-lo. Mas subi lá e consegui dar conta do recado: eram todos covers baseados em blues como alguns dos Stones, o que eu sabia tocar bem. Ganhei cervejas de graça, o que tornou a situação realmente profissional.

Havia um punhado de guitarristas no meu círculo de amigos da escola. Conheci um cara chamado Adam Greenberg, que tocava bateria, e encontramos um cara chamado Ron Schneider, que tocava baixo. Formamos um trio que batizamos de Tidus Sloan. Ainda não faço ideia do significado desse nome... tenho certeza de que o tirei de Phillip Davidson (um camarada sobre o qual falaremos em breve). Numa noite em que Phillip resmungava sem a menor coerência, fiquei bastante curioso sobre o que, afinal, ele falava.

– *Tidus ally sloan te go home* – disse Phillip. Ao menos, foi o que eu ouvi.
– O quê? – perguntei-lhe.
– *Tid us all de sloans to ghos hum* – ele falou. Ou foi o que achei.
– Ei, Phillip, o que está tentando dizer?
E, com sua voz pastosa, ele respondeu que estava me dizendo para:
– *Tidus these sloans ta grow fome. Tidus sloans to go home.*
– Está certo, cara. – Dei de ombros. – Legal.

Acho que ele queria que eu dissesse a todas aquelas garotas na casa dele para irem embora, mas saí daquela situação achando que Tidus Sloan, qualquer que fosse a porra que significasse, era um nome supermaneiro para uma banda.

O TIDUS SLOAN ERA UMA BANDA PURAMENTE INSTRUMENTAL, porque nunca arranjamos um vocalista e, com certeza, eu mesmo não iria cantar. Basicamente, não tenho a personalidade para ser um líder de nenhum tipo. Já é esforço suficiente para mim sair por aí e conversar com as pessoas. Tudo o que realmente quero fazer é tocar guitarra e ser deixado em paz. De qualquer modo, o Tidus Sloan tocou os primeiros trabalhos de bandas como Black Sabbath, Rush, Zeppelin e Deep Purple sem vocais – éramos retrô antes que o retrô existisse.

Ensaiávamos na garagem de Adam, o que deixava a mãe dele completamente maluca. Ela e os vizinhos reclamavam sem cessar, o que é compreensível, porque tocávamos alto demais para uma área residencial. A mãe de Adam chamava-se Shirley, e fiz uma caricatura em homenagem a ela. Era uma mulher na soleira de um quarto gritando a plenos pulmões: "Está alto demais e não suporto o barulho!". No desenho, latas de cerveja estão espalhadas pelo chão e, na cama, há um garoto de cabelos compridos tocando guitarra, totalmente alheio.

Slash e Ron Schneider, dois terços do Tidus Sloan.

A caricatura de Shirley tornou-se a inspiração para a minha primeira tatuagem, embora a figura que tenho no braço não se pareça em nada com ela – minha versão tem o cabelo de Nikki Sixx e peitos enormes, enquanto a verdadeira Shirley tinha cabelo cacheado e era velha e gorda –, mas também tem peitos enormes. Fiz essa tatuagem quando tinha dezesseis anos; está no meu braço direito com a palavra "Slash" abaixo. Adam explicou-me mais tarde que as explosões frequentes de Shirley eram totalmente por minha causa. Eu tinha acabado de ganhar um Talkbox da madrasta de Mark Mansfield, que é um amplificador de som que permite ao músico modificar o som de qualquer instrumento que seja filtrado através dele com os movimentos da boca de encontro a um tubo claro fixo a ele. Ao que parece, os sons que eu emitia faziam com que Shirley se lembrasse do falecido marido, que morrera de câncer na garganta apenas uns dois anos antes. O homem tivera de falar através de uma caixa artificial de voz, e os sons que eu fazia eram parecidos demais para que ela suportasse. Nem é preciso dizer que parei de usar o Talkbox na casa dela.

Havia alguns outros guitarristas e outras bandas em torno da minha escola do ensino médio, como Tracii Guns e sua banda Pyrrhus. Experimentei um momento de inveja logo que comecei a tocar guitarra, antes de ter comprado uma elétrica. Tracii tinha uma Les Paul preta (autêntica) e um amplificador Peavey, e jamais me esquecerei de como achei que ele estava com tudo. Checávamos a banda um do outro nas festas, e sem dúvida existia um clima de competição.

Durante o ensino médio, comecei a andar com todo músico que pudesse encontrar. Havia uns poucos caras da minha idade e alguns mais velhos, seguidores remanescentes do Deep Purple, que tinham morte cerebral irreversível, por assim dizer, com a data de validade vencida para ainda estarem andando com garotos do ensino médio. O melhor deles era o já citado Phillip Davidson. Não apenas ele dera de maneira não intencional nome à minha primeira banda, mas era dono de uma guitarra Stratocaster, o que era o máximo, e os pais nunca pareciam estar em casa. Morava numa casa velha no Hancock Park, num terreno infestado de mato, e fazíamos festas lá noite e dia. Éramos adolescentes fazendo baderna; sem pais por perto, apenas Phillip e seus dois amigos drogados.

Sempre me perguntei por onde andariam os pais deles; era como no desenho da turma do Snoopy, apenas crianças, nenhuma figura de autoridade. Era um mistério para mim. Sempre achei que talvez os pais de Phillip estivessem voltando para casa a qualquer momento, mas isso nunca acontecia. Sentia-me como se fosse o único a me preocupar. Ele mencionara a existência dos pais, que eram os donos do lugar, mas nunca pareciam se materializar. Não havia lugar algum onde pudessem estar escondidos também; aquela era uma casa térrea com três quartos. Segundo eu achava, eles poderiam até estar enterrados no quintal dos fundos que ninguém jamais os encontraria, porque o local estava coberto com um monte de entulho.

Phillip costumava andar de cômodo em cômodo, segurando o baseado ou cigarro, ou qualquer que fosse a combinação dos dois, contando histórias que eram *muito* longas, apenas porque falava devagar demais. Era um cara alto e magro com um cavanhaque por aparar, cabelos compridos e avermelhados e sardas. E vivia chapado *para valer*. Quero dizer, às vezes soltava um riso, mas em geral estava inexpressivo. Os olhos pareciam viver fechados — era esse tipo de drogado.

Dizia a lenda que Phillip era capaz de tocar Hendrix e muita coisa boa naquela antiga Stratocaster, mas nunca vi. Na verdade, nunca o vi tocando nada, apenas colocando discos do Deep Purple no estéreo. Esse cara era tão ferrado que se tornou penoso andar com ele. Sempre vejo o melhor das pessoas; não importa qual seja a porra de defeito delas. Mas Phillip? Esperei em vão que algo brilhante acontecesse, que a pequena faísca nele produzisse uma chama que talvez ninguém mais visse. Esperei durante dois anos inteiros e nunca sequer a vislumbrei. Não, nada. Mas ele, de fato, tinha uma Stratocaster.

LEVANDO TUDO EM CONSIDERAÇÃO, O TIDUS SLOAN FAZIA bastante sucesso para uma banda de garotos estudantes. Tocávamos no anfiteatro da escola e em muitas festas iradas da galera da escola, incluindo meu próprio aniversário. Quando fiz dezesseis anos, Mark Mansfield ofereceu uma festa para mim na casa dos pais, em Hollywood Hills, e minha banda estava pronta para tocar. De presente de aniversário, minha namorada, Melissa, deu-me um grama de coca e, naquela noite, aprendi uma valiosa lição: não gosto de misturar cocaína com a guitarra. Tentei tocar um pouco, mas mal consegui extrair uma nota que prestasse; foi realmente embaraçoso. O mesmo aconteceu nas pouquíssimas vezes depois que cometi aquele erro: nada soou direito, não consegui encontrar o ritmo e não queria tocar em absoluto. Eu me senti como se nunca tivesse tocado guitarra, ou tão desajeitado como na primeira vez em que tentei esquiar.

Tocamos umas três músicas antes de eu desistir. Aprendi cedo a guardar quaisquer tipos de atividades extracurriculares para depois do show. Consigo beber e tocar, mas conheço meu limite. Quanto à heroína, chegaremos lá mais adiante, porque é mais uma outra roubada completa. Aprendi o bastante, no entanto, para nunca levar esse tipo de vício para a estrada.

A mais extravagante apresentação do Tidus Sloan foi num bat mitzvah bem no meio do nada. Adam, Ron e eu estávamos curtindo um barato no La Brea Tar Pits certa noite e conhecemos uma menina que nos ofereceu quinhentos dólares para tocar na festa de sua irmã. Quando viu que não estávamos assim tão interessados, começou a citar nomes de muitos famosos, "amigos da família", que estariam lá, incluindo Mick Jagger. Continuamos céticos, mas, ao longo das poucas horas seguintes, ela discorreu sobre aquela festa como se fosse o maior acontecimento de Los Angeles. Assim, reunimos o equipamento e o máximo de amigos que pudemos na caminhonete do nosso chapa Matt e nos pusemos a caminho para fazer essa apresentação. A festa era na casa da família, que ficava a cerca de duas horas de Hollywood – cerca de uma hora e quarenta e cinco minutos a mais do que esperávamos. Demorou tanto que nem sequer sabíamos mais onde estávamos quando chegamos lá. No momento em que dobramos pela entrada, achei impossível de acreditar que aquela casa estava prestes a sediar a festa mais repleta de astros do ano em Los Angeles: era uma casa pequena, antiquada. Capas claras de vinil cobriam a mobília; havia um velho tapete azul na sala de estar, e retratos de família e pratos de porcelana forravam a parede. Para o espaço disponível, o lugar estava *atulhado* demais de móveis e objetos.

Chegamos na véspera e dormimos na casa de hóspedes. Foi um gesto hospitaleiro, mas uma péssima ideia e, para ser franco, aquela séria família judia pareceu bastante chocada quando saímos da caminhonete. Naquela noite, colocamos nosso equipamento na ampla varanda, onde tinham sido dispostas mesas e cadeiras e um pequeno palco fora montado para a apresentação do dia seguinte. Logo após, tratamos de nos entreter com o estoque de bebidas que havíamos levado. Tomamos todas em privacidade e nos empenhamos ao máximo para ficarmos apenas na casa de hóspedes, mas, infelizmente, esgotamos o nosso suprimento e fomos obrigados a invadir, sorrateiros, a residência da família para pegar algumas garrafas do que quer que houvesse disponível. Tais garrafas acabaram sendo as piores em que poderíamos ter colocado as mãos. Misturar nossa vodca e uísque com Manischewitz e uma pancada de bebidas que não tinham sido feitas para se beber direto da garrafa significou o começo de um final de semana longo demais – para nós, para nossos anfitriões e para os muitos convidados que apareceram na manhã seguinte.

Ao longo da noite, nós da banda e nossos amigos destruímos a casa de hóspedes daquela família num nível de vandalismo que superou quase qualquer episódio do gênero em que o Guns esteve envolvido. Havia vômito na banheira inteira; eu estava sentado na pia do banheiro com uma garota quando ela se desprendeu da parede e a água se espalhou por toda parte até conseguirmos fechar o registro. A impressão era de que havíamos destruído o lugar de propósito, mas, na maior parte, foi apenas um efeito colateral. Fico feliz em dizer que não fui eu a cometer a maior ofensa de todas: vomitar no cozido. Aquele prato, que era uma receita tradicional servida em cada bar mitzvah ou bat mitzvah da família, fora deixado no fogo brando a noite inteira na casa de hóspedes para que estivesse pronto no dia seguinte. Em algum momento, um dos nossos amigos ergueu a tampa do caldeirão, vomitou dentro dele, e colocou a tampa de volta sem falar nada a ninguém – nem desligar o fogo. Nem sei dizer bem como fui acordar no chão com uma tremenda dor de cabeça, vidro quebrado enfiado no rosto e o odor de cozido quente impregnado de vômito pairando no ar.

Infelizmente, o show de horror continuou para aquela pobre família. Tínhamos tomado toda a nossa bebida e aquela que furtamos na casa principal na noite anterior e, portanto, começamos a roubar garrafas do bar do lado de fora logo de manhã, enquanto começávamos a ensaiar. Mais tarde, quando os parentes se reuniram para a celebração vespertina, tocávamos bem alto e ninguém sabia o que dizer ou fazer, embora algumas sugestões tivessem sido dadas.

Uma velha baixinha e determinada marchou até nós para oferecer sua crítica construtiva.

– Ei, garotos, isso está *alto demais*! – exclamou, estreitando os olhos na nossa direção. – Acham que podem baixar o volume? Estamos tentando conversar um pouco aqui!

Vovó era estilosa; usava óculos de armação preta e um tailleur de grife, e, embora fosse baixa, demonstrava completa autoridade. Perguntou-nos se sabíamos tocar algumas músicas "conhecidas" e fizemos o melhor que pudemos para agradá-la. Tocamos todas as músicas do Deep Purple e do Black Sabbath que conhecíamos. Haviam montado um palco para nós com cadeiras em frente, mas ficou bastante claro que, exceto por algumas crianças de seis a oito anos, a festa inteira estava grudada na parede mais distante do palco. Na verdade, os convidados agiam como se estivesse chovendo do lado de fora, porque, quando olhei, percebi que tinham se apinhado na sala de estar, sendo que não havia razão para fugir do ar livre a não ser pelo nosso som.

Amedrontamos por completo os convidados e, assim, tentamos atraí-los de volta acalmando as coisas: tocamos uma versão heavy metal de "Message in a Bottle". Como não deu certo, tentamos tocar quaisquer outras músicas populares que sabíamos. Tocamos "Start Me Up" várias vezes, sem um vocalista. De nada adiantou. Nossa variação instrumental de "Start Me Up" de meia hora não atraiu ninguém para dançar. Movidos por puro desespero, tocamos "Feelings", de Morris Albert, como se estivesse sendo interpretado por Jimi Hendrix. Como também não tivesse resolvido, executamos nossa música de encerramento e caímos fora de lá.

PODE SER SURPREENDENTE PARA ALGUNS, MAS ANTES MESMO DE ter tido uma banda, comecei a trabalhar regularmente o mais cedo possível para ganhar o dinheiro de que precisava para manter a meta de tocar guitarra. Entreguei jornais desde o nono ano por uma área bastante abrangente; cobria de Wilshire e La Brea até Fairfax e Beverly. Era apenas aos domingos. Tinha de acordar às seis da manhã, a menos que conseguisse convencer minha avó a me levar de carro. Carregava uma sacola imensa de cada lado do guidão da bike e, em consequência, inclinar-me um pouco demais para qualquer um dos lados significaria um tombo feio. Mais tarde, melhorei meu nível profissional arranjando um emprego no cinema Fairfax.

O total de tempo que eu dedicava ao trabalho e o que dedicava a aprender a tocar guitarra foram revelações simultâneas para mim. Por fim, soube por que estava ralando tanto. Acho que foi graças à soma da influência dos meus pais: a criatividade de Tony e o instinto de Ola para ser bem-sucedida. Posso escolher a maneira mais difícil de chegar aonde quer que deseje ir, mas sempre sou determinado o bastante para conseguir. Essa garra me ajudou a sobreviver naqueles momentos em que tudo estava contra mim e me vi sozinho sem nada mais para me amparar.

O trabalho era algo em que eu me concentrava e fazia bem, quer gostasse do emprego, quer não, porque estava disposto a batalhar dia e noite para financiar a minha paixão. Arranjei um emprego na Business Card Clocks, uma pequena fábrica de relógios promocionais. Todos os anos, de setembro a dezembro, eu montava relógios para o kit de brindes de final de ano de um grupo de empresas. Colocava uma reprodução maior dos cartões comerciais delas num pedaço de papelão grosso, inseria uma máquina de relógio e ponteiros no centro, punha uma moldura de madeira em volta, embalava a peça numa caixa e estava pronta. Fiz milhares e milhares dessas coisas. Recebíamos por hora, e eu era a única pessoa de lá a trabalhar feito louco. Pegava no batente às seis da manhã, trabalhava o dia inteiro, boa parte da noite e, então, dormia lá. Acho que era contra a lei trabalhista, mas não me importava. Queria ganhar o máximo de dinheiro durante a temporada.

Era um ótimo emprego que mantive por alguns anos, apesar de, de fato, ter acabado me ferrando no final. Meu chefe, Larry, pagava-me com cheques pessoais e, portanto, nunca fiz parte do registro de funcionários dessa firma, e ele nunca informava meu salário à Receita Federal. Uma vez que eu não fazia parte dos registros, não vi razão para pagar imposto sobre os meus rendimentos. Mas no exato instante em que ganhei dinheiro com o Guns alguns anos mais tarde, a Receita me intimou, exigindo todos aqueles impostos atrasados e os juros. Ainda não consigo acreditar que, entre todas as coisas que fiz, o governo me pegou por causa do meu emprego numa fábrica de relógios. Descobri mais tarde como aconteceu. Larry passou por uma auditoria, e a Receita o pegou por causa de uma certa quantia que não havia sido declarada ao longo de anos, e então ele foi obrigado a confessar que fora paga a um de seus funcionários: eu. A Receita me rastreou e bloqueou legalmente meus ganhos, minhas contas e meus bens: qualquer dinheiro que eu depositasse num banco seria imediatamente debitado para cobrir minha dívida de imposto. Àquela altura, eu estivera duro por tempo demais para abrir mão de tudo, uma vez que enfim consegui: em vez de pagar com a minha parte do cheque do primeiro adiantamento do Guns, pedi que a minha quantia fosse convertida em cheques de viagem, os quais guardava comigo o tempo todo. Mas chegaremos a tudo isso logo.

Outro emprego foi na Hollywood Music Store, uma loja de instrumentos e partituras musicais entre a Fairfax e Melrose. Por mais que eu estivesse tentando ganhar meu dinheiro enquanto buscava o que eu de fato queria estar fazendo, ainda houve muitos momentos bizarros. Aqui está um deles: havia um cara que costumava aparecer todos os dias para tocar na seção de guitarras. Ele pegava uma guitarra "nova" da parede, como se nunca a tivesse visto antes, e a tocava durante horas. O sujeito a afinava e usava como se estivesse num palco. Simplesmente ficou por ali e tocou pelo que pareceram anos. Tenho certeza de que existe um desses em todas as lojas de música.

QUANDO COMECEI O ENSINO MÉDIO, HAVIA UMA INFINIDADE DE discos sensacionais de hard rock para eu ouvir e com os quais aprender: Cheap Trick, Van Halen, Ted Nugent, AC/DC, Aerosmith e Queen estavam todos no seu grande auge. Ao contrário de muitos dos meus colegas que tocavam guitarra, nunca me esforcei para imitar Eddie Van Halen. Ele era um guitarrista dos mais aclamados e, portanto, todos tentavam tocar como Eddie, mas ninguém tinha o *jeito* dele – e pareciam não se dar conta do fato. O som dele era tão pessoal que eu não podia me imaginar nem chegando perto, ou tentando, ou mesmo querendo. Peguei alguns dos tons de blues de Eddie ouvindo-o, tons que ninguém reconhece como sua marca registrada porque não acho que ele já tenha sido devidamente reconhecido pelo grande senso de ritmo e melodia. Assim, enquanto todos praticavam suas imitações e escutavam "Eruption", eu apenas ouvia o Van Halen. Sempre gostei de guitarristas que têm carreiras solo, de Stevie Ray Vaughn a Jeff Beck, de Johnny Winter a Albert King, e, enquanto aprendi observando a técnica, assimilar a *paixão* da música me ensinou muito mais.

De qualquer forma, as coisas tinham mudado na época em que entrei para o ensino médio. Por volta de 1980, o punk inglês encontrara seu caminho até Los Angeles, e tornara-se algo tão extremamente ridículo que nada

Slash fazendo o que fazia de melhor: tocar o tempo todo.

tinha a ver com suas raízes. Foi um modismo rápido, impossível de ignorar. De repente, todo adolescente mais velho que eu conhecia estava usando camisetas rasgadas, coletes e correntes nas carteiras, feitas com clipes de papel ou alfinetes. Nunca entendi onde estava o grande barato; era apenas mais uma manifestação superficial no cenário de West Hollywood que girava em torno do Rainbow, do Whisky, do Club Lingere e do Starwood.

Nunca considerei o punk de Los Angeles digno de se ouvir, porque não o considerava real. Por volta daquela época, o Germs era a banda de sucesso, e eles tinham muitos imitadores, os quais não sabiam tocar, na minha opinião, e eram uma bosta. As únicas bandas que eu achava que valiam alguma coisa eram X e Fear – e isso era tudo. Eu respeitava o fato de que a essência do punk, do ponto de vista de um músico, girava em torno de não se saber tocar muito bem e não se ligar a mínima para isso. Mas me aborrecia o fato de que todos exploravam esse estilo pelas razões erradas – há uma diferença entre se tocar mal e se tocar mal deliberadamente com uma causa.

Surgindo de Londres e de Nova York, o punk rock causou impacto e, embora tenha sido mal interpretado em Los Angeles, deu origem, de fato, a um grupo de excelentes clubes, o Café de Grand sendo o melhor deles. Esse era o melhor lugar para ver shows de verdadeiro punk hardcore, mas não era o único – o Palladium exibia ótimos shows de hardcore também. Assisti aos Ramones lá, e jamais me esquecerei disso – foi intenso como surfar em ondas gigantescas. Com umas poucas exceções, o punk de Los Angeles foi tão patético quanto os quilômetros de seguidores enfileirados do lado de fora do Starwood todo final de semana.

Naquela época, eu enfim chegara a uma idade em que era o cara mais velho. Havia passado a vida sendo o garoto mais novo que andava com os mais velhos, entrando nas paradas deles, sempre querendo tomar parte nas coisas maneiras que faziam. Agora eu era um deles e, no que me dizia respeito, o movimento punk e aquela coisa realmente horrível da moda que o acompanhou haviam arruinado tudo. Eu acabara de chegar à idade certa para apreciar e desfrutar todas as coisas que tinham precedido isso, e foi exatamente quando tudo começou a ficar uma bosta.

Desde a época em que nasci até 1980, tudo fora bastante estável. Era tudo mais ou menos baseado no rock and roll, apesar das bandas de rock insossas que surgiram: Foghat, Styx, Journey, REO Speedwagon e muitas mais. De 1979 a 1980 em diante, com a exceção do Van Halen, tudo seguiu um rumo diferente, o que instigou um tipo completamente diverso de rebelião, e aquilo em que eu me via ficou mais ou menos marcado por modismo.

DEPOIS QUE FUI EXPULSO DO COLÉGIO FAIRFAX POR AQUELE incidente na aula de estudos sociais, eu me encontrei num limbo em termos de estudos. A educação sempre foi uma prioridade para a minha mãe. Ela me deixava morar onde quisesse e pudesse durante todo o verão, desde que eu concordasse em ir viver a seu lado, onde quer que Ola estivesse, quando chegasse o outono. Ola precisava ter certeza de que eu estava frequentando a escola; assim, nada além do fato de eu estar vivendo sob seu teto bastaria. No verão após a minha expulsão, me matriculei no curso de verão do Colégio Hollywood para tentar obter as notas de que precisava para entrar no Colégio Unificado Beverly Hills com o restante da classe no início do meu segundo ano. Mas também tentei sair do ensino médio de uma vez estudando e fazendo o exame de proficiência. Não fui tão bem: durante a primeira meia hora fiz um intervalo para fumar e não voltei mais.

Durante esse período, minha mãe, enfim, largou Namorado, o fotógrafo. Assim que Namorado começou a vender tudo na casa para continuar cheirando sua coca (ele acabou falido), Ola arrumou suas coisas e se mudou de lá, de repente, com o meu irmão. Eu não estava passando muito tempo em casa na ocasião e, portanto, não testemunhei o rompimento. Mas, quando soube do ocorrido, fiquei aliviado.

Minha mãe, meu irmão e minha avó foram morar juntos num apartamento na Wilshire com a La Cienega, e, seguindo as regras da minha mãe, fui viver com eles no outono. Mamãe queria que eu me formasse antes de seguir o caminho que eu desejasse, mas eu não a deixara com muita escolha. Minhas notas, minha frequência e o meu comportamento não tinham sido dos melhores. Desse modo, Ola fez o que pôde: matriculou-me como um aluno do curso de recuperação no Colégio Beverly Hills.

Era onde se colocavam alunos com problemas de "adaptação": distúrbios de aprendizado, questões de comportamento e aqueles que não se ajustam ao currículo padrão. Enquanto no Fairfax eu achava que essa era uma situação a ser evitada, ali era perfeita para mim, pois tinha permissão para trabalhar no meu próprio ritmo, e podia escolher meus horários para me adequar conforme fosse melhor. Eu chegava às oito e saía ao meio-dia porque tinha dois empregos, na ocasião. Além do cinema Fairfax, o outono era a alta temporada na fábrica de relógios.

    Meus colegas de classe no curso de recuperação do Colégio Beverly Hills eram um bando de figuras. Havia umas duas meninas que andavam de Harley-Davidson, sendo que uma delas era uma gigante cujo namorado corpulento, de quarenta e poucos anos e membro dos Hell's Angels, buscava-a todos os dias. Ele chegava cedo e apenas ficava sentado lá acelerando; a outra garota tinha a própria Harley. Havia também três garotas roqueiras da Sunset Strip na classe; as cabeleiras armadas, as camisetas esburacadas e os saltos altíssimos e finos falavam por si mesmos. Todas as três eram bonitas a seu próprio jeito... sabiam como usar batom e sombra, por assim dizer. Eu conhecia uma outra menina na classe, Desiree, filha de um dos amigos do meu pai, Norman Seiff, um fotógrafo de rock bastante conhecido. Tínhamos brincado juntos quando pequenos e feito nossas peraltices. Eu tivera uma queda por ela por todos aqueles anos e tive muito mais motivos para nutrir esse interesse quando tornei a vê-la: Desiree se sentava uma fileira adiante de mim e não usava nada além de blusas soltas sem mangas, nem sutiã. Tornara-se uma roqueira gostosa, que ainda era tão bonita para mim quanto fora aos sete anos.

    Havia outros tipos naquela classe também. Éramos um grupo tão heterogêneo e exótico que poderíamos ter sido bonecos para colecionar: o surfista usuário de drogas, a adolescente gostosa e fácil, a gótica gorda e soturna, o triste garoto indiano que trabalhava no turno da noite na loja 7-Eleven dos pais; todos nós destoando completamente da hierarquia social do ensino médio. Olhando para trás, gostaria de saber como cada pessoa naquela sala de aula acabou parando lá, no sofisticado Colégio Beverly Hills, não menos, embora na ala dos "desajustados". Fomos colocados juntos, pelo bem de nossa educação "progressiva", numa sala de aula com um banheiro anexo que também servia como nossa sala comunitária para fumar. Foi onde descobri por que aquelas três roqueiras da Sunset Strip tinham aquela aparência espalhafatosa: eram as presidentes não oficiais do fã-clube do Mötley Crue. Faziam propaganda de graça também. Conversaram comigo sobre o Mötley durante o primeiro intervalo para fumar que partilhei com elas.

Eu já ouvira falar de Nikki Sixx, o baixista e criador do Mötley Crue, desde a primeira banda dele, London, porque Steven e eu a tínhamos visto tocar numa noite no Starwood, quando conseguimos entrar de fininho. O London tinha uma verdadeira presença de palco; combinado com a pirotecnia deles de orçamento baixo e as roupas ao estilo do Kiss, eram uma banda boa o bastante para fazer a cabeça de qualquer adolescente. Eu não fazia ideia de que Nikki conhecera Tommy Lee e que haviam encontrado os outros caras e se tornado o Mötley Crue; nem sabia que estavam liderando um movimento que destronou o punk de Los Angeles da noite para o dia. O Mötley não se parecia com o Quiet Riot, Y&T, nem com nenhuma outra banda de Sunset Strip do momento: estavam igualmente acima dos demais, mas não eram como mais ninguém. Eram tão únicos que não havia meio de que alguém, além de mim, suponho, pudesse ter confundido aquelas três meninas com qualquer outra coisa que não fosse um grupo de fãs do Mötley Crue.

Há momentos na vida que apenas o tempo pode posicionar adequadamente. No máximo, você sabe que a foto instantânea é especial quando a tira, mas, na maior parte das vezes, apenas a distância e a perspectiva provam que você está certo. Tive um desses momentos um pouco antes de abandonar os estudos de uma vez por todas. Foi no dia em que Nikki Sixx e Tommy Lee apareceram na minha escola. Seis anos mais tarde, estaríamos dividindo carreiras de coca por cima de bandejas no jato particular deles, mas vê-los do lado de fora do Colégio Beverly Hills é mais memorável para mim. Usavam botas de salto alto e fino, calças coladas, cabelos armados e maquiagem. Fumavam cigarros e conversavam com garotas no estacionamento do colégio. Foi algo um tanto irreal. Observei as minhas novas amigas de escola, aquelas três que se vestiam ao estilo do Mötley, fitarem os dois com olhos vidrados, enquanto Tommy e Nikki lhes entregavam, com ar indiferente, pôsteres para pendurar e panfletos para distribuir na Strip anunciando o show seguinte do Mötley. Eu estava boquiaberto: não apenas aquelas meninas achavam aquela banda legal a ponto de se vestirem como os integrantes, mas também estavam dispostas a serem divulgadoras voluntárias. Nikki lhes dera cópias do novo EP da banda, *Too Fast for Love*, e a função delas era a de converter todos os amigos em fãs do Mötley Crue. Era como ver o Drácula soltando todos os discípulos em Beverly Hills para sugar o sangue de virgens.

Foi no dia em que Nikki Sixx e Tommy Lee apareceram na minha escola. Seis anos mais tarde, nós dividiríamos carreiras de coca por cima de bandejas no jato particular deles, mas vê-los do lado de fora do colégio Beverly Hills é mais memorável para mim.

Eu estava impressionado e tomado por uma inveja construtiva: jamais poderia estar numa banda que parecesse ou soasse como o Mötley Crue, mas queria o que eles tinham. Queria tocar guitarra numa banda que inspirasse aquele grau de devoção e excitação. Fui ver o Mötley naquele final de semana no Whisky... musicalmente, era apenas razoável, mas como um concerto era *impactante*. Foi memorável por causa de toda a produção: Vince incendiou as botas de cano bem alto de Nikki e eles acenderam baseados. Tommy tocou como se quisesse dividir a bateria em dois enquanto Mick Mars detonou com a guitarra do seu lado do palco numa orgia musical. O que me afetou mais, porém, foi o público: eles eram tão fanáticos que cantaram todas as músicas e dançaram como se a banda estivesse sendo a atração principal do Forum de Los Angeles. Ficou óbvio, para mim ao menos, que logo o Mötley estaria fazendo exatamente isso. E, na minha cabeça, aquilo significava apenas uma coisa: *Se eles podem fazer isso nos próprios termos, por que eu também não posso, porra?*

Slash arrepiando com o Black Sheep em 1985.

5 AZARÕES

Uma vez que tiver vivido um pouco, você descobrirá que o que quer que envie ao mundo voltará para você de um jeito ou de outro. Pode ser hoje, amanhã ou daqui a anos, mas acontece; geralmente quando menos se espera e de uma forma bem diferente da original. Esses momentos de incríveis coincidências que mudam sua vida parecem obras do acaso na hora, mas não acho que seja isso. Ao menos é como as coisas têm sido na minha vida. E sei que não sou o único.

Não vi Marc Canter durante quase um ano pela simples razão de que ambos andáramos ocupados fazendo outras coisas. Nesse meio tempo, ele passara por uma metamorfose. No nosso último encontro, Marc era fã de música e começava a assumir um papel na direção do negócio da família no Canter's Deli. Agora era sem dúvida um "roqueiro" completo – isso era mais ao meu estilo. Quando nos reencontramos, Marc transformara-se em outra pessoa: era um fã aficionado, obcecado por rock. Eu não chegaria a esse extremo, mas ele dedicava sua vida inteira ao Aerosmith. Transformara o quarto num altar de parede a parede: os pôsteres do Aerosmith o forravam como se fossem papel de parede; tinha exemplares de todas as revistas em que a banda aparecera, mantinha um álbum organizado, com envelopes plásticos, de fotos autografadas e juntara discos raros estrangeiros e cassetes de shows o suficiente para abrir uma loja de discos.

Marc decididamente não se vestia de acordo, porém. Não parecia mais do que um fã de rock com uma predileção por camisetas do Aerosmith, porque não deixou o fanatismo ir ao ponto de começar a imitar Steven ou Joe. Ele o levara, no entanto, a perseguir pessoas, roubar, invadir, e a algumas outras atividades um tanto ilegais em nome da causa. De algum modo, Marc também se envolvera com os cambistas locais. Comprava uma pilha de ingressos para um show e, depois, negociava entre os cambistas até conseguir um par perfeito de lugares perto do palco. Era tudo um grande jogo para ele; parecia um garoto trocando figurinhas de beisebol, mas, em se tratando de shows, era o garoto que ficava com as figurinhas mais raras.

Uma vez que Marc tinha os assentos garantidos, sua pequena operação estava apenas começando. Conseguia entrar com uma câmera profissional escondida e uma coleção de lentes desmontando todo o equipamento e metendo as peças na calça, nas mangas da jaqueta e onde quer mais que coubessem. Nunca foi flagrado e tirou fotos incríveis do Aerosmith ao vivo. O único problema é que se tornou fã inveterado um tanto tarde demais: quando começou de fato a adorar a banda, ela se dissolveu.

Alguns dos itens da coleção de Marc de recordações do Aerosmith eram um saco vazio de Doritos e um pequeno saco plástico repleto de bitucas de cigarro que surrupiara do quarto de Joe Perry na Sunset Marquis. Ao que tudo indica, ele vigiara o lugar e conseguira entrar lá depois que Joe deixara o hotel e antes que a arrumadeira aparecesse. Joe nem sequer tocara num show nem nada na noite anterior – àquela altura, ele já saíra da banda, na verdade. Achei um tanto esquisito. O Aerosmith nem ao menos *estava junto*, mas Marc vivia em função da banda quase vinte e quatro horas por dia. Marc sempre foi um dos meus melhores amigos desde que nos conhecemos e, portanto, eu tinha de lhe dar meu apoio contribuindo para a coleção. Assim, fiz um desenho à mão livre do Aerosmith no palco e lhe dei de aniversário. Eu o fiz a lápis com sombreados e, depois, realcei-o com canetas coloridas; ficou bastante bom.

Aquele desenho ensinou-me uma lição que tem sido repetida por sábios, e por outros nem tanto, ao longo da história da humanidade: o que quer que você faça no mundo acaba voltando para você de um jeito ou de outro. Neste caso, o desenho voltou para mim literalmente e trouxe junto tudo o que eu estivera procurando.

Quando tornei a ver o desenho, estava num impasse. Estivera lutando sem êxito para formar uma banda em meio a um cenário musical que não me dizia nada em absoluto. Queria os benefícios que via músicos menos capacitados desfrutando, mas se aquilo significasse que eu teria de mudar demais, não estava a fim – tentei, mas descobri que era incapaz de abrir mão do meu jeito de ser. Não mentirei, agora que a retrospectiva está do meu lado, afirmando que, no fundo, eu sabia que tudo acabaria entrando perfeitamente nos eixos. Não parecia nem um pouco que tudo acabaria bem, mas isso não me impediu de fazer a única coisa que podia. Fiz o que sentia que era o certo e, de algum modo, tive sorte. Encontrei outras almas desajustadas feito a minha.

Eu estava trabalhando na Hollywood Music Store no dia em que um cara esguio vestido feito Johnny Thunders se adiantou até mim. Usava jeans preto justo, colete, meias rosa; os cabelos tingidos de preto. Segurava uma cópia do meu desenho do Aerosmith que um amigo em comum tinha lhe dado. Ao que parecia, cópias tinham sido feitas e distribuídas. Aquele cara tinha se sentido inspirado o bastante pare me procurar, ainda mais quando soube que eu tocava guitarra.

— Oi, você é o cara que desenhou isto? – perguntou, um tanto impaciente. – É bom pra cacete.

— Sim, fui eu. Obrigado.

— Como se chama?

— Slash.

— Sou Izzy Stradlin.

Não conversamos por muito tempo. Izzy sempre foi o tipo de sujeito que precisava estar em algum outro lugar. Mas combinamos de nos encontrar depois e, quando foi à minha casa naquela noite, levou-me uma fita da banda dele. O som não poderia ser pior. A fita era do tipo mais barato possível no mercado, e o ensaio fora gravado através do microfone embutido de um gravador comum deixado por perto. A impressão era a de que haviam tocado dentro da turbina de um jato. Mas, através da estática e dos ruídos ao fundo, ouvi algo interessante, que acreditei ser a voz do cantor da banda. Era difícil distinguir, e os gritos esganiçados dele eram tão agudos que poderia ser um defeito técnico na fita – ou que o cara estivera com uma espinha de peixe entalada na goela. Soava como o ruído agudo que uma fita cassete faz às vezes antes de começar a tocar – só que era perfeitamente afinado.

APÓS MINHA TRAJETÓRIA INCOMPLETA NO ENSINO MÉDIO, MOREI com a minha mãe e a minha avó numa casa entre Melrose e La Cienega, ocupando um pequeno quarto no porão, ao lado da garagem. Era perfeito para mim. Se fosse preciso, eu podia sair pela janela no nível da rua sem ser notado a qualquer hora do dia ou da noite. Tinha minhas cobras e meus gatos lá embaixo. Também podia tocar guitarra quando bem entendesse sem incomodar ninguém. Tão logo saí da escola, concordei em pagar o aluguel da minha mãe.

Como mencionei, tive vários empregos diurnos enquanto tentava formar ou entrar numa banda na qual acreditasse, em meio à situação complicada do cenário do metal de Los Angeles. Por volta dessa época, trabalhei por algum tempo no Canter's Deli numa função que Marc praticamente inventou para mim. Eu trabalhava sozinho no andar de cima do salão de banquetes, que não era nem um pouco apropriada para banquetes – era mais ou menos o lugar onde estocavam todos os tipos de porcarias das quais não precisavam muito. Não me dei conta do humor por trás disso na ocasião.

Meu serviço consistia na comparação dos cheques dos funcionários com os recibos correspondentes do caixa, de modo que Marc pudesse descobrir fácil e rapidamente quem estava roubando. Era muito simples; um trabalho que qualquer imbecil poderia fazer. E tinha seus benefícios. Eu comia sanduíches de pastrami e tomava coca-cola o tempo todo, enquanto colocava aqueles papéis em duas pilhas, basicamente. Meu trabalho deu resultado. Através da minha verificação, Marc apanhou funcionários que decerto tinham roubado sua família durante anos.

Depois que saí, Marc passou a função para Ron Schneider, meu baixista no Tidus Sloan. Nossa banda ainda tocava às vezes, mas não estávamos levando as coisas ao patamar seguinte de forma alguma – sem um vocalista, jamais conseguiríamos nos apresentar na Strip.

Meu emprego na Hollywood Music Store foi um dos poucos que eu via como um meio de galgar degraus para tocar guitarra profissionalmente, em tempo integral. Não estava naquilo por causa da fama e das garotas; era o meu desejo por uma razão muito mais simples: não havia mais nada no mundo que eu gostasse mais de fazer. Na loja de música, eu era um vendedor que não apenas vendia, mas tocava cada guitarra disponível. Aquela, porém, não era a minha única área de atuação. Também vendia todos os tipos de coisas sobre as quais não sabia absolutamente nada. Era capaz de me passar por um especialista quando explicava sobre os prós e os contras dos amplificadores de baixo, mas quando se tratava de baterias, pratos, baquetas e de toda a ampla variedade de instrumentos de percussão que eu vendia... ainda fico impressionado com a minha habilidade de enaltecer um monte de bosta.

Gostava do meu trabalho na loja de música, mas era como um purgatório de fantasias não realizadas. Passava cada momento de folga olhando pelas janelas da frente para o Cherokee Studios do outro lado da rua. O Cherokee era como um destino certo para gravações no início dos anos 80. Não que eu fosse um grande admirador, mas a cada vez que via os Doobie Brothers entrando lá para gravar uma música, não posso negar que ficava morrendo de inveja. Fiquei, porém, totalmente embasbacado no dia em que aconteceu de eu olhar pela janela no momento em que Ric Ocasek andava pela rua, rumo ao Cherokee.

Por volta dessa época, Steven Adler retornara do exílio no Vale e retomamos exatamente de onde havíamos parado. Ambos tínhamos namoradas e, assim, formamos um quarteto inseparável. Minha namorada, Yvonne, cursava o último ano do ensino médio quando nos conhecemos.

Era uma aluna disciplinada de dia e uma roqueira à noite, e conseguia conciliar essa dupla identidade muito bem. Yvonne era uma menina incrível: inteligente, sexy, extrovertida, direta e ambiciosa – hoje em dia, é uma poderosa advogada em Los Angeles. Depois que se formou, optou por cursar psicologia na Universidade da Califórnia e, àquela altura, eu começara a mais ou menos viver com ela. Nos meus dias de folga, Yvonne conseguia me persuadir a acompanhá-la até a faculdade por volta das oito da manhã. Eu passava a manhã no campus da UCLA, sentado do lado de fora, fumando cigarros e observando os yuppies passando. Em alguns dias, sempre que eu achava a matéria ou o professor interessante, sentava nas salas de aulas maiores.

Nem sequer me lembro mais do nome dela, mas a namorada de Steven logo ficou amiga de Yvonne, porque nós quatro saíamos todas as noites. Eu não queria, na maior parte do tempo, mas lá íamos nós até a Sunset Strip – não gostava nem um pouco da música do momento, embora tentasse me mostrar animado. O golpe de misericórdia foi quando uma "inovação" muito divulgada e supervalorizada, conhecida como MTV, foi ao ar pela primeira vez. Achei que seria como o *Don Kirshner's Rock Concert*, o programa ao vivo, de uma hora de duração, apresentado nas noites de sábado de 1973 a 1981. Aquele show destacava um artista por semana e transmitiu apresentações incríveis de todo o mundo, de Stones a Eagles, de Sex Pistols a Sly & The Family Stone, e até de comediantes como Steve Martin.

A MTV não poderia ter sido o polo mais oposto. Exibiam "She Blinded Me with Science", de Thomas Dolby, o Police e Pat Benatar à exaustão. Eu esperava literalmente horas para ver uma boa música; e, em geral, ou era Prince ou Van Halen. Sentia-me da mesma maneira como quando explorava a Sunset à noite. Via muito, gostava de bem pouco e ficava para lá de entediado o tempo todo. Steven, por sua vez, estava curtindo muito. Adorava tudo o que acontecia lá, porque era a chance dele de realizar o sonho de se tornar astro do rock. Nunca demonstrara tal ambição antes. Fazia o que fosse preciso para entrar num clube, para conhecer pessoas, para fazer contatos e estar em meio àquele cenário o máximo possível.

Steven batia cartão no estacionamento do Rainbow todas as noites de sexta e sábado, ficava de marcação em cima de qualquer banda existente e fazia praticamente de tudo, exceto ser castrado, para conseguir entrar.

Eu quase nunca me dava ao trabalho de ir junto porque não conseguia me submeter ao que a maioria geralmente precisava fazer. Era incapaz de me humilhar para percorrer aquela etapa a mais. Não sei por que, mas achava um saco ficar zanzando em estacionamentos e entradas de palcos em busca de qualquer chance que pudesse surgir desse modo. Em consequência, vivia tão ausente que as intermináveis histórias de Steven na manhã seguinte sobre bandas sensacionais e mulheres gostosas, por fim, acabaram me persuadindo. Mas nunca vi nenhuma dessas criaturas míticas quando decidi acompanhá-lo (contrariando o meu bom senso). Não testemunhei nada além de uma sequência de noites que jamais atingiram proporções épicas. Uma noite que se destaca começou com Steven e eu pegando o carro da minha mãe emprestado (eu tinha dezessete anos na época, acho) para ir até o Rainbow socializar com a galera.

Dirigimos até Hollywood, caminhamos até o clube e descobrimos que era a noite das mulheres.

– Isso é fantástico, cacete! – gritou Steven.

Eu frequentava o Rainbow havia anos, graças à minha identidade falsa e a Steady, o segurança do clube. Ele ainda está lá e ainda me reconhece. Naquela noite em específico, porém, não sei o que deu em Steady, afinal.

Deixou Steven entrar e me mandou de volta para casa.

– Não, você não – ordenou. – Hoje não. Vá para casa.

– Como é que é? – indaguei. Não tinha o direito de estar indignado, mas estava. – Como assim? Estou aqui o tempo todo, cara!

– Sim, e não dou a mínima. Vá dando o fora. Você não vai entrar esta noite.

Fiquei tão puto da vida! Não tendo outro lugar para ir, contudo, segui as ordens de Steady e fui para casa. Afoguei o constrangimento no álcool e, assim que fiquei calmo e bêbado, tive a ideia maluca de voltar ao Rainbow vestido de mulher. Fez absoluto sentido daquela maneira especial que planos de bêbados fazem. Eu mostraria a Steady: entraria no clube de graça usufruindo do privilégio da noite das mulheres e, depois, pregaria uma peça em Steven. Adler dava em cima de tudo quanto era garota e, portanto, eu tinha certeza de que ele me cantaria muito antes de perceber quem eu era.

Minha mãe achou meu plano hilário. Ela me vestiu com uma saia e meias arrastão, meteu meu cabelo debaixo de uma boina preta e fez a minha maquiagem. Os sapatos dela não me serviram, mas o traje deu certo – eu parecia uma garota... não – eu parecia uma garota do Rainbow. Dirigi de volta a West Hollywood a bordo do meu modelito e, estacionando a algumas quadras de distância na Doheny, andei até o clube. Estava ao mesmo tempo embriagado e incumbido de uma missão e, assim, nem um pouco inibido. Adiantei-me até Steady e quase ri na cara dele quando acenou para que eu entrasse sem sequer uma pausa para pedir a identidade.

Eu estava nas nuvens. Tinha vencido! Até perceber que Steven não estava em lugar algum. Foi como chegar ao final da montanha-russa antes que o vagonete sequer tivesse percorrido o primeiro trecho de descida. A realidade da situação atingiu-me em cheio. Eu me encontrava vestido de mulher, no meio do Rainbow. Uma vez que saquei o mico, fiz a única coisa sensata: saí. Durante a longa caminhada de volta até o carro da minha mãe, achei que cada grito era dirigido a mim, que cada risada acontecia à minha custa. Pensei em como deve ser difícil ser uma garota.

A NAMORADA DE STEVEN DEPAROU COM TOMMY LEE PELA cidade certa noite e ele a convidou para ir até o Cherokee Studios para ver o Mötley gravar *Theatre of Pain*, o álbum que se seguiu ao segundo deles, *Shout at the Devil*, que tinha feito grande sucesso. A namorada de Steven nem hesitou em convidar Yvonne, Steven e eu. Deve ter imaginado que o convite de Tommy incluía "mais três". Steven e eu já deveríamos ter esperado algo assim. Nós quatro fomos até lá, todos prontos para entrar e assistir aos procedimentos. Quando chegamos, fomos informados, com todas as letras, que as meninas podiam entrar – o que fizeram –, mas Steven e eu não. Foi sugerido que fôssemos para casa. Estávamos fervendo de raiva. Vimos nossas garotas entrarem no estúdio e passamos a noite sentados nas duas poltronas da recepção, tentando ficar calmos, enquanto conversávamos sobre o que elas poderiam estar fazendo lá dentro. Não foi um momento agradável.

Não sei direito como, mas essa experiência não me abalou o bastante para abandonar a ideia de arranjar um emprego no Cherokee. Eu estivera atormentando o gerente diurno do estúdio para me contratar por um ano inteiro. Ia até lá diariamente, pontual feito um relógio, durante o meu intervalo de almoço na Hollywood Music do outro lado da rua. Continuei fazendo isso, com ar profissional como de costume, até que, algumas semanas depois, ele enfim cedeu e me ofereceu um emprego. Na minha mente, foi um tremendo progresso; eu estava agora a um passo de me tornar um músico profissional. Engano meu, mas o meu plano era o de que, uma vez que trabalhasse num estúdio, faria contatos porque conheceria músicos e produtores todos os dias. No meu conceito, um estúdio era o lugar para se conhecer outros músicos que levavam a coisa a sério e, trabalhando lá, no mínimo eu obteria tempo de gravação de graça quando tivesse formado uma banda. Com essa merda toda na cabeça, deixei o emprego na Hollywood Music, sentindo como se tivesse acabado de ganhar na loteria.

Fui contratado pelo Cherokee para ser um faz-tudo dos engenheiros de som, nem mais, nem menos. Não me importei. Apareci no meu primeiro dia pronto para cumprir pequenas tarefas, levar o lixo para fora, qualquer coisa. Fiquei visivelmente aturdido quando descobri que a minha função naquela semana seria buscar o que quer que o Mötley Crue pudesse precisar, fosse dia ou noite. Pouco tempo antes, esses mesmos caras tinham se recusado a me deixar entrar no estúdio e talvez tivessem transado com a minha namorada (acreditei quando ela disse que não aconteceu nada, mas ainda assim...), e, dali em diante, teria de passar os dias seguintes bancando o lacaio deles. Ótimo...

O gerente do estúdio me entregou cem dólares para atender ao primeiro pedido do Mötley, o que, tive certeza, seria o primeiro de muitos: uma garrafa de Jack Daniel's, outra de vodca, alguns pacotes de salgadinhos e uns dois pacotes de cigarros. Olhei para o dinheiro enquanto saía para o sol, pesando os prós e os contras de engolir meu orgulho. Estava um belo dia. Parei quando cheguei à loja de bebidas para pensar sobre aquilo por um minuto.

Estreitei os olhos na direção do céu; olhei fixo para a calçada e, então, continuei caminhando – na direção de casa. Foi tudo o que o destino reservou para o Cherokee e eu. Levando em conta quantas horas já passei em estúdios profissionais de gravação ao longo dos anos desde então, é quase ridículo que eu nunca mais tenha posto os pés no Cherokee Studios. A esta altura, não tenho intenção de fazer isso – devo cem dólares àqueles caras. O único dia que passei lá, no entanto, ensinou-me uma valiosa lição: eu precisava abrir um caminho próprio na indústria musical. Não importava que qualquer idiota pudesse cumprir a tarefa de buscar coisas para o Mötley Crue, ou para quem quer que fosse, aliás – aquele trabalho foi algo que me recusei a fazer com base em princípios. Fico contente por minha atitude. Facilitou muito as coisas quando o Mötley nos contratou para fazer a abertura de seu show, alguns anos depois.

ENTÃO, EU HAVIA ABANDONADO A HOLLYWOOD MUSIC, ACHANDO que o emprego no estúdio seria meu último trabalho diurno antes de conseguir chegar lá. Dificilmente. As coisas não iam muito bem para mim a essa altura: não me formara na escola, não iria para a faculdade e, pelo que sabia, tinha largado o único emprego que talvez tivesse me ajudado em minha jornada.

Fiquei desempregado e sem rumo por algum tempo, que foi o momento perfeito para minha mãe me mandar para a escola outra vez – qualquer escola. Que Deus abençoe o perpétuo compromisso dela em fazer com que eu tivesse uma educação. Dessa vez, mamãe tomou a única atitude lógica. Sabia que eu adorava música e, assim, matriculou-me numa bizarra escola vocacional de música.

Fico bastante decepcionado em não conseguir me lembrar do nome desse lugar, embora me recorde muito bem de como nossos professores eram desconcentrados. Agora tenho certeza de que minha mãe descobriu a escola através de um folheto que pegou na lavanderia. De qualquer modo, eu me matriculei, apareci e, numa questão de semanas, meus professores me mandaram a campo para instalar cabos e colocar filtros nos canhões de luz em vários eventos ao vivo. Esse lugar ensinava aos alunos as artes da engenharia de som e luz para apresentações ao vivo de uma maneira bastante prática. Havia cerca de seis alunos na minha turma e quase de imediato passamos a auxiliar técnicos em lugares como o Clube de Campo, a Estação FM e vários outros em Los Angeles. Na verdade, era um completo descaramento: era óbvio que a escola fora fundada ou era dirigida pela empresa de produções que organizava esses shows e, assim, nós, os alunos, não estávamos apenas trabalhando de graça; eles também ficavam com o nosso dinheiro do curso. Apesar da sacanagem, eu, de fato, aprendi a instalar luzes e som para shows ao vivo. Gostei disso também, mas só até a noite em que instalei as luzes para o show de um grupo de aspirantes a Duran, chamado Bang. Constatei duas coisas enquanto assistia ao show deles: 1) era impossível que uma apresentação musical fosse mais ridícula, e 2) aquela coisa de luz e som não estava me levando a lugar algum.

EU ESTAVA DESESPERADO PARA FAZER PARTE DE UMA BANDA E, portanto, comecei a examinar os anúncios no *The Recycler* – o jornal gratuito de músicos de Los Angeles – toda semana, em busca de um convite para algo que me interessasse. Na maior parte, foi inútil: não passavam de anúncios de gente querendo tocar só por diversão. Mas, numa semana, vi um que me chamou a atenção: era de um cantor e um guitarrista em busca de mais um guitarrista ao estilo do Aerosmith e do Hanoi Rocks. E mais importante, declarava expressamente que "nem barbas nem bigodes" precisavam se candidatar.

Liguei para o número no anúncio e combinei de encontrá-los numa casa de hóspedes que estavam alugando em alguma rua em Laurel Canyon. Apareci lá com uma menina que eu estava namorando e reconheci Izzy imediatamente do dia em que fora à loja de música com o meu desenho do Aerosmith. Dei-me conta, então, de que o outro cara devia ser aquele cantor de voz aguda e afinada que eu ouvira na fita cassete. *Legal, isto deve dar em alguma coisa*, pensei. A pequena casa deles parecia mais um armário: havia espaço suficiente para uma cama, para que alguém se sentasse no chão diante dela e para uma TV – que era a única fonte de iluminação ali.

Conversei com Izzy por algum tempo, mas Axl não desgrudou do telefone, embora tenha balançado a cabeça para indicar que me viu entrando. Na época, achei uma grosseria, mas agora que o conheço entendo que não foi o caso. Quando Axl envereda por uma conversa, não há nada que o detenha. No Guns, costumávamos chamar isso de um Desastre Twain: quando Axl começava a contar uma história, estendia-se tanto quanto Mark

Twain. Aquele primeiro encontro, no entanto, acabou não dando em nada. Ou eles haviam decidido que não estavam mais interessados num segundo guitarrista, ou que eu não me encaixava no que buscavam. Qualquer que tenha sido o problema, aquele dia não deu em nada.

NO MINUTO EM QUE STEVEN VOLTOU A HOLLYWOOD, INFORMOU-ME com orgulho que aprendera a tocar bateria na casa da mãe, no Vale, o que, tenho certeza, contribuiu para ter sido chutado de lá outra vez. Ele estava pronto para começar a nossa banda, embora, na época, eu ainda tocasse sem mais a mesma motivação no Tidus Sloan e estivesse respondendo ao estranho anúncio no jornal em busca de um guitarrista. Não o levei a sério. Para mim, Steve era meu diretor social — e um tanto pentelho: ele começou a ir aos ensaios do Tidus Sloan e, a cada chance que tinha, insistia que era melhor baterista do que Adam Greenberg. Quando, por fim, eu me vi sem uma banda, Steve havia me azucrinado tanto que nem sequer estava disposto a vê-lo tocar, quanto mais tocar com ele.

A avó de Steve lhe dera seu velho Gremlin azul; um carro que mais parecia uma banheira. Ao que tudo indicava, uma vez que não podia praticar na casa da avó, ele estivera colocando sua bateria naquela coisa diariamente e dirigindo até o parque público em Pico, do lado oposto da rua dos estúdios da Twentieth Century-Fox, situado numa área que incluía uma piscina e um campo de golfe. Eu conhecia bem o lugar; costumara jogar futebol lá aos nove anos. Por mais esdrúxulo que isso fosse, Steven montava a bateria junto ao caminho principal e praticava durante a tarde inteira e parte da noite. Tenho certeza de que os frequentadores do parque, como os idosos, os que praticavam corrida, os que levavam os cães para passear, além dos patos que viviam lá, adoravam isso. Um garoto roqueiro loiro, de cabeleira armada, tocando bateria com todo o ímpeto agradaria o público de qualquer lugar.

Enfim, concordei em vê-lo, embora continuasse a me perguntar o que diabo estava pensando enquanto dirigia para ir ao encontro dele. Escurecera por completo quando cheguei lá. Estacionando ao lado do carro de Steven, andei até o caminho, e lá estava ele, tocando a bateria no escuro. Atrás dele, havia luzes distantes e a vastidão do parque e do campo de golfe. Era uma cena bizarra. Observei isso por um momento antes de prestar atenção à maneira como ele tocava. Mas, uma vez que o fiz, esqueci o pano de fundo. Sentado lá no escuro, observando Steven tocar, embora não convencido das habilidades dele, estava satisfeito. Além do mais, não tinha alternativa melhor disponível para mim.

    Steven e eu estávamos numa situação que era familiar e indesejada – buscávamos um cantor e, dessa vez, um baixista também. Steven era inestimável naquele aspecto, porque conhecia todos os músicos. Saía tanto que tinha visto quase todas as bandas que existiam para serem vistas no cenário do rock de Los Angeles na época. Também estava por dentro das fofocas. Uma vez que o Mötley Crue se dissolveu por um tempo, Steven ouviu dizer que Lizzy Grey, o cofundador do London com Nikki Sixx, pretendia reunir essa banda de novo. Era algo sensacional. Steven e eu tínhamos visto o London quando mais novos, e a banda nos deixara de queixo caído. Izzy Stradlin estava naquela segunda versão do London, mas, depois que saiu, as coisas degringolaram um pouco, e havia vaga para um guitarrista e um baterista. Steve e eu fizemos um teste para eles no espaço onde a lendária banda de funk War costumara ensaiar e gravar na Sunset, um pouco além do Denny's. Naquele tempo, o lugar não passava de uma pocilga. Hoje, é onde fica o Centro de Guitarra Hollywood.

    Assim, tocamos lá com o London durante quatro dias. Aprendemos uma porrada de músicas deles e, embora fosse um passo adiante da estaca zero, acabou não resultando em nada. Ao menos foi uma experiência interessante, porque vi em primeira mão como podem ser pomposos aqueles que se julgam astros do rock. Os caras do London se comportavam como se fossem os maiorais, como se Steven, eu e o resto dos músicos estivéssemos do outro lado de uma cerca invisível. Aquilo me levou de volta à minha infância e a todos os astros do rock que conhecera por intermédio dos meus pais. Tendo crescido por perto dos amigos e clientes deles, eu vira de tudo e aprendera como agir e não agir. Vira verdadeiros astros do rock tendo acessos de estrelismo e observara minha mãe lidando com eles. Aprendera através da observação como tratar com toda a diplomacia esses tipos temperamentais.

    Na ocasião, eu achava que os caras do London eram experientes e me senti intimidado, impressionado. Nem tanto assim, agora. Vi na rua o cara que cantava para eles na época, no início de 2007, enquanto dirigia até o estúdio para gravar com o Velvet Revolver. Lá estava ele, andando pela Sunset Boulevard, com o mesmo jeitão, ainda à procura de algum trabalho. Depois dessa empreitada infrutífera, Steven e eu decidimos nos arranjar por conta própria. Precisávamos de um baixista e de um cantor, mas concluímos que abordaríamos as coisas de maneira lógica e encontraríamos um baixista primeiro. Depois, faríamos testes com vocalistas, já tendo uma banda completa para que eles cantassem. Colocamos um anúncio no *The Recycler*; saiu na seção de "Procura-se" e dizia algo assim: "Precisa-se de baixista para banda influenciada por Aerosmith e Alice Cooper. Ligar para Slash".

Recebemos alguns telefonemas, mas o único cara que quisemos conhecer foi um chamado Duff. Ele acabara de se mudar de Seattle e pareceu maneiro ao telefone. Assim, eu lhe disse para ir ao nosso encontro no Canter's Deli às oito da noite. Steven e eu nos sentamos a uma mesa de canto, perto da entrada. Estávamos com as namoradas — Yvonne levava na bolsa uma grande garrafa de vodca num saco de papel pardo. Foi ela quem me apresentou a vodca, na verdade; antes de tê-la conhecido, eu só bebia uísque.

Ninguém remotamente parecido com um músico entrou no Canter's por um longo tempo, e as garotas já estavam quase bêbadas quando Duff, enfim, apareceu. Acho que nós quatro estávamos comentando sobre como ele seria quando um cara esquelético de mais de um metro e oitenta entrou. Tinha cabelo loiro curto e espigado e usava uma corrente com cadeado ao estilo de Sid Vicious no pescoço, coturnos e um casaco de couro vermelho e preto, apesar da temperatura de uns vinte e quatro graus. Ninguém previra aquilo. Cutuquei Steven e silenciei as meninas.

— Deem uma olhada — falei. — *Só pode* ser ele.

Duff estivera numa série de bandas de punk rock em Seattle. O original mas geralmente pouco reconhecido Fartz, para quem ele tocara guitarra, o lendário quarteto pré-grunge Fastbacks (bateria) e algumas outras. Um pouco antes de ter se mudado para Los Angeles, começara a tocar baixo. Duff era tão musicalmente versátil quanto motivado. Não deixara Seattle por não estar satisfeito em termos criativos. Partira porque sabia que aquele cenário (na época, ao menos) estava perdendo terreno, e ele queria ser bem-sucedido. Sabia que Los Angeles era a capital da música da Costa Oeste e, assim, sem um plano traçado e sem amigos à espera para o acolherem, colocara as coisas no velho Chevette vermelho e rumara para Los Angeles a fim de fazer nome. Eu o respeitei de imediato pela dedicação: nós dois partilhávamos de uma ética de trabalho semelhante. Isso criou uma empatia entre nós logo de início que nunca se extinguiu ao longo de todos esses anos.

– Então, você é o Slash – disse Duff, espremendo-se ao meu lado no banco da nossa mesa no Canter's. – Não é nem um pouco como eu esperava.

– Ah, é? – retruquei. – E o que estava esperando?

– Cara, com esse nome, achei que você seria bem mais assustador, Slash – explicou ele.

Steven e as garotas riram.

– Não estou brincando. Imaginei que você fosse algum tipo de psicopata do punk rock, com um nome desses.

– É mesmo? – Esbocei um sorriso cínico.

Trocamos uma risada.

Se aquilo não tivesse quebrado o gelo, Yvonne tratou de espatifá-lo alguns minutos depois. Começamos a jogar conversa fora. Duff estava nos conhecendo e vice-versa, quando, sem mais nem menos, Yvonne inclinou-se por cima de mim e colocou a mão no ombro de Duff.

– Posso fazer uma pergunta pessoal? – disse ela numa voz mais alta do que o necessário.

– Sim, claro.

– Você é gay? Só estou curiosa.

Pela primeira vez depois de horas nossa mesa ficou silenciosa. O que posso dizer? Sempre me senti atraído por mulheres diretas.

– Não – respondeu Duff. – Não sou gay mesmo.

Depois dessa conversa, nós cinco fomos para o andar de cima, lotamos o banheiro e abrimos a garrafa de vodca. Não muito tempo se passou e formamos uma banda, e mais uma vez passamos um mês ou mais à procura de um vocalista. Fizemos um teste com Ron Reyes, mais conhecido como Chavo Pederast, quando havia sido o líder do Black Flag por alguns meses em 1979. Apareceram algumas outras figuras também, mas, como de costume, não conseguimos encontrar o cara certo. Apesar de tudo, compusemos um ótimo material. Chegamos ao riff principal da música que mais tarde se tornou "Rocket Queen" e tivemos mais umas ideias muito boas.

Apesar da criatividade que estava fluindo entre nós três, comecei a ficar bastante frustrado com Steven. Ele nunca tinha a mesma dedicação e ética de trabalho que Duff e eu partilhávamos; embora tivesse mantido a agenda social em dobro. Era tão irritante vê-lo gastar a energia em festas quando tinha tanto a fazer... Óbvio que devíamos encontrar o vocalista certo, pois teríamos de uma banda que valeria de algo. O problema era que não tínhamos o tal vocalista, mas Steven se comportava como se já tivéssemos assinado contrato com uma grande gravadora. No final, fui eu quem dissolveu a banda. Falei para Duff que aquilo não estava dando certo e rompi com Steven de todas as maneiras por algum tempo também. Duff foi para lugares mais prósperos. Por coincidência, quando se mudara para Los Angeles, arranjara um apartamento na Orange Avenue, logo do outro lado da rua em que Izzy morava. Não demorou para que os dois se encontrassem na rua, e estava feito. Duff tornou-se músico no universo L.A. Guns/Hollywood Rose.

ESSAS FORAM AS ÚNICAS BANDAS QUE VIERAM DEPOIS DO Mötley Crue que eram dignas de atenção – L.A. Guns e Hollywood Rose, cada uma das quais sendo equipes com portas giratórias que partilhavam vários músicos em um nível indecoroso. O L.A. Guns foi fundado por Tracii Guns, que frequentara o Colégio Fairfax comigo – essa banda não era nada mais do que uma versão mais séria dos farristas que tocavam em festas de adolescentes na época.

O Hollywood Rose era algo diferente. Encontrei Steven logo depois que ele os vira e, enquanto descrevia o vocalista de voz aguda e incrível da banda, um cara capaz de fazer a casa vir abaixo, me dei conta de que, para variar, Steven não estava exagerando. Não me liguei que eu já tinha ouvido esse cara, provavelmente porque o ouvira no que deve ter sido a pior e mais vagabunda gravação de uma banda ao vivo que já foi feita.

Steve e eu fomos ver o Hollywood Rose no Gazarri's, e foi a primeira vez que assisti ao melhor cantor de Hollywood naqueles tempos: W. Axl Rose. Mais ou menos como na fita, o show não passava dos esforços de uma banda amadora de garagem dando o seu melhor, mas tinham um incrível senso de abandono displicente e uma energia desenfreada. Ao menos dois deles tinham: exceto por Izzy e Axl, a banda era bastante insossa, mas aqueles dois amigos de Lafayette, Indiana, tinham uma presença incrível. Izzy escorregava de joelhos por todo o palco e Axl gritava a plenos pulmões – a apresentação deles causava impacto. A voz de Axl chamou minha atenção de imediato; era tão versátil e, sob os gritos extremamente agudos, o ritmo natural, com um quê de blues que ele tinha, era fascinante.

Como mencionei, o Hollywood Rose (como o L.A. Guns) era uma banda com alta rotatividade, cujos músicos conheciam uns aos outros e estavam sempre indo ou vindo. O baixista Steve Darrow trabalhava com Izzy entregando o *L.A. Weekly* durante a tarde e, portanto, eram unidos, mas Axl parecia não gostar do guitarrista Chris Webber por alguma razão. Ao que parece, Axl despediu Chris sem contar a mais ninguém e, de algum modo, Steven ouviu dizer que eles estariam fazendo testes para guitarristas no dia seguinte.

É tudo tão vago e ilógico para mim agora quanto foi na época, mas Steven me convenceu a aparecer no local de ensaio deles, que era uma sala numa pocilga qualquer chamada Fortress, entre a Selma e a Highland. Aquele lugar era o epítome do punk escrachado de Hollywood, porque apenas caras do punk teriam pensado em destruí-lo àquele ponto. Roqueiros não destroem coisas enquanto não chegam lá e são mais experientes; apenas punks fazem isso logo de cara. Não sei de que cor ele era originalmente, mas o carpete do Fortress tinha adquirido um nojento tom marrom-amarelado, não apenas no chão, mas em todas as paredes e no teto, onde fora instalado para abafar o barulho. Cada canto era repulsivo; o lugar inteiro era uma biboca infestada de piolhos. Comecei a tocar com eles e estava indo tudo bem – até que Izzy se mandou durante a segunda música. Agora sei que sair em disparada é o mecanismo de defesa dele quando acha que as coisas não estão muito bem: nunca faz estardalhaço em torno disso, apenas sai e não olha para trás. Ao que tudo indicava, Izzy não tinha ideia do que eu estava fazendo lá naquele dia e, o que é compreensível, não gostou que Axl tivesse despedido Chris Webber sem consultá-lo ou sequer informá-lo.

Algum tempo depois de termos nos tornado bons amigos, perguntei a Izzy a respeito. Ele sempre manteve uma aura de calma e reserva; nunca se alterava, nunca baixava a guarda. Mas quando lhe indaguei sobre o caso, dirigiu-me um olhar completamente sério, e não tive dúvida quanto à sua sinceridade.

– É simples pra caralho – falou. – Não gosto que fiquem me ditando ordens em nenhuma circunstância.

Slash no Hollywood Rose, com o baixista Steve Darrow à esquerda. Slash está tocando a caixa de voz.

De qualquer modo, ele deu o fora. Eu havia sido arrastado para o meio daquela situação, sem fazer a menor ideia do que estava rolando. Depois que Izzy saiu, houve um momento de breve constrangimento... e, então, apenas começamos a tocar outra vez.

Eu sequer sabia que havia outro círculo concêntrico de tensão por perto para me envolver: Tracii Guns estivera ansiando por aquela chance. Tentava recrutar Axl e Izzy para uma banda fazia algum tempo. Imagino que não tenha ficado eufórico quando soube que haviam escolhido a mim em vez dele. Eu nem sonhava com nada disso e, mesmo que soubesse, teria ignorado tudo, de qualquer modo. Finalmente, finalmente, eu estava numa banda que não apenas tinha um vocalista, mas um que era excelente.

Axl andara refletindo sobre como formar a banda certa e achou que Izzy e eu faríamos uma ótima parceria, mas, uma vez que ambos nunca conversaram a respeito antes de ele colocar as coisas em prática, eu entrei, mas Izzy saiu. Os músicos do Hollywood Rose, como o conheci, eram Axl, Steve Darrow, Steve Adler e eu. Agendamos apresentações no Madame Wong's East e West e ensaiamos num estúdio chamado Shamrock na Santa Mônica Boulevard, entre a Western e a Gower. Aquele lugar era um cenário incrível, onde quase qualquer coisa era possível. Levando em conta que se situava bem para além de East Hollywood, *qualquer coisa* realmente poderia acontecer sem se despertar a atenção das autoridades. Havia três estúdios no complexo, e os proprietários ofereciam festas malucas todos os fins de semana, nas quais a diversão era sempre garantida.

Axl e eu nos tornamos realmente bons amigos durante esse período porque por algum tempo ele morou comigo e com a minha família. Não foi pelo fato de sermos almas gêmeas, nem nada disso. Axl nunca teve um lugar próprio para viver, naqueles tempos; apenas acampava onde podia. Quando morou conosco, passava os dias dormindo no meu quarto no porão, cercado pelas minhas cobras e pelos meus gatos, enquanto eu estava no trabalho. Quando eu chegava em casa, acordava-o e nós íamos para o ensaio. Aprendi muito sobre Axl nesse período. Conversávamos sobre música e as coisas de que gostávamos. Ouvíamos uma canção em particular e a dissecávamos. Ficou claro que havia muito em comum entre nós em termos de gosto musical. Tínhamos um respeito mútuo por todas as bandas que haviam me influenciado.

Axl também gostava de falar sobre a vida, tanto sobre a dele quanto em geral. Eu não tinha muito a dizer, mas era sempre um bom ouvinte. Assim, ele me contou sobre a família e as épocas difíceis que enfrentara em Indiana; era algo muito além da minha compreensão. Axl me impressionou na época da maneira como sempre fez: não importando o que possam dizer a respeito dele, Axl é brutalmente sincero. Sua versão dos eventos pode ser singular, para dizer o mínimo, mas a verdade é que ele acredita no que diz com mais paixão do que qualquer pessoa que eu já tenha conhecido.

Não seria chocante dizer que nem sempre tudo foi um mar de rosas quando Axl morou com a minha família. Como mencionei, meu quarto ficava recuado da sala de estar, dois lances de escada abaixo, sob a garagem. Durante a maior parte do tempo, Axl ficava na dele quando eu não estava lá, mas, numa manhã, depois que saí para o trabalho, ele acabou subindo e deitando no sofá da sala de estar. Em outros lares, talvez isso não tivesse sido grande coisa, mas no nosso foi. Minha avó, Ola, era nossa matriarca, e aquele sofá era o trono no qual assistia a seus programas favoritos na TV todas as tardes. Quando chegou, bem a tempo de desfrutar da programação cotidiana, e encontrou Axl lá, esparramado, vovó Ola acordou-o com educação. Em sua voz doce e suave de senhora idosa, pediu-lhe que voltasse ao meu quarto no porão, onde poderia dormir por quanto tempo desejasse. Não sei por que raios, isso não se desenvolveu bem. Pelo que eu soube, Axl disse algo do tipo "Cai fora, caralho!" à minha avó e, então, desceu tempestuosamente até o meu quarto – ao menos foi o que minha mãe relatou.

Mamãe me chamou de lado quando cheguei do trabalho e, com a boa vontade que sempre teve, insistiu que, se Axl fosse viver debaixo do teto dela, ainda que por apenas mais um dia, ele precisaria se desculpar com a mãe dela e prometer nunca mais se comportar daquele jeito. Era obrigação minha providenciar aquilo, o que, na época, não achei que fosse um bicho-de-sete-cabeças.

Minha mãe costumava me emprestar seu Datsun 510 verde, e, enquanto Axl e eu rumávamos para o ensaio naquele início de noite, mencionei, com todo o tato, que ele deveria se desculpar com a minha avó por tê-la ofendido. Eu ainda não conhecia Axl bem, mas o bastante para perceber que era uma pessoa sensível, introspectiva, que passava por acentuadas mudanças de humor. Assim, escolhi as palavras com todo o cuidado e abordei o assunto sem fazer julgamentos, num tom objetivo. Axl olhou fixamente pela janela enquanto eu falava e, então, começou a balançar o corpo para frente e para trás no banco do passageiro. Seguíamos pela Santa Mônica Boulevard, a uma velocidade de cerca de 65 km/h, quando, de repente, ele abriu a porta do carro e saltou para fora sem uma palavra. Cambaleou, deu um salto meio desajeitado e conseguiu chegar até a calçada sem cair. Recobrando o equilíbrio, seguiu por uma travessa sem olhar para trás.

 Fiquei pasmo. Fiz o retorno e dirigi pelas ruas ao redor em vão, à procura dele durante uma hora. Axl não apareceu na minha casa naquela noite e não foi aos ensaios por quatro dias. No quinto dia, surgiu no estúdio como se nada tivesse acontecido. Encontrara um outro lugar qualquer para ficar e não mencionou mais o fato. Ficou bastante claro para mim, daquele ponto em diante, que Axl tinha alguns traços de personalidade que o distanciavam muito de qualquer outra pessoa que eu já conhecera.

A ÚLTIMA APRESENTAÇÃO DO HOLLYWOOD ROSE ACONTECEU NO Troubadour e terminou mal. Foi uma noite tensa, em resumo com uma série de momentos quase certos. Chegamos atrasados e tudo pareceu terrível. O público estava impaciente, agitado, e, não importando quão tivéssemos nos empenhado, não havia meio de mudar aquele clima ruim. Um desordeiro qualquer na fileira da frente hostilizou Axl e não demorou para que ele perdesse o controle. Atirou um copo no cara ou quebrou uma garrafa na cabeça dele – o que quer que tenha sido, foi uma demonstração precisa da frustração crescente dentro da banda naquela noite. Observando a confusão com esse cara aumentar, notei uma perturbação tão grande durante o show que soube que eu iria sair da banda tão logo a apresentação acabasse. Quando Axl partiu para cima dele foi como uma confirmação vinda do universo.

 Não que eu não tivesse previsto algo assim. Não estava satisfeito, e a situação toda não parecia muito estável. Havíamos tido apenas um punhado de apresentações ao longo dos poucos meses em que estávamos juntos, e a formação nunca pareceu muito certa. Àquela altura, não foi preciso muito; e a cena da garrafa foi inoportuna, inconveniente – distraiu a todos da música, para dizer o mínimo. Ali estávamos nós, uma banda iniciante com uma porção de problemas internos, tentando fazer nome, tendo que conviver com incidentes como aquele. Significou algo para Axl, é claro, mas nem todos chegaram a concordar com ele. Foi a maneira como Axl se sentiu e, falando sério, se for algo justificado, tudo bem, mas, às vezes, uma pessoa tem de saber qual é o momento certo para agir ou se conter, precisa de todo o tato do mundo. Parar o show para lidar com aquela situação foi descabido. No espírito do rock and roll, eu gostava de uma baderna desde que não prejudicasse o profissionalismo, ou seria um problema para mim.

Axl é um indivíduo do tipo dramático. Tudo o que diz ou faz tem um significado, um espaço teatral em sua mente, algo fora de proporção. Pequenas coisas crescem com exagero, de modo que a interação com as pessoas pode se transformar em problemas mais sérios. O centro da questão é que ele tem a própria maneira de encarar as coisas. Sou um sujeito calmo e bastante fácil de lidar, segundo me dizem, e assim, quando Axl perdia o controle, eu nunca agia da mesma forma. Apenas dava de ombros e encerrava por ali. Havia tantos altos e baixos dramáticos e alterações de humor extremas que estar perto dele era como viver numa montanha-russa. O que eu não sabia na época é que esse seria um problema recorrente.

De qualquer modo, informei a todos do Hollywood Rose que eu estava deixando a banda tão logo saímos do palco. O grupo se dissolveu depois disso e Axl e eu não mantivemos contato por algum tempo. Ele foi se reunir a Tracii Guns no L.A. Guns, que logo se tornou a primeira encarnação do Guns N' Roses.

Fui para uma banda chamada Black Sheep, com Willie Bass, que foi um ritual de passagem para uma sucessão de músicos talentosos. Willie é um excelente líder de banda. É um negro bastante alto que canta e toca baixo e tinha uma inclinação para conseguir os melhores guitarristas de performances arrasadoras do momento, um após o outro. Teve Paul Gilbert, um talento ao estilo de Yngwie Malmsteen; Mitch Perry, que tocara com Michael Schenker; e, por algum tempo, eu. Aquele tipo de performance não era o meu forte – podia tocar depressa, mas valorizava o rock and roll clássico, tocar ao estilo de Chuck Berry em vez de fazer as acrobacias do heavy metal. Aceitei o trabalho assim mesmo porque, depois do Hollywood Rose, percebi que tocar e ser notado era essencial. Era

Slash no circuito, em 1985.

um meio de conhecer outros músicos e descobrir oportunidades de uma maneira que se adequava mais à minha personalidade do que ficar fazendo contatos na Sunset Strip.

 Juntei-me à banda e toquei para cerca de oitocentas pessoas no Clube de Campo, no Vale, e, devo dizer, foi um show particularmente bom. Também foi a primeira vez que toquei para tanta gente. Gostei da exposição, embora me lembre de ter achado que me saí muitíssimo mal. Descobri mais tarde que Axl esteve lá, mas não fazia ideia disso na ocasião porque ele não veio dar um oi.

 O Black Sheep não estava de fato se saindo muito bem àquela altura. Depois daquela apresentação, não tínhamos mais nenhuma agendada. Apenas nos encontrávamos para ensaiar de vez em quando. Minha breve experiência com eles pode não ter sido bem o que eu queria fazer, mas me tornou mais conhecido no meio. Assim sendo, pareceu-me que, se tocando numa banda de clube estimada de Los Angeles eu estava ficando em evidência e a minha carreira tomando um rumo, reunir-me à maior banda de clube de Los Angeles da época talvez não fosse má ideia em absoluto.

 O guitarrista do Poison, Matt Smith, ligou para mim quando decidiu que deixaria a banda. A esposa dele estava grávida e ambos tinham resolvido se mudar para a Pensilvânia para viver em família. Matt e eu tínhamos amigos em comum e ele havia me convidado para algumas festas do Poison. Matt era um bom sujeito, com os pés no chão – o menos venenoso do bando. Ele sabia que aquela não era a minha praia, mas disse que seria um bom show, que pagariam bem, e eu já sabia que a banda fazia sucesso. Fui contrário à ideia, mas Matt me persuadiu a fazer o teste.

 O Poison ensaiava num grande apartamento em Venice, entre a Washington e La Brea, ou algo assim, forrado de pôsteres... deles mesmos. Apareci para o teste usando meu uniforme típico: jeans, camiseta e, naquele dia, um par de mocassins irados que havia roubado no mercado dos fazendeiros – não eram enfeitados, apenas calçados simples de couro marrom. Eu aprendera umas quatro ou cinco músicas de uma fita que haviam me dado, e simplesmente arrasei quando tocamos. Eles me chamaram de volta para um segundo teste, e me lembro de Bobby Dall, o baixista, observando-me enquanto eu tocava. A vibração era bastante diferente; havia uma atenção palpável aos detalhes.

– E então, cara, o que você costuma usar? – perguntou ele. – Não usa esses sapatos *no palco*, né?

– Não pensei muito nisso, para dizer a verdade – respondi.

Ele pareceu preocupado e confuso.

Eu era um entre os três que eles estavam testando para fazer uma escolha, e vi outro cara lá naquele dia. Tinha cabelo platinado, usava uma jaqueta brilhosa de couro branca e maquiagem completa, com um batom rosa cintilante. Lançando um olhar a ele na saída, soube que o cara conseguiria o trabalho. E conseguiu, é claro – era C.C. Deville. Eu quase me matara para tocar bem o material do Poison, mas era apenas nesse aspecto que me encaixava perfeitamente no que eles estavam fazendo.

EM 1984, AXL ME AJUDOU A CONSEGUIR UM EMPREGO NA Tower Video e, quando ele o fez, foi uma sensação agridoce a de revê-lo. Quando o Hollywood Rose rompeu, não foi em termos hostis, mas, nesse ínterim, outra fonte de discórdia surgira entre nós. Axl se envolvera com a minha então ex-namorada Yvonne.

Eu conhecera Yvonne por intermédio de Marc Canter num concerto do Ratt, no qual tinham tocado com Yngwie Malmsteen, no Hollywood Palladium. Ela, na verdade, já havia sido namorada do líder do Ratt, Stephen Pearcy, certa ocasião. Saímos para jantar em seguida, num lugar chamado Beverly Hills Café, que era um dos recantos favoritos de Marc, e foi onde iniciamos a nossa paquera. Começamos a namorar depois disso. Yvonne era mesmo demais. Foi ela quem me levou a conhecer o Hanoi Rocks – uma banda da qual eu de fato gostava – e o líder, Mike Monroe. Eles foram uma influência para o Guns N' Roses e ainda são uma instituição do rock and roll que não recebe o devido reconhecimento, na minha opinião.

De qualquer modo, Yvonne e eu namoramos, mas, durante um dos períodos em que resolvemos dar um tempo no relacionamento, Axl transou com ela. Fiquei contrariado à beça, mas não posso dizer que foi uma surpresa, porque era óbvio que ele sempre tivera uma queda por Yvonne. Quando nós reatamos, é claro que ela precisou me contar, sob o pretexto de "estar sendo sincera", sendo que o verdadeiro motivo foi, imagino, uma vingança por eu tê-la largado.

Liguei para Axl em seu trabalho na Tower Video para tirar satisfações. Eu estava simplesmente *puto*.

– Você trepou com Yvonne! – exclamei, acusador. – Que tipo de golpe baixo foi esse?

Tenho de reconhecer a atitude de Axl. Foi sincero e não tentou enrolar para se safar daquela. Disse-me que era claro que tinha transado com ela, mas que, na ocasião, eu não estava com Yvonne; portanto, qual era o problema? Não encarei a situação da mesma maneira, e assim as coisas foram esquentando a partir daí, até o ponto em que ele me desafiou a tentar partir a cara dele. Bem que tive vontade, mas acabei deixando para lá. Não é preciso dizer que levou algum tempo para dispersar a animosidade. E um dia, depois de saber que eu estava à procura de um emprego, ele me falou sobre uma vaga na Tower como uma oferta de paz. Axl sempre optava por remediar tudo com grandes gestos.

A Tower Video se situava bem do outro lado da rua da Tower Records, onde eu havia sido apanhado furtando, alguns anos antes. Axl estava morando na casa de uma gerente e, uma vez que passei a fazer parte do quadro de funcionários, não demorei a descobrir que agora eu era de fato membro de um bando maluco de figuras. Imagino que éramos a equipe mais bizarra e negligente que qualquer divisão da Tower já tenha empregado. Havia também alguns ótimos alcoólicos senis que trabalhavam na Tower Classical, ao lado.

Todas as noites, por volta das oito horas, depois que o gerente geral de discos e vídeos saía, nós do setor de vídeos íamos nos abastecer na loja de bebidas do outro lado da rua, colocávamos filmes pornôs para rodar no sistema de vídeo da loja e enchíamos a cara. Púnhamos as bandas dos nossos amigos para tocar no estéreo e costumávamos ignorar quaisquer clientes que pudessem entrar.

Não era nada que a câmera de segurança captasse porque não deixávamos as garrafas de vodca ao lado da caixa registradora, e, portanto, foi algo que passou despercebido por um longo tempo – imagino, porém, que, se aquelas fitas fossem vistas, seríamos considerados preguiçosos e nada prestativos. Preparávamos nossos coquetéis no escritório dos fundos e ficávamos zanzando com eles em copos descartáveis; nós guardávamos a grana de quaisquer vendas na caixa registradora segurando nossos drinques. Tenho certeza de que os clientes sabiam o que andávamos aprontando no momento em que sentiam nosso bafo, mas ninguém nunca reclamou porque o choque fazia as pessoas perderem a fala. Levando-se tudo em conta, éramos assustadores demais para a maioria, e os clientes davam o fora de lá o mais depressa que podiam.

 Infelizmente, um dos gerentes mais enérgicos nos flagrou e, quando isso aconteceu, Axl pagou o pato. Ele foi despedido pelas traquinagens de que todos éramos culpados. Mesmo na época, eu soube por quê. Axl tem o tipo de presença e poder que ameaça figuras de autoridade. Elas veem alguém como Axl como nada além de um "líder de gangue".

MINHAS LEMBRANÇAS SÃO VAGAS EM RELAÇÃO AOS VÁRIOS EVENTOS que levaram à formação do Guns N' Roses, porque, para ser franco, na maioria deles eu não estava lá. Não estou aqui para apresentar a história oficial da banda, nem para esclarecer todos os equívocos; posso apenas falar da minha própria experiência. De qualquer modo, em algum momento no início de 1985, Axl e Tracii Guns começaram a formar uma banda. Convidaram Ole Bench e Rob Gardner, que haviam tocado baixo e bateria, respectivamente, no L.A. Guns. Não muito depois disso, Izzy reuniu-se ao grupo deles, e foi quando Axl optou por mudar o nome da banda para Guns N' Roses por razões óbvias. Tracii enfim realizou o sonho – como mencionei, ele estivera atrás de Axl e Izzy para formar uma banda com os dois. Fizeram algumas apresentações, compuseram algumas músicas – nessa ordem.

 Eu ainda estava trabalhando na Tower e não tinha nada mais em vista. Fiquei com inveja, para dizer o mínimo, quando Izzy apareceu para me entregar um panfleto de um show do Guns N' Roses em Orange County. Em algum ponto do caminho, Duff substituiu Ole. Fizeram mais algumas apresentações e compuseram mais algumas músicas. Acredito que, durante aqueles shows em Orange County, Tracii e Axl tiveram um grande desentendimento. Tracii saiu da banda logo depois disso e, numa noite, Axl apareceu na Tower para perguntar se eu estaria interessado em me reunir com Izzy para compor algumas músicas e ensaiar. Parei por um momento para refletir sobre o que aquilo significava.

 Axl e Izzy eram uma unidade e, portanto, quaisquer outros músicos que entrassem na banda teriam de trabalhar bem com ambos, e Izzy dei-

Foi um daqueles momentos mágicos de que os músicos falam quando cada um complementa naturalmente o outro e todos do grupo se tornam um.

xara o Hollywood Rose depressa demais para ter tido tempo de me conhecer bem. Eu gostava de Izzy. Foi, afinal, o primeiro deles que conheci, e apreciava seu estilo, admirava seu talento. Ao lidar diretamente com Izzy, teria um amortecedor em relação a Axl. Axl e eu nos entendíamos bem de várias maneiras, mas tínhamos diferenças inatas de personalidade. Éramos atraídos um para o outro e trabalhávamos juntos muitíssimo bem, mas, ainda assim, éramos um caso para estudo em termos de polos opostos. Izzy (e mais tarde Duff) ajudariam. Na época, Izzy era o bastante para acabar com a pressão.

Fui ao apartamento de Izzy alguns dias depois, e ele estava trabalhando numa música chamada "Don't Cry", da qual gostei de imediato. Compus algumas partes de guitarra para ela e nós a lapidamos durante o restante da tarde. Foi uma sessão maneira; nós nos entrosamos bem.

Arranjamos um espaço para ensaio em Silverlake: Duff, Izzy, Axl, Rob Gardner e eu. Todos se conheciam e, desse modo, começamos a fazer composições naquela noite, e as coisas fluíram rápido. Foi um daqueles momentos mágicos de que os músicos falam quando cada um complementa naturalmente o outro e todos do grupo se tornam um. Eu nunca havia sentido aquilo com tanta intensidade na minha vida. Tudo girava em torno do tipo de música em que eu estava envolvido: puro rock and roll como nos bons e velhos tempos do Aerosmith, AC/DC, Humble Pie e Alice Cooper. Todos na banda se remetiam às próprias influências, e não havia nem um pouco da típica atmosfera existente em Los Angeles, na qual a meta era obter um contrato para um disco. Não existia preocupação em relação às poses apropriadas ou aos refrões babacas de apelo comercial que poderiam levar ao sucesso nas paradas; o que, no final das contas, garante uma quantidade infinita de gatas quentes. Esse tipo de rebeldia calculada não era alternativa para nós; éramos um bando autêntico de rebeldes. Éramos passionais, com um objetivo em comum e um senso bem distinto de integridade. Essa era a diferença entre nós e eles.

GUNS N' ROSES

Sat., Jan. 4th 11:00
Troubadour

"GET YOURSELF TOGETHER, DRINK TILL YOU DROP, FORGET ABOUT TOMORROW AND HAVE ANOTHER SHOT!"

Happy New Year!

FROM THE BOYS WHO BROUGHT YOU THE MOST CHAOTIC SHOWS OF '85

2.00 OFF WITH FLYER

SEND DONATIONS TO: GUNS N' ROSES
KEEP US OUT OF JAIL FUND
9000 SUNSET BLVD., SUITE 405
HOLLYWOOD, CA 90069

2.00 OFF WITH FLYER

Um dos primeiros flyers que Slash desenhou. A banda sempre tentava criar slogans.

6
VOCÊ APRENDE A VIVER COMO UM ANIMAL

Não éramos exatamente o tipo de pessoa que aceita um não como resposta. Estávamos mais para as que dizem não. Como indivíduos, cada um de nós tinha certa malandragem, era autossuficiente e estava acostumado a fazer tudo ao próprio modo – nem morto abriria mão disso. Quando nos tornamos um grupo, essa qualidade multiplicou-se por cinco, porque defenderíamos uns aos outros com tanta firmeza quanto lutaríamos por nós mesmos. Todas as três definições comuns da palavra "gangue" aplicavam-se a nós: 1) éramos um grupo que se reunia para fins específicos, tais como delinquência; 2) éramos um conjunto de pessoas com gostos compatíveis e interesses mútuos que se reuniam para trabalhar juntas; e 3) éramos um grupo que se associava por razões criminosas ou outros propósitos antissociais. Tínhamos o senso de lealdade de uma gangue também: confiávamos apenas em nossos amigos mais antigos e encontrávamos um no outro tudo do que precisávamos para seguir adiante.

A força de vontade do nosso grupo levou-nos ao sucesso nos nossos próprios termos, mas nunca tornou a jornada mais fácil. Éramos diferentes das outras bandas da época; não aceitávamos bem a crítica de ninguém – nem de nossos colegas, nem dos charlatões que tentaram nos fazer assinar contratos de agenciamento injustos, nem dos representantes de gravadoras que nos propunham acordos. Não fizemos nada para conquistar aceitação e rejeitamos o sucesso fácil. Esperamos até que a nossa popularidade falasse por si mesma e a indústria musical nos notasse. E quando isso aconteceu, nós a fizemos pagar o preço.

Ensaiávamos todos os dias, trabalhando com músicas que conhecíamos e das quais gostávamos das ex-bandas uns dos outros, como "Move to the City" e "Reckless Life", que foram escritas na forma de uma versão ou outra do que havia no Hollywood Rose. Tínhamos uma bosta de amplificador e, portanto, compúnhamos a maior parte sem Axl de fato cantando conosco. Ele cantava baixinho e ouvia, contribuindo com opiniões no que falávamos sobre os arranjos.

Depois de três noites, tínhamos um repertório completo que também incluía "Don't Cry" e "Shadow of Your Love". Chegamos, então, à decisão unânime de que estávamos prontos para o consumo do público. Poderíamos ter agendado uma apresentação local, porque, coletivamente, conhecíamos todas as pessoas certas, mas não, decidimos que, após três ensaios, estávamos prontos para *uma turnê*. E não apenas uma série de apresentações num final de semana pelos clubes próximos a Los Angeles. Concordamos com a oferta de Duff de agendarmos sozinhos uma turnê que se estenderia desde Sacramento por todo o caminho até a cidade natal dele, Seattle. Era algo completamente improvável, mas a nós pareceu a ideia mais sensata do mundo.

Planejamos empacotar o equipamento e partir dali a alguns dias, mas nossa empreitada apavorou para a porra o nosso baterista, Rob Gardner; tanto que mais ou menos largou a banda no ato. O gesto dele não surpreendeu ninguém porque Rob tocava bem o bastante, mas não se encaixara desde o início. Não tinha a mesma garra, não era *um de nós*: do tipo capaz de vender a alma pelo rock and roll. Foi uma saída educada. Não podíamos imaginar que alguém que tivesse tocado naqueles três últimos ensaios não quisesse fazer uma turnê pela costa como uma banda desconhecida sem nada a não ser o nosso equipamento e as roupas do corpo, mas aceitamos sua decisão. Nada nos deteria. Então, liguei para o único baterista que com certeza partiria até naquela noite se lhe pedíssemos: Steven Adler.

Observamos enquanto Steven se acomodava diante da bateria azul e prata e se aquecia com alguns típicos exercícios no ensaio do dia seguinte. O senso estético dele não andava dos melhores, levando em conta o excesso de tralha na bateria. Mas não era um problema sem solução. Foi uma situação resolvida ao típico estilo do Guns. Quando Steven fez um intervalo para mijar, Izzy e Duff esconderam um dos bombos e alguns taróis. Steven voltou, sentou-se e começou a contagem para a música seguinte antes de se dar conta do que estava faltando.

– Ei, onde está o meu outro bombo? – perguntou, olhando ao redor como se o tivesse deixado cair a caminho do banheiro ou algo assim. – Vim para cá com dois... e o outro?

– Não esquenta com isso, cara. Não precisa dele. Apenas faça a contagem da música – disse Izzy.

Steven nunca recebeu o bombo extra de volta, e foi a melhor coisa que já lhe aconteceu. Entre nós cinco, era o mais convencionalmente contemporâneo, o que, no fim das contas, contribuiu como elemento-chave para o nosso som – mas não o deixaríamos ficar se gabando disso a noite inteira. Nós o forçamos a ser um baterista direto e objetivo de rock and roll, o que complementava e se encaixava com facilidade no estilo de baixo de Duff, ao mesmo tempo que permitia a Izzy e a mim a liberdade para mesclar o rock oriundo do blues com o toque neurótico da primeira geração do punk. Sem mencionar a contribuição dos vocais de Axl. Ele tinha uma voz única; era brilhante em alcance e tom, mas, embora fosse quase sempre de espantosa intensidade, tinha uma qualidade melódica incrível que remetia ao soul e ao blues porque ele havia cantado no coral da igreja nos tempos da escola.

Ao final daquele teste, Steven foi contratado, e a formação original do Guns N' Roses estava pronta. Duff agendara a turnê. Tudo o que precisávamos era de um meio de transporte. Qualquer um que conheça bem um músico, bem-sucedido ou não, sabe disso: em geral, gosta de "tomar emprestado" dos amigos. Bastou um telefonema e bem pouca persuasão para convocarmos nossos amigos Danny e Joe, cujo carro e cuja lealdade usávamos regularmente. Para tornar o acordo mais atraente, nomeamos Danny nosso diretor de turnê e Joe nosso assistente. Na manhã seguinte, dirigimos o velho Oldsmobile de Danny até o vale para buscar um *trailer*, que enchemos com os nossos amplificadores, nossas guitarras e a bateria.

Nós sete lotamos aquele velho carro de meados dos anos 70 e partimos no que acho que ninguém, exceto Duff, sabia que seria uma viagem de mais de mil e seiscentos quilômetros. Estávamos nos arredores de Fresno, a trezentos e vinte quilômetros de Los Angeles e Sacramento, quando o carro quebrou. Danny não era do tipo que teria esbanjado em seguro com direito a guincho e, por sorte, o carro enguiçou perto de um posto de gasolina, para onde o empurramos e descobrimos que levaria quatro dias para a obtenção das peças necessárias para consertar uma lata-velha daquelas. Naquele ritmo, não conseguiríamos fazer nenhum dos shows. Entretanto, nosso entusiasmo era grande demais para permitirmos que atrasos ou pensamentos práticos o aplacassem. Assim, dissemos a Danny e Joe que ficassem com o veículo e o nosso equipamento até que o carro fosse consertado e que nos encontrassem em Portland (a cerca de mil e duzentos quilômetros de distância), em um dos shows do roteiro. A partir dali, decidimos que iríamos juntos de carro até Seattle (cerca de duzentos e oitenta quilômetros além) para fazer o último show da turnê com o nosso próprio equipamento. Houve um breve momento em que Danny e Joe tentaram nos convencer a ficar em Fresno até que o automóvel estivesse de volta à estrada, mas nem isso, nem a óbvia opção de darmos meia-volta foram sequer consideradas. Nem ao menos havíamos pensado em como nos locomoveríamos de um show a outro, quanto mais que talvez não encontrássemos amplificadores e baterias prontos para pegar emprestados quando chegássemos lá. Não demos a mínima para nada daquilo; nós cinco não hesitamos – marchamos até a rodovia para pedir carona.

Demos a Danny e Joe todo o dinheiro que pudemos para pagar o conserto do carro – o que deve ter sido uns vinte dólares – e caminhamos na direção da estrada, os estojos das guitarras na mão. Umas poucas horas sem que um único veículo sequer diminuísse diante de nós não abalou nossa confiança. Permanecemos determinados, testando a eficácia de todas as opções que nos possibilitaram arranjar uma carona: cinco caras sem bagagem aparente; dois pedindo carona e três escondidos nos arbustos; um cara com um estojo de guitarra; apenas Axl e Izzy; apenas Izzy e eu; apenas Axl e eu; Steven sozinho, acenando e sorrindo; Duff sozinho. Nada pareceu dar certo; o pessoal de Fresno não foi com a nossa cara naquele dia, em nenhum tipo de combinação.

Demorou cerca de seis horas para que um bom samaritano aparecesse: um caminhoneiro disposto a levar todos nós a bordo, espremidos no banco da frente e no pequeno banco de trás, na cabine. Era uma espaço pequeno, ainda mais apertado por causa dos estojos das guitarras e da intensidade do vício daquele cara em cocaína. Ele partilhou a coca, o que tornou suas intermináveis história sobre a vida na estrada mais tragáveis: nós cinco éramos bastante cínicos e sarcásticos e, portanto, no início, nos divertimos muito com a insanidade daquele sujeito. Enquanto aquela noite, o dia seguinte e o outro foram se passando diante de nós na estrada através do para-brisa, não houve nenhum outro lugar em que gostaria de estar. Quando estacionávamos em paradas de descanso para que o homem pudesse dormir um pouco na parte do fundo da cabine – o que era uma quantidade de tempo imprevisível, podendo variar de uma hora a meio dia –, nós nos sentávamos em bancos de praças, compúnhamos músicas vendo o sol nascer ou apenas zanzávamos e chutávamos lixo em esquilos.

Após dois dias daquilo, nosso chofer começou a cheirar mal à beça, e sua conversa antes afável e animada pareceu tornar-se chata e esquisita. Logo ficamos coletivamente desencantados. Ele nos informou que planejava entrar por um desvio para pegar mais coca com sua "velha", a qual eu acho que ia ao encontro dele em trechos regulares da rota para mantê-lo abastecido. Não pareceu que a situação melhoraria. Na vez seguinte em que parou num local de descanso para tirar uma das intermináveis sonecas, estávamos entediados demais e sem dinheiro para continuar daquele jeito por mais tempo. Decidimos explorar nossas opções voltando ao asfalto para tentar outra carona, concluindo que, na pior das hipóteses, o homem da coca na cabine nos encontraria e nos recolheria de novo quando acordasse. Era provável até que nem lhe ocorresse que o havíamos largado.

Nossas perspectivas não eram das melhores, porque, entre os cinco, nenhum tinha a menor pinta de "bom moço". Bastaria uma olhada para o casacão vermelho e preto de Duff, nossas jaquetas de couro pretas, os cabelos compridos e a poeira de uns dias de estrada e qualquer um passaria reto. Não faço ideia de quanto tempo esperamos, mas, enfim, conseguimos uma carona com duas meninas na traseira de uma caminhonete. Elas nos levaram até os arredores de Portland e, uma vez que chegamos aos limites da cidade, tudo ficou bem. Donner, o amigo de Duff de Seattle, enviara uma pessoa para nos buscar que nos informou que Danny e Joe haviam telefonado. O carro era bem pouco confiável para fazer a viagem, e ambos tinham voltado a Los Angeles. Não que algum de nós tenha se importado.

Estávamos batalhando, embora tivéssemos perdido cada apresentação ao longo do caminho. Não nos importávamos desde que tivéssemos a chance de fazer o show de encerramento da turnê – estava marcado para acontecer em Seattle e o que era para ser nossa última apresentação tornou-se o primeiro show da carreira do Guns N' Roses.

Chegar a Seattle foi uma vitória especial tanto por termos conseguido (aquela última carona não apresentara problemas) quanto pelo fato de a casa de Donner ter sido a coisa mais próxima que já vi do filme *Clube dos Cafajestes*. No dia em que chegamos, fizeram um churrasco em nossa homenagem que, pelo que pude ver, nunca parecia terminar – continuava tão animado quando saímos quanto estivera quando todos saudaram os cinco estranhos de Los Angeles que passaram pela porta. Havia um suprimento interminável de maconha e bebida, e pessoas dormindo, viajando ou transando por todos os cantos. Era uma perfeita festa após o show do Guns N' Roses... que começou antes da nossa primeira apresentação.

Chegamos à casa de Donner várias horas antes do momento de subir ao palco. Não tínhamos nada além de nossas guitarras e, portanto, precisávamos arranjar equipamento com urgência. Como mencionei, antes de se mudar para Los Angeles, Duff tocara em lendárias bandas de punk de Seattle e, assim, pôde pedir alguns favores. Ligou para Lulu Gargiulo do Fastbacks, a qual nos deu todo o apoio emprestando-nos a bateria e os amplificadores da banda. Ela, pessoalmente, tornou o primeiro show do Guns N' Roses possível. E quero agradecer a Lulu mais uma vez aqui.

O clube chamava-se Gorilla Gardens, que era o epítome de um buraco do punk rock: úmido, sujo e cheirava a cerveja estragada. Ficava bem próximo à água, num cais industrial que lhe dava um vago toque marítimo, mas não de uma maneira pitoresca com docas de madeira e tudo o mais. Aquele lugar ficava no final de uma laje de concreto. Era o tipo de cenário onde negócios se realizam em filmes de gângsteres ambientados na Costa Oeste. E, para completar, estava frio e chovendo do lado de fora no dia em que tocamos lá.

Nós nos preparamos e fizemos nossa apresentação para um público que não se mostrou nem hostil, nem animado. Tocamos umas sete ou oito músicas, incluindo "Move to the City", "Reckless Life", "Heartbreak Hotel", "Shadow of Your Love" e "Anything Goes", e foi algo bem rápido. Naquela noite, fomos uma interpretação crua do que a banda era. Uma vez que a energia nervosa diminuíra, ao menos para mim, chegamos ao final da performance. De qualquer modo, tivemos bem poucas falhas nos arranjos e, considerando-se tudo, foi um ótimo show… até que chegou o momento de recolhermos nosso pagamento. Então, se tornou uma luta contra a corrente, como todo o restante do início da nossa carreira viria a ser.

O dono do clube recusou-se a nos pagar os cento e cinquenta dólares que nos haviam sido prometidos. Enfrentamos esse obstáculo da mesma maneira que havíamos enfrentado os demais ao longo da viagem pela estrada – como um grupo. Desmontamos nosso equipamento e o levamos empacotado para o lado de fora. Depois, encurralamos esse cara no escritório. Duff conversou com ele, enquanto formávamos uma roda em volta, parecendo intimidadores e lançando algumas ameaças para reforçar. Bloqueando a porta, nós o fizemos refém até que o cara, por fim, pagou cem dólares do nosso dinheiro. Inventou uma bosta de desculpa qualquer para não nos dar os cinquenta restantes, que foi conversa para boi dormir. Não nos demos ao trabalho de ouvir tudo e acabamos pegando os cem e saindo.

HÁ UMA IMAGEM QUE TENHO DOS NOSSOS DIAS EM SEATTLE que resume tudo para mim. É de um televisor de ponta-cabeça. Lembro-me de estar deitado com metade do corpo no sofá-cama, minha cabeça pendendo da extremidade da beirada, tanto que a encostava no chão. Havia pessoas igualmente chapadas que eu não conhecia deitadas do meu lado direito e esquerdo, e eu estava curtindo tanto o meu barato que parecia ter encontrado a melhor posição do mundo em que um corpo pode estar. O sangue corria para o meu cérebro enquanto eu pendia ali, assistindo a *O abominável Dr. Phibes*, estrelado por Vincent Price, e não havia mais nada que eu quisesse estar fazendo.

Depois de alguns dias de "pós-festa" na casa de Donner, voltamos para o carro com a amiga dele, que chamaremos de Jane. Ou ela era louca ou apenas gostou de nós o bastante para nos levar pela viagem inteira até Los Angeles; ainda não sei ao certo. Seguimos de automóvel até Sacramento, que fica a cerca de mil e duzentos quilômetros, antes de fazer nossa primeira parada. Àquela altura, tínhamos sido obrigados a parar. Jane não era do tipo que tinha um carro com ar-condicionado funcionando e, tendo em vista o calor do verão, talvez tivesse sido letal prosseguir naquelas condições.

    Estacionamos e passamos a tarde zanzando pela capital do estado da Califórnia, em volta da sede do condado, pedindo uns trocados para comprar algo para comer. Após umas poucas horas, reunimos nossos ganhos e fomos ao McDonald's, onde mal conseguimos comprar comida o bastante para repartir entre os seis. Depois disso, deitamos à sombra de alguns carvalhos no parque do outro lado da sede do condado, tentando nos refrescar. O calor ficou tão insuportável que saltamos a cerca e buscamos refúgio na piscina de uma casa de repouso qualquer. Não demos a mínima para o fato de estar invadindo propriedade alheia. Na verdade, se tivéssemos sido presos, provavelmente teria sido um progresso – ao menos haveria comida e ar-condicionado melhor do que no carro de Jane. Assim que o sol se pôs e, enfim, a temperatura baixou o suficiente para conseguirmos entrar de volta naquela lata-velha, retomamos a estrada.

    Só me dei conta disso anos mais tarde, mas aquela viagem nos solidificou como uma banda mais do que percebemos; nosso grau de comprometimento foi testado naquela jornada. Havíamos farreado, tocado, sobrevivido, suportado muito e reunimos um repertório de histórias para a vida toda em apenas duas semanas. Ou foi só uma semana? Acho que foi uma semana... o que eu sei, afinal?

FAZ SENTIDO QUE O PRIMEIRO SHOW DO GUNS TENHA ACONTECIDO em Seattle porque, embora nosso endereço fosse em Los Angeles, tínhamos tanto em comum com a maioria das bandas de "L. A." quanto o clima de Seattle tinha a ver com o do sul da Califórnia. Nossas principais influências eram do Aerosmith, sobretudo para mim, e, então, havia também as de bandas como T. Rex, Hanoi Rocks e New York Dolls. Acho que até se poderia dizer que Axl era uma versão de Michael Monroe.

    De volta a Los Angeles, com a nossa primeira apresentação como uma banda tendo ficado para trás, estávamos preparados para voltar a ensaiar e nos manter focados na nossa música. Nos reunimos num espaço em Silverlake e rumamos de volta para casa com o nosso equipamento na pequena Toyota Celica de Duff após o ensaio. Quando nos aproximamos de um cruzamento para virar à esquerda, fomos atingidos em cheio por um cara dirigindo a cerca de uns 100km/h. Steven quebrou o tornozelo porque estivera com as pernas esticadas entre os dois assentos da frente, e todos saíram feridos, eu o mínimo possível – na verdade, saí praticamente ileso. Foi um acidente feio. O carro de Duff ficou um bagaço, e o mesmo poderia ter acontecido conosco. Teria sido um trágico golpe do destino: a banda morrendo junta depois de termos acabado de nos juntar.

COMEÇAMOS A ANDAR COM ALGUMAS DENTRE AS PESSOAS MAIS obscuras do cenário do rock and roll de Los Angeles. Eram parte de uma camada mais discreta que o típico fã de rock da Sunset Strip não conhecia. Uma dessas figuras era Nicky Bear, que foi o baterista do L.A. Guns por um instante, mas passava a maior parte do tempo tocando em bandas de glam (ou glitter rock) menos conhecidas como os Joneses. Nicky não era necessariamente obscuro, mas tinha uma porção de amigos obscuros. Também era dono de um estúdio para ensaios na casa dele em Silverlake aonde íamos, preparávamos nosso equipamento e tocávamos, e foi onde a banda toda de fato ficou unida. Izzy fizera algo chamado "Think About You" de que gostamos, e aperfeiçoamos "Don't Cry", que foi a primeira música em que trabalhei com Izzy. Ele tinha outro riff para uma chamada "Out Ta Get Me", da qual gostei de imediato quando a ouvi – tínhamos feito aquilo depressa. Axl lembrou-se de um riff que eu havia tocado com ele num período em que ele morou conosco na casa da minha mãe, o que fora séculos antes, àquela altura. Era a introdução e o riff principal de "Welcome to the Jungle". Essa música foi a primeira melodia de verdade que a banda compôs em conjunto. Estávamos sentados no estúdio, pensando em compor algo novo, quando aquele riff voltou à mente de Axl.

– Ei, e quanto àquele riff que você tocou para mim um tempo atrás? – perguntou ele.

– Quando você estava morando lá em casa? – falei.

– Sim. Aquilo era bom. Vamos ouvir.

Comecei a tocar o riff e, no mesmo instante, Steve surgiu com uma batida; Duff juntou-se com uma linha de baixo e lá fomos nós. Fui contribuindo com partes a serem trabalhadas: o refrão, o solo; e Axl foi criando a letra.

Slash durante a breve fase glam do Guns.

Duff foi o elo nessa música – entrou com a ponte depois do solo, aquela furiosa linha de baixo, e Izzy proveu a textura. Em cerca de três horas, a música estava completa. O arranjo é praticamente o mesmo do álbum.

Precisávamos de uma introdução e cheguei a uma naquele dia usando o *digital delay* do meu reles pedal Boss de guitarra. Fiz valer o dinheiro que paguei por aquela coisa, porque, embora fosse uma porcaria, o pedal deu o efeito de eco tenso que criou o clima para aquela música e o impulso para o nosso álbum de estreia.

Criamos uma porção das nossas primeiras músicas com quase facilidade demais. "Out T Get Me" foi feita numa tarde, quase mais rápido do que "Welcome to the Jungle". Izzy apareceu com o riff e a ideia básica para a música e, no segundo em que o tocou, as notas me inspiraram. Foi criada tão depressa que acho que até a sessão mais complicada – as partes duplas de guitarra – foi escrita em menos de vinte minutos.

Eu nunca havia estado numa banda em que músicas tão inspiradoras fluíam com tanta naturalidade. Não posso falar pelos outros, mas, a julgar pela rapidez com que a nossa criatividade coletiva se reuniu, presumo que tenham se sentido de modo semelhante. Parecíamos partilhar de um conhecimento mútuo e de um tipo de idioma secreto, naquela época. Era como se cada um já soubesse o que o outro levaria para o ensaio e tivesse escrito a parte perfeita para dar continuidade. Quando todos falávamos a mesma língua, era, de fato, fácil assim.

PEDIMOS UM MONTE DE TRANQUEIRAS EMPRESTADAS ÀS MENINAS E, inicialmente, tínhamos aquela aparência glam, se bem que com um ar bem menos andrógino. Não demorou nada, porém, para ficarmos com preguiça demais para fazer a maquiagem e pôr todos aqueles penduricalhos e, assim, nossa fase glam foi curta. Além do mais, as roupas eram um problema, porque vivíamos trocando de namorada e nunca se sabia o que a próxima menina teria para emprestar. Sem mencionar que aquele visual nunca combinou muito comigo – eu não sou branco e esguio e nem tinha cabelos longos. Abandonar a ideia toda acabou dando certo para nós, no final. Ficamos ainda mais durões, tradicionais e autênticos; mais um produto de Hollywood do que do cenário glam de Los Angeles.

Também éramos a banda lunática de rock and roll. Adorávamos estar deslocados e aceitávamos cada apresentação que nos ofereciam. Ensaiávamos diariamente, e novas músicas surgiam rápido. Nós as testávamos diante de multidões enlouquecidas em locais de shows como Madame Wong's West, o Troubadour e o Whisky. Eu encarava o que fazíamos a cada dia como o passo seguinte ao longo de um caminho no qual tudo era possível. Na minha opinião, tratava-se de algo simples. Se não nos concentrássemos em nada além de vencer o obstáculo seguinte, chegaríamos depressa de um ponto a outro e mais além, não importando quanto a distância a vencer fosse grande.

A cada show que fazíamos, conquistávamos mais fãs – e geralmente arranjávamos alguns inimigos novos. Não importava. Conforme atraíamos multidões maiores, ficava mais fácil conseguir apresentações. Nossos fãs, desde o início, sempre foram uma grande mistura: tínhamos punks, metaleiros, drogados, psicóticos, tipos esquisitos em geral e algumas almas perdidas. Nunca foram uma multidão fácil de identificar ou quantificar. Na verdade, após todos esses anos, ainda não encontro uma simples frase que classifique a todos – o que está ótimo para mim. Fãs incondicionais do Guns, suponho, eram uma espécie de grande irmandade, gente que não se enquadrava daqui e dali e que fazia da própria condição de exclusão uma bandeira.

Uma vez que começamos a fazer nome em nível local, passamos a contar com Vicky Hamilton, uma empresária que ajudara muito o Mötley Crue e o Poison no início da carreira. Vicky era uma loira platinada de cerca de um metro e setenta e acima do peso, com uma voz um tanto esganiçada, que simplesmente acreditou em nós e provou isso nos promovendo de graça. Eu gostava muito da Vicky – era sincera e bem-intencionada. Ela me ajudou a providenciar a impressão de folhetos para os nossos shows, colocou anúncios no *L.A. Weekly* e lidou com os organizadores de nossas apresentações. Eu trabalhava ao lado dela fazendo tudo o que podia para promover a nossa causa. Com a ajuda de Vicky, tudo começou a decolar de verdade.

Começamos a tocar no mínimo uma vez por semana e, conforme nossa exposição foi aumentando, também cresceu a necessidade de arranjar roupas novas. Minhas três camisetas, a jaqueta de couro emprestada, um jeans e minha calça de couro não dariam mais para o gasto. Decidi que tinha de fazer algo a respeito na tarde da véspera de nossa primeira apresentação como banda principal no sábado à noite, no Whisky.

Não dispunha do capital necessário para resolver muita coisa e, assim, perambulei pelas lojas de Hollywood à procura de algumas pechinchas. Roubei um cinto bem largo de um lugar chamado Leathers and Treasures que era preto e prateado, como aquele que Jim Morrison sempre usou. Planejei usá-lo com o meu jeans ou com a calça de couro (que eu havia encontrado na lixeira do antigo prédio da minha avó) e continuei olhando nas várias lojas. Achei algo interessante num lugar chamado Retail Slut. Não tinha condições de comprar aquilo e, pela primeira vez na vida, não soube ao certo como roubar uma coisa — mas soube que precisava tê-la.

Uma grande cartola preta não cabe com facilidade debaixo de uma camiseta, embora tantas cartolas tenham sido roubadas de mim ao longo dos anos que alguém deve ter bolado uma técnica eficaz que desconheço. De qualquer modo, ainda não sei ao certo se os funcionários notaram e, se foi o caso, se eles se importaram ou não quando apanhei a cartola do manequim na maior cara-de-pau e saí tranquilamente da loja sem olhar para trás. Não sei o que foi; a cartola pareceu falar comigo.

Quando voltei ao apartamento em que morava na época, percebi que as minhas "aquisições" serviriam melhor se tornando uma só peça. Portanto, cortei o cinto para encaixar na cartola e apreciei o resultado. Fiquei ainda mais contente quando descobri que, afundando o novo acessório o máximo possível na cabeça, eu podia enxergar tudo, mas ninguém poderia me ver. Alguns podem dizer que um guitarrista se esconde atrás do instrumento, mas minha cartola era uma reconfortante barreira adicional e impenetrável. E, embora eu nunca tenha achado que fosse algo original, era meu — uma marca registrada que se tornou uma parte indelével da minha imagem.

QUANDO O GUNS COMEÇOU A ENGRENAR, EU TRABALHAVA NUMA banca de jornais entre a Fairfax e Melrose. Morei com a minha namorada Yvonne, com quem mantinha um relacionamento de idas e vindas, até que ela se encheu de mim e terminamos mais uma vez, o que me deixou sem lugar para morar. Minha ex-supervisora na banca de jornal, Alison, permitiu que eu acampasse em sua sala de estar, e combinamos que eu lhe pagaria metade do aluguel. Era uma menina bastante bonita que curtia reggae, com um apartamento entre a Fairfax e a Olympic, e cursava a faculdade à noite. Alison era atraente, mas sempre achei que ou ela era um tanto velha demais para mim, ou eu era um tanto novo demais para ela. De qualquer modo, nunca tivemos esse tipo de relacionamento. Nós nos dávamos muito bem e, quando ela saiu da banca de jornal para um emprego melhor, tive sorte o bastante de herdar sua vaga.

Alison sempre me tratou como o bichinho abandonado que acolhera e fiz o possível para merecer sua confiança. Como inquilino dela, não ocupei muito espaço. Meus bens materiais eram minha guitarra, um baú preto cheio de revistas de rock, fitas cassete, um despertador, algumas fotos e quaisquer roupas que possuísse ou me tivessem sido dadas por amigos e namoradas. E havia a minha cobra, Clyde, numa gaiola. O emprego na banca de jornais encerrou-se abruptamente no verão de 1985, quando uma estação de rádio local, a KNEC, ofereceu uma festa completa no Griffith Park, com ônibus gratuitos que saíam do Hyatt na Sunset Strip. Fui até lá depois do trabalho com duas doses de Jack Daniel's no bolso do jeans, não dando a mínima para o fato de que teria de abrir a banca às cinco horas da manhã seguinte. Foi uma noite de verão regada a libertinagem, se bem me recordo; gente passando garrafas e baseados adiante, enquanto o ônibus cruzava a cidade. Havia uma porção de figuras locais e músicos a bordo e, quando chegamos lá, música tocando e um churrasco. O gramado estava repleto de gente fazendo de tudo.

Fiquei tão bêbado naquela noite que levei uma garota para o apartamento, e estava transando com ela no chão da sala de estar quando Alison voltou para casa e nos flagrou. Não precisou dizer nada – a expressão no rosto dela foi prova de que não ficou nem um pouco contente. Fiquei com essa menina de qualquer modo até chegar o momento de ir para o trabalho. Quando ela se vestiu e partiu, eu já estava atrasado, e meu chefe, Jake, tinha telefonado. Vi-me em maus lençóis, porque havia usado tanto o telefone da banca de jornal para resolver assuntos da banda que ele começara a ligar durante os meus turnos para me apanhar no ato, o que tinha sido difícil. Ainda eram os tempos em que não existiam recursos como os de se deixar chamadas em espera, e eu vivia ao telefone, o que fazia com que Jake tivesse de tentar durante horas para conseguir me ligar só para berrar comigo.

Nem preciso dizer que ele estava puto por ter sido obrigado a abrir a banca no meu lugar naquele dia.

— Sim, Jake, desculpe — resmunguei, ainda bêbado, quando ele ligou pela segunda vez. — Sei que me atrasei. Tive um imprevisto. Mas estou a caminho.

— Ah, você está a caminho? — indagou ele.

— Sim, Jake. Chegarei aí logo.

— Não, nada disso. Não se dê ao trabalho. Nem *hoje*, nem *nunca mais*!

Esperei um minuto até assimilar aquilo.

— Sabe de uma coisa, Jake? Acho que é uma ótima ideia.

NAQUELA ÉPOCA, DUFF E IZZY AINDA MORAVAM DE FRENTE UM PARA o outro, na Orange Avenue. Duff tinha uma mentalidade de músico de classe trabalhadora como a minha — enquanto a banda não decolasse para valer, ele não se sentiria bem se não tivesse um emprego... mesmo que um de moral duvidosa. Duff fazia vendas por telefone, ou roubos por telefone, dependendo do ponto de vista. Ele trabalhava como operador de telemarketing para uma daquelas firmas que prometem um prêmio de algum tipo às pessoas, se elas concordarem em pagar uma pequena taxa "a fim de recebê-lo". Tive um trabalho semelhante antes de conseguir meu emprego na fábrica de relógios. Ligava para os outros o dia todo, prometendo-lhes uma Jacuzzi ou férias nos trópicos se eles apenas "confirmassem" o número do cartão de crédito para cobrir as "taxas administrativas". Era um negócio ilícito, pura picaretagem, e eu saí na véspera de o lugar ser invadido pela polícia.

Axl e Steven eram capazes de qualquer coisa para não trabalhar num emprego regular e, portanto, viviam de pequenos bicos ou com a grana que conseguiam com as namoradas. Vez ou outra Axl e eu trabalhávamos juntos como extras em sets. Participamos de algumas filmagens de multidões na Sports Arena de Los Angeles para um filme de Michael Keaton chamado *Encontro Fatal*, no qual ele fazia o papel de um jogador de hóquei. Não ligávamos tanto para aquela coisa toda de filmagem. O que importava era termos comida e ganharmos dinheiro para não fazer nada. Aparecíamos de manhã, cada um pegava o próprio vale-refeição e, então, achávamos algum lugar para dormir atrás das arquibancadas, onde não seríamos encontrados. Acordávamos quando havia a chamada para o almoço, a fim de comer com o resto do povo, e aí tornávamos a dormir até o horário de encerramento, quando pegávamos nosso cheque de cem dólares.

Eu gostava de ser o mais ocioso figurante da indústria do cinema com o máximo de frequência possível. Não via absolutamente nada de errado num almoço grátis e em ser pago por uma tarde de sono. Fiquei na expectativa de fazer o mesmo quando fui escolhido por um diretor de elenco para a figuração do filme *Sid & Nancy – O Amor Mata*. Sem que nenhum de nós soubesse, o mesmo diretor, em vários locais, escolhera cada membro do Guns N' Roses individualmente. Todos nós aparecemos no primeiro dia da seleção, fazendo comentários do tipo:

– Ei... o que está fazendo aqui, cara?

Não era muito divertido. Na verdade, era como participar de um júri. Havia inúmeros figurantes, mas nós cinco fomos escolhidos justamente para tomar parte na mesma cena de show, onde os "Sex Pistols" estão tocando num pequeno clube. A filmagem exigiu que aparecêssemos no início da manhã, durante três dias consecutivos, com a costumeira promessa de um vale-refeição e cem dólares diários. Um compromisso de três dias foi demais para os outros caras. No final, fui o único de nós patético o bastante para aparecer todos os dias.

Azar o deles; *eu* me diverti. Durante três dias, foram gravadas cenas de um show dos "Sex Pistols" no Starwood, um clube que eu conhecia de trás para a frente. Eu aparecia de manhã, marcava a presença e pegava meu vale-refeição. Então, desaparecia num canto do Starwood e enchia a cara de Jim Beam sozinho. Enquanto os demais figurantes faziam o papel de público na pista diante do palco, eu observava o procedimento de um canto escondido no mezanino – e recebia o mesmo cachê.

TÃO LOGO O GUNS SE TORNOU UMA BANDA DE CLUBE RESPEITADA, alguns ridículos empresários de Los Angeles começaram a nos rondar feito tubarões, alegando que tinham o que era preciso para nos tornar astros. Àquela altura, havíamos nos separado amigável e temporariamente de Vicky Hamilton e, portanto, estávamos abertos a propostas, mas a maioria das que recebemos foram imbecis. Um dos exemplos mais convincentes de como esses tipos jogam sujo – e do que estaria reservado para nós, caso tivéssemos cometido tal erro – foi cortesia de Kim Fowley, o sujeito infame que atuou como empresário das Runaways da mesma maneira que Phil Spector foi empresário do Ronettes; em resumo apenas uma forma legalizada de servidão. Kim usou toda a sua lábia conosco, mas no momento em que falou em levar uma porcentagem sobre os nossos direitos autorais e mantermos um compromisso de longo prazo, ficou claro o que ele tinha em mente. Toda a merda que Kim disse e sua atitude falaram por si mesmas, porque aquele era um sujeito estranho demais para conseguir fingir.

Gostei dele assim mesmo e fiquei contente em andar a seu lado e deixá-lo me entreter – desde que o cara não chegasse perto demais. O restante de nós era do mesmo tipo de animal. Estávamos dispostos a tirar proveito de qualquer coisa que alguém pudesse ter a oferecer sem fazer promessa alguma que tivéssemos de cumprir. Axl ficava enquanto a conversa valesse a pena, porque adora conversar. Steven estaria lá se houvesse gatas envolvidas. E eu estava disposto a consumir todas as refeições grátis do Denny's, cigarros, drinques e drogas em troca dos assuntos que tivesse de aguentar. Na medida em que os fatores que nos atraíram foram se esgotando, um a um, caímos fora.

Kim nos apresentou a um cara chamado Dave Liebert, que foi o diretor de turnê de Alice Cooper por algum tempo e trabalhara com o Parliament-Funkadelic, sabe Deus quando, e os dois estavam interessados em fechar contrato conosco como uma equipe e nos conduzir a tudo o que poderíamos conquistar. Kim me levou à casa de Dave para conhecê-lo numa noite, e Dave nos mostrou os discos de ouro. A atitude dele era do tipo: "Ei, garoto, isto pode acontecer com você". Suponho que sua intenção foi a de me instigar mais ao convidar duas garotas, novas o bastante para serem filhas dele, que passaram a noite injetando coca no banheiro. Dave me arrastou até lá a certa altura, e pareceu que aquelas meninas não tinham ideia do que faziam. Eram tão inaptas que tive vontade de pegar a agulha eu mesmo e injetar-lhes a droga. Dave estava à toda e, sob a insuportável luz fluorescente daquele banheiro, ficou apenas de roupa de baixo e se divertiu com as garotas – que deviam ter uns dezenove anos, no máximo – e me convidou para me juntar ao grupo. Posso afirmar que, dentre todas as razões que tornavam aquela cena tão deplorável, a iluminação era a pior. A ideia daquele cara e sua coleção de discos de ouro pré-históricos dirigindo a nossa banda com Kim Fowley fez com que fosse quase impossível não rir histericamente bem na cara dele. Teria sido um suicídio profissional antes de termos sequer tido algo a perder. Jamais teríamos uma chance se o empresário fosse tão devasso quanto a banda, de qualquer modo.

ENQUANTO O GUNS CONTINUAVA ENSAIANDO E COMPONDO, trabalhando para definir quem éramos, comecei a sair mais. De repente, surgiram bandas que eu de fato queria ver porque, enfim, o panorama estava mudando. Havia grupos como o Red Kross, que era uma banda glam, mas durona, e, do outro lado da moeda, bandas como o Jane's Addiction, ótimas e das quais gostava, mas não eram bem a minha praia. Tocávamos em shows com alguns dos grupos mais obscuros e que tocavam pela arte – recordo-me de uma apresentação no Stardust Ballroom –, mas nunca eram muito bons. Não éramos considerados maneiros pelas bandas desse cenário, porque nos julgavam muito mais como um grupo glam do lado do Troubadour da cidade do que realmente éramos. O que esse pessoal não sabia era que nós éramos provavelmente mais obscuros e sinistros do que eles. Tampouco sabiam porra alguma sobre o fato de não suportarmos nossos colegas do outro lado da cidade.

Na verdade, conforme nossa popularidade cresceu, começamos a travar batalhas com as bandas do "nosso" lado da cidade. Nunca fazíamos nada deliberado para ferrá-las, mas, após um certo tempo, todos com quem tocávamos passaram a ter medo de nós, porque Axl adquiriu a reputação de genioso, de alguém que podia subir nas tamancas a qualquer momento. Saí com ele várias noites em que nos metemos em brigas fodidas com completos estranhos por razão alguma de que eu me lembre. Na opinião de Axl, havia indubitavelmente sempre um bom motivo para isso, mas, na minha, estávamos apenas brigando com pessoas na rua – literalmente na rua – porque alguém olhara torto para ele, ou dissera a coisa errada. Se bem que tenho de admitir... era divertido pra cacete.

Eu diria que a minha vida perdeu qualquer traço de uma existência estável, "regular", quando fui demitido do meu emprego na banca de jor-

Eu diria que a minha vida perdeu qualquer traço de uma existência estável, "regular", quando fui demitido do meu emprego na banca de jornais.

nais. Como falei antes, estava morando no apartamento de Alison, minha ex-supervisora na banca, alugando espaço na sala de estar. Mas, como fui despedido, a caridade dela e o meu salário habitual se extinguiram. Sem lugar para morar, juntei minha cobra, a guitarra e o baú preto e me mudei para o local de ensaios do Guns, onde Axl e eu logo nos tornamos residentes permanentes. Izzy, Steven e Duff tinham namoradas com quem ficar – Izzy e Duff até alugavam os próprios apartamentos. Axl e eu éramos os únicos sem onde cair mortos.

Nosso "estúdio" de ensaios era bastante precário. Era um dos três depósitos em estilo de garagem num prédio na altura da Sunset e da Gardner que se destinava a abrigar caixas ou carros, não pessoas. A porta da frente era daquelas de alumínio, de correr na vertical, do tipo comum em oficinas mecânicas, o chão era de cimento, e éramos os únicos locatários que usavam o espaço de menos de trinta metros quadrados como residência. O prédio vinha com um banheiro em comum, a uns cinquenta metros, mas em geral eu preferia mijar nos arbustos do outro lado do beco, de frente para a nossa "sala de estar". Chamávamos o lugar de Hotel e Villas Sunset & Gardner.

Nosso espaço de ensaio não devia se passar por uma moradia porque nem sequer se destinava a ser um espaço de ensaio – mal era um depósito que prestasse. Então Izzy concluiu que, ao menos, Axl e eu devíamos ter uma cama decente. Um dia, ele e Steven encontraram madeira e montaram uma cama improvisada ao estilo de loft acima de onde ficava a bateria. Foi uma inovação tão bem-vinda quanto a invenção do vaso sanitário com descarga, por Alexander Cummings, deve ter sido para a Inglaterra no século 18. Tínhamos outra comodidade que deixou o "apartamento" da nossa banda mais com cara de lar – uma pequena churrasqueira a carvão que um de nós ou roubou ou comprou. Nunca a usei, porque, por mais que aprecie a culinária refinada, nunca me dei ao trabalho de aprender a fritar sequer um ovo. De algum modo, no entanto, Steven e Izzy conseguiam preparar refeições bem razoáveis naquela coisa.

Éramos empenhados no que se referia a compor músicas e ensaiar ali todos os dias, mas, como Axl e eu vivíamos lá em tempo integral, nosso "estúdio" logo se tornou um ponto de encontro noturno fora do mapa e sem regras domésticas. Numa noite típica, um de nós estaria transando com uma garota na cama no pequeno mezanino ou a céu aberto, o outro talvez estivesse desacordado entre um amplificador e a bateria, e um grupo de amigos estaria bebendo e se drogando no beco até o nascer do sol. Escrevemos uma porção de boas músicas naquela garagem, inspirados pelo ambiente à nossa volta: "Night Train", "My Michelle" e "Rocket Queen" entre elas.

"Night Train" foi composta em diferentes etapas. Trabalhei primeiro no riff principal com Izzy, sentado no chão úmido daquele lugar, um pouco antes de ter me mudado do apartamento de Alison. Não sabíamos que rumo a música tomaria e não tínhamos nenhum tipo de assunto em mente, mas o ritmo era tão certo que continuamos tentando. No fim, me senti um tanto indisposto e, no dia seguinte, acordei com a garganta bastante inflamada. Fiquei de repouso no sofá de Alison durante dois dias, mas, nesse meio tempo, Izzy tocou para Duff o que havíamos feito, e Duff trabalhou na música, aperfeiçoando o ritmo e transformando nossos riffs numa faixa instrumental de fato.

Nenhum de nós tinha alguma ideia para a letra, mas nos sentimos bastante inspirados por ela, e ficou pairando na mente da banda até encontrar o veículo apropriado, que calhou de ser uma celebração em homenagem à nossa bebida favorita: Night Train.

Certa noite, estávamos andando pela Palm Avenue, que é uma rua infame em nosso mundo porque várias garotas de reputação duvidosa moravam lá, além de algumas usuárias de drogas que conhecíamos e também Lizzy Grey, guitarrista do London. Passávamos um bocado de tempo ali naqueles tempos, porque conhecíamos gente demais na vizinhança. Assim, a cada vez que nos víamos caminhando naquela direção, sabíamos que era o começo de algo. Naquela noite, dividíamos uma garrafa de Night Train, um "vinho" de alto teor alcoólico que, naqueles tempos, podia ser comprado por menos de dois dólares a garrafa. É o vinho mais barato e vagabundo que se pode adquirir, e o bebíamos para valer sempre que não havia alguém pagando. Pode não soar como grande coisa, mas é sem dúvida uma viagem. A menos que já o tenha experimentado, você provavelmente não entenderá por que nos vimos improvisando uma letra de música em sua homenagem enquanto perambulávamos pela Palm Avenue.

Não lembro quem começou, mas alguém inventou o coro: *I'm on the Night Train!*. Todos nos juntamos e continuamos cantando, enquanto Axl improvisava todos os versos no meio: *Bottoms up!*, *Fill my cup!*, *Love that stuff!* e *I'm ready to crash and burn!*.

Ela chegou a nós num daqueles momentos incríveis, exatamente como "Paradise City". "Night Train" foi uma espécie de hino que criamos no ato, nem ao menos sabendo quanto a canção de fato representava como éramos naquele momento no tempo. Na mesma linha de "Paradise", há um quê de inocência nessa música; é quase uma canção de ninar, uma melodia agradável cantada por crianças num parquinho... crianças sinistras cujo parquinho é um beco sombrio.

Essa canção entusiasmou a todos. Não sei se a retomamos mais tarde naquela noite de volta ao estúdio de garagem ou na manhã seguinte, mas em um dia ficou pronta. Axl organizou a letra, nós ajustamos todas as partes, e isso foi tudo. Nós a testamos na nossa apresentação seguinte num clube, e a canção deu bom resultado. Bom *mesmo*. Ela possui um ritmo nos versos que, desde o início, sempre me deixou eufórico. Na primeira vez que a tocamos, comecei a saltar sem parar – foi inevitável. Quando estávamos com nosso palco imenso bem mais tarde, eu corria pela extensão dele, saltava por cima dos amplificadores e ficava a mil a cada vez que a apresentávamos. Não sei a razão, mas nenhuma outra canção que já executamos ao vivo fez com que eu me movesse desse jeito.

Houve mais um clássico que compusemos lá na garagem: "My Michelle". A música se originou lá, acho que no decorrer de algumas tardes. Creio que Izzy e eu elaboramos a estrutura básica e, então, como de costume, Duff contribuiu com o que a canção precisava para evoluir. De qualquer modo, não escrevi a letra, mas sei com certeza sobre o que ela fala. A inspiração é Michelle Young, amiga da minha primeira namorada, Melissa. Conheci as duas durante toda a escola, muito antes de o Guns sequer ter sido uma ideia, quanto mais uma realidade.

A questão é, graças a amigos meus como Mark Mansfield e Ron Schneider, que ainda eram próximos a mim e faziam parte do cenário musical até certo ponto, na ocasião, muitos dos meus velhos amigos se envolveram no universo do Guns N'Roses, uma vez que ele teve andamento. Por causa de nossos amigos em comum, restabeleci contatos com pessoas que não vira desde que deixara a escola, e muitas delas foram sugadas pelo nosso mundo – para o bem e, na maioria, para o mal.

Michelle foi uma delas. Mesmo quando éramos garotos, ela sempre foi meio maluca. Quando começou a frequentar nossos círculos, acabou se envolvendo com Axl, e os dois tiveram um breve romance. Ele escreveu essa letra sobre a vida dela, a qual relata os fatos de sua criação. O pai estivera envolvido no ramo pornô, e a mãe fora uma viciada em remédios e drogas, que, por fim, acabara cometendo suicídio. Mas ver a minha antiga amiga de escola, com quem eu dividira cigarros no banheiro do ginásio, tornando-se tema de uma de nossas canções mais intensas foi algo completamente diferente. Perguntei a Axl certo dia, porque não conseguia imaginar a Michelle que eu conhecia ficando feliz com o fato da vida dela vir a público.

— Ei, Axl — disse-lhe no ensaio, depois de termos repassado a canção —, não acha que Michelle vai ficar ofendida?

— E por que ficaria? — retrucou ele. — É tudo verdade, cacete.

— Sim, é, mas não sei se será legal se você disser todas essas coisas. Não pode mudar um pouco a letra?

— Não. É a verdade. Mesmo que ela não goste, vou seguir assim.

Esperei pelo pior. Embora não possuíssemos nada para que alguém nos processasse, imaginei que Michelle iria atrás de nós em busca de algum tipo de reparação. Ao menos eu achei que ela odiaria a canção e que ficaria mortificada com a exposição de sua história daquela maneira. Estava redondamente enganado. Desde o momento em que tocamos essa canção em acústico até aquele em que a gravamos para o nosso álbum, Michelle adorou a atenção que a música atraiu para ela. Na época, foi a melhor coisa que já lhe acontecera. Mas, como muitos de nossos amigos que foram atraídos para o círculo sombrio do Guns N' Roses, ela entrou de uma maneira e saiu de outra. A maioria deles acabou indo parar na cadeia, na reabilitação ou em ambos (ou pior), mas fico feliz em dizer que Michelle está entre aqueles que deram uma guinada em suas vidas antes que fosse tarde demais. Alguns de nossos amigos acabaram se mudando para Minneapolis... talvez isso tenha algo a ver com o fato.

"Rocket Queen" foi inspirado num riff que criei logo que conheci Duff. Foi um dos arranjos mais complicados do que viria a ser nosso álbum, sobretudo porque tivemos de integrar o riff ao refrão mais melódico de Axl. A música baseia-se em nossa amiga em comum, Barbie, que já aos dezoito anos tinha uma reputação notória. Era viciada em drogas e uma "rainha" do submundo. Por fim, tornou-se uma cafetina, mas Axl teve uma paixão por ela na época. Ouvi dizer que Barbie conseguiu sobreviver a todos esses anos.

Foi durante esse período compondo e ensaiando no Hotel e Villas Sunset & Gardner que comecei a notar algo diferente em Steven. Ele aparecia para os ensaios um tanto baqueado; era como se estivesse bêbado, só que não bebia nada. Não pude identificar bem o que era porque ele continuava tocando normalmente, o que me deixou intrigado. Steven namorava uma menina que morava com uma colega de quarto na Gardner, perto do nosso espaço de ensaio. Comecei a ir até lá com ele todas as noites, quando terminávamos de tocar, e acabei descobrindo que o lugar era barra pesada. Foi como num daqueles momentos em que o tempo parece parar quando uma pessoa passa por uma porta; tudo se move bem devagar.

Passei a conhecer melhor a namorada de Steve e a colega de quarto dela, uma garota tão maluca que me deixou com pena. Tenho de admitir, também a achei bonitinha e, assim, comecei a vê-la e, embora eu percebesse que ela estava envolvida em algo sério, não soube o que era. Eu ia até lá com Steven após o ensaio, e nós quatro ouvíamos *Goats Head Soup* dos Stones a noite inteira enquanto eu os observava dormir e despertar a toda hora, com aquele típico balanceio de cabeça. Por fim, compreendi que a heroína talvez fosse a causa do entorpecimento de todos. A princípio, nenhum deles a usava na minha frente e, assim, demorei um pouco para descobrir. Mas, mesmo que tivessem feito isso, eu não teria tentado a droga porque na ocasião a heroína não me atraía nem um pouco. Não sabia muito a respeito, e o que vi não me deu vontade de experimentar. Por que o faria?

A colega de quarto era um daqueles casos perdidos de Los Angeles. Tinha dezoito ou dezenove anos. Uma menina rica que pegara o dinheiro da família e fizera tudo a seu alcance para atirá-lo na cara deles. Nesse processo, ferrara a si mesma de verdade e, então, reclamava sem parar sobre como a vida dela estava em frangalhos e que era tudo culpa de seus familiares. A solução era chorar e gemer até não aguentar mais, e depois drogar-se e buscar consolo na heroína, o que, nem é preciso dizer, interferiu nos esforços limitados, ainda que planejados, para reparar a situação. Este filme ficou completo com a cena de início de manhã em que a mãe chega sem avisar para confrontá-la e, é claro, eu cometi o erro de entrar no meio da horrível discussão de ambas.

Não falei muito, mas a mãe ficou convencida de que eu era a causa do estado da filha dela. Na verdade eu era o único que *não estava* usando heroína. A mãe saiu dali naquele dia me odiando e deixando a filha para trás, mas ela acabou ganhando: a garota logo desapareceu. Depois disso, a namorada de Steven também se mudou e nenhum de nós nunca mais viu nenhuma delas.

Até o momento em que vi Steven e as meninas usando a droga – e o instante em que eu mesmo a usei –, tudo o que eu sabia sobre heroína era o que vira nos filmes antidrogas na escola e na trama do filme *Operação França*, que era centrada nos esforços ferrenhos de Popeye Doyle para deter a importação de um imenso carregamento por um cartel francês. Naquela época, não fazia ideia de que todos os meus heróis usavam heroína. Mas eu logo descobriria. Ela foi entrando sorrateira na minha vida como uma trepadeira avançando pelo muro.

Izzy e eu estávamos no estúdio de ensaio de Nicky Beat em 1984 quando experimentei a heroína pela primeira vez, inalando a fumaça que se desprendia da droga através de um canudinho enquanto a aquecíamos. Tudo o que aquilo conseguiu foi me deixar zonzo e não muito tranquilo. Não tive sensações agradáveis de imediato, portanto perdi o interesse logo; sentir-me nauseado não era o que eu chamava de diversão. Para Izzy estava ótimo; conseguia inalar aquilo e ficar completamente satisfeito desse jeito.

Alguns meses depois, eu a injetei pela primeira vez, e foi o quanto bastou. Depois disso, nunca a usei de outra maneira senão injetando-a direto na corrente sanguínea. Eu era como qualquer outro usuário que busca satisfação imediata, queria que a ação fosse rápida. Nunca consegui ficar eufórico usando-a de nenhuma outra forma que não com uma agulha. Se não consigo, prefiro não me dar ao trabalho; é um desperdício de drogas, de tempo e uma decisão consciente de fazer algo ineficaz. Tentei usá-la da maneira como era para ser; o método antigo e civilizado de perseguir o dragão de acordo com a tradição chinesa, mas não funcionou para mim. Os chineses eram calmos, tranquilos e controlados em relação à heroína; da mesma maneira que o eram em relação ao ópio. O método intravenoso foi desenvolvido bem mais tarde, no Ocidente, assim que as pessoas começaram a usar morfina para recreação. As agulhas começaram a ser utilizadas visando-se o fator da gratificação instantânea, e é o que o povo das ruas busca. Nos Estados Unidos, nos tempos dos caubóis do Velho Oeste, as mulheres usavam mais do que os homens, todas com agulhas, na maioria as que se prostituíam e trabalhavam em bares.

Uma noite pode mudar para sempre a sua vida, e essa foi a noite que mudou a minha. Pensei muito sobre isso, e tenho certeza de que foi por causa de todo o Jim Beam que eu ingerira. Estávamos no apartamento de uma menina qualquer onde fui parar com Izzy. Eu estava sentado junto à pia do banheiro, sob uma luz muito fraca, difusa. Preparando o meu braço e a seringa, a garota me injetou a substância... e uma onda me envolveu vindo de algum ponto bem no fundo do meu estômago. Senti uma onda violenta me percorrer e... fui nocauteado. Perdi os sentidos e caí da cadeira, acordando esparramado no chão horas depois, à luz do dia. Levei um segundo para entender o que acontecera: havia uma garrafa de Jim Beam ao meu lado, que eu estivera bebendo, e, por um momento, esqueci por completo que usara heroína.

Olhei pela porta, vendo Izzy e a garota adormecidos na cama, e foi quando me dei conta de que, de algum modo, eu me sentia... diferente. Não tive certeza do que era, além do fato de que não se tratava de uma sensação familiar. Estava tudo bem, porém, porque eu me achava no *melhor* do meu humor. Quando Izzy e a menina acordaram, conversamos, e eu estava muito contente, muito feliz e inteiramente em paz com tudo. Izzy estava igual.

O apartamento da garota, onde estávamos, ficava na Wilshire, perto do centro de Los Angeles, e nós a deixamos naquela manhã sem uma única preocupação no mundo. O futuro pareceu brilhante, embora não tivéssemos nada de concreto na época. Enquanto a manhã descia sobre a cidade, caminhamos por toda a distância até Melrose, na área central de Hollywood, e foi quando tive a ideia genial de que devíamos ir visitar uma menina que eu conhecia. Era uma gata bastante bonita que frequentava o Colégio Fairfax e tinha uma paixonite por mim. Embora eu não a conhecesse tão bem, sabia que a mãe saía para o trabalho todos os dias. Assim, fomos até o apartamento dela e ouvimos os Beatles a tarde inteira. Ela tinha uma cama grande e toda feminina com um edredom macio, o sol entrava agradável no quarto; o espaço todo era bastante arejado, com tudo branco, rosa e suave.

Izzy e eu nos esbaldamos lá ouvindo música. Eu adorava "Dear Prudence". "Revolution" e "Dear Prudence" pareceram ser tudo o que importava na face da Terra. "Norwegian Wood" era ótima também. Ficamos lá curtindo a maior parte do dia, e então saímos. A caminho de casa, eu continuava mergulhado naquele feliz estado de torpor que a heroína me dera. Percebi que a dose que eu recebera durara o dia inteiro.

É a melhor coisa que já fiz, pensei. *Nada chega perto.* Eu tinha dezenove anos de idade.

NOSSO ESPAÇO DE ENSAIO (E TAMBÉM ONDE AXL E EU MORÁVAMOS) era para onde a banda ia com nossos seguidores a tiracolo no final da noite. Era para onde íamos depois de fazer um show em qualquer que fosse o clube que, enfim, acabava nos pondo para fora. Conforme nossa base de fãs foi crescendo, esse ritual tornou-se uma insensatez que não acabaria bem, mas continuamos mesmo assim. O Villas ficava incrustado o bastante na área infame entre Hollywood e o centro, por onde ninguém além de prostitutas e viciados em drogas perambulava depois do anoitecer. Os vizinhos que nos ladeavam eram comerciantes que trabalhavam das nove às cinco, com exceção da Escola Primária Gardner logo atrás de nós, cujo horário de funcionamento era das oito às três. Era fácil para cinquenta ou mais pessoas ficarem farreando a noite inteira, injetando heroína, fumando maconha e quebrando garrafas nas paredes sem nenhum problema com a polícia. Logo as proporções dessa baderna aumentaram o bastante para tomar conta do nosso espaço, do beco e do estacionamento inteiro ao lado do prédio. Pessoas com garrafas de bebida em sacos de papel podiam ser vistas em atividades ilegais e sórdidas, a menos de cinquenta metros da Sunset Boulevard a qualquer hora da noite. Nós ficávamos acordados madrugada adentro, mas quando as crianças começavam a chegar para a escola primária, pela manhã, em geral começávamos a dispersar a arruaça. Felizmente, nunca houve interação alguma entre o nosso cenário e o delas, embora o playground terminasse logo atrás do prédio do nosso "estúdio".

Outra banda usava o espaço de depósito/ensaio logo ao lado do nosso, e nunca conseguíamos lembrar o nome dela... ah, espere, chamava-se Wild. Dizzy Reed era o tecladista, e foi como ele e Axl se conheceram e fizeram amizade. O Wild era uma típica banda de rock do momento que nunca fui ver; também nunca prestei muita atenção ao jeito como tocavam. No entanto, farreava com eles. Nosso espaço de ensaio inteiro era um cená-

Nosso espaço de ensaio inteiro era um cenário boêmio definido por essas duas bandas na maior curtição a noite toda, todas as noites, numa parte decadente da cidade.

rio boêmio definido por essas duas bandas na maior curtição a noite toda, todas as noites, numa parte decadente da cidade.

O nível de libertinagem, da nossa parte ao menos, tornou-se ultrajante. Certa noite, depois do show, eu, Izzy e uma garota fomos para o nosso *loft* improvisado. Estávamos nos revezando no sexo com ela, mas Izzy não usava proteção, e, quando se separou dela, acabou gozando em cima da minha perna, uma vez que eu estava ali, do outro lado da garota. Aquilo me faz parar na hora. Sentando na cama, olhei para ele e disse:

– Eca, Izzy! A gente *precisa* arrumar um lugar maior, cara!

Um panorama tão escandaloso e fora dos limites não duraria e, quando terminou, foi de maneira dramática. Depois de um show em particular, como de costume, nossos amigos e quem mais estivera no clube foram para o nosso "estúdio" para mais uma noitada. Bem, na maioria, as garotas que decidiam ir farrear no nosso beco até seis ou sete da manhã não eram das que regulavam melhor; mas, naquela noite em específico, uma delas pirou de vez. Minha lembrança dos acontecimentos é vaga, mas, segundo recordo, ela fez sexo com Axl no mezanino. Quando a noite ia chegando ao fim, talvez com o efeito das drogas e do álcool passando, ela perdeu a cabeça e começou a ter um ataque histérico. Axl mandou-a ir embora e tentou atirá-la para fora. Procurei ajudar a amenizar a situação para que ela saísse calmamente, mas a coisa continuou complicada.

Cerca de uma semana depois, Steven estava lá quando os tiras adentraram e viraram o lugar de ponta-cabeça. Quebraram algumas peças de equipamento procurando drogas e intimidaram qualquer um que estivesse ligado a nós de alguma maneira. Ameaçaram prender Steven se ele não lhes contasse onde nos encontrar – Axl e eu –, porque estávamos sendo procurados por supostamente termos estuprado aquela menina. Steven entrou em contato conosco e nos avisou e, assim, ficamos longe de casa pelo resto do dia. Voltei até lá na manhã seguinte. Chovia e fazia um frio atípico, e encontrei Izzy, andando pelo meio da bagunça que os tiras tinham deixado para trás. Fiquei muito confuso, porque não havia feito nada – eu mal falara com aquela garota; nem eu, nem mais ninguém.

Era uma situação grave, e por isso me toquei e caí fora. Apanhei umas poucas coisas e saí para ir me esconder com Steven no apartamento da nova namorada dele, Mônica, que ficava à distância de uma caminhada. Mônica era uma atriz pornô sueca que acolhera Steven, e eu não poderia ter desejado um lugar melhor para ficar até a poeira baixar, porque fazíamos orgias sensacionais. Mônica era demais; uma anfitriã maravilhosa nesse sentido. E também tinha telefone, o que me permitiu receber constantes relatos sobre nossa situação legal. Em geral, as notícias não eram boas: era uma situação complicada – Axl e eu estávamos sendo acusados do crime de estupro. O futuro pareceu sombrio e o progresso da banda parou de imediato. Os pais da menina tinham contatos na polícia de Los Angeles e pretendiam levar as acusações adiante. Axl rumou para Orange County e se escondeu na casa de uma garota por algumas semanas, enquanto fiquei com Steven e Mônica. Temendo ser presos, não marcamos shows e mantivemos o máximo de discrição possível. A verdade foi que Axl fizera sexo com a garota, sem dúvida, mas fora com o consentimento dela, e ninguém a estuprara. Da minha parte, nem sequer a toquei! Quando conseguimos raciocinar direito, algumas semanas depois, lidamos com a situação através dos canais certos.

Axl retornou a Los Angeles, e nós dois fomos morar com Vicky Hamilton e a colega de apartamento dela, Jennifer Perry, e Vicky contratou um advogado para cuidar do nosso caso. Aposto que se arrependeu de ter nos acolhido. Axl e eu tomamos conta da sala do esquisito apartamento de quarto-e-sala dela e, entre as garrafas de bebida vazias e o desfile interminável de figuras que pareciam nos seguir aonde quer que fôssemos, nós transformamos o lugar num verdadeiro caos da noite para o dia. Axl dormia no sofá; eu, no chão; e o que antes fora uma sala de estar ficou parecendo um local atingido por uma bomba. A cozinha tornou-se um desastre; depois de uma semana lá, louça suja e lixo empilhavam-se quase até o teto. Felizmente, eu havia convencido minha ex-namorada Yvonne a cuidar da minha cobra, Clyde, por uns tempos. O caso foi parar no tribunal, mas, em algum ponto ao longo do caminho, as acusações contra mim foram retiradas. Axl, por sua vez, teve de arranjar um terno e enfrentar o juiz, mas, uma vez que os depoimentos foram tomados, as acusações foram retiradas, e esse foi o fim do episódio.

PERDEMOS O QUE PARECEU UM ANO DE NOSSAS VIDAS RESOLVENDO aquela questão legal, porque, até que terminasse, cada dia se arrastara para nós. Após esse incidente, desocupamos nosso espaço de ensaio naquela garagem e começamos a tocar fora e trabalhar em novas músicas. Nossos amigos Danny e Joe ainda estavam na parada; o Oldsmobile verde de Danny continuava a ser o meio de transporte da nossa banda. Danny era um grande sujeito com um corte de cabelo ao estilo de James Dean e um astral ótimo e cheio de confiança. Ele e eu nos tornamos parceiros nas drogas também. Depois que passei a usar heroína, nós andávamos naquela lata-velha verde por toda Los Angeles à procura da droga em bocas de fumo.

Joe era nosso *roadie* e meu técnico de guitarra na época, embora fosse bastante desleixado. Lembro-me de uma vez em que fomos a principal atração do Roxy e que uma das incumbências de Joe foi me levar uma palheta durante o solo de "Rocket Queen". Quando, enfim, ele a colocou no meu dedo, o solo já havia terminado. Fiquei tão puto que o chutei para fora do palco. Mas tudo foi perdoado depois, porque Joe era o tipo de cara leal e verdadeiro que qualquer um desejaria ter por perto. Era sempre aquele que apoiava qualquer um de nós quando as coisas se complicavam, e não há dinheiro que pague uma dedicação como essa.

Não éramos de modo algum como nenhuma das outras bandas que tocavam em clubes no nosso pedaço; em geral, não dávamos a mínima para o que elas faziam. Tínhamos, entretanto, uma antipatia tácita pelo Poison, porque era a maior banda local do momento e a personificação de tudo o que odiávamos no cenário musical de Los Angeles. Tivemos de dividir algumas noites de apresentações com eles em diferentes pontos, no início da nossa carreira, mas, a cada vez, algo importante deu errado. Creio que certa ocasião eles não deram as caras, e nós fomos obrigados a fazer duas apresentações para cobrir a deles. E acho que, numa outra vez, o organizador cancelou o show no último minuto por causa de alguma manobra obscura da parte deles.

Um dos nossos shows mais memoráveis dessa era foi um festival ao ar livre chamado Street Scene, realizado em seis ou sete palcos no centro de Los Angeles e que ocupava um circuito de quarteirões da cidade. Era a primeira vez que participávamos do festival, em 1983, e íamos fazer a abertura para o Fear, a única banda de punk de Los Angeles da qual eu realmente gostava. Fomos para lá no Oldsmobile de Danny, e estávamos descarregando nosso equipamento no estacionamento designado à banda quando notamos um mar de gente correndo na nossa direção. Continuamos descarregando nossas tralhas, enquanto as pessoas passavam por nós, em disparada – fugindo de sabe-se lá o quê. Era como se o Godzilla as perseguisse ou um psicopata estivesse atirando na direção delas com um rifle. Só pudemos ver qual era o problema quando enfim conseguimos chegar perto o bastante do palco para perceber que não havia palco algum; os fãs do Fear haviam depredado o lugar inteiro antes de a banda sequer ter aparecido.

Nossa empresária, Vicky, e eu andamos no meio de toda aquela confusão numa tentativa de arranjar um horário vago para nós em alguma parte da programação de um dia inteiro. Fomos de palco em palco, conversando com os organizadores, à procura de um encaixe até que encontramos um – depois do Social Distortion. Não soou como a melhor das ideias tocar depois de uma banda de punk adorada a nível local, mas, na realidade, acabou sendo um dos melhores shows que já fizemos.

O público estava repleto de punks e ainda sedento de sangue depois de ter acabado de assistir ao Social Distortion. Subindo lá, começamos a tocar e, durante os primeiros trinta segundos, o show tornou-se uma competição de cuspe entre nós e as primeiras cinco fileiras: os malucos dos fãs deles cuspiram em nós e, sem nos fazer de rogados, cuspimos de volta neles. Foi hilário e memoravelmente repulsivo. Fui até o lado de Izzy no palco e fiquei junto dele trocando cusparadas com aquele povo todo, porque esse é o tipo de banda que éramos. Tínhamos inabalável tenacidade e, assim, não importando o que qualquer plateia fizesse, sempre fazíamos com que o tiro saísse pela culatra. No final da nossa apresentação, aquela nojenta batalha de vontades tornara-se divertida à beça. Saímos cobertos de cuspe e, levando em conta que estava quente, eu não apenas havia tirado a camiseta, mas o calor fez com que o cuspe começasse a feder. Não importou, eu era impenetrável: no momento, aquela energia se sobrepôs a tudo.

A segunda vez em que tocamos no Street Scene foi memorável também, mas de uma maneira bem diferente. Daquela vez, a programação era para abrirmos o show do Poison, que seria a principal atração de um dos palcos maiores. Seria o nosso show mais importante até então, e estávamos preparados para arrasar a ponto de ninguém mais fazer questão de ver o Poison em seguida. Acho que nem foi preciso tanto esforço. Subindo lá, tocamos, e todos enlouqueceram, saltando a grade de proteção e sacudindo o palco para cá e para lá em entusiasmo. Quando terminamos, os bombeiros decidiram fechar o lugar. O Poison rolou de raiva no meio de toda a sua purpurina, pronto para tocar, mas sem poder fazê-lo. Fiquei bastante satisfeito em vê-los todos empetecados, mas sem palco para se apresentar.

BEM... DE VOLTA À HEROÍNA. NAS SEMANAS QUE SE SEGUIRAM àquela primeira vez em companhia de Izzy, quando passamos a tarde naquele quarto cor-de-rosa da menina do Colégio Fairfax, adquiri um novo interesse. Eu estava determinado a desfrutar a fase da lua-de-mel.

Yvonne era a única que demonstrava verdadeira preocupação com o meu bem-estar àquela altura, porque era de um mundo completamente diferente. Do ponto de vista dela, era fácil ver que eu estava dando um mergulho vertiginoso num abismo. Nosso relacionamento andara entre idas e vindas por algum tempo, mas Yvonne me ligou um dia e pediu para ir almoçar com ela no Mel's, na Sunset. Pude ver que estava desconfiada. Tão logo nos sentamos, começou a me interrogar com sutileza, tentando descobrir onde eu andava, o que vinha aprontando, com quem estava saindo, o que fazia com meu tempo. O Guns ia de vento em popa, mas, na opinião dela, ainda éramos uma pequena banda de clube de Los Angeles – não enxergava nada do que eu via. Ao mesmo tempo, Yvonne me conhecia muito bem e sabia quanto era ambicioso; portanto, tenho certeza de que depositava fé no que eu havia planejado. O que não conseguia entender era por que eu não era mais o mesmo. A resposta era óbvia, mas não lhe contaria.

Ela me deixou na esquina entre a Clark e a Sunset, e me adiantei até o apartamento de Vicky, onde ainda dormia no chão. Não me virei, mas tive a sensação de que Yvonne me observava, de que sabia que algo estava acontecendo. Uma semana ou pouco mais depois, ela me ligou no apartamento de Vicky, o que foi algo bastante inusitado. Disse que era importante, que o avô dela havia morrido e que estava tão abalada que precisava me ver. Pediu-me para ir até a casa dela naquela tarde. Como solidário ex-namorado que eu era, não pensei duas vezes. Yvonne me buscou e rumamos para sua casa, o tempo todo conversando sobre o finado.

Quando chegamos lá, eram umas seis da tarde e fomos para o quarto dela. Ocupei meu lugar de sempre no canto da cama, apenas assistindo à TV e deixando o rumo da conversa por conta dela. A campainha tocou de repente.

— Deve ser minha mãe — disse Yvonne, e deixou o quarto.

Dez minutos se passaram, e então a porta tornou a se abrir. Quando isso aconteceu, deparei com duas pessoas que não via no mesmo recinto fazia dez anos: meus pais. Minha atenção foi instantaneamente atraída.

Yvonne entrou e começou a contar aos meus pais a interpretação dela do que andava acontecendo comigo, que foi dramática demais. Até parecia uma narradora de um dos filmes antidrogas que eu vira na escola, ou a personagem principal de uma peça relatando que o melhor amigo estava fora de controle. Meus pais a ouviam e me estudavam também, apenas observando a cena toda. Tenho o pai e a mãe mais liberais do mundo. Por isso, uma vez que não viram nada errado comigo — não havia um olho ou um membro faltando no corpo e eu parecia estar sentado ereto —, eles presumiram que eu estava bem.

— E então? — falou meu pai, encarando-me. — É verdade? Você anda usando heroína, como Yvonne afirmou?

Eu não disse que não, mas também não disse exatamente que sim. Estava usando a droga, mas escondendo o fato da melhor maneira que podia e, portanto, não havia provas concretas das acusações de Yvonne — no que me dizia respeito.

— É mesmo muito bom ver vocês dois no mesmo lugar — comentei com um sorriso largo. — Faz muito tempo.

Eu me adiantei até a minha mãe e a beijei, e foi quando o clima inteiro mudou. De repente, a intervenção estratégica de Yvonne tornou-se uma reunião de família. Pude senti-la ferver de raiva, enquanto meus pais e eu passávamos a meia hora seguinte num bate-papo animado. Mantive as aparências na presença deles, mas, no minuto em que saíram, exigi que Yvonne me levasse de volta para casa. No meio do caminho, mudei de ideia. Pedi-lhe que me deixasse no Whisky. Não lhe dirigi uma palavra durante o trajeto todo até lá. Embora eu soubesse que tinha boas intenções, não nos falamos mais por um bom tempo.

ESSE PERÍODO FOI BASTANTE INTENSO ENQUANTO FIZEMOS NOME, atravessando o lamaçal de figuras obscuras grudadas em nossos pés e nos tornando a melhor banda que podíamos ser. Encontramos alguém em quem podíamos confiar, Bridget, que era bem parecida com Vicky Hamilton, mas um tanto mais abastada. Bridget queria nos contratar, mas nunca fechávamos contrato com ninguém; assim, se contentou em apenas "trabalhar conosco". Bridget era agente de uma banda chamada Jetboy, de San Francisco, que era muito popular no circuito de clubes e, assim, alugamos um furgão e rumamos para lá para fazer a abertura para eles. Ficamos na casa dos caras por alguns dias e vimos de relance como uma banda organizada, com um apartamento em grupo e um assistente de turnê de verdade, de fato vivia. Faziam apresentações o tempo todo, e, embora não fizessem muito o nosso estilo, respeitamos o profissionalismo deles.

O cara que era de longe o mais legal era o baixista, Todd Crew, que se tornou um dos meus melhores amigos e um amigo do Guns durante anos – para o choque dos companheiros. Todd tinha o maior estilo, com bem mais de um metro e oitenta, cabelos castanhos e compridos, um eterno ar divertido no rosto e tatuagens ao longo de ambos os braços. Sempre usava uma variação de um colete de couro, jeans esburacados e metidos nas botas surradas de caubói e um cigarro pendendo da boca. Todd se destacava na banda porque era a personificação do rock and roll clássico, ao passo que os demais integrantes do Jetboy eram típicos representantes do glam. O vocalista, porém, tinha cabelo verde num corte moicano, o que os ajudava a parecer um pouco menos óbvios do que o Poison.

Foi uma viagem sensacional para nós. Nossa apresentação num clube chamado Stone foi ótima, e o colega de quarto de Todd era um colecionador de répteis; desse modo, me mantive totalmente ocupado. Fiquei morto de inveja da coleção dele: havia cobras, um grupo de lagartos exóticos e uma variedade de crocodilianos. Naquela viagem, vimos o que era possível em nível local e nos demos conta de que estava totalmente ao nosso alcance.

O percurso de volta para casa também foi memorável. Estávamos no nosso furgão alugado, bebendo e tocando violão, quando comecei a ter uma ideia para a introdução do que se tornou "Paradise City". Duff e Izzy começaram a acompanhar enquanto fui criando a sequência de acordes. Comecei a cantarolar uma melodia e toquei-a várias vezes. Então, Axl se pôs a cantar:

– *Take me down to the Paradise City...* [Leve-me à Cidade do Paraíso]

Continuei tocando e acrescentei uns versos de improviso:

– *Where the grass is green and girls are pretty* [Onde a grama é verde e as garotas são bonitas] – cantei. Achei que isso soou alegre demais.

– *Take me down to the Paradise City* – Axl repetiu.

– *Where the girls are fat and they've got big titties!* [Onde as garotas são gordas e têm peitos grandes!] – acrescentei.

– *Take... me... home!* [Me leve para casa!] – cantou Axl.

Foi decidido que o verso que diz *grass is green* ficava um pouco melhor e, embora eu preferisse a minha sugestão alternativa, fui derrotado.

Expandi a estrutura básica da música, enquanto todos improvisavam versos para a letra em turnos, como se estivéssemos num ônibus rumo a um acampamento de verão para roqueiros, e, quando o horizonte de Los Angeles surgiu no raio de visão, presumi que estávamos mesmo. Depois que criamos aquele refrão inteiro, bolei o riff pesado que ancora a música. E foi naquele momento que "Paradise City" tornou-se a minha música favorita do Guns N' Roses.

Por mais que tudo isso soe de um jeito atípico, alegre e feliz demais para o Guns N' Roses, foi mesmo dessa maneira; e foi meio que uma experiência daquelas.

NOSSA NOVA EMPRESÁRIA, BRIDGET, AJUDOU-NOS A TER ÊXITO NA passagem para a etapa seguinte, ao menos dentro dos limites do circuito de clubes de Los Angeles. O fato de termos tocado em San Francisco ajudou a criar uma onda de maior interesse porque tocar lá significou que a propaganda boca a boca estava começando a se espalhar; tínhamos uma base de fãs. Em seguida, conseguimos agendar shows com mais regularidade, porque esses pequenos detalhes percorreram um longo caminho. Nós nos tornamos uma das bandas mais comentadas de Los Angeles na época, o que começou a despertar o interesse das gravadoras. A boa nova começava a se espalhar de tal maneira que quando Tom Zutaut da Geffen Records nos viu pela primeira vez tocando no Troubadour, ele saiu depois de ouvir duas músicas, dizendo a cada representante de gravadora que viu na saída que éramos uma bosta, tudo porque pretendia nos contratar na hora.

Tom se tornara uma lenda depois de ter fechado contrato com o Mötley Crue – era o homem que todos os demais representantes da indústria musical observavam porque seus instintos geralmente extraíam o ouro da lama no cenário da Sunset. Na próxima vez que tocamos no Troubadour, Tom foi aos bastidores e se apresentou. Todos na banda achávamos que de todos os representantes de gravadoras que conhecemos, ele era o único merecedor nosso respeito, porque as realizações dele falavam por si. Seu entusiasmo também era autêntico. Disse-nos que éramos a melhor banda que via desde o AC/DC e, quando falou sobre nossa música, pudemos perceber que tinha uma afinidade mais verdadeira com o nosso trabalho do que qualquer um já tivera. Temos enfrentado anos de altos e baixos, mas Tom ainda sabe como atrair minha atenção. Quando realmente quer que eu vá checar uma banda que está pensando em contratar, tudo o que precisa dizer é: "Não tenho visto uma banda de rock arrasando tanto desde que vi vocês do Guns pela primeira vez". Havia uma profunda sinceridade nele naquela noite no camarim e, embora não tenhamos lhe dito isso na ocasião, não tínhamos intenção de assinar contrato com mais ninguém.

Tom tentou fingir que não havia concorrência, mas não deu certo. A notícia de que estava interessado em nós se espalhara da noite para o dia, e todas as demais gravadoras da cidade tentavam entrar em contato conosco. Bridget ainda era nossa espécie de empresária, mas, uma vez que Vicky Hamilton tinha muito mais contatos em Los Angeles, todos os representantes estavam ligando para ela a fim de entrar em contato conosco. E foi o bastante para retomarmos nosso relacionamento com Vicky.

Foi uma época esplêndida. Desfrutamos gratuitamente de todos os almoços, jantares, drinques e o que mais viera incluso das principais gravadoras de graça pelo máximo de tempo que pudemos antes de assinar o contrato. Durante a maior parte dos dois meses seguintes, fomos sondados pela Chrysalis, Elektra, Warner Bros. e algumas outras. Éramos levados a requintados restaurantes, onde pedíamos almoços extravagantes e, então, ficávamos sentados lá, apenas fazendo o jogo. A única coisa com a qual concordávamos era que precisávamos nos reunir de novo para o almoço, para conversar mais sobre as coisas, antes de chegar a algum acordo.

Deitamos e rolamos até o dia em que decidimos ir ao encontro de David Geffen e Ed Rosenblatt e assinar contrato com a Geffen Records.

L.A. ROCKS!

Vol. 1 Number 5   Friday August 22 through Thursday September 4   FREE

JET BOY • JONESES
THELONIUS MONSTER
STAN RIDGEWAY
HANGMEN • BORN
LOSERS • SHANGAI
DAMN YANKEES
ALBERT COLLINS
RADWASTE
& THE SCREAM CLUB

interview with
GUNS & ROSES

interview with
LEGAL WEAPON

MEAT PUPPETS
FIREHOSE
JAZZ BUTCHER
BUTTHOLE SURFERS
L.A. GUNS • LITTLE
KINGS • LORDS OF
THE NEW CHURCH
LAME FLAMES

SERVING L.A., ORANGE COUNTY, LONG BEACH, SANTA MONICA, PASADENA & THE VALLEY!

Fiquei sentado lá o tempo todo durante as nossas negociações olhando para David, a quem não vira desde meus oito anos de idade, mais ou menos, pensando em todas as vezes em que fora ao escritório dele com o meu pai quando ele fora entregar seus trabalhos artísticos, e perguntando-me se David fazia alguma ideia de quem eu era. Não fazia, claro, como minha mãe descobriu mais tarde. Fiz questão de ir até o banheiro na Geffen, cujas paredes, segundo eu me lembrava da minha infância, eram uma imensa colagem meio hippie, feita habilmente num estilo bem aos anos 60, de fotos de antigas revistas de rock. Fiquei contente em ver que o lugar continuava igualzinho.

As negociações foram rápidas. Exigimos seis dígitos, entre outras coisas, o que era um adiantamento sem precedentes para um artista novo, desconhecido em 1986. Eles aceitaram. Vicky Hamilton fazia as vezes de nossa empresária e nos indicou Peter Paterno, que se tornou o advogado da banda. Peter redigiu nossos contratos, e o negócio estava feito.

Assim, finalmente o Guns N' Roses tinha contrato com uma gravadora. Tão logo isso aconteceu, porém, não queriam que fizéssemos apresentações. Queriam que déssemos um tempo, desenvolvêssemos nossa imagem e colocássemos nossos assuntos em ordem. Insistiram para que arranjássemos um empresário *de verdade* e um produtor, e nos concentrássemos em fazer um disco. Queriam que vivêssemos com o dinheiro do nosso adiantamento e não nos distraíssemos com a rotina de tocar toda semana enquanto tomássemos as providências necessárias. Nem eles, nem nós sabíamos que nos deixar à solta com qualquer quantia que fosse era uma má ideia; estavam decretando um grau de liberdade que nunca havíamos experimentado. Entre todos nós, eu era o mais apreensivo quanto a não fazermos nenhum show. Ficaríamos apenas na base da sombra e água fresca com milhares de dólares para torrar? Isso não acabaria bem. Nós cinco tínhamos conseguido fazer das tripas coração com um orçamento determinado pelo que encontrávamos em nossos bolsos pela manhã. Com o dinheiro do nosso adiantamento nas mãos e uma gravadora nos apoiando, coisas demais eram possíveis.

Como todos acabamos descobrindo, na ocasião, e muitas vezes depois, a pior coisa que já aconteceu a nossa banda foi não ter nada para fazer e algum dinheiro para gastar.

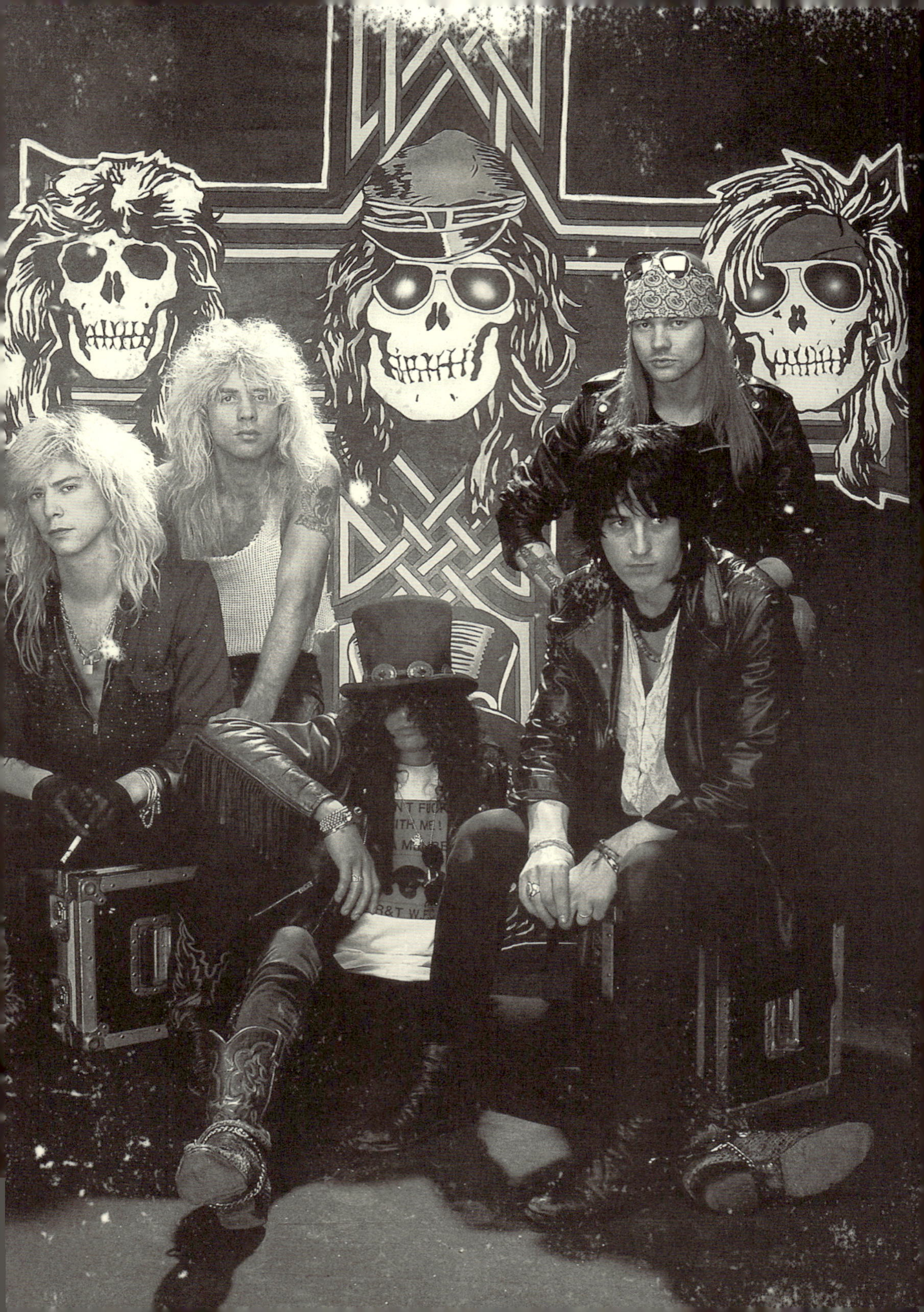

7
APETITE PARA A DISFUNÇÃO

A inquietude é um catalisador imprevisível; ela pode motivar você a realizar algo, ou pode persuadi-lo a desistir, e, às vezes, a escolha não é sua. Foi graças à minha natureza inquieta que ganhei meu apelido, e ela tem me mantido em busca da próxima emoção, do próximo show e da próxima montanha para escalar, desde que me entendo por gente. Não é o tipo de coisa que desaparece de uma hora para a outra.

Antes do Guns ter assinado contrato com uma gravadora, eu não tinha emprego e vivia numa garagem manchada de vômito, quase tão charmosa quanto uma prisão sul-americana. Toda a minha energia era empregada na sobrevivência cotidiana e no trabalho para levar a banda adiante, um passo, um show de cada vez. Assim que o Guns assinou com a gravadora não tive mais de me preocupar com dinheiro, comida ou abrigo. Esse senso mínimo de estabilidade não me era familiar; não tinha preocupação alguma em adquirir quaisquer que fossem os ornamentos da vida normal. No entanto, o que me pareceu uma bênção foi quase uma maldição.

Fechamos um contrato com algo em torno de duzentos e cinquenta mil dólares, e nosso adiantamento foi cerca de trinta e sete mil. A parte que me coube foi de cerca de sete mil e quinhentos. Converti o dinheiro em cheques de viagem da American Express que guardava no bolso direito da frente do jeans, graças ao meu problema com a Receita Federal. Poupar a minha parte não era uma opção, mas não comemorei comprando uma guitarra nova para mim, nem nada disso – gastei quase tudo em heroína. Cada um de nós aprendeu a mesma lição a seu próprio modo antes de todos termos entrado na linha para fazer aquilo que nos propusemos a fazer. Não seria a última vez que precisaríamos lutar contra nossos instintos: sempre que conquistávamos alguma paz de espírito, a mesma inquietação que alimentava nosso sucesso ameaçava destruir tudo.

Ficou óbvio para todos do grupo que Vicky Hamilton não poderia ser mais nossa empresária quando o nosso trabalho adquirisse uma dimensão nova e maior. Também era tempo de arranjarmos uma equipe de verdade. Joe não era técnico de tipo algum e Danny era um companheiro de drogas (com o qual continuei andando por conta disso durante anos), mas, sem dúvida, não era um diretor de turnê. Não ficamos totalmente contentes em ter de fazer essas mudanças, mas tiveram de ser feitas. Era o final de uma era; deixáramos de ser mais um bando de desordeiros sem nada a perder. Passáramos a ser desordeiros com apoio corporativo.

Tom Zutaut providenciou algumas reuniões com empresários em potencial, a primeira tendo sido com Cliff Bernstein e Peter Mensch da Q Prime, que agenciava o Metallica, o Def Leppard e outros na época, como fazem hoje. Fui ao escritório de Tom e, como eles se atrasaram, acabei apagando no sofá de lá à espera. Para que fique registrado, não sei ao certo se estava chapado ou não. O que lembro, de fato, é que a reunião não transcorreu bem.

– O Guns N' Roses simplesmente não tem som musical suficiente para ser uma banda que pensássemos em representar – disse um dos dois, embora não me recorde qual.

Sentei depressa, pasmo, e devo ter resmungado um "Hein?". Tomei aquele insulto sem esboçar reação, porque, afinal, eu ainda estava deitado, sonolento, e aquele foi o fim da conversa. Não falei nada, mas meu rosto deve ter evidenciado uma expressão de desdém, ou no mínimo um ar cético e confuso.

– Sabe aqueles solos de guitarra que você faz? – indagou um deles, também não sei quem.

– Sim – resmunguei.

– Parecem apenas barulho para mim. Se você ouvir o Metallica, irá constatar que a música deles é mesmo melódica.

– Valeu, cara – falei. *Como quiser, babaca*, pensei.

O tempo todo, Tom desdobrou-se para mediar uma situação potencialmente explosiva intervindo com comentários para animar as coisas, manter um clima positivo.

– Bem, a música não está assim tão bem representada na demo, rapazes – declarou. – Vocês têm de ouvir as músicas bem produzidas.

Tom sabia tanto quanto eu que a música estava *muito bem* representada na demo – aqueles caras, assim como tantos outros, apenas não entendiam. Perderam a chance, é claro, e se arrependeram. Todos aos quais Tom nos apresentou naqueles dias e que deixaram passar a chance acabaram se arrependendo – o que, no final, foi gente à beça.

Na época, Izzy ainda morava em seu espaço, e Duff passou a viver com uma menina húngara, Katerina (com quem se casaria mais tarde), num apartamento na Hollywood Boulevard, coincidentemente ao lado de Sly Stone. Acho que se pode dizer que os dois tinham uma relação de boa vizinhança. Sly costumava ir ao apartamento de Duff sem avisar para fumar maconha, crack ou uma mistura dos dois, sozinho, no banheiro e depois ia embora. Era insólito. Ao que tudo indicava, ele fazia aquilo o tempo todo, mas a maioria de nós não via porque não ficávamos muito no apartamento de Duff – a namorada dele não era do tipo que tolerava um bando de desocupados na sala de estar. Mas eu costumava ir ao encontro dele lá antes dos ensaios e, assim, testemunhei o fato uma vez.

Houve uma batida na porta e, quando Duff atendeu, lá estava Sly.

– Oi, cara – resmungou ele, porque nunca lembrava o nome de Duff. – Tudo bem se eu usar o seu banheiro?

– Oh, sim, claro – respondeu Duff.

E era desse jeito. Duff comentou que Sly poderia ficar ali num período qualquer entre alguns minutos e algumas horas.

Duff também conheceu West Arkeen enquanto morou naquele prédio. O único lugar em que West vivia regularmente na época era seu velho El Camino. Acho que, àquela altura, estava estacionando o carro junto ao prédio e, portanto, era um inquilino por extensão. Foi Duff quem me apresentou West, e o cara fez amizade com a banda; bem mais com Axl do que comigo ou o restante de nós, a princípio. Naquela época em especial, eu tinha receio de conhecer pessoas novas porque todo tipo de gentalha começara a nos rodear e, portanto, tinha cautela em relação aos recém-chegados. É preciso muito para que eu confie em alguém, mas, após algum tempo, West e eu nos tornamos amigos.

Ele era um guitarrista de San Diego que gostava de uma boa farra e que se tornou quase mais um integrante do que um amigo comum da ban-

É PRECISO MUITO PARA QUE EU CONFIE EM ALGUÉM, MAS, APÓS ALGUM TEMPO, WEST E EU NOS TORNAMOS AMIGOS.

da: até foi coautor de algumas das nossas composições, como "It's so Easy" e "Yesterdays", com Duff, e "Bad Obsession" e "The Garden", com Axl. Duff e West andavam juntos, compunham músicas e, às vezes, eu me reunia a eles, mas West e Axl ficaram bastante unidos. Além de escrever para o Guns, ele compunha em parceria com Duff e Izzy nos projetos solo dele, e todos nós contribuímos para o projeto de West, o Outpatience, no final dos anos 90, pouco antes de ele morrer de overdose.

WEST ERA UM CARA QUE BEBIA E SE DIVERTIA A VALER E, ASSIM, estava em total sincronia com a gente. Era do tipo de pessoa com tamanha autoconfiança e tão contente com a própria existência que se você fosse antipático com ele, West ainda o trataria com jeito amistoso. Deve ter sido isso o que derrubou minha resistência, no final. Por bem ou por mal, West foi o cara que nos apresentou as sutilezas da cocaína pura. Essa era a praia dele; sempre a tinha de sobra. Possuía grandes contatos para obter a droga em San Diego, e todos no círculo dele sempre a usavam.

Por fim, de algum modo, West juntou dinheiro para alugar uma bela casa em Hollywood Hills. De três andares, ficava no alto de uma colina, abrigada por árvores. Vivia lá com "Laurie" e "Patrícia", duas garotas viciadas em cocaína que poderiam ter sido bonitas se não estivessem tão acabadas por causa da droga. De alguma maneira, Laurie mantinha um emprego na indústria do cinema e dirigia um maneiro jipe Suzuki, ao passo que Patrícia nunca parecia trabalhar, mas sempre tinha grana. Jamais entendi como conseguiam manter uma aparência de vida normal, com uma casa, dinheiro no banco – e tudo isso usando coca sem parar, com o maior desapego. Mas, por outro lado, eu não entendia muito do mundo da coca pura na época.

Eu costumava dormir lá sempre que não tinha outro lugar para ficar e, conforme West foi ficando mais próximo de todos nós, mais uma pergunta martelava em minha cabeça: como ele também sempre tinha dinheiro? Especialmente quando as coisas ficaram mais fora de controle para nós, West se tornou o melhor amigo que nossa banda teve no mundo. Era o único que sempre aparecia quando qualquer um de nós precisava de algo. Por um longo tempo, foi literalmente o único em quem podíamos confiar.

ASSIM QUE RECEBEMOS O DINHEIRO DO NOSSO ADIANTAMENTO, conseguimos tomar uma providência coletiva prática: alugar um apartamento. Fomos rejeitados por quase todas as imobiliárias que visitamos, porque não era como se tivéssemos boas referências – ou, melhor, não tínhamos nenhuma. Mas, enfim, encontramos um lugar na esquina entre a La Cienega e a Fountain; era um apartamento de dois quartos e dois banheiros no térreo. Chegamos a nos tornar um tanto caseiros por certo período e até alugamos mobília – duas camas e um conjunto de mesa e cadeiras para a cozinha. Demos um toque na decoração com um sofá que encontramos no beco atrás do prédio e uma TV que a mãe de Steven doou para a nossa causa. Logo que nos mudamos, a mãe dele também nos abasteceu com algumas compras de supermercado. Foi a única vez que as tivemos – durante talvez uma semana, quando se abria a geladeira, parecia, de fato, que alguém morava ali.

Steve e Izzy dividiram um quarto, Axl e eu dividimos o outro, e esse apartamento ainda existe. Passo sempre por lá de carro – é o espaço com a janela ampla no térreo dando para o cruzamento. Quando o alugamos, Izzy ainda vivia com a namorada, Dezi, na Orange Avenue, e Duff e Katerina continuavam na Hollywood Boulevard, mas interesses mútuos ditaram que Izzy passasse boa parte do tempo na nossa casa. Após alguns atritos domésticos, ele se tornou residente em período integral uns tempos.

Para mim, nosso apartamento era luxuoso. Até transferi minha jiboia, Clyde, da casa de Yvonne para ir morar comigo lá. Infelizmente, mudar da nossa garagem para um apartamento muitíssimo melhor não combinou com a nossa libertinagem. Acabamos sendo despejados depois dos três meses pelos quais havíamos pago – e não obtivemos o dinheiro do nosso depósito de volta. As coisas não transcorreram tão bem quanto planejamos, mas morar no mesmo espaço foi mais ou menos um passo rumo à produtividade organizada como uma banda.

Tudo esteve ótimo até sermos despejados, no que me dizia respeito. Tínhamos recebido algum dinheiro, e tentei ser o mais econômico que pude na área de compra de heroína, fazendo-a durar o máximo possível. A despeito dos meus esforços, nosso apartamento tornou-se um verdadeiro reduto de dependentes químicos: nós comprávamos a droga no leste de

Los Angeles e parecia haver um fornecimento interminável na rua. Mark Mansfield apareceu numa noite, e sem que um soubesse isso sobre o outro, tínhamos nos tornado viciados e, portanto, foi *o máximo* vê-lo. Mark estava trabalhando numa banda do Texas chamada Tex and the Horseheads, que eram também usuários e, assim, todos nós nos juntávamos no nosso apartamento. Antes disso, eu me drogava quando conseguia arranjar heroína daqui e dali, mas nunca tivera condições de adquiri-la com regularidade. Àquela altura, porém, podia financiar um hábito diário, e estava enfeitiçado o bastante pelas drogas para não saber ou não me importar com a roubada em que estava me metendo.

A gravadora alugara para nós um espaço de ensaio num lugar chamado Dean Chamberlain's em Hollywood, onde o Jane's Addiction também ensaiava. Íamos até lá todos os dias por volta das duas ou três da tarde e tocávamos durante cerca de quatro horas. Aquela caixa de fósforos tinha uns dois metros e meio por seis, um lugar bastante estreito e comprido, e era iluminado por incômodas e fortes lâmpadas fluorescentes como as dos hospitais. Em resumo, era como ensaiar numa loja de conveniência 7-Eleven. Por ironia, uma das primeiras músicas em que trabalhamos lá foi "Mr. Brownstone",[1] uma criação que fora concebida em circunstâncias bem mais precárias. Izzy, sua namorada, Dezi, e eu estávamos no apartamento deles numa noite quando a compusemos. Nós nos sentávamos na cozinha, onde preparávamos a nossa parada, e, depois, apenas tocávamos de improviso. Estávamos lá reclamando, como fazem os viciados, dos nossos fornecedores e também do fato de sermos viciados, e foi de onde surgiu a música, que basicamente descrevia um dia da nossa vida na época. Izzy teve uma ideia maneira, bolou o riff e começamos a improvisar a letra. Dezi se considera coautora e, para que fique registrado, ela, de fato, contribuiu com talvez um substantivo daqui e talvez uma preposição dali. Quando reunimos tudo, escrevemos a letra num saco de papel da mercearia. Nós a levamos para o apartamento na Fountain e a tocamos para Axl, que aperfeiçoou um pouco a letra antes que a banda trabalhasse nela em nosso ensaio seguinte. Axl sempre era capaz de pegar uma melodia simples de Izzy e transformá-la em algo fantástico, e esse é apenas um entre alguns exemplos.

---

1 "Brownstone" é uma gíria para heroína. (N. E.)

Tom Zutaut estava ansioso para nos arranjar um produtor e nos ver gravando – pouco sabia quanto demoraria para chegarmos lá. O primeiro candidato que nos enviou foi Tom Werman, que era um figurão. Werman havia produzido recentemente o álbum *Shout at the Devil*, do Mötley Crue, que vendeu alguns milhões de cópias em 1985. Antes disso, fizera nome produzindo o Cheap Trick, Ted Nugent e Molly Hatchet. Ele prosseguiu trabalhando com o Poison, Twisted Sister, L.A. Guns, Stryper, Krokus e Dokken – basicamente tornou-se o som do metal dos anos 80.

Mas não conseguiu lidar conosco. Nem sequer tivemos a chance de conhecê-lo direito. Werman foi ao nosso espaço de ensaio, onde tocávamos "Mr. Brownstone" a níveis de decibéis de uma turbina de jato. Izzy e eu tínhamos acabado de adquirir equipamento Mesa Boogie novo em folha, e eu estava tocando com uma guitarra nova: era uma Les Paul que pertencera a Steve Hunter, guitarrista de blues dos anos 70. Eu havia trocado a minha BC Rich por ela na loja de Albert e Howie Huberman, a Guitars R Us. Aquela loja era uma verdadeira instituição para qualquer músico de Los Angeles sem condições de comprar na Guitar Center; era *o* brechó dos músicos. Foi onde me livrei de toda a minha tralha e adquiri equipamento novo. Ou, quando o dinheiro acabou, foi onde o vendi para conseguir grana e comprar mais drogas.

De qualquer modo, tocávamos "Mr. Brownstone" numa altura tão brutal que Werman saiu de lá no ato. Ele entrou com o assistente, parou por um instante à soleira e, então, girou nos calcanhares e desapareceu. Quando terminamos a música, fui até a porta para ver se os dois estavam lá fora e dei de cara com a rua vazia.

– Acho que estava um pouquinho alto demais – falei aos outros.

Demos de ombros, mas fiquei aborrecido porque achei que nosso som estava tinindo. Por outro lado, já estava acostumado a sermos incompreendidos.

A PERSONALIDADE MAIS CONHECIDA QUE CONSIDEROU A possibilidade de trabalhar com a gente foi Paul Stanley, do Kiss, que estava à procura da banda certa para lançar um trabalho paralelo atrás da mesa de som. Izzy, Duff e eu não poderíamos ter nos preocupado menos.

Dissemos a Zutaut que não fazíamos ideia do que Paul Stanley poderia trazer para a equação. Steven, é claro, estava nas nuvens. Os integrantes do Kiss eram ídolos dele e, portanto, decidimos deixar Steven ter seu momento de glória na tietagem e concordamos com a reunião. O processo começou com a ida de Paul a nosso apartamento para "conversarmos sobre música". Àquela altura, a heroína tornara-se uma rotina diária e, assim, quando Paul chegou, Izzy e eu estávamos fazendo tudo o que podíamos para não apagar; apenas mantendo um fio de controle para que não fosse óbvio... ou ao menos foi o que achamos. Izzy e eu nos instalamos no sofá e, uma vez que não tínhamos uma cadeira na sala de estar, Paul sentou-se no chão ao lado de Steven e Axl.

– Vamos começar do início – declarou ele. – Quero reescrever "Welcome to the Jungle".

De acordo com Paul, a música tinha verdadeiro potencial, mas faltava-lhe uma estrutura de impacto. O que precisávamos era de um refrão que fosse mais fácil de memorizar, mais melodioso, mais sensual – numa palavra, mais parecido com uma música do Kiss.

– Credo – resmunguei por entre os dentes.

No que me dizia respeito, aquele era o fim do nosso relacionamento. Ele era o epítome do cara com as belas roupas, a esposa troféu e o carro do ano "rebaixando-se" até o nosso nível para nos dizer o que fazer. Não gostei nada daquilo.

Paul era persistente, no entanto. Tornamos a vê-lo pouco depois disso, quando tocamos num show particular que a Geffen organizara. Resumindo, Tom o providenciara porque precisávamos fazer uma apresentação. Assim, foi um "concerto" apenas para convidados do mercado fonográfico. Foi realizado no Gazzari's (onde hoje fica o Key Club), que era um local onde jamais havíamos tocado no circuito porque ia contra tudo em que acreditávamos. Era um ambiente tão glam e gay que havia anúncios de rádios em que o proprietário, Bill Gazzari, declarava em seu carregado sotaque da Costa Leste: "Todas as minhas bandas têm caras sexy! Se não tiverem caras sexy, não tocam no meu palco". Era no Gazzari's onde o glam metal *realmente* artificial podia ser encontrado. E decididamente nós não estávamos tentando ser sexy. A única vez que eu estivera lá, exceto por essa apresentação, fora para ver o Hollywood Rose no auge.

De qualquer modo, Paul Stanley foi ao show e chegou a ameaçar o engenheiro de som para que o deixasse controlar a mesa e fazer a mixagem. Só descobrimos mais tarde, mas, quando foi o caso, estremeci diante da ideia: Paul Stanley havia feito a mixagem do Guns N' Roses – no Gazzari's. Fala sério, poderia haver clichê maior do que aquele? Sei que fomos pagos porque me lembro de ter contado e dividido nosso dinheiro, dizendo a Izzy:

– Tenho que ir atrás de umas paradas!

Era tudo o que me importava na ocasião – e foi o que fiz; dei o fora de lá para ir ao encontro do meu fornecedor habitual.

Paul ainda queria nos dobrar e, assim, insistiu em ir à nossa apresentação seguinte, que, sabíamos, iria lhe mostrar de uma vez por todas quem na verdade éramos e o que o nosso produtor precisaria captar. Foi uma semana depois, no Raji's, que era a total decadência, uma pocilga de talvez uns trinta e cinco metros quadrados que fedia a cerveja choca e mijo, com um amplificador de som que soava como um console antiquado permanentemente no vermelho. O palco, com trinta centímetros de altura, ficava apertado de encontro à parede mais distante da porta; os banheiros eram nojentos, imundos. Em outras palavras, o hábitat natural do Guns N' Roses. Acho que, na cabeça de Paul, ele estava indo até lá para nos provar de uma vez por todas que entendia de onde vínhamos. Ia "curtir" no nosso "território" porque, afinal, ele e o Kiss haviam tocado em pocilgas nos velhos tempos. As intenções eram boas, mas não posso deixar de pensar que percebeu depressa demais que o lugar de onde vínhamos era um caos que não via fazia um longo, longo tempo. O Guns era o tipo de fera retumbante que se fortalecia em buracos como aquele.

Aquele show foi sensacional: sujo, emporcalhado, estrondoso e beirando o caos, como o Guns sempre fora na minha mente. Foi tão sincero e verdadeiro quanto o Guns poderia ser, porque fomos autênticos. Injetei uma grande dose de heroína antes de subirmos no palco, que, misturada ao álcool que eu já andara bebendo, deixou meu estômago tão embrulhado que eu me virava e vomitava atrás dos meus amplificadores a cada cinco minutos. Eu tinha um novo técnico de guitarra, Jason, que precisou ficar saltando fora do meu caminho para evitar ser atingido pelas grandes golfadas. O calor opressivo lá dentro não ajudou muito. O show foi tão desvairado e com um público tão tomado por fãs desordeiros que Axl acabou se metendo numa briga com um sujeito da primeira fileira – acho que o acertou na cabeça com a base do microfone. O show inteiro foi uma tremenda baderna; havia muita energia latente naquele recinto tão pequeno e abafado. Foi *maravilhoso pra caralho*. Há uma foto dessa apresentação no encarte interno de *Appetite for Destruction*.

Nem imagino onde ele se meteu durante o eletrizante show, mas Paul Stanley materializou-se depois da apresentação, ao lado da namorada/esposa gostosa e loira, ambos usando roupas que deviam ter custado mais do que o valor de mercado do prédio inteiro. Não havia camarim no Raji's, apenas um corredor entre a lateral do palco e a porta dos fundos com um pequeno lance de escada, onde nossa banda inteira sentou após a apresentação. Paul e sua namorada/esposa estavam totalmente deslocados, mas tentaram sentar com a gente assim mesmo. Estávamos suados e sujos. Depois de eu ter vomitado umas oito vezes no palco por causa das misturas, passei a me empenhar ao máximo para não esvaziar o resto do conteúdo do estômago em cima dele, enquanto Paul me dizia de braço dado com a versão própria de Ivana Trump:

— Hum, bem, aquilo foi *interessante*.

No dia seguinte, tornamos a coisa oficial. Falei a Tom que informasse Paul que continuaríamos com a nossa busca por um produtor, muito obrigado. Lamento dizer que, não muito tempo depois, contei essa história ao *L.A. Weekly* com um excessivo grau de animosidade dirigida a Paul. Não quis causar mal algum. Sentia tanto entusiasmo em relação àquilo que estávamos fazendo que, para mim, todos que não entendiam estavam *errados*, e ponto final. Nem sequer me lembrava de ter insultado Paul publicamente e, portanto, não senti a menor hesitação em lhe telefonar um mês ou dois depois para pedir um favor. Tínhamos começado a gravar, àquela altura, mas eu havia penhorado minhas melhores guitarras para comprar droga e esperei que ele pudesse me arranjar algum equipamento próprio para estúdio através de seu acordo de patrocínio com a BC Rich.

— Oi, Paul, é Slash — falei. — Já faz algum tempo. Como vai, cara?

— Vou bem — respondeu ele.

— Ei, escute, sei que você tem aquele acordo com a BC Rich. Acha que pode me arranjar umas guitarras?

— Sim, eu poderia, seria fácil — disse ele e, então, houve... silêncio. — Mas *não* farei isso. Aqui vai um conselho: deve tomar cuidado quanto a lavar sua roupa suja em público. Boa sorte.

Desligou na minha cara.

Levou algum tempo, mas, em 2006, tive a chance de me desculpar com ele no show *Rock Honors* da VH1, no qual participei de um tributo ao Kiss com Tommy Lee, Ace Frehley e outros. Ficou tudo bem; eram águas passadas. Olhando para trás, vejo exatamente por que me comportei daquele jeito: eu era arrogante naquela época e, quando se é arrogante, a despeito de quem se é como pessoa, o fato de que você não é fã da banda de alguém é razão o bastante para ser um metido a besta.

ENSAIÁVAMOS DIARIAMENTE, COMPÚNHAMOS NOVAS MÚSICAS e íamos a festas todas as noites. Como mencionei antes, heroína era fácil de se encontrar e, assim, eu não tinha noção da frequência com que a usava. Na minha cabeça, era algo que eu fazia por pura diversão – não era para ser o centro do universo.

A primeira vez que percebi que eu tinha um problema foi quando já havia me livrado dele. Não pensava muito naquilo – ignorância é felicidade. Naquele dia em particular, quando tudo me apanhou em cheio pela primeira vez, Izzy e eu decidimos ir a Tijuana com Robert John, o fotógrafo e bom amigo que nos havia fotografado desde o primeiro dia e se tornou nosso fotógrafo oficial na estrada durante todo o tempo até 1993.

De qualquer modo, foi um ótimo bate-e-volta: tomamos algumas garrafas de tequila, andamos pelas ruas, vimos norte-americanos bêbados serem roubados por prostitutas em cada bar decadente e bordel da zona. Conforme o dia foi terminando, apenas achei que estava cansado, bêbado e apanhando uma gripe; não fazia ideia do que realmente acontecia com o meu corpo. Quando voltamos a Los Angeles, apaguei no ato. Acordei mais tarde naquela noite ainda me sentindo mal e, assim, achei que umas poucas doses de uísque no Barney's Beanery me curariam. Fui até lá por volta das dez da noite e, depois de uns dois drinques, não me senti nem um pouco melhor. Na verdade, piorei. Voltei ao apartamento e coloquei-me de joelhos com a cara entre eles e as mãos na cabeça, apenas porque não havia nenhuma outra posição em que me sentisse confortável. Lembro-me daquela ocasião com nitidez porque Marc Canter apareceu mais tarde, sem avisar. Ele estava mais por fora do cenário das drogas do que se pode imaginar. E olhou-me com curiosidade.

– Você não parece nada bem, Slash. Está sentindo alguma coisa?
– Estou bem – respondi. – É só uma virose.

A verdade era que eu estava tendo uma séria crise de abstinência depois de apenas um dia sem heroína. Foi difícil admitir aquilo para mim mesmo. Deitado sozinho na minha cama naquela noite, suando feito louco, ainda me recusava a achar que fosse alguma outra coisa além da pior virose que já tivera.

No fundo, acho que eu sabia, mas continuei seguindo mais ou menos o mesmo caminho até a vez seguinte, quando fui obrigado a enfrentar o fato de que tinha um vício – graças ao pulso firme da lei. Estava andando de carro numa noite com Danny, à procura da droga, e conseguimos comprar alguma coisa, mas era muito pouco; mal daria para o gasto. Nós a levamos para a casa do meu amigo Ron Schneider (meu baixista no Tidus Sloan), onde a injetamos e ficamos por lá, ouvindo Iron Maiden com Ron por algum tempo. Pegamos o caminho de casa por volta das quatro da manhã. Seguíamos pela La Cienega quando as luzes azuis e vermelhas se acenderam atrás de nós. Quando diminuímos a velocidade e paramos, estávamos, literalmente, bem em frente ao nosso apartamento, a poucos passos da porta.

Aqueles dois tiras sem dúvida estavam fazendo a ronda para cumprir a quota de uma noite ou de um mês, porque não estávamos nos drogando, nem fazendo nada suspeito. Não tínhamos nada conosco, mas Danny esquecera a seringa com a agulha usada no bolso da camisa, o que deu aos policiais carta branca para fazer o que quisessem. Começaram apontando o facho das lanternas para os nossos olhos.

– Usou alguma droga esta noite, senhor? – perguntou-me um deles.
– Não – respondi, apertando os olhos para observá-lo por entre os meus cabelos.
– Tem certeza disso? Acho que usou, sim; suas pupilas estão dilatadas.
– Sim, é porque enfiou a lanterna na minha cara e a afastou em seguida – falei.

Eles não engoliram nada daquilo. Confiscaram o carro de Danny e o prenderam por posse de itens suspeitos. Eles me algemaram também, mas não me disseram sob qual acusação. E tudo aconteceu a dez passos da porta de casa.

Os policiais me enfiaram com Danny na parte de trás da viatura e continuaram em sua missão de prender qualquer cabeludo "desocupado" por perto no trajeto de volta até a delegacia. Menos de um quilômetro e meio adiante, pegaram Mike Levine, baixista do Triumph, que saía de uma 7-Eleven e se adiantava até o carro levando cerveja debaixo do braço, partindo do princípio de que ele *pretendia* beber e dirigir. Os tiras o colocaram junto com a gente e prosseguiram. Um pouco depois, na Santa Mônica Boulevard, apanharam uma garota por "bebedeira em público", a três quadras da delegacia. A menina não estava visivelmente bêbada, em absoluto – estivera apenas caminhando pela rua. Uma vez que não havia mais espaço no veículo, um dos tiras optou por escoltá-la a pé até a delegacia.

Colocaram todos nós, homens, na mesma cela e ficamos lá sentados por algumas horas. Mike Levine foi solto sob fiança e, depois de ter ficado de molho o bastante, Danny também foi solto. Foi fichado pelo porte da agulha e teria de comparecer numa certa data ao tribunal. Fui o único que restou e, uma vez que me considerava inocente, calculei que sairia a qualquer minuto. Já era sábado àquela altura, por volta das oito da manhã e, conforme as horas foram se arrastando, tentei, em vão, atrair a atenção do guarda para perguntar por que continuava detido.

A única resposta que obtive foi ser transferido da pequena cela da noite anterior para uma maior, de teto alto, um tapete de borracha no chão, uma privada em um canto, uma porção de colegas de cela e o cheiro pungente de mijo. Não fiz ideia do que aconteceria em seguida. O efeito da minha droga começou a passar; estava a poucas horas de se esgotar por completo. Após algum tempo, fomos colocados num daqueles horríveis ônibus escolares pintados de branco e preto convertidos em transporte de prisioneiros. Tive as mãos e os pés algemados e fui acorrentado ao cara à minha frente. Ainda não sabia por que estava ali, mas percebi que ia para a prisão municipal. Comecei, então, a remover na hora o esmalte preto das unhas com os dentes. Nem morto eu iria para a prisão com esmalte nas unhas.

Levou horas para chegarmos, porque o ônibus fez paradas em várias delegacias ao longo do caminho para recolher mais gente; e eu fui me sentindo cada vez mais indisposto. A cada cadeia, éramos retirados do ônibus e colocados com outro grupo numa cela à espera de que os novos detentos pudessem ser transferidos. A prisão municipal ficava a cerca de trinta quilômetros, mas, chegar lá, com todas aquelas paradas e burocracia, levou o dia inteiro. Passamos por umas seis cadeias e, finalmente, chegamos à prisão no final da tarde. O processo não foi menos demorado após a chegada. Recolheram meus pertences e me puseram numa série de salas de espera com os outros novos presos até que a minha papelada estivesse pronta.

Foi a mais entediante burocracia que já vi na vida, e não ajudou em nada o fato de eu estar sofrendo de uma crise de abstinência. Até então, eu sabia sobre crise de abstinência num sentido abstrato. Ouvira histórias a respeito, mas, mesmo depois de ter experimentado um pouco disso após aquele dia em Tijuana, a encarei com a mesma bravata inconsequente que me colocara naquela encrenca em primeiro lugar. Deparando-me com a realidade do que era sofrer de uma, sentindo aquilo na pele, concluíra que o melhor meio de evitá-la era sempre saber onde comprar mais droga. Não fora um problema em Hollywood. Mas ficar trancafiado numa prisão por alguns dias sem acesso à heroína foi uma outra história; uma desintoxicação forçada no pior local possível.

Fui colocado numa daquelas grandes salas ao estilo antigo com algumas fileiras de catres, onde suei sem parar, nauseado, doente e exausto. Não tenho certeza de quanto tempo fiquei lá; acho que uns três dias. Então, de repente, eles me soltaram, mais uma vez sem explicação alguma, e tive de enfrentar toda aquela porra de burocracia outra vez. Axl pagara a fiança e pedira a Danny para ir me buscar, mas eu não sabia daquilo enquanto passava pelo processo de saída no meu macacão laranja, pegando longas filas, sentando numa sequência de salas, suando, tossindo e me retorcendo de nervosismo, cheirando muito mal, me sentindo e parecendo um bagaço. Quando me devolveram as roupas e os pertences, enfim me informaram por que estava lá. Eu havia sido preso por causa de uma infração simples de trânsito de seis anos antes. Houvera um mandado de prisão para mim por eu não ter comparecido ao tribunal, nem pago a multa. Entre todas as coisas que fiz, fui apanhado por uma pequena infração de trânsito. Bem, ao menos cumpri minha pena e paguei a minha dívida para com a sociedade.

Fiquei caminhando do lado de fora da prisão, fumando cigarros por cerca de uma hora, perguntando-me quem pagara a fiança até que Danny apareceu. Rumamos direto para Melrose e a Western para comprar droga. Quando voltei ao apartamento, Axl estava dormindo, Steven e Izzy também, e Duff devia ter saído. Eu me droguei, tomei um banho e, quando os caras acordaram, percebi que sequer notaram que tinha estado ausente.

Não estava esperando muito, mas um pouco de clima festivo teria sido bom. Quando descobri, mais tarde, que fora Axl quem fizera uma vaquinha para juntar o dinheiro da fiança, fiquei tocado. Foi mesmo um gesto maneiro da parte dele.

APESAR DO NOSSO ESTILO DE VIDA E DE SEU CONJUNTO DE prioridades nada convencionais, produzimos muito naquele apartamento. Compusemos uma versão acústica de "You're Crazy" que acabou aparecendo como uma versão eletrizante no *Appetite* e em sua forma original no *Lies*. Trabalhamos nessa versão no Dean Chamberlain's, dando-lhe esse ritmo ao acelerá-la cerca de vinte batidas por minuto a mais do que sua versão inicial. Axl, Izzy e eu tivemos extraordinários momentos de criatividade naquele apartamento. Apesar disso, nosso progresso, tanto coletivo quanto individual, diminuíra e, portanto, nossa busca por um empresário tornou-se de suma importância de repente. Tínhamos perdido o nosso apartamento e dois de nós tinham mais ou menos se tornado viciados comuns que precisavam de um lugar para viver.

Tom Zutaut nos apresentou a Arnold Stiefel, um empresário cujos maiores clientes na época eram Rod Stewart (a quem acredito que ainda gerencia) e o ator Matthew Broderick, que estava prestes a se tornar um grande astro graças a *Curtindo a vida adoidado*. Isso não nos impressionou nem um pouco. Mas, depois de algumas excelentes reuniões com Arnold e seus parceiros, de algum modo saímos com a mais ideal situação imaginável. Não fecharam acordo conosco de imediato, mas concordaram em nos colocar numa casa até que encontrássemos um produtor e gravássemos um disco, e aí sim decidiriam se queriam fechar um contrato como nossos representantes. Não sei que tipo de acordo Tom fez com eles para tornar isso possível, mas a solução era perfeita a curto prazo: estavam dispostos a nos deixar "evoluir" por conta deles.

Fiquei com pena de Tom, na época. Éramos uma mutação autodestrutiva de banda na qual ele depositara o máximo de confiança e estávamos retribuindo sem demonstrar que éramos promissores como esperara. Para nós, parecia engraçado que nenhum dos produtores ou empresários parecesse se encaixar no perfil certo para fazer o trabalho conosco. Tom, por sua vez, tinha plena ciência de que estávamos lenta mas decididamente diminuindo cada vez mais as nossas chances na indústria. Tenho certeza de que ele estava em pânico: depois de dois anos talvez perdesse o emprego se não fizesse aquilo dar certo.

A única coisa que Tom, como executivo de gravadora, saiu lucrando com isso foi que, quando nos escolheu e fechou contrato conosco, tínhamos algumas canções muito boas, mas esse período nos permitiu compor mais canções da mesma qualidade. Talvez em algum canto da mente dele houvesse um método por trás da maluquice de Tom. Talvez soubesse que precisávamos desse tempo e fez tudo o que pôde para fazer a coisa acontecer, porque, no final, tirou bons frutos de nós. Isso nunca foi declarado como sendo a intenção dele, mas tenho certeza de que Tom, olhava para o lado bom dessa maneira. A banda tomou tanto do tempo dele desde o momento em que fechamos contrato até o dia em que o álbum ficou pronto e saímos em turnê, que isso deve tê-lo enlouquecido. Não havia nada que pudesse fazer para nos moldar ou acelerar o processo, porque tudo o que tentava falhava. A atitude geral da banda e nossas atividades extracurriculares se opunham à direção certa a cada curva do caminho.

Movido por puro desespero, Tom conseguiu nos colocar no estúdio com Manny Charlton, o guitarrista do Nazareth, no Sound City Studios entre a Whitsett e a Moorpark, no Vale. Trabalhamos em demos de "November Rain", que tinha cerca de dezoito minutos de duração na versão original, e, portanto, nem é preciso dizer que precisávamos sentar e nos concentrar nos arranjos dela. Também trabalhamos em "Don't Cry" e quase todas as outras músicas que formaram *Appetite for Destruction*, exceto "Sweet Child o' Mine", porque ainda não a havíamos criado. Foi um grande dia, de qualquer modo, ficar no estúdio gravando tudo em acústico naquela sala grande e irada. Infelizmente, Manny não soava bem. As demos ficaram muito boas, mas eram apenas aquilo: um amontoado de ótimas fitas. Nós nos conhecíamos bem o bastante para saber que aquilo não estava legal.

POUCO TEMPO DEPOIS, NÓS NOS MUDAMOS PARA A CASA STIEFEL, como passamos a chamá-la, uma casa nova em folha num condomínio fechado denominado Laughlin Park. Era de localização um tanto afastada, no Griffith Park, perto do Observatório, do Teatro Grego e do Zoológico de Los Angeles. Situava-se um pouco além, em East Hollywood, a cerca de vinte minutos de carro de onde havíamos morado. Não parece muito, mas, como nenhum de nós tinha carro, esse tornou-se o período de vida social menos agitada que já tivemos.

Estávamos presos lá numa casa nova, num condomínio novo, no meio do bosque. Havia dois quartos no andar de cima, ocupados por Axl e Steven, e eu e Izzy dividíamos um quarto no térreo... devido a nossos "interesses em comum". Moramos lá durante quatro ou cinco meses, mas tínhamos pouca mobília: camas, uma mesa e umas duas cadeiras na casa inteira. Axl conseguiu fazer surgir de algum lugar uma cama de verdade, uma lâmpada e uma cômoda. O quarto dele era um oásis bem equipado e guardado por um cadeado, mas o resto do lugar era basicamente vazio. A iluminação era do mesmo modo precária. Tinha uma lâmpada no quarto que eu dividia com Izzy, uma luminária no teto da sala de jantar e nenhuma na sala de estar, acima da escada e em nenhum dos corredores. Durante o tempo em que ficamos ali, o lugar tinha a cara de que alguém estava prestes a mudar para lá.

Tínhamos, porém, uma lareira e, uma vez que nunca nos demos ao trabalho de comprar lâmpadas, quando o sol se punha, acendíamos o fogo e nos confinávamos à sala de estar ou à cozinha, onde também havia uma luminária no teto. Estávamos tão fora do nosso hábitat... Pela primeira vez, morávamos numa vizinhança onde não se encontrava itens domésticos de graça na rua ou no lixo das pessoas. O lado bom era que estávamos numa área residencial tão afastada e vazia que, quando não quiséssemos fazer som acústico, poderíamos tocar a noite inteira com nossas guitarras elétricas. E se dispuséssemos de amplificadores, é provável que teríamos tocado.

O estilo de vida ligado às drogas era uma realidade dominante para nós e desempenhava papel principal em tudo o que fazíamos àquela altura. Uma vez que mostrou sinais de término, houve com certeza luz no final do túnel... quer gostássemos, quer não. Ficou óbvio para todos nós que os dias de total liberdade e facilidade para obter drogas em West Hollywood haviam terminado. Ficamos sem dinheiro, a maioria da droga na rua secara e nos vimos à mercê do único traficante disposto a viajar. Não era nada bom. O que fora divertido à beça pouco antes se tornou um grande pé no saco. Infelizmente, não estávamos em condições de largar tudo e esquecer.

O ESTILO DE VIDA LIGADO ÀS DROGAS ERA UMA REALIDADE DOMINANTE PARA NÓS E DESEMPENHAVA PAPEL PRINCIPAL EM TUDO O QUE FAZÍAMOS ÀQUELA ALTURA.

Fomos obrigados a ser conscienciosos e frugais enquanto lutávamos para nos adaptar à nova situação.

Quando acontecia de conseguirmos a droga, Izzy e eu compúnhamos um bocado porque, naquela época, a heroína era um grande catalisador para nós. Eu a achava a melhor das drogas porque fazia com que me sentisse realmente tranquilo em relação a tudo; ela acabava com as minhas inibições e inseguranças. Com o uso da heroína, eu era aberto e confiante e, portanto, colaborar era fácil. Tão logo ficávamos chapados, Izzy e eu começávamos a tocar de improviso e a trabalhar em nossas ideias, criando riffs para lá e para cá. Algo sempre parecia sair dali com naturalidade, tudo parecia muito inspirador.

LEVO JEITO PARA SENTAR COM UMA GUITARRA E CRIAR RIFFS DIFÍCEIS de tocar. É apenas um meio de dedilhar melodias simples de maneira não convencional. É o meu jeito de começar a tocar ou de encontrar algo interessante para fazer em vez de apenas praticar escalas. Até hoje ainda faço isso. Em vez de treinar com "exercícios" óbvios, invento fraseados próprios que servem para afrouxar meus dedos e manter meus ouvidos atentos, porque se o ensaio não soa bem, por que perder tempo com ele, afinal?

Era o que eu estava fazendo numa noite quando Izzy sentou no chão ao meu lado.

– Ei, o que é isso? – perguntou.

– Não sei. Só estou brincando.

– Continue.

Ele contribuiu com alguns acordes e, uma vez que Duff estava lá, acrescentou um acompanhamento de baixo, enquanto Steven planejava o ritmo de bateria. Em questão de uma hora, meu simples exercício de guitarra transformou-se em outra coisa.

Axl não saiu do quarto naquela noite, mas fez parte do processo criativo tanto quanto o restante de nós. Ficou sentado lá, ouvindo tudo o que tocávamos, e sentiu-se inspirado a compor uma letra que ficou pronta na tarde seguinte. Tornou-se uma ode à sua namorada e futura primeira esposa, Erin Everly, filha de Don Everly, dos Everly Brothers.

Havíamos encontrado um estúdio para ensaio em Burbank, chamado Burbank Studios, que não passava de um grande armazém de propriedade de um velho casal asiático, que foi onde começamos realmente a trabalhar na pré-produção de *Appetite for Destruction*, aperfeiçoando as músicas que já havíamos gravado em demos. Na sessão seguinte, trabalhamos na nossa nova música de uma só tacada: concluímos a estrutura, acrescentamos um solo de guitarra e, assim, ela se tornou "Sweet Child o' Mine".

Estava tudo muito bem, mas ainda não tínhamos um produtor. Tom teve a ideia de tentarmos Spencer Proffer, que trabalhara com Tina Turner, Quiet Riot e W.A.S.P., de quem Axl gostara muito na época e, assim, topamos. Levamos nosso equipamento para o Pasha Studios, que era onde Spencer produzia música na ocasião, e concordamos em trabalhar em "Sweet Child" juntos como um teste. Spencer era um grande cara; foi, na verdade, ele quem sugeriu que a canção precisava de uma terceira parte antes do *grand finale*. E estava certo... mas não tínhamos ideia do que queríamos fazer ali. Todos nos sentamos na sala de controle, ouvindo a música vezes seguidas, sem saber o que acrescentar.

— Where do we go? [Aonde vamos?] — disse Axl, mais para si mesmo do que para o resto de nós. — Where do we go now... Where do we go? [Aonde vamos agora... Aonde vamos?]

— Ei — disse Spencer, baixando o volume da música. — Por que não tenta cantar isso?

E, assim, foi criada a terceira parte.

Fizemos uma demo sólida de "Sweet Child" e trabalhamos com Spencer em demos de mais ou menos metade das músicas de *Appetite*, mas, ao final do processo, não tivemos certeza de que ele era o produtor certo para nós e, consequentemente, nossa busca prosseguiu.

A SITUAÇÃO NÃO ESTAVA PARECENDO NADA BOA, TENHO CERTEZA. Tom chegava ao limite da paciência, mas, antes que ela acabasse, encontramos um empresário. Na teoria, deveríamos ser gerenciados por Stiefel e companhia, em cuja casa estávamos morando, mas, uma vez que nem Tom, nem nós tivemos interação alguma com eles, continuamos a ter reuniões com empresários em potencial. Aquele que teve tudo a ver foi Alan Niven, um cara que soube logo de início no que estava se metendo ao trabalhar com a gente.

Izzy e eu conhecemos Alan num bar, e eu mal conseguia manter os olhos abertos, sentado em minha banqueta, mas aquilo não pareceu incomodá-lo nem um pouco. Desde o início, ele vibrou com a energia inconsequente da nossa banda e ficou empolgado para nos fazer vencer o primeiro obstáculo que vinha nos atrasando em nosso caminho rumo a um disco, uma turnê e a meta de nos tornarmos um grupo profissional. Eu estava bastante calejado e, como mencionei, paranoico em relação a todos que quisessem entrar no nosso círculo. Mas já respeitava Alan antes mesmo de tê-lo conhecido. Ele fora o alicerce por trás do contrato dos Sex Pistols com a EMI e, portanto, eu sabia que tinha habilidades. Era um neozelandês carismático que gostou de Izzy logo de cara e soube que valíamos o esforço. Alan não tentou impor sua vontade na área da criatividade – deixou isso para nós. Apenas fez o que fazia de melhor: divulgar e gerenciar; esse era o seu forte.

Alan conheceu os demais enquanto ainda trabalhávamos com Spencer no Pasha e ouviu todas as demos que havíamos feito. Decidiu que devíamos pegar estas gravações, acrescentar um canal com um público ao vivo e lançar isso tudo como um EP. Achou que era essencial para conseguirmos algum resultado e manter um impacto forte na indústria musical; alimentaria o entusiasmo enquanto gravássemos nosso álbum completo. Tivemos a ideia de lançar o EP sob um selo próprio, o qual insistimos que fosse financiado pela Geffen. Pareceria um EP "ao vivo" de um selo "independente", mas, na verdade, não seria. Chamamos o selo de Uzi Suicide, e o EP de *Live Like a Suicide*. Foram demos intocadas de quatro músicas que sempre havíamos tocado desde o nosso primeiro ensaio: "Mama Kin", do Aerosmith, "Nice Boys", do Rose Tattoo, e duas nossas, "Move to the City" e "Reckless Life". Estavam cruas, creio eu, mas, se quer minha opinião, ainda soam bem pra cacete.

Bem, agora tínhamos um empresário e metade de um álbum "ao vivo", e Zutaut estava feliz. Acreditava que o EP atrairia bons produtores. Ele, sem dúvida, fez com que fôssemos notados. Ao sair da casa de Alan em Redondo Beach com Duff, ouvi "Move to the City" tocando na KNEC, essa grande estação de rádio de heavy metal nos arredores de Long Beach. O EP era uma clara indicação da nossa estética, sem mencionar o nosso

Tocando no Troubadour, circa 1986.

estilo de vida; e, como sempre havia sido, não houve muitas almas gêmeas fáceis de encontrar. Para dizer o mínimo, ainda tivemos alguma dor de cabeça para encontrar o cara certo.

TODOS CONCORDARAM QUE TOCAR EM ALGUNS SHOWS NOS manteria em evidência e evitaria que perdêssemos o pique. Da minha parte, sabia que, se não houvesse nenhum compromisso de trabalho concreto no horizonte, era provável que eu tratasse todos os dias como férias. Voltamos a San Francisco para abrir para o Jetboy no Stone, um show seguido de uma apresentação duas noites depois, abrindo para Ted Nugent no Centro Cívico de Santa Mônica.

Na época, ainda morávamos oficialmente na casa Stiefel, mas, uma vez que escolhemos Alan como nosso empresário, começamos a desocupar o imóvel, já nos preparando para quando Stiefel recebesse as más notícias. Axl voltou a morar com Erin, não sei onde Steven se enfiou, e Duff continuou onde sempre esteve. Izzy e eu ainda permanecemos como os únicos residentes em tempo integral, vivendo numa mistura de conforto e escassez no quarto dos fundos do andar de baixo. Era um cenário de ar cigano; nosso amigo, Danny, costumava acampar muito lá também, entre os quartos pouco mobiliados.

Encontrar drogas em Los Angeles tornou-se difícil de repente; por isso, Danny e eu passamos a percorrer as ruas com regularidade à procura de alguma fonte. Numa dessas noites, tivemos sorte e conseguimos arranjar uma boa quantidade. Radiantes, dirigimos de volta para casa e guardamos tudo dentro de um isqueiro em formato de revólver que eu tinha. Nós o escondemos na minha gaveta porque, na manhã seguinte, partiríamos para San Francisco. Não vi razão para levar um pouco da droga porque nunca tive problema em conseguir heroína da melhor qualidade em San Francisco.

Acomodamos todo o equipamento num furgão que alugáramos. Danny, Izzy e eu fomos no carro de Danny e, ao chegarmos lá, eu e Izzy fomos direto até o apartamento de uma pessoa, onde havíamos planejado comprar nossa droga. Como o traficante não chegara lá antes do show começar, nós fomos tocar. Foi tudo como um borrão para mim no palco, porque eu só conseguia pensar em arranjar a minha heroína em seguida. O restante da banda e Danny recolheram tudo e voltaram para Los Angeles. Izzy e eu nos oferecemos para levar nós mesmos o carro de Danny de volta, porque, na verdade, queríamos comprar a droga. Retornando ao apartamento, esperamos que a heroína aparecesse. Esperamos... esperamos... e *nada*. Àquela altura, estávamos ficando nervosos e, quando o traficante enfim apareceu, o que tinha a oferecer era uma porcaria – completamente inútil. Nós nos entreolhamos, ambos percebendo que estávamos longe demais de casa e que não teríamos muito tempo antes de virarmos abóboras.

Foi só lá pela metade da manhã seguinte que pegamos a estrada, mas sabíamos que, pelo menos, eu tinha uma boa reserva guardada em casa. Tudo ia bem, a viagem progredia... até que ficamos sem gasolina. Perdemos bem uma hora nisso, com a coisa toda de pegar uma carona até o posto mais próximo e voltar. Quando retomamos a estrada, correndo para recuperar o tempo perdido enquanto aquele anseio já ia nos tomando, um pneu furou. Cara, ninguém merece... Trocar um pneu jamais é divertido, mas, quando seu relógio interno está contando os segundos para a derrocada, a coisa muda de figura.

Por fim, chegamos em casa à noite, achando que estávamos numa boa e que tudo ficaria bem. Existe uma camaradagem entre viciados que estão prestes a ficar dopados juntos; desse modo, ao nos adiantarmos até a casa, Izzy e eu éramos melhores amigos. Mais unidos impossível, trocando tapas nas costas e rindo de tudo o que havíamos passado para conseguir chegar. Fomos até o meu quarto, eu abri a gaveta... e descobri que toda a minha droga desaparecera.

Liguei para Danny.

– Ei, cara, eu não guardei toda a minha parada no meu isqueiro?

– Sim – respondeu ele, inocentemente.

– Ela sumiu.

– Está brincando.

– Não consigo encontrar aquela merda!

– Que merda, hein?

– Venha até aqui e me ajude!

Izzy, Danny e eu reviramos o quarto e, em seguida, o restante da casa. Eu sabia que guardara a heroína lá e que Danny fora o único que estivera comigo quando o fiz, mas estava disposto a lhe dar o benefício da dúvida.

— Cara, sabe de uma coisa? — disse ele depois de termos esgotado todas as possibilidades em relação a esconderijos.

Sacudiu a cabeça.

— Eu escondi a droga. Quando estava loucão. Vou tentar lembrar onde... Deixa eu pensar...

Depois que Danny pensou o suficiente, indicou uns poucos cantos onde não tínhamos procurado, uma busca inútil. Em seguida, foi embora, deixando nós dois com a impossível tarefa de tentar contatar Sammy, nosso traficante persa — nosso único fornecedor na época. A coisa não estava com cara nada boa. Enviamos mensagens para o *pager* de Sammy a cada dez minutos, e ele não respondeu.

Na manhã seguinte, a namorada de Izzy, Dezi, apareceu e pôde ver que a situação era complicada. Tínhamos ficado acordados a noite inteira, dirigido de San Francisco até lá, enviado mensagens para *pagers* de traficantes o dia inteiro sem êxito e teríamos de fazer o show de abertura para Ted Nugent dali a poucas horas. Izzy e eu estávamos num beco sem saída, nada acontecia, não tínhamos ninguém mais para ligar e estávamos um bagaço. O desespero ia aumentando; éramos como vampiros saídos do filme *Blácula*, rolando no chão e correndo para o banheiro vomitar a cada cinco minutos.

Nosso show com Ted Nugent seria um tanto longe dali, em Santa Mônica, às sete e meia da noite. Sammy não retornara as ligações, portanto teríamos de encontrar algum meio de colocar algo na nossa corrente sanguínea — qualquer coisa — para nos fazer sentir humanos o bastante para o show. Não estávamos em condições de tocar, quanto mais de dirigir até o local do evento. Desesperada, Dezi ligou para sua amiga, Melissa, que morara em Hollywood, no antigo apartamento de Izzy. Ela tivera um contato de Sammy e iria encontrá-lo logo.

Aquilo foi o bastante para nos motivar. Conseguimos ir de carro até lá de algum modo e ficamos à espera de Melissa com nossas drogas. Parecia que talvez tivéssemos resolvido o problema, mas, ao mesmo tempo, eram quase cinco da tarde e teríamos de rumar para o local do show em cerca de uma hora. Finalmente, ela retornou, Izzy e eu injetamos a nossa droga e *que alívio*. Puta merda! Estávamos em pleno funcionamento outra vez. Mal tivemos tempo o bastante para nos reunirmos à banda, que estava à nossa espera para que pudéssemos tocar em nosso primeiro estádio, cujos três mil lugares estavam vendidos.

Rumamos para lá a toda velocidade. Não tínhamos passes de artistas nem de estacionamento e, depois da noite que passamos, parecíamos uma dupla de delinquentes. Deixamos Dezi estacionando e saltamos as grades nos fundos do estádio por falta de um plano melhor. Meu jeans enroscou numa parte da grade enquanto eu pulava, e o botão voou longe. Passei o resto da noite certificando-me de que o zíper da calça não descesse, deixando-me livre, leve e solto lá, porque nunca fui do tipo que usa roupa de baixo.

De algum modo, nos esgueiramos até a área de carga e descarga de equipamento e conseguimos chegar aos bastidores. Enquanto seguíamos pelo corredor na direção do palco, vi Gene Simmons. Ele estava na extremidade oposta, lançando-nos um olhar intimidador, algo em que é muito bom. Nem imaginei o que Gene fazia ali, mas foi um detalhe que só acentuou o aspecto quase irreal das vinte e quatro horas anteriores. Izzy e eu entramos no camarim quando faltavam apenas dez minutos para o início do show. Os caras podem ter ficado aborrecidos a princípio, mas logo sentiram alívio. Catástrofe evitada... lançamos um olhar ao espelho e rumamos para o palco.

E essa foi a primeira vez que tocamos "Sweet Child o' Mine" ao vivo. Eu ainda não havia dominado o riff característico e consagrado ao ponto de poder tocá-lo com perfeição num impulso, mas consegui me arranjar, e a banda como um todo tocou *realmente* bem. O show inteiro foi bom e estávamos com uma porção de amigos lá: Yvonne, Marc Canter e mais alguns dos meus chapas "normais". E ainda melhor foi que, logo que saímos do palco, Izzy recebeu uma mensagem de Sammy em seu *pager*, avisando que ele iria ao nosso encontro na casa Stiefel. Yvonne – na ocasião, tínhamos reatado outra vez, o incidente todo da intervenção já esquecido – e suas amigas estavam lá nos bastidores. Yvonne não sabia exatamente qual o meu estado em relação às drogas – e não senti necessidade alguma de lhe dizer.

Ela ficou ali ao meu lado, dando-me todo o apoio, vibrando com a apresentação do namorado em seu primeiro show num grande estádio. Estava me deixando fazer o que eu gostava. Claro que queria comemorar em seguida, o que foi um problema. Eu mal podia esperar para sair dali e voltar para casa e usar as drogas. Como não queria que Yvonne soubesse, porém, tentei lhe dizer que lhe telefonaria e que nós dois nos encontraríamos depois que eu tivesse ido guardar nossas guitarras, mas ela deu outra sugestão: iria com as amigas ao nosso encontro na casa.

Izzy, Danny e eu não conseguíamos pensar numa maneira melhor de celebrar o sucesso do show do que com um pouco de heroína. Assim, rumamos bem rápido de volta ao Griffith Park para comprar mais. Era tão cedo que nem sequer escurecera, por isso, quando seguimos pela Fairfax e paramos num semáforo vermelho na Fountain, foi fácil ver o carro do nosso fornecedor na rua ao nosso lado. Foi algo a mais para aumentar o alto-astral do dia – e Sammy economizou metade da viagem. Àquela altura, achei que teria uma chance de injetar a droga na casa antes que Yvonne chegasse.

Comprando a heroína de Sammy, dirigimos velozmente até a casa e corremos para dentro feito loucos. Izzy meteu-se no nosso quarto, batendo a porta, e eu me tranquei no banheiro de Steven, que era iluminado por uma lâmpada vermelha que ele instalara. Eu estava lá tentando preparar a minha parada com os meus apetrechos, o tempo todo trêmulo e ofegante em meu nervosismo, sob aquela luz vermelha nada natural, quando, de repente, houve uma batida na porta.

– Ei, gato – disse Yvonne. – Você está aí dentro?

– Oh, sim, estou! – respondi. – Sim... mas estou tomando banho. Estou todo suado por causa do show. – Abri, então, o chuveiro.

– Me deixa entrar, gato.

– Estou no chuveiro. Saio num instante.

Terminando o que precisava fazer, joguei um pouco de água em mim e saí. Tenho certeza de que ela sabia de tudo. Yvonne não quis ficar ali – nem imagino o porquê –, e assim concordei em ir até a casa dela. E foi naquela noite que decidi: *Foda-se, vou largar essa porra*. Eu injetara uma dose no início da noite e, portanto, o efeito acabou em torno de uma da manhã. Durante os dias que se seguiram, passei por uma síndrome de abstinência, enfrentando um quadro clínico chamado *cold turkey*, com todas as manifestações de mal-estar, lá na cama de Yvonne. Não foi a última vez que fiz isso antes de termos nos reunido para gravar *Appetite*, mas a cada vez que eu o fazia, nunca dizia a ela o que estava realmente acontecendo. Agia como se estivesse doente e tentava disfarçar o quanto me sentia péssimo. Yvonne era ocupada, fazia faculdade. Desse modo, a maior parte daqueles dias passei sozinho na cama, no inferno. A verdade era que Yvonne ficava feliz com o fato de eu estar lá quando saía e ainda continuar lá quando voltava, mesmo que eu parecesse apenas uma sombra de mim mesmo, acamado.

Enfrentei a síndrome de abstinência daquela vez durante uma semana inteira na casa de Yvonne e, apesar do risco de um grande fiasco que pairara em torno do show, ninguém ficou sabendo de nada. Todos da banda ficaram superempolgados depois daquela apresentação. Só lamento não ter conhecido Ted Nugent naquela noite, porque ele foi uma tremenda influência para mim quando eu era garoto.

Ao final, Danny acabou confessando a Izzy e a mim que ele usara toda aquela heroína que eu escondera, e nunca o perdoei por isso. Foi um golpe baixo que quase arruinou nós dois, Izzy e eu, aos olhos dos nossos companheiros de banda. Se tudo tivesse dado errado, o Guns teria passado por imenso constrangimento e sido acusado de falta de profissionalismo num ponto bastante crucial para nós. Mas essa é a questão da heroína – ela é o diabo. É tão atraente e sedutora que transforma uma pessoa num demônio desonesto e traiçoeiro. Ser um viciado é parecido com o que imaginamos que seja um vampiro. É algo que tem certa aura misteriosa e instigante em princípio, mas acaba se transformando numa fome que tem de ser saciada a todo custo. O vício vai dominando uma pessoa por completo, arrastando-a pouco a pouco para um abismo. Ela começa experimentando um pouco daqui e dali e, quando percebe, está dependente, usando a droga o tempo todo. Pensa que a escolha é dela, mas as coisas não são assim... logo, *precisa* da droga a todo instante. Então, vê-se presa a um círculo realmente vicioso antes de se dar conta de que se tornou apenas mais uma estatística.

AO VERDADEIRO ESTILO DO GUNS, ACHO QUE NÃO INFORMAMOS Stiefel e companhia formalmente de que não fecharíamos contrato com eles. Apenas abandonamos a casa, deixando uma montanha de lixo e alguns danos à propriedade para trás, algo com que Tom Zutaut teve de lidar. Alan era o nosso empresário e ponto final.

O lançamento do EP *Live Like a Suicide* permitiu um pequeno adiantamento. Izzy e Steven alugaram um apartamentinho logo a sul da Sunset, bem próximo ao Rock'n'Roll Ralph's – o supermercado em West Hollywood onde todos os músicos locais compram cerveja e o que quer mais que precisem para viver. Duff permaneceu onde sempre esteve, mo-

ENFRENTEI A SÍNDROME DE ABSTINÊNCIA DAQUELA VEZ DURANTE UMA SEMANA INTEIRA NA CASA DE YVONNE E, APESAR DO RISCO DE UM GRANDE FIASCO QUE PAIRARA EM TORNO DO SHOW, NINGUÉM FICOU SABENDO DE NADA.

rando com Katerina, e Axl vivia com Erin. Eu era o único nômade declarado da banda, instalando-me na casa de Yvonne ou de outras garotas, ou pernoitando em qualquer pedaço de chão que encontrasse no final da noite. A essa altura, havia muitas *strippers* no nosso meio. Tudo o que posso dizer é: Deus abençoe todas elas. Muitas bandas antes e depois de nós tiveram essa ligação. *Strippers* que andam juntas são praticamente como uma banda, e nós nos entendíamos muito bem. Elas eram generosas e achavam que éramos músicos misteriosos, bonitões ou introspectivos, ou só bichinhos abandonados e cativantes dos quais tinham de cuidar. E talvez se sentissem protegidas à nossa volta também. O fato de possuírem aquela energia sexual sem inibições não fazia mal também. Seja como for, eram totalmente apropriadas para sujeitos como eu.

Uma delas se chamava Christina, e dividia o apartamento com outra; e eu ficava com qualquer uma das duas, em qualquer noite. Morei lá por algum tempo e dormia no quarto de uma ou da outra, ou com ambas, dependendo de como as coisas transcorressem. Essas gatas viviam na mesma rua onde ficava o apartamento de Izzy e Steven, num prédio residencial repleto de *strippers* na La Cienega. Fui atraído para lá, pode-se dizer, e chamei aquele lugar de lar, enquanto a banda passou por mais um período de espera, o qual, como de costume, não deu em nada além de encrencas.

Steven, Izzy e eu nos divertíamos à beça no apartamento de Christina. Estando todos de volta a Hollywood, a droga se tornou mais acessível, embora nem de longe com a mesma abundância da primeira vez em que moramos lá. Depois que consegui ficar limpo, porém, me empenhei ao máximo para me afastar dela. Lembro-me de uma noite em que estava com Axl e Izzy na casa de *strip-tease* e me esforçando para manter a abstinência. Não levara dinheiro algum comigo: a droga podia ser encontrada, mas não com facilidade o bastante a ponto de as pessoas quererem compartilhá-la de graça. Achei que podia apenas curtir a noite ali e não me drogar, mas não podia – tive de sair. Pouco depois disso, tive uma recaída – não adiantava.

Eu acampava onde podia e fazia o que dava na telha. Houve uma ocasião em que travei amizade com Dave Mustaine, do Megadeth, que era viciado em heroína e crack e morava no mesmo bairro. Começamos a andar juntos e compor músicas. O cara era um verdadeiro e completo maníaco e um gênio na criação de riffs. Saíamos por aí, fumávamos crack e compúnhamos incríveis riffs de heavy metal pesados e obscuros pra caralho. Às vezes, Dave Ellefson se juntava a nós. A gente se dava muito bem e escrevia coisas iradas. A situação chegou ao ponto, em nossa zona criativa alimentada pelas drogas, em que começamos a pensar seriamente na ideia de eu entrar para o Megadeth. O Guns estava em compasso de espera, afinal, e eu andava chapado o bastante para considerar todos os tipos de más decisões. Dave Mustaine ainda é um dos músicos mais geniais com quem já toquei de improviso, mas, no fundo, no fundo, eu sabia que não podia sair do Guns.

Outro lugar que eu frequentava, como muitos de nós, era a Hell House, um buraco que representava a nossa consciência coletiva na época. Era um teste infalível e bastante óbvio para qualquer um que pensasse em trabalhar conosco ou até mesmo nos conhecer. A Hell House era uma produção de West Arkeen; era uma casa – na teoria, um "lar" – que ele alugara com alguns amigos motoqueiros que haviam se mudado da Costa Leste com suas Harley-Davidsons.

Era um lugar ao estilo de casa de fazenda, com três quartos enfileirando-se de um dos lados desde a frente até os fundos. O último quarto era ocupado por Red Ed e sua namorada/esposa. O quarto deles ficava fora dos limites para todos, porque Ed era o maior motoqueiro da casa, e sua garota, uma ameaça ainda mais intimidante – você sabia logo de cara que não devia se meter com ela –, mas ambos também não poderiam ser mais amáveis. Ninguém nunca bagunçou o quarto deles; na verdade, acho que ninguém sequer pisou lá. O quarto do meio era onde dois outros motoqueiros, Paul e Del James, moravam. A casa foi preparada para ser um pequeno estúdio caseiro de gravação, e West ficava com o quarto da frente, que era tamanho chiqueiro que ninguém queria entrar lá. Só era possível para uma pessoa deitar-se na cama; era uma zona tão grande que não dava para ficar de pé lá dentro, nem para sentar.

Ouvi dizer que havia um pátio nos fundos da Hell House... eu adoraria ter visto como era. Durante todo o tempo que passei lá, incluindo o período como morador, nunca fui para além da cozinha. Aquela era uma das áreas, junto com a sala de estar, onde membros de passagem como eu nos reuníamos, deixando os intimidantes motoqueiros e suas namoradas em paz nos quartos. Visitantes tinham permissão para entrar na sala de estar, na cozinha e naquela outra sala... acho que era a "sala íntima". Também havia uma copa, onde West costumava decidir apagar. Por mais caótico que fosse o local, alguma espécie de lei tácita imperava, segundo a qual ninguém incomodava os moradores permanentes, ao passo que todas as áreas comuns eram zona livre de guerra onde tudo poderia ser quebrado ou incendiado sem problemas.

Nem imagino quem decidiu alugar a propriedade para aquele bando de doidos, porque eles a transformaram no pardieiro comunitário mais nojento que qualquer outro que eu já tenha visto num país do primeiro mundo. Era a segunda das casas que restaram no quarteirão; ficava cercada por prédios de apartamentos, e o gramado da frente era alteado, de modo que parecesse estar numa colina. Situava-se a sul da Sunset, na Poinsettia, e, enquanto se seguia pelo quarteirão, ela parecia a casa de *Psicose*. Havia algumas coisas que só se poderia aprender passando uma noite lá. A mais importante era que, se uma pessoa se deitasse em qualquer superfície ali, teria cinquenta por cento de chances de pegar chatos. Ainda não sei ao certo por que não éramos levados pelos tiras a cada noite. Tinha sempre carros e motoqueiros no gramado, lixo por toda parte, gente entrando e saindo, e música alta a qualquer hora da noite. A Hell House era tão barulhenta que, a distância, parecia vibrar.

Um dos moradores que sempre estava por lá era Del James, um verdadeiro especialista em oximoro. Era um motoqueiro com tatuagens e a coisa toda, mas escritor. Tinha apego a todos nós, mas ficou ainda mais apegado a Axl com o passar do tempo. Axl gostou muito dele, correspondendo a seu intelecto e apreciando a maneira como Del o ouvia com toda a paciência enquanto ele se expressava si mesmo profundamente. Escreveram uma porção de coisas juntos, e acho que ainda o fazem. Del acabou escrevendo roteiros para alguns de nossos videoclipes e também é o autor do conto que inspirou Axl a compor "November Rain".

Durante essa pausa que a banda fez para procurar um produtor, frequentamos a Hell House um pouco demais, mas fui o único desarraigado o bastante para morar lá por alguns períodos. Até dei algumas entrevistas iniciais ali. Quando as li, não pude acreditar em como os jornalistas ficaram chocados com o ambiente. Como assim? Para mim, não havia nada de anormal ali.

MEU OUTRO PRINCIPAL CENÁRIO SOCIAL, ALÉM DA HELL HOUSE e do edifício de *strippers* do outro lado da rua de Izzy e Steve, girava em torno das garotas do Seventh Veil, que é uma boate de *strip-tease* na Sunset cujos negócios continuam bombando. Eu gostava de me "hospedar" com algumas das meninas que trabalhavam lá e dividiam um apartamento na altura da Hollywood Boulevard, onde bebíamos até cair a noite inteira. Uma delas se chamava Cameron. Todos nós transamos com ela em algum momento, e Steven acabou namorando Cameron por algum tempo, mas o resultado é que ela passou chatos para todos nós. Era ridículo. Começamos a chamá-la de "Chateron" – na cara dela. Eu lhe dei o benefício da dúvida. Achei que talvez tivesse contraído chatos na Hell House, ou em qualquer outro dos lugares duvidosos em que eu optava por dormir, naqueles tempos, mas não foi o caso. Chateron tinha um pequeno e belo apartamento próprio em West Hollywood, e na única vez em que dormi com ela lá, peguei chatos também.

Outra *stripper* que vale a pena mencionar é Adrianna Smith, a menina que tanto Axl quanto Steven namoraram e que Axl imortalizou no nosso álbum de estreia... mas chegaremos a tudo isso em breve. Meu pequeno universo no Seventh Veil era sensacional. Eu aparecia por volta de onze da noite, conseguia um pouco de dinheiro de gorjetas com as garotas, rumava para a loja de bebidas, onde me abastecia com um estoque de Jim Beam (o Jack Daniel's dos pobres) e começava uma festa para elas em seu apartamento quando chegavam do trabalho. Para alguém que não tinha onde morar, era o melhor esquema que eu poderia imaginar: um lugar maneiro, liberal, cheio de mulheres, onde eu podia beber à vontade ou fazer o que desse na telha sem que ninguém me enchesse o saco.

Em algum canto da mente, tinha consciência de que não estávamos nem um pouco mais perto de escolhermos um produtor e a inércia nos destruía. Eu estava numa pior, bebendo, usando drogas quando podia, com bem pouco dinheiro – e o restante da banda não ia muito melhor. Eu voltara a contar com amigos, dormir em sofás e levar uma vida totalmente desregrada – mas então era pior do que nos velhos tempos. Antes fora divertido porque a banda e eu tínhamos trabalhado rumo a um objetivo. Àquela altura, a sensação era de que estávamos desorganizados e ferrados demais para não ser outra coisa além de vagabundos... e nós tínhamos "conseguido". No fundo, eu sabia que precisava me recompor, que não poderia durar muito mais naquele fundo de poço.

Por volta dessa época, nosso traficante, Sammy, foi preso, e esse foi de fato um ponto de virada. Eu estava no apartamento de Izzy e de Steven naquele dia, e a namorada de Izzy, Dezi, saíra para ir ao encontro de Sammy para nós numa das bocas de fumo habituais dele, onde os clientes o procuravam. Os tiras de tocaia haviam planejado um flagrante, e como Dezi saiu e não voltou mais, ficamos preocupados. Bem mais tarde, recebemos o telefonema dela da cadeia. Todos os clientes de Sammy tinham sido detidos, e iriam soltá-la, mas ele ficaria preso por um longo, longo tempo. Foi um grande balde de água fria para nós. Izzy e eu vasculhamos as ruas em desespero à procura de um pouco de heroína. Foi uma parada difícil. Acabei voltando para a casa de Yvonne e me desintoxicando lá pela terceira vez. Fiquei durante alguns dias, não me sentindo nada bem, alegando que contraíra outra virose.

Nesse meio tempo, Tom Zutaut já andava com a paciência quase esgotada. Ele nos chamou até a Geffen, certo dia. Achamos que fosse para falar sobre mais um punhado de produtores que queria que conhecêssemos. Quando entramos no escritório, ele apenas nos observou longamente. Eu ainda estava um bagaço em meio ao meu processo particular de desintoxicação na casa de Yvonne, e o restante dos caras não tinha aspecto melhor.

– *Que diabos* posso fazer, rapazes? – indagou ele. – Deem uma boa olhada em vocês mesmos. Acham que são *capazes* de fazer um disco? Vocês têm de se recompor! De se concentrar! O tempo está correndo!

Os comentários dele pairaram no ar, mas causaram impacto porque, lenta mas firmemente, sem fazer estardalhaço a respeito ou sequer reconhecendo o fato, nós nos recompusemos.

ALAN NIVEN E TOM ZUTAUT ENVIARAM CADA PRODUTOR DA CIDADE ao nosso encontro e, quando parecia não haver mais esperança, um finalmente ficou – Mike Clink. Fizemos uma sessão com ele e gravamos "Shadow of Your Love", que era a melhor música do repertório na primeira vez em que vi o Hollywood Rose. Nossa versão dela não fez parte do álbum, mas acabou sendo lançada num EP japonês.

De qualquer modo, quando ouvimos a gravação, estava tudo ali: enfim, ouvíamos a nós mesmos na fita exatamente da maneira como queríamos. Éramos apenas nós, mas lapidados; Clink capturara a essência do Guns N' Roses. Finalmente, tudo se encaixara. Tínhamos passado sete meses num limbo, mal tocando em público e gravando alternadamente com produtores que não serviam. Pareceu uma eternidade; porque, da maneira como vivíamos, alguns meses teriam dizimado uma banda mais fraca.

Mike Clink possuía o necessário; sabia como canalizar nossa energia para algo produtivo, como captar nosso som sem fazê-lo perder o estilo, e tinha o tipo certo de personalidade para se entrosar com todo mundo. Seu segredo era simples: não fazia merda com o nosso som — empenhava-se em capturá-lo com perfeição, da maneira como era. É surpreendente que ninguém tenha pensado nisso. Clink trabalhara com o Heart e Jefferson Starship, mas o que nos convenceu foi o fato de ter trabalhado em *Lights Out*, do UFO. Esse disco era o máximo para todos nós, porque Michael Schenker toca guitarra nele de uma maneira brilhante, incrível.

Sempre soube que os produtores têm todas as respostas para os problemas dos outros, mas nunca para os próprios. São os primeiros a dizer às pessoas o que fazer, como tocar, que som extrair — tudo isso. Em geral, não têm identidade própria, o que torna difícil respeitá-los. Entretanto, Mike era diferente. Era amistoso, jamais intrometido, fácil de lidar, quieto e observador. E sabia muito bem quem era. Em vez de fazer sugestões como se soubesse mais que os outros, preferia se manter atento a tudo. Desde o início, nós o respeitamos completamente.

Agendamos horários nos estúdios S.I.R. e, com Mike à mesa de som, a banda se sentiu livre para ser ela mesma. Ainda durante a nossa primeira sessão de pré-produção, começamos a compor o que mais tarde seria "You Could Be Mine". Em outra sessão, começamos a trabalhar em "Perfect Crime", que foi algo que Izzy nos levou. Não estávamos ali para compor material novo, mas nos sentimos tão à vontade que foi surgindo naturalmente. Começamos a gravar demos de todas as músicas que estávamos pensando em colocar em *Appetite*, e trabalhamos nelas com Mike praticamente da mesma maneira que tínhamos feito antes, com bem poucas modificações. A única mudança de criação que ocorreu foi por causa de uma das sugestões de Alan, na verdade. Em "Welcome to the Jungle", originalmente nós repetíamos a parte em que Axl canta: *When you're high, you never want to come down* [Quando você está alto, nunca quer descer]. Alan sugeriu que tirássemos uma delas. Estava certo. Deixou a música mais enxuta. Mas, exceto por isso, todas aquelas músicas foram capturadas como eram em uma ou duas gravações. É prova de como as coisas estavam indo bem no estúdio e em que excelente astral estávamos. *Nunca* ouvíamos sugestões – de ninguém. Mas estávamos dispostos a fazer uma tentativa e descobrimos que deu certo. Alan já era o empresário do Great White na época; também produziu as músicas deles e contribuiu como coautor. Foi ótimo que nenhum de nós estivesse a par disso na ocasião, porque aquela sessão talvez não tivesse saído tão bem, e "Welcome to the Jungle" poderia ter sido uma música muito diferente. Não me incomodei quando descobrimos sobre a ligação de Alan com o Great White, mas isso teve um efeito bastante negativo e ao estilo de bola de neve entre alguns dos outros integrantes da nossa banda.

Posso imaginar o quanto Tom estava radiante com o fato de o Guns N' Roses ter, enfim, um empresário de verdade e um produtor com o qual queríamos trabalhar. Levou uns dois anos, mas enfim pareceu que aquele bando de lunáticos no qual ele convencera a gravadora a acreditar iria, de fato, tornar-se o que ele prometera que seria.

Alan nos instalou no Rumbo Studio, em Canoga Park, onde Clink gostava de trabalhar, para fazermos nossas faixas básicas ao vivo. Canoga Park situava-se perto de onde Steven crescera, no Vale, que era terreno desconhecido no que me dizia respeito. Acho que talvez tenha sido essa a questão – eles acharam que nos mantendo longe de Hollywood nos obrigariam a nos concentrar nas gravações. Alan alugou um apartamento para nós no Oakwoods, um condomínio pertencente a uma rede mundial com unidades já mobiliadas. Também alugou um furgão para o nosso transporte. Por alguma razão que não posso imaginar, fui designado motorista.

Mike contratou verdadeiros profissionais para ajudar seus ratos do beco: Porky, um famoso técnico de guitarra, e Jame-O, o técnico de bateria. Eles haviam trabalhado em centenas de discos, autênticos especialistas que também adoravam uma boa diversão. Foram inestimáveis para nós.

Gravar um álbum de verdade num estúdio apropriado era uma novidade para o Guns. Tínhamos feito demos em vários locais de Los Angeles. Alguns deles foram épicos. Fizemos as primeiras versões de "Don't Cry" e

"Welcome to the Jungle" no Hollywood Sound, no mesmo estúdio em que o Led Zeppelin gravou o segundo álbum. Algumas de nossas sessões foram épicas de uma maneira diferente, tal como na vez em que tivemos uma discussão séria por causa de pagamento com o dono de uma bosta de estúdio em Hollywood. Ele ficou tão alterado que apontou uma arma para nós.

– Vocês vão me pagar, porra! – exclamou, os olhos arregalados. – Agora mesmo!

– Oh, tem razão – falamos. – Sim, estamos errados… você está certo. Só estamos… indo, valeu?

Alguém pegou nossas fitas a caminho da saída e, felizmente, ninguém levou um tiro.

No primeiro dia de gravação, começamos com "Out Ta Get Me", fazendo a mesma coisa de sempre, mas num ambiente inteiramente novo: nós nos preparamos numa grande sala de captação e começamos a improvisar. Quando ouvi o *playback*, percebi que estava com um grande problema nas mãos: minha guitarra soava uma merda através da mesa de som de um estúdio de verdade.

Durante meu período de inconsequência, eu conseguira me desfazer de quase todo o meu equipamento, incluindo a Les Paul de Steve Hunter. Eu havia convencido a Marshall a me enviar alguns amplificadores que havíamos tido no nosso espaço de ensaio em Burbank, mas, como nunca paguei por eles, foram levados de volta. Resumindo, eu não tinha nada: na época, estava apenas com três guitarras. Duas eram Jacksons, uma das quais tinha sido feita especialmente para mim: era uma Firebird preta com a minha tatuagem de Shirley no corpo (tinha um som de merda). A outra era um protótipo ao estilo da Strat com um topo em arco que me emprestaram e eu nunca devolvi. Era uma das únicas duas que já haviam sido feitas. A terceira, uma BC Rich Warlock vermelha. E nenhuma delas soava bem pelos alto-falantes do estúdio.

Fiquei frustradíssimo e muito nervoso. Tínhamos chegado muito longe, e eu estava determinado a fazer com que o som da minha guitarra ficasse perfeito no disco. Mas não sabia como conseguir esse milagre, porque estava basicamente falido. Tentei amenizar como me sentia durante aquelas gravações de faixas básicas bebendo muito e adiando o inevitável enquanto tocava com a banda, sabendo que, de algum modo, teria de resolver aquilo e gravar de novo todas as minhas partes. Os demais não teriam de fazer isso – Izzy, Duff e Steve estavam indo tão bem que não precisariam de aperfeiçoamento algum.

As gravações iam muito bem, mas a vida no Vale, não. Depois que encerrávamos a cada noite, Tom Zutaut, Axl, Duff e Mike iam para casa. Em teoria, Izzy, Steve e eu deveríamos fazer o mesmo e ir para o apartamento no Oakwoods. Em geral, estávamos eufóricos demais e tentávamos sair, o que logo nos tornou residentes problemáticos de Canoga Park. Imaginando que devia haver vida noturna em algum lugar, saíamos em busca de qualquer coisa que se assemelhasse a um clube de rock, um pub ou um bar. Íamos parar no que sempre acabava sendo uma danceteria bastante conservadora da vizinhança, se é que isso faz algum sentido, ou em algum bar suburbano de música country. Uma minigangue de caras cabeludos em qualquer um desses cenários causava um choque instantâneo.

Na época, Alan contratara um cara chamado Lewis para tomar conta da gente como segurança. Lewis pesava algo entre cento e cinquenta e duzentos quilos e dirigia um sedã de final dos anos 70 com o banco do motorista completamente recuado, só para acomodá-lo. Era um cara muito gente boa de Houston, e eu o adorava, mas quando deveria estar cuidando da segurança, em geral estava comendo. Lewis tinha um método todo especial, e não sei qual era, de ir até a porta dos fundos de qualquer lugar a que fôssemos e voltar com uma embalagem de comida da cozinha. As pessoas lhe davam uma grande embalagem de comida para viagem, forrada até o topo, com tudo que houvesse no cardápio. E não eram simples *burritos* ou *tacos* – Lewis ganhava uma variedade de entradas, além do prato principal. Eram iguarias sofisticadas como eu nunca vira. Ele levava o banquete para o carro e o *devorava*.

Nesse meio tempo, do lado de dentro, nós três nos envolvíamos com frequência em brigas de bar quase inevitáveis. Éramos pirados o bastante para afugentar as pessoas na maior parte do tempo, mas, às vezes, a coisa ficava feia. Por sorte, quando o bicho pegava, nunca éramos levados para o estacionamento por um bando de linchadores caipiras – se fosse o caso, talvez tivéssemos interrompido a refeição de Lewis.

A vida noturna no Vale era tão entediante que, numa noite, quando voltamos para casa depois de um dia excelente no estúdio e algumas horas de bebedeira, fizemos a única coisa que teve sentido: destruímos nosso apartamento no Oakwoods ao estilo de Keith Moon. Quebramos tudo o que não estava pregado na parede e esmagamos o restante, até deixarmos o lugar irreconhecível. Viramos as camas, arrebentamos as mesinhas de cabeceira e arrancamos a bancada da cozinha da parede. Espatifamos as imensas portas de correr de vidro, quebramos as janelas e tudo quanto foi espelho, vidro e prato que encontramos. Destruímos a TV e a pequena estante onde ela estava. Havia madeira e vidro espatifados por toda parte. Acordei no sofá, que também estava quebrado, com uma terrível ressaca e estreitei os olhos, inspecionando a devastação ao redor.

– Ferrou – resmunguei… para mim mesmo.

Assim que meus cúmplices e eu ficamos bem acordados, concordamos em mentir. Alegaríamos que alguém invadira o apartamento na nossa ausência. Voltamos tarde naquela noite e apagamos, optando por lidar com o problema pela manhã. Contamos a Alan essa exata história naquele dia no estúdio, porque, àquela altura, ele se tornara a figura materna da banda, bem a exemplo de como Malcolm McLaren foi para os Sex Pistols.

Tínhamos toda a intenção de nos atermos à versão mentirosa dos eventos, mas, conforme Alan começou a fazer perguntas, nossa história foi ficando cada vez mais confusa e contraditória. Antes que ele nos desse *aquela* bronca, admitimos tudo. O engraçado foi que, depois de considerar as opções, Alan decidiu ir até a administração do Oakwoods e contar a mesma história que tínhamos inventado. Os responsáveis também não a engoliram – nem imagino por quê –, e assim os custos do vandalismo foram para a nossa conta. Por algum tempo, fomos banidos de todas as propriedades do Oakwoods em nível mundial. É óbvio, o banimento foi retirado em algum ponto ao longo do caminho, porque morei em outra unidade da rede de condomínios deles por um breve período, cinco anos mais tarde. Consegui ser um problema de novo, dessa vez sem querer. Minha cobra – não lembro qual delas estava comigo – decidiu se aventurar e se esgueirou privada adentro. A filha da mãe reapareceu num quarto vizinho e quase matou alguém de susto. Mal aí…

❖

ENCERRAMOS A GRAVAÇÃO AO VIVO BÁSICA EM POUCAS SEMANAS, e tudo pareceu perfeito – exceto a minha guitarra. Alan agendara horários para mim num estúdio chamado Take 1 para que eu regravasse as minhas partes, mas eu ainda não arranjara uma guitarra adequada. Não sabia o que fazer; tentei fingir indiferença, não demonstrar sinais de estresse, mas, conforme o prazo ia se esgotando, não surgia esperança de uma solução. No nosso último dia no Rumbo, Alan entrou na sala de controle e pousou um estojo de guitarra no pequeno sofá atrás da mesa de som. O espaço apertado onde se encaixava o sofá era iluminado por uma lâmpada logo acima, cuja luz realçou perfeitamente a guitarra quando Alan abriu o estojo.

– Arranjei isto com um residente local em Redondo Beach – falou. – É de produção artesanal. Experimente.

Parecia boa. Era uma incrível réplica de uma Les Paul 1959 de tampo avermelhado, com dois captadores Seymour Duncan. Eu a experimentei e gostei, mas só tive chance de ligá-la na tomada quando cheguei para a minha primeira sessão no Take 1.

Tenho lembranças românticas daqueles dias no Take 1: desde o primeiro ao último momento, o processo inteiro foi mágico para mim. Era um espaço pequeno sem frescuras – apenas um estúdio caseiro melhorado –, mas era a minha primeira vez gravando partes de guitarra, e o que realizamos lá jamais poderá ser feito outra vez da mesma maneira.

Assim que liguei minha guitarra nova, achei que soava excelente; eu estava pronto para encontrar o amplificador certo. Começamos a tentar diferentes amplificadores Marshall – muitos, na verdade, e foi um processo árduo. Peguei cada amplificador alugado, coloquei na sala de estúdio e instalei. Tocava alguns acordes e, então, meu técnico de som, Mike Clink e eu ajustávamos o amplificador e eu tocava um pouco mais. Mike fazia mais alguns ajustes na sala de controle ou saía e mudava as posições dos microfones, e aí eu tocava mais alguns acordes e ele fazia tudo de novo. Tudo valeu completamente a pena. Mike Clink é um cara tão gentil e cheio de tato que me deixava fazer o que eu precisava, mesmo que fosse desnecessário: fiquei alugando e devolvendo amplificadores; tentamos uns oito até eu achar aquele com o som exato ao que eu queria. Foi como uma espécie de milagre, porque o que escolhi não era original – era um Marshall que havia sido customizado por alguém.

Eu o usei no disco inteiro e pretendia me apossar dele quando as sessões terminassem. Disse à firma de aluguel que fora roubado do estúdio. Infelizmente, meu próprio técnico de som o havia devolvido sem me dizer. Uma vez que os caras do S.I.R. receberam um amplificador que eu reportara como roubado, não se mostraram exatamente dispostos a enviá-lo de volta para mim. Quando telefonei, me disseram que ele já havia sido alugado para outra pessoa.

De qualquer modo, quando ouvi minha guitarra através daquele amplificador, soube que era o certo na hora; foi, de fato, um momento mágico. Eu o instalei, como fizera com todos os demais, e toquei alguns acordes ao acaso – e ali estava. Era a perfeita combinação Les Paul/Marshall, na qual a profundidade do tom da guitarra e o efeito do amplificador unem-se à perfeição. O som era simplesmente *incrível*.

– Espere – disse Mike. – Não se mova. Não faça *nada*.

Ele fez uns pequenos ajustes no amplificador e soou ainda melhor. E aquilo foi tudo – nenhuma mudança nas minhas partes de guitarra durante a sessão inteira. Microfones não foram mudados, nem botões acionados, nada. Havíamos encontrado o som que eu procurara, e não o perderíamos.

Aquela guitarra tem estado comigo desde então. Foi feita pelo falecido Jim Foot, que era dono da Music Works em Redondo Beach. Ele fez cerca de cinquenta dessas réplicas de Les Paul inteiramente à mão sem que nenhum detalhe fosse esquecido. Tornou-se a minha única guitarra por algum tempo e assumiu o papel do meu suporte principal no estúdio desde então. Ela tem soado diferente em cada disco, mas é a mesma exata guitarra. Isso serve para mostrar como uma gravação é variável: o tamanho e o formato de uma sala, a mesa de som usada para gravar, como também a qualidade do ar, tudo tem um papel – umidade e temperatura afetam tremendamente uma gravação. Onde a guitarra e o amplificador são posicionados, como são conectados; todas essas coisas podem influenciar drasticamente o resultado.

Eu não sabia de nada disso na época, mas fico contente que não tenhamos movido o amplificador ou a guitarra um milímetro para as gravações de *Appetite* – ficaram ótimos onde estavam. Mas agora entendo por que nunca consegui recriar meu som exato naquele disco desde então. É mais do que apenas dispor o mesmo equipamento na mesma cabine, porque, acredite, muitos já tentaram. Tem havido grande interesse em relação ao equipamento e aos exatos detalhes técnicos do amplificador que usei em *Appetite for Destruction*, mas é algo que jamais poderá ser recriado. Na verdade, toquei com outro amplificador modificado Marshall que é supostamente idêntico, porém, mesmo com aquela guitarra original, o som resultante não foi o mesmo. Não poderia – porque eu não estava no mesmo estúdio sob as mesmas condições. Aquelas sessões foram únicas.

GRAVEI CERCA DE UMA MÚSICA POR DIA. EU APARECIA, TOMAVA um café com Jack Daniel's – ou era um Jack Daniel's e café? – e começava a trabalhar. A parte de Izzy estava pronta. De maneira alguma ele iria até o estúdio para gravar tudo de novo, e não era preciso. A maneira como Izzy toca é tão de momento, a alma da grandiosa guitarra-base, que passar tempo demais nisso, ou gravar em cima da faixa ao vivo, é tolice. Resumindo, o que Izzy tocava era a simples essência das músicas, não importando quem as tivesse escrito; se tudo o mais fosse retirado de uma de nossas músicas, você ouviria a elegância dos acordes de Izzy.

Como uma unidade, a banda inteira tinha uma maneira simples mas eficaz tocar junto. Steven observava meu pé esquerdo para marcar o tempo e olhava para Duff para ficar atento a cada entrosamento de bateria e baixo. Aqueles dois tinham, de fato, um relacionamento consistente – transmitiam um ao outro as mudanças e sutilezas de cada música através do olhar. Nesse meio tempo, Izzy tocava os riffs que eu estivesse tocando ao lado de Duff: fazíamos riffs de uma única nota ao estilo do Led Zeppelin, enquanto Izzy acrescentava acordes simples que complementavam o ritmo em vez de o encobrirem, dando-lhe o equilíbrio perfeito. O Guns soava como uma banda de rock and roll bastante complexa, mas, em essência, tudo era executado de maneira bem simples.

A primeira música em que trabalhei no estúdio com o meu novo equipamento foi "Think About You", e a última, "Paradise City". Duff ia para lá todos os dias, porque agora que eu não estava me drogando, me voltara mais uma vez para a bebida com grande abandono e, assim, nós dois éramos parceiros de copo. Eu buscava Duff no apartamento em que morava com Katerina em Crescent Heights, e nós aparecíamos no estúdio por volta do meio-dia. Duff ficava e ouvia até que eu tivesse concluído algo no final da sessão. Então, saíamos à procura de encrenca em Hollywood todas as noites. Na época, encrenca era mais fácil de se achar no Cathouse.

O Cathouse ficava no prédio onde antes era a Osco's, a ridícula danceteria retratada no filme *Até que enfim é sexta-feira*. Lembro-me da Osco's como sendo o ponto de encontro obrigatório de toda aquela gente "maluca" quando eu era garoto, mas nunca fui até lá. Era o bastante, para mim, observar tudo do outro lado da rua: todas as calças e casacos deles combinando, camisas de seda e cintos finos, sapatos brilhantes e garotas espalhafatosas em vestidos acetinados vermelhos, azuis ou amarelos, todo o mundo dançando sem parar. Agora, o espaço estava diferente e era nosso; tornou-se mais ou menos o nosso clube, embora não tenhamos percebido isso de início. Era como se já tivéssemos uma mesa lá na área VIP, mas ninguém houvesse nos informado.

Ficávamos um tanto tímidos e quietos logo que começamos a frequentar o lugar. Até que percebemos quanto o proprietário, Riki Rachtman, fazia questão da nossa presença. Uma vez que descobrimos que poderíamos nos safar com qualquer coisa ali, passamos de tímidos e quietos a malucos e sem controle; era como dar carta-branca a psicopatas. Eu era famoso por quebrar uma garrafa de cerveja na minha cabeça sem motivo algum, quando me dava na telha, e adorava mergulhar de cabeça escadaria abaixo até o Cathouse, desde que a comprida escadaria estivesse cheia de gente chegando. Sempre que assisto a *Jackass – O filme* fico nervoso. Nunca enfiei um anzol de pesca pela bochecha, mas com certeza tinha esse tipo de mentalidade, naqueles tempos.

Houve uma noite em que Mike Clink perguntou com bastante educação se poderia ir até lá e ficar com a gente. Ele apareceu num primeiro encontro com a garota com quem mais tarde acabou se casando. Eu me empenhei ao máximo para me comportar e conversar, mas, quando me afastei deles, num gesto bem ao estilo de Sid Vicious, trombei com uma imensa janela de vidro canelado, que se espatifou em cima de mim.

O Cathouse tornou-se nosso reduto durante as etapas finais de gravação do disco. Passei a conhecer Nikki Sixx muito bem no Cathouse, porque era um frequentador assíduo. Deparei com Yvonne algumas vezes lá também. Era um lugar tão irado que até Axl passou a ir, o que atraía mais atenção para a gente. Até *nós* ficávamos entusiasmados, porque ele não costumava frequentar clubes e bares conosco. Duff, Izzy e eu éramos ratos de esgoto, mas Axl era mais sofisticado e sempre dava um toque diferente às noitadas. No mínimo, não costumava apagar como nós.

Guns agita o Cathouse.

Quase todas as noites na saída do Cathouse, eu acabava parando na casa de alguém – que em geral eu não conhecia. Na maioria, eram garotas e, se eu tivesse sorte, me deixavam tomar um banho de manhã antes que rumasse no furgão alugado para buscar Duff a caminho do estúdio para trabalhar na música seguinte. Era desse modo que as coisas iam – eu não tinha dinheiro algum na época, mas me arranjava. Almoçava por conta da verba do estúdio – sempre no Taco Bell. Duff e eu andávamos tão a zero que antes de irmos para o Cathouse para filar drinques de graça a noite toda jantávamos no McDonald's, onde usávamos cupons para poder montar uma refeição. Se você comprasse alguma coisa, recebia cupons dando direito a fritas, ou uma coca, ou um hambúrguer de graça. Havia uma promoção do McRib chamada Mac the Knife, e, assim, adquiri uma predileção por esses. Depois de nos desdobrarmos em esforços para compor uma refeição, zarpávamos de volta colina acima até Hollywood.

Outro dos meus passatempos era descontar as frustrações nos furgões que Alan alugava para nós. Sei lá por que cargas d'água, eu chutava as janelas, quebrava os espelhos – qualquer coisa de vidro corria perigo. Avancei com um para cima de um portão de ferro e destruí tanto o portão quanto a frente do furgão. Tratava aquelas coisas como se fossem sucata. Caminhava até um novo em folha e amassava os faróis antes mesmo de sentar ao volante. Numa noite, levei uma garota para casa, por todo o caminho até Edinburgh e Santa Mônica, pensando que eu me daria bem, sem dúvida. A coisa seguinte de que me dei conta foi que eram oito da manhã e eu estava estacionado em fila dupla, debruçado por cima do volante, com os faróis acesos e a porta do passageiro escancarada. Pelo visto, ela me largou lá desacordado ao volante. Foi hilário – apenas porque não fui preso. Ao acordar, avaliei a situação e saí em disparada dali. Nem imagino como me safei de uma porra daquela.

Um desses furgões está imortalizado numa foto sensacional que Robert John tirou de mim. Mostra a outra guitarra que usei em *Appetite* – uma Gibson SG de 1960 e lá vai pedrada que consegui pegar emprestada com Howie na Guitar R Us e mostrou um som ótimo quando a toquei no estúdio. Ela tinha mesmo um som pesado e, assim, usei-a em "My Michelle". De qualquer modo, naquela tarde decidi passá-la pelo buraco que eu abrira a pontapés no para-brisa (pelo lado de dentro) do furgão que eu estava dirigindo na ocasião estritamente para diversão de Robert.

Meu vandalismo em furgões exigiu que conhecêssemos algumas locadoras diferentes em diferentes lugares: Hertz, Budget, Avis; conhecíamos todas as franquias num raio de dez quilômetros. O que eu fazia era pegar o furgão, depredá-lo ao longo de dois ou mais dias e, então, devolvê-lo no meio da noite – apenas o deixava no estacionamento com as chaves na ignição. Então, ia a uma locadora diferente e escolhia um furgão novo. Certo dia, Alan me chamou de lado.

– Recebi uma ligação da Budget. – Ele estava puto. – O gerente insistiu para que eu fosse até lá. Perguntei o motivo e ele disse que eu precisava ver os danos causados ao furgão para entender a dimensão do problema. E tenho de dizer que ele estava com a razão.

– Jura? – falei, quase orgulhoso. – Foi um estrago assim tão grande?

– Sim, mas isso não é tudo! – berrou Alan. – O gerente me azucrinou durante uma hora, enquanto me mostrava cada milímetro de depredação causada ao veículo. Então, me perguntou se eu fazia ideia do tipo de gente horrível e psicótica com quem estava envolvido. Depois de ter visto aquilo, não sei ao certo se fazia ideia!

O que posso dizer? Aqueles furgões eram quartos de hotel ambulantes – tinham um bocado do mesmo apelo "use e abuse" para mim. Na época, eu nem sequer tinha um quarto de hotel. Todos os meus pertences estavam guardados numa sala de depósito vazia no Take 1. A cada dia, quando retornava de onde quer que tivesse ido parar na noitada anterior em Hollywood, ia até lá para trocar de roupa. Dava-me por satisfeito quando conseguia tomar um banho no lugar onde dormira, qualquer que fosse. Aquele lugar foi o maior armário que já tive – foi, na verdade, onde tiramos a foto para a parte de trás da capa de *Appetite*. Eu o adorava; era agradável, silencioso e o único santuário que tinha na época. O estúdio não permitia que eu dormisse lá, infelizmente. Disseram que era por causa de uma questão ligada ao seguro do prédio, mas sabe de uma coisa? Jamais acreditei nisso.

Houve apenas duas coisas que achei difíceis durante a gravação das minhas partes de guitarra para *Appetite*. A primeira foi o solo no final de "Paradise City", que era sempre fácil ao vivo, mas não no estúdio. Num show, poderia durar qualquer coisa entre um e dois minutos, mas na versão da música para o álbum destinava-se a durar exatos trinta segundos. Assim, não foi simples para mim concentrar a mesma *performance* e emoção em trinta segundos e, quando a luz vermelha acendeu, foi complicado –

acabei travando. Lembrei-me de ter tentado algumas vezes e ter ficado tão frustrado que virei as costas e deixei o estúdio desapontadíssimo. No dia seguinte, porém, voltei com a cabeça fresca e arrasei.

O outro problema foi para gravar "Sweet Child o' Mine". Steven observava meu pé para marcar o tempo; e, para aquela música, eu contava com a marcação dele, porque o meu riff impulsionava os procedimentos. Não havia indicação no início, e não tínhamos gravado uma faixa de teste. Assim, quando eu entrava para fazer a minha parte, era um jogo de adivinhação. Eu ficava lá na expectativa pelo início da música, esperando tê-la marcado direito na minha mente para que, quando começasse a tocar, entrasse no momento certo. Isso foi anos antes da gravação digital e, assim, não havia nenhum ponto de referência para me guiar de maneira alguma. Levou algum tempo e várias tentativas, mas conseguimos, ao final. Exceto por isso, o álbum ficou pronto de forma tão rápida e natural que a sensação foi de que era algo que estava destinado a acontecer. Óbvio que estava.

Uma vez que concluí o trabalho no Take 1, tive de encontrar outro lugar para guardar minha tralha e, teoricamente, abrigar a mim mesmo. Desse modo, fui morar com o meu amigo Todd Crew, do Jetboy, que se mudara de San Francisco para Los Angeles. Passou a morar com a namorada, Girl – era esse mesmo o nome dela –, e com a garota com quem dividiam o apartamento, Samantha, que tinha o maior par de peitos que eu já tinha visto numa garota de compleição pequena como a dela. Isso foi o bastante para me inspirar a ser um cara de uma só mulher por um momento. Nós quatro formamos uma turma animada. Íamos ao Cathouse todas as noites apenas para curtir durante as poucas semanas que Axl levou para terminar os vocais.

ASSIM QUE A GRAVAÇÃO FICOU PRONTA, ERA TEMPO DE FAZER a mixagem. Tom Zutaut me levou a Nova York – era a minha primeira vez na cidade – para me apresentar a alguns candidatos, como também a algum pessoal da indústria da música da Costa Leste. Tom adorava se exibir. Gostava de mostrar ao seu novo talento o luxo da classe do *showbizz*, bem como o quanto ele, Tom, era importante na indústria fonográfica – aquela foi a motivação por trás daquela viagem, tanto quanto a de encontrarmos uma equipe de mixagem para nós. Conheci Rick Rubin, que estava fazendo sucesso com o Run-D.M.C., e Def Jam e seus novos contratados, os Beastie Boys. Rick nos levou ao seu lugar favorito para comer, o White Castle, no Queens. Rick era ótimo. Conversamos sobre todos os tipos de discos de que gostávamos e ficamos apenas batendo papo furado, porque ele já havia se recusado a fazer nossa mixagem. Muita gente se recusou a fazê-la e, do mesmo modo, arrependeu-se amargamente mais tarde.

A dupla que acabou trabalhando conosco no final foi Steve Thompson e Michael Barbiero, que conheci nessa viagem. Thompson e Barbiero fizeram a mixagem de "Mr. Brownstone" durante nossa estada, e nós a enviamos para o restante da banda. Ao mesmo tempo, Alan Niven fez uma mixagem porque queria uma tentativa na preparação do álbum. A versão dele não ficou ruim – Izzy a adorou, mas o trabalho dos outros caras foi mais do nosso agrado. Tinham uma interação coesa de som que se encaixava perfeitamente com a nossa banda. A versão deles era mais ousada e marcante; havia uma boa interação entre as guitarras, enquanto a de Alan era mais linear e seca.

Reservamos duas semanas para mixar o disco e, então, Axl, Izzy e eu, junto com Alan Niven e Tom Zutaut, retornamos a Nova York e ficamos no Parker Meridien no centro da cidade, enquanto o trabalho era realizado. Tom tinha o próprio quarto, Izzy ficou com Alan, e Axl e eu dividimos o outro dormitório. Na ocasião, eu estava com o punho fraturado e o braço engessado; um ferimento que sofrera durante uma recente viagem a Seattle com Duff. Estávamos numa noitada na casa do amigo dele, Donner – movimentada como de costume –, e em um dado momento conheci uma garota. E, quando ela estava por cima de mim na transa, a agulha do toca-discos começou a pular. Aquilo estava estragando o momento; por isso, esmurrei o chão, com um pouco de força demais, pelo jeito, para fazê-la parar.

De qualquer maneira, o meu gesso não me impediu de me engalfinhar com Alan no chão e destruir o quarto de hotel inteiro durante uma das nossas primeiras noites em Nova York. Não sei dizer como tudo começou. Tenho certeza de que não foi por nada além do fato de eu estar destemido e bêbado e de Alan ser um cara gigante que eu queria derrubar. Acordei com queimaduras de abrasão causadas pelo carpete no rosto todo e no peito – ao que parece, perdi a luta.

Uma *stripper* e amiga nossa, Adrianna Smith, apareceu durante essa viagem também. Estava na Costa Leste visitando amigos que moravam em Alphabet City. Foi bom tê-la lá, porque Adrianna era uma garota de alto-astral, que adorava diversão. No entanto, uma vez que Axl a atraiu para a cama, tive de ouvi-los trepando a noite inteira no quarto que dividíamos. Adrianna é do tipo desinibido quanto a falar, gemer e gritar durante o ato e, portanto, optei por passar a maior parte das minhas noites fora, de preferência até o mais tarde possível.

Passei uma delas em companhia de Steve Thompson, que me levou ao China Club, o epítome da vida noturna de Nova York dos anos 80 – excesso de coca, pouco conteúdo e tudo caro demais. Eu estava lá com a minha cartola, jaqueta de couro e calça também de couro metida nas botas de caubói em um ambiente repleto do tipo de nova-iorquinos que dizem "E aí, como vai?" o tempo todo e tentam impressionar uns aos outros com seus *blazers* italianos caros e o saquinho de coca que levam no bolso. Steve, é claro, estava completamente entrosado naquele cenário – era da indústria fonográfica, afinal.

Quando cheguei à conclusão de que estava farto daquele lugar, saí de fininho sem dizer a ninguém, como sou conhecido por fazer às vezes. Isso já me deixara encrencado antes – por exemplo, quando optei por passear a esmo pelo Canadá – porque, geralmente, acabo me perdendo. E foi esse o caso naquela vez. O clube ficava na área central, a menos de dez quadras do hotel, mas, por volta de quatro da manhã, segui pelo caminho errado numa jornada que durou o restante da noite, numa cidade que não me era familiar. Parecia irreal. Perambulei pela Broadway por toda a distância até a Houston Street, até a Avenue C e, por volta de nove da manhã, de algum modo consegui encontrar o caminho de volta até o hotel. Nova York não é de fato a cidade que nunca dorme. Deparei com trechos de rua escuros feito breu com ninguém ao redor exceto por um vagabundo ou outro. Conforme a cidade foi ficando mais e mais silenciosa, eu me senti mais e mais solitário. Uma montagem de filmes da cidade de Nova York passou pela minha mente enquanto eu olhava para quadras que me eram ao mesmo tempo familiares e completamente estranhas. Uma vez que acabei por admitir para mim mesmo que não fazia a menor ideia de onde estava, comecei a me localizar de repente ao reconhecer alguns pontos de referência. Antes que me desse conta, encontrei o hotel. Como de costume, não fui recebido exatamente com uma festa de boas-vindas. Entrei no quarto e encontrei Axl e Adrianna dormindo.

A mixagem do disco se mostrou uma experiência incrível. Foi a primeira vez que aprendi sobre o processo de manipulação do som e, olhando para trás agora que a tecnologia digital mudou a indústria fonográfica para sempre, sinto-me privilegiado por ter gravado e feito a mixagem do álbum naqueles tempos anteriores às mudanças. Não existiam recursos digitais na época. Thompson e Barbiero trabalharam manualmente, fazendo ajustes mínimos em cada frequência, a nosso pedido, cada vez que ouvíamos de novo cada faixa. Aqueles dois eram fantásticos; tinham um sistema, uma comunicação tácita entre si. Steve era o cara extrovertido, vibrante, cheio de energia, e Michael era o reservado, analítico, ponderado. E se aporrinhavam constantemente, o que, de algum modo, fomentava sua criatividade.

Trabalhavam da seguinte maneira: Barbiero fazia mixagem básica – a bateria, o baixo e todas as equalizações. Aí, Steve entrava, e os dois começavam a fazer os efeitos, com Steve cuidando de todos os ajustes frenéticos nas guitarras e nos picos de vocais ao longo da mixagem – fazia todas as partes dinâmicas de rock, provendo o equilíbrio de timbres entre elas, ao passo que Barbiero cuidava da base do som. Uma vez que a mixagem era inteiramente manual, feita enquanto a música estava tocando, era uma tarefa a ser realizada de uma única vez. Quando produziam um efeito, a música começava, eles tinham as quatro mãos na mesa de som e começavam a pular um em torno do outro, fazendo ajustes e manipulações em tempo real, com a música rolando. Se uma única coisa desse errado, recomeçavam. E, para completar, ainda tinham todos nós na sala dando palpites.

Um dos episódios mais engraçados foi o dia em que Izzy se levantou cedo para ir até lá a fim de observar a mixagem de "Sweet Child o' Mine". Ele deixou os caras malucos. Em geral, estavam preparados para mixar ao meio-dia e terminavam por volta das quatro. Naquela ocasião, Izzy nos telefonou à uma hora e disse para irmos até lá imediatamente porque a mixagem estava terminada e ficara sensacional. Quando entrei, a primeira coisa que vi foi a expressão traumatizada no rosto de Mike Barbiero – o cara parecia um prisioneiro após uma longa noite de interrogatório. Ele nos apresentou a mixagem, que estava ridícula. Não havia nada além da guitarra de Izzy e os vocais de Axl, com todo o restante desaparecendo na insignificância. Eu mal pude ouvir a bateria, o baixo sumira do mapa e mi-

Quando entrei, a primeira coisa que vi foi a expressão traumatizada no rosto de Mike Barbiero – o cara parecia um prisioneiro após uma longa noite de interrogatório.

nha guitarra se ouvia apenas na introdução e no solo. Digamos apenas que, naquele dia, Izzy deve ter resolvido olhar apenas para o próprio umbigo. É claro que refizemos a mixagem.

Quando mixamos "Rocket Queen", Axl achou que ela precisava de algo mais; algum outro elemento para elevar o drama. Assim, sugeriu que Adrianna Smith, que estava com a gente no estúdio naquele dia, transasse com ele na sala de captação para podermos gravar os vocais dela e colocarmos no solo. Tínhamos enchido a cara com Jack Daniel's o dia inteiro e, portanto, aquilo pareceu a coisa mais natural do mundo. Fui totalmente a favor; sabia muito bem do que ela era capaz em termos vocais – Adrianna me mantivera acordado nas três noites anteriores. Assim, acendemos algumas velas para criar um clima e, então, os dois foram para a sala de captação, deitaram no chão junto à bateria, e nós gravamos o desempenho de Adrianna em todos os seus sinceros gemidos e grunhidos. Aproveite – isso está bem lá na mixagem final. Aquele solo disse tudo. Não pude pensar numa música melhor para fechar o álbum, nem numa fatia mais reveladora das nossas vidas na época para dar aos nossos fãs.

ALAN NIVEN ESTAVA SEMPRE PENSANDO EM COMO REVERTER CADA situação a nosso favor; era excelente na divulgação e em gerar entusiasmo. Enquanto o álbum era masterizado e preparado para o lançamento, ele nos manteve ensaiando e agendou para nós três apresentações em Londres, no Marquee, providenciando algumas entrevistas lá também. Fez todo o possível para nos apresentar à Inglaterra com antecedência, que foi uma estratégia inteligente de sua parte. Antes de podermos ir, entretanto, eu precisava obter um novo *green card*. Perdera o meu fazia pouco, quando deixara a agenda preta onde mantenho todos os meus papéis importantes no teto do furgão quando saíra do local de ensaio numa noite com Duff. Ela acabou se espalhando toda pela Santa Mônica Boulevard e, embora eu tenha conseguido encontrar a maior parte na rua, a única coisa que jamais achei foi o meu *green card* – é possível que haja um imigrante ilegal andando por Los Angeles sob o nome de Saul Hudson. Se for o caso, espero que meu nome lhe tenha sido útil.

Cometi o erro de levar Todd Crew e West Arkeen comigo para aguardarem na fila no departamento de imigração quando fui até lá para substituí-lo. A coisa é sempre na base do "quem chega primeiro é atendido primeiro". Assim, após o terceiro dia sem êxito algum em obtê-lo, eu precisava de companhia. Chegamos às quatro da manhã para garantir que eu seria atendido e estávamos tão bêbados que quase caíamos pelos cantos feito os Keystone Kops. Levamos bebida para a espera, é claro, e, assim, quando o escritório abriu, estávamos um bagaço. Todd quase foi preso porque começou a zoar com uma planta artificial no corredor, enquanto guardava meu lugar na fila, o que deixou as demais pessoas ali bem desconfortáveis.

Viajamos para a Inglaterra e ficamos em dois apartamentos, Axl, Izzy e Alan em um, Duff, Steven e eu no outro. Tínhamos um diretor de turnê, Colin, e chegamos com uma semana de antecedência para ensaiar e fazer alguma divulgação. Estávamos na Kensington High Street, que ficava longe demais da cultura vinte e quatro horas do Soho. Não era, em absoluto, um bairro roqueiro. Era bastante conservador com nada para se fazer a não ser tomar uns drinques no pub da esquina, o que, lógico, nós fizemos. Essa ocasião me fez lembrar dos tempos em que moramos em Canoga Park: exploramos tudo, mas não encontramos nada que fosse bem a nossa praia. A diferença foi que em Londres ninguém prestou atenção a nós.

Todd Crew e Del James foram ao nosso encontro lá, o que elevou o astral consideravelmente. Todd tinha passagens para Paris que os pais haviam dado de presente de formatura na faculdade. As aparências enganam: para o mero observador, ele era um boçal, mas Todd tinha nível superior completo e era bastante letrado. Nunca fizera aquela viagem e, assim, ele e Del usaram as passagens, apenas dois roqueiros americanos cabeludos perdidos na França, vivendo a própria versão de *Férias frustradas na Europa*. Depois de uns dois dias, pegaram a balsa e, depois, o trem e aterrissaram no nosso apartamento. Eram americanos irrequietos tentando viajar de Paris a Londres através de balsas, táxis e trens. Del costumara chamar pessoas como eu e ele de desmiolados. Nem imagino como esses dois desmiolados conseguiram chegar lá.

Nossa rotina diária em Londres consistia em ensaios e, depois desses, talvez fôssemos a uma das lojas de roupas do bairro, porque era tudo o que havia para se fazer. Uma vez, meu técnico de guitarra, Johnny, levou-me a uma fabulosa loja de guitarras. Fez grande estardalhaço em torno de mim:

eu era Slash, o guitarrista do Guns N' Roses, a próxima grande banda de rock de Los Angeles. Enquanto ele tentava impressionar o proprietário, deitei-me no chão para ficar mais confortável e apaguei. Tiveram de me carregar dali. Ao que parece, esse incidente causou sensação na imprensa inglesa e deu início a um punhado de apelidos: "Slash Crash" [Slash Estatelado] e "Slashed" (algo como mijado ou bêbado) foram dois. Estabeleci minha "lendária" reputação ali. Nem faço ideia do porquê.

Uma vez que nossos amigos de casa chegaram, começamos a nos divertir mais. Bebíamos em cada pub que víamos, ensaiávamos por algumas horas, e então bebíamos em todos os outros pubs que víssemos até o horário em que fecham. Não fomos nem de longe tão arruaceiros ou vândalos como havíamos sido, digamos, no Vale, porque não tinha muito a se fazer para dar vida à Kensington High Street. O simples fato de se caminhar pela via pública olhando para os parques e jardins meticulosamente cuidados já trazia sobriedade a qualquer hora do dia. Nosso espaço de ensaio tinha a mesma atmosfera fria de Londres. Numa sala ou vizinhança séria como aquela, você não se sente bem destruindo coisas: isso encorajava a beber com responsabilidade e a comportar-se educadamente.

Tão logo nos aventuramos até o Soho e para além, no entanto, encontramos nossos colegas. Uma noite, Duff e eu nos sentimos motivados a ver uma banda (não lembro qual) no Town & Country, que era uma antiga cocheira convertida, em East London. Enfrentamos empurra-empurra quando chegamos lá e mais empurra-empurra ainda quando saímos, e não paramos para pensar que estaríamos mais ou menos presos ali depois do show. Os trens já haviam parado de circular, e tenho certeza de que devia haver um ônibus, mas nós ignorávamos tudo isso. Começamos a caminhar, tentando descobrir em que direção ir, procurando um táxi, em vão. E, *claro*, começou a chover.

Nossa situação me deixou de péssimo humor e, ao que parece, fiquei tão rabugento e insuportável que, lá mesmo, à distância de não sei quantos quilômetros de onde deveríamos ir, Duff julgou necessário me colocar na linha. Não saímos exatamente no tapa, mas houve, sem dúvida, troca de acusações. Não sei como chegamos ao nosso destino, não me recordo de ter apagado. Depois da nossa "briga", não tenho nenhuma recordação. Só sei que chegamos ao apartamento de algum jeito, onde Del nos esperava. Ele adorava tirar fotos dos amigos em poses comprometedoras. Assim, descobri através de imagens incontestáveis que dormi durante a maior parte da manhã seguinte apoiado nas mãos e nos joelhos, com as botas calçadas e a cabeça enfiada no canto do sofá. Minha cartola quase se desmanchara toda na chuva, mas eu não a largara – jazia num amontoado disforme ao meu lado. Não fiquei nem um pouco contente com isso e o demonstrei pelo restante da viagem. Senti-me quase pelado: "O quê? Sem a cartola?".

Uma das nossas excursões mais bizarras na semana que conduzia aos shows aconteceu num domingo; um dia que ninguém se deu ao trabalho de dizer que era o da "lei seca", o que significava que nem lojas de bebidas, nem pubs, nem mercados tinham permissão de vender birita. É claro que sempre se pode encontrar um infrator qualquer, mas, naquele dia, a coisa não estava boa para a gente. Ninguém demonstrou solidariedade à nossa causa nas severas travessas da Kensington Hight Street. Ao perambularmos à procura de um pub aberto, deparamos com umas figuras bem estranhas. Uma era uma jovem esquisita, fã de rock e bastante tímida, mas de algum modo... pirada. Grudou em nós e começou a nos seguir por toda a parte. Praticamente ninguém estava falando com ela ou olhando em sua direção... mas a menina persistiu. Não soubemos se fugira de casa, se era uma *groupie*, uma sem-teto ou alguém com desequilíbrio emocional, mas, por volta do final da noite, ficou claro que a garota pretendia estar onde quer que estivéssemos, porque não pareceu que tivesse mais aonde ir. Era inofensiva e, portanto, não a impedimos. Entre Del e Todd e o resto de nós, o apartamento estava cheio de gente dormindo no chão, depois de terem apagado ou não. Eu mesmo me achava desacordado no piso, mas, antes de perder a consciência, vi a garota do outro lado do quarto. Porém, em algum dado momento durante a noite, acordei e descobri que ela abrira o zíper da minha calça e estava chupando o meu pau. Fingi ainda estar dormindo, mas tenho de admitir que não a detive porque aquilo estava muito bom. De manhã, a garota havia ido embora e nunca mais a vimos.

ENSAIAMOS NO JOHN HENRY'S, UM ESTÚDIO FAMOSO ONDE TODOS que são alguém já estiveram. É o equivalente ao S.I.R. em Los Angeles, mas com uma certa formalidade inglesa – é apenas um pouco mais conservador. Era supermaneiro porque, enfileirando os corredores, viam-se placas que diziam "Motörhead", "Iron Maiden" e "Thin Lizzy". O lugar tinha uma vibração incrível. Decidimos gastar nossas diárias, que eram de umas poucas libras cada, no pub e, assim, saqueávamos o pequeno café do estúdio consumindo quantos cafés, bolinhos e sanduíches pudéssemos aguentar. Comprávamos sacos de salgadinhos nas lojas ao redor por uns trocados e nos alimentávamos disso antes de torrar o resto da grana em bebida no pub da esquina.

Nossos três shows foram no Marquee Club, o consagrado estabelecimento onde todo mundo, de The Who a David Bowie aos Sex Pistols, já tocara. Nos dias de apresentação, fazíamos a passagem de som lá e, depois, Duff e eu passávamos o início da noite bebendo do lado de fora, na rua, com os curiosos das redondezas que iam nos ver. Após uma semana na Kensington High Street, nós nos sentíamos sedentos de qualquer gota de cultura do rock a que estávamos acostumados. Não sei se foi naquela tarde ou após aquele primeiro show, mas, ficando por ali, consegui arranjar uma namorada chamada Sally, que era uma gata gostosa ao estilo "Página Três" na época. "Página Três" é uma seção do jornal inglês *The Sun* que exibe aspirantes a modelos em trajes de banho e lingerie a cada dia, porque, afinal, elas merecem ser notícia. A atração por Sally foi imediata. Ela tornou o restante da viagem à Inglaterra bem mais divertido porque também sabia aonde ir. Passamos a frequentar uns dois lugares irados de rock no Soho. Um foi o Intrepid Fox, onde eu entretive Phill Magg, o líder do UFO, com um copo de bebida. Não lembro por quê.

Também socializei com meu ídolo, Lemmy Kilmister. A banda inteira conheceu o Motörhead naquela viagem, o que tornou a nossa jornada perfeita. Os shows no Marquee foram estrondosos, superanimados, e me lembro deles com carinho. Tocamos "Whole Lotta Rosie", do AC/DC, e "Mama Kin", do Aerosmith, além de boa parte do nosso repertório original. Uma daquelas noites também foi a primeira vez que executamos "Knockin' on Heaven's Door", cuja passagem de som resolvemos tentar num impulso. Sempre adorei essa canção, e amei essa versão ao vivo – foi bem mais primitiva do que o que acabou saindo em *Use Your Illusion*. Esses shows transcorreram tão bem que, desde o início, jamais fomos considerados como parte do mesmo time das bandas de "hair metal" de Los Angeles que surgiram através da Inglaterra. Fomos vistos como algo diferente, assim como tínhamos dito o tempo todo. Enfim, a sensação foi a de que a justiça nos fora feita.

DEPOIS DA VIAGEM E DOS SHOWS QUE TRANSCORRERAM MUITO BEM, regressamos a Los Angeles para dar os toques finais no álbum. Axl nos levara uma reprodução de uma pintura de Robert Williams que todos concordamos que deveria ser a capa – é uma cena louca de um robô prestes a vingar uma garota que acabara de ser estuprada devorando o agressor dela. Achamos perfeito; até adotamos o título da pintura como o título do álbum: *Appetite for Destruction* [Apetite para a Destruição].

Tudo estava ótimo. O disco saiu conforme o planejado com a reprodução de Williams na capa, e ninguém teve problemas em aceitá-lo. Isso até que Tipper Gore e o grupo de lobistas dela, o PMRC, encarregaram-se da situação. Eram bastante eficazes em censurar música na época, mas não nos importamos – achávamos bem-vindo o quanto de polêmica Tipper pudesse instigar.

Nosso desejo foi atendido. A Geffen recebeu tantas reclamações que nosso álbum foi banido antes de ter sido devidamente distribuído para as redes de lojas. Fomos informados de que a maioria dos estabelecimentos não o venderia e as demais exigiam que o embrulhássemos com um saco de papel pardo, caso a capa não fosse modificada. Diante da realidade de não vendermos nada agora que, finalmente, tínhamos algo para vender, num raro momento de sensatez, decidimos reconsiderar e concordamos em refazer a capa: a reprodução de Williams foi colocada no encarte de dentro. Um cara que conhecemos na Hell House fez uma pintura *incrível* de nós cinco como caveiras sobre uma cruz e, assim, a usamos como substituta, e Axl a tatuou no braço também. Era um desenho tão irado que, embora estivéssemos contrariados por ter precisado engolir sapos, acabamos ficando com algo novo que adoramos. Uma primeira edição dessa capa original é um item de colecionador, a propósito.

Como tenho alguma habilidade com ilustrações, sempre estive envolvido na criação de arte da banda e nos pôsteres. Por isso, um dia apanhei uma pilha de *Guns & Ammo* – revistas de armas da época em que trabalhei na banca de jornais – e as folheei até encontrar a arma perfeita para copiar e usar como nosso logotipo. Levei a foto para casa; em princípio não soube ao certo como montar tudo. Eu estivera com Yvonne na ocasião e, numa noite, depois que ela e a mãe foram dormir, estava sentado à mesa da cozinha e a ideia tomou forma. Peguei a foto da arma e a desenhei à mão livre; em seguida, fiz outra na transversal e com rosas abaixo de ambas. Esse desenho simples pegou; tornou-se o logotipo da banda.

De qualquer modo, uma vez que concordamos com a nova ilustração para a capa do álbum, quis ir a Nova York para supervisionar o trabalho de arte dela, como também para me reunir com a nossa assessoria comercial sobre as camisetas e nosso novo representante de vendas, Bill Elson, na ICM. Seria uma viagem bastante movimentada.

Na ocasião, eu estava "namorando" uma atriz pornô, Lois Ayres, de cujo trabalho eu gostava. Afinal, enquanto a natureza chocante do trabalho dela pudesse desencorajar outros pretendentes, eu me sentia intrigado por aquela garota. Acabamos ficando juntos de um jeito ou de outro em Los Angeles, e dormi no apartamento dela por algum tempo. Quando tive de ir a Nova York, por coincidência Lois precisou ir também, porque teria de filmar algumas cenas em umas duas boates de *strip-tease* na Times Square. Lois tinha um quarto reservado no Milford Plaza entre a Oitava Avenida e a Rua Quarenta e Cinco e, assim, fiquei com ela quando cheguei.

Em meu segundo dia lá, fui acordado às sete da manhã com o telefone tocando sem parar. Pegando o fone, desliguei. O aparelho continuou tocando e ficou óbvio que não pararia.

— Sim? O que foi?! — gritei.

— Olá, senhor — disse o recepcionista do hotel. — O sr. Todd Crew está aqui e quer vê-lo. Posso deixá-lo subir?

— Hã... sim... claro — falei, hesitante, sem ideia do que Todd poderia querer às sete da manhã e, ainda mais, em Nova York.

Ele fora para lá graças a um convite de última hora de um amigo ator porque precisara deixar Los Angeles bem rápido, para o próprio bem. Todd e Girl haviam se separado, o que era *grave* — os dois tinham estado juntos durante anos e já haviam se tornado mais ou menos um só. Também fora demitido da própria banda, que odiava o fato de ele andar tanto com a gente. Logo foi substituído por Sam Yaffa, do Hanoi Rocks, com pouca ou nenhuma discussão. Àquela altura, não apenas haviam lhe dado um pé na bunda como também retido todo o equipamento dele e se recusavam a devolvê-lo. Todd não estava nada bem, para dizer o mínimo. Já chegou à minha porta no maior porre, com um litro inteiro do que gostávamos de chamar de "Veneno de Sapo" numa mão: vodca e suco de laranja disfarçados numa garrafa de refrigerante 7UP. Eu tinha um dia inteiro de reuniões pela cidade, a partir de dez da manhã, mas vi que Todd precisava de um ombro amigo. Girl não atendia aos telefonemas, ele não tinha mais uma banda, e eu não o deixaria sozinho de jeito nenhum.

    Não tive escolha. Levei-o para todas as minhas reuniões, o que foi uma façanha. Os locais onde seriam realizadas ficavam a alguns bons quarteirões de distância uns dos outros no centro, o que não era problema para mim. Planejara ir a todas a pé – era um longo caminho a percorrer, mas eu até que estava animado com a perspectiva. Era um daqueles dias de calor opressivo de julho em Nova York, e Todd insistiu para que o levasse primeiro ao Western Union, a cerca de dez quadras de distância do meu trajeto, para retirar dinheiro. Ele ficou tenso com o fato de eu ter concordado, e até hoje eu gostaria de não ter feito isso. Se tivesse me recusado a ir ao Western Union com ele, as coisas poderiam ter terminado de maneira diferente, porque Todd não teria dinheiro.

    Seguimos pela rua, tomando o rumo que ele pedira, e, como mencionei, Todd já estava bêbado. Começou a cair a cada vez que parávamos num semáforo. Eu o segurava, mas ele era uns quinze centímetros mais alto do que eu e mais corpulento. Tentava guiá-lo pela rua quando caiu no meio do cruzamento, com uma multidão de pessoas que ia para o trabalho às oito da manhã formando logo uma roda em torno dele. Chegamos ao Western Union nessas condições, a passo de tartaruga. Então, Todd sacou seu dinheiro e fomos para a minha primeira reunião na Geffen, chegando com uns dez minutos de atraso.

    Deixei Todd na recepção, e tenho certeza de que a recepcionista daquele dia, quem quer que tenha sido, ainda se recorda dele. Todd apagou no sofá no minuto em que sentiu o ar-condicionado e, portanto, deixei-o lá, aquele sujeito grande, cabeludo, cheio de tatuagens e roncando alto, que assustou todos os que deram o azar de estar à espera na recepção naquele dia. Quando chegou o momento de ir embora, foi necessária a ajuda de dois assistentes para colocar Todd no elevador. O sono servira de algo, mas não muito. Ainda assim, de algum modo, pude levá-lo pelas ruas e cheguei ao restante das minhas reuniões a tempo: uma foi na Brokum para conversar sobre as camisetas e a outra foi na ICM. O tempo todo, arrastei um baixista embriagado comigo, fingindo indiferença, simplesmente fazendo de conta que ele era invisível perante os demais. Era como o policial em *Quei-*

mando tudo, tentando dar orientações na estrada com o cachorro-quente enfiado no rosto.

Por volta do início da tarde, meus compromissos chegaram ao fim. Todd estava um tanto mais coerente, mas precisava de uma boa soneca, sem dúvida. Achei que levá-lo ao Central Park seria o ideal – no mínimo, ele poderia dormir na grama à sombra de uma árvore. Consegui seguir com meu amigo nessa direção e, quando estávamos prestes a entrar no parque, deparamos com três músicos de uma banda de Los Angeles que conhecíamos. Não sei dizer por que eles estavam na cidade, mas queriam que fôssemos com eles até Alphabet City para comprar heroína. Todd topou na hora, mas eu não o deixaria fazer aquilo. Já havia pago meus pecados naquele buraco do inferno, e a ideia não me interessou nem um pouco. Além do mais, estava com um disco a ser lançado, e o risco de ser preso ou coisa pior não valia a pena.

Mantive os farristas distraídos sugerindo que comprássemos uma garrafa de Jim Beam e déssemos uma volta de carruagem pelo Central Park, e foi o que fizemos. Que cena! Eu, Todd e aqueles caras de aspecto gótico, com tatuagens e *piercings*, passeando por pontos turísticos sob o sol de verão. Completamos o passeio com pizza e uma rodada de drinques num boteco, em seguida. E, quando chegamos à segunda rodada, o papo sobre heroína tornou a surgir. Fiz tudo o que pude para dissuadir os demais, mas eu era minoria. Minhas preocupações pessoais àquela altura significavam menos para mim do que o bem-estar de Todd. Não estava gostando do que via e fiz tudo o que pude para impedi-lo de se afundar mais. Todd já usara heroína, mas não era assim tão experiente; mesmo que tivesse sido, não estava em condições de se meter com drogas. Mas, como falei, fui derrotado por unanimidade. Todd os fez concordar em ir buscar para que eu não corresse o risco de ser apanhado. Para dizer o mínimo, ele queria *muito* a droga. Rumamos para o centro e os aguardamos num bar em St. Mark's Place, em East Village, enquanto os três foram comprar a heroína.

Acabamos todos indo parar no apartamento do amigo deles, Chosei Funahara, que era baixista dos Plasmatics. Cumprimentei-o com um aperto de mão, mas não tive chance de conversar com ele porque Todd estava tão desesperado para se drogar que fomos direto até o banheiro após dois minutos de nossa chegada. Aquela parada estava me deixando aflito, porque nunca se sabe o que se vai arranjar quando se compra droga na rua – é preciso sempre tomar cuidado. Eu não queria usá-la, mas provei um pouquinho e, uma vez que pude ver que não era forte, preparei uma dose para mim e para Todd.

Ficamos lá por algum tempo e fizemos planos para que nossos amigos nos encontrassem mais tarde no meu quarto de hotel antes de sairmos. O sol começava a ser pôr quando Todd e eu chegamos à Times Square e, enquanto caminhávamos diante das fileiras de cinemas, decidi, ao olhar a marquise, que queria muito assistir a *Tubarão 3-D*. Todd concordou; tudo o que queria fazer, na verdade, era beber, afinal. Assim, compramos uma caixa de cerveja e a levamos às escondidas para o cinema, o que pode parecer estranho pelos padrões de hoje. Em 1987, porém, a Times Square de Nova York ainda era austera o bastante para que o cinema incomum que não estivesse exibindo filmes pornôs sem parar não expulsasse dois caras que haviam comprado a própria cerveja.

Tubarão 3-D não foi assim tão bom, assim como aquela dose de heroína. Percebi, na metade do filme, que eu não estava alto e bebera duas ou três daquelas cervejas, enquanto Todd enxugara o resto, uma atrás da outra. De repente, ele deixou o cinema a fim de telefonar para Girl. Ausentou-se por um longo tempo, e esperei que isso fosse um bom sinal... talvez os dois estivessem se entendendo. No entanto, não foi o caso. Quando o filme terminou, encontrei Todd largado no chão junto ao telefone pago, completamente angustiado porque Girl o rejeitara e, ao que pareceu, de uma maneira muitíssimo rude.

Levei Todd de volta ao meu hotel fazendo o que pude para que se sentisse melhor, esperando acomodá-lo. Estava agitado demais, mas, depois de algum esforço, consegui fazer com que relaxasse, deitado na cama, começando a adormecer. E foi bem quando nossos "amigos" daquele dia bateram na porta. Vinham todos ansiosos para injetar heroína e ficar por ali e, de repente, Todd se mostrava bem desperto e querendo tomar parte. Foi mais uma batalha perdida e, portando, embarquei junto. Injetei quase toda a minha droga porque aquela custava a fazer efeito. Ao mesmo tempo, me mantive de olho em Todd para garantir que não usasse muita, porque estivera bebendo demais durante quase dezoito horas. Não posso dizer o que aconteceu de fato, mas tenho quase certeza de que ele recebeu uma dose de outro alguém naquela noite, quando eu não estava olhando. O que lhe dei não era forte o bastante para causar o que veio em seguida.

Talvez uma hora depois de todos terem aparecido, Todd ficou de pé no meio do quarto, inclinou-se um tanto de lado e então, de repente, desabou. A respiração estava fraca, ele não reagia. Assim, levei-o até a banheira e encharquei-o com água gelada. Eu o sacudi, dei-lhe tapas no rosto, fiz tudo o que podia para acordá-lo. Nesse meio tempo, nossos "amigos" se reuniram e deram o fora sem sequer a porra de uma palavra.

Lá estava eu, com o meu melhor amigo nos braços, dentro daquela banheira. Comecei a entrar em pânico. Já sofrera overdose antes, mas nunca tivera de lidar com outra pessoa tendo uma overdose daquelas diante dos meus olhos. Fiz tudo o que pude para tentar mantê-lo consciente. Estava confuso, porque eu havia injetado, que fosse do meu conhecimento, o dobro da quantidade que Todd usara, e nem sequer fiquei chapado. Comecei a me perguntar o que mais poderia haver no organismo dele que eu desconhecia. Eu não sabia que porra fazer. De súbito, Todd voltou: semiconsciente, respirando e, por breves segundos, os olhos pareceram focar em mim e no ambiente ao redor. A respiração dele tornou-se regular. Fiquei tão aliviado! Enxuguei-o e coloquei-o na cama.

Sentei a seu lado, atento à respiração dele, e liguei para amigos em comum para lhes contar o que acontecera, numa tentativa de me acalmar um pouco. Também liguei para a única pessoa que eu conhecia bem o bastante em Nova York a ponto de poder confiar – uma garota chamada Shelley, que trabalhava na ICM, com Bill Elson. Eu estava falando com ela, observando Todd atentamente quando, de repente, ele parou de respirar. Largando o telefone, eu o sacudiu e lhe bati no rosto, segurando-o para cima. Bati no peito dele com desespero, mas Todd não reagia. Liguei para a emergência e, então, joguei água nele, mas nada deu certo. Não consegui salvá-lo – Todd, com apenas vinte e um anos de idade, morreu nos meus braços. Fui arrebatado por uma enxurrada de emoções... medo, pânico, ansiedade... e onde *caralhos* estavam os paramédicos?!

Quando enfim chegaram, quase quarenta minutos depois de minha ligação, constatei que eram uns desgraçados. Entraram no quarto e olharam para Todd como se fosse um saco de lixo.

– Ah, merda – disse um deles, um tanto alto demais para o meu gosto. – O que é isso, agora?

— Eu sei — falou o outro. — Isto é perda de tempo, ele já era.

— Não sei nem por que nos demos ao trabalho... Ainda bem que não corremos!

Eles retiraram o corpo e me deixaram lá no quarto com a carteira de Todd, suas botas de caubói e demais pertences. Eu mal havia começado a assimilar o que acontecera quando a polícia chegou. Submeteram-me ao interrogatório completo de tira bom e tira mau, perguntando se eu sabia onde ele conseguira a droga, onde estava a seringa. Instalaram-se em quartos separados no hotel e me fizeram ir de um para o outro durante um interrogatório de quase três horas. Uma vez que terminaram, informaram-me que eu teria de estar na delegacia às oito da manhã do dia seguinte para assinar papéis confirmando o "recebimento do corpo".

Só essa declaração já foi demais para mim. Depois que eles se foram, desci até a rua, sentei na calçada com as costas apoiadas na parede do hotel e tentei entender o que havia acontecido. Vi o sol nascer e, antes de ter algum tipo de resposta, era hora de me erguer do chão e ir até a delegacia. Nunca me sentira tão desorientado na minha vida inteira.

O lugar era caótico como no seriado *Barney Miller*, e assinei tudo o que foi preciso — que foi um procedimento tão impessoal quanto preencher um formulário para bagagem perdida. Voltei para o hotel com a cabeça girando. Lois ainda não retornara de sua saída na noite anterior. Eu estava deitado na cama quando ouvi uma batida brusca na porta. Não era a arrumadeira — era algo sério: o gerente e um segurança, dizendo-me que Lois não apenas não retornara como fechara sua conta, e o hotel não tinha intenção de prolongar minha estada.

Retornei ao meu canto na calçada e, após algum tempo, sem saber para quem mais ligar, telefonei para Alan. Ele fez arranjos para que eu fosse à casa de Shelley, onde poderia descansar. Assim que cheguei lá, apaguei devido à exaustão. A coisa seguinte de que me dei conta foi que Alan estava lá. Ele pegara um avião até Nova York para se certificar de que eu voltasse a Los Angeles inteiro. Fico feliz que o tenha feito, porque eu estava aturdido, paralisado.

Essa foi a pior coisa que enfrentei até então — ou desde então. Todd era meu melhor amigo e estava morto. Não terminou aí. Quando fomos a San Francisco para o funeral, tive de lidar com acusadores dedos em riste da família de Todd, obviamente abalada, e dos caras de sua banda — todos achavam que a morte dele era culpa minha. O irmão postiço de Todd era amigo de Del James – o cara me conhecia, e até ele achou que eu era culpado. A coisa ficou muito feia. A família de Todd chegou a contratar um detetive particular para me investigar. Assim, não bastasse a dor da perda, uma nuvem negra e injusta de acusação passou a me seguir, quando havia sido eu, ao final, que fizera todo o possível para manter Todd vivo.

Foi um violento chacoalhão: não apenas fiquei frente a frente com a realidade do destrutivo estilo de vida que eu levava, mas também aprendi que, vivendo assim e tão ostensivamente, sempre seria um alvo fácil – até para aqueles em quem eu confiava; os que me conheciam melhor que todos.

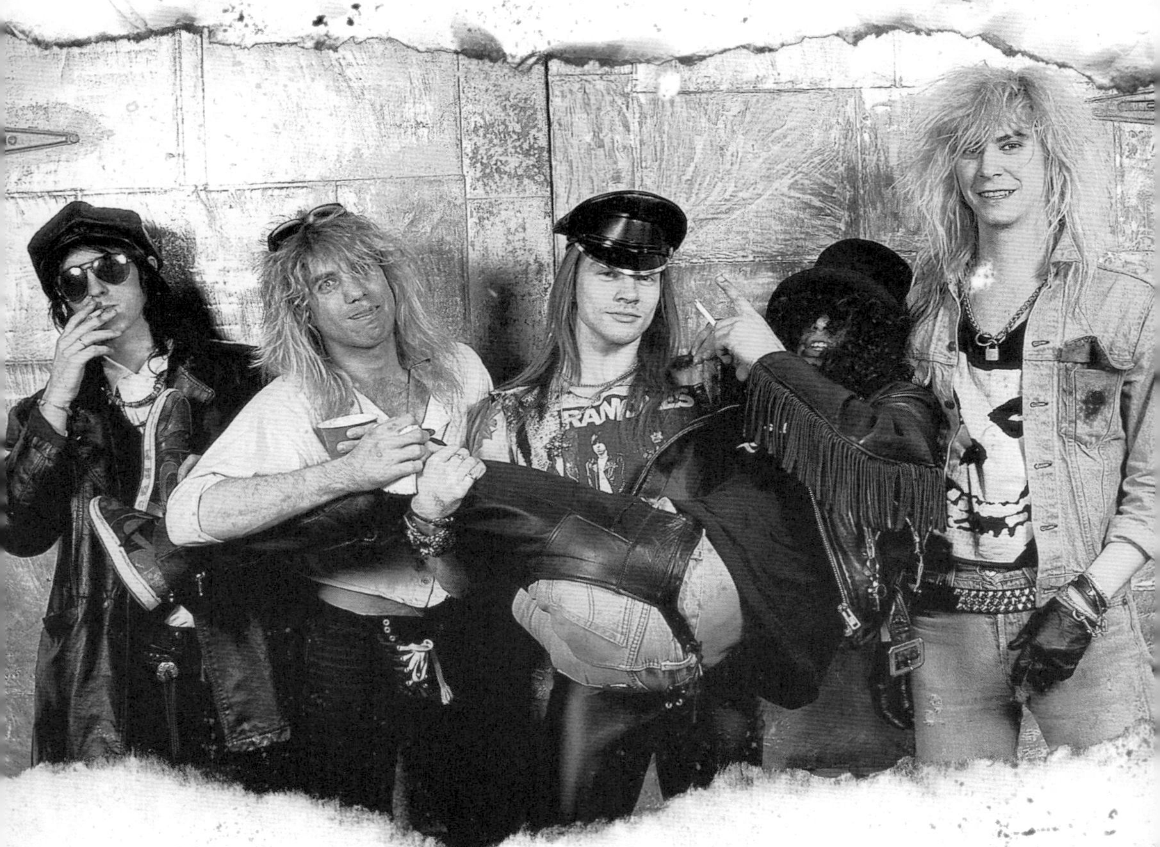

8
COM O PÉ NA ESTRADA

Posso dizer uma coisa sobre os "destaques musicais" de 1987: foram mais o estereótipo dos anos 80, a meu ver, do que a década inteira junta. Em 1987, "Livin' on a Prayer" ficou de 14 de fevereiro a 7 de março em primeiro lugar nas paradas — mais semanas do que qualquer outro single naquele ano. Em 1987, Whitney Houston tornou-se a primeira artista solo feminina a ter seu álbum de estreia como número um. Robert Palmer foi premiado com o Grammy de Melhor Performance Vocal de Rock por "Addicted to Love", e os Eurythmics levaram o Grammy de Melhor Interpretação de Rock para Grupo pela canção "Missionary Man".

Dirty Dancing - Ritmo quente e Três solteirões e um bebê foram os grandes filmes daquele ano, e todas as músicas que tocavam no rádio eram açucaradas e excessivamente produzidas: "Who's That Girl?", de Madonna, "Big Time", de Peter Gabriel, "Back in the High Life Again", de Steve Winwood. A indústria fonográfica estava cheia de outras más ideias em 1987: o CD já havia sido lançado, mas os poderosos decidiram que os "singles em cassete" eram o futuro — e lançaram esse formato com uma canção de Bryan Adams chamada "Heat of the Night", que resistiu tão pouco ao teste do tempo quanto os singles em cassete.

Quanto ao hard rock de verdade de 1987, o Aerosmith teve seu retorno com Permanent Vacation, mas exceto por "Rag Doll" e "Dude (Looks Like a Lady)", as músicas mais tocadas nas ondas do rádio eram as mais fracas. Havia "Here I Go Again", do Whitesnake, "Alone" do Heart, "Once Bitten" do Great White e o cover de Billy Idol de "Mony Mony". E, em algum ponto entre os dois extremos, lá estávamos nós: nem o Guns N' Roses, nem Appetite for Destruction enquadravam-se em nenhum nicho pré-existente do cenário musical de 1987. E por mais que tivéssemos "conseguido", foi o mesmo de sempre: tivemos de conquistar o nosso espaço.

A*ppetite for Destruction* foi lançado em 21 de julho de 1987, com pouca ou nenhuma receptividade estrondosa. Para não ser injusto, direi que foi um sucesso no circuito underground; recebeu uma pequena aclamação, transmitida de boca em boca, a exemplo de *Kill'em All* do Metallica. Encontramos os primeiros fãs no The Cult depois que o líder e vocalista, Ian Astbury, nos viu tocar no Marquee, em Londres. Mais tarde, ele me disse que soube imediatamente que faríamos tremendo sucesso. Ian obteve um contrato para nós como a banda de abertura durante uma etapa de dois meses da turnê norte-americana deles para a divulgação de *Electric*.

Esse álbum foi produzido por Rick Rubin e representou um grande distanciamento das raízes de influência gótica do The Cult. Fez sentido que quisessem uma banda de hard rock como a nossa abrindo seus shows, porque *Electric* soava como se tivesse sido gravado em 1973. O The Cult tinha um imenso público mundial àquela altura e, embora *Electric* acabasse se tornando o álbum a fazer isso por eles, a banda ainda não atingira tão grande sucesso nos Estados Unidos. Conheci o disco através da gata com quem dormia na época. Garotas eram um meio infalível de, para usar uma gíria da época, se descobrir o que estava na crista da onda – sempre pareciam antenadas em relação aos álbuns do momento.

Antes de partirmos na turnê do The Cult, fizemos o videoclipe de "Welcome to the Jungle", que foi o nosso primeiro. A gravação levou dois dias. No primeiro dia, gravamos todas aquelas pequenas tomadas que definem cada um de nós como personagens individuais no clipe: Axl desce de um ônibus, Izzy e Duff são vistos na rua etc. Se você pisca, perde a minha aparição: sou o bêbado sentado na soleira de uma porta com uma garrafa de Jack Daniel's dentro de um saco de papel pardo. Gravamos essas cenas na Le Brea, diante de uma pequena loja que nosso diretor, Nigel Dick, encontrara. Eu tinha alguma familiaridade com o longo e árduo processo de se gravar um videoclipe. Fui figurante no vídeo de Michael Schenker de uma música de seu álbum *Assault Attack*, em 1982.

Durante o início da noite, enquanto aguardava a gravação da minha cena em "Jungle", enchi a cara. Achei aquele ciclo constante de "correr e esperar", que é padrão em qualquer tipo de filmagem ou gravação de vídeo, tão entediante que, quando enfim eles se viram prontos para a minha aparição, acabou sendo mais um retrato fiel. O vídeo capturou onde eu estava naquele momento: um minuto depois de o diretor gritar "Corta!", entrei numa briga com nosso empresário, Alan Niven, por causa de não sei o quê... nem ele sabia. Eu o mandei para aquele lugar e, então, saí perambulando pela noite e peguei uma carona para sabe-se lá onde.

Na noite seguinte, gravamos no Park Plaza Hotel, que era onde ficava o Scream Club de Dale Gloria. Dale é uma celebridade da noite de Los Angeles que possuíra e dirigira uma variedade de clubes – o Scream era o mais famoso. Naquele segundo dia, as gravações foram igualmente demoradas, mas ao menos a banda foi gravada tocando ao vivo. Fizemos daquilo uma festa. Apresentamos a música no cenário fechado, e depois abrimos o clube e o enchemos com uma plateia, tocando a música três vezes seguidas. Foi o máximo. E também o encerramento do nosso primeiro videoclipe.

Passado um dia ou dois, talvez uma semana, partimos como banda de apoio na turnê do The Cult durante um período de apresentações de dois meses, agosto e setembro, pelo Canadá, pela Costa Oeste e pelo Sul. Essa turnê foi sensacional. Nada da costumeira sacanagem aconteceu, do tipo em que a banda principal sabota aquela que faz a abertura baixando o som dela de modo a causar um impacto bem maior quando sobe ao palco. Acho que o The Cult contornara aquele problema ao nos escolher: uma banda de Los Angeles sobre a qual ninguém ouvira falar. O que quer que tenha sido, havia uma grande camaradagem entre nossos grupos. Ian e Axl se deram muito bem, e Duff e eu andamos constantemente com o baixista Stephen "Hagus" Harris. Ainda assim, não tenho certeza de que eles sabiam a quem estavam escolhendo quando nos contrataram. Uma coisa era certa: aquela série de apresentações confirmou a minha paixão por turnês. Foi um começo modesto, mas que despertou o meu eterno romance com a estrada – continuo sendo um apaixonado por ela até hoje.

Outro padrão que perdurou na minha vida se estabeleceu de novo dessa vez: eu havia largado a heroína como vício diário e fiz a transição para a bebida. Estávamos trabalhando naquela época, e assim, como era de se prever, substituí um vício por outro, trocando a heroína pelo álcool. Minha enorme ingenuidade me fez acreditar que era durão o suficiente para ficar limpo e não tinha problema algum com vícios – a verdade era que eu não havia mudado nada. Apenas substituíra a substância. Mudara de algo ilegal para outro legalizado, porque o álcool era aceitável para todos. Era um aspecto esperado na rotina diária do rock; portanto, se eu estava enchendo a cara, mas não me injetando drogas, aqueles no meu círculo aceitavam bem isso. O que é que eles sabiam, afinal? Daquele ponto em diante, exceto por alguns incidentes isolados, passaram-se uns poucos anos até eu ter sérios problemas com a heroína outra vez. O interessante é que nesse intervalo meu ponto de vista inteiro sobre a heroína mudou. Logo, era como se eu jamais a tivesse experimentado. De algum modo, consegui esquecê-la por completo e perdi todo o interesse por ela, mesmo quando as pessoas à minha volta a usavam na minha presença. Ainda não entendo. Levei, de fato, o vício da bebida a transformar-se num substituto constante, embora me empenhasse para nunca exceder os limites antes de um show.

Muito tempo atrás, alguém me ensinou que a melhor cura para uma ressaca era outro drinque – tipo, "morder o bicho que te mordeu". Essa se tornou a minha filosofia, porque dava certo. O único problema foi que, durante esse período, as festas nunca pareciam cessar e, assim, começou um ciclo. Eu acordava de ressaca todos os dias e, portanto, começava o dia com um novo drinque e ia bebendo até a festa seguinte à noite. Sem demora, as festas tornaram-se um borrão: eu bebia noite e dia, dia e noite. Não havia na verdade um único dia em que eu parasse de beber, porque em geral tinha uma festa para ir a cada noite; era tudo parte da minha rotina diária.

DURANTE A TURNÊ DO THE CULT, FICAMOS EM HOTÉIS MAIS BARATOS, mas isso não nos impediu de ir causar nos hotéis deles. A noite costumava terminar com Duff e eu sendo chutados para fora ou pelos funcionários do hotel ou pela própria banda, e dando de cara com o desafio de encontrar o caminho de volta até onde quer que a porra do nosso hotel ficasse. Certa vez, estava tão bêbado que apaguei num dos sofás do saguão do hotel do The Cult, e Duff me deixou lá. Acordei por volta das cinco da manhã, logo após ter molhado a calça durante o sono. Para piorar tudo, não tinha comigo a chave do meu quarto, e não fazia a menor ideia de onde estávamos hospedados. Os funcionários não me ajudaram nem um pouco, decerto porque eu estava encharcado de mijo e fedia a bebida. Saí para o frio canadense; a manhã estava gelada, e eu fiquei zanzando com a esperança de conseguir encontrar o caminho. O único hotel que pude ver depois de sair ficava a uma longa caminhada, mas, por sorte, acabou sendo o nosso. Tive mais sorte ainda de estar usando minha calça de couro, porque eu não congelara tanto quanto poderia. É umas das vantagens das calças de couro: quando você se molha todo nelas, são mais discretas do que jeans.

Eu me sentia empolgadíssimo por estar numa turnê em *qualquer lugar* num *ônibus verdadeiro de turnê*, não importando quanto fosse velho ou pouco confiável. Como banda, éramos como a equipe pé-de-chinelo num filme de comédia. Tínhamos equipamento de qualidade inferior e nada além das roupas do corpo, mas possuíamos garra o bastante para vencer o campeonato – éramos uma versão rock and roll do filme *Vale tudo*. Até tocávamos em rinques de hóquei no Canadá: a turnê começou nas províncias do Leste e prosseguiu até a Costa Oeste, descendo até o Pacífico norte-americano e rumando para o sul através da Califórnia e, então, atravessando o Arizona e o Texas até a Louisiana e a região do Delta do Mississippi. Foi uma jornada e tanto.

No Canadá, nada nos chocou, mas chocamos a todos. Com frequência demais, eu me sentia como se fôssemos *Os Irmãos Cara-de-Pau* naquela cena em que aparecem para tocar no bar de caipiras e são bombardeados com garrafas de cerveja. Tínhamos a fibra necessária para aguentar as pontas sempre que nos encontrávamos inesperadamente num ambiente hostil, o que era bom... porque aconteceu algumas vezes.

Mesmo quando isso não acontecia, por todo o Canadá atraíamos olhares estranhos onde quer que aparecêssemos. Achávamos que éramos normais, mas eu podia ver com toda a clareza que a maneira como nos portávamos não era normal para aquele povo, em absoluto – ou para qualquer outro povo, aliás. Éramos um bando de baderneiros que achavam que sabiam tudo. Mas, na realidade, não sabíamos nada. Imagino que o The Cult nos via como uma imprevisível pilha de equipamento: alguns deles se interessavam por nós porque tínhamos um timbre único; mas éramos uma máquina que poderia dar defeito a qualquer momento.

O vocalista do The Cult, Ian Astbury, se divertia à beça com nosso jeito explosivo. Ele gostava daquilo; em sua cabeça, éramos ferozes, vorazes e tínhamos todas as qualidades que o pessoal experiente do rock inveja. Ian tinha razão: éramos tudo isso e muito mais — como um pó efervescente numa lata de coca. O guitarrista, Billy Duffy, por outro lado, apenas parecia ser do tipo: "Sim, tanto faz". Ou não estava interessado, ou não acreditava que éramos autênticos. De qualquer modo, com bastante frequência, eles paravam para dar uma olhada nas nossas traquinagens.

CUMPRIMOS A NOSSA PARTE E FIZEMOS NOSSAS APRESENTAÇÕES todas as noites naquela turnê, mas a verdade é que nunca me senti satisfeito fazendo aqueles shows. Ainda tínhamos de nos tornar uma entidade sólida em termos de turnês. Ainda não éramos profissionais experientes, e o fato me incomodava. Éramos um entretenimento talvez pelo fato de sermos tão displicentes: aparentávamos não ter experiência alguma, apenas as roupas do corpo, o equipamento no palco e um punhado de músicas a serem tocadas para pessoas que nunca tinham ouvido falar de nós. É possível que fôssemos os únicos a saber que havíamos lançado um disco.

Tocávamos em rinques de hóquei, teatros e em alguns pequenos festivais com um punhado de outras bandas na programação. E, por mais que eu estivesse feliz em participar de uma turnê, o que para mim era simplesmente o máximo, não conseguia esquecer que não era tão bom quanto devia ser. Na minha cabeça, nunca chegávamos lá porque a nossa presença num grande palco não estava à altura. Mas isso era apenas eu sendo supercrítico, o que é, sem sombra de dúvida, parte da minha personalidade. Era incapaz de arrasar naquelas apresentações como imagino que os Sex Pistols teriam feito.

Dito isso, foi como uma recepção de boas-vindas quando a turnê do The Cult chegou à Arena de Long Beach. Eu ficara zanzando por lá até tarde na noite anterior, olhando para a construção, embasbacado. Eu tinha visto ali Ozzy, AC/DC, Black Sabbath, Judas Priest, Billy Idol e outros mais, e por tanto tempo que tocar naquele lugar parecia significar que nós tínhamos *conseguido*.

Eu assistira ao Ratt ali contra a minha vontade. Yvonne fora namorada do vocalista, Stephen Pearcy, na época em que a banda ainda se chamava Mickey Ratt. Na época em que ela e eu estávamos juntos, o grupo foi a prin-

Na perspectiva de uma banda importante em turnê, tocar para cinco mil pessoas ou mais na arena de Long Beach era qualquer merda — para nós, na época, era tudo.

cipal atração na arena, e Yvonne ainda sentia tanto orgulho dele que tivemos de ir, embora Stephen fosse um completo panaca. Ela estava radiante com o fato de o Ratt ter conseguido, de ter passado de um grupo vivendo num apartamento barato a estrelar na Arena de Long Beach. E então, naquele momento em que eu também conseguira, que nossa banda ia fazer aquele show, fui tomado por uma sensação de tremenda realização. Na perspectiva de uma banda importante em turnê, tocar para cinco mil pessoas ou mais na Arena de Long Beach era qualquer merda – para nós, na época, era *tudo*.

Foi uma recepção de boas-vindas adequada, também. Entramos na arena e estacionamos o ônibus na rua diante do hotel. De algum modo, conseguimos azarar duas garotas que estavam lá mesmo na calçada, e uns dois dos caras as levaram para os fundos do ônibus. Então, nós nos registramos no hotel, e depois eu fiquei bebericando o meu drinque, olhando para o além, do outro lado do estacionamento, onde a construção se elevava no horizonte, imensa. No dia seguinte, nossos amigos de Los Angeles apareceram e, quando nos apresentamos, eles nos deram mais atenção do que todas as multidões canadenses juntas. Foi sensacional; estávamos *em casa*.

NÓS NOS ADAPTAMOS À ROTINA DE TURNÊ COM TODA A naturalidade; estávamos com o pé na estrada e curtindo isso logo de cara. Fôramos feitos para aquilo; passamos pelas etapas sem precisar tentar demais. Quando chegamos ao Arizona, creio eu, tivemos nossa primeira experiência com *groupies*; não das do tipo que queriam transar com a gente porque eram fãs – já havíamos tido nossa cota dessas em casa. Aquelas garotas eram do tipo que transavam com todo mundo de qualquer banda a todo momento.

Em geral, as *groupies* tinham entre dezessete e vinte e dois anos. Se estavam com uns vinte e cinco, na certa já haviam tido a experiência algumas vezes – talvez muitas. E não nos esqueçamos das mais velhas, que costumavam fazer parte de um combinado bizarro de mãe e filha. Mas, de certa forma, as *groupies* dos lugares mais afastados eram mais fáceis de entender do que as de Los Angeles. Havia o mínimo de cultura onde essas meninas viviam, e elas se determinavam a fazer parte da ação o máximo possível quando ela passava pela cidade. Era algo quase respeitável.

Quando não estávamos nos apresentando, Axl sempre se acomodava numa sala de estar dos fundos, descansando a voz e dormindo. Às vezes, quando tínhamos um dia de folga, ele dormia lá em vez de se registrar no hotel. Ainda assim, saía de vez em quando para se divertir conosco, e era sempre ótimo. Tudo ia às mil maravilhas àquela altura. Para colocar dessa maneira, nós subíamos ao palco sem atrasos. A camaradagem era grande; éramos o grupo perfeito de caras para fazer uma turnê juntos... não que eu tivesse alguma outra experiência para comparar a essa. Mas estávamos muito contentes.

Até que o compressor do nosso ônibus de bosta quebrou, levando o ar-condicionado junto, em algum ponto bem no meio do Texas. E estávamos sentados lá, suando em bicas naquele calor escaldante, ocorreu-nos que deveria haver uma classe de turnê acima daquela em que nos encontrávamos.

West Arkeen foi para o Texas por alguns dias, o que animou um pouco as coisas, a despeito das condições comparáveis às do Saara enfrentadas no ônibus. Ele nos deixou uns quatro ou cinco dias depois parecendo uma sombra do que havia sido. Calculo que ele tenha perdido uns quatro quilos suando. Tivemos três dias de folga no Texas depois disso, num hotel no meio do nada, e, nesse ínterim, demitimos o motorista do nosso ônibus e um diretor de turnê que chamaremos de "Cooper".

Cooper era uma figura; usava um chapéu ridículo o tempo todo e dirigia um Lotus amarelo. Era um inglês esquelético com um comportamento bastante imprevisível – acho que era devido a toda a coca que consumia. O problema foi que ele se transformou num astro do rock egocêntrico e esqueceu que era um diretor de turnê. Ficamos de saco cheio do fato de Cooper atrair para o seu quarto as garotas que conquistávamos com a promessa de coca, e de mantê-las lá com a esperança de conseguir transar com elas. Até mentia para nós quando ligávamos para seu quarto, perguntando pelo paradeiro das garotas. Dizia que elas tinham ido embora, e nós acreditávamos... até o dia em que adentramos lá e o pegamos com a boca na botija.

Também tinha o péssimo hábito de prometer a Izzy e a mim um grama de coca se nos levantássemos de manhã para dar entrevistas. Ele nos dava o mínimo possível, mas, quando terminávamos de ser entrevistados na estação de rádio ou por telefone, ou como fosse, e exigíamos o restante, Cooper em geral tentava dar para trás na promessa. Era uma estupidez – se uma pessoa nos prometia drogas e não as dava, ficava encrencada.

A última gota d'água foi uma situação em que Alan confiara em Cooper para cuidar da banda e ele acabou perdendo o controle e nos levou a uma apresentação bastante tarde. Foi uma mancada das grandes, e significou o fim da linha para ele. Alan o demitiu junto com o motorista do ônibus. Simplesmente se foram. A última coisa que ouvimos foi que Cooper estava vendendo livros de porta em porta.

Fiquei impressionado quando Alan deu um pé na bunda de Cooper sem a menor explicação – foi quando eu soube que ele levava tudo aquilo a sério. Aquele foi um exemplo de atitude extremamente paternal, protetora e possessiva que ele tinha em relação a nós. Era reconfortante, porque éramos tão baderneiros que alguém precisava se importar com a gente.

Foi ótimo Alan ter eliminado o excesso, mas o fato era que, depois daqueles dias de folga, precisávamos chegar à apresentação seguinte em Houston e não tínhamos mais um diretor de turnê, nem um motorista. Tivemos de arranjar outro meio de transporte no ato. Não me lembro do que os outros caras fizeram, mas Duff e eu embarcamos num Trans Am com uma garota que eu havia azarado. Tudo ia bem até o momento em que ficamos no meio de uma tremenda tempestade, porque o carro dela não tinha limpadores de para-brisa. A chuva estava tão forte que tive de me inclinar para fora pela janela do passageiro e usar a parte de cima do corpo para aparar a borrasca que caía, enquanto passava o braço por uma parte do para-brisa para que ela pudesse enxergar o suficiente e dirigir.

Nosso show em Houston foi um sucesso e, depois disso, vimos mais do Sul. A Louisiana era bem a minha praia, sobretudo Nova Orleans, com todo o vodu e a presença da religião africana e da magia negra. Fomos a um autêntico restaurante à beira do rio, na região pantanosa, onde comi carne de cascavel e jacaré. Foram momentos tão incríveis para mim! Eu me dei conta de que não existia outro lugar onde desejasse mais estar do que na estrada, e que estava me realizando em termos de carreira.

RECRUTAMOS UMA EQUIPE PARA ESSA TURNÊ TAMBÉM, UM GRUPO de profissionais que ficou conosco durante anos. Antes da turnê, havíamos ensaiado com Mike "McBob" Mayhew como o nosso técnico de guitarra base e baixo. McBob usava seu aguçado senso de humor para nos lembrar de como estávamos bem abaixo na cadeia alimentar, indicando a todo instante a natureza precária de nossas acomodações de viagem. Ele tinha anos de experiência na estrada, e seus pequenos comentários daqui e dali eram tudo o que precisávamos para lembrar que o Xangrilá da nossa turnê de ônibus era uma miragem.

McBob está comigo e com Duff até hoje – faz parte da equipe do Velvet Revolver – e, depois de todo esse tempo, um dos aspectos mais divertidos em tê-lo em nossa companhia é o suprimento ainda interminável dele de histórias da estrada. Muitas delas terminam com Mike indo parar no hospital devido a todos os tipos de males e ferimentos que são tipicamente auto-infligidos ou um efeito imprevisto da esbórnia. Uma das histórias mais memoráveis de sua coleção é a de quando ficou tão bêbado que caiu de um carro, escorregou de cabeça pelo asfalto e acordou no hospital com uma placa de metal no crânio. Às vezes, ela ativa os detectores de metal em aeroportos. McBob era como Robert Shaw – o capitão Quint – em *Tubarão*, sentado lá na proa do *Orca*, contando aquelas histórias pesadas de guerra feito um orgulhoso sobrevivente.

Na nossa equipe, também havia Bill Smith, meu técnico de guitarra, que, eu logo me dei conta, estava ali exclusivamente pela cerveja. Era um cara gentil, adorava farrear e ficava sentado na lateral do palco, mais assistindo ao show do que ajudando a colocá-lo em ação por trás dos bastidores. Eu diria que Bill deve ter trocado umas cinco cordas de guitarra durante a turnê inteira. Era capaz de fazê-lo com habilidade; o problema era que não executava a tarefa num prazo lógico ou consistente. Graças a Bill, aprendi a tocar com mais cautela – tentava nunca partir uma corda, porque, se o fizesse, não se poderia dizer quando eu teria aquela guitarra de volta. Eu só tinha duas guitarras na estrada e, portanto, não sei o que levava tanto tempo. Desnecessário dizer que tive de substituir Bill. Levando-se tudo em conta, entre a nossa equipe e inexperiência com uma turnê num nível profissional, a operação até que saiu ao estilo de volta por cima do filme *Sujou... chegaram os Bears*.

HÁ UM MOTIVO ESSENCIAL PARA SE FAZER UMA TURNÊ QUE NUNCA nos ocorreu na época: ignorávamos completamente o fato de que ela destinava-se a divulgar nosso álbum. Pensávamos naquilo como algo a se fazer em nome da música e do prazer de tocar. Para mim, era trabalho em nome do trabalho, porque, sem uma turnê, eu não teria nenhum outro lugar para estar. Nós nos encontrávamos fascinados demais pela experiência para pensar em divulgar nosso "produto" dia após dia enquanto subíamos ao palco, mas Alan tentava descobrir um meio de fazer aquela divulgação, provavelmente tanto para poder "mostrar serviço" quanto para fazer a coisa ser bem-sucedida.

Alan não vinha realizando um bom trabalho. Nem a Geffen. Digo isso porque se havia algo de que eu estava penosamente ciente quando tocávamos todas as noites, era do fato de que ninguém sabia da existência do nosso disco. Nós nos sentimos tão desconhecidos quanto qualquer outra banda da qual nunca ninguém ouvira falar. Em todo caso, seguimos em frente, prosseguindo na turnê não importando a maneira como éramos recebidos, e Alan e Tom Zutaut continuaram fazendo o possível por *Appetite*. A alternativa teria sido a de voltar para casa, e não tínhamos intenção de voltar nunca mais, se pudéssemos.

Durante um ano inteiro, de agosto de 1987 a uma certa altura ao final de 1988, não vimos Los Angeles por mais do que uns poucos dias; apenas saltamos de turnê em turnê. Alan Niven agendou para nós uma turnê pela Europa, abrindo para o Aerosmith, com Faster Pussycat na programação, que começaria alguns dias depois do término da turnê do Cult. O Aerosmith acabara de voltar para o rock and roll, e não poderíamos pensar em ninguém que mais quiséssemos acompanhar. Mas não era para ser dessa vez. No último minuto, o Aerosmith cancelou seu show, mas, em vez de voltarmos para casa, Alan nos mandou para lá com o Faster Pussycat e uma excelente banda japonesa chamada EZO para cumprirmos nossas obrigações.

Foi a nossa primeira turnê como banda principal. Começou na Alemanha, no Markthalle, em Hamburgo, em 29 de setembro de 1987. Foi sensacional sermos a principal atração, mas tivemos alguns problemas. O Faster Pussycat era uma daquelas bandas que odiávamos de Los Angeles; eram exatamente o tipo de pessoas que tentávamos evitar. Na turnê também sentimos um pouco o choque cultural. Hamburgo ainda parecia sofrer as consequências do período que se seguiu à Segunda Guerra Mundial – o lugar ainda tinha uma mentalidade bastante estreita, atrasada. Era uma cidade escura, industrial, sisuda, que dava a impressão, como um todo, de preferir que não estivéssemos lá, se tivessem opção. Esse tipo de ambiente sempre nos instigou a mostrar quem de fato éramos mais do que de costume, o que não caiu muito bem. A cada vez que entrávamos num restaurante, cada cabeça se virava, e todos se calavam. E quando isso acontecia, ficávamos ainda mais determinados a pedir muitos drinques, fumar e fazer bem mais barulho do que teríamos feito normalmente.

Foi nesse período que começamos a trabalhar com Doug Goldstein, o novo diretor de turnê que Alan indicara para tomar conta de nós. Chegamos tarde naquela noite – um dia inteiro depois do Faster Pussycat –, e na manhã seguinte me levantei e fui até o quarto de Doug para pegar nosso dinheiro do dia antes de irmos fazer turismo. Por toda a Alemanha, e sobretudo em Hamburgo, existem indecentes lojas de publicações pornôs, geralmente numa localidade central bem fácil de se achar, e foi para onde rumamos. Eu estava excitado ao extremo. Nunca tinha visto nada tão obsceno na vida. Era como uma criança numa loja de doces, pegando aquelas revistas insanas das prateleiras – bestialidade, mulheres grávidas... as coisas mais depravadas imagináveis –, entregando-as para os outros caras e exclamando:

– *Já viu* uma porra dessas?!

Estávamos no mesmo hotel que o Faster Pussycat e, deparando com eles no saguão, trocamos um olá antes de sairmos, naquele dia. Fomos civilizados, mas não o que eu chamaria de amistosos. Assim mesmo, tão logo comentamos que estávamos de saída para conhecer a cidade, Mark Michals, o baterista do Pussycat, insistiu em ir conosco.

O pessoal da banda dele pareceu um tanto nervoso.

– Não, não, fique aqui com a gente – sugeriu um deles.

– Não, vai ser legal. Vou dar uma volta – persistiu Mark.

– Acho que deve mesmo ficar. A gente vai sair mais tarde – falou um dos outros.

– Sim, legal. Eu vou sair com estes caras – disse Mark, irredutível.

Não tínhamos feito nada para encorajá-lo, quanto mais convidá-lo. Um de nós até deixou escapar:

– Não, fique com eles.

Mas lá foi o baterista passar o dia com Izzy, Steve, Duff e eu. Nossa primeira parada foi para almoçar no McDonald's. Eu havia me tornado um aficionado pelo McRib durante a gravação de *Appetite* e, assim, aquilo era o máximo da gastronomia para mim. Fiquei contente em ver o McRib no cardápio daquela franquia em Hamburgo e, a olho nu, até parecia autêntico, mas não era. Em vez do molho de churrasco, tinha alguma espécie de molho marrom anônimo. Aquela foi a minha única refeição do dia. A razão de sermos tão magros naquela época era porque de fato nunca comíamos nada.

Em todo caso, andamos pela cidade a tarde inteira e, ao anoitecer, fomos para a Reeperbahn, que é uma rua com cinco quarteirões seguidos de bordéis na qual não se permite a entrada de mulheres – como o distrito da luz vermelha de Amsterdã, todo tipo de garota imaginável está disponível. Estávamos no paraíso. Nunca víramos nada parecido e, na época, não tínhamos amigos em bandas que fossem mais viajados do que nós. Assim, nenhum bando de caras experientes nos contara sobre aquele lugar. Eu estava babando. Acho que, nos primeiros quinze minutos, Steven gastou todo o dinheiro dele do dia com prostitutas. Andávamos pela rua quando, de repente, ele desapareceu por um estacionamento subterrâneo, onde havia todos os tipos de prostitutas recostadas em colunas sob as luzes de grandes luminárias fluorescentes.

Começava a ficar tarde, e aquele cara, Mark, continuava com a gente. Deixando a Reeperbahn, fomos a um bar que era um dos lugares onde os Beatles haviam tocado no início da carreira. Mais uma vez, entramos lá e fomos recebidos como a escória da terra, mas nem ligamos. Bebemos Jack Daniel's com um cubo de gelo por drinque (porque era a única coisa que colocavam no copo) até o horário de fechamento. Andamos de volta até o hotel, e o cara *ainda* estava grudado em nós – àquela altura tínhamos parado de falar com ele. Fora um longo dia, e por isso fui apagar na minha cama, enquanto Mark fez o mesmo na outra – que era a de Duff. Izzy era sempre o Grande Instigador, capaz de semear discórdia sem se envolver, e não deixou a oportunidade passar.

– Ei, Duff – falou. – Aquele cara está dormindo na *sua* cama.

– Sim, está, não é mesmo? – constatou Duff.

– Vai deixar que ele faça isso com você, cara? – provocou Izzy. – Puta merda! Ele não pode fazer isso com você.

– De jeito nenhum, porra! – concordou Duff.

– E quem, afinal, é essa porra de cara? – perguntou Izzy.

– Sim, quem esse porra de cara pensa que é? – disse Duff, exaltando-se. – Ele que se foda!

Os dois tentaram acordá-lo sem a menor gentileza, mas Mark apagara por completo.

– Já sei o que devíamos fazer, cara – propôs Izzy. – Vamos prender esse sacana todo com fita de rolo e colocá-lo no vão do elevador.

– É isso aí! – concordou Duff.

– A gente o coloca pelo vão. Ele pode dormir em cima do elevador.

Os dois amarraram bem o cara com fita de gravação: os braços, as mãos, os tornozelos inteiramente presos, a boca tapada com a fita. Era um rapaz de estatura média, com cerca de setenta quilos e, assim, ambos o carregaram do quarto rumo ao elevador. Foi quando Mark acordou e começou a guinchar feito um porco no abatedouro. Os dois abandonaram rapidinho o plano original e apenas o jogaram lá dentro, apertando o botão do térreo. Os funcionários do hotel lidaram com a situação a partir dali, removendo a fita. Quando Mark se identificou, os funcionários entraram em contato com a banda, que teve de ir buscá-lo porque ele estava sem a chave do quarto, sem documentos, sem dinheiro, sem nada. Foi a última noite em que falei com Mark, limitando-me a cumprimentá-lo com o aceno de cabeça durante o resto da turnê. Pensando bem, foi a última vez que algum deles nos dirigiu a palavra.

Na noite seguinte, fizemos a apresentação, a primeira da nossa turnê como banda principal, e foi bom ela não ter estabelecido um precedente. O local do evento era junto à água. Era um lugar escuro, de aspecto industrial, com bancos e mesas compridas nas laterais. Tudo lá dentro era pintado de preto – era o clube mais preto que eu já vira, e fedia a cerveja choca. Nas paredes, viam-se assinaturas e desenhos de cada banda trash e de heavy metal que já estivera ali; muitas, ao que pareceu.

O público foi, sem dúvida, o mais apagado e insosso para quem já havíamos tocado na vida, mostrando-se tão frio e deprimente quanto o clima. Lembro que antes de termos entrado e depois da nossa apresentação o clube só tocou Metallica, sem parar. Era óbvio que qualquer banda americana, ou de qualquer lugar, por sinal, que não tocasse como o Metallica não seria apreciada. E eu estava certo. Fizemos o show, e a única coisa que passava pela minha cabeça quando terminamos era: *Eu odiaria ser obrigado a fazer esta porra aqui outra vez amanhã.*

Fiquei muito apreensivo em relação a como seria o restante da turnê, em especial porque ainda tínhamos várias datas a cumprir na Alemanha.

Tivemos um intervalo de alguns dias antes da apresentação seguinte, durante o qual minha preocupação só aumentou. Uma vez, porém, que chegamos a Dusseldorf, uma cidade de ar mais animado, com mais árvores e menos abrigos antibombas, houve uma mudança tão drástica de cenário que me dei conta de como a Alemanha é um país grande e diversificado: o astral individual de cada cidade é único.

DURANTE NOSSA VIAGEM PELA EUROPA, A BANDA COMEÇOU A entrar realmente nos eixos. Nossa interação espontânea estava se tornando bastante profissional, e tocar era cada vez mais divertido. Percorremos a maior parte do trajeto da nossa turnê europeia num ônibus de turismo que havíamos convertido numa moradia coletiva, removendo a maioria dos assentos e preenchendo o chão com almofadas. Izzy arranjara uma namorada alemã pelo caminho, e ela levou uma amiga com quem comecei a ficar. Eu gostava de arranjar uma namorada em cada país pelo qual passávamos e, uma vez que já tinha minha garota inglesa, Sally, à minha espera, tive de terminar meu romance alemão assim que a turnê atravessou o Canal. Disse à minha namorada alemã, literalmente um minuto antes de entrar na sala onde Sally me aguardava, que ela teria de voltar para casa de imediato.

Quando penso na Europa, além dos shows, imediatamente me vem à memória que passei a maior parte dos meus dias de folga entrando e saindo de uma variedade de clínicas de infecções sexualmente transmissíveis. Em Los Angeles, eu saíra com uma atriz pornô, como também com uma doce namorada viciada que eu tinha. Logo depois de termos gravado o clipe de "Welcome to the Jungle", ao acordar descobri três pequenas e esquisitas manchas vermelhas do lado esquerdo da barriga. Naquela época, a Aids se tornara uma questão de saúde nacional. Ela despertou uma estranha histeria entre músicos de rock; todos ficamos alarmados, mas a maioria de nós ainda se sentia imune à coisa toda. Concluímos que ninguém precisava se preocupar enquanto David Lee Roth não contraísse a doença.

Em todo caso, eu acabara de ler a reportagem de capa da revista *Time* sobre a doença, e as lesões ligadas ao HIV que vi nas fotos me pareceram idênticas às manchas na minha barriga. Talvez fosse apenas psoríase ou uma alergia qualquer, mas eu estava convencido de que, entre a minha garota pornô e a namorada viciada, contraíra a doença, porque não usara proteção com nenhuma das duas. Assim, segui por Melrose, perto de San Vicente, depois de ter deixado o apartamento da namorada viciada, para ir até uma clínica fazer um teste de Aids. Pensei que eu já era. Estava convencido de que aquela turnê europeia seria a única turnê internacional que teria chance de completar antes de morrer. Felizmente, o resultado do teste foi negativo.

Não ajudou em nada o fato de que, para completar, descobri que pegara uma doença venérea, provavelmente da atriz pornô – o que intensificou o meu terror da Aids. Eu havia sido promíscuo demais até aquele ponto e nunca usara preservativo, mas jamais achara que pudesse pegar algo mais sério do que chatos. Quando aquelas lesões rugosas apareceram, pensei: *Que porra é essa?!*. Fui a uma clínica antes de partirmos, e os médicos tentaram se livrar delas algumas vezes, mas nada dava certo; elas voltavam. Quando iniciamos a turnê, tinham se tornado tão doloridas que eu não conseguia dormir de barriga para baixo. Passei todo o meu tempo entrando e saindo de clínicas em cada país a que íamos, tentando me curar daquelas verrugas. Queria me livrar delas de uma vez por todas, antes de me encontrar com Sally. Acabaram sendo removidas devidamente, de modo a não voltarem mais, um pouco antes de irmos para a Inglaterra. Sally jamais soube.

Se eu tivesse de escolher meu show favorito da turnê, diria que foi no Paradiso, em Amsterdã. O local é incrível; é uma construção escura, misteriosa, que antes fora uma igreja. No interior do salão principal, o teto é bem alto, há arcos e uma acústica sensacional. Inúmeras lendas já tocaram lá, dos Sex Pistols aos Stones, e, portanto, eu estava exultante em fazê-lo. Axl falou sobre antigas estrelas do rock naquela noite durante a apresentação. Eu não saberia reproduzir suas palavras exatas, mas o essencial do que disse foi que quaisquer astros do rock da geração mais antiga que se sentissem superados por nós teriam razão – estávamos sendo ainda melhores do que eles. Acho que coroou esse discurso dizendo a Paul Stanley que fosse tomar naquele lugar.

Esse show foi tão fabuloso que Izzy e eu decidimos comemorar arranjando um pouco de heroína. Encontrávamo-nos em Amsterdã, afinal, onde drogas leves são basicamente legalizadas e drogas pesadas não são difíceis de encontrar – ao menos foi o que achamos. Passamos metade da noite procurando traficantes e, enfim, compramos heroína de qualidade tão inferior e fraca que o esforço nem valeu a pena. Obviamente, fomos identificados como turistas.

Pegamos uma balsa da Holanda à Inglaterra e, embora para os caras já experientes em turnês da equipe não fosse grande coisa, para nós foi o máximo. Uma pessoa podia fumar quanta maconha quisesse até chegar ao destino. Foi uma algazarra, toda a equipe e a banda fumando até não poder mais, tentando consumir o restante do que fora adquirido em Amsterdã. Havia uma área principal de bar, e Axl ficou tão chapado que foi dormir num dos sofás. Éramos os únicos ali quando ele apagou, mas logo o lugar ficou cheio de gente, e todos os demais passageiros se sentaram em volta de Axl, alguns até quase se recostando nele. Dentro das cabines, um membro ou outro de nossa equipe, como Bill, meu técnico de guitarra, fumava cada toco restante de seu bagulho para não ter de jogar nada fora da balsa antes de chegarmos à Inglaterra.

Encerramos a turnê em 8 de outubro de 1987, em Londres, e foi sensacional. A banda estava se solidificando cada vez mais; tínhamos tempo de estrada o bastante, até então, para saber o que fazíamos. Havíamos encontrado uma parceria perfeita. Conhecíamos uns aos outros bem o suficiente para não termos de pensar muito no que fazer no momento em que entrávamos. Uma vez que uma banda tem essa familiaridade, pode improvisar e criar a partir dali e fazer com que cada show seja único. O show no Hammersmith Odeon foi explosivo. Fãs incondicionais com os quais deparo me dizem até hoje que aquela foi a nossa melhor apresentação que já viram. Quando um show realmente engrenava, como o daquela noite, era por uma grande interação entre mim e Izzy, porque tínhamos aquela indescritível relação entre guitarras; ou eu podia estar em sincronia com a dupla de ritmo, Duff e Steven; ou havia a grande interação entre a energia de Axl e meu entrosamento cheio de emoção com ele. Era pura energia como um todo – nós a lançávamos ao público e ele a mandava de volta para nós. Não poderia ter acontecido em melhor lugar. O Hammersmith Odeon é o famoso local onde grandes nomes como Motörhead, The Who, Black Sabbath, Beatles e Johnny Cash tocaram. E foi onde Bowie fez sua apresentação final como Ziggy Stardust em 1973.

DE VOLTA AOS ESTADOS UNIDOS, POUSAMOS NA CIDADE DE Nova York e fomos direto fazer o *Headbangers Ball* da MTV. Imediatamente depois, teríamos de embarcar no ônibus da turnê para uma viagem que vararia a noite, a fim de nos reunirmos com o Mötley Crue para começarmos nossa série de shows de abertura para eles. Depois de voar a noite inteira e sem termos tomado sequer um banho, não estávamos com disposição para a entrevista da MTV. Desde o momento em que entramos no prédio, às dez da manhã, foi um tremendo contraste entre um conjunto de rock exausto, suado, em turnê com as mesmas roupas fazia tempo e o mundo corporativo da emissora. Fomos até a recepção. Um representante da Geffen nos esperava, todo sorrisos e com postura afetada. Recebemos as pequenas etiquetas com os nossos nomes, passamos pela catraca rumo ao elevador e fomos até uma sala de espera; uma sala verde com nada além de dois sofás e uma mesa. Não havia comodidade alguma, nada com que uma pessoa pudesse se distrair. Eu estava prevenido com a minha garrafa de Jack Daniel's, é claro, então fiquei bem.

Era óbvio que estávamos descontentes e, assim, alguém de lá enviou a VJ Julie Brown para dizer olá e nos manter ocupados por um minuto. Fiquei com a impressão de que a ideia não foi dela, que nem queria estar naquela sala. Fez o que lhe pediram, mas não mostrou nada do entusiasmo que era sua marca registrada; pareceu nervosa e apreensiva. Evidente que tinha os piores preconceitos em relação à nossa banda. Para alguém que vivia em Nova York e era supostamente tão descolada, revirou meu estômago. Se eu tivesse enxugado um pouco mais do meu uísque, na certa teria gritado o que estava pensando: *Cale essa merda de boca! A gente também não quer estar aqui, mas nós todos temos que enfrentar este dia!*

Quando entramos no estúdio de TV, conhecemos J. J. Jackson, o apresentador, que era supermaneiro. Eles tinham um cenário enorme e, a determinada altura, brincamos que deveríamos destruí-lo na frente das câmeras. A ideia pegou e, entre nós, decidimos que faríamos exatamente isso. Assim, passamos para a entrevista, e Axl falou e falou, respondendo a todas as perguntas de J. J. Fiquei sentado lá quieto; os demais também. Esperamos até que o programa estivesse terminando e, então, num total de dez segundos, nós acabamos com o cenário. Não pensei nisso na ocasião, nem depois, só relembrando o fato umas duas semanas mais tarde, quando assisti ao episódio. Parecíamos zumbis selvagens saídos direto do filme *Extermínio*. Foi a nossa primeira exposição de verdade, o primeiro passo até termos um videoclipe na MTV; aqueles éramos nós, penetrando devagar na consciência coletiva.

Deixando a MTV, embarcamos no nosso ônibus e, no dia seguinte, partimos com o Mötley. Parecia irreal, depois de uma semana num ônibus de turismo convertido e fazendo apresentações como atração principal na Europa, estar numa turnê no Meio-Oeste americano como banda de abertura para o Mötley Crue. Eles estavam na turnê *Girls, Girls, Girls*, desfrutavam o auge de sua popularidade e eram uma banda que não poupava despesas. Sempre gostei de Tommy, desde o momento em que o conhecera – ele deve ser a mais autêntica e verdadeira pessoa com coração de ouro a emergir daquele cenário. Gostava muito de Nikki também, porque era o cara do cérebro, do marketing e das ideias por trás da banda. Respeitava muito sua dedicação e paixão pela própria visão e a maneira como a tornara realidade. O Mötley era a única banda de Los Angeles que surgiu do cenário do glam rock que era cem por cento autêntica. Podiam não ter sido a mais original – afinal, Nikki copiara descaradamente partes inteiras de outras bandas. Mas quer fossem as do Kiss, quer de quaisquer outras de suas influências, o Mötley as usava abertamente, e era uma banda tão sincera e dedicada que não se podia condená-la pelo fato – e Nikki personificava tudo isso, a meu ver. Nessa turnê, Duff e eu vivíamos próximos de Nikki, porque sabíamos que ele sempre tinha um imenso pacote de droga.

Esses caras foram generosíssimos conosco. Eles nos acolheram feito pais orgulhosos e, como pais orgulhosos, ostentaram o sucesso conquistado com seu trabalho árduo. Aquela era a terceira grande turnê mundial deles como atração principal e, assim, tinham seu show de palco inteiramente montado: um arsenal completo de pirotecnia, uma equipe enorme, ingressos já esgotados havia meses em ginásios e estádios – o sonho completo do rock and roll. Haviam desenvolvido um conveniente sistema de comunicação através de *walkie-talkies* e códigos numéricos. Cada integrante da produção tinha um aparelho com uma etiqueta adesiva atrás explicando o que os vários números representavam. Os códigos eram estritamente para a equipe, relacionados a instrumentos, equipamentos de luz, montagem, etc. Existiam também os da banda, que cobriam as necessidades diárias deles. Por exemplo, "1" queria dizer coca, que estava listada sob um apelido; "2" era o código para garotas; o "3" era para bebida, e assim por diante. Era ótimo. A qualquer momento, conforme a situação pedisse, eles apenas apertavam um botão e diziam:

— Oi, é Tommy, preciso de um número 1, um número 3 e, se você vir umas boas número 2 no caminho, traga tudo ao meu camarim. E... há... por favor, ande depressa. Muito obrigado!

Farreamos muito com esses caras durante a turnê, mas Nikki vivia ciente de quanto estava ostentando seu sucesso e nos pondo a par da posição de sua banda. Ele e Tommy eram os únicos que nos convidavam para usufruir também. Nunca víamos Vince e, durante a turnê inteira, não conheci Mick Mars. Até hoje não o conheço, na verdade. Por mais que parecesse que Nikki estava repartindo conosco, porém, ficou claro para mim que o fazia para se vangloriar um pouco; sobretudo porque só o víamos e curtíamos seus privilégios quando ele estava a fim da nossa companhia. Havia sempre um padrão de comportamento. Na situação de turnê, ele nunca perdia o controle. Quando o perdia, porém, estava sempre numa situação em que alguém cuidaria dele. Respeito isso. Nikki não gostava de ficar vulnerável. E andar com tipos como a gente não era uma atitude que levaria ao autodomínio.

O Mötley viajava de avião particular com o máximo de frequência possível àquela altura e, durante um dos trechos de viagem mais longos entre shows, Nikki nos convidou para ir a bordo com eles. Foi mais do que a maioria de bandas importantes teria feito, e voar no Mötley Air foi um prazer. A viagem foi completa, com drinques, tiradas de coca e surfe pelos corredores durante a decolagem e o pouso — um esporte que envolve ficar de lado no corredor e virar-se de acordo com os movimentos do avião. Se você tiver a chance, faça isso; recomendo.

Na época, não existia uma programação dupla mais debochada do que o Guns e o Mötley. Por mais que tenhamos feito jus à nossa reputação, contudo, a realidade tornou-se rapidamente profissional, como de costume. Aquela apresentação foi a minha primeira exposição a uma turnê de primeira classe, o que, ao contrário de Steven, nunca fora algo que eu cobiçara, embora tenha se tornado uma parte frequente da minha vida. Para mim, aqueles momentos no palco, tocando guitarra diante de uma multidão, são tudo o que importa. É o que sempre importou para mim; faz com que todo o tédio e o drama que fazem parte de uma banda de rock em turnê valha a pena.

Embora eu tenha estado por perto do *show business* a vida inteira, na turnê do Mötley enfim me dei conta, em primeira mão, de que o entretenimento trazia partes iguais de tédio para cada momento de magia – era algo que exigia comprometimento. Mesmo na melhor das situações, a vida na estrada é monótona: você se levanta a qualquer hora; arranja um jeito de passar o tempo até o show; faz o show e cai na farra, geralmente enquanto já está viajando até o próximo destino, onde fará tudo outra vez. Uma turnê se torna um grande borrão de um momento muito intenso.

Dito isso, a situação nunca se tornou clichê para mim; sempre soube onde estava. Turnês, até hoje, ainda não são um clichê para mim; nunca um lugar é o mesmo de antes. Tanto naquela época quanto agora, sempre tenho feito questão de fazer um teste de som para sentir o astral do lugar do show. Às vezes não podia fazer isso quando éramos uma banda de abertura, mas podia, sem dúvida, aprender um pouco sobre a cidade onde nos encontrávamos. Nunca me importei com o que estava acontecendo em termos culturais em determinada cidade, mas fazia questão de descobrir o que pudesse sobre nosso público e como ele era.

Contudo, quaisquer conclusões que eu tirasse sobre as pessoas que iam nos ver onde quer que estivéssemos eram, com frequência, deixadas na privada do bar a que eu fosse depois da apresentação. Na minha mente, eu tinha esses momentos esclarecedores que eram esquecidos por completo a caminho da cidade seguinte, apenas para serem aprendidos novamente na próxima turnê. Minha memória era limitada, e, uma vez que eu aguardava ansioso pelo momento que viria, o passado era esquecido depressa. A meu ver, uma turnê é como o conto de Stephen King, "The Langoliers", em que o passado avança implacável nos seus calcanhares enquanto você tenta desesperadamente ficar um passo à frente.

Quando se é ansioso assim para chegar aonde está indo, nunca há tempo suficiente num dia. Não me recordo de ter dormido ou descansado durante esse período; havia um teor febril em tudo, e eu não queria perder nada. Tinha a sensação de que, se diminuísse o passo, o tempo avançaria e, de repente, tudo iria parar.

Assim, fiz todo o possível para colocar distância entre o passado e o presente. Sempre fui desse jeito, e ainda sou. É por isso que não tenho recordações materiais sobre as quais falar. Não tenho discos de ouro e platina; apenas as guitarras, que significam algo para mim. Minha esposa,

Perla[2], ficou tão chocada com o fato que, recentemente, pediu à gravadora que refizesse para mim as cópias de platina de todos os meus discos. Pendurou-os na parede junto à escadaria que conduz ao andar de cima da nossa casa. Acho que duraram uma semana; eles me deixaram tão maluco que os tirei de lá certa noite e os guardei. Não preciso de troféus para me lembrar de quem eu sou.

MEUS ÚNICOS ELOS TANGÍVEIS COM O PASSADO, ALÉM DAS MINHAS lembranças, são as agendas diárias meticulosas que mantive durante a maior parte da vida — até que desisti delas depois que muitas foram roubadas ou eu as perdi. Mas guardei todas aquelas que restaram, e algumas se tornaram bastante úteis quando situações judiciais complicadas ou algo como este livro surgiram e precisei lembrar de detalhes específicos. Era como eu acompanhava a minha vida e, de fato, anotava cada evento significativo. Infelizmente, essa turnê com o Mötley é um espaço em branco, porque alguém roubou essa agenda, junto com todas as poucas roupas que eu levava comigo. Não foi tarefa difícil para o larápio — tudo estava metido na fronha que me servia de bagagem. Nosso segurança, Ron Stalnaker, sempre se encarregava das nossas malas. Era um tipo de cara que, sabe-se lá por que, sentia a necessidade de carregar coisas e se cansar. Sua mentalidade era como a programação de um autômato: "Devo pegar e carregar…". Não era um problema para nós; nunca usávamos os serviços de carregadores e porteiros, porque, na época, não podíamos arcar com as gorjetas.

Assim, Ronnie colocou nossa bagagem próxima à lateral do ônibus e voltou ao hotel onde estávamos para pegar mais malas. Algum garoto estivera à espera lá e apanhara os primeiros dois itens de bagagem no chão — que eram a minha fronha e a de Duff. Raramente mandávamos lavar roupa fora; não tínhamos ninguém para cuidar das nossas coisas. Às vezes — e quero dizer às vezes mesmo —, íamos a uma lavanderia, púnhamos moedas nas máquinas e lavávamos nossas roupas. Usávamos o que tínhamos e arranjávamos camisetas novas sempre que possível. Para se ter uma boa

---

2 Perla e Slash se separaram em 2018.

ideia, uma vez que o meu jeans ficou surrado demais, usei minha calça de couro durante o restante da turnê. Duff, Izzy e eu vivíamos praticamente com a roupa do corpo; as poucas peças que tínhamos eram colocadas num saco de lavanderia ou numa fronha, limpas e sujas juntas. Aquela fronha que foi roubada continha tudo o que eu precisava naquele dia: meias, uma camiseta nova, minha agenda, além do pouco mais que eu tinha para usar. Àquela altura, significávamos o bastante para que alguém quisesse roubar a minha "bagagem", como se fosse um prêmio. Acho que foi legal. Na época, foi um pé no saco porque eu não tinha outra coisa para vestir e estava atrasado para uma entrevista numa rádio. Tive de ir ao local, ao vivo no ar, enrolado numa toalha, pois dissera a Ronnie que poderia levar minha "bagagem" para o ônibus, enquanto eu tomava banho – planejara me trocar no caminho. Pelo menos, ganhei uma camiseta da estação de rádio.

O MÖTLEY ERA A ÚNICA BANDA DO CENÁRIO DE LOS ANGELES COM a qual já havíamos trabalhado em nível nacional, profissional. Fazia sentido. Era a única banda que respeitávamos, a única com a qual podíamos ter uma camaradagem. Eu ainda estava convencido de que ninguém sabia quem éramos, mas ao que pareceu não foi o caso, porque os ingressos vendiam bem e os shows eram sensacionais. Era o máximo da programação ao estilo "bad boy" para a noite, e a gente se comportava de acordo.

Houve uma vez em que Nikki Sixx e eu fizemos uma competição de bebida. Dependendo de a quem você perguntar, fui eu que comecei, alegando que conseguia beber mais do que Tommy e Nikki juntos, ou foi Nikki quem me desafiou a beber mais do que ele. De qualquer modo, nós acabamos sentando no bar do hotel em que estávamos e iniciando uma competição de bebida. Nikki tinha um sistema. Ele pedia quatro doses, e eu mandava as minhas duas goela abaixo logo de cara, enquanto Nikki bebia uma das suas e deixava a segunda de lado, a qual eu acabava bebendo porque simplesmente estava ali como uma espécie de coisa comunitária. Percebi o que ele estava fazendo, mas continuei tomando todas e, quer tenha sido por causa da conversa ou outra distração qualquer, acabei perdendo a conta. Não demorou para que, quanto mais doses houvesse ali, mais eu bebesse. No calor do momento, entornava as minhas, enquanto Nikki ficava bebericando a dele, e havia aquela dose extra que acabava indo. Eu nunca bebera daquela maneira sozinho e não estava me deixando enganar. Tinha plena consciência do que ele fazia... até certa altura.

Na teoria, estávamos bebendo o mesmo volume, mas uma vez que bebi metade das dele, eu diria que, no final, tomei vinte doses de Jack Daniel's contra as dez de Nikki. Fiquei tão bêbado que me disseram que vomitei ali mesmo no bar, entre as pernas, direto no chão, e tentei esconder. Não me lembro disso, mas me recordo de ter feito o que sempre gostava de fazer quando ficava bêbado – brincar de luta livre com alguém bem maior do que eu. Nesse caso, foi Nikki, a quem agarrei com banqueta do bar e tudo, sem mais, nem menos. Ele é bastante alto e, naquela época, era bem pesado também. Assim, acabou virando o jogo: ele me derrubou de costas e sentou em cima de mim. Como eu estava bastante grogue, fui carregado para cima e colocado na cama sofisticada de Tommy. Acordei lá na manhã seguinte, incapaz até de virar a cabeça, enfrentando a pior dor que já sentira na vida. Consegui cambalear até o meu quarto e liguei para Doug, nosso diretor de turnê, para lhe dizer que precisava imediatamente de um médico. Ao que se constatou, eu deslocara quatro vértebras no pescoço.

Mal pude tocar, porque suportar o peso da guitarra no ombro era penoso demais. Passei as semanas que se seguiram parado num ponto do palco, com a cartola enfiada ao máximo sobre o rosto. As vértebras lesadas ficavam para cima demais e perto demais da base do crânio para que um quiropata as colocasse de volta no lugar. Assim, experimentei a acupuntura pela primeira vez e foi algo que ajudou muito; submeti-me a uma sessão antes de cada show e fiz algumas por semana durante alguns meses depois do ocorrido. Até o inchaço sumir, eu andei feito um Homem de Lata enferrujado.

Essa não foi a única experiência dolorosa resultante daquela noite. Depois que apaguei, Tommy e Nikki tornaram-me alvo de uma sessão de fotos. Tiraram uma fotografia da minha cara sob o saco do Tommy. Na manhã seguinte, fizeram cópias dela e as distribuíram para todos que participavam da turnê. Acho que a foto até se tornou a imagem oficial dos passes de Acesso Total deles. Eu havia me tornado o motivo de chacota de todos.

Nunca antes, ou depois disso, o Guns teve esse tipo de relacionamento com uma banda com a qual saímos em turnê. E nunca mais houvera o mesmo tipo de baixaria acontecendo. O Mötley era o único grupo por perto com uma mentalidade autodestrutiva semelhante, combinada com um elevado senso de competitividade. Durante a turnê inteira, tentamos superar uns aos outros em todos os aspectos, o que tornou os shows muito melhores. A única coisa parecida que vivenciei foi quando o Skid Row fez abertura dos shows do Guns N' Roses anos mais tarde e, por mais que eu odeie admitir, acho que com Sebastian Bach a bordo levamos tudo um pouco longe demais.

O Mötley teve um *grand finale* reservado para nós. Honraram a antiga tradição de "batizar" o show da banda de abertura na última noite da turnê. A equipe deles manteve aquilo em segredo, e não fazíamos a menor ideia do que nos aguardava. Enquanto tocávamos a última música, dez quilos de farinha caíram do teto e, por mais maneiros que pudéssemos achar que estávamos, num instante ficamos ridículos. Levei semanas para tirar aquela merda das reentrâncias da minha guitarra.

A turnê inteira serviu decididamente como um grande aprendizado. O Mötley estava no auge do sucesso e era uma máquina bem calibrada, mas jamais esquecerei a expressão de terror nos olhos do empresário deles, Doc McGee, a cada vez que eu o via. Ele estava lidando com uma banda no limite. Naquela turnê, ao final de cada noite, Tommy ficava tão fodido que parecia estar à beira da morte. Minha última lembrança daquela experiência toda foi observar Doug empurrar Tommy pelo aeroporto num carrinho de bagagem para pegar o voo. Tommy apagara por completo na ocasião; os membros do corpo moles e caídos, a cabeça inclinada para a frente, o queixo batendo de encontro ao peito.

DEPOIS QUE ENCERRAMOS A TURNÊ COM O MÖTLEY CRUE, FICAMOS sem muitas opções – não havia muitos lugares apropriados para apresentações como as nossas. Mas houve uma combinação perfeita – Alice Cooper. Pareceu um casamento de sonhos. Tínhamos feito um show com Alice em 1986 em Santa Bárbara, que, se tivesse sido com outro artista de seu porte, teria nos desqualificado imediatamente. Quando realizamos aquele show, era para termos feito o percurso de uma hora até lá juntos, mas Axl insistiu em ir de carro com sua namorada, Erin, no último minuto. Todos nos opusemos à ideia, inclusive Alan, mas Axl convenceu-o de que não havia nada

Estávamos abrindo para Alice Cooper, mas aquela nossa apresentação mais parecia uma sessão de improviso adequada a um bar – só que num estádio.

com que se preocupar. Chegamos ao local do show, e nem sinal de Axl; mas estava supostamente a caminho. Chegou o momento de subirmos ao palco... e nada de Axl. Assim, Izzy, Duff, Steve e eu subimos lá e começamos a tocar sem ele. Izzy e Duff cantaram "Whole Lotta Rosie", do AC/DC e um punhado de outros covers. Estávamos abrindo para Alice Cooper, mas aquela nossa apresentação mais parecia uma sessão de improviso adequada a um bar – só que num estádio. A coisa degringolou tanto que, a certa altura, pedimos ao público que cantasse junto e, então, perguntamos se havia algum vocalista disponível na plateia. Ficamos em clima de amizade com a multidão por um minuto, mas aquilo mudou depressa; acabamos insultando o público e atirando coisas nele. Foi ridículo.

Permanecemos no palco durante o tempo predeterminado e, enfim, batemos em retirada de um desastre totalmente embaraçoso. Saímos de lá no mesmo instante e voltamos de carro a Hollywood, tão putos da vida que só falávamos em chutar Axl da banda ainda naquela noite e procurar outro vocalista. Fui com Izzy direto para a casa de West, e eu estava aborrecido o bastante para usar heroína outra vez. Enquanto nos drogávamos no banheiro, Izzy e eu conversamos sobre o show fodido e o que faríamos a respeito. Não era a primeira vez que tínhamos aquele tipo de conversa. Eu diria que o assunto de demitirmos Axl surgiu umas seis vezes, completamente a sério, durante o ciclo de vida da banda. Izzy e eu estávamos bem em meio à elaboração de uma estratégia para fazê-lo quando Axl apareceu. Ele entrou, sentou na banheira e começou a jogar conversa fora.

O espantoso em Axl é que ele não entendia, em situações como aquela, que havia feito algo errado; não se mancava. Pelo que observei, ele entrou naquele banheiro acreditando que não havia razão alguma para se desculpar. Ao mesmo tempo, falou pelos cotovelos e, por mais que a conversa tivesse se desviado da questão de sua ausência na apresentação, acabou se desculpando do jeito dele. E, quando o fez, também explicou, com muito mais ênfase do que dera ao pedido de desculpas, por que agira daquela maneira. Sua argumentação para suas atitudes foi tão complicada que apenas fiquei com a impressão de que Axl ignorava por completo as implicações de não ter comparecido ao show e o que se comentara na sua ausência: que ele literalmente não se tocava. Existem certos protocolos que Axl não segue; uma vez que não habita o mesmo espaço mental que as outras pessoas, as normas aceitáveis não lhe ocorrem.

Explicar-lhe essas normas podia ou não fazer diferença; nunca se sabia. Axl é superinteligente e, ainda assim, ao mesmo tempo, vive num lugar onde a lógica que governa outras pessoas não se aplica. Não se dá conta do inconveniente que suas escolhas podem ser para os outros. Não tem más intenções; é apenas o seu jeito de ser. É difícil demais sequer tentar explicar. Ele é uma pessoa totalmente sincera, mas a questão é que Axl, independentemente do mundo à sua volta, insiste em existir de acordo com normas que são verdadeiras apenas dentro do universo que criou em torno de si mesmo. Aquele show de Alice Cooper foi um exemplo claro. Fiquei zangadíssimo, e Izzy sentiu-se do mesmo modo naquela noite. Mas, por mais putos que estivéssemos, sentados naquele banheiro, falando sobre como estávamos determinados a arranjar outro vocalista, quando Axl apareceu ainda nos convenceu. Lenta mas convictamente, decidimos em nossos corações apenas esquecer. É claro que influenciou o fato de que andáramos injetando heroína... estávamos viajando tanto que, depois de algum tempo, nada daquele drama pareceu importar.

Em todo caso, aquilo era passado e tínhamos coisas mais urgentes. Voltando a Alice, parece que ele gostou daquela nossa apresentação; acho que tinha visto um pouco de si mesmo quando era jovem em nós. Alice estava divulgando *Raise Your Fist and Yell* e não andara tendo um ano dos melhores. Quase morrera no palco quando sua famosa guilhotina para espetáculos dera defeito e por pouco não o decapitara. Alice também promovera uma rreestruturação depois daquilo e, exceto por uns poucos membros desordeiros de sua banda, nós éramos as únicas maçãs podres em evidência naquele cenário. Partimos num trecho de sua turnê norte-americana com mais um motorista de ônibus novato, incompetente e memorável. Era um músico cabeludo que gostava de falar do que vivia compondo e, por mais que fosse alguém "divertido" de se andar, fazia coisas que tornavam nossa vida mais difícil do que deveria ser. O maior problema era que sempre queria sair com a gente e, assim, em vez de estacionar o ônibus num lugar e nos deixar ir aonde quiséssemos, ele se oferecia para nos levar no veículo e invariavelmente fazia com que nos perdêssemos pelas ruas. Nem é preciso dizer que não durou muito.

Quando integramos a turnê, Alice foi supergentil e nos deu todo apoio. Deu-nos as boas-vindas a bordo com toda a naturalidade, sem questões de hierarquia, sem frescura. Gostava sinceramente da nossa banda e do que

Slash teve a honra de dividir o palco com Alice Cooper muitas vezes ao longo dos anos.

fazíamos – e nós o adorávamos. Tiramos uma porção de fotos com ele, para se ter uma ideia. Foi uma transição interessante. Com o Mötley, tínhamos visto uma produção em larga escala acontecendo e uma apresentação previsível a cada noite. Com Alice, era a mesma coisa num nível completamente novo. Ainda que tivéssemos sido fãs durante anos, com base em seus discos, suas letras e sua personalidade, era algo muito diferente estar em turnê com ele. Alice tinha um tecladista, um guitarrista que parecia um levantador de peso, Kip Winger no baixo, outro guitarrista e um baterista. Contava com o apoio de vários profissionais contratados e todos os tipos de recursos performáticos, e era interessante observá-lo interagir com tudo isso. Sua banda tinha oito instrumentos, cantores de *backing vocals*, atores, troca de figurinos… era sem dúvida um espetáculo.

Ele também tinha uma cobra, e me entusiasmei ao vê-la. Mas Alice não era um colecionador de cobras; não tinha uma de estimação em casa. Aquela era mais um efeito cênico também. Porém, dispunha de alguém para cuidar dela enquanto viajávamos ao longo do gélido Meio-Oeste, um cara que não tinha muita experiência e nem conhecimento sobre como tratar aquela pobre jiboia. Assim, dei-lhe algumas dicas. Seja como for, arrasamos naquela turnê.

Graças à produção, ficamos lá na parte da frente do palco, bem diante do público, o que foi um catalisador. Os shows foram dinâmicos, com iluminação mínima e locais menores do que aqueles da turnê do Mötley. Foi uma imensa e rápida mudança em comparação ao que havíamos vivenciado. E esse foi um tema que caracterizou essa época para nós: mudávamos de marcha a todo instante. Apesar de drásticas, essas mudanças nos forçaram a aprender muito num período curto. Se não nos adaptássemos, fracassaríamos; era simples assim. Para uma banda com suas peculiaridades, foi bom para nós sermos obrigados a encarar todas essas diferentes situações sem aviso prévio.

ESTÁVAMOS NA ÁREA CENTRAL DE MICHIGAN, EM ALGUMA CIDADE no meio do nada. Eu estava tomando um drinque no bar do hotel quando o nosso diretor de turnê me disse que a apresentação fora cancelada porque algo acontecera com Alice. Algumas horas depois, soubemos que o pai dele falecera. Nos dias que se seguiram, aguardamos no bar do hotel, perguntando-nos se a turnê continuaria. Na segunda noite daquela vigília, Steven Adler perdeu completamente a cabeça. Ele podia ficar bastante emotivo num piscar de olhos, e a maneira de demonstrar aquilo era desafiadora ao extremo. Naquela cidadezinha havia um bar, um restaurante ou dois, o hotel e nenhuma outra distração num raio de quilômetros. Duff estava com ele na ocasião. Tinham saído para beber e, por alguma razão, Steve ficou tão alterado que esmurrou uma lâmpada de rua. Quebrou a mão inteira e ficou de molho por umas seis semanas.

Alan nos agendara quatro datas de apresentações como banda principal em Los Angeles, que se seguiriam às semanas da turnê de Alice, e nos demos conta de que Steven não retiraria o gesso a tempo. Assim, espalhamos a notícia de que precisaríamos de um baterista temporário para alguns shows. Numa questão de um dia, fechamos com Fred Curry, do Cinderella, que era excelente. Fred aprendeu todas as músicas logo de cara e ensaiamos com ele no saguão do hotel em Michigan; Izzy, Duff e eu nas nossas guitarras, enquanto Fred acompanhava na bateria.

Após poucos dias, soubemos que Alice cancelara a turnê e, assim, pegamos um voo de volta para Los Angeles e nos preparamos para os shows no Perkins Palace. Estávamos todos ressentidos com Steve. Não tivemos dó nem piedade quando ele acordou com o braço engessado na manhã após o incidente com a lâmpada de rua, sabendo que enchera a cara e cometera uma burrada. O cara ferrara tudo – e teria de lidar com as consequências.

Quando voltamos a Los Angeles, Steven e eu ficamos nos Apartamentos Franklin, flats mobiliados na Franklin, em Hollywood, no período que antecedeu os quatro shows no Perkins Palace, em Pasadena, e por algum tempo depois disso. Quando me hospedei lá, Sally estava comigo. Ela aparecera no Drury Hotel no Missouri – o qual chamávamos de Droga de Hotel – com um *green card* e pronta para ficar comigo por algum tempo. Sally é de Sheffield e uma autêntica garota inglesa; portanto, sentiu-se como um peixe fora d'água imediatamente, em turnê com a gente, mas sobreviveu. Ela e eu ficamos num flat logo ao lado do de Steven.

Tivemos algumas semanas antes daqueles quatro shows agendados em Pasadena e, como de costume, com algum tempo livre em Los Angeles, mergulhei de cabeça em atividades noturnas. Numa dessas noites, Lars

Ulrich e James Hetfield, do Metallica, apareceram e promovemos uma noitada daquelas. Sally estava lá. Havia também uma garota com quem James queria transar, e eu o deixei levá-la para o meu quarto. Eles já estavam ali fazia algum tempo e precisei entrar para pegar algo. Assim, fui em silêncio e vi James fazendo sexo oral com ela. Ele estava de pé junto à cama, puxando a cabeça dela freneticamente para si, gemendo naquele vozeirão dele, mandando ver e exclamando:

– Isso mesmo! Sim! Isso mesmo!

Steven, Sally e eu farreávamos a valer a cada noite. Uma vez fomos ao Cathouse, que se mudara para um lugar entre a Highland e Melrose, e, naquela noite, deparamos com o infame Mark Mansfield e também com Nikki Sixx. Nosso pequeno grupo se reuniu. Eu estava numa fase anti-heroína na ocasião, por isso não me interessei, mas Mark tinha um pouco da droga, e ele, Steve e Nikki queriam usá-la. Nem sequer presenciei o fato – eles saíram rumo ao apartamento de Steven para se drogar.

Mais tarde, Sally e eu voltamos para casa; tomamos mais alguns drinques no nosso quarto e eu apaguei. Sally permaneceu acordada. Acho que estava ciente do que se passava no apartamento de Steve. Não sei qual foi a sequência dos acontecimentos porque não estava lá, mas aqueles caras haviam se drogado e, à certa altura, Nikki foi até o meu apartamento. Ao que tudo indica, andara se injetando demais, porque sofreu uma overdose no meu apartamento.

Sally tentou me acordar quando encontrou Nikki caído a um canto. Eu tinha ficado tão bêbado e cansado que ela teve de me colocar no chuveiro para me despertar. Não deu muito certo. Fiquei contrariado, comecei a me debater e acabei quebrando a porta de vidro do boxe. Naquele meio-tempo, os paramédicos levaram Nikki do quarto. Steven estava lá também, drogado, é claro. Graças a Deus por Sally; foi ela quem ligou para o resgate. Do contrário, Nikki poderia não estar mais aqui.

Poucas horas depois, Christine, assistente de Doc McGee, passou por lá para pegar as coisas de Nikki. Soubemos que ele fora para o Cedars-Sinai, onde o reanimaram e de onde saiu algumas horas depois. Não sei ao certo o que fez depois disso, mas diz a lenda que usou mais heroína e imortalizou a noite com a música "Kickstart My Heart". Em todo caso, se alguém tivesse o poder de matar com o simples olhar, Christine o teria feito comigo. Tratou-me como se a overdose de Nikki fosse culpa minha. Como se a droga e a ideia tivessem sido minhas e eu o tivesse obrigado àquilo. Christine costumava ser simpática comigo, mas naquele incidente me deu o gelo absoluto. Nunca mais falei com ela.

Apesar de tudo isso, os shows no Perkins Palace foram alguns dos melhores que já fizemos... e Fred Curry estava tocando. Foi horrível para Steve. Ele ficou parado lá, com o lenço no pescoço ao estilo de Clint Eastwood, um daqueles chapéus com dois canudinhos ligados a latas de cerveja e o braço engessado. Tive uma certa pena dele. Estava tão puto da vida! Foi civilizado com Fred, mas por pouco. Pude entendê-lo: Steven teve de sentar lá e nos observar tocar tão bem – sem ele – para um público acolhedor, amistoso como nunca tínhamos visto.

NÃO TIVE NADA A VER COM A OVERDOSE DE NIKKI, MAS O FATO DE ela ter acontecido no meu apartamento foi razão o bastante para que a direção me punisse, afastando-me de Hollywood com Steven e Sally, e nos confinando a um Holiday Inn em Hermosa Beach. Foi a primeira de algumas vezes em que a direção encontrou meios de me tirar da cidade e me mandar para lugares com menos atividade, num esforço para me manter na linha. As intenções dos responsáveis eram boas, mas a maneira de colocá-las em prática nunca era. Hermosa Beach ficava distante de Los Angeles, e uma coisa foi certa – fiquei preso lá naquele pequeno quarto com uma TV mixuruca e duas cadeiras porque não tinha carro. Não havia uma cozinha adequada. Não havia *nada* adequado. E, como se não bastasse, o lugar ficava longe demais de uma cidade para que essas necessidades pudessem ser preenchidas. Eles não tinham sequer serviço de quarto.

Steven ficou no quarto ao lado do meu e de Sally e, tenho de dizer, esse foi o início da derrocada dele. Nas poucas ocasiões em que o vi, tinha todos os tipos de merda acontecendo naquele quarto. Estava usando coca adoidado e sempre uma garota ou outra lhe fazia companhia. Só posso afirmar isso em retrospectiva porque, na época, ele parecia feliz. Já eu estava lá enxugando garrafa após garrafa de Jack, enquanto meu relacionamento com Sally ia por água abaixo. Passamos a brigar sem parar depois que fomos para Hermosa Beach. Ela se tornou cada vez mais beligerante, e quando enfim perdi a paciência, mandei-a de volta para Los Angeles.

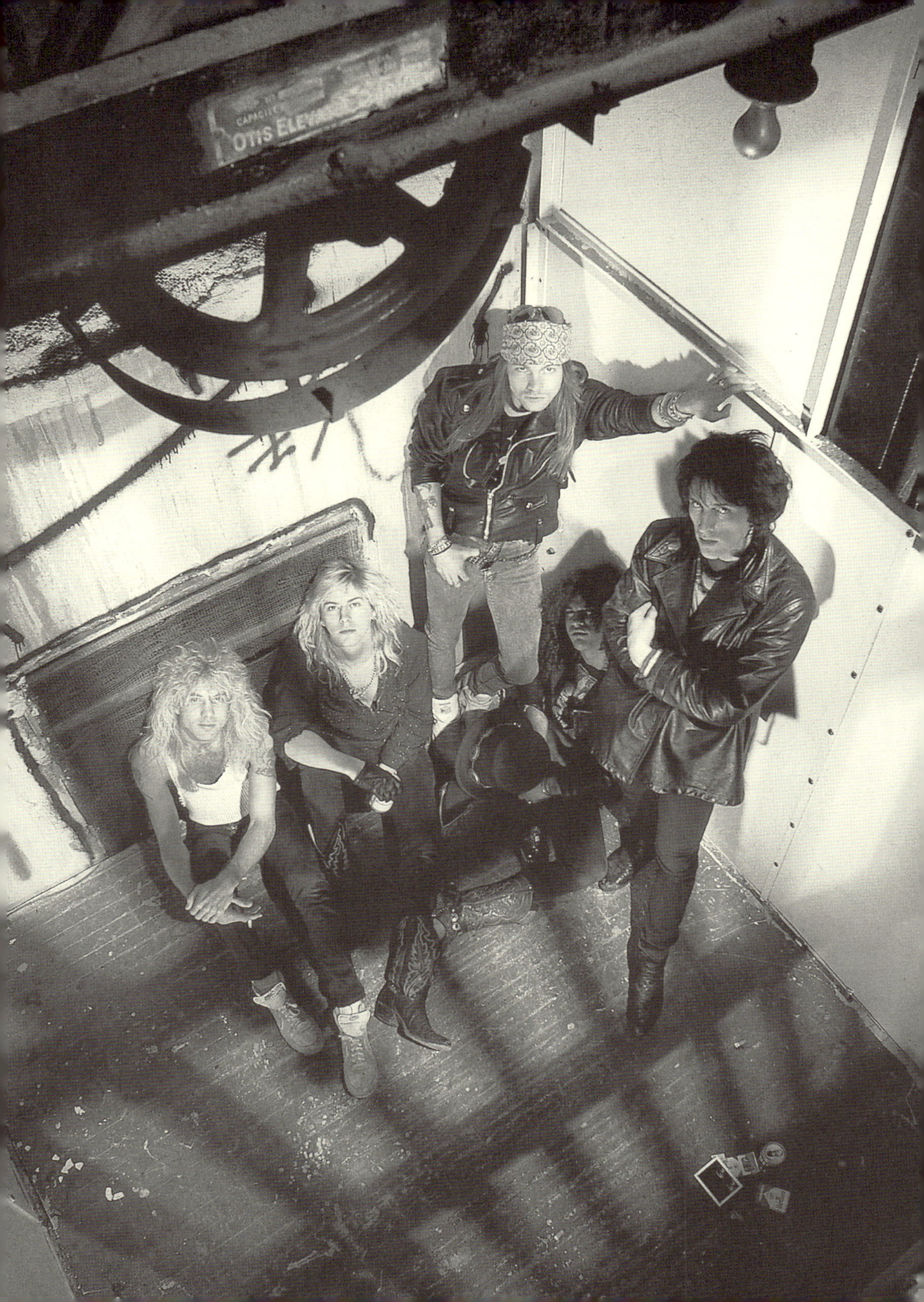
OTIS ELEV

Ao longo dos poucos anos seguintes, deparei com Sally algumas vezes, e ela até se materializou ao pé da minha cama... mas chegaremos a isso em breve. Fizemos o álbum *Lies* durante esse período. Gravamos toda a parte acústica e eu acrescentei meus solos de guitarra. Isso me manteve ocupado por uma porra de segundo, o que foi ótimo, porque cada dia que eu passava em Hermosa Beach era mais um em que eu chegava mais perto de explodir. Levei apenas dois dias para executar as partes de guitarra de *Lies*. Estava tão eufórico por voltar a Los Angeles que as fiz muito depressa – gostaria de ter me dedicado mais.

Pareceu que meu exílio durou uma eternidade; era o tipo de realidade em que vinte e quatro horas levam anos. Eu não era muito popular lá também. Ia aos botecos locais, mas não havia nada divertido para fazer, e a vibração dos residentes não era das mais hospitaleiras. Aquele lugar era um cenário de praia e surfe, e quando uma cidade adota esse estilo como identidade cultural, não há nada interessante nela em absoluto – ao menos não para a minha sensibilidade de rato de esgoto da época.

DEPOIS DE DAR UM TEMPO, A GENTE FOI PARA A CIDADE DE Nova York a fim de tocar em algumas datas como banda principal. Tivemos a abertura do Zodiac Mindwarp em algumas, como também do EZO. Essas apresentações foram meio vacilantes, mas eu me lembro de ter tocado no Limelight. Não levamos aquilo assim tão a sério. Nosso plano era o de ir até lá e usar o equipamento de alguma outra banda. Tomei pílulas para dormir antes do embarque em Los Angeles e, quando perdemos o voo porque Axl chegou atrasado, consegui, sabe-se lá como, manter-me acordado.

Sempre viajávamos juntos para os shows. Enquanto esperávamos Axl e o voo seguinte, fiquei bebendo Jack. Quando chegamos a Nova York, era hora de ir direto para o local do show. A combinação de bebida e pílulas começara a surtir efeito. Eu havia dormido talvez uma hora durante o voo. Era praticamente um zumbi. Subimos sem ser anunciados e, levando-se tudo em conta, foi uma noite ótima. O único problema foi o temido momento em que teríamos de executar "Sweet Child o' Mine". Levei dez minutos para acertar aquelas primeiras oito notas. Eu começava e parava, começava e parava, até que enfim consegui. Foi embaraçoso, mas engraçado ao mesmo tempo. Acho que foi nessa mesma noite que mergulhei do palco e a multidão se abriu feito o Mar Vermelho, deixando que eu me estatelasse no chão. Fiquei deitado lá por um momento, fazendo uma inspeção mental para checar se fraturara algum osso ou não. Em seguida, voltei ao palco e tentei fingir indiferença.

O show no Ritz de Nova York que fizemos naquela viagem tornou-se extremamente popular na MTV. Não foi de jeito nenhum um dos nossos melhores shows. Axl estava com problemas nas cordas vocais e, embora não tenhamos tocado mal, tocáramos muito melhor no passado recente. De qualquer modo, foi um punk rock solto e um tanto desafinado e, só por essas razões, já é algo a ser reconhecido. Essa filmagem é importante porque é a essência da banda. O público foi sensacional e, como tantos momentos memoráveis, aquele terminou antes que eu me desse conta.

Fizemos algumas apresentações na Costa Leste depois disso, e foi o melhor do Guns. Houve uma noite em particular no L'Amour, no Brooklyn, que era um dos locais mais clássicos de metal/hard rock onde alguém poderia tocar em Nova York. Izzy ficou completamente bêbado entornando cervejas nos bastidores enquanto aguardávamos para entrar. Mas manteve-se imperturbável a sua própria maneira – Izzy era sempre engraçado desse jeito. Naquela noite, ele tocou como se nada estivesse errado, passando o show inteiro sentado junto a seu equipamento. Foi hilário de se observar.

Essas foram grandes apresentações – todos os fãs que estiveram lá sabem disso tanto quanto eu. Durante esse período, quando éramos a atração principal, tínhamos uma certa presença majestosa. Algo acontecera naqueles meses em que fizéramos a transição de banda de abertura para banda principal. Àquela altura, já sabíamos como fazer dos nossos quarenta e cinco minutos uma experiência espontânea, sem barreiras. Éramos uma excelente banda de abertura e, quando nos contratavam para tocar mais, ficávamos ainda melhores. Ser a atração principal, no entanto, dava uma vibração pessoal e especial ao show; naquelas noites em que tínhamos o controle total da situação, éramos a banda de todos.

VOLTANDO A LOS ANGELES, GRAVAMOS O VIDEOCLIPE DE "Sweet Child o' Mine", que nos manteve ocupados até que Alan pudesse nos colocar de volta na estrada. Aquele vídeo ficou bom; foi apenas mais uma gravação de dois dias que incluiu muitas esperas. Uma vez que havia um elemento de performance ao vivo nele, eu me senti numa boa em relação à coisa toda. Aquele vídeo em particular exibiu as namoradas da época de cada um da banda, o que, olhando para trás agora, é engraçado.

Naqueles tempos, Alan designara Ronnie, o segurança, para ficar de olho em mim. Ele era muitíssimo leal, dedicado, e eu transformei esse aspecto da personalidade do cara em fonte de grande diversão. Alan tinha as melhores intenções, mas entrei em mais encrencas depois que Ronnie assumiu o posto, porque me concentrei em zoar com ele, fazendo disso meu novo passatempo. Ele tinha de me trancar no meu quarto e se esconder no corredor, para o caso de eu tentar escapar – porque era o que eu fazia. Ronnie era ótimo. Fazia o meu jogo e nunca perdeu de fato a calma, nem mesmo naqueles momentos em que eu concentrava todos os esforços em escapulir sem que percebesse. Levando-se tudo em conta, foi alguém de grande valor; até que as coisas acabaram degringolando. Chegaremos a tudo isso logo.

NOSSO TRABALHO SEGUINTE DEIXOU A TODOS APREENSIVOS ANTES mesmo de termos aceitado. Era uma abertura para o Iron Maiden, começando em maio de 1988, no Canadá, na turnê de lançamento do álbum *Seventh Son of a Seventh Son*. Não ficamos assim tão empolgados com a ideia, uma vez que não achávamos que formávamos a combinação perfeita. Não tinha nada contra eles; passara a conhecer o trabalho dos caras por intermédio de Ron Schneider, do Tidus Sloan, que adorava Iron Maiden, Rush, Armagedon e Black Sabbath – assim, eu estava bem familiarizado com a coleção inteira do Iron Maiden. Passara várias tardes, quando cabulávamos as aulas do ensino fundamental, observando Ron tocar seu baixo Rickenbacker juntamente com os discos do Maiden. O que eu mais gostava era *The Killers*. Depois desse álbum, perdi contato com o som dos caras.

O tema do Iron Maiden para aquela turnê e para o álbum a ser divulgado era uma espécie de holocausto polar. O cenário parecia uma grande geleira de onde a mascote deles, Eddie the Head, emergia da tumba de gelo, ou algo assim. O disco foi um grande sucesso para eles no Reino Unido e é considerado um dos melhores da banda. Para nós, a coisa toda era ridícula. Odiamos de cara o show deles no palco e tivemos grande dificuldade em tocar com aquele cenário glacial ao fundo todas as noites. Aparecemos para a primeira apresentação e não pudemos fazer uma passagem de som porque a equipe da banda ainda não havia montado a geleira toda. Sem mencionar o Abominável Homem das Neves...

Naquela época, não dispúnhamos de hotéis pagos durante o dia e, desse modo, ou ficávamos no local da apresentação ou no ônibus até a hora de subir ao palco. Aqueles foram shows interessantes. Estávamos tão deslocados que foi um desafio. Nós nos empenhamos para tocar bem e fomos bem recebidos na maioria das vezes; não fomos amados, nem odiados – para cada show em que de fato nos entrosamos, houve vários em que não foi o caso.

Duff e eu tentamos nos entrosar com os caras do Maiden. Essa banda é uma verdadeira instituição britânica, e estávamos cientes do fato. Eles têm estado aqui há uma eternidade, possuem a própria equipe e o que fazem é o que têm feito há anos. Éramos uma banda estreante norte-americana, com nossos defeitos, mexendo com o sistema totalmente estabelecido deles. Duff e eu respeitávamos isso e saímos uma noite com os caras; jogamos dardos, promovemos uma afinidade momentânea e foi ótimo. Não foi difícil: eles eram especialistas no jogo de dardos e nós não, e levamos numa boa nossa derrota.

Por um breve momento, pareceu que havíamos encontrado alguma coisa em comum com o Maiden. Mas não durou. Alguns shows depois, Axl entrou na sala de descanso, que estava apinhada com pessoal de ambas as equipes, e fez uma declaração. O recinto era uma espécie de lugar sagrado para bandas em turnê: é uma zona neutra, uma área compartilhada; mais ou menos como o pátio da prisão. É o único lugar da turnê onde todos toleram todos. E, então, por volta de meados da turnê, Axl entrou lá e pirou: virou uma mesa e saiu intempestivamente. Parecia frustradíssimo e já pelo pescoço com aquela viagem.

Já havia uma tensão inquietante entre o Maiden e o Guns, e aquela atitude sem dúvida elevou-a até o grau Amarelo – o Vermelho sendo nuclear. Os efeitos logo se espalharam e, daquele ponto em diante, não houve mais socialização alguma entre as bandas. Foi constrangedor, mas nos determinamos a ficar até o fim.

A turnê do Maiden prosseguiu pelo Canadá e se dirigiu a sul para Seattle e o norte da Califórnia. Não sei ao certo, mas acho que houve um dia em Bay Area em que Axl se recusou a deixar o hotel para fazer a apresentação. Se bem me recordo, ele ainda permanecia em seu quarto quando o restante de nós saiu para se apresentar, e Alan estava com ele. Não muito tempo depois, recebemos o telefonema avisando que Axl não se sentia bem e não podia fazer o show. O público que aguardava o Maiden era grande, e Alan insistiu para que Duff e eu fôssemos até lá para informar que Axl adoecera. Logo que entramos no palco, houve uma onda de entusiasmo e muita vibração... até que a multidão ouviu o que tínhamos a dizer. Foi lamentável – uma pena; eu gostaria que não tivesse acontecido. Seja como for, quando demos a notícia, não foi bem recebida – e foi a primeira vez que nos defrontamos com uma reação daquelas em nossa carreira. A multidão ficou tão desapontada que ficou evidente o quanto se importava – e nós nem sequer éramos a atração principal. Não havíamos esperado tanto dos fãs do Maiden. Não fazíamos ideia de que tínhamos dado um passo tão definitivo. Foi uma surpresa boa.

Restavam poucas apresentações para abrirmos para o Maiden na Califórnia antes de encerrar a turnê e, por mais que nenhum de nós quisesse subir lá e tocar, todos tínhamos um compromisso a honrar. Havia dois shows em Irvine Meadows, mas a garganta de Axl estava tão inflamada que não conseguiria cantar nesses últimos shows – não haveria como. Não sei ao certo como as coisas se encaixaram, mas aconteceram de modo que Alan acabou tendo um mínimo de tempo para se desdobrar a fim de cumprir o contrato. Ao final, o L.A. Guns foi contratado para fazer a abertura, com a condição de que o suficiente de nós aparecesse para tocar com eles. Duff, Izzy, Steven e eu fomos até lá, relutantes – para dizer o mínimo –, para tocar ao menos algumas músicas. Subimos no palco, e nossa equipe me contou depois que o L.A. Guns tentara sabotar nosso equipamento; haviam abaixado todos os amplificadores para fazer com que soássemos péssimos. Acho que Tracii ficou com medo de que eu tocasse melhor do que ele. O que quer que tenha sido, tentaram puxar nosso tapete, mas nosso pessoal percebeu e tornou a ajustar o equipamento. Em todo caso, aquele show acabou com qualquer tipo de relacionamento "civilizado" entre mim e Tracii Guns.

AQUELES SHOWS ERAM OS ÚLTIMOS COMPROMISSOS NA NOSSA agenda. Quando voltamos a Los Angeles, comecei a andar na companhia de West Arkeen, e houve rumores e uma preocupação geral no círculo da banda de que eu estivesse voltando à heroína. A verdade é que a usei uma vez e foi só. Mas as intenções de todos eram boas: preocupavam-se com a possibilidade de eu mergulhar na droga se não tivesse nada para fazer. E não estavam propriamente enganados. Eu tinha uma inclinação para a rebeldia, e nunca conseguiam me domar. Com aquilo em mente, Alan decidiu que Doug devia me levar para o Havaí para que eu sossegasse um pouco.

Então fomos para Maui, e, como Doug é aficionado por golfe, deixou-se absorver por completo, porque ficamos hospedados num *resort* de primeira que ele escolhera por essa exata razão. Eu deveria tomar sol e "relaxar"... foi um pesadelo. O lugar era inteiramente formado por bangalôs; tínhamos um carro alugado à disposição para a semana e estocamos nossas pequenas cabanas com provisões. Era um lugar tão caro quanto qualquer hotel, mas não se parecia em nada com um. Tínhamos uma estadia programada para duas semanas, mas, depois de cinco dias, eu estava pronto para partir. Comecei a chamar Doug e a exigir passagens de avião para algum lugar mais interessante.

— Posso pegar um voo para qualquer lugar, cara! — berrei. — Por que estou nesta porra de lugar, afinal?

— Relaxe, Slash, está tudo bem — disse ele. — Certo, para onde quer ir?

— Qualquer lugar! Merda! Vou para Nova York, porra!

No final, em vez de me despachar num avião, ele concordou em chamar para mim uma *stripper* gostosa que eu conhecera em Toronto. Doug providenciou tudo, e então fiquei feliz. Era para eu estar pegando leve, mas ainda assim tomei todas naquela viagem. Numa noite em particular, depois de uma bebedeira com a *stripper*, por alguma razão imbecil, achei necessário quebrar todos os detalhes em vidro na porta da frente do nosso bangalô.

Não parei para pensar naquilo, pareceu perfeitamente natural no momento. Houve uma batida repentina na porta, quando estávamos sentados no sofá, e um imenso samoano, que era segurança do *resort*, aguardava do lado de fora com um ar contrariado.

— Você quebrou todo este vidro? — perguntou.

— Sim — falei. — E daí?

— Terá de recolher tudo — ordenou ele, intimidante. — Tem de limpar toda essa bagunça.

O cara estava certo. Sim, segundo as normas da boa educação, eu deveria ter recolhido todo o vidro que havia quebrado. Mas estava pagando quase mil dólares a diária só para estar ali e, gastando aquela exorbitância, não tinha disposição alguma para limpar nada.

— Por que *você* não limpa essa porra toda, cara? — repliquei.

O sujeito me encarou por um segundo. Em seguida, agarrou-me pelo pescoço e me prensou contra a parede. Sei lá o que ele planejara. Tudo o que eu sabia era que mal conseguia respirar e que minhas costas descobertas doíam de encontro à parede de alvenaria.

Minha garota ficou desesperada e pulou em cima do brutamontes, tentando detê-lo de algum jeito. Não adiantou muito. Ele estava grudado no meu pescoço feito um pit bull. Tentou tirá-la das costas com um braço, mas continuou apertando meu pescoço com a outra mão. A cena toda foi barulhenta e, numa questão de minutos, havíamos atraído uma multidão. Um casal do bangalô vizinho se aproximou e, quando o samoano os viu, foi como o efeito da criptonita: num instante endireitou a coluna e apenas saiu correndo. No dia seguinte, tentei encontrá-lo, mas foi em vão. O sujeito desapareceu e nunca mais voltou; deixou o emprego e tudo o mais para trás, ao que pareceu.

COMEÇAMOS UMA MINITURNÊ POUCO DEPOIS DISSO. FOI UM evento que Axl agendou para manter nosso pique. Tocamos num teatro em Phoenix com o TSOL, e lembro-me de que, quando cheguei lá, todos da nossa equipe ficaram felizes e aliviados em me ver. Eu estava bronzeado, e Doug mal cabia em si de orgulho. Segundo ele, levara-me para o Havaí e me endireitara. Achei isso bastante engraçado.

Fizemos a primeira apresentação, e estava tudo bem. Na segunda noite, porém, Axl não apareceu. Recusou-se a deixar o quarto. Não sei quanto esforço Doug e Alan empenharam para tentar tirá-lo de lá, e ainda não entendo por que ele não queria sair, mas, sem dúvida, foi um golpe duro no moral de todos. A banda estava dando o melhor de si. Éramos a atração principal, e não pudemos perdoar tamanha irresponsabilidade. Não existem muitas razões para não se subir num palco: morte na família, ou se você mesmo está morto ou muito doente, é justificável. Exceto por isso, você vai arrastando até o palco se for preciso. O episódio provocou uma reação em cadeia – as comportas da disfunção foram abertas a partir desse ponto.

Steven encontrou alguém que tinha drogas em Phoenix e nós dois arrumamos um pouco da parada. Não sei o que Izzy e Duff resolveram fazer, mas Steve e eu estávamos doidões. Tudo o que recordo daquela noite é que nosso hotel parecia cavernoso. Era como se a distância entre o meu quarto e o de Steven fosse de dez quilômetros. Aquele lugar era escuro e misterioso. Havia um número significativo de pessoas que reservara quartos ali estritamente para festejar depois do show e estavam a mil. Assim, pairava um clima sinistro regado a drogas por ali.

Ao nascer do sol, Doug e Alan convocaram uma reunião com a banda durante o café da manhã. Duff, Izzy, Steven e eu entramos no restaurante e nos sentamos com Alan, que abriu o jogo. Ele disse que estávamos prestes a arruinar tudo pelo que tínhamos trabalhado tanto para conquistar. Precisei de todo o esforço apenas para manter a cabeça erguida por dois segundos, enquanto Alan prosseguia, avisando que não poderíamos continuar daquele jeito. Fizemos questão de expressar nosso desapontamento com a falta de consideração de Axl e com o fato de ele nem sequer ter ido à reunião. Sabíamos, entretanto, que não poderíamos simplesmente sair e arranjar outro vocalista. Pareceu que Alan concordava conosco e prometeu conversar com ele. Não fez a menor diferença, é claro.

Retornamos a Los Angeles, cancelando o restante da nossa turnê. Etapa seguinte: abrir para o Aerosmith. Pareceu que o ambiente controlado de ser uma banda de abertura seria bom para nós, na ocasião. O empresário deles, Tim Collins, cuidara da sobriedade dos caras, e a banda gastara milhões para que todos ficassem limpos e num universo sóbrio. E haviam contratado uma banda de abertura que andava mal das pernas. Só posso

Steven Tyler, Slash e Joe Perry.

imaginar as mentiras que Alan inventou sobre como estávamos indo maravilhosamente bem para fechar aquele contrato.

Tom Zutaut, Alan Niven e Doug Goldstein ouviram todo um tratado da parte de Tim Collins sobre as restrições e condições para que a sobriedade do Aerosmith não fosse colocada em risco. Em seguida, nós também tivemos uma reunião com ele. Aparecemos em seu hotel em Los Angeles, onde pedimos o equivalente a uns mil dólares em bebida ao serviço de quarto quando ele foi ao banheiro. Enquanto os garçons empurravam para dentro aquele imenso carrinho de drinques e comida, Tim não disse nada, apenas torceu os lábios.

— Desculpe, cara — falei. — Nós estávamos com fome... e sede.

Foi nossa maneira de lhe mostrar que não abriríamos mão do nosso estilo de vida, mas estávamos dispostos a seguir algumas normas essenciais. Todas as bebidas alcoólicas seriam consumidas em copos descartáveis e garrafas de bebida teriam de ser mantidas longe da vista. Óbvio que nenhuma menção seria feita a heroína ou cocaína. Não seria um problema. Nunca era difícil mentir quando tínhamos drogas, porque nenhum de nós jamais fora do tipo que dividia.

A turnê começou em julho, durando dois meses, e eu não poderia estar mais feliz; afinal, ia abrir para uma das bandas que significavam muito para mim. O novo álbum do Aerosmith, *Permanent Vacation*, foi o primeiro com as letras escritas por compositores de fora do grupo e continha os primeiros sucessos que a banda desfrutou durante anos. Embora eu não achasse que o uso de compositores externos fosse o ideal, fiquei feliz em vê-los renascer das cinzas.

A primeira noite da turnê do Aerosmith foi tumultuada. Começou em Illinois e, embora o restante de nós tenha aparecido cedo o bastante para vê-los checar o som, Axl não deu as caras, só surgindo quando faltava meia hora para o nosso show. Pouco antes, Steven Tyler se adiantou até mim para perguntar:

— Ei... e aí, onde está o seu vocalista? — Essa se tornou uma tirada recorrente. É a maneira habitual de Steven me cumprimentar sempre que me vê.

Axl apareceu no último minuto, o que, claro, causou tensão à volta, mas tocamos bem o bastante para compensar.

As apresentações foram no Estádio dos Giants, com o Deep Purple na programação. O estádio é imenso, e tínhamos tanto espaço naquele palco

Slash finge que não acabou de consumir cinco carreiras de cocaína. Joe Perry sabe que Slash está drogado. Note os braços rigídos e a mão em punho de Slash.

que poderíamos até correr por ele; sempre fomos bons nisso. Fizemos uma apresentação de quarenta e cinco minutos e tocamos "Paradise City" duas vezes, porque estávamos fazendo um videoclipe para a música. A multidão enlouqueceu. Esse estádio tem capacidade para oitenta mil pessoas e, embora não estivesse totalmente cheio, nunca havíamos tocado para um público tão grande. O astral foi incrível. Foi um daqueles momentos em que me dei conta de verdade de como estávamos nos tornando populares no mundo "real". Foi um momento de lucidez.

Na passagem de som naquele dia, caminhei até o meio do estádio, aquela imensidão, e toquei minha guitarra, apenas por algum tempo, para absorver tudo. Tínhamos entrado em tantas situações desde aquela primeira apresentação em Seattle, e aquela mesma química e energia ainda estavam lá. O fato é que fôramos dignos de um estádio desde o princípio; tínhamos uma maneira irrefutável de fazer as coisas que precisou de bem poucos ajustes desde que demos um salto para uma escala maior.

Quando deixamos o palco, eu estava nas nuvens. Rumando para o nosso ônibus, comemorei com umas cinco carreiras de coca e algumas doses de Jack Daniel's. Literalmente no minuto em que terminei de inalar a minha última carreira, Gene Kirkland, um fotógrafo que eu conhecia, entrou de repente e anunciou que estava ali para fotografar Joe Perry para a capa da *Rip Magazine*, e que Joe pedira que eu participasse. A coca ia fazendo efeito, e o uísque não ajudava muito; me senti como uma estátua de gelo.

Falei a Gene que chegaria lá em poucos minutos e tomei a quantidade de Jack Daniel's que meu estômago pôde comportar. Em seguida, revirei o ônibus à procura dos óculos escuros. Checando meu reflexo no espelho, respirei fundo algumas vezes e saí aparentando o máximo de normalidade possível. Adiantei-me tentando não me contorcer, esperando que meu sorriso parecesse mais relaxado do que estava. A coca deixa uma pessoa paranoica e, como aquela era de um lote de primeira, foi difícil esconder os efeitos. Eu já conhecia Joe, mas não queria estar diante dele cheio de coca. A cada vez que vejo a nossa foto, tenho de rir, porque qualquer um que me conheça sabe que nunca sorrio daquele jeito e nem mantenho uma postura tão rígida. Nem sei como consegui manter o maxilar no lugar, mas ele queria escancarar feito uma porta de celeiro ao vento.

Cumprimos a nossa parte e nos comportamos direitinho naquela turnê, mas Steven Tyler ficou convencido de que estávamos para lá de drogados e bêbados o tempo todo. Ele vivia nos perguntando o que andávamos aprontando e o que tínhamos feito na véspera. Ia até nós todas as tardes e dizia naquele tom rápido, ritmado:

– O que fizeram ontem à noite? Curtiram um barato? Comeram umas gatas?

Ficou difícil nos mantermos à altura das expectativas dele.

O único quase desastre que tivemos com o Aerosmith foi num local de eventos em alguma parte do Meio-Oeste. O percurso do hotel até o local do show era longo. Axl estava demorando para sair e, como o primeiro carro ficou cheio, decidi esperá-lo. Os demais chegaram lá numa boa, mas nós ficamos presos num intenso congestionamento de veículos que seguiam para o evento, numa estrada de mão dupla. Estávamos fodidos, mal nos movendo, os ponteiros do relógio avançando. Axl era a própria calma; eu, a perfeita imagem da ansiedade. De algum modo, conseguimos uma escolta policial e chegamos ao local quando faltavam apenas cinco minutos para o nosso show. Entrei no camarim, joguei uma camiseta nova por cima do corpo e corri para o palco. Passei por Joe Perry no corredor, que estava parado lá com uma perna esticada como costuma fazer, apenas me observando, um sorrisinho no rosto como se dissesse: "Ahá! *Desta vez, você conseguiu*".

Em retrospecto, estava claro que, apesar dos sucessos do Aerosmith nas rádios, logo nos tornamos a atração principal. Aconteceu muito depressa para nós, graças à exibição constante da MTV de "Sweet Child o' Mine". Poucas semanas após o lançamento do single, no início de junho, ele chegou ao primeiro lugar nas paradas e nós nos tornamos a banda mais popular do país. Ouvimos alguns comentários a esse respeito da direção, mas só assimilei bem a coisa quando um jornalista da *Rolling Stone* apareceu na turnê para fazer uma reportagem de capa sobre o Aerosmith, mas, depois de uns poucos dias observando a reação do público e nos vendo tocar ao vivo, a revista optou por colocar o Guns na capa. Ao final da turnê, já éramos um sucesso estrondoso, gerando o tipo de excitação que me pasmava noite após noite.

Dito isso, ainda éramos um grupo de ciganos sem eira nem beira e, portanto, o empresário do Aerosmith, Tim Collins, deu-nos um presente de despedida do qual precisávamos desesperadamente: bagagem. Eles presentearam cada um de nós com uma mala de alumínio Halliburton, e tenho a

O astral foi incrível. Foi um daqueles momentos em que me dei conta de verdade de como estávamos nos tornando populares no mundo "real".

minha até hoje. Tim percebeu que éramos todos do tipo que talvez permanecesse na estrada por mais dez anos sem uma mala adequada – e não estava enganado. Fiquei muito grato e eufórico em ganhar a minha. Corri até o camarim de Joe e Steven e lhes agradeci do fundo do coração. Os dois me olharam como se eu estivesse maluco. Agora, percebo que eles não deviam fazer a menor ideia de que seu empresário nos dera um presente.

GRAVAMOS METADE DO NOSSO TERCEIRO VIDEOCLIPE DURANTE nossa turnê com o Aerosmith. A gravação ao vivo vista em "Paradise City" foi feita em duas locações: a primeira, no Estádio dos Giants em Nova Jersey, e a segunda, no Monsters of Rock Festival, em Castle Donnington, na Inglaterra, um mês depois, em 20 de agosto de 1988. Quando chegamos a Donnington, "Sweet Child" e "Welcome to the Jungle" haviam se tornado hits pelo mundo, e nosso álbum chegara à lista dos dez mais nas paradas. Naquele show, vivenciamos uma reação frenética como nunca antes. O festival quebrou recordes de público naquele ano, superando a marca dos cem mil. Não poderia haver lugar melhor para gravarmos um clipe ao vivo... exceto pelo fato de que duas pessoas morreram pisoteadas diante do palco durante a nossa apresentação.

O público estava enlouquecido, um mar revolto de gente. Axl parou o show algumas vezes num esforço para controlar a multidão, mas não havia como acalmá-la. Nem imaginávamos que alguém pudesse ter se ferido no meio do tumulto, quanto mais que fora morto. Após o encerramento do show, quando estávamos celebrando num pub nas proximidades, Alan apareceu completamente consternado e nos deu a notícia. Foi horrível. Nenhum de nós sabia o que fazer. Algo que fora motivo de comemoração segundos antes tornara-se uma tragédia. Foi o primeiro de muitos momentos estranhos, irreais, contraditórios.

MENOS DE UM MÊS DEPOIS, O GUNS APRESENTOU "WELCOME to the Jungle" no MTV Video Music Awards e levou para casa o prêmio de Grupo Revelação. Eu gostaria de saber por onde anda aquele troféu hoje em dia. Acho que o esqueci num táxi, o que, pensando bem agora, foi o que ele mereceu. Então, em 24 de setembro de 1988 – um ano e dois meses depois do lançamento –, *Appetite for Destruction* alcançou o primeiro lugar nas paradas, permanecendo três semanas no topo da *Billboard*. E assim começou um reinado de terror para nós. A verdade é que o que sempre quisemos fazer foi ficar acima das bandas idiotas de "hair metal", que desfrutam sucesso não merecido pela própria existência medíocre. Nós – bem, eu pelo menos – nunca quisemos ser Madonna; aquele tipo de realidade de popstar não tinha nada a ver com a proposta da banda, a meu ver. Mas, antes que me desse conta, foi onde aterrissamos quase da noite para o dia.

Após ter cuidado da gente durante a gravação do disco e esperado um ano para que ele fizesse sucesso, Tom Zutaut não iria deixar aquele momento de glória passar. Convenceu-nos a juntar as gravações acústicas que tínhamos acabado de fazer com as do EP *Live! Like a Suicide* e lançar um álbum imediatamente. Nós o chamamos *G N' R Lies* e foi lançado em 29 de novembro de 1988. Ele ficou entre os cinco primeiros nas paradas uma semana depois do lançamento, e de repente essa banda que a Geffen quase largara estava quebrando recordes: fomos a única banda ao longo de toda a década de 80 a ter dois álbuns de uma só vez entre os mais vendidos. Já éramos sucesso absoluto nos Estados Unidos e no Reino Unido e, assim, Alan programou-nos uma turnê pelo Japão, Austrália e Nova Zelândia, onde o disco começava a emplacar. O Japão foi um tremendo choque cultural para mim. Na primeira manhã em que acordei lá e olhei pela janela, todos aqueles brinquedos japoneses e filmes de *Godzilla* de que eu fora fã ganharam um sentido completamente novo. Para Izzy, aquela impressão foi ainda mais forte. Ele ficara bastante tenso na semana que antecedeu a nossa partida. Por isso, para enfrentar o voo de dez horas sem nervosismo, tomou alguns comprimidos de Valium no momento em que entramos no avião. Dormiu por toda a viagem e estava tão desligado de tudo que tivemos de carregá-lo pelo setor da alfândega. Fizemos o possível para mantê-lo de pé pelo trajeto todo, mas não parecia que ele iria conseguir.

Quando acordou em seu quarto de hotel, não fazia a menor ideia de onde estava e ligou para a recepção, sem saber se algum de nós sequer estava hospedado ali. Transferiram a ligação para o quarto de Steven.

– Ei, cara, é o Izzy. Há... onde eu estou?

– Oi, cara! – exclamou Steven. – Você está no Japão!
– Não.
– Sim, cara! Estamos no Japão!
– Para de tirar sarro – disse Izzy. – Duvido.
– É verdade, cara, olha pela bosta da janela!

Como qualquer outra banda de hard rock ou heavy metal que toca no Japão, ficamos no Roppongi Prince Hotel. Entre os drinques aguados e a droga de má qualidade, eu me cansei logo, porque não sabia mais para onde ir. Fiquei trancado no quarto durante a maior parte da turnê, um quarto que, devo mencionar, tinha cerca de nove metros quadrados, mas era incrivelmente eficiente. Havia a barreira do idioma, é claro, mas além disso eu não conseguia lidar com o estilo beatlemaníaco dos fãs japoneses. Eles foram nos esperar no aeroporto, seguiram-nos até o hotel e ficaram aguardando no saguão ou no corredor do hotel, para o caso de algum de nós pensar em sair. Fiquei lisonjeado, mas achei estranho. Nas poucas vezes em que resolvi sair, fui escoltado até o Hard Rock e alguns outros clubes, e não encontrei razão para repetir o esforço. O pseudocenário de rock e de clubes noturnos repleto de modelos americanas exportadas não me atraiu nem um pouco. Felizmente, acabei deparando com uma menina que conhecia de Los Angeles, o que tornou as coisas mais suportáveis. Exceto por isso, minhas lembranças do Japão resumem-se a três coisas: arroz empapado, saquê e Jack Daniel's.

Fizemos um total de cinco apresentações e pegamos o trem-bala para ir aos shows fora de Tóquio. Nosso divulgador ao longo do país era o sr. Udo, famoso por lidar com todas as grandes bandas de hard rock naqueles tempos. Ele conduziu bandas ouriçadas, desde o Van Halen até o Mötley, em segurança por seu país sem incidentes. Como é de praxe, o sr. Udo nos ofereceu um jantar que contou com a presença de executivos do selo da nossa gravadora no Japão e importantes divulgadores – os quais, acabaram nos contando, eram membros da Yakuza, a máfia japonesa. Recebemos instruções para não exibir nossas tatuagens naquela noite, porque nossos anfitriões da Yakuza ficariam ofendidos. No Japão, as tatuagens carregam muito mais peso do que em qualquer outro lugar, além de serem parte inerente da cultura da Yakuza. Lógico que não demos ouvidos. Axl usou manga curta, e eu tirei minha jaqueta e dobrei as mangas da camiseta sem pensar. O jantar terminou de maneira bastante agradável, e o sr. Udo deu a cada um de nós câmeras e um presente de despedida ao final da refeição. As câmeras foram um gesto de gentileza que acabou se tornando um problema, ao final: nenhum de nós foi inteligente o bastante para declará-las como presentes quando passamos pela alfândega e, em consequência, as autoridades japonesas nos detiveram quando as encontraram. Alguns de nós, ao menos. Eu já havia perdido a minha quando chegamos ao aeroporto, e acho que Steven também. De algum modo, Duff conseguiu passar, mas os outros foram detidos. Após uma hora de interrogatório, Izzy resolveu a questão espatifando sua câmera diante dos guardas. Axl, entretanto, não o fez e foi investigado ao máximo; acho que foi até revistado sem roupa – tudo. De qualquer modo, perdemos o nosso voo à espera dele.

Nossa parada seguinte foi na Austrália. Fizemos uma breve turnê que incluiu Sydney e Melbourne e, como nosso álbum ainda mal estava na consciência deles, desencavamos alguns covers, como "Marseilles" dos Angels e "Nice Boys Don't Play Rock 'n' Roll", música de uma das maiores bandas de rock da Austrália, o Rose Tattoo. Fizemos questão de entrar em contato com eles e de combinar um encontro, e devo dizer que o líder da banda, Angry Anderson, era tudo o que eu achava que fosse. Angry tinha mais tatuagens do que qualquer um que eu já tivesse visto e era completamente autêntico e sincero, como esperei.

A essa altura, dávamos sinais de esgotamento devido ao desgaste físico imposto pela turnê tão intensa. Os efeitos começavam a aparecer. Também havíamos ficado mal-acostumados com o entusiasmo puro das multidões nos Estados Unidos. A Austrália, portanto, acabou nos desapontando bem quando precisávamos de uma injeção de ânimo. As garotas eram indiferentes e independentes. Não ficavam atropelando umas às outras para nos conhecerem como faziam em qualquer outro lugar. Creio que por isso tudo, a heroína começou a impor o reinado de sedução outra vez. Izzy e eu encontramos alguém que dispunha da droga e compramos um pouco. Logo descobrimos que existe uma cultura de heroína antiga na Austrália. Nós nos contivemos, porém, consumindo apenas um pouquinho daqui e dali. Assim, a coisa não evoluiu para um outro vício em tempo integral.

Conseguimos tirar o melhor da situação e fizemos ótimas composições durante nossa estada. "Civil War" era uma música instrumental que compus antes de partirmos para o Japão. Axl começou a escrever a letra e nós a transformamos numa canção propriamente dita durante uma passagem de som em Melbourne, primeiro a parte inicial, depois a principal e mais pesada. Essa música ficou pronta rápido.

Após nossos shows na Austrália, fomos para a Nova Zelândia, e foi aí que me dei conta de que estava exausto. Haviam sido dois longos anos na estrada. Ao mesmo tempo, não queria voltar para casa porque não tinha para onde ir.

Quando voltamos a Los Angeles, eu me permiti um raro luxo: uma guitarra. De algum modo, um colecionador entrara em contato com nossa direção porque queria me vender a Les Paul de 1959 de Joe Perry – aquela Sunburst cor de tabaco com a qual ele fora fotografado inúmeras vezes. A ex-esposa de Joe a vendera quando ele ainda usava drogas e eles enfrentaram momentos difíceis. E ali estava ela – o cara tinha fotos da guitarra e toda a documentação. Eu conhecia bem aquela guitarra – Joe a estava segurando no pôster do Aerosmith que eu tinha na parede quando garoto. Ela tinha um sulco, uma marca bem nítida; era autêntica.

O cara queria oito mil dólares por ela e, embora eu nunca tivesse gastado oito mil dólares em nada a vida inteira, precisava tê-la. Foi um momento incrível quando finalmente segurei aquela guitarra; o mesmo instrumento que tivera um papel fundamental no caminho que eu escolhera na vida agora me pertencia (e eu a usaria no vídeo de "November Rain"). Senti-me como se realmente tivesse chegado lá.

Se não me falha a memória, foi por volta dessa época que aposentei a guitarra que usara em *Appetite* e no clipe de "Welcome to the Jungle", a minha réplica Les Paul (e a guitarra reserva que comprara para ela). Abuso dos meus instrumentos quando toco ao vivo e, àquela altura, a pobre-coitada estava um bagaço após todas aquelas turnês.

Em todo caso, eu precisava de novas guitarras para turnês, e pedi à Gibson duas Les Paul Standard. Eles apreciaram minha lealdade, mas, uma vez que eu não era assim tão famoso na época, não as cederam gratuitamente; só poderiam vendê-las. Sem problemas. Comprei duas Sunburst em vermelho e laranja e pedi que fosse feito outro acabamento para que parecessem menos novas e brilhantes. Queria que tivessem um aspecto um tanto usado e mais opaco. Usei uma durante o restante de nossa turnê *Appetite*, durante toda a turnê *Use Your Illusion* e em ambas as turnês do Snakepit.³ Também apareceu nos vídeos de "Sweet Child o' Mine" e "Paradise City". A outra ficou de reserva.

Elas deram tudo de si, para dizer o mínimo. Quando o Velvet Revolver começou, essas guitarras estavam tão gastas que decidi não aposentá-las, mas usá-las ao mínimo no palco – eu recorria a elas a cada vez que tocávamos "Fall to Pieces". Para suprir a falta, encomendei mais umas duas à Gibson, e, como dessa vez eu era evidentemente um pouquinho mais famoso, eles as deram para mim, sem fazer perguntas. Na verdade, foram mais longe: fizeram uma Les Paul modelo Slash que é uma réplica exata daquelas Standard de 1988 que eu havia comprado na época. Agora eu as uso no palco, e são réplicas tão perfeitas que, na primeira vez em que abri o estojo para olhar o protótipo, a número 001, pensei que estivesse olhando para a minha guitarra original, que a estivessem devolvendo para mim. A réplica tinha cada sulco, arranhão e marca de cigarro que a minha velha guitarra tem. Até possui uma rachadura na base do braço, que surgiu quando estourou na minha cara e foi consertada – chegaremos a essa história logo. De qualquer modo, ela se chama modelo Slash Signature e é exatamente como a minha. Levando em conta que fizeram o mesmo por Jimmy Page – produziram a réplica da guitarra que ele usou em *The Song Remains the Same* e em todos os mais extraordinários álbuns do Led Zeppelin –, sinto-me honrado por essa deferência.

---

3 Banda formada por Slash em 1994. (N. E.)

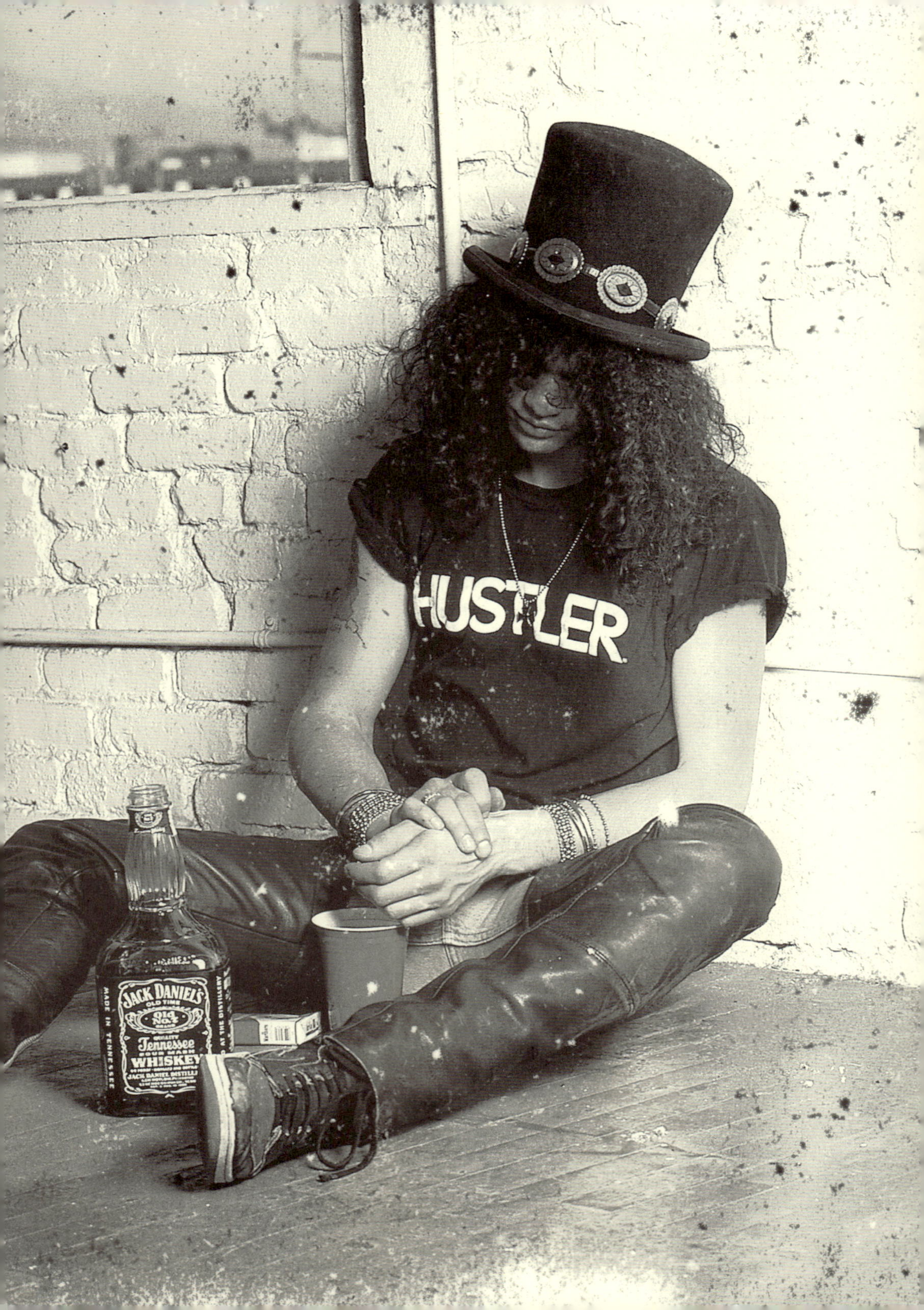
HUSTLER
JACK DANIEL'S
Old No. 7
Tennessee
WHISKEY

9
NÃO TENTE ISSO EM CASA

Quando a última etapa da turnê Appetite terminou, voltei a Los Angeles, bastante inquieto, agitado. Pela primeira vez em dois anos não tinha um lugar predeterminado para estar, um trabalho a fazer quando acordava. Ausentara-me por tanto tempo que nada me satisfazia, e os assuntos da vida cotidiana me pareciam desconhecidos. Não sabia como se podia esperar que uma pessoa fosse ao mercado fazer compras depois de ter tocado em estádios no Japão na semana anterior. Estive em turnê por tempo suficiente para esquecer que, antes, eu mesmo comprava minha bebida e meus cigarros, e o que realmente fazia falta era a empolgação de tocar todas as noites. Esperava que cada dia atingisse aquele mesmo clímax eletrizante. Tinha de preencher o vazio. Com a banda num intervalo, embarquei numa "viagem" solo que nunca saiu de Los Angeles. Fiquei mais decadente do que jamais fora; porque, quando as coisas param, quando diminuem, e quando não sei o que fazer com o meu tempo, sou a pessoa mais autodestrutiva que conheço.

Não vejo essa questão como um defeito. Vejo-a como um efeito colateral esperado. Após dois anos em turnê, qualquer pessoa precisaria de um bom tempo para desacelerar. Eu estivera vivendo a uma velocidade alucinante onde quer que me achasse; não tivera ideia do que estava acontecendo comigo. Não fizera absolutamente nada para diminuir o ritmo ou me acalmar e, portanto, com toda a certeza, não estava preparado para ficar num só lugar. Nossa carreira significara trabalhar sem cessar apenas para fazê-la decolar. E então ela seguiu em diante. Foram cinco anos, foram oito anos... Eu tinha dezoito anos, tinha vinte e três. Eu conseguira, nós havíamos conseguido. Agora, eu estava em casa. E me senti encurralado.

Numa certa época da minha vida, fiquei tão obcecado por heroína, ópio e qualquer substância derivada da papoula que fui até a biblioteca para estudar a cultura e a ciência dela todos os dias. Li tudo o que encontrei, desde os textos explicando a composição química até os livros de história que abrangem a evolução das tríades e das outras gangues chinesas que controlavam o tráfico e contrabando. Também li sobre todos os meus ídolos do rock... todos viciados. Considerando tudo, consegui chegar até aquela parte da cultura da droga sem uma imagem em mente que estivesse tentando retratar ou imitar. Era uma contradição simples que fez completo sentido para mim: todos na cidade usavam heroína e, por esse motivo, eu não estava nem um pouco interessado na droga. Mas, uma vez que realmente me interessei, *mergulhei* de cabeça... apenas não senti necessidade de alardear meu interesse.

O primeiro e o último dos livros de rock and roll que li eram repletos de heroína e uso de drogas, e sensacionalistas demais. Li *Hammer of the Gods* e *No One Here Gets Out Alive*, histórias do Led Zeppelin e do The Doors, respectivamente. Mencionam drogas do começo ao fim, e eu estava tão obcecado na época que os li apenas por causa delas. Não queria saber do que mais tivessem a dizer. Para mim, esses livros foram escritos tão-só para o entretenimento próprio dos autores; pareceram imprecisos e cheios de merda. Depois disso, nunca mais tornei a ler outra biografia do mundo do rock and roll.

Nesse aspecto, nunca fiz meu "dever de casa"; nunca estudei as vidas de outros dependentes químicos do rock and roll. Ao mesmo tempo, porém, não foi preciso. Conheci Keith Richards, Eric Clapton e Ray Charles mais tarde. Acho que qualquer um que seja um verdadeiro viciado tem uma afinidade inata com outros viciados. De algum modo, eu sabia que tínhamos interesses em comum; esse vício fala com uma pessoa. Sem saber, ela se sente atraída pelas outras no mesmo barco.

A heroína era uma epopeia para mim na ocasião, uma aventura e um refúgio particular no meu próprio corpo e mente. Depois que passei pela abstinência e fiquei limpo mais de uma vez, o inevitável desconforto nunca me desencorajou. Podia me dar conta de quanto o vício era prejudicial sempre que me livrava dele, mas, após estar limpo por algum tempo, eu ficava me lembrando de como adorava aquelas outras sensações.

ALGUM TEMPO SE PASSOU, E EU ESTAVA PRESTES A DESCOBRIR TUDO novamente. Era 1989. Havíamos feito uma turnê pela maior parte dos Estados Unidos, por Canadá, Europa, Japão e Austrália. Víramos nosso álbum encalhar até que, um ano depois, chegou às paradas e teve um single em primeiro lugar. Graváramos três videoclipes que foram exibidos à exaustão na MTV; a emissora nos ajudou, mas não ligávamos para ela. Nós nos apresentamos no American Music Awards, tocando "Patience" com Don Henley na bateria. Fizemos turnês com nossos amigos e ídolos. Afinal, e de repente, passamos a ser a banda que sempre soubemos que éramos... só que melhor.

Quando aterrissamos em Los Angeles, no final da turnê *Appetite*, cada um de nós, um a um, tratou de ir redescobrir o que quer que tenha deixado para trás. Duff foi para casa para encontrar sua garota, Mandy (com quem se casou em 1988), Steven rumou para o apartamento da namorada (quem quer que ela fosse na ocasião), Doug foi para San Diego, Alan retornou para Redondo Beach, Axl voltou para o apartamento de Erin, e não demorou para que Izzy e eu estivéssemos sentados sozinhos no aeroporto, com nossa bagagem Halliburton nova em folha e nenhum lugar específico para ir. Cada um de nós se tornou um garoto numa redoma, naquele ponto. Havíamos levado para casa dinheiro o bastante da turnê e, agora, mais dinheiro começava a jorrar com as vendas de *Appetite*, tanto que a necessidade de sobreviver não era mais uma motivação. Todos estavam, suponho, parando para colher os louros. Não tenho certeza de que algum de nós soubesse como fazê-lo, porém.

Izzy deu um telefonema, e fomos até um amigo de Seymour Cassel que chamaremos de "Bill". Tínhamos provado um pouco de heroína outra vez na Austrália e, portanto, o anseio estava presente quando chegamos em casa. Além do mais, após dois anos em turnê, no nosso subconsciente achávamos que merecíamos. De qualquer modo, Bill era um apreciador de drogas e sempre tinha grande abundância de todas as variedades. Também era muito generoso.

Quando uma pessoa começa a ficar famosa, algumas coisas típicas passam a acontecer. Em Hollywood, se ela está num bar, todos querem lhe pagar um drinque. Pode entrar em qualquer clube; quer goste, quer não, de repente ela é uma figura do circuito da vida noturna. Quando isso começou a rolar com a gente, não houve nada menos interessante que eu pudesse ter imaginado para fazer com o meu tempo. Aquela cena de Hollywood era a mesma velha merda e, quanto mais em evidência eu ficava, menos gostava. A quantidade de "amigos" que queriam "festejar comigo" quadruplicara e, assim, passei a me isolar. Mesmo nas raras ocasiões em que eu queria sair, descobri que o cenário de Hollywood que conhecêramos morrera. O Cathouse fechara, e não havia nada mais em Los Angeles que eu achasse interessante.

Todos na banda precisavam de tempo para desacelerar. Olhando para trás, faz sentido que eu tenha me permitido entrar naquela sedutora zona de conforto da heroína. Era o único aspecto do sucesso e da fama não transitório para mim; de fato não existia nada mais. Eu não queria ir a clubes de *strip-tease*, ou à procura de gostosas, nem exercer meu recém-descoberto status de nenhuma outra maneira. Tudo o que desejava era ficar na casa de Bill e me drogar.

A única estabilidade que eu desfrutara na minha vida até então fora viajar sem parar, uma contradição que não deixei de notar. Estava com vinte e três anos e não tivera uma vida estável ou um lar desde os treze. Lar para mim era o mesmo que viver com namoradas ou estar num ônibus com a banda. Vivia para tocar minha guitarra e estar na estrada, pura e simplesmente.

Como eu disse, Bill não era um traficante de verdade; apenas gostava de se drogar. Sempre fumava heroína e tinha muito autocontrole em tudo o que fazia. Eu era o oposto: dono de uma atitude destrutiva, obsessiva/compulsiva em relação à heroína e estava sempre ansioso para usá-la e obter mais e mais. Naquela primeira noite na casa de Bill, eu não tinha nenhum dos apetrechos para injetá-la, e por isso todos a fumamos. Mas mal pude esperar para pegar um pouco e sair no dia seguinte em busca de seringas. Aquilo se tornou o início de uma longa e infernal obsessão que durou de 1989 a 1991.

A CASA DE BILL FICAVA ENTRE A FRANKLIN E A WESTERN EM East Hollywood, numa área mais afastada da badalação geral. Ele, a esposa e seus amigos eram muito gente boa. Izzy e eu íamos até lá todos os dias e nos entrosamos perfeitamente. Bill, porém, nunca permitia que ninguém injetasse ali. Assim, eu fumava um pouco lá, guardava uma parte para depois e injetava ao meu bel-prazer quando saía para cuidar das minhas coisas ou ir a compromissos agendados.

Um deles foi uma sessão de fotos com Izzy para a *Guitar World* com Glen La Ferman. Estávamos tão drogados... havíamos passado pelo menos uma semana na casa de Bill. Nós aparecemos com nossas guitarras e acabamos apagando no chão. Não foi de propósito. Nem sei se estávamos cientes de que tínhamos feito apagado. Só recordo que, mais tarde, voltamos à casa de Bill.

Só para que fique registrado, nessa sessão foi feita aquela famosa foto minha que está no Rainbow, na qual estou esparramado no chão com a minha cartola e uma garrafa de Stoli, minha guitarra e o restante ao meu lado. Se você tiver vista boa e der uma olhada em Izzy e em mim naquelas fotos, verá facilmente como eu estava viajando. Desliguei-me do sucesso inteiro da turnê, e nós dois buscávamos o tipo de excitação que uma pessoa nunca encontrará frequentando Hollywood e bancando o astro do rock. Eu buscava algum lugar escuro.

E então Bill foi preso e condenado a trinta anos de prisão por ter sido flagrado três vezes com drogas ilegais em quantidade suficiente para ser taxada de "intenção de tráfico". Ao final, Bill cumpriu onze anos e foi solto. Mas, num determinado ponto antes de sua prisão, estivera sendo investigado, desde seus telefonemas até sua casa; cada gesto era vigiado. Duas das pessoas que apareciam lá com frequência, claro, eram Izzy e eu, e Bill me contou mais tarde que os tiras estavam particularmente curiosos a nosso respeito. Pelo jeito, pretendiam barganhar com ele para que revelasse algo sobre nós porque, na época, já éramos mais ou menos famosos. Mas Bill não fez isso. Que Deus o abençoe.

POR FIM, DECIDI QUE, LEVANDO EM CONTA O SUCESSO DA BANDA, eu devia alugar um lugar para morar. Meu apartamento na Larrabee foi o primeiro que já tive por conta própria, alugado no meu nome, e me orgulhei disso. Era um *loft* todo mobiliado, disposto como um quarto de hotel – e foi justamente o que gostei nele. No entanto, como em todos os apartamentos em que já havia morado antes, não demorei a ser despejado.

Eu o mantive por algum tempo. Bem, Ronnie Stalnaker fez isso, na verdade – uma de suas funções era manter drogas e encrencas longe de mim, e eu longe delas. Ele aparecia com regularidade e limpava o lugar, creio que como um meio de ver se eu estava me comportando. E era claro que não. Era divertido e desafiador demais inventar maneiras de colocar meus amigos drogados para dentro do apartamento sem que Ronnie descobrisse. Era sempre uma façanha, porque ele morava bem ao lado.

As coisas acabariam não ficando muito bem para o lado de Ronnie, mais tarde. Ele ficou um tanto obcecado em relação a seu emprego e passou a se comportar mais ou menos ao estilo de *Mulher solteira procura*. Até aquele ponto, porém, Ronnie não fizera nada além de provar que era um segurança totalmente leal, a despeito de todos os meus esforços para atormentá-lo. Como exemplo, houve uma ocasião em que estávamos em turnê em algum lugar e decidi encerrar a noite atirando minha garrafa de uísque no televisor do quarto de hotel antes de eu apagar. O aparelho explodiu, lógico, e Ronnie entrou. Estávamos alguns andares acima, mas ele decidiu que não pagaríamos pelo televisor. Saiu pela minha janela, esgueirando-se pelo beiral do prédio, entrou no quarto ao lado, de onde roubou uma TV, e a substituiu pela que eu quebrara. *Isso* é dedicação.

Depois, quando estivemos em Dallas, Duff e eu ficamos em quartos conectados por uma porta e convidamos vários amigos para irem até lá com um montão de coca. Nossa festa durou a noite inteira, avançando até a tarde seguinte. As coisas fugiram do controle, como era de esperar. Uma grande mesa de centro de vidro foi espatifada, e eu caminhei descalço por cima dos cacos, sangrando por todo o lado. A certa altura, alguém chutou e arrancou a porta de comunicação do batente; as camas foram viradas, e todas as luminárias, arrebentadas. Havia baderneiros demais entre nós para que Ronnie conseguisse lidar. Assim, bolou um plano para nos tirar do hotel sem que a gerência notasse. De algum modo, conduziu-nos a um elevador de serviço, retirando-nos por uma área de entregas e colocando-nos no ônibus. O pessoal do hotel ouvira todo o barulho e estava bem a par da festa que acontecia, mas Ronnie conseguira manter a equipe de segurança longe de lá durante uma hora ou mais. Pensamos que havíamos escapulido, mas a polícia nos parou uns poucos quilômetros adiante na estrada, numa loja de conveniência, onde, se não me falha a memória, eu acabara de roubar uma porção de doces.

Fomos enfileirados junto à lateral do ônibus e presos por termos destruído os quartos de hotel. Ficou *bem* caro, e posso dizer com toda a sinceridade que foi a última vez que destruí um quarto de hotel. Sem dúvida, fiz baderna nuns dois estúdios de TV e outras coisas estúpidas desde então, mas nunca mais me envolvi em vandalismo total, porque *eu* tive de pagar a conta daquele quarto.

Ronnie era sem sombra de dúvida dedicado, mas, a despeito disso, não era fácil manter o meu apartamento em ordem. O primeiro baque aconteceu quando meu irmão mais novo, Albion, ou "Ash", ficou lá quando eu estava fora, em turnê. Ash é um excelente artista grafiteiro e, quando retornei, descobri cada parede coberta com um incrível mural que eu não tive interesse em manter na minha casa. Fiquei possesso, mas apenas lhe disse que o que ele fizera mostrara "falta de consideração". Ele tinha apenas dezesseis anos, afinal. Desde então, Ash seguiu em frente para formar a Conart, uma das mais inovadoras e competitivas empresas de camisetas existentes; os desenhos são baseados na arte de grafite dele.

Ronnie cobriu o mural com tinta, limpou tudo, fez todo o possível para que continuássemos lá como inquilinos. Aquele lugar era bastante simples. Eu tinha um microondas, uma geladeira cheia dos costumeiros suprimentos de solteiro e condimentos. Não havia muito, mas assim mesmo tudo acabou sendo consumido bem depressa. Afinal, West Arkeen ia sempre lá, e nós dois fumávamos crack à beça juntos. Acendíamos o cachimbo, ouvíamos música e embarcávamos em nossa viagem. Naqueles dias de curtição que passei em companhia de West, compreendi totalmente que grande sujeito ele era e quanto estava baratinado. Para complementar sua influência, tinha outro amigo músico, Jay, a cujo apartamento eu ia muito para me drogar com heroína. Considerando-se tudo, lenta mas decididamente, apesar dos meus recursos financeiros, minhas condições de vida tornaram-se tão precárias quanto tinham sido quando eu morara numa garagem.

PASSEI POR UMA INTERESSANTE SUCESSÃO DE NAMORADAS NESSA época; apenas um punhado delas que eu via no meu apartamento, cada uma numa noite diferente. Num determinado ponto ao longo desses meses, meu empresário teve a brilhante ideia de que eu entregasse um prêmio a alguém no MTV Video Music Awards. Nem lembro para quem foi o prêmio, mas minha acompanhante de entrega era Traci Lords, a estrela pornô, e Alan achou que seria divertido eu estar lá fazendo par com ela no palco. Óbvio que viu a vantagem do aspecto sensacionalista, o que não era em absoluto má ideia.

Assim, Traci e eu nos conhecemos nos bastidores, começamos a conversar e, então, passamos a sair de imediato. Ela era muito bonita e um tanto paradoxal – como logo descobri.

Eu estava deslocado. Era relativamente famoso e infame, mas ainda estava preso a uma mentalidade simples, tosca, desprendida em termos da minha qualidade de vida. Na época, eu poderia ter tido 15 milhões de dólares no banco, mas não teria mudado nem um pouco o meu estilo de viver. Não possuía carro, estava feliz com o meu apartamento alugado de um único quarto, que mais parecia um quarto de hotel qualquer, e não precisava de mais nada – era a minha maneira de pensar. Ao mesmo tempo, sabia ser um cavalheiro, e era isso o que Traci Lords esperava num encontro. Assim, de algum modo, nós nos entendemos.

Traci, no entanto, não queria ser vista em público comigo. Se acontecesse de irmos a algum lugar onde alguém poderia estar prestando atenção, me fazia enfrentar a ridícula situação de entrar depois dela e encontrá-la dentro do local, como se tivesse sido por acaso. Lógico que as pessoas me reconheciam e, portanto, Traci sempre insistia para que usássemos alguma entrada num beco dos fundos. Pessoalmente, acho que quem quer que tenha nos visto juntos não deu a mínima. Esse esquema todo só fez com que sair em público com ela acabasse sendo um grande pé no saco. Podem me chamar de ingênuo, mas eu não entendia; não sabia de quem Traci se escondia, afinal. Pelo que concluí, queria manter um envolvimento discreto porque não lhe agradava a ideia de ser exposta como uma *groupie* vadia ou uma das garotas do mundo pornô com as quais sujeitos como eu saíam. Nunca fui um daqueles caras que faziam julgamentos sobre essas coisas e nunca compreendi aqueles que eram assim. Na verdade, o único motivo de eu conhecê-la era porque a vira num filme em que ela inclinava para a frente, segurando os tornozelos, e parecia *sensacional*. Gostei demais disso e, assim, imaginei que todo mundo tivesse gostado também. Não entendia qual era a dela.

Àquela altura, Traci encerrara o trabalho na indústria pornô e passara a se dedicar à carreira de cantora, tentando atravessar a ponte para trabalhar em filmes normais. Era por essa razão que não queria ser vista como uma atriz pornô namorando um astro de rock – sua intenção era mudar isso tudo. Ela me convencera a tocar em uma de suas canções e ir até um estúdio em alguma parte de Vancouver, onde estava gravando o álbum. Tudo o que posso dizer é que Traci estava envolvida com os menos talentosos e mais obscuros "produtores musicais" que eu já tinha visto, e a informei a respeito. Assim mesmo, ajudei-a em algumas faixas, o que não impediria que aquele álbum inteiro fosse uma piada.

Tudo o que fizemos juntos foi apropriado e formal demais. Sempre me pareceu que Traci vivia de acordo com alguma ideia que tinha de si mesma que nem chegava perto de quem realmente era. Para ser sincero, tudo o que eu queria fazer era conseguir transar com ela.

É claro que, uma vez que começamos a sair, West levou até o meu apartamento uma fita de vídeo do filme *Geração new wave, sexo new wave* para podermos dar uma checada. Foi um bom entretenimento, mas também uma tortura porque, depois de um mês saindo juntos, nós ainda não havíamos transado. Nosso "relacionamento" estava dando mais mão de obra do que valia a pena.

Traci me ligara no início de certa semana para fazermos planos, e naquele mesmo dia West apareceu com uma imensa pilha de crack. Ficamos acordados durante os dois dias seguintes, e, quando Traci apareceu para sair comigo, West e eu estávamos nos arrastando pelo carpete à procura de pedras. Eu sabia que ela iria até lá, mas não pude evitar. Estávamos um bagaço; a única pessoa que não teria ligado para isso seria uma viciada em crack. Meu apartamento se transformara num chiqueiro, e não ajudou em nada o fato de

West estar lá feito um gnomo hóspede. Ele tinha cerca de um metro e sessenta e cabelos loiros e crespos que estavam muito ensebados depois de dois dias fumando crack. West mostrava um eterno sorriso largo no rosto que se tornava mais e mais desconcertante quanto mais drogado ficava. Naquela tarde em particular, estava tão drogado que sorriu lascivamente para Traci. Em seu estado, achou normal ir até a estante, pegar *Geração new wave, sexo new wave* e apontar para a capa, exclamando:

— Esta é você, não é? Você é Traci Lords! — E continuou sorrindo escancaradamente para ela.

Bem, Traci era o tipo de garota que procurava um homem que lhe desse todas as coisas que desejava na vida: belas roupas, belos carros e uma bela vida. E, embora eu pudesse ter feito isso, não era nem de longe maduro o bastante para perceber que é o que a maioria das garotas busca — sobretudo garotas como Traci. Não vi nada disso naquela época, porque, da forma como eu estivera vivendo, mal prestara atenção às coisas mais refinadas. Mas lá estava Traci, no meio da tarde, num apartamento completamente escuro que cheirava a pneu queimado depois da nossa festa de quarenta e oito horas de crack. E lá estava West, baixinho, risonho e babão. E lá estava eu também.

Traci olhou ao redor, bem devagar.

— Volto logo — disse em sua voz açucarada. — Esqueci uma coisa no meu carro.

— Sim. Beleza — falei. — Depois a gente sai.

Eu estava drogado e não muito atento à passagem do tempo. No entanto, depois de horas da partida dela, percebi que Traci não voltaria mais.

MEU LAR SEGUINTE FOI UMA CASA QUE IZZY E EU ALUGAMOS EM Hollywood Hills, e durou cerca de um mês. Era parcialmente mobiliada com o essencial — camas, um microondas, etc. Nós nos divertimos à beça enquanto estivemos lá e também consegui compor bastante. Escrevi "Coma", e nós dois compusemos "Locomotive" naquela casa. Havia alguma criatividade rolando.

Adam Day foi morar com a gente também. Ele é o técnico de guitarra que tem estado comigo há dezenove anos. Adam se reuniu a nós e, por

Eu era então aquele guitarrista cuja reputação o precedia e fiz jus a ela. Fiquei lá por oito minutos, e depois saí drogado e deitei na cama com a minha jiboia enrolada em mim.

mais que nosso relacionamento profissional tenha se fortalecido desde então, aquela foi a última vez que ele tentou morar próximo a mim.

Por volta dessa época, gravamos os clipes para o álbum *Lies*, que estava entre os mais vendidos junto com *Appetite*. Gravamos o clipe de "Patience" em dois lugares. Um era o Record Plant, onde havíamos gravado, de fato, as músicas; foi onde gravamos as cenas da banda tocando ao vivo. O restante – as várias cenas com os integrantes – foi feito no Ambassador Hotel, onde Bobby Kennedy foi baleado. Na ocasião, o local estava fechado para o público, mas aberto para gravações de vídeos e filmagens.

Eu tinha duas cobras que ganhara quando morara no meu apartamento em Larrabee. Uma era uma jiboia de um metro e oitenta de comprimento, chamada Pandora, que fora presente de Lisa Flynt, a filha de Larry. A outra, uma píton-burmesa de dois metros e setenta de comprimento, chamava-se Adrianna. Ambas moravam no armário do meu quarto e apareceram no videoclipe. Eu acabara de transferi-las para a casa nova, e no dia da gravação pedi a Adam que fosse buscá-las. Ele voltou apavorado – e sem as cobras.

– Hã... bem, eu tentei pegá-las – disse com nervosismo. – Mas elas estão fora da caixa de vidro, soltas, e na sua cama.

Como resultado, tive de ir até lá – ninguém mais se prontificou. Recordo-me bem daquele dia. Estava começando a me tornar um daqueles músicos viciados que presumem que o que realizam é tão comum e aceito que quase o fazem em público. Apareci na locação e, vendo-me rodeado por todos aqueles profissionais da iluminação e das câmeras que haviam ficado o dia todo se preparando para a gravação daquela cena, tranquei-me no banheiro. Eu era então aquele guitarrista cuja reputação o precedia e fiz jus a ela. Fiquei lá por oito minutos, e depois saí drogado e deitei na cama com a minha jiboia enrolada em mim. Não fiz muito enquanto eles gravavam o que precisavam. Acho que não disse uma palavra a ninguém. Deve ter parecido irreal. Não eram mais os anos 60, mas sim final dos anos 80. Na década de 70, músicos viajavam com as próprias comitivas e faziam besteiras desse tipo. Eu era um guitarrista solitário com uma cobra, apenas fazendo meu trabalho, gravando minha cena.

DEPOIS DE ALUGAR IMÓVEIS POR ALGUM TEMPO, FIZ O QUE qualquer um com dinheiro deve fazer. Comprei uma casa, como meu gerente financeiro aconselhou-me a fazer. Ainda não fazia ideia de como seria meu futuro, nem sabia lidar com finanças; não tinha aspirações materiais em absoluto. Não gastava muito em nada naquela época. O dinheiro ainda me era um conceito abstrato. Nunca me importara com posses. De repente, porém, todos à minha volta começaram a se preocupar muito com isso.

Encontrei uma casa na altura da Laurel Canyon, que era a área de Los Angeles que deixava minha mente tranquila. Ela me despertou as melhores lembranças que tenho da juventude. Comprei minha primeira casa na Walnut Drive, logo além da Kirkwood, que era uma travessa da Laurel Canyon, e tornou-se conhecida para sempre como a Casa Walnut. A propósito, a Walnut Drive ficava nas proximidades da rua em que Steven transou com a mulher de trinta anos na festa de Alexis, tantos anos atrás.

A Casa Walnut era um imóvel pequeno de dois quartos precisando urgentemente de reforma e decoração, e achei natural contratar a equipe que criou o cenário de "Patience" para transformar meu novo lar em um ambiente com um estilo cigano semelhante. Encontraram toda a mobília em lojas de móveis usados e antiquários e, enquanto arrumavam tudo, fui morar com a nossa agente de publicidade internacional, Arlette. Ela fora contratada na época em que havíamos feito aquelas três apresentações no Marquee, na Inglaterra. Arlette desenvolvera um sentimento maternal por mim, decerto pelo fato de eu ser um animalzinho perdido, naqueles tempos. Ela me deixou levar minha cobra Clyde junto – Clyde estivera morando com Del James –, como também Pandora e Adrianna. Na verdade, levei uma porção de outras cobras para a sala de estar do apartamento dela de dois quartos na altura da Cynthia e da San Vincente, em West Hollywood, onde Arlette ainda mora. Ela foi generosíssima em me deixar levar todos os meus bichos de estimação para lá. Infelizmente, também teve de lidar com o meu crescente vício em heroína. Toda noite, uma criatura obscura ou outra dava a volta pelos fundos e batia na minha janela... na janela dela, tecnicamente. Eu sabia que Arlette não era grande fã dos meus répteis, mas gostava menos ainda do fato de eu ficar acordado a noite inteira, injetando heroína e recebendo visitantes indesejáveis altas horas da madrugada.

Algo engraçado aconteceu com as cobras, porém. Arlette sentia medo delas em princípio, mas acabou se tornando, sem encorajamento da minha parte, uma verdadeira aficionada por cobras. Por fim, dei-lhe um filhote de píton-burmesa que cresceu até os quatro metros e meio de comprimento. Elas se tornaram grandes amigas. Arlette a levava para nadar junto, tomava banho com ela e conversava com a cobra como se fosse um cão. Convenceu-se de que a cobra era humana e entendia tudo o que dizia. E não era que parecia entender mesmo?

Arlette ficou muito preocupada com o meu bem-estar quando morei lá e apontou o óbvio: eu havia me transformado de um alcoólatra bobo e alegre em um monstro viciado e autodestrutivo que não lembrava mais em nada o cara que ela conhecera durante todos aqueles anos. Sabia que Arlette estava certa; sabia que não parecia nem um pouco saudável, nem me sentia assim. Fiquei no apartamento dela durante três ou quatro meses, mas fiz pouco para mudar.

Em vez disso, ocupei-me com a decoração na minha casa, que foi trans- formada no reduto cigano de ópio que eu queria. A equipe de profissionais refez todas as molduras e detalhes em madeira e pintou todos os ambientes com cores escuras. A cozinha adquiriu um profundo tom de verde como o de uma floresta. Meu banheiro favorito para eu me drogar foi todo pintado de preto. Um outro banheiro tornou-se azul-escuro, e a sala de estar, roxa. Havia um tom de sépia em outro ambiente, como se tivesse saído de um filme antigo de faroeste. Também comprei meu primeiro carro para combinar com a nova casa. Era um Honda CRX e, como todo carro que já tive, preto por dentro e por fora.

Eu estava totalmente fora de controle. Recordo-me de ter aparecido para encontrar o empreiteiro, para conversarmos sobre a reforma do banheiro, e de ter pensado que cheirar um pouco de coca seria uma boa maneira de quebrar o gelo.

Estávamos no banheiro enquanto ele me explicava sobre o trabalho que tinha de ser feito.

– Sim, sim, legal, cara. – Baixando a tampa da privada, dispus quatro carreiras de coca ali. – Quer uma?

Ele pareceu desconcertado.

– Não, não, obrigado. Estou a trabalho.

– Certo, como quiser. Vou cheirar a sua também, então.

— Não é só isso. Também são oito horas da manhã – falou, um pedido de desculpas no sorriso.

Naquele momento, fui a deplorável personificação de tudo o que aquele cara já tinha ouvido falar sobre astros do rock. E mais ainda porque ele fora contratado para transformar meu banheiro extra e sua imensa Jacuzzi de canto num enorme terrário para cobras que ocuparia um quarto do espaço. O cara ergueria paredes de vidro do chão até a clarabóia para fechar a banheira, que era elevada, e acrescentaria uma escada para que meus bichos de estimação pudessem ser vistos onde quer que estivessem. Eu mal podia esperar para encher o espaço com árvores e todas as demais comodidades de que cobras gostam. Mantive cerca de noventa cobras e répteis na Casa Walnut: eu tinha lagartos, caimões, todos os tipos de animais.

Quando o trabalho terminou e finalmente me mudei para a Casa Walnut, comemorei me drogando a valer. Eu tinha uma bela mesa oriental redonda de madeira trabalhada e tampo de vidro na sala íntima. Ela se tornaria o centro de uso de todos os tipos de paradas ao longo dos anos, mas, naquela primeira noite, Izzy e eu nos sentamos lá, num sofá de veludo vermelho-escuro, com apenas uma lâmpada acesa. Nem é preciso dizer que não fiz faxina e arrumação logo de início.

Não muito tempo depois de ter me mudado para lá, tornei a ver minha ex-namorada, Sally. Minha cama naquela casa era em estilo de *loft*, no segundo andar, num quarto preto como breu exceto pela iluminação de um abajur junto à cabeceira. Havia caixas modulares ao redor da extremidade da cama repletas de revistas e controles remotos embutidos dentro delas para a TV que se erguia de um gabinete do lado oposto, ao pé da cama. Aquele abajur era uma peça de antiquário com uma cúpula salmão que filtrava luz das mais suaves; eu o adorei. Em todo caso, lembro-me muito bem daquela noite. Eu tinha ido dormir mais cedo do que de costume e acordei de súbito com uma estranha premonição. Liguei o abajur para ver o que se passava, e lá estava ela: Sally, parada junto ao pé da cama, apenas uma silhueta no teto e na parede. Eu não soube quem era em princípio. Foi assustador. Àquela altura da minha vida, eu tinha armas, mas por sorte não estavam comigo. Se tivesse sido o caso, poderia ter atirado nela, pois quase me matou de susto.

Não era fácil entrar na casa. Sally tivera de pular um portão e descer uma escada muito inclinada, e encontrou minha chave extra debaixo do capacho – a qual, é claro, foi definitivamente removida de lá depois disso. Ela não parecia bem, e eu a deixei passar a noite ali. De manhã, levei-a de carro pela Laurel Canyon e Sally saltou na esquina da Sunset. Não foi a última vez que a vi, mas nunca mais entrou na minha casa daquele jeito. Pelo que ouvi, Sally ficou por Los Angeles e se meteu em encrencas. Foi em Nova York que a vi pela última vez, onde estava andando com Michael Alig e a notória turma do Limelight. Depois disso, ouvi dizer que Sally voltou para a Inglaterra. E está muito mais feliz agora.

    É difícil ser o tipo de pessoa que vive em torno dos limiares mais extremos da sociedade se você não é um músico ou alguém que tem um propósito para estar ali. Todos são um joguete descartável no vazio daquele cenário. A maioria das mulheres que saíam conosco eram garotas inocentes cujas vidas mudaram para sempre depois que um de nós conviveu com elas por quanto tempo tenha durado. Éramos como um vácuo, sugando pessoas e as descartando; muita gente a nossa volta se desviou do rumo assim. Algumas pessoas morreram, não devido a nada que lhes tenhamos feito, mas como um efeito colateral de estarem perto demais do fogo. Elas se sentiam atraídas por nossa porra de vida bizarra e, desavisadas, acabavam sendo tragadas pelo nosso turbilhão.

STEVEN E DUFF COMPRARAM CASAS PERTO DA MINHA, LOGO ALÉM da Mulholland Drive, na parte da Laurel Canyon que fica no Vale. Moravam em extremidades opostas da mesma rua. Como mencionei, Steven estava construindo a própria versão de vida doméstica com alguma garota, e Duff e a futura esposa, Mandy, estabeleciam sua vida familiar juntos. Duff sempre foi ótimo em manter uma rotina doméstica. Nunca caiu no tipo de estilo de vida transitório que eu levava. Eu podia estar vivendo a menos de três quilômetros dos caras, mas não os via com frequência. Se fossem traficantes de drogas, a história teria sido outra.

    Considerando tudo, percebi que eu teria de conter um pouco o vício antes de estarmos prontos para começar a ensaiar de novo. Duff não queria compor comigo quando eu estava drogado, e não podia culpá-lo. Quando houve um pouco de retração da droga em Los Angeles, e isso se tornou um grande pé no saco, minha necessidade de tocar superou meu anseio pela heroína. Tranquei-me em casa e, com a ajuda do dr. Stoli e seus assistentes, enfrentei minha crise de abstinência.

Uma vez que me livrei da heroína, Duff e eu nos reaproximamos e programamos ensaios. Àquela altura, fizemos isso sem confirmação alguma de Axl. As únicas mensagens que recebi dele chegaram oficialmente através da direção na pessoa de Doug Goldstein, que falava sempre com Axl.

Não importava que não estivéssemos todos lá. Steven, Duff e eu começamos a tocar e fazer improvisações no Mates, nosso ponto de encontro. Izzy não estava muito em condições de se reunir a nós. Passara tempo demais frequentando a casa de Bill e percorria um caminho tão sombrio quanto fora o meu. Aparecia nos ensaios de vez em quando, mas não ficávamos à espera. Ao menos, tentávamos ser produtivos. Não sei o que Axl andava fazendo na ocasião porque não nos falamos, creio que porque alguns de nós estávamos quimicamente descontrolados.

A bebida em excesso tornou-se o problema outra vez para mim. Eu dirigia totalmente desvairado do ensaio até em casa, andando pela contramão enquanto seguia pela Laurel Canyon. Chegava a correr a mais de cento e quarenta quilômetros por hora no meu pequeno Honda CRX. Teria morrido com certeza se tivesse colidido com algo. Sou grato por não ter ferido ninguém, sido preso, nem morrido – alguém está olhando por mim, levando em conta quantas vezes cheguei perto da morte e acabei saindo vivo.

Numa noite em particular, dobrei a Laurel Canyon e entrei na Kirkwood, a rua que conduzia até a minha, a Walnut Drive. Havia um cara parado na esquina da Walnut, preparando-se para dobrar à esquerda na Kirkwood. Ele estava adiantado demais, na minha pista e, a meu ver, no *meu* caminho. Em vez de parar ou diminuir, avancei para cima do carro dele – de propósito.

Tentei recuar e dar o fora, mas nossos carros acabaram ficando presos com a colisão. Eu havia amassado o lado dele do motorista pela roda traseira, e a frente do meu carro estava grudada no carro dele. E então, me ocorreu que eu não deveria ter feito aquilo.

Fiquei ao volante tentando recuar e me soltar. Acabei com o meu para-choque, porque estava esmagado de encontro ao automóvel do cara. Nesse meio-tempo, ele desceu e foi até a minha janela.

– O que é que foi? – perguntei e o encarei por um minuto, estreitando os olhos.

O sujeito fedia a bebida. Estava para lá de alcoolizado, e eu o deixara totalmente confuso.

— Você está bêbado, porra! — disse ele, a voz pastosa.

— Não, não estou — retruquei. — *Você* é que está bêbado, porra.

Acendi um cigarro. Ele e eu chegávamos pouco a pouco à conclusão de que ambos estávamos completamente de porre e que o envolvimento da polícia seria uma má ideia.

— Você tem seguro? — perguntou o cara. — Eu não tenho.

— Ouça... não estou em condições de arranjar problemas com a lei — expliquei.

— Vamos fingir que isso não aconteceu.

— Para mim, tudo bem.

Conseguimos desprender nossos carros um do outro. O cara saiu em disparada e eu dirigi pela minha rua o mais depressa que pude. Coloquei o Honda na garagem e fiquei sentado lá por um momento. Meu coração disparou, enquanto eu assimilava a realidade do que poderia ter acontecido. Tive um providencial momento de lucidez. As repercussões daquele incidente teriam acabado com tudo para mim.

Não precisamos de uma vidente para ver que, se quiséssemos ser uma banda outra vez, Izzy, Duff, Steven e eu teríamos de compor e despertar o interesse de Axl para atraí-lo de volta ao lance. Tínhamos umas poucas músicas em andamento, mas precisávamos manter o ritmo constante e nos manter focados. Já estávamos quase lá. Aquilo se tornava empolgante outra vez. A ferrenha vontade inicial voltara e a chama estava viva. Queríamos fazer da música do Guns a nossa prioridade máxima.

Continuamos ensaiando e, assim que finalizamos algumas composições, fomos até a casa de Izzy entre a Valley Vista e a Sepúlveda, no Vale, para compor mais e ver como andava a cabeça dele. Não demorei a descobrir. Eu estava no banheiro de lá tirando água do joelho quando notei a espessa camada de poeira no chuveiro e na banheira. Não eram usados havia semanas — Izzy chegara àquele ponto. Até Axl apareceu nesse dia e, a despeito de tudo, começamos a trabalhar numa música que se tornou "Pretty Tied Up". Izzy pegou um dos pratos, um cabo de vassoura e algumas cordas, e fez uma cítara. Era óbvio que estava para lá de chapado.

Não precisamos confrontá-lo. Ele passou por um grande susto numa noite que o endireitou. O que quer que tenha sido, Izzy ficou abalado demais para sequer falar a respeito. Ele apenas ligou para o pai, que viajou de Indiana para buscá-lo e levou-o para casa. E foi como e onde Izzy ficou limpo. Tem estado limpo desde então.

O restante de nós continuou a trabalhar e, uma vez que tínhamos algum material e estávamos nos comunicando com Axl outra vez, informou-nos que ele e Izzy queriam compor o álbum seguinte em Indiana. Não pude imaginar o porquê. Ambos tinham partido de Indiana o mais depressa que conseguiram para morar em Los Angeles, e nunca se mostraram muito apegados à ideia de voltar. Em todo caso, nossa situação era tão imprevisível que eu não iria me mudar para uma plantação de trigo sem garantia alguma de que conseguiríamos fazer algo. A intenção deles era a de se afastarem das distrações de Los Angeles, e respeitei isso. Axl queria que fôssemos para algum lugar onde pudéssemos ter privacidade para nos concentrar em compor. Eu queria fazer o mesmo, mas ao menos numa área metropolitana maior. Assim, ao final, concordamos que seria em Chicago. Era perto o bastante de Indiana para que Izzy pudesse se reunir a nós quando se sentisse pronto, ou voltar para lá com facilidade se achasse que sua sobriedade estava ameaçada.

Doug Goldstein e eu fomos a Chicago para decidir onde poderíamos morar e ensaiar. Escolhemos o Cabaret Metro, o famoso clube de rock do lado norte da cidade. É um espaço para shows que abriga um clube separado chamado Smart Bar no porão e também tem um auditório no andar de cima. Era perfeito. Ensaiávamos no auditório e, quando encerrávamos o dia, o bar mais maneiro da cidade estava à nossa espera no andar de baixo.

Alugamos um pequeno prédio de tijolos marrons com dois apartamentos a alguns quilômetros, na Clark Street, logo ao lado do trem elevado.

Todos fomos morar lá com nossos técnicos, Adam Day e Tom Mayhew, e nosso gerente de produção e novo segurança, Earl. Duff, Steven e os caras da equipe ficaram no apartamento de baixo. Axl, Izzy, Earl e eu, no de cima. Achei bom porque eu tinha o lugar só para mim durante a maior parte do tempo. Axl demorou mais de um mês para se reunir a nós, e Izzy ficou lá por menos do que uma hora. Axl leva um período indeterminado para decidir o que fará a partir do momento em que uma ideia é concebida até que seja colocada em prática, o que sempre torna tudo interessante. No final das contas, o que estávamos fazendo não era o de sempre, mas um começo.

Era perfeito. Ensaiávamos no auditório e, quando encerrávamos o dia, o bar mais maneiro da cidade estava à nossa espera no andar de baixo.

Por certo tempo, não me importei com o fato de termos deslocado a banda inteira a fim de satisfazer a vontade dos únicos dois caras que não estavam presentes. Afinal, Duff e eu bebíamos socialmente com tamanho entusiasmo que os quilômetros de bares ao longo da North Clark Street eram um novo parque de diversões para nós – e todos à distância de uma caminhada. Minha média pessoal de consumo àquela altura era de quase dois litros de Stoli por dia, além do que quer que eu bebesse quando saía à noite. Eu acordava de manhã e preenchia um grande copo com oitenta e cinco por cento de vodca; o restante de gelo e um pouco de suco de oxicoco. Chamava aquilo de desjejum dos campeões. Duff estava no mesmo barco, mas acho que ele preparava um drinque, colocava-o num recipiente com gelo antes de ir dormir e o deixava na mesinha de cabeceira. Desse modo, o gelo mantinha-o frio o bastante enquanto ele dormia, e ainda continuava fresco e agradável pela manhã.

Eu me sentava no chão, bebericando meu desjejum e assistindo à TV todos os dias, até que os demais estivessem prontos para irmos ensaiar. Tocávamos e improvisávamos no Metro por quase toda a tarde; às vezes até depois do anoitecer, e então passávamos o restante da noite entrando e saindo de bares. Estávamos conseguindo compor alguma coisa, criando alguns riffs daqui e algumas partes de músicas dali. Quando estávamos trabalhando, nós nos concentrávamos, mas nunca conseguíamos completar nenhuma de nossas ideias sem todos os integrantes da banda juntos.

Eu aprendera que é essencial que todos estejam presentes em todos os momentos. (Mais tarde, nosso produtor, Brendan O'Brian, insistiria nisso durante a criação do mais recente álbum do Velvet Revolver, *Libertad*.) Todos no Guns estavam concentrados àquela altura – até mesmo Axl –, mas não tínhamos muitas habilidades no que se refere a trabalhar em equipe, nem ideia de como ordenar nossa situação de trabalho. Havia a vontade, mas faltava *disciplina*. Se um de nós não aparecesse, trabalhávamos assim mesmo, o que era uma das muitas coisas que nos impediam de trabalhar em conjunto da maneira adequada. Por um lado, Duff e eu bebíamos o tempo todo e achávamos isso normal, porque era algo que nunca interferia no trabalho, mas éramos tão desregrados fora do ambiente dos ensaios que isso incomodava Izzy. Ele não podia estar perto daquele tipo de comportamento na época, e continua assim até hoje. Nós não estávamos cientes disso e, mesmo que fosse o caso, talvez não tivéssemos dado a mínima. Tudo o que sabíamos era que ele não aparecia para trabalhar e não podíamos tolerar este fato. Tenho certeza de que Axl tinha os próprios motivos para fazer as coisas a seu jeito também. Mas não existia diálogo entre nós sobre todas essas questões e, como consequência, havia sérios mal-entendidos. Como esses pontos de interesse simplesmente nunca eram discutidos, como nunca havia uma conversa sobre como fazermos os ajustes devidos na situação para que as necessidades de todos fossem levadas em conta, continuamos conduzindo tudo como no passado. E, tendo em vista que todos havíamos mudado, o resultado foi uma grave tensão interna.

Em vez de elaborarmos um método novo para resolvermos nossas questões, todos os problemas foram virando uma grande bola de neve. Seria nesse ponto que uma boa equipe de direção talvez tivesse revertido a situação, mas não tínhamos nada assim. Ao longo de todo esse processo, Doug e a alta cúpula foram inúteis; pareciam não querer dispor do tempo para lidar com o caso. Alan continuava no comando, e Doug era o encarregado de tudo no nosso dia a dia, mas não estava fazendo nada além de ser permissivo. A posição que ambos assumiam era a de que nós deveríamos saber como fazer nosso trabalho sozinhos. E fizemos; realizamos um trabalho criativo com nossos próprios recursos... mas apenas quando havíamos morado juntos como um só, vivendo cinco vidas semelhantes. Agora que havíamos nos tornado uma banda um tanto dispersa e estávamos vindo de perspectivas diferentes, a dinâmica se fora. Não era culpa de ninguém; fizemos o melhor que pudemos.

Tivemos de prosseguir sem Axl lá, cuja ausência achamos desrespeitosa. Tal desrespeito culminou em tamanha animosidade que, quando ele, enfim, deu o ar da graça, o ressentimento era palpável no restante de nós. Éramos uma banda fora de controle com algum resquício de inteireza que perdera a habilidade de canalizar tudo de maneira adequada. Simplesmente não falávamos a mesma língua. Também não fizemos esforço para tentar resolver as coisas de maneira adulta. Olhando para trás, não chamaria isso de inocência ou ingenuidade, mas todos acabamos sendo omissos. Ninguém parou por um momento para perguntar a si mesmo ou aos demais: "Como vamos fazer isto?". "Como podemos agir para que todos estejam juntos, trabalhando e satisfeitos?" Precisávamos entrar num consenso e também manter a mente clara e aberta nesse sentido. Se uma coisa não dava certo, precisávamos continuar tentando. Mas não o fizemos. Além do fato de que nossa direção não se importava em tomar as rédeas da situação, o maior catalisador da dispersão da banda foi a falta de comunicação entre os integrantes.

Admito que eu era teimoso feito uma mula. Não queria sempre me sentir como se eu estivesse me curvando. Considerava a todos nós como iguais e fazia um esforço consciente para fazer tudo andar, mas não tinha uma bola de cristal para entender o que Axl esperava, ou a paciência para sentar e conversar com ele a respeito. Como em qualquer tipo de relacionamento, quando uma das partes pisa no calo da outra é difícil para esta ser simpática, compreensiva. Na ocasião, eu não baixava a guarda por nada. Com tudo aquilo acontecendo, era bem mais fácil apenas desfrutar o verão em Chicago, porque os bares eram superconvidativos.

Em nosso tempo livre, Duff e eu também fazíamos o possível para nos manter em forma. Eu levara uma bicicross para lá e a usava para percorrer a distância entre o apartamento e o local de ensaio, saltando cada obstáculo pelo caminho, correndo pela calçada. Era um bom exercício. Em alguns dias, Duff e eu até íamos à academia de ginástica, geralmente logo após as nossas vodcas matinais. Íamos até uma daquelas grandes associações públicas, a YMCA (Associação Cristã de Moços – ACM), com nosso segurança, Earl, para puxar ferro. Ficávamos lá só de jeans, fazendo sessões de exercícios entre intervalos para fumar, e era revigorante. Costumávamos relaxar em seguida com coquetéis num bar tranquilo. Não importava o quanto fôssemos famosos em casa, quantos discos tivéssemos vendido ou quantos shows tivéssemos apresentado; em Chicago, não éramos ninguém. Não passávamos de uma dupla de caras comuns para nossos companheiros de bar; e não existe reduto melhor para caras comuns na América do que os bares da North Clark Street.

Todas as noites, íamos ao Smart Bar, que era supermaneiro, mas um cenário de rock bem diferente do de Los Angeles. Era 1990, e o lugar girava em torno do estilo de música metal industrial de bandas como Ministry e Nine Inch Nails. Nós não tínhamos verdadeira afinidade com o pessoal de lá, porque éramos visivelmente de uma variedade diferente, mas cultivamos um círculo de amigos assim mesmo. Tínhamos dezenas de garotas, era como uma rede cheia de peixes, mas, com o tempo, acabei ficando só com uma. Chamava-se Megan; tinha dezenove anos. Ela morava com a mãe e o irmão mais novo num subúrbio próximo e possuía um ar bastante exótico, uma garota de seios fartos, extrovertida, meiga.

Comecei a ter um relacionamento aconchegante com Megan, e estava me acostumando à rotina de ensaiar por quanto tempo fosse possível de dia e de ficar com ela a noite inteira. E foi quando Axl apareceu, o que mudou a dinâmica imediatamente. Apesar do ressentimento, ficamos tão contentes em vê-lo que ninguém quis agravar a situação questionando-o quanto à sua demora. Começamos a trabalhar com Axl nos dias em que, de fato, ele ia aos ensaios, mas nunca tínhamos certeza de quais dias seriam esses. Se decidíssemos que todos começaríamos a tocar às quatro ou seis da tarde, ele poderia aparecer às oito ou nove, ou nem dar as caras. Quando ia até lá, Axl costumava ficar ao piano, ou sentava e ouvia algumas das ideias em que havíamos trabalhado. Considerando a situação, conseguimos criar algumas boas músicas: "Estranged", "Bad Apples" e "Garden of Eden".

No geral, achei que o tempo passado em Chicago foi um grande desperdício, o que seria um ponto de discórdia entre mim e Axl. Ele parecia achar que estávamos realmente chegando a algum lugar e que fui eu quem arruinou tudo. Eu poderia ter me sentido de maneira diferente se Axl tivesse estado lá o tempo todo, mas depois de quase oito semanas — seis das quais sem ele —, achei que não tínhamos material suficiente para justificar nossa estada ali. Frustrado, não quis esperar para ver se conseguiríamos manter o andamento das coisas consistentemente. O clima entre nós era sombrio demais e não conduzia à verdadeira criatividade. Também estávamos sendo tão frívolos com o nosso dinheiro que não pude ignorar. Tínhamos transferido a nossa operação inteira para o Meio-Oeste e não havíamos produzido nada além de umas poucas músicas completas e um punhado de ideias rudimentares, as quais, na maioria, já havíamos levado conosco para lá.

Fiz um esforço para ficar depois que Axl chegou, mas alguns incidentes puseram um fim à minha estada na Cidade dos Ventos. O primeiro foi na noite em que voltamos para casa depois de beber e encontramos um festival de comida italiana na calçada diante do nosso prédio. Tive uma "visão aérea" da algazarra porque eu havia insistido em passar a noite inteira deitado no teto do carro a cada vez que dirigimos de um bar ao outro. Nosso restaurante italiano favorito ficava bem na esquina e, ao que se constatou, Axl despejara o jantar inteiro da banda em cima de umas poucas pessoas que, tendo descoberto que estávamos morando ali, haviam-no chamado da rua e o bombardeado de perguntas. (A propósito, esse episódio não serviu de inspiração para o título do álbum *The Spaghetti Incident*; isso surgiu de uma das queixas contra o restante de nós que Steven enumerou em seu processo judicial — ao qual chegaremos — depois de ter sido despedido. Nem sei ao certo o que ele alegou... algo a ver com Axl jogando espaguete em cima dele, creio eu. Acho que esse era o tema daqueles tempos.)

De qualquer modo, depois que Axl atirou nosso jantar nos curiosos, começou a depredar a cozinha inteira e a quebrar cada item de vidro do apartamento. E, como descobriríamos alguns dias depois, em algum determinado ponto em meio ao ataque de histeria dele, Izzy chegou de carro de Indiana. Bastou um olhar para o que estava acontecendo para ele dar meia-volta com o carro e partir no mesmo instante, sem sequer entrar no prédio. Acho que o restante de nós deveria ter notado que Axl estava infeliz e agitado depois daquele primeiro incidente, mas, àquela altura, havíamos chegado ao ponto em que o deixávamos fazer o que lhe desse na telha e ignorávamos o fato. Quem sabe se tivéssemos ouvido o que ele queria fazer e sido um pouco mais cooperativos Axl não tivesse entrado em parafuso daquele jeito. Ainda assim, quem poderia adivinhar a razão para ele estar infeliz? Axl aparecia com um ar amargurado que parecia oriundo de um estado depressivo qualquer. Mas, para ser franco, eu estava mais preocupado com Steven do que com Axl. Ele se tornara um grande problema. Andava abusando demais da cocaína, e seu desempenho pagava o pato. Não notei logo de início. Steven escondia sua coca na geladeira do apartamento do andar de baixo, onde morava.

Nós saíamos e repartíamos um pouquinho de coca, mas eu não entendia como Steven estava sempre tão mais baqueado. Ele apontava com um olhar vidrado para a geladeira e dizia:

— Ei, cara... manteigueira.

— Sim, claro, Steve — respondia eu. Indo até a geladeira, preparava um drinque para mim e voltava sem nada incomum para relatar. Não achei que ele quisesse que eu olhasse dentro da manteigueira. Estava tão chapado que eu não o levava a sério.

— Você viu? — perguntava ele com um sorriso imbecil. E continuava apontando para a geladeira e dizendo: — *Manteigueira*.

— Sim, cara, eu vi. É uma bela geladeira que você tem ali. E uma manteigueira superlegal, cara.

— Manteigueira.

— Afinal, Steven... o que está tentando dizer?

Tom Mayhew acabou descobrindo: Steven tinha um farto estoque de coca guardado naquela manteigueira.

Naquele ponto, não tive escolha a não ser encarar o fato de que estávamos todos em desequilíbrio. Não importando quanto eu me sentisse sob controle ou achasse que todos estavam sob controle, compreendi que o caso de Steven se tornava cada vez mais irremediável. Tão logo a banda encerrou sua estada em Chicago, Steven e eu passamos a interagir cada vez menos; ele se isolou por completo assim que voltamos a Los Angeles. Éramos unidos como banda, mas, durante nossos dois anos em turnê, Steve e eu criamos um distanciamento entre nós como indivíduos que só foi piorando. Uma das poucas coisas que tivemos em comum como banda na época, em Chicago, foi o mútuo interesse pelo álbum *The Real Thing*, do Faith No More. Foi a trilha sonora daquela viagem inteira. O álbum tocava o tempo inteiro em diferentes estéreos em nossos apartamentos.

Há um pano de fundo também; no final, foi por isso que saí de lá. A gota d'água envolveu algumas meninas que foram levadas ao nosso apartamento certa vez. Minha namorada, Megan, tinha saído e eu estava em casa, na cama. Tarde da noite, ouvi uma pequena comoção, o barulho de algumas pessoas entrando e passando diante do meu quarto na direção do de Axl. Até então, ele passara a maior parte do tempo ali sozinho, sempre pendurado ao telefone. Naquela noite, havia obviamente uma comemoração de algum tipo.

Meu quarto ficava na parte da frente do apartamento, separado do de Axl pela sala de estar e um corredor comprido. Assim, fui até lá para ver o que estava acontecendo. Encontrei nosso segurança, Earl, Tom Mayhew, Steve e Axl com duas garotas fogosas do Meio-Oeste que haviam levado até lá.

Ficamos ali curtindo numa boa e, mais tarde, foi sugerido que as garotas fizessem sexo com todos nós. Elas estavam dispostas a fazer sexo oral em todos os presentes, o que pareceu razoável para mim, mas não queriam trepar com a gente. Sabe-se lá por que isso enfureceu Axl. As garotas tiveram argumentos bem inteligentes para o seu ponto de vista, mas ele insistiu em discordar. A discussão continuou por um momento e estava tranquila, até que, de repente, Axl explodiu. Expulsou-as de lá com tamanha fúria que foi chocante. Aquele barraco todo foi completamente desnecessário. O golpe de misericórdia foi que o pai de uma das garotas era um proeminente oficial da polícia de Chicago, ou assim me contaram. Logo de manhã, arrumei minhas coisas e peguei um voo de volta para Los Angeles. Poucos dias depois, providenciei para que Megan viesse morar na minha casa.

O GUNS ERA UMA BANDA QUE PODERIA ROMPER A QUALQUER segundo; nisso estava metade da emoção. Quando tínhamos um objetivo em comum, ficava mais improvável de acontecer. Quanto mais tempo passávamos separados e nossa química e criatividade coletiva se tornavam mais uma lembrança do que a realidade, nossa falta de comunicação e a desvantagem de não sabermos o que estava de fato acontecendo uns com os outros liquidavam qualquer habilidade para lidar com mudanças.

Num nível criativo, as coisas entre nós haviam mudado drasticamente. Até *Use Your Illusions I* e *II*, o Guns escreveu músicas de uma maneira: a banda começava com uma ideia que qualquer um de nós podia ter tido e, então, todos colaboravam. Axl é um compositor tão talentoso e tem uma sensibilidade tão apurada para a melodia que, combinando-se isso com o dom de Izzy para escrever letras e com Duff e comigo, criar ótimas partes de guitarra era fácil. Assim, produzíamos canções incríveis em tempo recorde. Izzy e Axl tinham uma química extraordinária, porque Axl sabia como transformar uma das estruturas simples de Izzy numa canção perfeita, harmoniosa, rica em termos de letra e melodia. Um ótimo exemplo é "Patience". Axl realmente elevou essa canção de Izzy a um patamar completamente diferente. Eu tenho um senso muito forte de melodia e de riffs que unia tudo. Em boa parte do tempo, começava com a composição básica de uma canção com acordes de guitarra que Duff expandia com o marcante som de seu baixo, ou eu criava um refrão que inspirava Axl a escrever uma letra genial.

Quando Izzy e eu levávamos uma canção para a banda, geralmente parte dela ou todas as palavras já estavam lá, mas quando Axl as cantava à sua maneira... ela *realmente* ficava perfeita. Naquela época, era fácil, mas por volta de 1990, havíamos perdido essa inspiração coletiva para produzir. O desejo de se reunir e compor canções é uma coisa: é como um emprego diário. É algo muito diferente sentir-se *inspirado* pela colaboração mútua.

Slash relaxando em uma varanda com um pouco de veneno de sapo.

Essa foi a realidade mais dura que tivemos de enfrentar e vencer. Pela primeira vez, fomos obrigados a trabalhar nisso. Ao mesmo tempo, quando enfim conseguimos, foi sensacional e aconteceu depressa. Mas tudo o mais ao longo do caminho foi uma completa *bosta* de tarefa.

EU ESTAVA BASTANTE DESILUDIDO EM RELAÇÃO À BANDA QUANDO regressei de Chicago para Los Angeles. Voltei para a Casa Walnut, levando Megan para morar comigo. Nem sei o que passou pela minha cabeça, porque nos conhecíamos havia pouco tempo, mas ali estava ela. Todos os demais da banda, com exceção de Izzy, continuavam em Chicago e, depois de um dia ou dois, se deram conta de que eu tinha ido embora. Começaram a voltar, mas, no fim, Axl ficou lá por mais cerca de duas semanas depois que parti. Considerando que estava furioso comigo por eu ter encerrado o nosso "rompante de criatividade" lá, não passou esse tempo compondo letras de música no nosso espaço de ensaio que fora pago adiantado. Pelo que soube, ele passou o tempo dormindo, tendo mais alguns chiliques e acessos de vandalismo no apartamento e enviando-me ocasionais mensagens irritadiças, através da direção, geralmente por Doug. Ele me ligava, como se fosse o garoto de recados de Axl, e não posso dizer que acreditava em tudo que era dito, mas eu respondia com o máximo de franqueza possível e esperava que Doug transmitisse a verdade sobre o motivo para eu ter partido. Assim mesmo, Axl apenas continuou lá e enviou recados a todos nós por algum tempo, acho eu.

Axl e eu tínhamos uma interessante espécie de relação de amor e ódio; sempre tivemos. Na maior parte do tempo, nós dois éramos como companheiros de pesca que não têm muito sobre o que falar, a não ser que estejam pescando. Também havia ocasiões em que tínhamos grande entrosamento, quando Axl ia até mim para conversar porque estava com uma porção de coisas na cabeça. Em meio a todos esses períodos, houve outros em que estávamos tão obviamente em lados opostos de uma parede invisível que não nos comunicávamos de modo algum. Ao longo dos meses que antecederam o momento em que voltamos a compor, Axl e Erin tiveram graves problemas em seu relacionamento, e ele e eu conversamos muito a respeito. O que enfrentaram foi sério. Na verdade, numa ocasião posterior à estada em Chicago, tive de ir à casa de Erin para ajudar a dispersar uma briga entre os dois. Todo casal tem uma interação própria, e se há uma coisa que eu jamais tentaria afirmar é que entendia a deles. Ainda assim, era amigo de ambos e pude ajudar como mediador. A despeito de toda a merda que acontecia com o Guns, ainda éramos parceiros de banda e amigos. Sempre que Axl precisou de mim para alguma coisa, estive lá.

MINHA FORMA DE RETALIAÇÃO QUANDO FICAVA FRUSTRADO EM termos criativos era me tornar autodestrutivo com as drogas. Era a minha desculpa para seguir por esse caminho. É um fenômeno comum entre viciados. Assim, logo depois que voltei a Los Angeles, levando em conta o estado das coisas com a banda, quando a oportunidade surgiu, não me fiz de rogado.

Megan e eu havíamos nos estabilizado; estávamos felizes em nosso novo lar. Ela acabou se revelando bastante caseira, mantendo a casa arrumada, cozinhando e se tornando uma dona-de-casa com toda a naturalidade. Megan ia dormir cedo, se levantava e ia para a ginástica e, depois, limpava e cozinhava. Passadas poucas semanas, sua amiga, Karen, chegou de Chicago, e as duas passaram dias fazendo compras. Foi a primeira vez que tive o tempo todo para mim mesmo, e acabei encontrando uma amiga que não vira durante anos. Uma garota dos tempos do El Compadre, que é um incrível restaurante mexicano entre a Sunset e a Gardner. Quando o Guns ainda dava os primeiros passos, Duff e eu íamos muito até lá, botando banca como se fôssemos os donos do lugar. Levávamos garotas também, e elas faziam sexo oral ou transavam com a gente debaixo da mesa; enfim, todo tipo de sacanagem.

Essa velha amiga que encontrei costumava cortar cabelo – inclusive o meu – e mencionou que ainda fazia isso, mas também vendia drogas daqui e dali. Foi todo o encorajamento de que precisei. Ela apareceu em casa mais tarde com um saco cheio da parada e, antes que eu me desse conta, antes sequer que Axl tivesse voltado para Los Angeles, e antes que Megan e Karen retornassem de sua excursão por Melrose e Beverly Hills, eu estava de volta com tudo à heroína.

Megan era uma daquelas meninas que namoravam o cara errado, e foi arrastada pelo turbilhão comigo. Era bastante inocente. Deve ter pensado que se apaixonara, mas acho que nem imaginava onde se metera, ou o que vinha acontecendo comigo depois que voltei a Los Angeles. Ela me conhecera como um completo bêbado e, como mencionei, para um mero observador desavisado, um viciado em heroína esperto não age de maneira assim tão diferente, a menos que alguém conte os drinques dele. Megan era tão inocente que não notou o fato de que eu de repente parara de consumir quase dois litros de vodca por dia, embora continuasse agindo como se estivesse igualmente embriagado – se não mais.

Continuamos com um relacionamento bastante doce, bastante romântico, quase ao estilo dos anos 50. Ela cuidava da casa e ia para a cama às dez ou onze horas, e eu ficava acordado a noite inteira, na sala de estar no andar de baixo, injetando-me a um intervalo de poucas horas no banheiro preto. Às vezes, eu compunha canções no sofá, ou apenas ficava olhando para as cobras. Antes que percebesse, já era de manhã, Megan estava de pé, e ficávamos juntos tendo um ótimo dia até que eu me cansasse. Ela nunca fazia perguntas, e nós prosseguimos assim por algum tempo, bastante felizes. Colocávamos apelidos em tudo. Qualquer coisa para ela era "uma graça" ou "joia" e geralmente me chamava de "benzinho". Olhando para trás, Megan lembrava muito Jennifer Tilly.

Megan também era, como mencionei, uma exímia dona-de-casa. Arrumava o lugar, sobretudo a cozinha, e deixava tudo impecável. Gostava de receber convidados para o jantar, se surgisse a oportunidade. Certa vez convidei Mark Mansfield para ir até lá, mais para ficarmos chapados e colocarmos o papo em dia do que para o jantar, mas Megan nos preparou um banquete. Ela nos serviu uma variedade qualquer de galinha com muitas entradas, pão de alho e uma bela salada, tudo numa mesa bem arrumada – serviço completo. Satisfeita, não pareceu notar o estado deplorável em que Mark e eu nos encontrávamos. Estávamos tão drogados que praticamente brincamos com a comida no prato. Não importou. No final da noite, Megan me disse que havia achado Mark *encantador*. Ela era interessante de outras maneiras: com certa frequência, em vez de transar, gostava apenas de me masturbar e ficar olhando... acho que, de fato, tivemos um relacionamento bem estranho.

A TENDÊNCIA DE AXL DE SE COMUNICAR ATRAVÉS DA DIREÇÃO prosseguiu quando ele retornou de Chicago até os meus últimos dias na banda. Mas o início disso talvez tenha despertado Alan e Doug um pouco, porque de repente ambos pareceram desesperados para nos juntar no mesmo lugar com regularidade outra vez. O sucesso de G N' R Lies gerara uma imensa demanda, e não havíamos lançado mais nada desde então. Poderíamos ter agendado uma turnê mundial de absoluto sucesso com base num álbum de estreia que datava de três anos e um EP com apenas quatro composições novas. Acho que a maioria das outras bandas não desfruta esse tipo de demanda, mas não iríamos apressar o álbum seguinte, porque duvido que conseguíssemos nos estabilizar para compô-lo.

Da minha parte, fiquei pior do que nunca. Comecei a abusar demais da cocaína e da heroína e gostei demais do tipo único de paranoia alucinatória resultante. Ninguém me ensinou a usar a combinação das duas, chamada de *speedball*. Apenas achei que seria como uma espécie de taça de morangos com chantilly narcótica. Coca e heroína eram dois ótimos sabores que com certeza formariam a combinação perfeita.

Levei algum tempo para descobrir quanto de cada uma resultava no efeito que eu desejava, e foi um interminável e divertido experimento. Eu tinha algumas técnicas diferentes, mas geralmente injetava a coca primeiro e, então, vinha a heroína em seguida. Misturar as duas também era muito bom, mas costumava injetá-las em separado, porque adorava o ritual da agulha. O ato de injetar sempre me excitava.

Usar *speedball* foi a mais incrível montanha-russa em que já andei. O estímulo da coca me fazia subir vertiginosamente numa torrente de entusiasmo, e em seguida o efeito apaziguador da heroína se instalava e a viagem dava uma virada maravilhosa. As duas sensações opostas, então, mesclavam-se e separavam-se continuamente uma da outra dali em diante. Eu sempre acabava injetando toda a heroína porque havia acabado com toda a coca também. Como resultado, o equilíbrio inicial entre o sossego íntimo proporcionado por uma droga e a excitação causada pela outra se tornava instável, e eu costumava ficar ligado ao ponto de um iminente ataque cardíaco. Ao final, era comum ter a nítida impressão de estar sendo vigiado. Comecei a achar que andar pela casa armado até os dentes era uma boa ideia.

Comprei uma pilha de armas: uma espingarda, um Special .38, uma Magnum .44 e alguns revólveres. Guardava o .38 na parte de trás da calça e, depois que Megan ia dormir – e depois de eu injetar coca e heroína o bastante –, ficava andando pela casa, observando as pequenas alucinações que começavam a surgir no canto da minha visão. Eu as via mergulhar e rolar do alto do varão da cortina ou correr ao longo do rodapé pelo canto do olho, mas, a cada vez que tentava olhar direto para elas, desapareciam. Por volta dessa época, parei de conversar com todos que conhecia e passei a fazer uma porção de desenhos. Ao longo da minha vida, meus desenhos sempre refletiram aquilo que eu estava passando em cada determinada fase. Nesse período, rabisquei apenas dinossauros, desenhos geométricos variados e logotipos.

Deveria ter desenhado os pequenos demônios que nunca conseguia ver direito, nem fotografar – acredite, eu tentei. Tão logo comecei a praticar *speedball* com regularidade, esses diabinhos surgiam por toda a parte. Eram criaturas diminutas, cheias de nervuras, translúcidas, que eu via a certa distância até que, por fim, elas subiam pela minha jaqueta sempre que me drogava. De certo modo, queria conhecê-las. Deitado no chão, esperando que o ritmo do meu coração se abrandasse, eu assistia ao pequeno show do Cirque du Soleil que aqueles seres faziam por toda a sala. Sempre pensava em acordar Megan para que ela pudesse dar uma olhada naquilo. Eu até tirava fotos dos monstrinhos no espelho quando os encontrava empoleirados nos meus ombros ou no cabelo. Comecei a falar sobre eles e vê-los com tanta clareza que até deixava o meu fornecedor preocupado. Nas raras ocasiões em que saía da casa para ir comprar drogas, eu me injetava logo de cara no apartamento dele, e aí começava a ver os carinhas subindo pelo meu braço.

– Ei, está vendo isto? – perguntava eu, estendendo o braço. – Você está vendo esse monstrinho, não é? Ele está bem *aí*.

Meu fornecedor apenas me observava com ar inexpressivo. Era um traficante bastante acostumado a comportamentos estranhos de viciados.

– É melhor que vá embora, cara – dizia ele. – Você está numa viagem *daquelas*. Precisa ir para casa.

Obviamente, aquilo não era algo bom para os negócios.

Numa noite, eu estava vigiando a casa com a minha espingarda e desci a escada até a sala de estar. Então, tornei a subir até o quarto e, em seguida, até o mezanino, onde Megan estava adormecida na cama. Quando cheguei lá, a arma disparou por acidente, atingindo o teto do lado oposto do mezanino. Megan sequer acordou, o que é espantoso.

Eu ainda estava acordado quando os bombeiros chegaram e me encontraram deitado no chão, totalmente baqueado. Ao ouvir as sirenes, pensei: *Ferrou*.

Minha casa ficava num terreno em declive, de modo que a janela do quarto pequeno, quadrado, no segundo andar, dava para o nível da rua. Ouvindo a comoção, achei que alguém estivesse vindo atrás de mim. Assim, meti minha .45 na cinta e corri pela escada até a janela. Afastando a cortina, olhei para os bombeiros que se preparavam para arrombar a porta da frente. Perguntei-lhes qual era o problema, e eles explicaram que o meu alarme de incêndio estivera disparado por trinta minutos.

Contornei a situação, assegurando que não havia incêndio algum, e Megan nem se deu conta de nada do que eu fizera. Uma outra ocasião em que ela poderia ter descoberto minhas atividades noturnas, foi a manhã em que me acordou no sofá da sala de estar. Ao que tudo indica, eu havia apagado com a agulha bem ali ao meu lado.

— Querido — disse ela —, acho que o gato está brincando com alguma coisa.

Olhando para o chão, vi um dos meus gatos rolando minha seringa para lá e para cá como se fosse um rato.

Pouco depois disso, Duff começou a passar por lá porque estava preocupado comigo. Não sei ao certo o porquê; todas as conversas que tivemos enquanto eu me debruçava pela janela do quarto e ele permanecia na calçada eram agradáveis. Eu sempre tinha um revólver na cintura e nunca o convidava a entrar, claro, mas não havia problema, porque ele também não parecia querer.

— Oi, cara, como vai? — perguntava eu.

— Bem — dizia ele. — E aí, o que tá rolando?

— Nada demais.

— Valeu, então — respondia ele, parecendo me estudar atentamente. — A gente se vê.

— E aí, quer entrar?

— Não.

—Tá legal. A gente se vê.

MINHA AVÓ SEMPRE SOFREU DE PROBLEMAS DO CORAÇÃO. QUANDO ela faleceu, fiquei arrasado. Nunca pensei que morreria tão nova; ainda nem chegara aos setenta. Eu a vi em seus momentos finais no hospital. Foi a única vez que me lembro de fato de ter desabado emocionalmente.

À noite, depois de eu tê-la visto morta na cama, fui até o Rainbow Bar & Grill e pedi duzentos dólares emprestados a Mário, o dono do estabelecimento. Embora eu tivesse dinheiro, nunca o levava comigo. Meu gerente financeiro relutava em me dar algum por razões óbvias. Mário nem imaginava para que era a grana; foi a primeira vez que lhe pedi emprestada. Fui até a área leste de Los Angeles para comprar droga e, voltando a Hollywood, injetei-a, no banco da frente do meu carro numa rua lateral. Por alguma razão, liguei para Izzy, que alugara recentemente um apartamento em Santa Mônica, e perguntei se poderia dormir lá. Ele concordou, e eu dirigi meu Honda CRX pela Pacific Coast Highway, chapadíssimo. Antes de ir para o apartamento de Izzy, passei umas poucas horas correndo por ruas secundárias de Santa Mônica feito um maníaco. Cheguei a saltar com o carro de montes de terra no local de uma obra. Como o Honda sobreviveu, não sei. Eu estava fora de mim... também não sei como não fui preso. Quando enfim cheguei ao apartamento de Izzy, ele me acomodou no sofá pelo restante da noite. Enquanto ele dormia, assisti ao filme de gângster *Performance*, que ele alugara... e apaguei.

Agora, àquela altura de 1990, Izzy se achava em liberdade condicional após um desentendimento com uma aeromoça num voo comercial, o que é uma infração federal, e, portanto, estava se mantendo o mais longe possível de confusão. Ele tinha um horário agendado com seu oficial de condicional no início da manhã seguinte e me deixou no apartamento. Levantei do sofá, com a casa toda só para mim, e fui ao banheiro para tomar um banho, porque o velório da minha avó se iniciaria mais ao final daquela manhã.

Na sequência, tentei injetar mais droga, ainda sob os efeitos da véspera, mas acreditando que era inteiramente necessário. Não conseguia encontrar a veia e acabei esparramando sangue por todo o banheiro, nas toalhas, nas paredes, na pia – em tudo. Insisti até atingir uma artéria. Então, escondi minhas coisas num armário da sala de estar de Izzy e rumei para o velório da minha avó, deixando um rastro de sangue no apartamento dele.

Cheguei ao velório completamente drogado. Cumprimentei minha mãe e meu irmão, mas, por algum motivo, não estava preparado para ver o resto da família do lado da minha mãe e não fiz segredo disso. Prestei meus respeitos à minha falecida avó e fui ao banheiro para injetar mais droga – aquilo tudo era demais para mim. Esse é o tipo de viciado que eu era. Quando saí de lá, minha mãe notou que eu não tinha condições de ser visto em público e me disse que fosse embora, para descansar. Fui para casa com minha ex-namorada Yvonne, que estava no velório. Fiquei em seu apartamento durante a maior parte da tarde, mas estava alucinado demais para que ela suportasse. Assim, peguei um táxi para casa e, quando cheguei, encontrei uma mensagem na secretária eletrônica de um furioso Izzy Stradlin. Ele encontrara todas as seringas e a colher que eu escondera em seu armário e ficara puto. Considerando que estava na condicional e que seu apartamento poderia ser revistado por seu oficial de condicional a qualquer hora sem aviso prévio, tinha toda a razão para estar possesso.

Hoje analisando esses acontecimentos, percebo como eu era insano e autodestrutivo, mas naqueles tempos não me dava conta disso. Agora parece chocante, mas, no passado, não tinha a menor importância – ao menos para mim.

Minha avó foi a pessoa mais abnegada e generosa que já conheci. Ela lhe daria seu último níquel, não importando quanto você protestasse em contrário. Sempre me apoiou muito em tudo o que fiz, e em especial na música. Ola teve aulas de piano clássico quando nova e possuía inclinações musicais. Tenho a sensação de que ficou aliviada quando comecei a tocar guitarra; e financiou minhas primeiras peças de equipamento. Deve ter achado que a música era algo mais seguro e sofisticado do que aterrorizar gente inocente numa bicicross. Pouco sabia o quanto estava enganada a minha avozinha. Seu filho, meu tio Jaques, que morava com ela e era cerca de doze anos mais velho do que eu, era portador da síndrome de Down. Ele adorava música também, e tinha um gosto bastante eclético, porque era uma pessoa animada, alegre como uma criança. Ouvia Village People, Abba, a Família Dó-Ré-Mi, mas me levou a gostar de James Brown e do The Runaways vai entender.

Minha avó faleceu de complicações cardíacas em 1990 e deixou Jaques aos cuidados da minha mãe. Mas, antes de partir, ela teve a satisfação e o orgulho de me ver conquistando uma carreira tocando música. Meu tio Jaques morreu em 2004.

É BEM POSSÍVEL QUE A INÉRCIA TIVESSE MATADO O GUNS ANTES DE sequer termos seguido adiante se não tivesse sido pelos Rolling Stones. No auge desse período, quando eu estava usando coca e heroína feito louco, precisávamos de uma razão para nos reunir mais quando tínhamos apenas determinação e nenhum lugar para ir.

Um dia, recebi um telefonema de Alan:

– Oi, Slasher, recebemos uma ligação dos Stones. Querem que vocês abram para eles. Seria um total de quatro shows no Coliseum de Los Angeles.

– Jura?! – exclamei. – Parece uma ótima ideia.

– Os caras vão começar a turnê logo e estão fazendo ensaios de produção em Pittsburgh.

– Vamos até lá, então.

Nossas reservas de voo foram feitas, e Alan, Doug e eu rumamos para Pittsburgh para ver os Stones ensaiarem. Eu havia me munido de algumas seringas e droga o bastante para uns poucos dias, e estava pronto. Não contara com um contratempo, contudo, algo que fora um problema para a banda desde o início. A caminho de Pittsburgh, Alan programara uma parada em Ohio para dar uma olhada no Great White. E, devo dizer, não existia outra banda além do Poison que representasse melhor tudo o que mais odiávamos do que o Great White; e o nosso empresário, Alan Niven, os empresariava também. Aquilo enfurecia Axl, em especial depois que Alan obrigou o Guns a substituí-los num show da MTV no Ritz de Nova York, em 1988; uma aparição que não puderam fazer por um motivo qualquer. Uma vez que deslanchamos e Alan começou a usar a nossa popularidade para impulsionar a carreira *deles*, isso se tornou um grande problema para nós. Assim, parar para ver um show do Great White a caminho do ensaio dos Stones foi uma estupidez da parte de Alan.

Como não estava a fim de vê-los tocar, fiquei no meu quarto de hotel para me drogar e esperar o voo pela manhã. Eu me tornara muito bom em esconder seringas e drogas; o forro da minha jaqueta era perfeito, e a parte interna de uma caneta oculta com facilidade um papelote. Havia várias outras técnicas também, mas essas devem permanecer em segredo. Nessa viagem fui descuidado, porém, e de algum modo quebrei minha seringa.

Não foi problema. Liguei para a recepção.

— Pois não, senhor, em que posso ajudá-lo?

— Estou com uma situação de certa emergência aqui. Sou o guitarrista do Great White, sabe? Acontece que tenho diabetes, e minhas seringas para insulina estavam numa mala que foi roubada. Estarei no palco dentro de uma hora e tenho de aplicar minha medicação antes disso. Há alguma farmácia por perto, você poderia mandar alguém lá para mim?

— Sim, senhor, lamento saber. Posso resolver isso agora mesmo.

— Fico muito grato.

Quando as seringas apareceram à minha porta, até me admirei. Um viciado pode ser bastante persuasivo e manipulador quando se trata de drogas e dos meios para usá-las. De qualquer modo, resolvi meu problema logo, injetando-me no meu quarto. Ao longo da noite, não tenho certeza de que cheguei a perder um dos meus papelotes de heroína, mas vasculhei aquele quarto como se tivesse sido o caso. Revirei tudo, olhando embaixo de cada superfície. Como resultado, pareceu que uma criança tentara construir um forte grandioso ali usando toda a mobília disponível.

Farreei tanto e causei tamanha confusão naquela noite que acabamos não conseguindo chegar a Pittsburgh no horário previsto. Tinha injetado a maior parte da minha droga na véspera, mas precisei tão desesperadamente de mais um pouco ao chegarmos à cidade que pedi a Alan para tirar um cochilo antes do show. Injetei a droga, apaguei e dormi durante a apresentação inteira dos Stones. Alan e Doug me ligaram várias vezes, mas não ouvi o telefone. Os dois assistiram ao espetáculo e, na manhã seguinte, contaram-me como fora esplêndido.

Alan me encarou.

— Slasher, vou recusar essa proposta — informou-me. — Não há meio de vocês poderem abrir para esses caras. Não têm a menor condição de fazer isso.

— Podemos sim, eu garanto — declarei. — Apenas marque os shows.

Apesar de sua reserva, Alan o fez.

Eu era um dependente químico, embora outras pessoas parecessem mais preocupadas com isso do que eu. A maioria dos meus fornecedores de drogas tinham começado a me evitar. Os poucos que ainda a vendiam para mim eram legais, mas não me queriam por perto. Apenas largavam a encomenda junto à porta dos fundos da Casa Walnut e nunca entravam.

Nesse período, vi minha mãe, que estava bem aflita, e sugeriu que eu telefonasse para David Bowie, porque achou que os conselhos dele me ajudariam mais do que se me forçasse a ir para uma clínica de reabilitação.

David foi atencioso e era sábio em todas aquelas questões. Ele me pediu que o colocasse a par de tudo, perguntou o que eu estava passando emocional e fisicamente, e com a banda. Fiz um pouco de rodeio, mas assim que comecei a falar sobre meus pequenos amigos translúcidos, David me interrompeu. A conversa como um todo era delicada demais para ter com alguém que ele não vira desde os oito anos de idade, mas já escutara o bastante.

– Ouça, Slash, você não está num bom caminho. Se vê coisas todos os dias, o que está fazendo a si mesmo não é nada legal mesmo. A pessoa se encontra num ponto espiritual muito baixo quando isso começa a acontecer. – David fez uma pausa momentânea. – Você tem se exposto às regiões mais obscuras do seu ser subconsciente. Está se tornando vulnerável a todos os tipos de energia negativa.

Eu estava tão perdido e desnorteado que não concordei. Achava que minhas alucinações eram meu divertimento.

– Valeu. Legal – respondi. – Sim, acho que isso é ruim... devidamente registrado.

Quando os shows dos Stones foram agendados, todos assumimos a responsabilidade de chegar aos ensaios no horário, e pareceu que tínhamos de novo o nosso incentivo. Naquela época, Duff era o nosso membro mais responsável. Ele pegava Steven todos os dias, depois de esperar que ele cheirasse quantas carreiras de coca precisasse para se manter de pé, e em seguida ia me buscar. Eu os fazia esperar do lado de fora enquanto tratava de injetar minha dose prévia aos ensaios.

No dia que antecedeu as apresentações dos Stones, fizemos um show de aquecimento no Cathouse, e foi sensacional. Era a primeira vez que nos apresentávamos depois de um longo intervalo, e tínhamos energia demais a liberar. Tocamos de maneira incrível e foi um show clássico do Guns. Não transcorreu sem seus inconvenientes, porém, porque Axl insultou tanto David Bowie do palco que Bowie saiu no meio da apresentação.

David estava lá com a minha mãe, ambos sentados a uma mesa perto da frente. Axl se convencera de que, nos bastidores antes do show, David estivera dando em cima de Erin Everly. Foi uma ideia tão descabida que, mais tarde, minha mãe me perguntou o que, afinal, havia de errado com Axl. Foi uma situação desagradável, mas eu apenas a ignorei e tentei me concentrar no lado bom. Aquela noite ficou guardada para a posteridade no videoclipe de "It's So Easy", que nunca foi aceito pela MTV, nem exibido nos Estados Unidos porque nos recusamos a editar as profanidades da música.

Nós nos hospedamos no Hotel Bonaventure para passar as quatro noites dos shows dos Stones. Era onde eu estava na manhã anterior à primeira apresentação deles quando recebi o telefonema avisando que Axl não faria os shows de abertura. Seu argumento foi o de que Steven e eu estávamos usando heroína. Estávamos... mas aquilo não vinha ao caso; abriríamos para os Rolling Stones! De algum modo, conseguimos persuadi-lo a fazer o primeiro show, e foi um desastre.

— Aproveitem o espetáculo — disse Axl quando subimos ao palco —, porque será o nosso último. Há gente demais entre nós dançando com Mr. Brownstone.

Fiquei tão puto da vida com isso — e ele estava tão puto da vida comigo por eu ser um viciado — que passei boa parte da metade do show encarando meus amplificadores. Nada estava em sintonia naquela noite, a banda soou horrível. No meu estado de espírito, deixei o palco, entrei direto na minha limusine e fui me drogar no meu quarto de hotel.

No dia seguinte, Doug me disse que Axl faria os shows restantes, desde que eu me desculpasse no palco, para o público, por ser um viciado. Seria um osso bem duro de roer. Em retrospectiva, entendo por que Axl desafiou a mim em vez de Steven. Sou o mais forte entre nós dois, e Axl contava mais comigo. Minha presença era importante para ele. Sentia que eu era um elo na banda que não podia ser desfeito. Ainda assim, não achei que um gesto público fosse necessário. Quando drogada uma pessoa se torna arrogante, e nem morto eu levaria toda a culpa daquele jeito. Não achava que fosse a heroína a estar causando os problemas na banda e, mesmo que fosse, aquele não era o momento de fazer daquilo um cavalo de batalha.

Mas eu teria de fazer alguma coisa. Assim, quando chegou o momento, subi naquele palco e, em vez de me desculpar, enveredei por um discurso sobre a heroína e seus malefícios, sobre como já havíamos trilhado aquele caminho perigoso algumas vezes e como eu já encerrara o meu envolvimento com o monstro sedutor. Foi mais divertido do que qualquer outra coisa, porque não queria deixar o público de baixo-astral. Tenho uma tendência para resmungar quando falo, de qualquer modo, e acho que a menção à "realidade das drogas" e o que quer mais que tenha dito soou como um pedido de desculpas suficiente. Fizemos uma longa introdução a "Mr. Brownstone" enquanto eu falava e, portanto, pela perspectiva do público, pareceu como uma introdução de improviso para a música.

O que quer que tenha sido ou não, quando Doug disse a Axl – que não deixaria o camarim enquanto eu não atendesse à sua exigência – o que eu fizera, Axl ficou satisfeito, e o astral da banda inteira se elevou quando ele entrou no palco e seguimos adiante com "Mr. Brownstone". De repente, nossa camaradagem voltou; uma vez que aqueles problemas pessoais foram resolvidos, conseguimos nos concentrar no trabalho.

Esse segundo show foi bom; o terceiro, ainda melhor – já estávamos arrasando àquela altura. O quarto show foi extraordinário – a banda estava dando o melhor de si. Essa foi uma experiência e tanto, para dizer o mínimo. Os espetáculos se tornaram célebres no circuito de shows, e qualquer um que tenha estado lá recorda-se bem deles: mesmo nas noites em que ainda estávamos um tanto fora dos eixos, foram uma grande diversão assim mesmo.

Os Stones nos assistiram as quatro noites, segundo eu soube, porque nós os fazíamos lembrar de si mesmos no começo da carreira. Não que eu tenha passado algum tempo sociabilizando com eles. Eu estava agitado, irrequieto demais. A despeito do que quer que tenha dito no palco, tudo o que eu queria era injetar minha droga o mais depressa possível quando o último acorde era tocado. Costumava fazer isso no estacionamento; nem conseguia esperar até chegar ao hotel. Por mais que eu tenha me sentido inspirado por esses shows, comecei a encarar a banda e a composição do nosso álbum como algo a que me dedicaria "assim que estivesse limpo". É um famoso lema dos viciados.

A fim de obter as drogas de que eu precisava durante aquelas quatro noites, tive de deixar o hotel uma vez para ir de carro até Hollywood e esperar minha encomenda. Depois, voltei ao centro da cidade para a apresentação. Uma pessoa pode estar nesse nível – tocando no Coliseum –, mas quando é viciada também convive com essa realidade sórdida, degradante de comprar drogas na rua. Ela o faz, e então retorna à sua outra realidade.

Eu não queria que isso voltasse a acontecer. Assim, para a terceira apresentação, dei a esse traficante que chamaremos de "Bobby" passes de acesso aos bastidores para que pudesse ir até o local e me entregar minha droga... e ver o show. Estava nos bastidores à espera de que ele aparecesse e, conforme o horário da apresentação foi se aproximando, comecei a me sentir mal. O relógio avançava, e eu chegara ao ponto em que não conseguiria tocar. Fui tomado pela ansiedade porque, se ele não chegasse a tempo, eu não conseguiria ir para o palco. Esperava e mandava-lhe uma mensagem atrás da outra para o *pager*, o tempo todo tentando manter as aparências. Bobby não deu uma única resposta, nem sinal dele. Dez minutos da apresentação, Bobby chegou. Tranquei-me no banheiro do *trailer* que chamávamos de camarim e me droguei, soltando um suspiro de alívio. Aquilo não era nada bom. Axl teve toda a razão de impor suas condições — aquele tipo de existência simplesmente não podia dar certo no nível em que estávamos. Quando se é tão prisioneiro da heroína, a vida não gira mais em torno da música. Eu me esquecera disso. Steven estava igualmente no fundo do poço. Mas, até conseguir me livrar da dependência química outra vez, não fazia ideia do que estava de fato acontecendo com ele.

———

AS DROGAS FICARAM ENTRE O LUGAR ONDE HAVÍAMOS ESTADO E aquele para onde tínhamos de ir. Uma vez que os shows de abertura para os Stones estabeleceram um elo criativo e eficaz dentro da banda outra vez, nós nos dispusemos a resolver o problema da melhor maneira que pudéssemos. Doug achou que poderia intervir gradualmente com Steven, levando-o para umas férias num exclusivo *resort* de golfe no Arizona. Steven estava empolgado com o que a banda acabara de realizar e, portanto, ao menos na teoria, queria se recuperar. Concordou que ficar uma semana longe de Los Angeles, relaxando à beira da piscina, no deserto, era tudo de que precisava.

Eu era uma criatura mais complicada. A sugestão de que eu fosse para uma clínica de desintoxicação não seria bem aceita, nem a de que alguém cuidasse de mim. Na verdade, ninguém podia me dizer merda nenhuma, na época. Teriam de confiar em mim o bastante para que eu me recuperasse por conta própria. E tinha toda a intenção de fazer isso. Pensei em como resolver a questão ao longo de muitas noites me drogando na Casa Walnut. Um médico me prescreveu Buprinex, que é um substituto de opiáceo. Arranjou-me muitos frascos da substância e seringas. Era um tratamento muito caro, mas esse era mais um amigo do que um médico do tipo convencional.

Levei tudo isso comigo na noite em que decidi me reunir espontaneamente a Doug e Steven no Arizona. Fez todo o sentido, na ocasião. O estado ensolarado era um ótimo lugar para começar a combater meu vício. Falei a Megan que tinha uns assuntos da banda a resolver e que voltaria dentro de quatro dias. Reservei meu voo, chamei uma limusine e liguei para um traficante que eu conhecia que ficava num ponto a caminho do aeroporto. Estava com tudo planejado. Comprei coca e heroína o bastante e juntei com todo o Buprinex que levava para passar um longo e tranquilo fim de semana num *resort* de golfe.

Não ligara para Doug ou Steven para avisar que estava indo, portanto, eles não foram ao meu encontro no aeroporto. Assim, fiquei sozinho. Não havia muito o que se fazer na cidade, mas não me importei.

– Ei, a que distância fica esse lugar? – perguntei ao motorista da limusine.

– A uns quarenta e cinco minutos de carro, senhor.

– Certo. Ouça, pode parar em algum lugar para me arranjar talheres? Tenho comida aqui atrás que faço questão de provar.

O motorista dirigiu por uns vinte minutos e parou no Denny's. Saindo de lá, entregou-me uma faca e um garfo, embrulhados num guardanapo. *Que ótimo*, pensei.

– Há… ouça, há algum outro lugar onde poderíamos parar? – quis saber. – Preciso de um jogo *completo* de talheres.

Após mais uns quinze minutos, fizemos outra parada e, dessa vez, consegui a colher. Ergui de pronto o vidro entre mim e o motorista, peguei as drogas e preparei minha refeição.

Injetei a droga e relaxei enquanto seguíamos na direção do hotel. A paisagem de vegetação rasteira e seca do Arizona subitamente pareceu-me bem mais convidativa, o vidro escuro fazendo-a parecer ainda mais exuberante. Quando chegamos ao *resort*, o Venetian, levei todos os meus apetrechos para o meu quarto. Não era o tipo de lugar em que eu costumava ficar, porque não parecia um hotel. Era formado por um conjunto de bangalôs ao longo de um belo e bem-cuidado campo de golfe… bastante parecido com aquele lugar aonde Doug me levou no Havaí, pensando bem. Meu quarto era ótimo. Havia uma cama com dossel branco, uma pequena lareira de tijolos e um confortável banheiro com um boxe de vidro – era como um spa privativo, tão relaxante que não pude pensar em terapia melhor do que injetar coca e heroína a noite inteira para aquietar minha alma.

Logo esqueci que a droga levada destinava-se a durar quatro dias; eu estava agindo como se tivesse algo a comemorar. Numa questão de horas, a heroína acabou. É um problema comum para viciados. Quando está alta, a pessoa se encontra num estado de puro contentamento, tudo é um mar de rosas, e é quando ela faz planos; é quando calcula de quanta droga precisará. Então, começa a usá-la e tudo muda. O sujeito começa a reconsiderar tudo enquanto age; encontra razões para justificar por que pode e *deve* aplicar uma dose naquele exato instante. E, uma vez que o faz, encontra razões para acabar com o que tem porque, ei, afinal não precisará mais dela depois!

A pessoa passa por todo esse tormento psicológico porque, no final das contas, na primeira vez em que usou heroína, quando experimentou e adorou, quando seu organismo estava puro e inalterado, aquilo foi a melhor coisa que já havia feito. Dali em diante, passará o restante do tempo como usuário, perseguindo aquela primeira sensação que jamais tornará a encontrar; e aí convence a si mesma de que conseguirá se continuar tentando. Tenta todos os métodos diferentes para chegar lá, mas está perseguindo um fantasma. Ela acaba precisando se drogar apenas para se sentir bem: ou apenas o bastante para não se sentir mal, para ficar razoável. Mas, quando tem uma boa quantidade em seu poder, ainda insiste em reencontrar a sensação original. E, antes que se dê conta, numa noite, acaba consumindo aquilo que planejara dividir em quatro dias. O cuidadoso planejamento vai por água abaixo.

Não havia motivo para acabar com a minha festa particular, a meu ver, visto que havia coca de sobra para injetar. Não importando o quanto uma pessoa seja meticulosa em relação a heroína, sempre acabará bem antes da coca. E quando começa a injetar coca para valer, as alucinações parecem tão reais que não pode mais dizer a si mesma que apenas está drogada e que é a sua mente pregando peças. É como usar LSD, mas com um comportamento totalmente diferente. É algo assustador e realista, nem um pouco psicodélico. No meu caso, tornou-se violento e aterrador. Eu desfrutara desse elemento da droga no passado, mas dessa vez passei do limite de verdade. Continuei injetando coca naquela noite só pela satisfação de fazê-lo. Já mencionei como gostava de espetar a agulha na pele, até a veia, e sentir a droga se espalhar pelo meu corpo e tomando conta dele. Também adorava o ritual, toda a preparação, quase tanto quanto ficar alto propriamente. Fiquei bastante contente comigo mesmo só em passar por essas etapas por algumas horas.

Então, as coisas ficaram estranhas. Comecei a tentar dar golpes de boxe nos monstros sombreados que via do outro lado das cortinas transparentes em torno da grande cama de casal. Fazia movimentos amplos com os braços, como se estivesse me exercitando numa academia de ginástica. Aquilo continuou a noite inteira, até que o nascer do sol fez com que todas as sombras desaparecessem do quarto, encerrando minha batalha. Quando despertei daquele transe, achei que devia ir procurar Steven e Doug.

Primeiro, decidi tomar um banho, ficar um pouco mais desperto. Mas, antes disso, optei por injetar uma última dose de coca. Sentia-me ótimo quando entrei debaixo daquele grande e luxuoso chuveiro. E, enquanto estava lá debaixo da agradável água quente, as alucinações induzidas pela coca me atingiram com mais força do que na véspera, do que nunca estiveram. A plena claridade do dia adentrava pelo vitrô, mas vi sombras compridas emergindo dos cantos. Arrastaram-se pelo chão na minha direção, subindo pelo vidro do boxe e tomando a forma dos monstros sombreados que eu tentara atingir antes, através do dossel da cama. Estavam bem diante de mim, tomando a porta do boxe, e eu não iria deixar que me pegassem.

Assim, esmurrei-as com o máximo de força que pude, espatifando a porta inteira, e vidro se amontoou no chão à minha volta. Fiquei lá com a mão cortada, debaixo da água, paralisado, paranoico, olhando em torno do banheiro à procura de outros agressores. Foi quando as pequenas figuras que eu já vira tantas vezes antes apareceram.

Elas tinham a aparência da criatura do filme *O predador*, mas eram bem menores e de uma cor azul-acinzentada e translúcida. Eram cheias de nervuras e músculos, com as mesmas cabeças pontudas e rastafári de aspecto emborrachado. Até então, tinham sido uma distração bem-vinda, despreocupada, mas aquela alucinação diante de mim era muito sinistra.

Eu as vi se juntando na porta; era um exército, segurando metralhadoras e armas que pareciam arpões.

Aterrorizado, corri pisando nos cacos espatifados do piso até o quarto e fechei com força as portas de correr de vidro que davam para o banheiro. O sangue começou a empoçar sob mim, esvaindo-se dos meus pés, mas não senti nada. Observei, tomado pelo horror, os Predadores espremendo seus membros por entre as frestas da porta de correr e começarem a abri--la. Coloquei todo o meu peso de encontro a ela num esforço para mantê-la fechada, mas não adiantou; eles venciam, e eu perdia o equilíbrio em cima de todo aquele vidro quebrado, indo parar do outro lado.

Decidi fugir. Lancei-me pela porta de correr, cortando-me ainda mais e espalhando mais estilhaços de vidro pelo quarto inteiro. Quando saí correndo do bangalô, o sol brilhante, o ofuscante verde da grama e as cores do céu causaram-me um tremendo impacto; tudo era ofuscante e vívido para mim. Tudo no meu quarto parecera tão real que não estava preparado, no meu estado, para ser transportado de repente do espaço entre cortinas fechadas para a intensa luz do dia.

Apenas corri, nu e sangrando, entre os bangalôs, fugindo do exército de Predadores que via por sobre o ombro a cada vez que me virava. Precisava me proteger da fortíssima luz do dia e, assim, adentrei pela porta aberta de outro bangalô. Escondi-me atrás da porta, depois de uma cadeira, enquanto os Predadores começaram a invadir o quarto. Havia uma arrumadeira lá, fazendo a cama, que começou a gritar quando me viu. Gritou ainda mais alto quando tentei usá-la como escudo humano contra os pequenos caçadores no meu encalço.

Tornei a fugir, correndo feito louco pelo *resort* com um exército translúcido em meu encalço; as cores e o cenário apenas acentuavam meu estado de demência. Cheguei até a parte de trás da sede do hotel, entrando pela porta dos fundos até a cozinha. Todos os cozinheiros e a atividade eram atordoantes, e corri de lá, indo direto até o saguão. Havia hóspedes e funcionários por todos os lados. Agarrei um executivo bem-vestido, parado ali com sua bagagem, para usá-lo também como escudo humano. O homem parecia tão seguro e confiante que acreditei que pudesse manter os Predadores longe de mim, mas me enganei. Eles me pegaram àquela altura, começando a subir pelas minhas pernas, carregando suas pequenas armas. O executivo queria distância e se desvencilhou de mim, de modo que acabei batendo de encontro a um armário embutido em algum ponto próximo à cozinha. Enquanto uma multidão se formava, corri de lá outra vez, saindo pelos fundos. Por fim, encontrei penumbra e abrigo num galpão da propriedade, onde me escondi atrás de um cortador de grama, as alucinações começando a desaparecer.

Causei um grande tumulto. Policiais vieram e, junto com dezenas de curiosos, confrontaram-me no meu esconderijo. Eu não estava vendo mais os Predadores, mas meu depoimento à polícia envolveu uma detalhada descrição de como eles haviam me perseguido por todo o *resort*, tentando me matar. Continuava drogado o bastante para contar a história sem um pingo de racionalidade. Tudo à minha volta ainda parecia extremamente bizarro, até mesmo o momento em que Steven abriu caminho pela multidão e me entregou uma calça de moletom. Os policiais levaram-me de volta ao meu quarto e encontraram um saco cheio de seringas, mas não drogas. Uma vez que eu tinha uma receita de Buprinex (que não deixa uma pessoa alta), tive permissão de ficar com as seringas, e nada pareceu ilegal.

Ainda assim, a polícia do Arizona não estava engolindo aquela. A certa altura, os tiras me deixaram no quarto para conversar entre si sobre o que fazer comigo. Eu ainda estava convencido de que tudo o que lhes dissera era verdade, o que não ajudou em nada para eu me safar. Eles apenas ficaram me encarando com aquele ar indecifrável. Por fim, acabaram me levando, depois de encontrar resíduos de cocaína na colher caída no chão. Mas Doug interveio. Ligou para Danny Zelisko, um poderoso promotor de Phoenix, que conseguiu me manter fora da cadeia. Doug e Danny me tiraram de lá, sem um sapato, porque um dos meus pés estava ferido demais para usar calçado, e puseram-me a bordo de um jato particular. Sem a ajuda de Danny, é bem provável que eu tivesse passado um longo tempo na cadeia. Obrigado, mais uma vez.

QUANDO POUSEI EM LOS ANGELES, FORAM ME BUSCAR E ME colocaram numa suíte do Sunset Marquis. Minha orgia com a combinação de coca e heroína no *resort* de golfe deixara-me exausto e fui direto para a cama.

Ao acordar, vi Duff parado logo ao lado.

— E aí, cara... está acordado?

— Sim. — Tentei me orientar para descobrir exatamente onde estava.

— Vista-se. Vou esperar você na sala ao lado. Precisamos conversar.

— Claro.

Quando entrei na sala de estar anexa, vi que todos os lugares estavam ocupados. Meus empresários, minha mãe, meus companheiros de banda (exceto Izzy e Axl)... Fora meu fornecedor de drogas, quase todos que eu conhecia estavam lá. Era uma intervenção oficial. Ainda tentava me orientar, mas ocorreu-me na hora que era ridículo que Steven fizesse parte do comitê, porque ele precisava de reabilitação tanto quanto eu, senão mais. Encarei-o com um único pensamento: *Hipócrita*. A presença de todos os demais ali significou algo para mim. Não sei ao certo o que, mas decididamente algo. Quase todos tinham algo a dizer.

Meu segurança, Earl, falou:

— Slash, você estava tão animado e cheio de vida em Chicago... Lá, estava tão forte. Não aguento vê-lo desse jeito, assim tão fraco.

Ola estava estupefata. Ficou sentada naquela sala em silêncio, durante a maior parte do tempo.

Alan Niven foi bombástico, como de costume:

— Slash, você *tem* de ir para uma clínica de reabilitação. Tudo já foi providenciado.

Todos disseram que me amavam, e que Deus os abençoe; tenho certeza de que foram sinceros, mas ser confrontado daquela maneira foi tão duro que algo se perdeu no processo. Vi-me encurralado. As baboseiras que eu costumava dizer sobre estar bem não surtiriam efeito. Estava acuado e sem defesa; fui condenado sem julgamento. Não havia nada que pudesse fazer a respeito. Como qualquer um em tal situação, minhas mentiras estavam em rigoroso foco, depondo contra mim.

Nunca culpei minha mãe por nada disso, nem por um momento sequer achei que fosse ideia dela; Ola me pareceu tão confusa quanto eu naquele dia. Quanto aos demais, achei que eram um bando de conspiradores filhos da puta. Assim mesmo, se fosse para eu me acertar com a banda, teria de ir para uma clínica em Tucson, chamada Sierra Tucson, e, assim, entrei na reabilitação pela primeira vez.

O segredo da reabilitação é que você tem de querê-la. Quando é o caso, ela opera maravilhas — mas quando se vai para lá obrigado, o tratamento até pode limpar o corpo, mas não muda o modo de pensar. Foi isso o que aconteceu comigo na minha primeira vez. Passei pela desintoxicação num ambiente completamente seguro, mas nem morto pretendia tomar parte em nenhum aspecto da comunidade que vivia limpa, que é a segunda fase da reabilitação.

Contudo, antes mesmo de ir para lá, fiz o que todo viciado convicto faz: disse a todos que interviram que concordava com eles, que pretendia colaborar com o plano que traçaram para mim, mas apenas com a condição de que eu passasse uma última noite na minha própria cama antes de ir para a clínica, pela manhã. Eles concordaram, porque minha droga acabara, segundo acreditavam.

Voltando para minha casa, peguei a droga que mantinha escondida, injetei minha dose e fiquei com Megan – que estava completamente alheia a tudo o que acontecera. Disse-lhe que me ausentaria por algum tempo devido a negócios da banda e, no dia seguinte, acordei cedo, injetei mais uma dose e entrei numa limusine com Doug para irmos a Tucson. Esse lugar ficava no meio do deserto em todos os aspectos. Não havia mercados, áreas residenciais, galerias de lojas... nada civilizado num raio de muitos quilômetros. Era um pequeno oásis da sobriedade.

Fui colocado num quarto com duas camas, mas não tive de dividi-lo com ninguém durante a minha estada, o que foi ótimo. Os primeiros três ou quatro dias de abstinência, óbvio, foram terríveis, embora tenham sido menos drásticos devido à combinação de remédios que me administraram. Eu nunca havia me desintoxicado daquela maneira, o que foi um alívio bem-vindo, mas nada confortável a ponto de eu poder comer alguma coisa ou dormir profundamente por mais de uma hora ou duas de cada vez.

Após alguns dias, quando a sudorese, a ansiedade e o inevitável mal-estar diminuíram, eu me senti bem o bastante para sair da cama e andar um pouco. Era tudo o que podia fazer. Não estava preparado para nenhum contato com outras pessoas. Mas, no instante em que saí do aposento, a equipe médica tentou me persuadir a participar da terapia de grupo. Estava fora de cogitação – só porque eu conseguia caminhar não queria dizer que queria conversar. Ansiava tanto por evitar os outros que esperava até estar completamente faminto para ir em busca de comida, porque fazer isso implicaria encontrar estranhos no refeitório.

Descobri mais tarde que eu deveria ter me internado uma semana antes, pois teria conhecido uma pessoa lá: Steve Clark, o guitarrista original do Def Leppard. Steve foi para lá devido às drogas, mas, como costuma acontecer em lugares como aquele, uma vez que uma pessoa se rende aos métodos deles, são encontrados inúmeros outros "males" que a afligem. Seguindo esse ponto de vista, sexo e praticamente qualquer coisa mais, se você os observar de uma certa perspectiva, podem ser vistos como vícios que governam sua existência. No caso de Steve, ouvi dizer que o rotularam como viciado em sexo e lhe impuseram uma proibição do tipo "Nenhum Contato com Mulheres" depois que ele violou as normas ao conversar com a mesma garota mais de uma vez em particular. Não aceitando aquilo muito bem, ele saiu dali na mesma hora. Steve morreu de overdose dois anos depois.

Quando eu não estava no meu quarto na Sierra Tucson, passava a maior parte do tempo sentado a uma mesa imensa com um cinzeiro gigantesco no centro. Empenhava-me ao máximo para evitar conversar com os demais pacientes. Quando eu não podia evitar, as conversas geralmente transcorriam mais ou menos assim, com um estranho qualquer que se sentava e começava a fumar por perto:

– Oi, por que está aqui? – perguntava-me.

– Heroína.

Em geral, diante da menção àquela palavra, pelo menos um ou mais pacientes presentes e próximos o bastante para ouvir começavam a fazer gestos nervosos e a se coçar.

– Legal. Isso não é nada. Deixa eu contar a minha história a você...

Na maioria, as pessoas que conheci lá tinham vícios múltiplos e personalidades tão complexas que desafiaram todas as minhas ideias preconcebidas. Eram um estranho conjunto de indivíduos de todas as classes sociais. Era como em *Um estranho no ninho* e, a exemplo do personagem de Jack Nicholson, convenci-me de que era o menos perturbado de todos. Eu agia sob a impressão de que sabia o que e quando estava fazendo, não importando o que fosse. Aquele povo, porém, não parecia saber o que fazia em momento algum, e não tinha ideia de por que fora parar ali.

Mais uns três ou quatro dias depois, cheguei a meu limite. *Foda-se tudo isso*, pensei. Estava farto da reabilitação em todos os aspectos, desde a equipe me encorajando à terapia de grupo e ao que quer que resultasse disso até os "amigos" rápidos que fazia, quando ia fumar, que queriam me encontrar do lado de fora para arranjarmos drogas quando saíssem, dali a poucas semanas.

Eu não estava pronto para me render de nenhuma maneira. Encontrava-me no meio do deserto, num calor dos diabos, e não via meio produtivo de passar meus vinte e dois dias seguintes lá. Falei à chefe das enfermeiras que tinha de sair imediatamente, e ela fez tudo o que pôde para me impedir. O fundador do lugar até foi conversar comigo para tentar me convencer a ficar.

Era o tipo de caubói da nova era que só pode existir no sudoeste americano. Usava chapéu, uma porção de joias de turquesa e botas de caubói. Falou longamente sobre sua jornada pessoal rumo à sobriedade. Foi categórico e insistiu que eu ainda nem começara a fazer o *verdadeiro* trabalho. Não estava errado, mas não liguei a mínima – nem tampouco queria seguir o caminho dele para ficar limpo.

– Ouça – falei, irritado –, você não pode me obrigar a ficar aqui, cara. *Não pode*. Assim, me dê um telefone e mande alguém buscar as minhas coisas porque estou saindo. E agora mesmo.

– Esse é um grande erro – argumentou ele. – Você está desistindo, sendo fraco. Precisa pensar sobre isso. Apenas vá até uma reunião comigo.

– Não vou a reunião alguma com você. Isso não vai acontecer. Muito obrigado por sua ajuda. Mas que isto se foda. Fui!

Chamei uma limusine para me levar para o aeroporto, enquanto o dono continuava tentando me convencer a ficar, só parando depois que entrei no veículo. Baixando o vidro da janela, sustentei seu olhar.

– Não posso impedi-lo, mas você está cometendo um grande erro – repetiu.

– Até nunca mais.

Alguns quilômetros adiante, na estrada, vi um boteco e pedi ao motorista que parasse. Comprei um litro de Stoli. Abrindo a garrafa, joguei a tampa pela janela. Minha raiva pelo que eu acabara de passar cresceu conforme fui avançando no conteúdo da garrafa a caminho do aeroporto. Sentia-me ofendido pelo fato de meu círculo de relações ter achado que o ridículo circo para onde haviam me mandado me ensinaria a me controlar melhor do que eu mesmo já sabia. Fora imperdoável. Nem posso imaginar o que o motorista da limusine estava pensando naquela tarde: ele me pegara numa clínica de reabilitação e me vira ingerir meio litro de vodca em menos de uma hora.

No aeroporto, aguardando meu voo, liguei para um traficante de heroína que fora amigo de Mark Mansfield e Matt Cassel nos tempos do colégio. Combinei de me encontrar com ele no momento em que pousasse. Sabia que a primeira dose de heroína depois de uma desintoxicação seria incrível, por isso planejei para que fosse da melhor qualidade. Depois que a comprei, fui para casa, fiquei alto e, em seguida, telefonei para Doug Goldstein.

– Alô?

– Oi, Doug, sou eu: Slash. Estou de voooolta! – Então, desliguei.

ENTREI NOVAMENTE NA MINHA ROTINA COM MEGAN E ESTAVA TUDO bem. Também comecei a farrear sozinho outra vez depois que ela ia dormir. Megan não fazia ideia de que eu acabara de passar por uma desintoxicação numa clínica de reabilitação. A questão foi que, pelo fato de a desintoxicação ter sido forçada, eu me recusava a permanecer limpo... embora soubesse que precisava. Não pretendia voltar a ser usuário habitual de heroína – só não iria largá-la nos termos deles.

Planejei uma viagem com Megan ao Havaí e comprei droga suficiente para me permitir usá-la até certo ponto, após o qual eu a deixaria nos *meus* termos. Nós dois nos hospedamos numa *villa* em Kauai e, no momento em que chegamos, dei início ao processo de desintoxicação. Fiquei febril, suando em profusão, agitado, comendo o pão que o diabo amassou. Falei a Megan que havia contraído uma virose forte, e ela acreditou. Ficou contente o bastante em ir às compras e fazer turismo sozinha.

Não esperei que essa crise de abstinência fosse tão séria, porque achei que já havia passado pelo pior na clínica em Tucson. Bem... eu me enganei; não foi nada fácil. Esperei poder facilitá-la com bebida, mas não pude: tudo tinha gosto ruim e o mal-estar era terrível. Os sintomas foram muito mais violentos do que de costume: a respiração ofegante, as dores de estômago, a sudorese, a ansiedade e as inquietações mórbidas eram companheiras das mais horríveis. Não conseguia assistir TV, nem relaxar, nem comer; nem mesmo dormir. Tenho certeza de que Megan se ausentava de propósito na maior parte do tempo.

Em suma, eu estava um bagaço. Fiquei nesse estado durante uma semana ou um pouco mais, enquanto Megan e eu permanecemos em Kauai. O problema era que, embora eu não medisse esforços para obter drogas e

OI, DOUG, SOU EU: SLASH. ESTOU DE VOOOOLTA!

sustentar meu vício, a cada vez que tentava largá-lo nunca investia o tempo necessário para adquirir os medicamentos adequados para facilitar o processo. Sempre parecia um pé no saco ir buscar uma porção de receitas do meu médico; parecia mão de obra demais antes do dia em que decidisse fazê-lo. Além do mais, sempre tenho de fazer as coisas do jeito mais difícil e, portanto, nada nunca foi moleza para mim.

Após uma semana, cheguei a um estágio em que conseguia andar para lá e para cá e, enfim, comecei a me sentir melhor. Pude ver que estava quase bom e comecei a combinar com Megan de fazermos as coisas habituais que turistas fazem no Havaí. Ao mesmo tempo, tive a brilhante ideia de ligar para o meu fornecedor e pedir que mandasse heroína via FedEx.

Foi um plano imbecil porque, àquela altura, eu estava na metade do processo de desintoxicação. Teria conseguido se tivesse sido capaz de me aguentar por mais alguns dias. Mas eu me recusei, pura e simplesmente. De qualquer modo, o traficante só podia me enviar uma quantidade limitada, o que apenas traria uma solução temporária. Olhando para trás, devo dizer que foi uma decisão das mais estúpidas.

O traficante em questão era o mais firme entre os caras que me vendiam heroína e me garantiu que minha encomenda podia ser entregue em segurança, através de remessa de primeira classe, com chance mínima de ser descoberta.

Concordei com isso, mas logo depois lembrei-me de algo. Mark, o músico do Faster Pussycat, aquele que os caras tinham prendido com fita adesiva e mandado de elevador até a recepção, fora preso recentemente porque alguém lhe enviara uma encomenda de drogas pelo correio. Que porra, afinal, eu estava pensando?

Na manhã seguinte, estava todo agitado, como viciados ficam, na expectativa da chegada das drogas. Ainda me preocupava com a possibilidade de ser preso ao recebê-las. Pesei os prós e contras a manhã inteira, até que o telefone tocou:

– Olá, senhor, é da recepção. Chegou um pacote para o senhor aqui.

– Hã?! – exclamei. – Um pacote? Não estou esperando encomenda alguma.

– Sim, senhor, acaba de receber uma. Acho que foi enviada da Califórnia; de Los Angeles mais precisamente.

Decidi tomar precauções extras. Peguei o elevador de serviço até o térreo. Ele me deixou num canto escondido, de onde eu poderia me aproximar sorrateiro da recepção. Ninguém ali pareceu suspeito, mas não tive como saber se algumas das pessoas que transitavam no recinto eram ou não da polícia.

Soube, porém, que o que quer que eu estivesse vestindo não era nada apresentável. Do canto junto ao elevador de serviço, esgueirei-me até a recepção, o olhar atento.

— Sabe, recebi uma ligação dizendo que alguém me enviou um pacote — disse à recepcionista de ar inocente, mas que talvez estivesse por dentro da operação toda. — É engraçado, porque não estou esperando nada. — Abri um sorriso... ao menos acho que sim.

Ela pegou o pacote, que na verdade era um envelope cheio de CDs escondendo a droga. Quando o colocou no balcão diante de mim, gelei. Olhei para o volume, mas não o toquei.

— Aí está, senhor.

— É isto? — perguntei. — É curioso mesmo, porque eu não estava esperando nada. — Olhei em torno do saguão, examinando cada canto, à procura de tiras ou de agentes federais prestes a dar o bote. — Estranhíssimo. Estou completamente surpreso. Não esperei que nenhuma encomenda me fosse enviada para cá.

— Bem, isso chegou aqui para o senhor esta manhã. — Ela me lançou um olhar peculiar e estendeu uma caneta. — Poderia assinar aqui, por favor?

Olhei fixo para o pedaço de papel em cima do balcão. Dei-me conta de que, se aquilo fosse uma armadilha, se houvesse alguma autoridade observando aquela transação, seria o meu fim e que, assim que tivesse assinado o papel confirmando o recebimento, a lei teria toda a prova de que precisasse. Alternei um olhar entre a garota e o papel. Observei ao redor de novo, num gesto óbvio demais. Não fiz nada durante o que se tornou um momento impregnado de tensão. Então, pensei: *Foda-se!*. Assinando o papel, agradeci à recepcionista e entrei logo no elevador de serviço com o pacote, voltando rápido para o meu quarto.

Megan ainda estava fora em algum lugar, naquele dia, mas, quando voltou, eu estava chapado, feliz, e o resto da nossa viagem foi *maravilhoso*. Pode me chamar do que for, mas aquelas férias deram uma guinada de cento e oitenta graus para melhor depois que recebi meus remédios. Megan e eu começamos a fazer várias coisas, fomos às compras e visitamos alguns pontos turísticos a bordo do jipe que aluguei.

Do Havaí, Megan e eu embarcamos para Chicago, a fim de passar o Dia de Ação de Graças com a mãe dela, a qual só vim a conhecer na ocasião. Terminei o restante da heroína no hotel no Havaí e, quando chegamos a Chicago, comecei a experimentar o típico anseio de viciado. Conhecia poucas pessoas na cidade e deparei com uma delas no Smart Bar na nossa primeira noite lá. Esse cara era um dos engenheiros de som que haviam preparado nosso local de ensaio e, embora não tivesse um papelote sequer de heroína, sempre tinha cocaína de sobra e me arrumou uma boa quantidade. Quando voltei para a casa da mãe de Megan, comecei a injetá-la num esforço para me sentir melhor.

Megan ignorava tudo, mas pude perceber que a mãe dela sabia que havia algo um tanto errado comigo; apenas não sei se tinha certeza do que era. Foi difícil esconder o que se passava comigo e manter as aparências naquele feriado prolongado, porque aquele era um espaço bem apertado. O quarto de Megan e o da mãe eram divididos por um armário embutido compartilhado. Se as portas de correr estivessem abertas em ambos os lados, era possível atravessar de um cômodo para o outro. À noite, quando eu assistia TV e injetava coca depois que Megan adormecia, comecei a ficar nervoso, certo de que a mãe estava me espiando pelo outro lado daquela estranha divisória. Isso prosseguiu por algumas noites. Não sei o que me passava pela cabeça. Andava injetando coca na cama de solteiro dela, entre o corpo de Megan e a parede. Era ridículo.

Quando chegou o Dia de Ação de Graças, tomei um banho e me preparei para conhecer a família e os amigos. Notei, enquanto descia a escada, que de algum modo a heroína se dissipara do meu organismo. É algo que desafia a lógica, mas minha única conclusão é de que a coca inexplicavelmente anulara os efeitos da outra droga num nível bastante intrínseco. Fiquei fora de sintonia o tempo todo em que estive lá assim mesmo, e aquele jantar de Ação de Graças foi uma das ocasiões de celebração mais desconfortáveis que já vivenciei, mas ele teve seus momentos. Houve bebida de sobra e nos divertimos um pouco. Então, Megan e eu voltamos para Los Angeles. Àquela altura, eu estava limpo. Nada de drogas e bem pouca bebida. Ao menos por algum tempo.

De novo em Los Angeles, antes que eu me desse conta, o Natal já se aproximava, e Megan começou a planejar uma festança. Esbanjou na decoração, comprou uma panela de *fondue* e convidou todos os nossos amigos para seu paraíso de inverno. Foi a coisa mais bizarra em que eu já me envolvera em anos, e o fato de que àquela altura eu já conseguira me livrar da heroína fez com que tal sensação fosse difícil de ignorar. Na véspera da festa, ela voltou para casa com uma despesa de cerca de quatrocentos dólares de lixo inútil que comprara no mercado para enfeitar a casa. Foi a gota d'água para mim.

Eu a observei enfeitar a casa, o tempo todo pensando: "Nem sei quem você é, porra". Tivemos uma festa de Natal, recebemos nossos amigos e, assim que eles se foram, comecei a mostrar a Megan que ela teria de ir também. Não foi nada agradável, e eu fui pouco sutil. Comecei a implicar com Megan por ter ido ao mercado, mas aquele não era o verdadeiro problema. Eu não queria mais nada com ela e pronto, e precisava que desocupasse a casa o mais depressa possível. Não me importou a maneira como Megan fora parar lá; aquilo apenas tinha de cessar. Precisava terminar imediatamente. Foi um clima horrível. Fitei-a nos olhos e disse: "Vá embora". E ela foi. A amiga dela, Karen, que sempre me odiara, foi até lá para ajudá-la a arrumar as coisas e levá-la embora.

Olhando para trás, uma vez que fiquei sóbrio, não vi Megan mais da mesma maneira. Ela era boa, legal... mas apenas estava lá. De repente, era como uma peça de mobília que eu não me lembrava de ter comprado e comecei a me perguntar, a cada dia, o que tínhamos em comum. Não havendo nada para anuviar minha visão, a sensação foi a de que aquela garota era uma estranha. Também não tinha tempo para as responsabilidades e as distrações de um relacionamento e, portanto, a questão não era tanto Megan, mas eu. Estava voltando a ser eu mesmo, readquirindo a vontade premente de trabalhar. Tudo o que pensava quando olhava para ela era: *O que está fazendo aqui? Você tem de ir. Tenho uma porrada de coisas para fazer. A gente tem uma porra de disco para gravar.* Creio que acabei dizendo isso a Megan. Maltratei-a muito, sobretudo para alguém como eu, porque não é da minha natureza. Mas não podia voltar atrás no que dissera, e essa foi a última vez que a vi. Sempre tive de fazer as coisas do meu jeito; me droguei do meu jeito, livrei-me do vício do meu jeito, entrei e saí de relacionamentos do meu jeito. Levei a mim mesmo aos extremos da vida do meu jeito. E ainda estou aqui. Se mereço não estar é uma outra história.

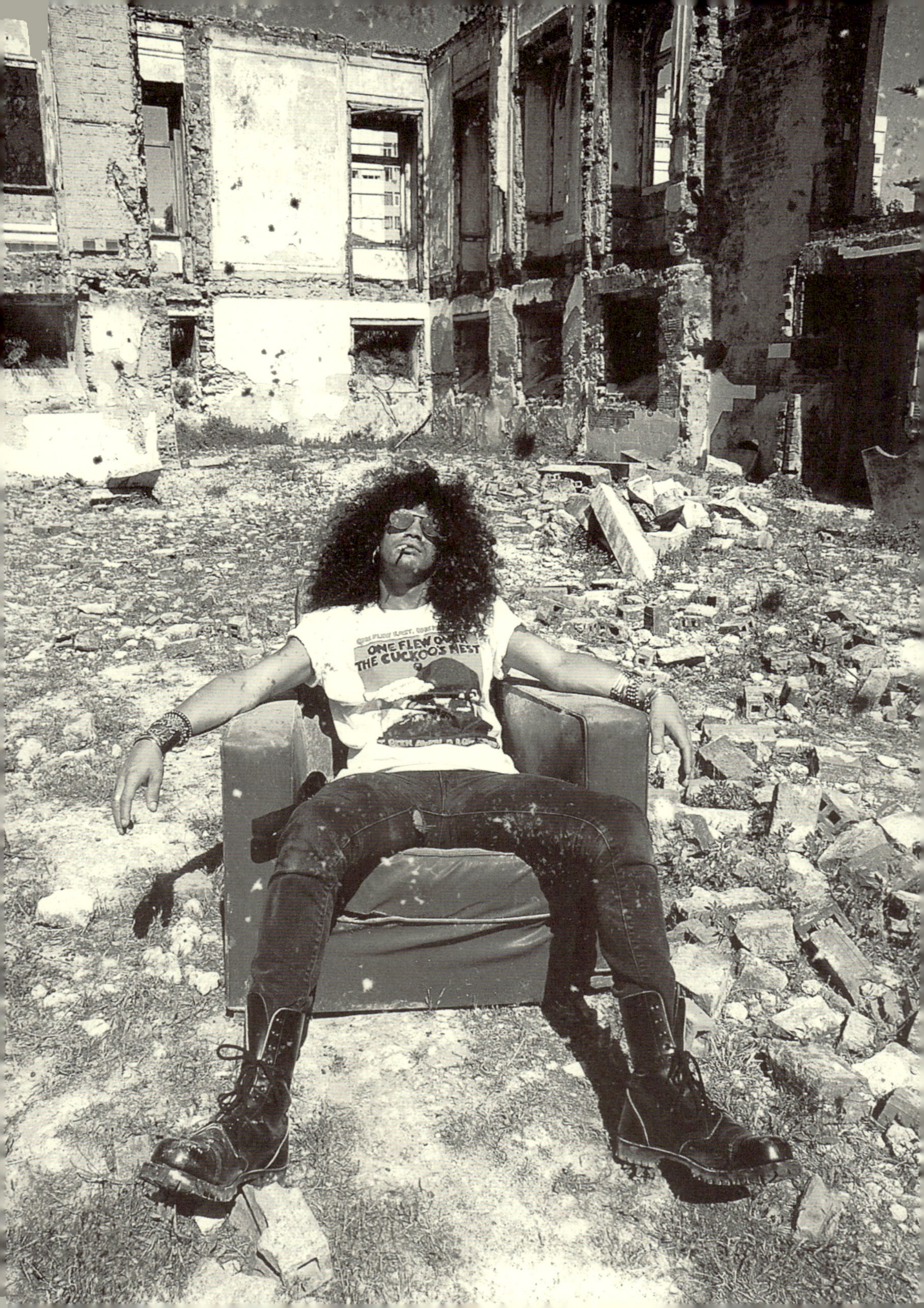
ONE FLEW OVER
THE CUCKOO'S NEST

10
LOBO MAU

Quando começamos a banda, nosso futuro dependia de nossa união forte e espontânea. Nossa atitude gerou uma leal camaradagem entre nós que é muito rara de se ver por aí. O sucesso acabou por fragmentar esse elo ao nos dar aquilo que queríamos e muito do que não precisávamos — tudo de uma só vez. Conseguimos chegar lá no sentido convencional, o que significou dinheiro, e o dinheiro significou liberdade. Éramos livres para embarcar em nossas viagens individuais. Fomos tão longe que quase esquecemos como era estar no mesmo recinto; quase esquecemos como havíamos conquistado essa liberdade em primeiro lugar.

No final, descobrimos novamente, bem a tempo... mas houve perdas e dores crescentes que não pudemos evitar. Para voltar até onde tínhamos começado, tivemos de nos reapresentar a nós mesmos; tivemos de eliminar o excesso de gordura. Tivemos de redescobrir o Guns N' Roses. Haviam sido apenas poucos anos, mas a sensação era de que havíamos esquecido como fora divertido sermos nós. Você ficaria surpreso com a rapidez com que uma pessoa esquece o que é importante quando subitamente consegue tudo o que nunca acreditou que teria.

Uma vez que larguei a heroína de novo, Megan se foi e comecei a andar mais com Duff, ouvindo música, bebendo e usando coca apenas ocasionalmente, tudo entrou nos eixos. Não foi tão difícil. Como já fizera antes, substituí a heroína pela bebida e estava pronto para voltar a trabalhar. O que era muito bom.

Izzy ainda não retornara de Indiana – não estava pronto para as tentações de Los Angeles –, e, desse modo, fomos Duff e eu que começamos a voltar ao Mates para compor. Esperávamos manter a bola rolando com o nosso exemplo, ao fazer reuniões constantes durante as quais compúnhamos. Estávamos sentindo o alicerce de um punhado de músicas novas e trabalhando em cima de algumas já existentes. Como em Chicago, nosso objetivo era o de termos Izzy e Axl de volta ao estúdio conosco, mas sabíamos que, antes de conseguirmos isso, teríamos de lidar com Steven. Nosso caro Steve tornara-se um viciado compulsivo em drogas e achava-se num estado de completa negação. Ele nunca amadureceu para além daquelas fantasias do ensino fundamental em torno do rock, nem mesmo quando o risco de perdê-las estava bem diante de si. Tínhamos uma difícil missão. Duff e eu dividimos nosso tempo entre tocar e compor no Mates e vigiar Steven, que convenientemente morava na mesma rua de Duff, mas era esperto como ninguém para esconder seu consumo. Em Chicago, todos haviam começado a ver sinais de que ele estava se tornando um tanto neurótico e frágil, mas de volta a Los Angeles, em meu torpor, eu não percebera quanto estava mal.

A essa altura, pude ver que a saúde física e mental dele andava um tanto afetada. Levando em conta as circunstâncias, foi perdoável, mas acho que em algum ponto ao longo do caminho esquecêramos que Steven era do tipo que precisava de alguém para olhar por ele o tempo inteiro. Era como um menino curioso que não se podia deixar sozinho em casa, ao passo que o restante de nós encarava e assumia mais o que fazia. Cada um podia fazer o que quisesse consigo mesmo, mas tinha de carregar o próprio peso; podia cometer seus erros, mas tinha de lidar com as consequências. Era como funcionava para nós.

Até o nosso retorno da turnê *Appetite*, os anos que conduziram a isso tinham sido como uma farra casual com drogas, mais como um consumo por mera diversão. Nada daquilo teria repercussões futuras, ou ao menos acháramos que não. Àquela altura, porém, os sérios efeitos começaram a aparecer. Uma vez que vi como estava acabando comigo mesmo, saí dessa e me recobrei. Steve não teve o discernimento para ver o que acontecia com clareza e dar os passos necessários para reverter a situação. Ele se encontrava num estado muito grande de negação, mas era difícil para qualquer um de nós falar com Steve a respeito, até mesmo para Duff, que ainda usava coca. Steven não estava mais exercendo todas as suas faculdades e não conseguia manter um equilíbrio entre excessos e produtividade.

Fizemos o que pudemos para tentar colocá-lo de volta nos eixos, mas não se podia dizer nada a Steven. Ele discutia e, depois, jogava algo relacionado à questão de volta na nossa cara. (Na verdade, até hoje ainda discute sobre o motivo para ter sido demitido da banda.) Às vezes, eu achava que estava conseguindo fazê-lo entender... então, ele atirava tudo para o alto não aparecendo para um ensaio. Era impossível conversar racionalmente com Steve – com qualquer um nesse estado de espírito, creio. E, com toda a franqueza, ele não tinha mais maturidade emocional do que um pré-adolescente.

Agora, tentar censurar o abuso de Steven era delicado, para dizer o mínimo: lá estava eu, o roto rindo do esfarrapado; eu, o Sr. Ex-Heroína, que ainda bebia, tentando dar lição de moral em Steven. Não fazia nada além de criticar meu próprio reflexo num espelho. Sabia que estava sendo um tanto hipócrita, mas não liguei. A diferença entre nós dois, não importando em que consistisse nossa dieta química, era que eu tinha consciência das minhas limitações. Infelizmente, ele não, e o Guns N' Roses precisava seguir em frente a todo custo.

Como Izzy e eu mesmo, Steven escorregara e perdera o equilíbrio num amontoado de cocaína e heroína, mas, ao contrário de nós, não conseguiu recuperá-lo. Íamos até a casa dele à tarde para tentar fazê-lo comparecer ao ensaio, e seus olhos nos diziam tudo o que precisávamos saber: eram pequeninos pontos pretos fáceis demais de se ver no centro de cada íris azul. Ele ficava sentado lá, insistindo que não estava usando heroína, que apenas bebia e cheirava um pouco de coca, mas sabíamos que não era verdade. Para comprovar, Duff e eu sempre encontrávamos a droga dele; Steve costumava escondê-la detrás da privada ou da cama. Não havia ninguém mais de olho a não ser a gente. Tivera uma namorada, mas haviam terminado e, assim, morava sozinho, enquanto descia mais até o fundo do poço. Fizemos várias tentativas para colocá-lo na reabilitação e conseguimos convencê-lo a se internar na Exodus mais de uma vez. Porém, a cada uma, recebíamos uma ligação avisando que Steven pulara o muro, ou fugira por alguma porta dos fundos. É claro que sempre que fazia isso ele ficava previsivelmente incomunicável durante os dias seguintes. Deve ser algum tipo de recorde. No total, durante esse período, Steven escapou de clínicas de reabilitação vinte e duas vezes. Duff e eu persistimos, mas sabíamos que era uma questão de tempo até que ele acabasse com qualquer boa vontade que o restante da banda lhe dedicasse.

Nesse meio-tempo, de algum modo Axl e eu passamos a ter uma relação civilizada outra vez e estávamos empolgados quanto a trabalhar num novo disco – acho que era a temporada de pesca outra vez. Axl sabia que eu tivera êxito em me livrar da heroína e que assumira o compromisso de ficar longe dela. Após tantas tentativas frustradas, Axl, Duff e eu começamos a recuperar nossa união, e Izzy não estava muito atrás. Todos ficamos contentes em vê-lo quando apareceu no Mates. Não passou a ir até lá todos os dias, mas resolvemos tudo isso. Izzy é uma pessoa tão fácil de se lidar... Ele trabalhou com Duff, Steven e eu em algumas músicas novas e, naqueles momentos, a antiga energia voltava e tudo ficava excitante, elétrico. Nos reunimos todos na minha casa e compusemos mais da metade dos dois álbuns *Illusion* em som acústico literalmente em duas noites. Começamos com o material que tínhamos dos velhos tempos e com o qual ainda não havíamos feito nada. Tornamos a introduzir "Back Off Bitch" e "Don't Cry". Tínhamos "The Garden", uma música que Axl e Izzy haviam feito em parceria com West Arkeen. "Estranged" era uma música na qual Axl estivera trabalhando ao piano fazia um longo tempo – estivera tocando as mesmas partes repetidamente em Chicago e depois; ficou claro que estava se formando na mente dele. Eu começara a compor partes de guitarra para ela em Chicago e, assim, ficou pronta sem demora logo que nos concentramos nela.

"November Rain" já estivera pronta para sair em *Appetite for Destruction*, mas, como já tínhamos "Sweet Child o' Mine", a maioria de nós concordou que não precisávamos de mais uma balada. Além do mais, a demo original dessa música era de dezoito minutos de duração e nenhum de nós quisera trabalhá-la exaustivamente no estúdio naquele ponto. Axl a cantarolara e dedilhara durante anos, toda vez que havia um piano por perto; estivera presente desde sempre, e, por fim, a justiça lhe seria feita. Axl ficara aborrecido quando Tom Zutaut sugerira que a guardássemos para o álbum seguinte, porque essa música significava muito para ele. Acabara concordando, embora tivesse se ressentido da decisão por anos.

Estivemos com a estrutura básica de "Civil War" fervilhando desde aquela primeira turnê na Austrália. Compus a parte instrumental e Axl escreveu e revisou a letra várias vezes, mas tudo se encaixou quando a trouxemos à tona outra vez. "You Could Be Mine" foi outra faixa que não era nova. Tinha sido criada durante as sessões de *Appetite* e sempre achei que deveria ter saído naquele álbum, porque remonta mais àqueles tempos do que qualquer outra coisa em *Use Your Illusion I* e *II*.

Havíamos atolado as rodas por um longo tempo, mas durante aquelas duas noites na Casa Walnut a criatividade baseada na química da nossa banda voltou a nós. Izzy e eu tivemos algumas ideias ainda cruas e, antes que percebêssemos, todos contribuímos para desenvolvê-las até se tornarem músicas completas. Eu tinha uma faixa chamada "Bad Apples" criada em Chicago, junto com "Get in the Ring", para a qual Duff compusera a música. Todos trabalharam nessas logo de cara, como também num longo e pesado riff de guitarra que eu compusera quando morara com Izzy e que evoluiu para "Coma". A música tinha oito minutos de duração; era apenas um padrão de repetição que se tornava crescentemente matemático e envolvido em sua precisão conforme progredia. Axl a adorou, mas, a princípio, era a única música para a qual não conseguia escrever a letra. Orgulhava-se muito de seu dom para criar letras, por isso ficou bastante frustrado... até uma noite, meses depois, quando as palavras surgiram todas em sua cabeça. Terminamos outro trabalho épico que eu começara com Izzy, chamado "Locomotive". E houve "Dead Horse", uma faixa para a qual Axl criara as partes de guitarra e a letra anos antes de termos nos conhecido. Duff apresentou "So Fine", completa com música e letra. Não demorou a percebermos que tínhamos músicas mais do que suficientes para um álbum. Em poucas sessões, conseguimos reunir todo aquele material rapidamente e com relativa tranquilidade.

Eu ainda não fazia ideia da razão para termos demorado todo aquele tempo para chegar ali, mas ficou claro que, tão logo reservamos um minuto e deixamos toda a besteira de lado, que nos reunimos sem hostilidade, recobramos a vibração, a química da banda.

O engraçado em relação aos álbuns *Illusion* é que, exceto por umas duas canções, não há arranjos dramáticos de verdade neles, porque os fizemos muito rápido. As músicas que compus, como "Locomotive" e "Coma", receberam arranjos completos desde o início, quando Axl escreveu as letras para elas. Com a exceção dos arranjos épicos de piano, o restante das músicas era bastante simples e não precisava de muita elaboração. Não passamos tardes conversando sobre quantas vezes um trecho de destaque era necessário numa canção ou criando acordes rebuscados para uma ponte. Uma vez que tornamos a nos reunir, estávamos em total entrosamento como uma banda, apenas curtindo juntos o nosso trabalho pela primeira vez depois de um longo período.

É claro que nada é perfeito. O curioso é que, sempre que estava indo tudo bem, Axl inventava alguma coisa. Um dos pontos delicados quando voltamos a nos reunir foi que, uma vez que estava tudo engrenando, ele quis acrescentar teclados ao nosso som. Queria contratar Dizzy Reed, o tecladista do Wild, a banda local que fora vizinha de ensaio em nossa pocilga de estúdio de garagem entre a Sunset e a Gardner. Dizzy era um cara legal. Eu só não via motivo para precisarmos de um tecladista no Guns. Fui *veementemente* contrário à ideia e achei que um novo elemento diluiria o som do que já era uma excelente banda de rock and roll. Piano e recursos eletrônicos são legais, mas eu sou das antigas e nunca gostei dos sons artificiais dos sintetizadores.

Axl, por outro lado, mostrou-se passional em relação à evolução artística que a banda precisava ter. Nossas conversas não foram muito acaloradas porque estávamos empreendendo esforços... por isso, às vezes, fazíamos piada a respeito, e ele sabia que o restante de nós discordava da ideia. Assim mesmo, quanto mais categórico eu fosse contra, mais ele seria a favor.

A fim de mantermos a harmonia, finalmente e com relutância, acabei cedendo, bem como os demais. Não valia a pena retroceder. Dizzy foi contratado para o Guns e passamos a tirar sarro dele implacavelmente. O cara era como o Ronnie Wood do Guns N' Roses.

Aquela foi, de fato, uma fase de muita criatividade. Compor as canções para os álbuns *Illusion* pareceu com a maneira como sempre imaginei uma das sessões dos Stones naquela época; apenas ficar numa boa em uma casa em Hollywood Hills, trabalhando em ideias juntos. Era bom estar com Izzy, Axl e Duff no mesmo lugar novamente. E mais ou menos sóbrios. Quero dizer, eu sempre tomava o meu drinque, mas saíra daquela de encher o caneco sem parar. Foi triste, porém, que Steven não estivesse mais ali para nada disso.

Como eu temera, ele se tornara o peixe fora d'água. Durante os ensaios, Duff e eu ficávamos incumbidos da entediante tarefa de lidar com Steve. Embora Axl estivesse a par da situação, não se sentia obrigado a vigiá-lo vinte e quatro horas por dia, como nós. E quanto a Izzy, não queria ter nada a ver com aquilo. Steven estava se tornando um fardo mais pesado a cada dia.

FOI QUANDO COMEÇAMOS OS ENSAIOS COM O MATERIAL QUE O castelo de cartas de Steven desmoronou. Ele se mostrou inútil quando colocado à prova. Na maior parte do tempo, saía do ritmo no meio de uma música ou se perdia por completo. Tornou-se incapaz de se entrosar musicalmente com Duff ou comigo como costumara fazer com tanta naturalidade antes. A situação era crítica; algo tinha de ser feito. A banda estava enfim a todo vapor; tínhamos criado material novo e precisávamos começar a gravar, e não estagnar. Não podíamos deixar que houvesse uma mão de obra daquelas apenas para tocarmos uma música durante o ensaio.

Não que não tenhamos sido muito pacientes com Steven. Tentamos tudo o que pudemos, embora eu creia que não devíamos ter tomado a atitude que tomamos... se bem que não sei o que mais poderia ter sido feito. Chegamos ao ponto de pedir o auxílio de pessoas como Bob Timmons, o especialista em reabilitação que ajudara a livrar o Mötley Crue das drogas, além de outras com experiência em lidar com casos extremos. Os esforços foram inúteis.

Recebemos uma proposta para tocar no Farm Aid, em Indiana, em 7 de abril de 1990. Essa apresentação nos impulsionou da mesma maneira que aqueles shows com os Stones, não muito tempo antes. Esses recomeços da-

STEVEN ESTAVA SE TORNANDO UM FARDO MAIS PESADO A CADA DIA.

vam uma injeção de ânimo na banda e faziam com que tudo voltasse a fluir bem, porque, quando a banda estava trabalhando, dávamos tudo de nós.

Preparamos algumas músicas especialmente para o show; fizemos um cover do clássico "Down on the Farm", do U.K. Subs, e aperfeiçoamos "Civil War". Eu estava empolgado demais para irmos até lá e tocarmos juntos outra vez, mas as coisas foram por água abaixo bem rápido. No instante em que entramos no palco, Steven correu até a bateria, que fica numa plataforma grande difícil de errar, e deu um salto. Presumi que ele planejava aterrissar ao lado do instrumento, mas seus reflexos e sua percepção estavam obviamente comprometidos, e acabou caindo pouco mais de um metro antes. Observei a cena em câmera lenta... Foi mais do que um vexame. Steven mal se aguentou ao longo do show, e nossa performance foi passável, na melhor das hipóteses, apesar de termos sido bem recebidos pelo público do Farm Aid. Todos sabíamos por que estávamos descontentes: a marcação estava fora de controle. Havia um ritmo único que o Guns e Steven mantinham e, quando isso faltou, perdemos a confiança porque tivemos de apelar para a adivinhação. E não era no que se baseava a nossa banda; ao contrário. Era totalmente segura e confiante.

Não poderia ter havido meio melhor de Steven nos revelar que estivera mentindo quanto a ter conseguido se livrar das drogas – nem mesmo uma confissão completa teria sido mais esclarecedora do que a maneira como tocou naquele show. Era óbvio que tínhamos um verdadeiro problema. Ele continuava se drogando, e provavelmente o fizera no próprio quarto até o minuto que antecedeu a saída para a apresentação. Depois, continuou em estado de negação, tão aberto e sociável quanto de costume. É tão constrangedor conversar com um cara que você sabe estar pensando o exato oposto do que está dizendo... Tudo o que ele falava era da boca para fora.

A essa altura a verdade é que, se Steven estivesse tocando bem, acho que ninguém se importaria com o que estivesse fazendo a si mesmo – pelo menos eu não. Se uma pessoa consegue dar conta da música e das drogas ao mesmo tempo, menos mau para ela. Estávamos mais putos com o fato de o vício de Steven estar prejudicando seu desempenho e, em consequência, a todos nós do que com a saúde dele. Uma vez que o baixo e a bateria são a base de qualquer banda de rock, a situação era totalmente desconcertante.

O Farm Aid foi o último show que tocamos com ele. Quando retornamos a Los Angeles, Steven piorou ainda mais – não sei, talvez porque soubesse que seu fim na banda estava próximo, ou porque a heroína seja mesmo um traiçoeiro demônio.

Houve mais algumas clínicas de reabilitação, mas as internações foram breves, não tendo durado mais do que um período entre vinte e quatro a quarenta e oito horas de cada vez. A última gota se deu quando recebemos um pedido para doar uma faixa para um álbum beneficente chamado *Nobody's Child*, cuja vendagem foi revertida em prol das crianças romenas que ficaram órfãs durante a revolução romena em 1989. Achamos que a faixa "Civil War" seria ideal. Estávamos completamente à parte de Steven. Naquela sessão, fomos nós de um lado e ele do outro. Após o término, antes que Mike Clink pudesse fazer a mixagem, ele descobriu que teria de cortar e tornar a inserir a parte da bateria inteira. Eram os tempos anteriores à gravação digital e, portanto, Mike estava trabalhando com fita e levou horas e horas na cabine de edição para que a música ficasse em sincronia.

Não havia mais nada a fazer, e as coisas estavam chegando rápido ao seu desfecho. A paciência de Axl em relação a Steven já se esgotara havia muito e, portanto, tivemos a inevitável reunião para discutir a situação. Com o apoio de Alan, Axl insistiu para que déssemos um ultimato por escrito a Steven. Foi um contrato que Steve se viu obrigado a assinar e esperamos que, na melhor das hipóteses, conseguisse amedrontá-lo a ponto de se livrar das drogas. Na pior, acarretaria no desligamento dele da banda. A papelada era clara. Dizia que, se Steven aparecesse drogado nas sessões de gravação, seria multado. Se o fizesse três vezes, seria demitido, ou algo nesses termos. Steven assinou o contrato, concordou com todas as cláusulas e, como qualquer um apanhado pelos tentáculos da heroína, ignorou todas as promessas que fez e continuou da mesma maneira. Ele fez um esforço – tentou o Buprinex, mas era fraco demais para se livrar do vício.

A meu ver, a impressão era de que Axl não gostava de Steven. Steven tinha um entusiasmo incontido pela bateria, pelo rock and roll e pela vida em geral. Era alto-astral e uma companhia superdivertida. Mas, por outro lado, não tinha papas na língua; era totalmente franco ao dar suas opiniões a Axl ou a quem quer que fosse na banda. Com frequência atirava sua opinião na cara de Axl, que não gostava das coisas dessa maneira. Steven era direto e objetivo, dizendo tudo o que pensava sem fazer rodeios. Duff e eu já estávamos acostumados com isso e ignorávamos os comentários dele.

Mas Axl era mais sensível do que nós, o que Duff e eu também entendíamos. Quando se tratava de Axl, eu não queria diminuir o ritmo das coisas nos ensaios ou num estúdio confrontando-o por causa de seu atraso ou o que fosse. Mas Steven fazia um comentário ou atirava aquilo na cara dele, e isso *nunca* dava certo. Steven, por sua vez, não fazia nada premeditado, o que dizia era espontâneo, verdadeiro; era um traço inocente de sua personalidade. Infelizmente, levando-se em conta o quanto Axl era hiperemotivo e sensível, tenho certeza de que Steven o ofendia com frequência sem sequer perceber. Posso ver como Steven pisava sem querer no calo de Axl; mas, dito isso, não creio que Axl tenha realmente dado o devido mérito a Steven por sua contribuição musical ao Guns, que era algo que talvez magoasse Steven. Mas o que eu sei, afinal? Deve haver muito mais nisso tudo do que imagino.

Axl deixara seus sentimentos em relação a Steven claros na pré-produção de *Appetite*. Quando estávamos perto do fechamento do álbum, chegou o momento de conversarmos sobre os direitos autorais das músicas. Falamos sobre isso no palco do Burbank Studios, e alguém propôs que, como uma banda, deveríamos dividir os *royalties* em cinco partes iguais – vinte por cento para cada.

Axl franziu o rosto.

– De jeito nenhum! Steven ficará com vinte por cento, exatamente como eu?! De jeito nenhum! – protestou. – Quero vinte e cinco por cento, e Steven fica com quinze. Ele é baterista. Não contribui para as composições da mesma maneira que o restante de nós.

Foi o acordo que firmamos: Axl receberia vinte e cinco por cento; Izzy, Duff e eu ficaríamos com vinte e Steven com quinze. Acho que Steven ficou permanentemente marcado por isso.

Não sei ao certo qual foi o prazo exato, mas não demorou para que Steven violasse as cláusulas do contrato de sobriedade que firmamos com ele e, uma vez que o fez, não houve mais volta. Não foi fácil para mim permitir isso porque, como mencionei, a verdade pura e simples é que Steven nunca teve o tipo de força necessária para abrir mão da droga facilmente – se é que algum dia abrirá mão dela. Mas, naquela época, todos tentaram ajudá-lo – namoradas, amigos, especialistas –, e nada o tocou o bastante para resolver o problema. Nesse ponto em particular, Steven era um caso delicado, porque, por mais que eu tivesse me disposto a tentar e esperar que ele se recobrasse, se a banda perdesse o novo pique isso poderia significar o fim para nós. Éramos um grupo com personalidades variadas e complexas, e agora que estávamos nos entendendo bem, a porta da oportunidade se abria – mas provavelmente não continuaria assim por muito tempo. Eu não podia negar que o fato de Steven ser chutado do Guns N' Roses por abuso de drogas era uma atitude um tanto ridícula e excessivamente dura. Também era muito hipócrita. Pensando bem, parece piada. "Ele tomou um chute do Guns N' Roses por causa de *drogas?* Como assim? Está brincando?!"

Tudo o que sei é que só tornei a ver Steven de novo no tribunal, porque ele nos processou, o que pareceu o cúmulo do absurdo. Ele se achava num estado tão deplorável que eu soube o que ia fazer quando rumou para o banheiro no meio da audiência. Steve moveu um processo contra nós de uns dois milhões de dólares por uma falha na execução de seu contrato de sobriedade: deveria ter tido um advogado presente quando o assinara, e não o tivera. É claro que, graças aos nossos advogados, não sabíamos disso. Fiquei chocado quando descobri que Steven ganhou o processo e tivemos de lhe pagar a quantia.

Por mais difícil que tenha sido, pelo menos aquilo terminara. E chegou a hora de arranjarmos outro baterista.

ESSA ÁRDUA TAREFA RECAIU SOBRE MIM, DUFF E IZZY. MONTAMOS nossa central de recrutamento perto do escritório de Alan Niven, em Redondo Beach, num pequeno estúdio de ensaios, onde percebi ainda no primeiro dia de testes quão a missão seria difícil. Eu pensava lá com os meus botões: *Moleza, qualquer um sabe tocar bateria.* Pois sim... Nós três achamos que encontrar um substituto seria simples, levando em conta que nossas músicas eram um som tradicional de rock, quase sem nada muito rebuscado – podia ser assim tão complicado? Afinal, se havíamos nos saído bem com Fred Curry quando Steven se machucara, as chances pareciam boas. Após uns poucos dias terríveis tentando tocar com candidatos inadequados, porém, percebemos o grau da nossa ingenuidade. A maneira como um baterista toca envolve uma percepção tão pessoal do ritmo e das inflexões na batida que afeta a vibração inteira da música – e banda inteira, por consequência.

Deixando Redondo Beach, voltamos ao Mates para fazer uma busca mais minuciosa. Fizemos um teste com Martin Chambers do Pretenders, que é um excelente baterista e grande cara, mas deveríamos ter previsto que não daria certo no minuto em que chegou com aquela bateria imensa feito um polvo que usava no Pretenders. Era mais, por falta de uma palavra melhor, *fantástica* do que uma bateria comum. Aquela coisa tinha umas varas redondas que saíam do alto dela com pratos dependurados – era simplesmente ridícula. Martin montava tudo, enquanto Duff entrava no tom e se preparava para tocar um pouco com ele; Duff era a linha de frente naquele caso. Ele e o baterista tinham de se entrosar, primeiramente – se não fosse assim, nem adiantava que Izzy ou eu pegássemos uma guitarra.

Eu estava no banheiro, sentado na privada, lendo uma revista, quando Martin e Duff começaram a tocar. Ouvindo através da porta, pensei: *Oh, cacete!*. O que fazia era mais atraente do que o que ouvia no momento, o que só serve para demonstrar que juntar excelentes músicos não significa que vão tocar bem juntos. Fazer boa música é muito mais complicado; envolve a química e o perfeito entrosamento dos estilos dos músicos. Não é nem de longe tão simples quanto a mera soma das partes; é mais como montar um monstro de Frankenstein: é preciso engenhosidade... e eletricidade.

Quando saí do banheiro, Duff ainda tocava, mas lançou-me um olhar que disse tudo. Ou seja, não deu certo com Martin. Estávamos fodidos porque, na época, Martin era nossa melhor opção ao final de uma lista curta que já havíamos esgotado. Para o devido mérito de Steven – e algo que é desconhecido para a maioria – a vibração e a energia de *Appetite* deveram-se em grande parte a ele. Steven tinha um estilo inimitável de tocar bateria que não podia realmente ser substituído, uma leveza quase adolescente que dava à banda o seu brilho.

De repente, todo o progresso que havíamos feito nos meses anteriores parou e, embora eu não tenha demonstrado, entrei em pânico. *Pronto, acabou*, pensei. Fiquei convencido de que o Guns N' Roses se dissolveria porque não conseguiríamos arranjar um baterista. E me preocupei com o que seria de mim se isso acontecesse.

NESSE PERÍODO, DUFF E EU ÉRAMOS INSEPARÁVEIS. ELE ROMPERA com Mandy, e nós saíamos juntos quando a banda não estava trabalhando. Íamos com frequência ao Bordello's, um clube de propriedade do antigo fundador do Cathouse, Riki Rachtman. O lugar era maneiro; havia uma pequena sala nos fundos onde uma banda de blues se reunia e tocava, e eu acabava geralmente acompanhando-os em algumas músicas. Era um clube divertido – íamos até lá, bebíamos e tocávamos de improviso. Mas a verdade é que, mesmo quando um indivíduo é famoso e todos o adoram e isso e aquilo, depois de algum tempo esse ambiente, ou qualquer ambiente, para mim ao menos, torna-se... tipo... cansativo, chato, monótono.

Depois que se faz isso umas duas vezes, três, no máximo, a coisa se torna entediante demais. Mesmo hoje em dia, o cenário do clube de rock de Hollywood não me interessa nem um pouco. Está tudo lá e, por mais que os tempos e os estilos tenham mudado, continua a mesma coisa. Se um músico acaba de fazer uma apresentação e só precisa gastar mais um pouco de toda aquela energia, é perfeito. Mas, se ele vive pela cidade, é como estar num clichê batido. Desde as garotas até o restante, é um clichê daquilo que todos os garotos pensam que a vida será caso se tornem astros de rock. Não é uma miragem da qual quero fazer parte.

O que estou querendo dizer é que, geralmente, eu preferia ficar em casa, beber o dia todo, ouvir discos, tocar guitarra e compor música. Nunca fui recluso da maneira como me tornei quando era usuário de heroína, mas, na minha mente, eu havia mudado para a função trabalho, e assim sair e socializar não estava nos meus planos. Eu assumira o compromisso de ser produtivo e de ajudar a banda a chegar ao patamar seguinte. Numa das noites em que Duff me persuadiu a ir a um lugar chamado Peanuts para tocar com uma ótima banda de blues, conhecemos uma garota, Pilar, que ele acabara cantando. Pilar era uma garota sexy do Meio-Oeste, ou latina – não sei bem ao certo. Estava com uma amiga com a qual mal falei e cujo nome era Renee. E Renee tinha um grande ar de superioridade; mantinha a cabeça erguida com altivez, como se fosse boa demais para todo mundo; metida mesmo. Era muito bonita e sabia disso, e aquela vibração toda me atraiu feito um raio trator, porque qualquer garota que pretendesse tornar minha vida difícil, que fosse difícil de conquistar, era daquela que eu queria ir atrás. Nas palavras infames de Lemmy Kilmister: "A caçada é melhor do que a caça". Renee não tinha o *menor* interesse pelo que eu fazia, nem pela notoriedade que vinha junto. Não era nem de longe uma garota ligada em rock.

Ela era modelo e aspirante a atriz, além de muito independente. Numa questão de duas semanas, deixei a Casa Walnut e fui morar com Renee em tempo integral. Ela tinha uma bela casa que o falecido pai lhe comprara em Valley Vista. Acho que havia um conjunto de mesa de jantar, uma cama e um sofá no lugar inteiro. Eis como a gente passava o tempo: eu me levantava de manhã, deitava esparramado no chão, bebendo vodca e fumando cigarros até que Renee acordasse. Ela ia cumprir o compromisso que tivesse naquele dia e eu fazia o mesmo, e essa era a nossa vida. Eu assistia a uma porção de programas de culinária, como *Grandes Chefes do Leste e do Oeste*, entre outros, e via um canal inteiro dedicado só à gastronomia. Foi o início de uma obsessão para a vida toda por programas de culinária, embora até hoje eu seja uma negação na cozinha. À noite, ligávamos para o serviço de entrega de restaurantes.

Essa era a minha vida doméstica. Nesse meio-tempo, ainda tínhamos a nossa busca por um baterista rolando.

DEPOIS QUE ESGOTAMOS TODAS AS POSSIBILIDADES LÓGICAS, NÃO seria eu a deixar que a caça ao baterista acabasse com a banda. Duff, Izzy e eu fritamos os miolos. Conversamos sobre os melhores bateristas que tínhamos visto recentemente, mas ninguém adequado nos ocorreu... até que, numa noite, tive um lampejo. Lembrei-me de ter visto o The Cult poucos meses antes no Universal Amphitheater e de ter ficado hipnotizado pelo baterista da banda. Era um músico incrível; eu estava junto à mesa de som e fiquei cativado por seu jeito de tocar. Não prestei atenção ao restante da banda durante a apresentação inteira. Seu modo de tocar era todo coeso e seu som tinha enorme presença; era grandioso, bombástico e feito com intenso domínio. No momento em que me recordei dele, não pude acreditar que havia aguentado tantos testes ruins sem ter me dado conta de que eu conhecia o cara certo.

Mike Clink, nosso produtor, trabalhara antes com Matt Sorum, o baterista em questão, e liguei para ele no ato, deixando-lhe uma mensagem.

Pouco depois, eu estava um tanto embriagado, deitado de costas, a cabeça pendendo pela beirada da cama de Renee, observando o telefone no chão e esperando que tocasse. Enfim, ele tocou e eu atendi.

— Alô? — disse Mike em seu típico tom manso.

— Oi, é o Slash. Ei, ouça, você conhece o baterista do The Cult? Precisamos de um baterista, e eu vi esse cara. Ele é ótimo e estou tentando descobrir se está disponível.

— Bem, eu não sei — respondeu Mike. — Deixe-me dar um telefonema.

— Valeu.

O telefone tornou a tocar no início da noite.

— Slash? — disse Mike. — Aqui está o que descobri: é possível que ele esteja disponível. Tem uma caneta? Estou com o número do cara.

Eu não tinha feito quase nada naquele dia. Estivera à espera da ligação, concentrado nisso, porque sabia que era o palpite certo. Anotei o número no lençol, na parede, ou na palma da mão, não sei ao certo.

Em seguida, disquei e esperei. Matt atendeu.

— Alô.

— Oi, é Matt, não é? Aqui é Slash. Sou do Guns N' Roses e a gente precisa de um baterista. Está interessado?

Dois dias depois, Matt foi até o local do ensaio. Ao longo de duas ou três músicas, Duff, Izzy e eu soubemos que tínhamos achado nosso homem. Encontramos um músico com uma percepção inata, própria, tanto em termos de harmonia com o restante de nós quanto em estilo individual. Ele tinha o poder, a capacidade e a vibração para preencher o vazio — e para somar ao que o som da banda estava prestes a se tornar.

Acho que Duff e eu convidamos Matt para ir a algum lugar — talvez o Rainbow —, e bebemos e cheiramos um pouco de coca. Ele se encaixou à perfeição. E estava eufórico. Era o tipo de situação com a qual todo músico de turnê sonha; não existe outra mais fácil de se entrar para um verdadeiro músico de rock and roll. Depois de andar com Duff e eu, ficou claro que Matt achava que o Guns era a maior banda da face da terra como também um grupo de farristas de primeira. O pagamento era bom e não havia regras, exceto uma: tudo o que era preciso fazer era tocar bem.

Mas Matt tinha uma porrada de coisas para aprender depressa. Tínhamos as demos de trinta e seis músicas que planejávamos gravar para os álbuns. Uma vez que essas fitas não eram o bastante para orientá-lo, Duff,

Izzy e eu tivemos de lhe ensinar tudo num período de tempo razoavelmente curto e, por esse fato, o restante de nós teve de se tornar bem profissional rápido. Houve muito remorso, ao menos da minha parte e com certeza dos outros, em mandarmos Steven embora; mas, quando Matt chegou, levou vida nova aos procedimentos. Havia luz no fim do túnel quando parecera que ficaria escuro para sempre.

ALGUMAS OUTRAS COISAS ANDAVAM ACONTECENDO NESSE período em que o Guns se preparava para ressurgir. Fizemos algumas aparições dignas de serem mencionadas. Uma delas foi na noite em que Duff e eu fomos receber nosso American Music Award em nome da banda como Melhor Álbum de Rock. Eu nunca prestara atenção ao Grammy ou ao AMA, nem nada disso. Nunca assisti a esses shows de premiação na TV, nem me interessei por nenhum deles. Duff e eu comparecemos de qualquer modo — sobretudo pelos drinques — e não fazíamos a menor ideia de que o fato de um artista ser indicado significava que podia mesmo ganhar algo e que, se ganhasse, esperava-se que ele subisse ao palco e *dissesse* algo — tanto para o público presente quanto para os telespectadores.

Àquela altura, eu namorava Renee, e Duff estava com Pilar. Uma premiação do AMA era um tipo de evento a que se levava uma garota. Tudo o que havia lá para ser servido era vinho, e cada um de nós tomou pelo menos umas oito taças grandes. A coisa toda era entediante e formal. Estávamos lá sentados, jogando conversa fora, quando, de repente, foi anunciado que *Appetite* do Guns N' Roses vencera como o Melhor Álbum de Rock. Ficamos pasmos. Os holofotes pousaram sobre nós enquanto subíamos um tanto cambaleantes até o palco. Quando me dei conta de que havíamos vencido, quis agradecer a todas as pessoas diferentes envolvidas. Assim, agradeci a Zutaut, Niven, a todos os caras da Geffen, o tempo todo deixando escapar inúmeros "porras" por causa do vinho e do nervosismo. Ignorava quais eram as formalidades nessas cerimônias. De qualquer modo, já havia citado alguns nomes quando cortaram o microfone. Continuei falando por um momento, até perceber isso. Fomos acompanhados de volta para tirar fotos e participar da coletiva de imprensa. Eu estava desnorteado, mas me divertindo, e mostrei o dedo do meio a todos.

No dia seguinte, não ouvi outra coisa a não ser o ocorrido no AMA. Fiquei perplexo com a polêmica porque, até hoje, o incidente ainda não significa tanto assim para mim. Fui, no entanto, responsável pelo atraso de sete segundos a ser instituído em todas as cerimônias de premiações futuras ao vivo; além do fato de que Dick Clark[4] não falou comigo durante oito anos. Só tive permissão de entrar no AMA novamente há um ano ou um pouco mais, quando fui convidado para entregar um prêmio.

Não foi algo intencional, mas serviu para transmitir a mensagem assim mesmo: o espírito do Guns estava vivo e a toda.

VOLTANDO AO ESTÚDIO, TÍNHAMOS TRINTA E SEIS MÚSICAS, O QUE era mais do que o bastante para compor um álbum duplo. Quis escolher as doze melhores e lapidá-las até a perfeição, mas deixei para lá porque, uma vez que estivéssemos fazendo progresso, eu me sentia feliz. Axl queria gravar todas as trinta e seis e lançar o álbum duplo. Não queria lapidar mais um pouco aquelas músicas. Entendo isso: muitas delas já eram antigas àquela altura – tinham sido excluídas durante a elaboração do nosso álbum anterior e algumas eram mais velhas ainda. Também havia várias faixas novas que representavam exatamente em que momento estávamos. Pode ser a retrospectiva falando, mas o consenso geral foi o de que estávamos pondo ordem na casa e recomeçando, dando tudo o que tínhamos. Como um todo, essas músicas representavam algo importante: o passado e o presente da banda. Fora uma jornada incrível demais, e a única maneira de a expressarmos estava no conjunto de todo aquele material.

MATT FOI ÓTIMO; ESTAVA EM PERFEITA SINCRONIA COM DUFF E comigo. Izzy continuava presente, mas não da maneira como antes. Não

---

4 Apresentador de TV norte-americano, conhecido do público local por ter apresentado durante anos o show de Ano-Novo da Times Square da rede ABC, além de *American Bandstand*, programa de onde saíram ícones pop como Madonna, U2, Ramones e Nirvana. (N. E.)

apenas estava cem por cento sóbrio e limpo como também se tornara totalmente antiálcool e antidrogas àquela altura. Quando Izzy conheceu Matt, os dois se entenderam bem, mas foi sob a condição de que a decisão já havia sido tomada. Estava tudo certo, mas acho que Izzy se sentiu como se tivesse recebido uma ordem – e ele *odiava* isso. Izzy esteve bastante frágil desde a época em que voltou à banda até o dia em que saiu e, conforme olho para trás, aquela mudança toda não deve ter caído bem para ele. Quando ensaiávamos, estávamos todos lá como uma banda, e era maneiro, mas faltava algo. Izzy não estava feliz, mas não dizia nada. E Axl se distanciaria tanto da dinâmica diária da banda que, desde que tivéssemos um baterista e todos estivessem lá tocando juntos, ele achava que estávamos ótimos e prontos para seguir adiante. A primeira gravação com Matt foi "Knocking on Heaven's Door", para a trilha sonora de *Dias de trovão* (que também acabou indo parar num dos álbuns *Illusion I e II*). Lembro-me de ter criado o solo para ela a caminho de algum lugar e de ter usado uma Gibson Explorer 1958. Foi uma gravação incrível. Apenas corri até lá com a minha namorada e alguns amigos, peguei a guitarra e deixei realmente o solo *cantar*: baixei o volume do captador grave e deixei-a *gritar*. Adorei como saiu – foi de uma maneira bastante emotiva, mas sem esforço.

"Knocking on Heaven's Door" também foi a primeira música que pudemos ouvir e ter uma ideia de como estava o som da banda com o baterista novo. Ficou sensacional, mas havia uma nítida diferença na vibração geral do novo Guns em relação ao antigo. Tínhamos perdido um pouco do espírito baderneiro e do punk rock, daquela vibração caótica, nua e crua. Em vez disso, nosso som estava mais épico, sólido e grandioso. Era uma coisa boa ou ruim, dependendo a quem se perguntasse. Eu, de minha parte, estava felicíssimo por seguir em frente.

Prosseguimos com o trabalho, e Matt aprendeu todas as trinta e seis músicas à velocidade da luz, basicamente tocando-as conosco ao vivo porque não havia nenhum outro material como referência. Nós reservamos o A&M em Hollywood e gravamos trinta e seis músicas em trinta e seis dias. Entre as gravações, íamos à Crazy Girls, uma boate de *strip-tease* do outro lado da rua, a qual lamento informar não existe mais. À noite, íamos para a esbórnia e, então, aparecíamos na tarde seguinte e fazíamos tudo de novo com uma outra música. Foram trinta e seis dias esplêndidos, durante os quais Duff e eu nos demos conta de que Matt era um baterista excepcional

O Colégio Beverly Hills pode se orgulhar: Slash no palco com Lenny Kravitz.

e nosso novo parceiro de farra. Antes de o problema com as drogas ter fugido do controle e antes do incidente com Steven, houve alguns períodos sombrios, mas nós os superamos. Éramos agora alcoólicos bastante produtivos e usuários ocasionais de coca. Na verdade, duvido que fosse ocasional: Matt e Duff cheiravam coca à beça. Eu não usava tanta, mas não importava, porque, como eles, desenvolvera minha tolerância a tudo, a ponto de nos tornarmos todos uma banda perfeitamente produtiva, supermotivada e bastante profissional.

EU TAMBÉM ESTAVA SAINDO E CIRCULANDO MUITO MAIS A ESSA altura. Duff e eu deparamos com Iggy Pop durante nosso tempo livre e ele nos convidou para tocar em *Brick by Brick*. Fomos ao encontro dele no Rainbow, onde entramos no carro de Iggy e ouvimos as demos, o que foi maneiro. Ele é ídolo máximo de Duff, e havia um pouco de história ali também da minha parte por causa de Bowie – ele e minha mãe tinham ido visitá-lo quando internado no Cedars. Aparecemos em Hollywood e gravamos algumas faixas com ele: "Home Boy", "Pussy Power", e uma música que Iggy compôs em parceria comigo, "My Baby Wants to Rock 'n' Roll". Foi uma das sessões mais divertidas de que já participei. Não muito tempo depois, também gravamos com ele o videoclipe de "Home Boy".

Foi uma grande honra para nós e também mais um sinal de que o Guns estava voltando à cena, de que estávamos sendo levados a sério como músicos. As pessoas queriam nos ver, pura e simplesmente. Àquela altura de 1990, *Appetite* e *Lies* tinham se tornado estrondosos sucessos comerciais. Toda aquela atenção recém-descoberta também me deixou no centro dos holofotes como guitarrista, o que conduziu a alguns telefonemas para o escritório da nossa direção. Foi lisonjeiro descobrir que outros músicos haviam começado a me dar o mérito por eu ser um guitarrista tão bom.

Uma parceria que fiz na época foi com Lenny Kravitz. Eu já o conhecia. Ambos havíamos frequentado o Colégio Beverly Hills na mesma época e, embora eu tivesse estado na recuperação enquanto ele fora um aluno do curso normal, éramos os dois únicos músicos de ascendência branca e negra na escola, que eu soubesse. Duff e eu éramos fãs, e nosso álbum favorito do momento era o de estreia de Lenny, *Let Love Rule*. Quando fomos apresentados num evento de premiação qualquer, fiquei extasiado quando ele me convidou para tocar em seu álbum seguinte, *Mama Said*, que estava compondo. Não muito depois, nós nos reunimos num pequeno estúdio na Robertson, em Los Angeles, onde toquei um solo em "Fields of Joy". Enquanto eu me aquecia na sala de descanso naquele dia, toquei um riff de guitarra com um quê de funk que eu criara recentemente, mas não encontrara lugar para encaixar em nenhuma das músicas em que trabalhava na época com o Guns. Era apenas mais um dos meus exercícios.

— Ei, cara, *o que* é isso? — perguntou Lenny.

— Sei lá… É só um som. — Dei de ombros. — Parece demais com funk para o Guns, mas gosto dele. É da hora!

— Sim, cara. Não esqueça. Leve isso até a sala de ensaio, valeu? — sugeriu Lenny. — Vamos trabalhar nesse som. Gostaria de escrever uma letra para ele.

Quando chegou a ocasião de essa música ser realmente escrita e gravada, Lenny me colocou num voo para Nova York. Morava em Manhattan, mas havia se instalado em um estúdio do outro lado do rio em Hoboken, Nova Jersey. Fora onde gravara seu álbum de estreia e onde trabalhava nas faixas básicas para seu álbum seguinte. Saindo do apartamento dele, pegamos o trem até lá. Ele tocou bateria, e eu, guitarra para o que se tornou "Always on the Run". Foi bastante divertido, cru e despretensioso, do modo como devia mesmo ter sido feito. Não houve muita coisa elaborada nessa faixa, mas ficou demais; Lenny adicionou o baixo e os vocais depois. O estúdio era como o castelo dele; cada instrumento estava em seu lugar, e ele podia se alternar entre a guitarra, o baixo e a bateria e fazer tudo conforme sua inspiração ditasse.

Eu levara Renee comigo naquela viagem. Ficamos em Manhattan, num hotel próximo ao apartamento de Lenny, e havíamos passado a noite anterior, um sábado, farreando para valer. Era verão, e o calor estava de matar. Quando cheguei ao apartamento de Lenny naquela manhã de domingo, descobri que, devido a uma lei antiquada qualquer chamada "lei azul" nos estatutos de Nova York, nem bares, nem lojas de bebidas estavam abertos. Não foi bem como imaginei aquela parceria acontecendo, e aquilo estava prestes a se tornar um problema. Zanzei pelo apartamento de Lenny, à espera de que ele se aprontasse. O lugar era como se o maior closet do mundo de roupas *vintage* tivesse vomitado peças para todos os lados. Havia roupa

O lugar era como se o maior closet do mundo de roupas vintage tivesse vomitado peças para todos os lados. Havia roupa por toda parte, cobrindo cada superfície disponível. Eram dez da manhã, eu observava aquela cena toda e ansiava por um drinque.

por toda parte, cobrindo cada superfície disponível. Eram dez da manhã, eu observava aquela cena toda e *ansiava* por um drinque.

— Ei, cara, você tem alguma coisa para beber? — indaguei a Lenny.

— Não, acho que não, cara. Quer fumar um baseado?

— Beleza. Mas estou precisando mesmo é de um drinque. Podemos parar num bar ou numa loja de bebidas no caminho?

— Não sei, cara. Acho que não. Ficam todos fechados aos domingos.

— Jura?! — Eu já estava sendo tomado por certo nervosismo. — Os seus vizinhos não têm nenhuma bebida? Preciso de um trago, cara.

Lenny fez o que pôde. Arranjou o que pareceu uma pequena dose de vodca com o vizinho. Eu a atirei goela abaixo, mas foi como colocar um Band-Aid em cima de um ferimento a bala. Quando embarcamos no trem até Hoboken, que é um percurso de cerca de vinte minutos, comecei a sentir o início de uma reação por abstinência de álcool. Minhas mãos tremeram, senti tontura, irritação, ansiedade. Não era um grande mistério — eu só precisava da porra de um drinque, tipo... *naquele instante*. Minha reserva de civilidade estava igualmente esgotada.

— Ei, Lenny, a gente tem que encontrar alguma vodca agora mesmo — falei. — Não conseguirei tocar enquanto não tomar uma porra de um drinque, cara.

Lenny podia se identificar com a situação até certo ponto, creio eu. Precisava de sua maconha para criar e compor música — a única diferença era que seu organismo não entrava em pane se não fumasse seu bagulho.

Cada bar ao longo do caminho tinha o aspecto de que não abria desde 1955. Quando chegamos ao estúdio de Lenny, ele enviou seu pessoal em busca de bebida. Não sei como a arranjaram, mas voltaram com vodca lá pelo meio-dia e, uma vez que o problema foi resolvido, pusemos mãos à obra. Gravamos "Always on the Run" em menos de uma hora. A energia pura e espontânea dessa faixa está bem lá no produto final.

AS GRAVAÇÕES PROPRIAMENTE DITAS DAS PARTES DE GUITARRA E dos vocais dos álbuns *Illusion* aconteceram no Record Plant, em Los Angeles. Foi um fabuloso momento para mim como guitarrista. Tínhamos tantas músicas e tantas possibilidades para sons e técnicas em nosso novo material! Eu estava no total domínio da situação àquela altura, tirando com facilidade os sons que queria, tudo indo até mim com máxima fluidez durante as sessões. Minhas guitarras eram fantásticas porque, pela primeira vez na vida, tinha dinheiro para formar um belo arsenal: uma Gibson Flying V 1958, uma Gibson Explorer 1958, algumas Travis Bean e vários violões de aço – Martin, Gibson, Taylor etc. Eu tinha um excelente, ao estilo do flamenco, uns dois Dobros e um punhado de Les Paul *vintage*, além da minha réplica extra de Les Paul com seus captadores Seymour Duncan. Eu alugava um caminhão de guitarras, mas, na maior parte das faixas, usei uma Les Paul. Havia momentos em que precisava de uma Travis Bean, em geral quando usava *slide* ("The Garden"), ou de um Dobro ("You Ain't the First"), como também quando necessitava do efeito trêmulo ("You Could Be Mine").

Foi uma experiência farta envolvendo guitarras, para mim (cheguei a levar vinte para a estrada). Estava determinado a usar todas elas, a colocar todos aqueles sons no nosso álbum de alguma maneira. Tinha trinta e seis músicas para tocar – aquilo significava duas semanas inteiras gravando partes de guitarra. Sentia-me no sétimo céu, absorto por meus instrumentos, totalmente no meu hábitat. Foi sensacional, o estúdio possuía uma acústica ótima e adorei a equipe do Record Plant.

Algo que acabou sendo comentário geral durante a gravação de *Illusion I* e *II* foi o dia em que houve um grande tumulto no beco. A polícia encontrou um braço e uma cabeça humanos na lixeira atrás do estúdio. Tudo o que sei é que não fomos nós, mas Izzy transformou o evento numa letra para "Double Talking Jive". E tive a chance de colocar uma ótima parte com um violão de flamenco nessa faixa. Essa música tem um solo eletrônico maneiro também que se transforma num ritmo acústico de flamenco.

Havia algumas músicas que envolviam extrema habilidade em guitarra naqueles álbuns. "Estranged" era uma canção longa. Usei uma Les Paul Gold Top nela; gravei todas as melodias com apenas o captador mais grave aberto, com o tom no máximo do grave. "November Rain" foi difícil também, do mesmo modo que uma outra canção de Axl chamada "Breakdown". Eram todas conduzidas ao piano e precisavam de acompanhamento; as partes de guitarra e baixo tinham de ser firmes, feitas com precisão. Essas canções eram todas sensacionais, mas deram algum trabalho.

"November Rain" foi gravada em um dia, mas trabalhamos por longas horas depois do horário previsto para que todos os arranjos ficassem perfeitos. O mais engraçado é que o solo de guitarra que acabou indo parar no álbum é exatamente o mesmo que eu tocara na primeira vez em que ouvira a canção, anos antes. Foi uma constante ao longo do Guns N' Roses. Quase todos os solos no álbum são os mesmos que toquei na primeira vez em que acompanhei a música. Era como eu sentia a música a cada ocasião que íamos para aquela sessão. Assim, ao longo da história da banda, quando tocávamos as músicas ou vivo ou em gravações, tirando-se ou pondo-se algumas notas daqui e dali, meus solos, que sempre foram mais melodias do que meras explosões de som, sempre mostraram as mesmas séries de notas que ouvi na música desde o início. O resultado final foi um senso de familiaridade que eu apreciava quando tocávamos aquelas faixas e íamos às sessões.

De qualquer modo, "Breakdown" ficou bastante complicada quanto a colocarmos todas as partes de bateria e guitarra de forma correta, assim como as variações intrincadas de piano. É uma canção complexa e, por mais que soe como se tivéssemos feito a maior farra durante a gravação, ficávamos concentradíssimos quando o assunto era trabalho. Essa canção foi especialmente difícil para Matt, que se perdeu algumas vezes tentando deixar a parte de bateria perfeita. Como falei, gravamos uma música por dia, mas alguns dias eram mais longos do que outros.

Tínhamos canções intrincadas, complexas, e acho que apenas o Metallica estava fazendo algo semelhante ao que nós fazíamos. Eles se concentraram seriamente em mudanças de métrica, e isso tudo em *The Black Album*. Não sei qual era o processo deles, mas nós juntávamos a estrutura de nosso trabalho e depois apenas tocávamos de improviso em cima dela. Se cometêssemos um erro ou fizéssemos uma sessão calamitosa, voltávamos ao início e refazíamos tudo; e costumávamos fazer a montagem bem depressa. Todos na banda estavam bastante focados àquela altura, mas ninguém queria trabalhar por tempo demais em uma só coisa. Passamos alguns dias cuidando dos arranjos, porém, quando chegou o momento de gravarmos, tocávamos uma vez e a luz vermelha acendia. Já era fato que haveria algumas partes de guitarra e alguns vocais a acrescentar mais tarde, mas quando se tratava das faixas básicas de guitarra, baixo e bateria, todas aquelas primeiras gravações tinham de ser perfeitas. Ninguém queria passar pelo constrangimento de ter de repetir e repetir sua parte, enquanto os demais da banda aguardavam até ficar bom. É o que acontece quando se tem bons músicos, química forte... exatamente as pessoas certas numa banda da pesada.

O Guns tomou conta do Record Plant. Foi muita folga, mas tínhamos uma porção de trabalho a fazer e nos divertimos muito, muito mesmo, sendo o Guns N' Roses outra vez. Eu gravava minhas partes de guitarra num estúdio e Axl convertia o outro estúdio mais ou menos num apartamento, porque decidiu que produziria mais se morasse lá. Levou junto seu equipamento de ensaio, como também uma cama e sofás – aquilo tornou-se uma sala de descanso luxuosa onde ele e sua comitiva poderiam ficar confortáveis. Tínhamos uma porção de gente circulando pelo Record Plant naqueles dias.

Na minha opinião, nada daquilo contribuiria para que fizéssemos nosso trabalho mais depressa. Assim mesmo, enquanto gravávamos os álbuns *Illusion*, tivemos um panorama bastante boêmio ao estilo da década de 1960 naquele estúdio. A combinação de nossos amigos – músicos e não músicos –, além de todas as outras pessoas que conhecíamos criou um pano de fundo inigualável. A qualquer noite, eu poderia estar tocando guitarra num estúdio, Axl gravando os vocais no outro, enquanto um grupo de figuras interessantes estivesse andando por ali, participando de um jeito ou de outro. Shannon Hoon, do Blind Melon, aparecia sempre, porque era um velho amigo de Axl de Indiana; fez os *backing vocals* de "Don't Cry", o que deixou a canção ainda mais tocante.

A maior mudança na banda, além da substituição de Steven por Matt, foi a presença dominante de teclados e sintetizadores. Axl introduzira um efeito de sintetizador em "Paradise City" nos tempos de *Appetite*. Foi o começo, suponho, e me opus a isso também. Como mencionei, nos álbuns *Illusion* Axl insistiu num piano de cauda e na presença de sintetizadores. Após termos gravado as faixas básicas e de eu ter concluído as minhas partes de guitarra, chegou a vez de Axl incluir seus vocais, e ele passou um bocado de tempo acrescentando partes de sintetizadores. Parecia uma criança numa loja de doces com toda aquela parafernália de teclados que instalara no estúdio. Ficava sentado durante horas para obter o som certo para um trecho de uma canção e, lembre, esse cara não estava bêbado nem drogado, embora viajasse horrores com a maconha – o que provavelmente o fez ficar ainda mais obcecado com aquela tralha toda. Ele queria aquela coisa de produção grandiosa, o que não era muito bom por um lado, mas, no fim das contas, o bom era que estava tão decidido a fazer aquilo direito que passava quanto tempo fosse necessário para conseguir que o dramalhão sonoro ficasse perfeito. O que Axl acabava conseguindo ao final do dia como resultado era brilhante. Não que aquilo representasse o Guns, a meu ver, mas soava incrível assim mesmo. Quando gravamos "Live and Let Die", foi tudo na base dos sintetizadores – aquelas buzinas não são buzinas. O que Axl fez ali foi, de fato, complexo; passou horas incluindo todo aquele lance, obtendo as nuanças exatas, e tenho de lhe conceder o mérito por isso. Ele fez o mesmo em "November Rain" com aqueles arranjos de cordas – são todos dos sintetizadores. Já ouvi canções com cordas de verdade que soam menos autênticas. Só duas vezes chamamos músicos de fora para aqueles dois discos: os cantores de gospel em "Knockin' on Heaven's Door" e a gaita em "Bad Obsession". O único outro efeito que não foi produzido por sintetizador foi o desfibrilador bem no início de "Coma". Sim, isso foi real.

DEPOIS QUE TERMINEI DE GRAVAR MINHAS FAIXAS DE GUITARRA, desocupei o Estúdio B e Axl tomou conta dele, transformando o Record Plant inteiro num complexo onde seus amigos podiam socializar, enquanto ele passava algumas semanas terminando seus vocais e acrescentando os sintetizadores já mencionados. O restante de nós não ficou contente com isso porque, diariamente, o lugar todo nos custava um bocado de dinheiro. Não teria havido tanto problema se houvesse atividade o dia inteiro, mas nenhum de nós via nada sendo feito numa base consistente. No final, Axl terminou seu trabalho, mas, puta que pariu, aqueles dois álbuns custaram uma fortuna para serem feitos – e só estou falando em termos de tempo de estúdio.

Foi nessa época que Axl começou a ficar obcecado pelos detalhes de tudo que se relacionasse ao Guns N' Roses, começando pela divisão dos direitos autorais das canções de *Illusion I* e *II*. Os dias de os integrantes da banda receberem vinte por cento cada já eram fazia tempo, porque havia muitos compositores externos dessa vez, sobretudo das velhas canções já existentes antes do Guns, que estavam agora na equação, como, por exemplo, "Back Off Bitch". Também tínhamos de considerar Matt, que não era bem um integrante "legítimo". Ele não estivera presente durante a composição das canções, embora tenha tocado todas elas. No final, por causa de colaboradores como Paul Huge, West Arkeen e Del James, Axl insistiu em divisões que eram algo como 22,75% ou 32,2% por canção para nós, integrantes originais. Tudo era matematicamente dividido de acordo com quem escrevera o que; um sistema que facilitava no que se referia a nunca termos nada pelo que brigar, mas, ao mesmo tempo, era algo em que se pensar e complicava as coisas até um grau corporativo.

As canções nas quais trabalhamos em Chicago também representaram um problema, porque aqueles meses foram muito desordenados e, durante a maior parte do tempo, Axl nem sequer esteve lá. Assim, as divisões que definiu para canções como "Garden of Eden", "Don't Damn Me" e "Get in the Ring" foram totalmente arbitrárias. Duff e eu compusemos a parte instrumental quando Axl não estava nem na mesma sala. Houve músicas conduzidas por piano com partes complexas de guitarra que tive de escrever e arranjar, e pelas quais nem sequer recebi crédito pela autoria. Aconteceu o mesmo com "November Rain" e "Estranged", para ser específico. Isso me preocupou, para dizer o mínimo, mas decidi fazer vista grossa.

QUANDO CHEGOU O MOMENTO DE MIXAR O ÁLBUM, TIVEMOS de tomar uma decisão. Thompson e Barbiero, que haviam feito a mixagem de *Appetite*, não eram mais uma equipe. O temperamento da nossa banda agora não se adequava a eles, ou o deles não se adequava a nós, não me lembro o que foi. Decidimos contratar Bob Clearmountain, um profissional cuja trajetória falava por si mesma. Ele fizera mixagem para todos, desde o Kinks até Bowie, desde os Stones até Springsteen. Tínhamos uma porção de material pronto para Bob começar a trabalhar, enquanto Axl continuava se dedicando ao que ainda não fora concluído. Clearmountain foi até nós e falou sem cessar sobre o Q Sound 5.1, uma tecnologia que ainda estava em seus estágios de formação. Era totalmente favorável a ela, e isso deixou Axl bastante entusiasmado, também. Certo. Mas eu não ia engolir aquilo. A meu ver, o Q Sound soava como uma roubada. Não me importei que Bob tivesse insistido que aquele era o futuro. O sistema requeria cinco alto-falantes e, especialmente na época, no início dos anos 1990, a maioria das pessoas tinha apenas dois.

E algo mixado em Q Sound através de dois alto-falantes soaria confuso, indistinto. Era uma daquelas coisas supervalorizadas que o tempo acaba provando que não passam de tecnologia intermediária, de curta duração. A exemplo do minidisco ou do disco a *laser*, o Q Sound era uma versão fraca, passageira do que estaria por vir.

Dito isso, em vez de fazer escândalo e deixar a banda inteira em polvorosa, o que teria resultado numa discussão interminável entre mim e Axl sobre os prós e os contras do Q Sound, mordi a língua e esperei que tudo se resolvesse por si só. E se resolveu. Clearmountain atirou no próprio pé logo de início. Numa tarde, encontramos um bloco de anotações dele onde escrevera todas as amostras de bateria que planejava mixar nas faixas de Matt. Não sou baterista e, portanto, não posso explicar os detalhes técnicos, mas ele nos levou amostras que alterariam o som de Matt drasticamente. Mostramos as anotações a Matt, que não fizera ideia disso, e ele não ficou nem um pouco satisfeito. Foi o pretexto de que precisamos para despedir Bob Clearmountain.

Acabamos contratando Bill Price para mixar o álbum. Respeitávamos o currículo de Bill, para dizer o mínimo. Ele fizera a mixagem do primeiro disco do Pretenders, além de *Never Mind the Bollocks*, dos Sex Pistols, e, no que me dizia respeito, era tudo o que eu precisava saber para contratá-lo no ato. Bill trabalhou num estúdio em Larchmont, na Califórnia, e assumi como minha missão pessoal estar lá diariamente observando-o trabalhar, contribuindo com o que podia e me assegurando de que as mixagens feitas a cada dia fossem enviadas à casa de Axl em Malibu sem demora.

Foi um processo longo, tedioso. Eu aparecia no início da tarde e ouvia a mixagem que Bill estivera fazendo. Uma vez que ela chegava a um ponto com o qual eu ficava contente, nós a gravávamos numa fita e enviávamos para Axl. Aguardávamos no estúdio ou começávamos a trabalhar na canção seguinte enquanto o mensageiro a levava até lá. Quando ele chegava, devo dizer que Axl não perdia tempo em ouvir a gravação e ligar para nós com seus comentários, que costumavam ser bastante úteis. Fazíamos, então, quaisquer ajustes que fossem necessários na canção, tornávamos a mixá-la e enviávamos nova cópia para ele. E foi assim, música por música. Pareceu levar uma eternidade para que ficassem todas certas, mas valeu a pena.

DURANTE ESSE PROCESSO, A HOSTILIDADE ENTRE NOSSO empresário, Alan Niven, e Axl chegou ao auge. O restante de nós tentara abrandá-la o quanto pôde, mas os problemas entre os dois tinham se arrastado durante anos – desde o momento em que ele descobriu que Alan também era empresário, produtor *e* coautor do Great White. Também havia o fato de que Alan tinha uma opinião firme em relação a uma porção de coisas e nem sempre Axl concordava com seu ponto de vista. Assim, às vezes, Axl sentia-se como se estivesse sendo obrigado a fazer o que não queria. Axl achava que Alan deixara seu ego inflar, que passara de um Malcolm McLaren a um Peter Grant. E de fato o ego de Alan era tão grande quanto o nosso.

Sempre gostei de Alan, porém, até que um incidente me fez virar contra ele. Certa noite, quando minha namorada Renee e eu estávamos em sua casa com ele e a esposa, Camilla, Alan disse algo totalmente impróprio para Renee. Não lembro direito o quê, mas foi constrangedor o bastante para que nos retirássemos de imediato. Nunca esqueci o incidente, e não vou revelá-lo aqui. Assim por mais que eu gostasse de Alan pelo que fizera para nos ajudar, não protestei muito quando Axl agiu para dispensá-lo. Eu sabia que iria acontecer, mas não que aquela fosse a gota d'água. Olhando para trás, acho que aquela mudança foi o momento, a pausa no auge do sucesso da banda… e o início de sua derrocada.

Ao mesmo tempo, previ a vinda de Doug. Ele criara um lugar para si no círculo de Axl e, uma vez que Axl deixou seus sentimentos em relação a Alan bem claros, não creio que tenha sido coincidência que Doug estivesse bem ali para assumir as rédeas. Ele estivera galgando os degraus estrategicamente desde o início. Era como um predador numa emboscada. Embora, no final das contas, ninguém tenha sido mais responsável pela dissolução do Guns N' Roses do que o próprio Guns N' Roses, Doug Goldstein foi um catalisador. Suas técnicas para dividir e conquistar foram um instrumento para a chegada do nosso fim.

Se você comparar a história da dissolução de grandes bandas de rock, com frequência descobrirá que a maioria despediu o empresário original a caminho de colher os louros da vitória e, quando o fez, fodeu tudo. Estou um tanto puto da vida que tenhamos seguido essa tradição.

Por mais autodestrutivos que tenhamos sido ou não, e apesar das barreiras de comunicação entre os integrantes, tínhamos o desejo de tocar nossa música e seguir em frente a todo custo. O fato de uma influência externa ter desestruturado a banda por completo é sem dúvida lastimável.

ACHO QUE LEVOU DOIS DIAS PARA QUE DOUG GOLDSTEIN FOSSE eleito o novo empresário oficial do Guns N' Roses. Na época, ainda não tínhamos terminado de fazer a mixagem do álbum, mas Doug, desde o início, queria fazer nome na indústria e ganhar dinheiro, e éramos o meio perfeito para isso. Agendamos uma série de apresentações logo de cara e, durante os estratégicos dias de folga, íamos ao estúdio para completar os álbuns. Por algum tempo, a programação da nossa turnê adiou o lançamento dos discos indefinidamente.

Claro que nos divertimos, no entanto. Doug nos tirou do estúdio para irmos tocar no Rock em Rio, no Brasil, em 1991, que seria o primeiro show de Matt e Dizzy com o Guns. Foi incrível; tocamos duas noites em seguida para cento e oitenta mil fãs no estádio do Maracanã. Esse festival, que durou semanas, foi palco para quase todos os grandes nomes, de Megadeth a Faith No More, INXS, Run-D.M.C. e Prince, entre tantos outros. Foi fantástico. Acho que eu nunca tinha visto um público mais enlouquecido pelo Guns N' Roses – e isso é dizer muito. Quando tocamos o refrão de "Paradise City", pessoas mergulharam da fileira mais alta do estádio – dando a impressão de que saltavam para a morte. Não há palavras que possam fazer jus ao grau de intensidade delas. As fãs acampavam na porta do nosso hotel em tamanha quantidade que não conseguíamos sair. Não podíamos sequer descer até a piscina, porque, quando o fazíamos, de algum modo as pessoas se lançavam por cima do muro de quatro metros e meio, corriam e avançavam sobre nós. Não queriam nos machucar, mas, com certeza, adorariam arrancar um pedacinho de nós para guardar de lembrança, se pudessem. Foi bizarro. Não podíamos deixar nossos quartos, e nossas esposas, ou namoradas, ou quaisquer mulheres vistas em nossa companhia, eram provocadas e ficavam juradas de morte por essas fãs enlouquecidas.

Fizemos mais algumas apresentações. Tivemos três datas de shows em Los Angeles, San Francisco e Nova York, com várias bandas abrindo para

ACHO QUE EU NUNCA TINHA VISTO UM PÚBLICO MAIS ENLOUQUECIDO PELO GUNS N' ROSES — E ISSO É DIZER MUITO. QUANDO TOCAMOS O REFRÃO DE "PARADISE CITY", PESSOAS MERGULHARAM DA FILEIRA MAIS ALTA DO ESTÁDIO — DANDO A IMPRESSÃO DE QUE SALTAVAM PARA A MORTE.

nós, tais como Blind Melon, Faith No More e Raging Slab. No show de Nova York, filmamos ao vivo o que serviu de base para o videoclipe da trilha sonora de *O exterminador do futuro 2*. Esse clipe também teve cenas de Arnold Schwarzenegger na pele do próprio Exterminador, no Rainbow. Começamos, então, uma turnê com o Skid Row pelos Estados Unidos, incluindo duas noites no Inglewood Forum em Los Angeles. Vou dizer, ser uma banda tão poderosa era bom pra cacete. Ter a companhia do Skid Row era o meu tipo de turnê: libertinagem total.

Bem antes de terminarmos a mixagem e a masterização dos álbuns, Axl assumiu o compromisso de arranjar a imagem certa para o nosso trabalho de capa. Uma vez que fora ele quem arrumara aquela brilhante pintura de Robert Williams para *Appetite*, nós lhe confiamos a missão de encontrar o trabalho de arte para a capa desses dois álbuns também. E, mais uma vez, Axl conseguiu. A imagem para a nebulosa mistura de músicas que havíamos feito foi criação de Mark Kostabi. Era uma figura jovem de ar holandês numa pose de "pensador" que se inspirara em uma pintura renascentista. Axl quis muito que essa ilustração fosse a das duas capas. No final, ficamos com uma em vermelho, outra em azul, e o restante de nós acabou concordando. Isso tornou o conceito de álbum duplo mais palatável.

Esse foi um exemplo do que poderia ser considerado como "grandes" decisões que, como uma banda, fomos rápidos demais em passar às mãos do nosso líder vocalista. Mas não me arrependo nem um pouco. Se era aí que Axl daria início ao fogo cruzado, tudo bem. O que me preocupava muito mais era que os álbuns *Illusion* fossem lançados separadamente, para que nossos fãs não tivessem de gastar trinta ou quarenta dólares para adquirir nossa nova música: poderiam decidir se queriam um álbum ou o outro e comprar de acordo. Claro que esperávamos que quisessem os dois. No final, *Use Your Illusion I* vendeu mais do que *Use Your Illusion II*.

Quando os álbuns saíram, os fãs fizeram fila do lado de fora das lojas de discos por todo o país. Posso confirmar o fato de que havia uma fila ao longo do quarteirão diante da Tower Records, na Sunset, naquela noite, porque passei lá em frente de carro a caminho do aeroporto com Renee. Fiz a limusine parar e entramos de fininho pela porta dos fundos. Fomos levados ao mesmo pequeno escritório acima da área da loja, onde eu havia sido detido por roubar quando estudava no ensino fundamental.

Olhei para baixo, vendo todos os adolescentes na fila para comprar os discos através da mesma abertura de vidro espelhado de onde algum gerente me observara no dia em que eu fora apanhado por roubar. Foi quase irreal.

Os álbuns ficaram no primeiro e segundo lugares nas paradas na semana em que foram lançados, o que foi um recorde. E continuaram lá. Havia festa por toda parte, e nós precisávamos nos organizar para a nossa turnê. Seria algo mais grandioso do que tudo o que já tínhamos feito.

A nova música era bem mais complicada e, portanto, para levá-la ao palco precisaríamos de mais músicos. Fui eleito o diretor musical extraoficial, encarregado de encontrar cantoras de *backing vocals* e um conjunto de instrumentos de sopro. Tive dificuldade em engolir a ideia de três caras de *smoking* tocando sax e trompete; assim, em vez disso, contratei garotas gostosas. É claro que cantoras de boa aparência eram uma necessidade também. Acabei tirando tudo isso de letra. Também convidamos Teddy Zig Zag, um grande músico de blues com o qual eu tocara de improviso em inúmeras ocasiões, para tocar um piano adicional e gaita. Na realidade, confiei a Ted a tarefa de recrutar todas as mulheres que cantariam e tocariam nos shows, e ele fez um trabalho incrível.

Enquanto nos preparávamos para partir de novo, tive de fazer uma porção de coisas relacionadas ao design do palco também. Ajudei a criar um bastante eficiente e bonito no qual viveríamos durante os dois anos e meio seguintes. Havia rampas, pequenos palcos acima dos amplificadores para as garotas, uma área de teclado e um piano que subia do chão para Axl. Também tínhamos um maneiro chão reticulado e vazado, de modo que as luzes brilhavam através dele.

Pusemos mãos à obra em todo o desenvolvimento daquele palco fantástico com que acabamos ficando. Tínhamos o logotipo do Guns N' Roses no piso, o que também era legal. Era totalmente incrível para nós ter o dinheiro e a demanda de público para criar nosso instrumento máximo de performance. Era um sonho se realizando... mas, ao nos preparamos para a nossa megaturnê, a última coisa na nossa cabeça era que devíamos tomar cuidado com o que desejávamos.

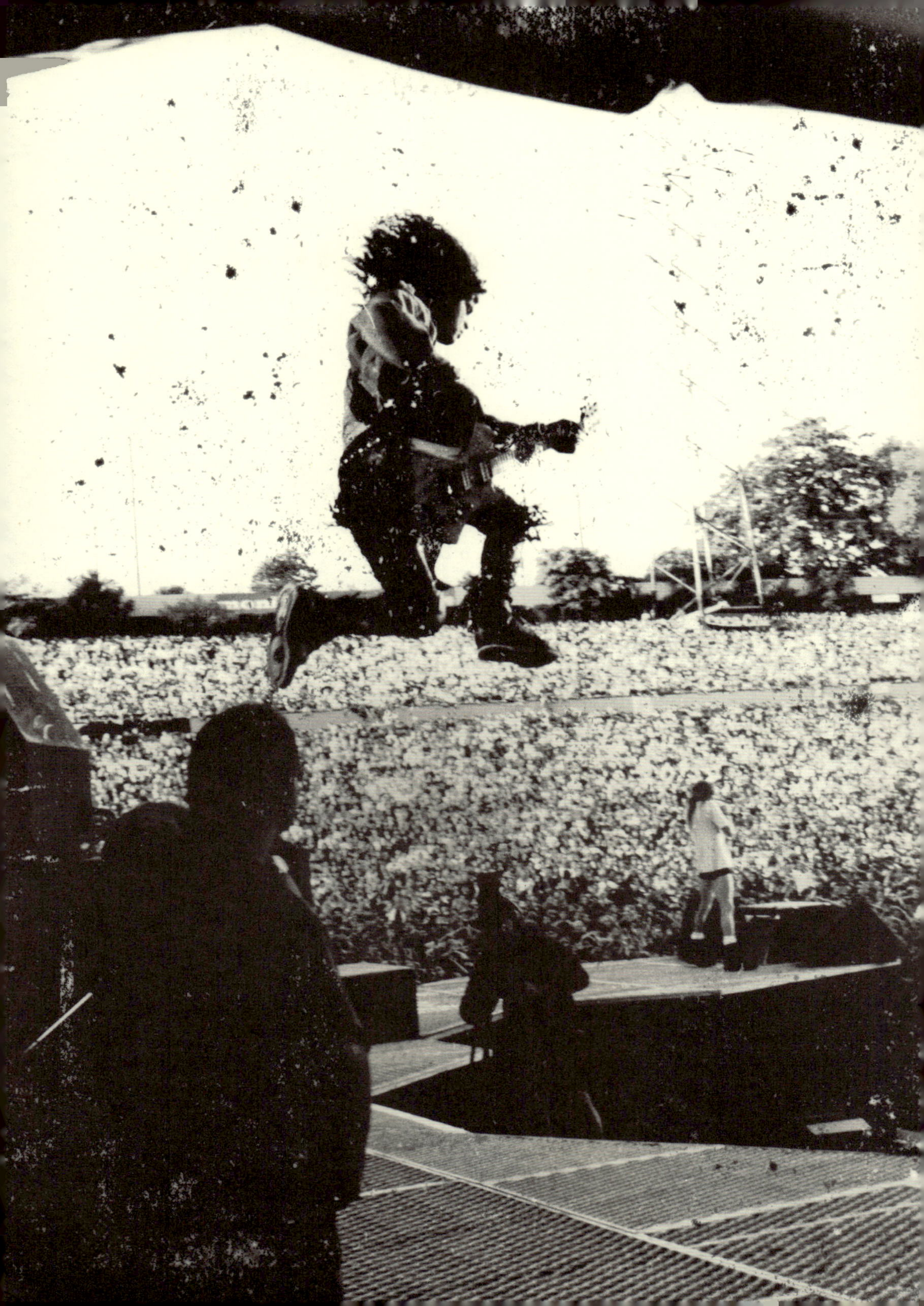

11
ESCOLHA A SUA ILUSÃO

Vivi altos e baixos extremos e enfrentei todos até o fim. Mas quando estão tão próximos que parecem se entrelaçar, fica alienante. É algo mais também; de repente, o que antes fora familiar fica estranho e nada se mantém estável. Quando criança, eu olhara com incredulidade do lado externo de muitos palcos que, para mim, eram imensos. Agora, eu estava tocando num palco ainda maior, com o logotipo da minha banda estampado no chão sob os meus pés. Tínhamos estádios repletos de fãs à espera de nos ver onde quer que fôssemos, pelo mundo afora. Lançamos dois álbuns no mesmo dia, que estrearam em primeiro e segundo lugares nas paradas. As coisas não poderiam estar melhores. E nos bastidores, por trás de tudo, estávamos nos dividindo como o átomo numa explosão atômica.

Olhando para trás agora, posso ver as raízes da coisa toda, mas, na época, não tinha esse tipo de perspectiva de modo algum. A situação sempre existiu, mas foi na era posterior a *Appetite* que tomou forma: Axl tornou-se o Médico e o Monstro. Foi uma coisa durante a gravação dos álbuns *Illusion I e II*, quando ele se apossou do estúdio e se tornou superindulgente; nenhum de nós gostou muito daquilo, mas fizemos vista grossa. Não achamos que pudesse piorar. Foram naquelas sessões que o restante de nós passou a deixar tudo acontecer, ainda que contra nossa vontade. Era entediante, mas ainda assim divertido. Só estávamos enganando a nós mesmos, porém, achando que a situação se resolveria quando os álbuns tivessem sido lançados. Foi difícil para mim, porque me senti muito próximo a Axl durante períodos em que trabalhamos juntos rumo a uma meta em comum; e então não muito depois eu me sentiria como se estivéssemos em lados opostos de um muro. Foi o início de uma verdadeira relação de amor e ódio entre nós.

Axl e eu tivemos um relacionamento conturbado desde o começo, e continuou assim até a última vez em que nos falamos, pela simples razão de termos maneiras opostas de encarar e lidar com as coisas. Não lhe desejo mal algum. Sei que a versão dele dos acontecimentos é tão razoável quanto a minha... apenas diferente. Levei um longo tempo para entendê-lo ao menos um pouco – se é que consegui –, quanto mais prever o que o fazia reagir daquela maneira. Eu queria saber o que o deixava feliz, o que o enfurecia, o que o inspirava em termos criativos. Todos esses são aspectos essenciais para se saber sobre alguém com quem se trabalha tão de perto numa empreitada que envolve criatividade.

Logo no início, quando nos conhecemos, o que ele fazia me pegava de surpresa às vezes. Nós nos identificamos um com o outro porque ambos éramos rebeldes e anarquistas, mas nunca consegui entender por que Axl levava a rebeldia ao ponto de tornar a própria vida difícil por razão alguma. Eu poderia entender uma pessoa lutando pelo que acredita e o fato de essa atitude costumar gerar conflitos. Mas Axl levava isso a um grau de autossabotagem que eu não compreendia. Passei muito tempo tentando decifrar essa questão, entendê-la racionalmente de algum modo, até que me dei conta de que não existia motivo algum para ela.

Fui atraído para Axl como todo o mundo, porque ele é um cantor e artista incrível e possui um carisma poderoso. Também admirava o fato de que ele sempre teve um ponto de vista, que defendia com unhas e dentes, e era totalmente sincero a respeito. É um compositor brilhante e um artista tão torturado que conquistou minha simpatia, porque a minha inclinação sempre foi a de torcer pelos azarões – e essa era uma parte importante de seu brilhantismo.

Aprendi a aceitar a parte ruim junto com a boa em nossa amizade porque havia muita coisa acontecendo com Axl. Mantivemos conversas profundas, pessoais, em especial durante o período em que a banda estava começando e moramos juntos. Houve momentos em que o adorei como a um irmão, quando ele era afável, acessível, e tínhamos aquelas conversas sinceras, abertas, que Axl conduzia. Era legal conhecer melhor alguém como ele, porque sou reservado a ponto de poder passar anos sem dizer nada sobre como me sinto, mas Axl não é assim, de jeito nenhum. Ele precisava de alguém com quem falar sobre seus sentimentos; extravasá-los. Tínhamos papos longos e tranquilos sobre o que o incomodava e o que tinha em mente. Conversávamos sobre temas pessoais de seu passado, tudo o que o preocupava, que o interessava, seus objetivos para si mesmo e para a banda e o que queria fazer da vida. Era uma grande visão interior sobre alguém a quem eu já admirava, e gostava muito dele nessa época porque era humano, vulnerável, e eu me sentia como se tivéssemos um elo.

O lado oposto de Axl, o lado Hyde, era aquele em que, uma vez que uma pessoa se sentia como se tivesse fortes laços com ele, Axl tomava uma atitude que desafiava por completo tudo o que ela sabia a seu respeito. Uma das grandes coisas em nossa banda era que sempre podíamos contar com o apoio um do outro, em qualquer que fosse a situação, mas isso acabou se tornando difícil com Axl. Ele nunca fez algo diretamente a mim. Tomava atitudes que prejudicavam a banda inteira e a posição dela perante colegas e fãs. Foi algo que jamais pude entender. Mas não importava muito, porque Axl tinha à disposição um repertório incrível de explicações para dizer por que agira desta ou daquela maneira.

Esse tipo de comportamento perdurou, porém, mas passei a nutrir desconfiança por ele, porque o cara que já tivera conversas tão francas e abertas comigo era o mesmo capaz de tomar atitudes que eu julgava sem a menor consideração. Para mim foi uma contradição difícil de lidar.

Em alguns exemplos, as reações de Axl foram prejudiciais apenas para a banda. Nada muito significativo a princípio; em geral eram situações que podíamos acabar relevando a fim de fomentarmos o progresso coletivo. Izzy era sempre calmíssimo para lidar com Axl, e eu andava muito com Izzy nesses tempos. Duff também tinha seu jeito de lidar com Axl, com todo o tato possível.

Steven, por outro lado, costumava ficar furioso, porque achava que o comportamento de Axl não fazia porra de sentido algum. Como já mencionei, Steven não o entendia, e assim reagia diretamente na frente de Axl. De minha parte, investia horas tentando compreender Axl e suas origens, porque, para que nossa banda tivesse sucesso, teríamos de ser *nós*, unidos, contra o mundo. Teríamos de manter nossos laços fortalecidos. Sempre que Axl fazia coisas que contrariavam aos demais, elas punham uma distância entre nós que não deveria existir. A meu ver, era algo que enfraquecia nossos alicerces.

Tal situação persistiu num vaivém por séculos, e nós oscilamos entre sermos unidos ou condescendentes. Durante a criação do primeiro disco, esses incidentes com Axl não eram tão extremos. Conforme a banda cresceu, porém, as exigências dele também foram crescendo. E, com o passar do tempo, criamos o hábito de o apaziguarmos. Se não era nada de mais a curto prazo, nós o deixávamos ter o que queria, lhe dizíamos o que queria ouvir. Mas isso criou um precedente, e Axl se acostumou a obter o queria. Uma das coisas mais complicadas no que diz respeito a Axl era que, quando ninguém concordava com ele, a retaliação que fazia não era branda. Axl arremessava ou derrubava algo, deixava o recinto, ou se afastava fervilhando de raiva pela rua e deixava a banda. No calor daqueles momentos não se podia argumentar com Axl; era como uma criança birrenta. Aquilo fez com que eu me perguntasse como, afinal, ele fora criado. Não posso revelar detalhes, mas, pelo que Axl me contou, sua infância foi muito dura. Quando estávamos começando, o comportamento dele era tolerável porque todos rumávamos na mesma direção e podíamos justificar as concessões que tivemos de fazer. Quando regressamos da etapa final da turnê *Appetite* e, dois anos depois e ao longo de todos os esforços para nos reunirmos e, enfim, voltarmos a trabalhar juntos em Chicago, comecei a ver o lado menos sensato dele vindo à tona com mais e mais frequência – foi por isso que parti de lá abruptamente. Axl nunca entendeu por que deixei Chicago, já que achou que estivéssemos produzindo muito, mas na verdade a energia negativa dele era algo muito difícil de se lidar. Sei que não sou o único que se sente assim. Quase todos que trabalharam conosco diriam algo semelhante. O motivo que fez aqueles que trabalhavam para nós aguentarem firme foi o mesmo pelo qual a banda aguentou firme. Havia momentos incríveis, maravilhosos que faziam com que todas as passagens negativas, sombrias e duras valessem a pena. Axl era tão egocêntrico às vezes que todos se viam afetados por seu comportamento. Só posso presumir que o restante de nós tinha muito jogo de cintura para contrabalançar isso. Mas o que sei, afinal? Bem, de uma coisa eu sei, sim: Axl, sem sombra de dúvida, tem sua versão dos fatos, que é tão válida quanto a minha.

QUANDO A BANDA RUMOU PARA O ESTÚDIO A FIM DE GRAVAR OS álbuns *Illusion*, tudo o que acontecia por trás dos bastidores piorou muito e rápido. Havia excesso de gastos desnecessários e omissão demais sobre o assunto, porque ninguém queria abordá-lo. Estávamos todos pisando em ovos. A verdade era que ninguém da banda se formara no ensino médio, quanto mais numa faculdade de psicologia. Nenhum de nós sabia como chegar até Axl de maneira eficaz. Podia ser algo fácil de se fazer às vezes, se uma pessoa ficasse quieta no espaço dele, sob seu olhar atento. Seria possível decifrar alguma coisa nessas circunstâncias ideais. Na verdade, era a única maneira de se conversar com ele. Qualquer outro tipo de abordagem não era construtivo; geralmente tudo em que resultava era duplicar o estrago e fazer Axl se comportar de um jeito pior do que antes.

O problema que surgiu para mim, pessoalmente, foi uma profunda amargura em ter de lidar com essa situação. Parei de querer ao menos tentar ter uma conversa razoável com Axl. Eu me vi trabalhando duro demais para realizar algo muito simples. Costumava ter de ir conversar com ele à exaustão sobre temas que eu nem queria ouvir apenas para tocar num ponto simples relacionado à banda. Começou a recair sobre os meus ombros essa tarefa de lidar com decisões do dia a dia que requeriam a opinião de Axl e, depois de algum tempo, eu não queria mais fazer isso. Queria passar essa responsabilidade para outra pessoa. Eu só desejava tocar música.

Doug Goldstein assumiu esse papel após passar tempo o bastante com a gente em turnê. Observando com atenção como todos interagíamos, tomou para si a incumbência de "lidar com Axl". Doug fazia uma porção de jogos para que as coisas fossem executadas. Mantinha as conversas necessárias com Axl... mas não da maneira como os demais da banda teriam feito. A meu ver, Doug estava determinado a fazer as coisas acontecerem pelas razões erradas. Estava lá em primeiro lugar para ganhar dinheiro e para ascender pela pirâmide da indústria, ao firmar sua reputação como o empresário do Guns N' Roses. Ele dizia a Axl o que fosse preciso e fazia o que fosse necessário para manter o Guns unido não porque se importasse conosco, mas porque o fato de ter a banda como cliente era fundamental para sua reputação profissional – mas, é claro, isso é apenas a minha opinião.

Vi o verdadeiro lado de Doug bem depressa, devo dizer. Quando interveio e substituiu Alan Niven em maio de 1991, na época em que estávamos começando a fazer turnês outra vez, não acho que ele ajudou a mediar pelas razões certas – o melhor para a banda. Assim mesmo, contei com Doug para nos ajudar a lidar com Axl. Ele podia nos fazer transpor qualquer obstáculo que estivesse no nosso caminho com relação às exigências de Axl, mas era uma situação em que nenhum de nós ganhava, porque ficava claro que Doug não dizia a Axl o que ele precisava ouvir para o nosso bem maior. Axl tinha de ouvir, não ser agradado, porque aquilo já se estendera por tempo demais. Doug jamais conversaria com ele dessa forma, porém; diria apenas o que desse certo a curto prazo. Mais uma vez, essa é a minha opinião.

Em dois anos, o Guns se tornara uma banda internamente instável, sem comunicação e que gastava dinheiro como se fosse água. E todos os dias Doug dizia ao restante de nós que poria um fim nisso, mas nada mudou. Tudo o que queríamos era seguir em frente como uma banda, ter ótimos momentos e realizar o trabalho. Nunca me pareceu que isso devesse ser algo tão complicado de se fazer.

Uma mudança permanente no astral do grupo ocorreu diante da primeira menção aos contratos e aos direitos autorais sobre o nome da banda; isso tendo ocorrido primeiramente quando Steven foi despedido. Axl insistiu que os direitos sobre o nome da banda eram uma questão que precisávamos legalizar. Transformar a nossa "identidade" num "ativo" fez com que nos sentíssemos como se estivéssemos recebendo ordens – o que era algo que nunca transcorrera bem. Aquele acordo legal lesou nosso senso de respeito mútuo porque fez com que, exceto por Axl, nos sentíssemos desvalorizados. Podíamos tolerar muito porque éramos fáceis de lidar, mas uma tensão indefinida crescia, e a questão do contrato a fez culminar. Mesmo assim, nunca conversamos a respeito, porque já era hábito deixar para lá, fazer vista grossa. Mas sei que Izzy sentia aquela tensão; Duff e eu também – e nos entreolhávamos quando o assunto surgia.

O DISTANCIAMENTO CADA VEZ MAIOR ENTRE AXL E EU E ENTRE ele e os demais aumentou mais ainda durante o processo de mixagem dos álbuns *Illusion*. Como mencionei, Axl ficava em sua casa, e eu, no estúdio, de onde lhe enviava a mixagem pronta de cada canção, e aí aguardava sua opinião. Apesar de tudo, estávamos numa maré alta de criatividade coletiva, mas não existia exatamente um espírito de solidariedade por trás. Era um relacionamento unilateral. Ainda assim, para mim, era tolerável. No meu subconsciente, acho que comecei a ver a banda formada por um cara sentado em seu trono alteado, completamente distante do povo vivendo abaixo dele.

A primeira situação delicada que vivenciei com Axl aconteceu depois que saí na capa da *Rolling Stone*, logo em seguida ao lançamento dos álbuns *Illusion*. A impressão que dei ao jornalista, que também era verdadeira, foi de que éramos uma banda que decolara tão depressa que, três anos depois, ainda estávamos tentando assimilar e alcançar o que havíamos nos tornado.

Axl leu a entrevista e, pelo que entendi, gostou dela, ou ao menos não viu nada de errado, em princípio. Ao que parece, porém, após uma segunda leitura, achou ofensivo algo que eu dissera. Pelo menos é o que acho... na verdade, não sei o que aconteceu ali.

Tornei a ver Axl na Long Beach Arena, onde nosso palco inteiro para a turnê *Illusion* tinha sido completamente montado, e ele não estava mais falando comigo. Para que eu não me iludisse ao ponto de achar que era apenas imaginação minha, Axl fez questão de que eu soubesse que estava puto comigo. Eu lhe dera uma jaqueta supermaneira de aniversário não muito tempo antes, e ele a levou consigo naquele dia só para poder deixá-la em cima do meu amplificador quando saiu.

Não nos falamos ao longo de alguns dias, durante os quais a banda fez seus ensaios. Esse é um exemplo da tensão exata, de como estar no Guns N' Roses na época se tornara o mesmo que viver andando por um campo minado. O clima era pesado. Eu apenas tentava fazer a minha parte a cada dia sem criar problemas. Considerando-se tudo, eu estava bastante preocupado, porque a verdade é que sou mais sensível do que pareço. Preocupei-me com o que, afinal, havia deixado Axl tão zangado, porque não tinha ideia do que eu fizera. Ele nada disse a respeito, e ninguém mais sabia de nada. Por fim, acabei esclarecendo tudo o melhor que pude... e foi preciso uma *longa* conversa para resolver a questão.

ESSE ERA O ESTADO DA BANDA QUANDO PARTIMOS PARA A NOSSA mais longa turnê com a mais intensa produção já realizada por nós. A turnê foi extremamente empolgante. Foi o que nos manteve juntos, apesar das cada vez mais frequentes rusgas. Depois que montamos o show no nosso palco, com *backing vocals*, sopros e tudo o mais, e ensaiamos durante uma semana com cada elemento intacto, nos vimos de repente na América do Sul, diante de um público de cento e oitenta mil pessoas, tocando no Rock in Rio, em 20 de janeiro de 1991. Nem sequer tínhamos lançado um álbum novo ainda. Estávamos lá por conta da força de *Appetite* e *Lies*, que àquela altura já tinham quatro e dois anos, respectivamente.

Viajamos até lá no 727 particular que era de propriedade e alugado pelo MGM Grand Hotel de Las Vegas, e foi o quanto bastou. Tivemos de ficar com ele pelo restante da turnê. Era todo ornamentado e tinha vários pequenos quartos e saletas; um ótimo lugar para se desfrutar. E era a maneira mais eficaz de a banda se deslocar de país a país, porque as decolagens e pousos obedeciam a uma programação própria, e o procedimento padrão de entrada era agilizado. A papelada era entregue enquanto estávamos sentados no avião, e acho que oficiais de alfândega nunca subiram a bordo e nos revistaram uma vez sequer durante os dois anos em que alugamos o avião. Por mais que eu estivesse contente em tê-lo, como o resto da banda, não achava que éramos poderosos o suficiente para nos dar àquele luxo.

Duff e Slash aproveitando o avião particular do MGM.

Tenho certeza de que Axl disse a Doug que precisávamos dele a qualquer custo, o que decerto resolveu a questão.

Aquela turnê foi pura diversão. Duff e eu tínhamos nosso novo companheiro de farra, Matt, e, não importando quantas noites passássemos em claro, sempre conseguíamos fazer bem as apresentações. Sentíamo-nos como se fôssemos os donos do mundo; nós nos divertíamos com tudo e sempre fazíamos o nosso trabalho. Izzy, infelizmente, isolou-se. Empenhou-se ao máximo para ficar o mais longe possível da nossa esbórnia e, portanto, aquela turnê não foi tão divertida para ele. E Axl... bem, não sei por onde andava a cabeça dele. Não vou fingir que entendo o que acontecia com nosso vocalista naquela época, nem agora, nem nunca. Sei, contudo, que todos nos reuníamos e desfrutávamos o que não podíamos ter uns sem os outros: a euforia mútua de nos apresentarmos no palco a cada noite.

O problema é que começamos a entrar mais e mais atrasados conforme a turnê progredia. Era culpa de Axl, e não foi em apenas uma ou duas ocasiões, era *toda* noite. Isso me atingiu, em nível pessoal, como a maior traição dele até então. Não é como se uma banda tivesse de papariciar o público ou sentir que está à mercê dele, mas é, no mínimo, *dever* dela tocar para pessoas que *compram* ingressos para vê-la. Isso se tornou um grande problema para mim. Quando me perguntam por que saí do Guns N' Roses, ocorrem-me três motivos: primeiro, o fato de que durante aquela turnê quase nunca subíamos ao palco no horário; segundo, o cancelamento de shows sem razão alguma; e terceiro, o infame contrato concedendo a Axl o nome da banda caso rompêssemos. Aquele contrato foi um verdadeiro tapa na cara. Chegaremos a tudo isso em breve, mas na ocasião pensei: *Pega a porra do nome e enfia no cu!*

Todas essas condições apontavam para uma situação em que a banda e tudo o que a cercava estavam dispostos de modo a ficar sob o controle de Axl. A começar pela questão do nome e passando para o fato de que ele queria cada músico sob um contrato que pudesse ser encerrado por "mau comportamento"; não era uma situação nada saudável. Nem o era a falta de consideração com as pessoas que iam nos ver aos milhares, e com a nossa equipe inteira que tinha de trabalhar até altas horas todas as noites em que nos apresentávamos com mais e mais atrasos. Tornou-se realmente humilhante para mim continuar porque, por mais que fôssemos considerados uma banda de rock baderneira, também sempre fomos conhecidos por conseguir dar conta do recado a nível profissional. Foi péssimo para a banda e a equipe não podermos sempre dar o melhor de nós por nos vermos desfalcados, apanhados em meio a situações pelas quais o restante de nós não era diretamente responsável.

Não existe melhor meio de gerar ressentimento ou de impregnar de ódio uma turnê ou qualquer outro tipo de empreendimento coletivo do que promovendo a falta de respeito. Não sou do tipo que fica com raiva com facilidade – tenho de ser provocado ao extremo –; assim, mantive-me o mais flexível que pude ao longo dessa turnê, mas comecei a me desgastar. Houve tantas ótimas oportunidades para a banda que foram desperdiçadas apenas porque Axl se recusou a aproveitá-las... Em geral, tais decisões eram tomadas entre ele e Doug e, às vezes, o restante de nós era apenas informado mais tarde. Ainda assim, ao mesmo tempo, a banda era espetacular, e qualquer um que ia a uma daquelas noites mágicas do Guns durante os dois anos e meio de turnê ficava extasiado. Éramos uma banda irreal com um vocalista irreal. Axl era simplesmente fantástico. Apesar de toda a tensão pairando nos bastidores, eu ainda tinha alguma química com ele no palco, que era sensacional. Fazíamos coisas incríveis a cada noite, coisas dignas de deuses. Havia certos momentos de pura energia que me deixavam arrepiado.

Entretanto, tudo formava um ciclo de altos e baixos extremamente difícil de se lidar. Esse é o meu lado da história. Existe o de Axl também, claro. Tenho certeza de que ele diria que bebíamos demais e abusávamos das drogas. É verdade, não nego. Só posso falar por mim mesmo quando digo "sim, fiz isso", mas, levando-se tudo em conta, *nunca* na história da banda um show foi cancelado ou começou com atraso por *nossa* causa – dos demais integrantes da banda. A despeito dos hábitos de quem quer que fosse, nós, músicos, estávamos sempre de prontidão. Existiram alguns contratempos e uns poucos shows que talvez tenham sido ruins, mas estamos falando de uma banda de rock and roll, afinal. Houve reclamações do lado de Axl ao longo de toda a turnê sobre o que nós estávamos fazendo – "nós" significando Duff, Matt e eu –, e Izzy se queixava do nosso comportamento também. Podem dizer o que quiserem sobre como vivíamos. Nossos hábitos não afetaram nem um pouco a engrenagem maior quando se tratou de fazermos nosso trabalho. É claro que esse é o meu ponto de vista. Tenho certeza de que Axl e os demais têm os deles, e que talvez sejam completamente diferentes.

Apesar de toda a tensão pairando nos bastidores, eu ainda tinha alguma química com ele no palco, que era sensacional. Fazíamos coisas incríveis a cada noite, coisas dignas de deuses.

NÃO VOU NEM SEQUER FAZER DE CONTA QUE ME LEMBRO DE cada detalhe dos dois anos e meio da turnê mundial *Use Your Illusion*. Mesmo que lembrasse, não acho que recontar cada apresentação, cada momento marcante, cada recordação lhes faria jus. Listar tudo faria com que as coisas parecessem mais entediantes até do que o dia mais corriqueiro conseguiu ser. Vou apenas me concentrar nos shows, "incidentes", conflitos e pontos altos que se destacaram em meio a uma aventura de dois anos e meio que foi tão emocionante, e um turbilhão tão grande de coisas boas e ruins que me espanto só em tentar relatar a experiência.

O início da turnê foi intenso e excitante. Estávamos sob grandiosos holofotes com milhares de pessoas indo nos ver. Jamais tinha experimentado esse sentimento tão diretamente. Tínhamos tocado para enormes multidões em festivais antes, o que é uma coisa: em geral, éramos a segunda ou terceira banda antes da principal, e assim a energia fora grande. Mas é completamente diferente tocar de uma hora e quarenta e cinco minutos a três horas para oitenta mil pessoas que estão lá só para ver você.

Após os shows eu costumava ficar andando pelo local do evento, checando o tamanho das arenas vazias, a dimensão do nosso palco e produção, e nunca deixava de me impressionar. Dispunha de tempo de sobra para fazer isso a cada noite, porque demorávamos tanto para sair quanto para começar – mas essa é uma outra história. Digamos que não podíamos sair enquanto não fosse "o momento certo".

De qualquer modo, vira o bastante de produções de palco em grande escala desde garoto e raramente ficara impressionado, mas eu andava por lá e observava nosso palco com olhar fascinado: fazer parte daquilo era um sonho que se realizava. Devemos nossos agradecimentos à grande equipe, a todos os profissionais dedicados que montavam e desmontavam tudo com tamanha eficiência todos os dias. Eu sentava num canto e os observava desmontando o palco; todos os funcionários carregando uma frota de pequenos caminhões com aqueles imensos componentes – era uma trabalheira dos diabos. Estávamos num ritmo intenso, tão eufóricos que até os aspectos negativos eram ofuscados por quão incrível a coisa era para nós a cada dia. Infelizmente, essa rotina maluca reiterou um padrão: a montanha-russa – de frustrados e zangados a enlevados e radiantes – em que tínhamos vivido por tanto tempo nos levara até ali e, assim... por que mudar agora? Afinal, a gente deu conta de tudo muito bem. Só foi muito mais tarde que a bomba explodiu, o que era inevitável.

Depois dos shows no Rio, fizemos três apresentações de aquecimento em clubes – com o Blind Melon, em Los Angeles, o Faith No More, em San Francisco, e o Raging Slab na cidade de Nova York. O Raging Slab era demais. Os caras apareceram num ônibus que haviam dirigido desde alguma parte nos confins do norte do estado com todo seu equipamento. E lá estávamos nós em nossas limusines. Achei ótimo que tivéssemos bandas assim abrindo para nós. Uma vantagem de se estar nesse nível é que você pode fazer realmente *qualquer porra que quiser*.

A partir dali, partimos para o evento principal – a turnê em estádios com nossa grandiosa produção e palco. A turnê inteira foi de estádio em estádio. Tínhamos Dizzy Reed, Teddy Zig Zag, os instrumentos de sopro e as cantoras de *backing vocals*. Era um cenário maluco e exuberante em comparação ao que havíamos estado acostumados. Em primeiro lugar, não existia um programa pré-estabelecido. Nunca repetíamos a mesma apresentação. Tínhamos nossos carros-chefes, como "November Rain", "You Could Be Mine", "Paradise City" e "Welcome to the Jungle", mas o restante era variado.

As meninas – as cantoras e as que tocavam os sopros – tinham de ficar no palco o tempo todo, o que representava problemas que não haviam nos ocorrido... tipo... e se elas tivessem de ir fazer xixi? Eu fizera de Ted Zig Zag o chefe daquela pequena banda de apoio – ele as recrutara, na verdade –, e era divertido observá-lo lidando com elas. Essas garotas discutiam por causa do figurino, disputando as peças para ver quem usaria o que, e coisas assim. Nunca antes víramos uma maluquice daquelas em nenhuma das turnês anteriores. E quando as meninas estavam menstruadas, o que parecia sincronizado, descobri que era melhor ficar bem longe do caminho delas.

Axl era a própria celebridade na turnê; após algum tempo, só o víamos no palco ou no avião. Izzy continuou se isolando. Nas viagens entre as apresentações, Duff, Matt e eu socializávamos com as meninas. Havia Lisa Maxwell, a líder dos sopros, que tocava saxofone tenor; Anne, no trompete; e uma nova-iorquina bissexual, cujo nome não consigo lembrar, no saxofone barítono. E as cantoras de *backing vocals*, duas gatas que viviam brigando por causa de suas perucas. Uma era Roberta, uma negra bonita e magra, e a outra, Tracy, de pele mais clara; ambas eram muito legais.

※

O SHOW QUE ESTABELECEU O PRECEDENTE PARA AQUILO QUE, POR fim, desestruturou a turnê aconteceu em Uniondale, Nova Jersey, no Nassau Coliseum, onde entramos atrasados. Naquela noite, porém, Axl desculpou-se com os fãs pelo atraso, o que, uma vez que se tornou uma ocorrência frequente, nunca mais se deu ao trabalho de fazer.

O primeiro grande problema, claro, foi em St. Louis; aliás, muito bem documentado pela imprensa. Axl teve uma briga com um cara numa das primeiras fileiras que estava com uma filmadora. Ao mencionar o fato à equipe de segurança do local, eles não tomaram providências. O descaso da segurança e o aberto desrespeito do sujeito enfureceram Axl, que saltou em cima da multidão para arrancar a filmadora do cara. Quando ele saltou foi ótimo; ficamos tocando aqueles riffs cheios de suspense que iniciam "Rocket Queen", e achei o momento todo maneiríssimo. Quando Axl voltou ao palco, tudo pareceu triunfante por um segundo... então, ele pegou o microfone e disse algo do tipo:

— Por causa da merda de segurança, estamos indo embora. — Empurrando o microfone com força, deixou o palco.

A banda continuou tocando. Ficáramos bons em improvisar para preencher espaço morto — solos de bateria, solos de guitarra, o que fosse —, tínhamos múltiplas estratégias para fazer o show continuar sempre que Axl se retirava de repente. Continuamos fazendo improvisações, e eu fui até a lateral do palco.

— Cadê ele? — perguntei a Doug.

Ele me olhou com uma expressão mortificada.

— Axl não vai voltar.

— *Como assim* não vai voltar?! — gritei, ainda tocando minha guitarra.

— Não há jeito de ele voltar — declarou Doug. — Não posso fazer nada.

Estávamos no palco havia cerca de uma hora e meia, o que era o nosso mínimo por contrato, mas o plano era fazermos uma apresentação de duas horas, e o público não ficou nada satisfeito. Sabia que ainda faltava muito. Eu teria feito qualquer coisa para levar Axl de volta ao palco naquele ponto.

— Peça a ele outra vez! — berrei. — Descubra se não vai mesmo voltar.

Eu deveria ter sabido, pela expressão de Doug, que não adiantaria.

Uma vez que foi definitivo, não tivemos escolha. A banda parou de tocar, e foi como arrancar o fio do estéreo da tomada — a música terminou com um ponto de interrogação. O estádio inteiro ficou lá à espera de que algo acontecesse, mas, em vez disso, deixamos o palco sem uma palavra. E aquilo os enfureceu. Mas nem imaginávamos o quanto.

Todos nos reunimos no camarim. Axl não estava lá, e o clima estava pesado, para dizer o mínimo. E foi quando o tumulto começou. Ouvimos um som estrondoso; mesmo através das portas, soou como um quebra-quebra. Axl entrou de repente no camarim, dizendo:

— Vamos voltar.

Seguimos pelo corredor na direção do palco, e foi como a cena de *Yellow Submarine* dos Beatles, em que estão caminhando por um corredor e está tudo normal, mas, a cada vez que abrem uma porta, há um trem avançando na direção deles ou um gato de miado estridente. Ao abrirmos uma porta, ouvíamos gritos; abríamos outra e víamos pessoas em macas, policiais ensanguentados, destruição por toda parte. Um pandemônio. Na época, estávamos gravando um documentário, portanto, temos muito disso gravado.

Os residentes de St. Louis não engoliram nossa retirada — destruíram o local inteiro. Fizeram coisas que eu não julgava possíveis. Foi assustador. Aprendemos a não brincar com multidões a esse ponto. Axl, ao menos, deveria ter sido mais cauteloso dali em diante para nunca mais inflamar a multidão daquele jeito.

Estávamos presos atrás do palco, sem saber o que fazer. Doug apareceu de repente, dizendo que teria de nos retirar dali naquele instante e que havia uma escolta policial esperando junto a uma porta de carga e descarga, nos fundos. Nós nos abaixamos na parte de trás de dois furgões, para que ninguém nos visse, e rumamos direto até Chicago. Não daria mais para fazer essa apresentação porque todo o nosso equipamento fora destruído em St. Louis. Esse show foi um papelão bem caro, para dizer o mínimo — a multidão causou um prejuízo de mais de duzentos mil dólares só em depredação no estádio.

Ficamos em Chicago enquanto as consequências do incidente em St. Louis repercutiam. Foi um grande desastre para as pessoas, para a cidade, e o Guns N' Roses foi proibido permanentemente de tocar em St. Louis.

Voltei lá com o Snakepit em 1995. Na véspera do meu show, deixei o hotel e caminhei na direção de um agrupamento de bares nas proximidades. Como não iria longe, não levei seguranças, pois sabia que encontraria nossa equipe ali. À medida que me adiantava pela rua, porém, vi cinco motoqueiros à minha frente e ninguém mais por perto, o que me preocupou por um momento. Era uma noite muito escura, numa rua escura, as lâmpadas nos postes altos iluminando apenas pequenos trechos daqui e dali. Aproximei-me mais e eles ficaram me encarando. Um deles desceu da moto e se adiantou até mim. Fiquei de sobreaviso, não sabendo o que iria acontecer.

– Oi, cara – disse ele com um largo sorriso. – Sou aquele em quem Axl bateu.

Falou como se eu devesse lhe dar um tapinha nas costas. Tinha uma atitude do tipo: "Ei, nós dois somos anti-Axl, certo?". Pareceu achar que tínhamos algo em comum, mas não ajo dessa maneira. Se alguém falar mal de Axl na minha frente, parto para cima. Apenas eu posso fazer isso, porque tenho esse direito; não um sujeito qualquer na rua que nem sequer o conhece. As coisas ficaram tensas naquele momento, mas o cara começou a contar sua própria história, com um ar quase de desculpas.

Acabara de receber todo o seu dinheiro com o processo na justiça. Acho que a indenização por danos lhe fora concedida uns dois dias depois. Foi, de fato, uma situação tensa. Ficou óbvio para mim que aquele era um cara que estava montado na grana que acabara de receber e que não a gastaria com sabedoria. Seus "amigos" pareciam estar aproveitando sua boa sorte com ele, sem dúvida, farreando pela cidade. Era o mais baixo do grupo e, como os baixinhos costumam fazer, estava tentando impressionar a todos. Ganhara seus direitos por danos morais – e uma boa quantia em dinheiro –, mas, conforme me disse durante os poucos minutos em que parei para conversar com ele, nos dias que se seguiram ao incidente não pôde nem sair de casa. Recebeu ameaças de morte pelo telefone, cartas anônimas hostis, isso tudo. Apenas depois que a cidade ganhou o processo na justiça – após o cara ganhar o dele também –, a maré toda virou para ele.

Não fiquei nem um pouco impressionado com o camarada. Disse-lhe isso e que tinha de ir andando, e foi tudo.

Bem, onde eu estava mesmo?

TIRAMOS ALGUMAS SEMANAS DE FOLGA DEPOIS DAQUELE INCIDENTE em St. Louis e acrescentamos os toques finais nos álbuns *Illusion*. Comemoramos com alguns shows no Forum de Los Angeles, que foi um ponto alto da carreira da banda. Quando eu pensava no Forum, lembrava-me de Bowie, Zeppelin, Aerosmith e AC/DC; o lugar é um ícone do rock. Em termos locais de sucesso e glória, era o equivalente a tocar no Long Beach Arena – só que melhor. Não sei como meus colegas de banda se sentiram a respeito, mas quando a limusine desceu aquela rampa tudo em que pude pensar foi ter ido ver Rod Stewart ali com a minha mãe; todas aquelas histórias nostálgicas povoaram a minha mente. Os shows tiveram lotação esgotada e foram sensacionais. O último que fizemos lá teve três horas e meia de duração – na história da banda, foi o mais longo que já fizemos. Esse show foi em 29 de julho de 1991, o exato dia em que a mixagem dos álbuns foi concluída. Como Axl anunciou do alto do palco:

– Essa porra está *pronta*!

Enquanto os álbuns eram preparados para distribuição, fizemos os outros shows com a abertura do Skid Row – você pode imaginar o grau de libertinagem em que Matt, Duff, Sebastian Bach e eu embarcamos. Sebastian era um total entusiasta e completamente novato. Tínhamos feito tudo aquilo antes, mas fizemos tudo de novo com ele. Essa etapa através dos Estados Unidos até a Europa foi debochada, escrachada, irreverente por trás dos bastidores e levou o hedonismo a um novo patamar. Foi divertido demais porque o Skid Row estava desabrochando, e era tão jovem e faminto quanto fôramos com o Mötley.

É uma pena que Sebastian não goste mais tanto assim de Duff, Matt e eu. Fizemos um teste com ele quando estávamos em busca de um vocalista para o que viria a ser o Velvet Revolver mais tarde, mas não deu certo. A combinação ficou com o ar do que eu chamaria de Skid Roses. Devo dizer que fiquei surpreso em saber que Sebastian andou falando mal da gente recentemente.

De qualquer forma, quando fomos para a Europa com o Skid Row, tudo transcorreu muito bem, com o profissionalismo de costume... até que chegamos a Mannheim, na Alemanha, em 21 de agosto de 1991. Tínhamos Nine Inch Nails na programação também para aquela data. Só que entramos tarde – tarde até para nós –, e então, ainda no início da nossa apresentação, algo aconteceu e Axl deixou o palco não sei por que motivo. Não estivera sendo provocado, pelo que pude ver ninguém o atingiu com uma garrafa nem nada, mas ele quis sair de repente. O palco daquele local de eventos ficava a cerca de um quilômetro e meio do escritório da produção e do camarim. Assim, havia um furgão à disposição para nos levar de um lado ao outro. Quando Axl se retirou do palco, foi até o furgão para seguir rumo ao camarim.

O restante de nós saiu do palco e ficou por perto, esperando para ver se Axl voltaria, ou se o furgão o levara para o hotel. Em termos de como se sentia em relação a Axl e lidava com ele, Matt Sorum era como Steven – simplesmente não entendia por que Axl não fazia a sua parte e pronto.

Lembro-me de ter ficado parado lá com Duff, enquanto Matt fervia de raiva. Já estava na banda havia tempo o bastante para que sua reserva de "novo cara" se dissipasse.

– Pau no cu daquele cara! – exclamou Matt. – Vou colocá-lo na linha.

Matt achava que Duff, Izzy e eu tínhamos sido todos cheios de dedos ao lidar com Axl por tempo demais. Como Steve, ele queria enfrentá-lo e tirar satisfações, porque isso provavelmente teria dado certo com a maioria das pessoas. Entendi bem a sensação, mas pareceu a resposta errada para uma situação tão instável. Tudo o que eu queria era terminar o show.

A essa altura, já havíamos descoberto que o furgão não deixara a área com Axl em direção ao camarim. Ele estava sentado ali dentro, mas se recusava a sair e voltar ao palco. Duff e eu já tínhamos ido até lá para tentar persuadi-lo a voltar, mas em vão. Assim, Matt marchou na direção do furgão para confrontá-lo, mas quando chegou lá deparou com Axl do lado de fora, que havia descido para voltar ao palco. Matt estava tão possesso, porém, que abriu o verbo assim mesmo, e por pouco a coisa não chegou ao ponto da agressão física.

– Que porra você está fazendo?! – berrou Matt. – Volte para o palco! Corri até lá e me coloquei entre os dois, porque o bicho ia pegar para valer. Axl pode ficar totalmente psicótico quando decide brigar, e Matt pesa duas vezes mais do que eu – e toca bateria –; portanto, não era exatamente um bom lugar para eu estar. Axl voltou ao furgão, e não pareceu que ia sair de novo. O tempo corria.

Os organizadores do evento viram o drama que se desenrolava e fecharam os portões em torno do local para que não pudéssemos sair. Tinham ouvido sobre o que acontecera em St. Louis, e foi bom que tivessem. Se não soubessem de nada, tenho certeza de que os trinta e oito mil fãs teriam causado tumulto, nós teríamos sido responsabilizados e presos e pessoas poderiam ter morrido. O batalhão de choque da polícia local já estava de prontidão, preparado para enfrentar uma situação que fugisse ao controle. Foi uma cena tensa, assustadora, na qual o pior não aconteceu por um triz. Conseguimos levar Axl de volta ao palco uma vez que percebeu que não tinha escolha, e o restante do show transcorreu conforme o planejado. Tudo que me lembro de ter pensado quando deixei o palco após a apresentação foi: *Cacete, essa foi por pouco.*

Sim, foi por muito pouco mesmo. Na manhã seguinte, Izzy enviou uma mensagem através de Alan informando-nos que estava deixando a banda. Concluiria as últimas e poucas datas da etapa atual da turnê, mas depois disso estava fora.

Ver esse potencial constante para desastre foi demais para Izzy e, para ser franco, todos nós deveríamos ter seguido o exemplo dele. Mas, com uma legião tão grande de fãs ávida para ver o Guns tocar, não vi motivo para deixarmos que aquela merda toda nos liquidasse, muito menos para que colocasse pessoas em risco. Não tinha de ser assim. Sou obsessivo quando se trata da minha profissão e, portanto, não pude abandonar o barco.

Izzy completou a turnê, como se comprometeu a fazer, e, algumas vezes, tentei dissuadi-lo da ideia de sair, mas ao mesmo tempo não podia culpá-lo por sua decisão.

— Sei que tem sido difícil, cara, mas acho que a gente pode dar um jeito — falei para ele. — Os shows são sensacionais, o público é o máximo, estamos tocando em estádios...

— Eu sei. Mas, cara, eu não posso... Simplesmente não consigo mais fazer isso. — A maneira como ele me olhou naquele momento disse tudo.

Izzy enviou um comunicado a todos, e no dia seguinte Alan pegou um voo para ir a seu encontro. Ele ficou do lado de Izzy e foi até nós para dizer que Izzy não voltaria atrás em sua decisão. Acho que Izzy nem sequer falou a respeito com Axl.

Uma vez que foi decidido, que estava lavrado em pedra que o segundo dos cinco membros fundadores do Guns N' Roses estava saindo da banda, terminamos a turnê europeia. O último show de Izzy foi diante de setenta e duas mil pessoas no estádio de Wembley, em Londres, um evento para o qual os ingressos esgotaram mais depressa do que o de qualquer outro artista na história. Mas é mais importante mencionar que, segundo recordo, depois que Izzy nos informou que estava deixando a banda, nenhum dos shows restantes na Europa começou atrasado.

DEPOIS DE WEMBLEY, VOLTAMOS A LOS ANGELES E GRAVAMOS O clipe de "Don't Cry", no qual Dizzy Reed aparece usando uma camiseta com os dizeres: "Onde está Izzy?". Fizemos, então, um intervalo, embora o meu tenha sido preenchido pela busca por um guitarrista substituto a fim de podermos voltar à estrada. Foi exatamente o mesmo martírio de encontramos um novo baterista. Axl estava convencido de que devíamos contratar Dave Navarro, o que eu não achava que seria uma boa ideia em absoluto. Creio que era uma questão de estilo. Quem quer que fosse substituir Izzy precisaria tocar como Izzy, que era um talentoso músico que acrescentara uma textura única, sutil ao todo. Dave Navarro é um excelente guitarrista; seria alguém mais adequado para o meu lugar, não o de Izzy. Não creio que Dave quisesse assumir aquele compromisso, de qualquer modo. Além do mais, ele andava com um problema com heroína e, obviamente, esse era um grande empecilho.

Axl teve algumas longas conversas com Dave quanto a fazer parte da banda, e nada o desencorajaria. Assim, por fim cedi e tentei organizar um ensaio com Dave. Combinamos um horário para ele ir até o Mates, mas o cara acabou não aparecendo. Fez isso três vezes.

Liguei para Axl depois de ter levado o bolo pela terceira vez.

– Cara, esse Dave tem algum problema – reclamei. – Não estou mais nessa.

– Falou, falou – respondeu ele. – Vou conversar com Dave.

Axl me convenceu de que Dave estava querendo muito aquilo e que apareceria quando eu ligasse para ele de novo. Tornei a ligar e, como imaginei, o cara não apareceu outra vez. Já bastava. Eu estava furioso. Foi a última vez que me dispus a considerar a possibilidade de chamar Dave Navarro para a banda.

Andara pensando num guitarrista que tinha visto e que lembrava Izzy. Ele tocava numa banda chamada Candy, que abrira para o Hollywood Rose no Madame Wong's West, antes de eu sequer ter estado numa banda com Axl. Chamava-se Gilby Clarke e, pelo que podia recordar, era o único cara que eu conhecia que tinha um quê musical de Izzy, o que não era fácil de se encontrar.

Entrei em contato com Gilby, e ele quis a oportunidade mais do que tudo. Aprendeu a tocar sessenta músicas em duas semanas. Apareceu para um teste e arrasou. Umas duas semanas depois, providenciamos para que ele ensaiasse com a banda inteira e organizamos um repertório. Assim, num estalar de dedos, estávamos prontos para a luta novamente.

Foi um momento estranho. A saída de Izzy aconteceu de maneira tão quieta, sem estardalhaço, sem divulgação da mídia... Foi uma enorme mudança dentro da banda, mas, para o mundo externo, não foi nada. Provavelmente porque isso foi ofuscado pelo fato de que os discos foram lançados pouco antes de termos voltado à estrada.

Em 17 de setembro de 1991, *Use Your Illusion II* estreou em primeiro lugar nas paradas, enquanto *Use Your Illusion I* estreou em segundo. Quebramos um recorde. Nenhum artista de nenhum tipo havia alcançado tal façanha desde os Beatles. Recebemos essa notícia positiva, maravilhosa, incrível, ao mesmo tempo em que todo o drama negativo interno acontecia. Àquela altura, eu já me acostumara tanto à vida como uma estrada instável e agitada que consegui lidar com tudo e nem pensei duas vezes sobre a possibilidade de aquilo não ser normal.

UMA VEZ QUE GILBY ENTRARA NA BANDA E ESTÁVAMOS DE NOVO em turnê, incluímos o Soundgarden na programação da etapa seguinte, que começou em dezembro de 1991, em Worcester, Massachusetts. Era uma de nossas bandas favoritas e foi ótimo contar com ela, mas acabamos não tendo um bom entrosamento. Não tínhamos afinidade com nenhuma das bandas grunge, na verdade, porque éramos um grande nome. Éramos o Led Zeppelin da época e, assim, partindo do ponto de vista mais underground e independente deles, achavam que éramos "gordos, preguiçosos e indulgentes". Nós os levávamos na turnê, e eles nem falavam com a gente. Era uma hipocrisia porque não queriam estar lá, mas, por outro lado, a menos que me engane, os caras não recusaram os shows. Apesar dos pesares, Duff e eu nos entendemos muito bem com Chris Cornell e Kim Thayil, e eu entendia por que queriam distância de todo o circo a sua volta.

Tivemos uma situação muito mais antagônica nas mãos com nossa outra banda de apoio, o Faith No More, uma vez que o líder deles, Mike Patton, começou a falar merda sobre nós no palco. Deixamos passar uma vez, duas, mas depois disso bastou. Fomos obrigados a ter uma conversa com ele. Axl me acompanhou, assim como o guitarrista deles, Jim Martin, que estava tão farto de Mike quanto nós.

— Ouça, cara — comecei —, se não está gostando daqui, caia fora. Essa porra não pode continuar assim. Ou vamos fazer a coisa do jeito certo para que saia bem, ou esqueça, volte para casa.

Eles acabaram ficando até o fim da turnê e aquele foi o último insulto que ouvimos de Mike durante as apresentações deles.

Fizemos três shows no Madison Square Garden (9, 10 e 13 de dezembro de 1991), o mesmo local onde o Led Zeppelin filmou o documentário *The Song Remains the Same*. Numa dessas noites, encontramos um dos ídolos de Axl, Billy Joel. Não fica óbvio enquanto não se pensa a respeito, mas Axl adora todos os grandes compositores: Eagles, Elton John, Billy Joel — ele conhece seu ofício. Eu não sabia nada sobre Billy Joel além do fato de que a mãe do meu melhor amigo costumara ouvir o álbum de estreia dele, *The Stranger*, sem parar em 1978. Mas foi ótimo conhecer Billy naquela noite porque ele é um ícone e também porque estava muito, muito bêbado — não sabia que ele tomava todas e adorei saber. Duff e eu nos entrosamos facilmente com ele, e Axl ficou todo feliz. Billy foi levado ao camarim, onde tínhamos toda a nossa bebida, e vasculhou a área do bar, fazendo ruído.

— Cadê o Johnnie Walker Black Label? — perguntou, falando mais consigo mesmo do que com a gente. — Não tem Johnnie Walker Black.

Nem preciso dizer que prontamente enviamos alguém para buscar uma garrafa para Billy.

EM 1º DE FEVEREIRO DE 1992, ACONTECEU O NOSSO ÚLTIMO SHOW com o Soundgarden, no Compton Terrace, no Arizona, e decidimos comemorar com uma pequena traquinagem. Arranjamos algumas bonecas infláveis e Matt, Duff e eu tiramos a roupa e entramos no palco com elas. Pensando bem, eu era o único dos três que estava totalmente pelado. De qualquer modo, o Soundgarden estava divulgando seu álbum *Badmotorfinger*, e, como eles vinham de um lugar onde não havia diversão enquanto se fazia rock, ficaram mortificados. Os caras olharam ao redor e lá estávamos nós agarrados a bonecas infláveis; eu estava bêbado e caí. Acabei me separando da minha boneca e, a essa altura, sim, estava totalmente pelado – foi um escândalo.

FIZEMOS TRÊS SHOWS NO DOME DE TÓQUIO, NO JAPÃO (19, 20 e 22 de fevereiro de 1992), que foram grandiosos. Na verdade, toquei em cinco shows em seguida no Dome de Tóquio – dois com Michael Jackson e três com o Guns N' Roses. Vivenciei o maior contraste que se pode imaginar entre esses dois públicos. Não posso pensar em transição mais irreal do que tocar numa noite com Michael Jackson, que voava pelo palco e tinha crianças e brinquedos nos bastidores, e tocar com o Guns e fazer parte de tudo que acompanhava esse mundo duas noites depois – no mesmo prédio. Para completar, passei o dia que tive de folga entre os dois shows na Disney de Tóquio.

Eu chegara de avião com antecedência para tocar com Michael. Havia gravado com ele em Los Angeles durante o intervalo entre o término dos álbuns *Illusion I* e *II* e seu lançamento. Foi durante um período que passamos em casa entre etapas da turnê. Eu estava hospedado no Hyatt, na Sunset, na ocasião em que recebi o telefonema do nosso escritório.

– Ei, Slasher, Michael Jackson está tentando entrar em contato com você – disse Alan. – Quer você no disco dele.

– Uau! – exclamei. – Claro!

A ligação seguinte que recebi foi de Michael.

– Alô? – atendi.

Slash em uma de suas travessuras: pelado com uma boneca inflável durante o show do Soundgarden.

— Alô? Slash? — perguntou ele em sua típica voz tímida, nervosa.

E, a partir dali, seguimos. Eu me senti lisonjeado e apreensivo, mas o resultado foi ótimo. Gravamos duas canções: a primeira e mais legal chamava-se "Give in to Me", que era uma espécie de nova versão de sua canção "Dirty Diana". Quando fui até o Record Plant para fazer a gravação, Michael estava lá com Brooke Shields, com quem saía na época. Foi maneiro: o estúdio tinha a iluminação fraca e difusa da mesma maneira como o Guns gostava quando gravávamos.

— Oi — cumprimentou Michael. — Esta é Brooke.

— Oi, prazer em conhecê-la. — Acho que estendi a mão para um cumprimento.

— Quero agradecer muito a você por estar participando do meu álbum — falou ele. — Mal posso esperar para ouvir o que você fará.

E, então, eles saíram; foram jantar ou algo assim. Gravei meu solo e foi isso. Poucos dias depois, voltei e gravei a introdução de "Black and White". Eles queriam algo logo na abertura, o que sequer saiu na versão da canção para o álbum. Você pode ouvir a minha parte se assistir ao clipe: é no trecho em que Macaulay Culkin está tocando guitarra antes de a canção começar. Foi estranho, para dizer o mínimo. Não era bem o que eu tinha em mente para aquele solo.

Acho que Michael Jackson gostou de mim graças ao lado animado da minha personalidade. Deve ter me visto como uma caricatura. Mas sou assim mesmo. Ainda não sei se ele já descobriu isso.

ENQUANTO NOSSOS ÁLBUNS CONTINUAVAM NO TOPO DAS PARADAS mundiais, viajamos com a turnê para o México, em abril e, a exemplo dos nossos fãs sul-americanos, as multidões nos receberam de braços abertos.

Então, participamos do tributo a Freddie Mercury em Londres, que foi sensacional. Ele era mais um dos ídolos de Axl e, assim, embora fosse uma apresentação breve, demos tudo de nós. Tocamos "Paradise City" e "Knockin' on Heaven's Door". Mais tarde, voltei ao palco e toquei "Tie Your Mother Down" com Brian May e Roger Taylor, do Queen, e Axl cantou também. No final do concerto, todos apresentamos "We Are the Champions". Foi um show monumental.

Uma parte inesquecível da noite, porém, foi quando tirei a calça diante de Liz Taylor. Eu estava na sala de descanso me trocando e ela abriu a porta, sua comitiva a tiracolo, e me apanhou de camiseta e sem calça, nem mais nada. Não pareceu nem um pouco constrangida; foi totalmente marota – pude sentir bem lá na genitália que ela estava dando uma olhada.

———

EM MAIO DE 1992, ANUNCIAMOS QUE FARÍAMOS UMA TURNÊ DE verão com o Metallica a começar em 7 de julho, ambas como principais atrações. Não poderia ter havido uma melhor parceria no rock na época. Foi o máximo. Eles tinham acabado de lançar *The Black Album* e nós estávamos no auge com *Use Your Illusion I* e *II*. Partimos, então, para começar nossa turnê europeia em Dublin, na Irlanda.

Quanto à minha vida pessoal, minha namorada, Renee, e eu rompemos durante a etapa americana porque alguém da nossa comitiva lhe contou sobre como eu estava sendo infiel durante a turnê. Traição foi a única coisa que eu havia prometido que não cometeria. Foi uma fraqueza da minha parte que resultou da necessidade de me divertir o máximo possível entre os shows, o que, junto com a bebedeira, era meu jeito de me automedicar para conseguir enfrentar toda a turbulência, todos os altos e baixos emocionais. Bebida e garotas – era como eu lidava com tudo. Durante a maior parte da nossa carreira profissional, eu não tirara total proveito da incalculável quantidade de mulheres que estiveram disponíveis. Assim, já que eu me sentia inquieto com o que acontecia nos bastidores, tratei de aproveitar.

Infelizmente, como costuma ser o caso, tudo veio à baila. Estávamos em Chicago quando recebi uma mensagem através do serviço de recados do irmão de criação de Renee, que era um bom amigo meu. Eu estava com uma garota na ocasião, uma atriz de verdade que eu vira num filme. Estávamos no meu quarto de hotel quando liguei para ele:

– Oi, cara, é o Slash. O que é que há?

– Cara! – falou ele, o tom muito sério. – Não sei o que você anda fazendo por aí na turnê, e isso é da sua conta. Mas acho que deve ligar para Renee porque ela está furiosa por causa de alguma coisa. Não quer me dizer o que há de errado, mas parece puta da vida.

Liguei para Renee e ela foi logo ao ponto, sem meias palavras. Então, com toda a clareza, me ameaçou, informando-me que tinha um tio em Chicago – não sabendo que eu estava lá – que tinha seus contatos e teria o maior prazer em "cuidar de mim", se ela lhe pedisse.

Em seguida, bateu o telefone na minha cara.

Coloquei o fone no gancho. Olhei para ele por um instante. Então, virei-me para a garota deitada na minha cama.

– Ei, é melhor você ir embora.

– Há... está certo – respondeu ela, aborrecida. Sentando-se, começou a olhar ao redor à procura das roupas.

Aí, pensei a respeito por um instante.

– Bem... não *agora* – E voltei para a cama.

É desnecessário dizer que Renee e eu nos separamos por algum tempo depois disso.

A TURNÊ EUROPEIA FOI FANTÁSTICA, REPLETA DE MOMENTOS memoráveis. Fizemos um show em Paris, onde Axl meteu na cabeça a ideia de que devíamos convidar pessoas para tocar conosco a fim de gravarmos um show para *pay-per-view* de uma rede de TV mundial. Axl convidou o Aerosmith, Lenny Kravitz, Jeff Beck e montou todo esse aparato que pareceu sob encomenda para mim, porque eram meus artistas prediletos. Como você já sabe a esta altura, o Aerosmith era a minha banda favorita, Beck meu guitarrista favorito, e eu havia feito uma participação no álbum de Lenny.

Tive a sensação de que era um esforço da parte de Axl para me agradar, porque raramente fazia gestos grandiosos destinados a me deixar feliz. Ele só poderia ter sido cego para não saber quanto eu ia ficando puto conforme a turnê prosseguia. Jogara toda a responsabilidade pessoal da banda nas minhas costas, desde encontrar Matt e Gilby à contratação dos músicos de apoio. Creio que, na ideia dele, esse concerto para *pay-per-view* era como me atirar um osso, porque quando Axl chegava de fato a fazer uma oferta de paz, nunca o fazia através de palavras.

Eu gostaria que tivesse sido o caso, porque esse show saiu bastante caro para nós e, embora tenha sido assistido por milhões, não pareceu inteira-

Então, com toda a clareza, me ameaçou, informando-me que tinha um tio em Chicago – não sabendo que eu estava lá – que tinha seus contatos e teria o maior prazer em "cuidar de mim", se ela lhe pedisse.

mente necessário. Mais uma vez, no entanto, concordei com ele. Verdade seja dita, eu estava entusiasmado para fazê-lo, por mais dispendioso que fosse.

Sempre que subo ao palco para tocar com o Aerosmith é apenas porque estamos na mesma cidade ao mesmo tempo – eles costumam me convidar, mas tenho sorte se enviam sequer um carro para me levar até o local do evento. Oferecemos a cada artista naquele projeto tratamento VIP: viagem de primeira classe e hospedagem cinco estrelas em Paris – tudo incluso. Todos chegaram um dia antes e fizemos ensaios para tocar "Always on the Run" com Lenny, "Train Kept Rolling" com o Aerosmith e "Locomotive" com Jeff Beck.

Todos foram ao local para a passagem de som... exceto Axl. Lembro que Steven Tyler se aproximou de mim e perguntou – outra vez – "Cadê o seu vocalista, cara?". Como mencionei, é o seu jeito de me cumprimentar desde a nossa primeira turnê juntos. Dessa vez, porém, a piada não era para rir. Steven não foi o único a fazer tal pergunta naquele dia. Na verdade, parecia ser o comentário geral. Não foi fácil ficar lá e ouvir. Nunca quis falar nada de ruim a respeito de Axl, mas foi difícil não parecer estressado com Steven Tyler parado diante de mim, dizendo a verdade.

Lembro-me de ter feito a passagem de som no dia do show, tocando "Locomotive" com Joe Perry e Jeff Beck e falando sobre as partes de guitarra. Jeff estava lá tocando e falando com a gente... foi demais ele ali, arrasando na guitarra com aquele ar de total tranquilidade.

– E, então, tem praticado? – perguntou-lhe Joe Perry. Achei algo esquisito de se dizer. Era ninguém menos do que *Jeff Beck*, porra!

Jeff, no entanto, acabou com os seus ouvidos durante a passagem de som. Bem, na verdade, foi Matt quem fez isso. Jeff estava tocando bem ao lado da bateria quando Matt bateu estrondosamente nos pratos, o que o deixou atordoado. Foi ruim: era a véspera da apresentação e Jeff não pôde mais tocar; não conseguia mais ouvir direito e, portanto, voltou para casa. Não foi brincadeira; ele sofreu sério dano. Anos mais tarde, Matt me disse que viu Jeff comentando sobre isso numa entrevista e resumiu o incidente assim:

– Ele bateu nos pratos, houve um barulho infernal e, então, pimba! Nada.

Sentimos a falta de Jeff, mas o show foi muito bom. Lenny fez sua parte com toda a categoria, assim como Joe e Steve. Infelizmente, a parte deles foi ao final de uma apresentação de duas horas, que já começara com uma hora de atraso e, assim, tiveram de esperar nos bastidores a noite inteira. Até hoje, ainda não consigo acreditar que Axl não apareceu para a passagem de som, e ainda por cima chegou uma hora atrasado para o show. Posso contar nos dedos de uma mão as vezes em que Axl foi checar o som durante essa turnê; era sempre cuidadoso com sua garganta, o que estava muito bem. Mas não acho que essa tenha sido a razão para não fazer a passagem de som para aquele show. Se bem que nem imagino qual tenha sido, nem para esse show... nem para os demais da turnê, aliás.

QUANDO CHEGAMOS À INGLATERRA PARA TOCAR EM ALGUMAS apresentações, eu me senti solitário e liguei para Renee. Pedi-lhe que embarcasse num avião e fosse ao meu encontro. Tomei essa decisão numa daquelas noites em que todas as coisas sórdidas, insanas e promíscuas que andara fazendo acabaram me afetando de maneira tal que fizeram com que me sentisse vazio, completamente sozinho. É algo que músicos fazem com regularidade quando estão na estrada há tempo demais. Acabam ficando com um ponto sensível no coração e, num momento de fraqueza, sem dar ouvidos à razão, agem com base nisso, em geral envolvendo a pessoa errada.

Em todo caso, um dia ou dois depois, lá estava ela. Eu a esperei no bar do hotel. Quando Renee apareceu, eu estava totalmente distraído e embasbacado porque Jonathan Winters se encontrava lá. É um dos meus ídolos da comédia e, assim, acabamos tomando drinques com ele e a esposa, o que foi ótimo.

Renee e eu tivemos um reencontro bastante civilizado. Ela viajou pela Inglaterra comigo, e ambos conversamos sobre a chance de reatarmos. Mas foi para lá no mesmo estado de espírito de quando eu a conhecera – não estava me dando muita atenção. Não haveria meio de ficar na turnê por muito tempo.

Voltamos para o Continente depois disso e, chegando à Alemanha, alguns de nós gravamos um videoclipe com Michael Jackson da canção em que eu tocara de seu álbum *Dangerous*, *Give in to Me*. Fora lançado como um single na Europa, mas não nos Estados Unidos. Gilby, Ted Adriatus, também conhecido como Teddy Zig Zag, e eu gravamos o clipe com Michael. Foi uma apresentação ao vivo num clube em Munique, completa com fãs. Contamos com o cara do Living Colour no baixo, Muzz Skillings, e o tema era "Michael liderando uma banda de heavy metal". Infelizmente, foi apenas ao ar na MTV da Europa.

HAVIA UMA ATITUDE DE NÃO SE MEDIREM GASTOS NAQUELA TURNÊ que era novidade para nós. Se tínhamos dias de folga, iates eram alugados. Na Inglaterra, tivemos um rali de *kart* de cinco horas organizado para nós no oeste de Londres. Na Austrália, pegar um barco até a Grande Barreira de Coral pareceu ser algo que a banda precisava fazer. Era uma avalanche de gastos insensatos. Doug aprovava uma ideia maluca atrás da outra para ocupar nosso tempo livre à nossa custa. Com exceção de Axl, a banda não teria dado a mínima se nada disso tivesse acontecido. Éramos mais do que capazes de nos divertir em qualquer lugar do globo com um orçamento limitado.

Nosso erro foi o de nunca refletirmos sobre o montante desses gastos de Doug, sem dúvida. Eu tinha ciência de que alugar um iate, ou fechar um restaurante só para nós, não saía de graça, mas, ao mesmo tempo, não estava disposto a dizer nada porque, às vezes, esses eventos pareciam manter o *status quo*. Sei que essa era a motivação de Doug. Fazia tudo o conseguia pensar para manter todos felizes. Por outro lado, a cada vez que promovia um desses gestos grandiosos, era um ponto contra ele na minha opinião. Eu me ressentia da influência de Doug nesse aspecto, mas, assim mesmo, não podia ficar abertamente zangado com ele. Doug estava tão íntimo de Axl a essa altura que via o que quer que Axl estivesse pensando em fazer, com toda a clareza.

Sempre achei suspeito o fato de Doug ser nosso empresário e, ainda assim, estar conosco na estrada *o tempo todo*. Encontrava um milhão de razões para estar lá e, exceto por umas poucas justificáveis, a verdade é que, para mim ao menos, sua presença constante destinava-se a tentar manter Axl sob suas vistas e garantir o próprio emprego. Ao se aproximar de Axl quando fora nosso diretor de turnê, Doug assegurara para si a nova posição como nosso empresário, ou assim me pareceu. Eu queria demais que a coisa toda seguisse adiante para me preocupar com extravagâncias, mas achava ridículo que alguém contratado para guiar nossa carreira não apenas fosse arrogante o bastante para deixar essas despesas inúteis acontecerem, mas também fosse arrogante o suficiente para desfrutar a maior parte delas ele próprio na estrada, como se estivesse ganhando seu sustento no palco a cada noite.

NO FINAL DA TURNÊ EUROPEIA, RETORNAMOS AOS ESTADOS UNIDOS e Axl foi preso no momento em que pousamos no aeroporto JFK em Nova York, em 12 de julho de 1992. Era considerado um fugitivo, esquivando-se dos mandados de prisão expedidos pelas autoridades de St. Louis devido ao tumulto de 1991. Dois dias depois, no tribunal em St. Louis, ele alegou inocência perante quatro acusações de atentado à ordem pública e conduta imprópria, e uma de depredação de propriedade, sendo que um retorno foi marcado para outubro. Tivemos permissão de começar nossa turnê com o Metallica três dias depois, conforme programado.

Enquanto Axl cuidava dos seus assuntos, tive cinco dias de folga em Los Angeles. Na primeira noite na cidade, levei Renee para jantar fora. Depois do jantar, havíamos esgotado toda a conversa sobre amenidades, o que fez o assunto tomar o rumo de continuarmos a nos ver regularmente outra vez.

— Não — respondeu ela. — Não vou fazer isso de novo.

— Ah, não? — perguntei, todo ouvidos agora. — Por que não?

— Só vou ficar com você se a gente se casar.

— Ah, é? Está falando sério?

Ela me dera o ultimato extremo, porque casamento era a coisa mais remota possível na minha cabeça. Eu estava emocionalmente carente e não sei se Renee percebeu isso, mas, sob a mira da "arma", me rendi. Disse-lhe que precisava pensar a respeito. Depois, voltei para ela com um anel de noivado e marcamos a data.

A TURNÊ COM O METALLICA COMEÇOU EM WASHINGTON D.C. EM julho de 1992. Tivemos uma reunião antes de seu início porque o pessoal do Metallica estava preocupado. Vínhamos tendo grandes problemas para subir ao palco no horário, andando naquela perigosa montanha-russa. O Metallica não era uma banda que cometia aquele tipo de inconsequência e, assim, eles optaram sabiamente por tocar primeiro a fim de evitar confusão por causa da *nossa* inconsequência.

Tenho tanto respeito por James... Acho que é um cantor-compositor-guitarrista dos mais produtivos que já existiram. Gostei da banda desde *Master of Puppets*, que foi lançado pouco antes de *Appetite*. Quando nos propusemos a fazer essa turnê, fiquei em parte empolgado, mas em parte preocupado em relação a como tudo correria e se Axl se ajustaria. O Metallica era uma banda de estrada séria, batalhadora. Seus integrantes trabalhavam longas e árduas horas, nunca se atrasavam nos shows, não tinham frescura. Eram machos em relação a sua ética de trabalho e dedicados aos fãs, o que eu também achava louvável. Representavam tudo o que importava para mim profissionalmente. Assim, não queria que houvesse problema algum, não queria desapontá-los.

Desde o início da turnê, Axl se determinou a impressionar o Metallica e a todos mais — a seu jeito. Sugeriu a ideia de que fossem feitas festas de bastidores a cada noite — festas temáticas que seriam como uma sala de visitas para nossos convidados, como os Stones faziam em suas turnês. Axl contratara seu irmão postiço, Stuart, e sua irmã, Amy, para fazerem parte da equipe de direção. Ambos foram incumbidos de organizar essas festas de acordo com a visão de Axl. Não tinham experiência alguma nisso, é claro. Observei o trabalho deles, que era péssimo e mais uma extravagância desnecessária. Nunca fui a nenhuma dessas festas durante a turnê inteira. A ideia toda em torno delas era de autoindulgência, de egocentrismo e exibicionismo para que eu sequer pensasse em participar.

Na verdade, é mentira. Fui a uma dessas uma vez para procurar alguém. Creio que o tema dessa vez era "banho romano", com uma imensa Jacuzzi no meio do salão. Sei que fizeram "uma noite no cassino", uma *"fiesta mexicana"* e uma porção de outras coisas. Para que cada uma dessas festas pudesse ser realizada, os irmãos de Axl corriam feito baratas tontas o dia inteiro. Os caras do Metallica, por sua vez, mantiveram distância de todo aquele circo. Era como se ninguém nem mesmo quisesse falar do assunto. O assunto das festas temáticas e o comportamento de Axl lembrou-me de um episódio da série *Contos da cripta* sobre uma coisa debaixo da escada numa caixa que devorava as pessoas e ninguém falava a respeito.

A turnê em si era divertida, mas, ao mesmo tempo, Axl e nossa incapacidade de subir no palco no horário tornaram-se um tabu constante. Ninguém verbalizava, mas era óbvio que todos pensávamos naquilo. Lars Ulrich nunca disse nada para mim, mas comentou com Matt. Era humilhante, embaraçoso o fato de essas festas serem tão frívolas e de o Metallica estar tão desapontado conosco por não conseguirmos sequer subir no palco no horário previsto. Acho que o motivo para Axl entrar tão tarde e nunca ter entendido quanto seu ato era ofensivo, egoísta e sem consideração para com todos os envolvidos – desde os fãs até a banda – era ele encarar aquilo como algo diferente do que era. Por isso que se sentia como se estivesse fazendo algo que as outras pessoas não entendiam. Creio que, em algum canto de sua mente, achava que era legal deixar os outros esperando, como se fosse uma estratégia destinada a aumentar a expectativa, em vez de algo que gerava pura frustração. Acho que criar um mito, ou algo assim, era o que o Guns significava para ele em sua cabeça. E em face disso, simplesmente não conseguia compreender como o que estava fazendo não fazia sentido para nós, nem para o resto do mundo. E eu não podia fazer porra nenhuma a respeito.

O Metallica ganhava o mesmo exato cachê que nós a cada noite, mas, enquanto eles guardavam tudo, nós jogávamos fora oitenta por cento da nossa parte em multas e taxas resultantes de nossos atrasos e nessas estúpidas festas temáticas. Era deplorável.

É UMA PENA, MAS NOSSA MONTANHA-RUSSA DE DISFUNÇÃO CHEGOU realmente ao ápice na turnê com o Metallica. Quando tudo transcorria sem contratempos, essa programação dupla das bandas era a melhor coisa acontecendo. Quando não, era um pesadelo. Para nós, na maior parte do tempo, nossa química no palco era linda, apesar dos problemas internos da banda, mas havia ocasiões em que tudo ameaçava azedar. Ficar sentado durante algumas horas, à espera de entrar... isso realmente prejudicava a música. Era como um atleta que tivesse se aquecido e depois esfriasse e, então, tivesse de tomar parte na corrida. Levava algum tempo para entrarmos no clima, mas sempre conseguíamos.

Fora do palco, porém, não existia mais química alguma, o que se tornava cada vez mais difícil de ignorar conforme a turnê prosseguia. A tensão era tão palpável que Duff e eu ingeríamos quantidades colossais de álcool apenas para enfrentar o dia. Já era corriqueiro para nós enxugar uns dois litros de vodca enquanto ficávamos sentados atrás do palco, à espera de tocar. O desrespeito e a falta de confiança que o comportamento de Axl instigava estava corroendo a essência da banda. Axl se tornava o zagueiro que se recusava a soltar a bola mesmo quando começamos a perder todos os jogos.

No show no estádio dos Giants, no final de julho, Axl mal conseguiu cantar as músicas da programação devido ao estado de sua voz. Foi aconselhado pelo médico a descansá-la por uma semana e, portanto, cancelamos as três datas seguintes. A turnê foi retomada no Canadá, onde acabou ocorrendo o infame episódio que representou tudo que havia de errado com a nossa banda.

Tudo aconteceu em Montreal, em 8 de agosto de 1992. O Metallica subiu ao palco e, no meio de sua apresentação, James Hetfield pegou fogo por causa de um problema nos efeitos pirotécnicos. Sofreu queimaduras graves no braço e no ombro, e a banda viu-se obrigada a encerrar a apresentação imediatamente. Ainda estávamos no hotel quando isso aconteceu e nos pediram para começar o nosso show mais cedo. Não havia nem dúvida; é claro que concordamos. Rumamos de imediato para o local do show e conversamos sobre o que tocaríamos para preencher o restante da programação do Metallica e também a nossa. Havia tempo de sobra para avaliar nossas opções, mas isso não podia ser feito sem Axl.

Não apenas não entramos cedo o bastante para preencher a lacuna deixada pelo Metallica. Subimos ao palco *três horas depois* do horário marcado para a *nossa própria* apresentação. Ao final, acabou havendo um intervalo de cerca de quatro horas entre o momento em que o Metallica se viu forçado a parar o show e aquele em que entramos no palco. E, depois que o fizemos, Axl ainda terminou o show mais cedo, depois de termos tocado por apenas noventa minutos de uma programação de duas horas. Ele deve ter tido seus motivos, mas nem eu, nem a multidão, até onde eu saiba, descobrimos quais foram.

Não posso dizer que me espantei quando o público começou o quebra-quebra. Como tínhamos experiência nisso, sentamos no camarim, que ficava abaixo do rinque de hóquei, praticamente nos vestiários. Pudemos ouvir o tumulto acima e soubemos que não haveria como voltarmos. A multidão destruiu tudo na área externa do estádio, desde os guichês até as barracas dos vendedores. A um determinado ponto, fomos até a parte de cima num elevador. Olhando para o corredor, vimos garotos atirando pedras em vitrines. Quando uma quebrou, avançaram para saquear a mercadoria.

Ao escaparmos, vimos carros virados no estacionamento, garotos derrubando postes de iluminação, ateando fogo nas coisas, depredando tudo que houvesse pela frente – o caos completo. Foi um tremendo fiasco.

Axl tinha uma desculpa para ter encerrado o show mais cedo. Havia de fato um motivo, e levou-o a público. Ele cancelara nossa apresentação em Boston e dois outros por causa da garganta, e disse que as cordas vocais ainda não estavam bem; por isso, não pudera continuar cantando. Para nós, foi uma desculpa esfarrapada, porque, em Montreal, ele não se queixara de dor, nem nada, naquela noite antes do show. Foi um período carregado de tensão, a última gota d'água mesmo para mim, a banda e o restante da equipe. Na verdade, foi um grande problema para mim porque fiquei com cara de tacho diante de todos do Metallica. Não cumprimos nossa promessa a eles, aos fãs, nem a nós mesmos de fazer o melhor show possível, houvesse o que houvesse. Num momento em que o melhor fora mais esperado pareceu que demos ainda menos de nós. Eu me senti um babaca. Não consegui sustentar mais o olhar de James, Lars, nem de ninguém mais da banda deles durante o restante da turnê.

Adiamos as datas restantes por quase um mês até que James se recobrasse o suficiente para continuar. Ao que tudo indicou, foi tempo o bastante para as cordas vocais de Axl se recuperarem também. Quando retomamos a turnê em 25 de agosto em Phoenix, James providenciara para que um de seus técnicos tocasse guitarra para ele enquanto cantava. Logo estava lá à frente da banda, com o braço todo engessado. Esse era o nível de responsabilidade e comprometimento deles. Foi frustrante para mim, porque nos orgulhávamos de ser uma banda espetacular de rock hardcore. Tínhamos, porém, um ponto fraco no grupo que nos estava deixando vulneráveis. Havíamos nos tornado uma das maiores bandas do mundo, uma banda lendária e, portanto, aqueles problemas tão mesquinhos eram desgastantes *demais*.

RETOMANDO NOSSA TURNÊ COM O METALLICA, CUMPRIMOS AS datas que havíamos sido obrigados a cancelar. Em setembro, tivemos um incidente com a banda de abertura, Faith No More, e eles optaram por deixar a turnê mais cedo do que o programado. Os caras se separaram logo depois disso. Nós os substituímos pelo Ice-T's Body Count, que se tornou infame como ninguém após o lançamento do single "Cop Killer". Tínhamos os nossos bons amigos do Motörhead conosco também. Toquei "Back in My Car" com eles no Rose Bowl.

Quando fomos para a Bay Area tocar no Oakland Stadium em 24 de setembro de 1992, tive alguns problemas. Estávamos num hotel em San Francisco e, antes de eu ir para o local do evento à tarde para fazer a passagem de som, tive uma briga feia com Renee sobre nosso acordo pré-nupcial. A briga tornou-se tão acalorada, com gritos e trocas de acusações cáusticas, que fiquei transtornado. Fui para o local da apresentação tão furioso que estava determinado a fazer o que fazia para acabar com a inquietação: usar heroína. Havia tempo que não usava a droga porque, por mais infeliz que estivesse na banda, não queria afetar meu profissionalismo. Mas aquilo me deu uma desculpa justificável, segundo pensei na época.

Chegando ao local do show, deparei com uma velha amiga, uma atriz pornô que chamaremos de "Lucky", que conhecera alguns anos antes. Era amiga de uma ex-namorada minha, a estrela pornô Savannah, com quem eu saíra por alguns meses quando tivera folga em Los Angeles e estivera separado de Renee. Savannah era intensa. Não imaginei que fosse viciada. A pista que eu deveria ter notado era que ela só gostava de transar depois de ter se injetado. Não sabia disso na época. Tivemos uma grande briga numa noite quando ela, espontaneamente, resolveu me fazer uma chupeta no meio de um bar qualquer na cidade de Nova York.

Conheci Lucky quando apareceu para farrear com a gente no Mondrian. Ela e Savannah fizeram um *strip-tease* e, quando pedimos champanhe, convidaram o cara do serviço de quarto para ficar e assistir enquanto mandavam ver. Não demorou para que os olhos do sujeito estivessem praticamente saltando das órbitas.

Em todo caso, encontrei Lucky no local do show e começamos a conversar. Eu lhe dei passes e cerca de setecentos dólares em espécie para me arranjar o máximo de heroína que conseguisse. Fizemos o show, que foi ótimo. Rumei, então, direto para o hotel, onde fiquei à espera. Bebi o tempo inteiro e talvez tenha cheirado um pouco de coca, mas quando ela apareceu, às cinco da manhã, eu já estava quase prestes a apagar.

Lucky e o namorado levaram-me um bocado de crack e heroína. Sentado no chão, observei-os dispor toda a droga na mesa de centro. Eles tinham todos os apetrechos necessários, além de seringas descartáveis novas em folha. Pusemos mãos à obra, os três, e nos drogamos a valer. Destinava-se a ser uma coisa proibida divertida – momentânea, no que me dizia respeito –, mas aquilo foi ficando pesado. Nós todos nos injetamos, mas a droga não era forte o bastante e, assim, eu usava um pouco mais. Quanto aos cachimbos de crack, foram sendo passados de mão em mão.

As horas escoavam e ficamos realmente chapados. Matt me ligou à certa altura no início da manhã e me convidou para ir até seu quarto cheirar um pouco de coca.

– Sim... claro... vou num instante.

Levantei-me, os joelhos moles, zonzo por causa do meu último cachimbo de crack. Olhei para Lucky e o namorado, e me ocorreu que deviam estar tendo a melhor diversão de suas vidas. Nunca haviam tido uma porção de drogas à disposição daquele jeito, de graça. Adiantei-me pelo carpete na direção da porta, arrastando os pés, percebendo que estava com tontura e não conseguia falar. Abri a porta; não conseguia mais raciocinar. Vi uma arrumadeira empurrando o carrinho de limpeza pelo corredor e perguntei-lhe para que lado era o elevador. Foi o que tentei dizer. Lembro como se tudo estivesse acontecendo em câmera lenta; minha voz soou bem distante. Desabei feito um boneco de pano no corredor... desmaiei e meu coração parou por oito minutos: foi o que me disseram. Nem sei quem ligou para a emergência. Meu segurança, Ronnie, estava lá, e Earl, o de Axl, também, e os dois me socorreram e chamaram os paramédicos. Acordei quando os desfibriladores enviaram um choque elétrico através do meu peito e fizeram meu coração voltar a bater. Foi como levar uma bofetada forte o bastante para se despertar de um sono profundo. Lembro-me das luzes ofuscantes nos olhos e de uma roda de pessoas inclinando-se acima de mim: Ronnie, Earl e os paramédicos. Não sabia o que estava acontecendo; não foi um despertar fácil.

Fui colocado numa ambulância e levado para o hospital, onde me fizeram todos os exames. Disseram-me para passar a noite lá e ficar em observação, mas me recusei. Depois de algumas horas, assinei os papéis de liberação e voltei para o hotel, acompanhado por Ronnie. Não tinha remorso algum até então pela minha overdose – mas fiquei puto comigo mesmo por ter morrido. A coisa toda no hospital me baqueou. Esperei conseguir sair daquela sem sentir nada e me censurei por não ser capaz de manter o equilíbrio, nem ficar acordado o tempo todo, como queria.

No hotel, o clima estava bastante sombrio. Óbvio que meu encontro com a morte deixou todos assustados, pois pensaram que eu já era e estavam agindo com a devida gravidade, o que foi algo que não pude entender. Minha atitude na época era: "Ei, pessoal, eu consegui! Ânimo!". Quando voltei, minha principal prioridade era encontrar Lucky e o namorado dela. Pelo que me disseram, Earl os afugentara. Entendi muito bem, porque Earl era assustador: um negro corpulento, com mais de um metro e oitenta, compleição de jogador de futebol americano e um rosto estranhamente afável. Aquela característica o tornava ainda mais desconcertante porque, quando estava puto, você de fato percebia.

Tenho certeza de que mencionar prisão e a minha possível morte foi o bastante para fazer com que Lucky e seu namorado dessem no pé rapidinho. Não foi culpa deles o fato de eu não ter conseguido aguentar o baque das minhas drogas. Não sei ao certo, mas imagino que Earl tenha jogado toda a droga fora enquanto os colocava para correr. Ao menos foi o que eu disse a mim mesmo, porque não me deixaram nada… e foi o que me aborreceu mais.

Sosseguei no meu quarto por algumas horas, com ambos os seguranças plantados no corredor diante da porta, para garantir que eu não fosse a lugar algum. Por fim, Doug Goldstein entrou e lançou-se numa das mais patéticas demonstrações de falsa preocupação que já se tenha visto. Fez um longo discurso, discorrendo sobre o que eu acabara de fazer, sobre como as pessoas me amavam e coisa e tal. Foi bastante veemente, dramático e dissimulado. Para ilustrar sua "seriedade", atirou uma garrafa de Jack Daniel's no televisor. Quando ele saiu, peguei a garrafa, que não se partira, e tomei um drinque para me recobrar da intervenção dele.

Pouco depois, Doug convocou a banda para uma reunião no quarto de Axl. Nós nos reunimos lá, e eu ainda estava pescando àquela altura. Todos manifestaram preocupação com o meu bem-estar, mas o comentário de Axl foi o que mais me marcou. Fez com que eu saísse do meu torpor, na verdade.

— Você nos deu um susto e tanto — falou devagar, olhando direto para mim. — Pensamos que estivesse morto... Achei que eu teria de procurar um novo guitarrista.

Na manhã seguinte, fomos de helicóptero até Oakland para o show, o tempo inteiro Ronnie e Earl me vigiando feito duas aves de rapina com uma presa. Depois de lá, tocamos no Coliseum de Los Angeles. Em seguida, foi a vez de San Diego, num show arrasador: Motörhead, Body Count, Metallica e nós. Tocamos depois no Rose Bowl, em Pasadena, e foi uma apresentação igualmente incrível. Enfim, encerramos a turnê em Seattle. Após alguns dias, todos perceberam que o que eu havia feito foi uma vez só; não se repetiria.

Por mais sensacional que nossa turnê tenha sido, fiquei aliviado no momento em que terminou. Agradeci aos céus por não ter de ver mais os caras do Metallica todos os dias, levando em conta que nunca tinha certeza do que Axl faria de show em show. No último dia, me senti como me sentira durante a turnê inteira. Estava radiante com o que tínhamos alcançado e, ainda assim, desapontado pelo fato de não ter sido tão glorioso quanto deveria.

AO FINAL DESSE ANO DE TURNÊ, O MAIOR ERRO DE TODOS evidenciou-se: mal tínhamos lucrado alguma coisa. Entre as multas causadas pelos atrasos de Axl e as festas temáticas que esgotavam nossas finanças noite após noite, não tínhamos quase nada para mostrar depois de todo nosso trabalho árduo. Doug acabou confrontando Axl sobre os gastos da banda nessa turnê com o Metallica e o fato de nossa margem de lucro ter sido engolida por nossos excessos. Acho que Axl deu algumas sugestões para cortes de gastos que não teriam resolvido muito, mas Doug finalmente o fez acordar. Disse a Axl que, se ele quisesse manter sua bela e nova mansão de milhões de dólares em Malibu, teria de ganhar mais dinheiro.

Assim, Doug nos agendou mais um período de shows, a começar pela América do Sul, Europa, Japão e Austrália de outubro de 1992 a janeiro de 1993. Por mais árduo que aquilo prometesse ser, Doug não ouviu queixa do restante de nós — queríamos tocar. O que mais eu estaria fazendo, afinal? E, ao mesmo tempo, achei que talvez as coisas mudassem. Também me perguntei muitas vezes se a turnê extra fora marcada por preocupação com as finanças da banda ou para propiciar a Doug uma gorda comissão.

Antes de partirmos novamente, casei-me com Renee em outubro de 1991. Devo dizer que não tivemos uma cerimônia discreta. Foi uma festa grandiosa, com tudo a que se teve direito e em cujo planejamento me envolvi bem pouco. Minhas únicas lembranças são de Renee me mostrando inúmeros catálogos para ajudá-la nas escolhas. Não consegui me identificar com nada daquilo, e a minha falta de interesse a aborreceu muito. O casamento foi realizado no Four Seasons, em Marina Del Rey, com Duff como meu padrinho, umas duzentas pessoas, incluindo meus parceiros de banda e toda a equipe. Logo em seguida, viajamos para a África, para um safári de duas semanas de lua de mel na Tanzânia. Para um aficionado pela vida selvagem como eu, a África sempre esteve no alto da minha lista como destino ideal de férias. Lá pude ver pessoalmente o que só lera em livros e vira na TV a vida inteira. Senti-me fascinado pelos leopardos. Eu acordava às cinco da manhã todos os dias para fazer safári e voltava em torno das seis da tarde. Foi o melhor lugar do mundo para esquecer tudo o que pesava na minha cabeça. É difícil imaginar que alguma coisa ruim importe quando se está no meio da Cratera Ngorongoro, longe de qualquer traço de civilização.

Antes do casamento, Renee e eu tivemos uma festa conjunta de despedida de solteiro e de solteira no Troubadour, porque Renee não queria que eu me reunisse com os caras sem supervisão. E nessa pequena festa deparei com uma velha amiga chamada Perla.

Perla e eu nos conhecemos em Las Vegas quando o Guns se apresentara no Thomas & Mack Center durante a primeira etapa da turnê *Illusion*. Naquela época, eu dormia com todo o mulherio. Foi quando Renee e eu ainda saíamos bem de vez em quando. Perla não sabia nada sobre o Guns N' Roses, nem lhe interessava saber. Viera de Los Angeles porque vira uma foto minha e queria me conhecer. Ron Jeremy nos apresentou antes do show e, depois disso, nós nos encontramos no meu hotel e ficamos lá a noite inteira. Vamos dizer apenas que ela causou uma *grande* impressão em mim que acabou evoluindo até uma séria paixão.

Trocamos nossos telefones e mantivemos contato quando eu prossegui com a turnê depois disso. Por fim, Perla acabou se tornando minha inquilina. Alugou a Casa Walnut durante um ano e foi a melhor inquilina que já tive. É dizer muito sobre a força de caráter de Perla o fato de ter morado na casa sem perder a cabeça, porque aquele lugar exercia um efeito deprimente sobre quem quer que vivesse ali – incluindo eu mesmo, acho.

Minhas primeiras inquilinas foram duas garotas bissexuais que conheci durante um dos nossos quatro shows no Forum de Los Angeles. Estavam na primeira fileira e se comportando de maneira bem provocante uma com a outra durante o show inteiro. Convidei-as para o camarim depois, para um pouco mais daquilo, e ficamos em contato. Eu lhes telefonava para que fossem até lá em casa, onde as olhava e, então, todos nós nos divertíamos. Aluguei a casa para as duas quando tornei a viajar com a turnê. Pareceu uma boa ideia, mas elas piraram por completo – drogaram-se para valer com cocaína, e uma delas matou o gato da outra e, depois, atacou-a. A "vítima" se mudou, e em seguida a que ficou levou um traficante de drogas para morar na casa. Tive de ir até lá para resolver a situação. Quando tornei a ver aquela garota que havia ficado, mal a reconheci. Meu segundo inquilino, Jim, era um cara que trabalhava no zoológico como tratador de cobras. Contratei-o para cuidar das minhas cobras e, por fim, aceitei-o como inquilino. Ao que parece, ele sofreu algum tipo de crise também e pirou de vez enquanto morava lá. Perla foi a única que não se deixou afetar pelo lugar – e a única que pagou o aluguel em dia e que realmente gostou de morar lá.

Em todo caso, uma vez que voltei com Renee e fiquei noivo e tudo o mais, empenhei-me ao máximo para evitar Perla porque sabia que havia algo sério entre nós que não poderia negar. Depois da briga com Renee por causa do acordo pré-nupcial e da minha overdose em San Francisco, joguei tudo para o alto e combinei de me encontrar com Perla no nosso show em San Diego, apenas duas apresentações antes do final da turnê e poucas semanas antes do meu casamento. Passamos a noite lá juntos e só tornei a vê-la quando apareceu na minha festa de despedida de solteiro. Ela era apaixonante; havia uma atração tão forte entre nós que nenhum dos dois podia negar. Ao mesmo tempo, era ambiciosa e eletrizante demais para manter um relacionamento. Perla tinha dezessete anos, mas era tão louca e vibrante! Só que ainda estava distante de uma fase em que me faria querer cancelar o casamento para ficar com ela. Era sedutora demais, entretanto, e a ligação entre nós era tão poderosa que passei a noite com ela mais uma vez... a noite de véspera do meu casamento, na verdade.

AO FINAL DE NOVEMBRO, ESTÁVAMOS EM TURNÊ PELA AMÉRICA do Sul e nos vimos em meio a uma repentina inquietação política quando fizemos um show em Caracas, na Venezuela. Autoridades corruptas, drogas em abundância e as multidões mais dedicadas do mundo são fatores comuns em algumas partes desse continente e, portanto, não posso dizer que fiquei surpreso. Tínhamos uma programação para fazer o maior concerto da história do país e, uma vez que não havia local grande o bastante para comportar os quarenta e cinco mil pagantes, o organizador criou um num gigantesco estacionamento. Foi um show sensacional, tudo correu bem... até a noite seguinte, quando o país vivenciou um súbito golpe militar, logo depois de termos partido para a Colômbia. Conseguimos sair de lá, mas alguns membros de nossa equipe e mais de metade do nosso equipamento não – foram detidos pelo caos no aeroporto.

Deveríamos ter tocado por duas noites em Bogotá, na Colômbia, em seguida, mas sem aquela imensa caixa de carga com o equipamento não foi possível. O organizador decidiu fundir as duas noites num único show, a ser realizado no dia seguinte, e assim tivemos um dia de folga para relaxar no hotel. Imenso, ele fazia parte de algum tipo de complexo, com um grande cinema no térreo. Lembro-me de ter subido pela escada rolante e visto uma máquina de fliperama com o tema de *Jurassic Park* surgindo no meio do raio de visão. Eu tinha assistido ao filme recentemente e *tive* de jogar naquela coisa. Ela combinava dois dos meus interesses favoritos: dinossauros e fliperama. Quando subi até o meu quarto, pedi para que fosse levada para lá e passei o dia todo jogando.

Durante nossa estada, rumores chegaram às autoridades de que portávamos drogas. Desse modo, em mais um gesto típico sul-americano, as autoridades obtiveram "mandados" para revistar nossos quartos – na esperança de encontrarem algo que talvez nos obrigasse a ter de suborná-los, imagino. No dia do show, os tiras adentraram atrás de nós. Eu não tinha nada. Eles vieram com as armas apontadas e me encontraram, de banho recém-tomado, enrolado numa toalha e jogando fliperama.

– Ah, olá! – falei.

Eles me mostraram o mandado de busca e começaram a revistar o meu quarto. Eu me mantive bastante descontraído enquanto reviravam as minhas coisas.

— *Señor*, está tudo bem se eu continuar jogando? – perguntei.

O show daquela noite – 29 de novembro de 1992 – foi mágico, um daqueles momentos que você não acredita que está acontecendo, mesmo observando o desenrolar, mesmo quando faz parte dele. Caíra uma chuva torrencial no dia anterior inteiro, enquanto nossa equipe cuidava dos preparativos. O peso da água afundou um pouco o telhado do palco (que não era nosso), fazendo com que uma viga de iluminação caísse no chão. Por sorte, ninguém se feriu. O palco inteiro teve de ser refeito. Então, no dia da apresentação, uma súbita tempestade danificou parte do nosso equipamento. A despeito de mais chuva, as pessoas lotaram o estacionamento e fizeram fila do lado de fora, onde brigas aconteceram, uns poucos carros foram incendiados e a polícia teve de usar gás lacrimogênio para acalmar a todos.

Quando subimos ao palco, por volta das onze da noite, foi uma piração total. Estávamos tocando muito bem, e a chuva parara ao longo da primeira hora da nossa apresentação, até que tocamos "November Rain". Assim que começamos a canção, o céu se abriu, como se tivesse sido uma deixa, e o aguaceiro desabou. Era uma daquelas tremendas tempestades tropicais em que uma gota pode preencher uma xícara de café. Desabava numa névoa escura que se misturava ao vapor que se desprendia do público. Eu mal podia enxergar através da cortina do aguaceiro; as pessoas eram um mar de silhuetas. Foi bastante dramático e bonito; era como se eles e a banda fossem um só. O público sentiu-se tão tocado quanto nós – os fãs estavam realmente compartilhando aquela emoção. Choveu tão forte que terminamos a canção e, então, tivemos de fazer um intervalo até a tempestade passar. E, quando passou, voltamos e demos tudo de nós.

Enfrentamos todo tipo de obstáculo entre o show na Venezuela e os shows na Colômbia e, levando em conta a ausência de química da banda no passado recente, seria de se esperar que desmoronássemos em meio a tantas condições adversas. Mas esse era o segredo do Guns. Éramos autodestrutivos quando tudo era *fácil*, mas naquelas ocasiões em que tudo parecia estar contra nós, todos, incluindo Axl, nos esforçávamos ao máximo para fazer as coisas acontecerem. Os extremos pontos baixos podiam me fazer sentir como se não houvesse um futuro, mas quando travávamos valentemente essas batalhas contra a adversidade em nome do rock and roll, eu me sentia como se fôssemos invencíveis. Achava que éramos a banda mais forte existente. Esses momentos renovavam a fé coletiva e melhoravam o moral como nunca.

Em vez de ficarmos frustrados com esses contratempos na América do Sul, deixamos o público em todos esses eventos nos sustentar com sua paixão e nos fazer dar nosso melhor. Nossa música era elevada; tão intensa quanto os fãs – nós nos deixamos levar com eles. Atingimos aquele ponto de que músicos falam, em que um indivíduo está tão absorto pelo que faz que nem sequer sabe quem ele é – ele é uma parte tão inerente da performance que nem sequer está pensando em mais nada. Esses momentos são mágicos, e aquela turnê inteira foi assim, cada noite dela. A banda estava no melhor de si; qualquer um teria dado quase qualquer coisa para tomar parte naquilo – se acontecesse consistentemente. Mas nem sempre foi tão simples. Quando não estávamos sendo transcendentais, éramos especialistas numa espécie de autoflagelação desastrosa.

EM JANEIRO DE 1993, PARTIMOS NUMA TURNÊ PELO JAPÃO, Austrália e Nova Zelândia, com uma equipe de oitenta pessoas e grupo de apoio. Acabamos encontrando Ronnie Wood no Japão, o que foi ótimo. Nós dois tínhamos uma amizade de anos àquela altura. Ele se reuniu a nós no palco no Dome de Tóquio para tocar "Knockin' on Heaven's Door"; depois, Duff, Matt e eu saímos com ele para festejar depois do show. Foi uma noite divertida. O restante daquela turnê correu como sempre – ótimos shows, alguns dramas internos –, além de atividades extras dispendiosas como *kart*, iates e jantares requintados. As festas temáticas podiam ter sido eliminadas, mas o esbanjamento não.

Retornamos aos Estados Unidos no início de fevereiro, dispondo de um mês de folga antes da etapa seguinte, uma turnê americana chamada *Skin and Bones*. Esse evento em particular destinou-se a fazer com que a banda obtivesse lucros, porque a produção toda fora reduzida ao essencial. Ficamos com Dizzy Reed, mas tivemos de dispensar Teddy, o conjunto de sopros e as garotas dos *backing vocals*. Essa turnê continha uma sessão acústica no meio da apresentação que destacava os sucessos de *Lies*, como também alguns covers como "Dead Flowers". Eu não poderia ter estado mais feliz. Finalmente, faríamos uma turnê como uma banda pura e simples de rock and roll outra vez.

A meu ver, aquela parte acústica era a nossa chance de mostrar ao mundo os álbuns *Use Your Illusion I* e *II* da maneira como eu sempre os ouvira. No dia em que terminei de gravar minhas últimas partes de guitarra para esses discos, deixei o estúdio com uma impressão quanto ao resultado deles que era simples e cru, antes que sintetizadores, sopros ou *backing vocals* fossem acrescentados. Nunca me esqueci de como haviam soado incríveis em estado bruto, puro, poderoso. Gostaria de ainda ter uma cópia daquelas gravações, ou que estivessem disponíveis em alguma parte da internet. Acredite, as músicas ficaram tão maneiras! Eram pedras preciosas em estado bruto, completamente diferentes das versões que foram lançadas. Não vou ficar remoendo sobre como tudo poderia ter sido, mas, de todo modo, foram duas obras inteiramente distintas. Seja como for, tivemos a chance de executar as músicas como antes, com a banda reduzida ao seu tamanho normal... eu fiquei radiante.

A turnê começou em Austin, no Texas, ao final de fevereiro, onde o primeiro show transcorreu bem, mas logo vieram os problemas. Ao longo das semanas iniciais, tivemos de cancelar quatro shows devido ao tempo inclemente. Em Sacramento, no começo de abril, alguém do público atirou uma garrafa de Jack Daniel's e atingiu Duff em cheio na cabeça, fazendo-o perder os sentidos. Aquilo foi um enorme absurdo, sem mencionar o perigo. A qualquer momento, pessoas atiravam coisas no palco para provocar uma reação. Acho que é porque bandas de rock parecem muito grandiosas. É pura insanidade. Nunca sei ao certo o que eles buscam quando atiram algo que possa causar dano físico. Tínhamos tocado durante cerca de noventa minutos, então, mas foi o final do show, porque Duff ficou realmente ferido.

Eu me ofereci para ser aquele que diria aos espectadores que haviam pisado na bola. Eles vibraram quando voltei ao palco, mas não ficaram muito contentes com o que eu tive a dizer.

— Aquela garrafa de merda deixou Duff inconsciente, e agora ele está a caminho do hospital — anunciei. — Não voltaremos ao palco de jeito nenhum. O show terminou. Por favor, saiam de modo pacífico e não se metam com ninguém. E deixem as instalações em paz.

Cancelamos um show em Atlanta para que Duff tivesse tempo de se recuperar e também porque Axl fora preso lá durante a turnê *Appetite*. Ele chutara a cabeça de um segurança, que supostamente vira incitando pessoas do público. Doug não confiou nem em Axl nem no segurança do local do evento, e aposto que acertou nos dois casos.

Então, no final de abril, já de volta a Los Angeles, Gilby fraturou o pulso num acidente de moto. Só percebemos a gravidade quando ele apareceu numa reunião da banda com o braço todo engessado.

— Puxa! — exclamei. — Parece que foi feio, hein.

— Quanto tempo vai levar para sarar? — perguntou-lhe Axl. Gilby pareceu realmente consternado.

— Umas duas ou três semanas.

— Mas que merda!

— Eu sei, cara — respondeu Gilby. — É uma porra mesmo.

Tínhamos uma turnê europeia agendada, a se iniciar com duas datas na Rússia — nossa primeira vez lá —, para dali a duas semanas.

— Foda-se — disse Axl. — Vamos ligar para Izzy.

Fiquei surpreso e feliz em saber que Izzy concordou em dar uma mão... embora confuso em saber que ele não queria ensaiar nada — não que tivéssemos muito tempo para isso, de qualquer modo. Acabou acontecendo que a situação política da Rússia em maio de 1993 estava instável demais para que tocássemos em Moscou. Assim, viajamos para Tel Aviv, em Israel, para ensaiar com Izzy antes de lançarmos a turnê lá, na Hayarkon Park Arena. Alugamos um espaço de ensaio e foi uma viagem. Era também um estúdio de gravação e acho que os engenheiros de som não acreditaram que a banda agendada era mesmo a nossa... até que passamos pela porta de entrada. A gente se reuniu naquele lugar velho e barato que era caseiro — a um jeito estrangeiro — e dirigido por umas pessoas de idade que eram o maior barato. Era um local comum de ensaio com equipamento de gravação razoável. Ficou claro que eles nunca haviam recebido a visita de ninguém como a gente, o que nos levou a esmerilhar, e só por isso já valeu a pena. Izzy apareceu... com cabelo ao estilo rastafári... e não ensaiou uma única música. Assim, fizemos o que foi possível.

Tocamos para cinquenta mil pessoas em Israel pela primeira vez dois dias depois, no que foi o maior espetáculo que o país já vira. Lamentavelmente, não foi uma apresentação das melhores, porque Izzy estava enferrujado e não andara praticando direito. A imprensa nos fez duras críticas, dizendo que havíamos usado a oportunidade como uma data de aquecimento; o que não foi verdade, de jeito nenhum. Queríamos que o show fosse sensacional, mas com um músico na guitarra-base que ainda não estava familiarizado com o material, fizemos o melhor que pudemos. Depois do show, ficamos lá por uns dois dias, visitando todos os pontos turísticos.

Izzy, Duff e eu visitamos o lugar onde Jesus nasceu; comemos na praça em torno do Muro das Lamentações. Estávamos sentados do lado de fora de um café perto do zoológico, e pude observar um grupo de estudantes descer de um ônibus de excursão para um passeio. Em ambas as extremidades do ônibus, havia pais, ou professores, ou monitores adultos de algum tipo armados com rifles. Eles colocaram as crianças em fila para o passeio ao zoológico, um adulto armado ficando à frente, outro posicionando-se atrás e um caminhando entre os alunos, todos com os rifles a tiracolo. Nunca tinha visto nada assim em minha vida. Tivera um amigo de Israel, que voltara a seu país para cumprir seus dois anos de serviço militar obrigatório, e pensei nele naquele momento. Ele retornara com uma cara totalmente diferente. Partira como um nerd e voltara como um nerd com experiência em combate.

IZZY PERMANECEU NA ESTRADA COM A GENTE POR ALGUM TEMPO, por toda a Grécia e Turquia – lugares onde nunca havíamos tocado antes. Não pensei muito nisso na ocasião, mas Izzy estava fazendo o que faz melhor: verificando a situação, observando tudo, avaliando, participando, mas sem ter compromisso algum com nada. Queria ver o que mudara ou não. Mantinha-se atento a como a bebida corria solta; ao jeito de Axl. Testava as águas para ver se conseguiria lidar com aquilo. Na época, eu ainda achava que ele deixara a banda por causa do tumulto em St. Louis e da ameaça de um outro, evitado por muito pouco, na Alemanha. Nem sequer me dei conta de que esses incidentes eram as menores de suas razões.

Durante a turnê *Illusion*, seus dois anos inteiros, contamos com dois cinegrafistas na nossa equipe, documentando cada momento. Eram amigos próximos, os quais deixamos totalmente à vontade, e eles captaram tudo. Capturaram o tipo de história que ninguém além dos integrantes da banda jamais teria visto. Estavam com a gente nessa etapa da turnê, é claro, como também Del James, que atuava como narrador dos fatos às vezes, conduzindo entrevistas e dizendo aos cinegrafistas o que era o quê. Numa noite, Del e os cinegrafistas apanharam Izzy e a mim fazendo improvisações em nossas guitarras acústicas, apenas tocando livremente da maneira como fazíamos quando não tinha ninguém por perto. Nós nos entrosamos com tanta naturalidade, tocando em tamanha sincronia que eu adoraria ver uma fita disso. Temos dois anos de filmagens, na verdade, que permanecem num cofre que ficará fechado para sempre... a não ser que Axl e o restante de nós resolvamos nossas diferenças. Essa filmagem é o Santo Graal do Guns N' Roses. Ver o filme resultante da compilação dos melhores momentos em duas horas seria a chance definitiva de sabermos exatamente quem éramos e quem somos.

Izzy continuou a bordo até o final de maio, encerrando sua participação com dois shows no National Bowl, em Milton Keynes, na Inglaterra. Gilby foi ao nosso encontro e eles dois se entenderam muito bem. Não houve clima tenso na hora da entrega do bastão, felizmente.

A partir de lá, prosseguimos pelo norte da Europa. Fizemos nosso primeiro show na Noruega, a nossa segunda tentativa que vingou. Havíamos precisado cancelar da primeira vez, porque Axl ficara resolvendo "imprevistos" em Paris. A Noruega foi um presente para Matt, uma vez que a família dele é norueguesa. Ficou entusiasmado em visitar as raízes de sua ascendência nórdica.

Uma noite particularmente memorável aconteceu em Colônia, na Alemanha; o tipo de noite que talvez eu não recorde inteira, mas uma pela qual sou lembrado. Tivemos um dia de folga, e Gilby e eu o aproveitamos fazendo turismo. Mais tarde, fomos ao encontro da banda e de alguns amigos num restaurante italiano, onde ocupamos uma imensa mesa de banquete a um canto. Pedimos montanhas de comida, vinho a valer, e, no final do jantar, Gilby e eu decidimos tomar umas doses de grapa. As primeiras desceram bem e tudo estava perfeito. Bebemos, então, mais uma e, de repente, tudo deu errado: vomitei para todo o lado. Foi um vômito ao estilo de O exorcista. Como eu estava sentado no canto mais ao fundo, voou tudo por cima da mesa e, inevitavelmente, das pessoas ao meu redor. A enxurrada lavou os pratos e tudo mais e começou a escorrer até o chão. Não sei o que havia de errado com os donos daquele lugar, mas acharam isso uma simpatia. Ficaram tão honrados em nos receber lá que o fato de eu ter vomitado em cima da mesa inteira não foi problema algum. Comemorei a noite assinando o livro de clientes deles e escrevendo: "De todos os restaurantes do mundo, este é decididamente um dos melhores!". Essa frase, a propósito, foi plagiada de Mike "McBob" Mayhew.

A turnê continuou pela Europa e, em seguida, retornou para a América do Sul. Fizemos nosso show de encerramento na Argentina, em 17 de julho de 1993. Se bem me lembro, tocamos até cerca de duas da manhã, e então tomamos conta do bar do hotel até as seis. Quando retornamos a Los Angeles, recebemos a honra de termos feito a turnê mais longa da história do rock. Foram cento e noventa e dois shows em dois anos e meio, abrangendo vinte e sete países. Mais de sete milhões de pessoas nos viram tocar. Não costumo ficar registrando as minhas realizações, mas, se fosse o caso, seria essa que apontaria em primeiro lugar.

RETORNANDO A LOS ANGELES EXAUSTO, FUI DIRETO PARA A CASA da madrasta de Renee para uma reunião de família. Seu nome era Dee, mas todos a chamavam de "mãe", porque era um amor de senhora de uns setenta anos ou mais. Tinha uma casa acolhedora, com fotos de família por toda parte; era agradável em todos os aspectos. E no meio dessa aconchegante reunião familiar, um papelote de coca caiu do meu bolso.

Antes de partirmos para realizar aquela última etapa da turnê na América do Sul, Matt, Duff e eu passamos um bocado do nosso tempo pela cidade cheirando coca. Certa noite, usamos tudo o que queríamos e me lembrei de ter pensado que havíamos comprado mais do que íamos consumir. Guardando aquele papelote extra na jaqueta, esqueci-me dele. Na verdade, mais tarde naquela noite, tentei encontrá-lo e não consegui. Revistei a jaqueta e o jeans e, convencido de que o deixara cair em algum lugar ao longo do caminho, apenas fui dormir com Renee.

No momento em que vi o papelote no chão, Renee o viu também. Cobri-o com o pé imediatamente antes que "mãe" ou qualquer outra pessoa notasse. Em seguida, "chequei" meu sapato com a maior discrição e o peguei. Quando chegamos em casa e comecei a usá-lo, percebi que aquele papelote estivera na minha jaqueta durante toda a turnê pela América do Sul. Eu havia *levado coca* para a América do Sul e trazido de volta, o que é ridículo, porque esse é o último lugar para onde uma pessoa precisa levar a própria cocaína.

E no meio dessa aconchegante reunião familiar, um papelote de coca caiu do meu bolso.

Não foi a primeira vez que desviei de um desastre internacional. Na primeira ocasião em que excursionamos pela América do Sul, quase fui deportado de volta para a Inglaterra. Estava sem o meu passaporte americano ou britânico, e o meu visto tinha vencido. A banda inteira passou pela alfândega, enquanto fui detido pelas autoridades do aeroporto de Los Angeles. A única pessoa que ficou comigo foi meu segurança, Ronnie. A coisa parecia feia. Vi-me numa sala de detenção cercado de guardas armados, e usava short, camiseta, jaqueta de couro e cartola. Um oficial da alfândega de traços asiáticos estava, de fato, determinado a me dar canseira. Seu assistente mais jovem sabia quem eu era, o que só pareceu aumentar o desprezo do chefe dele por mim. No final, tivemos de pagar uma multa de cem dólares para que eu saísse, mas eu não tinha dinheiro. E Ronnie também não... Assim, ele teve de esmolar, no terminal de desembarque do aeroporto, para conseguir reunir a quantia.

ENTRE TODOS OS ALTOS E BAIXOS, FIZEMOS ALGUMAS apresentações incríveis que, olhando para trás, equipararam-se a de todas as bandas que admirei quando garoto. Possuíamos uma química forte e uma dinâmica que não tinham preço. Fizemos história, mas, quando a megaturnê terminou, eu estava esgotado. Embora fosse difícil admitir, fiquei contente por estar de volta em casa pela primeira vez na vida. Toda a controvérsia, os esforços, a luta durante o andamento da turnê me afetaram mais do que qualquer coisa. O caos daquela montanha-russa emocional, com toda a sua instabilidade, me deixara em frangalhos. Quando voltei para casa, tive de me readaptar, para dizer o mínimo.

Eu vendera a Casa Walnut, e Renee e eu compramos outra, na altura da Mulholland Drive, onde tentamos desacelerar por um tempo, o que, mais uma vez, foi difícil demais para mim. Instalei um zoo de répteis completo lá, com inúmeras cobras e todos os tipos de criaturas. Montei um pequeno estúdio acima da garagem e, quando a vontade de tocar bateu, decidi trabalhar em demos para músicas que eu compusera ao longo da turnê.

Comecei a me reunir com Matt e a gravar demos desse material apenas por diversão, e Mike Inez, do Alice in Chains, e Gilby passaram a se juntar a nós. Apenas entramos num ritmo de tocar de improviso e gravar a cada noite. Não sabíamos aonde aquilo levaria. A um dado momento, mostrei o material a Axl, que não disfarçou um nítido desinteresse por ele. Por mim, tudo bem. Eu só estava compondo por prazer, apenas criando música que servia de indicação de onde eu estava naquele momento. Não me ocorrera fazer um álbum do Guns ou como seria seguirmos adiante. Só estava me divertindo sem pressões de tipo algum.

Gravamos cerca de doze músicas. Eu acabara de fazer a mixagem da última delas na noite do terremoto de Northridge em 1994. Terminara por volta de quatro da manhã e desci até o nosso quarto. Renee dormia, a TV estava ligada, e eu coloquei as doze demos inteiras daquilo que se tornaria *Slash's Snakepit* na mesinha de cabeceira e fui deitar. No segundo em que apaguei a luz, o terremoto começou. Havia um televisor num gabinete retrátil ao pé da cama. Naquele momento, estava erguido, com a TV ligada aos nossos pés que explodiu de repente, a energia elétrica na casa inteira se dissipando. Durante os cinco minutos seguintes, foi como se Godzilla estivesse sacudindo o lugar. Demorei para sequer me dar conta do que acontecia.

O primo de Renee era nosso hóspede na ocasião. Era a primeira vez que ia a Los Angeles. Ao almoçarmos em Melrose naquele dia, ele me perguntara como eram os terremotos. No meio da confusão, lembrei-me dele, que dormia ao final do corredor, no escritório, ao lado de um quarto cheio de cobras venenosas. Tirei Renee da cama e a levei até a soleira do quarto. Estava tão sonolenta que bateu com a cabeça na porta três vezes ao abri-la antes de pensar em sair do caminho. Depois que a situei, adiantei-me pelo corredor, batendo na porta. Havia um armário gigantesco no escritório, diante do qual o primo de Renee dormia no chão. Em pânico, eu o chamei, mas não houve resposta. Achei que só podia estar preso debaixo do armário tombado quando, enfim, ele respondeu. Como a prima, Greg bateu a cabeça algumas vezes na porta ao sair de lá.

A casa continuava balançando, nós três nos abrigando sob o batente da porta do nosso quarto. Renee ficou entre nós, sem blusa, e tinha um belo corpo. Apesar do que acontecia à nossa volta, ainda achei isso bastante engraçado. Enfrentamos onda após onda; em cada uma a sensação era de que havia algo atacando a residência. O ruído era ensurdecedor: vidro se espatifava, a mobília era arremessada de um lado ao outro, nossos oito gatos soltavam miados estridentes, e o filhote de leão-da-montanha que tínhamos no banheiro ensaiava seus primeiros urros, assustado.

Esperamos ali durante o que pareceram horas até que o último tremor cessou. Os estragos foram inacreditáveis. Televisões tinham ido parar no meio de máquinas de fliperama, a geladeira voara pela cozinha inteira, as imensas janelas, do chão ao teto na frente da casa, estavam trincadas.

Fiquei superpreocupado, perguntando-me onde as cobras venenosas e potencialmente perigosas poderiam estar. Esperei até que houvesse claridade o bastante na casa para abrir a porta do recinto em que eram mantidas, porque procurar cobras venenosas no escuro não é uma boa ideia. De algum modo, nenhum dos tanques se quebrou e todas estavam bem.

A casa ficou destruída e caótica demais, impossibilitando-nos de continuar lá. Por isso, fomos para o Four Seasons em Marina Del Rey e fizemos planos de pegar um voo com Greg para Chicago. Levamos nosso filhote de leão-da-montanha, Curtis, conosco. Nós o escondemos em uma gaiola no interior do Four Seasons e o fechamos no banheiro da suíte. Como a maioria dos meus bichos de estimação, era um órfão que eu adotara e estava criando em casa.

Assim que ficamos um pouco mais apresentáveis, resolvemos descer até o restaurante. Esperávamos o elevador quando, virando-me, vi Curtis, que abrira tanto a porta do banheiro quanto a porta da suíte e nos seguia. Percebendo que teríamos de lidar com ele de imediato, liguei para um amigo que é tratador de animais. Ele foi buscá-lo e levou-o para a região dos cânions, onde um amigo meu tinha um abrigo para animais exóticos.

No dia seguinte, rumamos para Chicago, onde ficamos com o tio de Renee, Bernie, que acabou se revelando um cara supermaneiro... não alguém que me mataria por trair sua sobrinha.

Quando voltamos a Los Angeles, Renee e eu decidimos colocar a casa à venda imediatamente, pois teria de ser demolida e reconstruída. Assim, alugamos um lugar e, nesse meio-tempo, me concentrei em gravar. Com Mike Clink produzindo e Matt e Mike Inez tocando, gravei de forma adequada as demos que havíamos feito. Arranjamos um vocalista – Eric Dover do Jellyfish –, que preencheu muito bem os requisitos, na época. Ele e eu escrevemos letras para todas as doze músicas que tínhamos, e acho que é fácil o bastante distinguir quais delas Eric escreveu e quais são da minha autoria. Todas as minhas músicas se dirigem a uma pessoa... embora ninguém tenha percebido isso na ocasião. Usei esse disco como uma oportunidade para desabafar uma porção de coisas, para me livrar do peso que eu precisava tirar do peito.

Matt e eu tivemos um ligeiro desentendimento porque eu escolhera Eric sem pedir sua opinião. Ficou puto da vida e, assim, tivemos problemas por certo período. De qualquer modo, Dover terminou de gravar os vocais e eu levei o material para a Geffen. Tudo se encaixou e já estaríamos prontos para fazer uma turnê com o Snakepit se não fosse pelo fato de Matt e Mike Inez não poderem ir.

Não me deixaria desencorajar por isso. Convidei Brian Tishy e James Lamenzo, que estão na banda de Zakk Wylde, e completei o grupo com Gilby Clarke. Agendamos uma turnê pelos Estados Unidos, Europa, Japão e Austrália. Gravamos dois videoclipes e lançamos o single "Beggars and Hangers On". Nós nos divertimos a valer. Não havia dramalhão. Marcávamos apresentações, aparecíamos e tocávamos. Apresentamo-nos em clubes e teatros. Foi sensacional; algo que me ajudou a redescobrir por que amo o que faço. Esse projeto foi a busca essencial pela alma de que eu precisava, porque me sentia como se tivesse esquecido de mim mesmo ao longo dos dois anos anteriores. Foi uma injeção de ânimo redescobrir o que eu sempre soubera: estar numa banda não precisa ser tão desgastante emocional e psicologicamente... tudo pode girar apenas em torno de se fazer ótima música.

DURANTE O PERÍODO EM QUE GRAVEI AS DEMOS DO SNAKEPIT, formei essa banda e saímos em turnê, aconteceram algumas coisas no universo do Guns. Fizemos *The Spaghetti Incident*, nosso disco de covers punk, e o preparamos para ser lançado. Tínhamos trabalhado em muitas dessas faixas daqui e dali no decorrer dos dois anos anteriores. Graváramos "Buick Makane, Ain't It Fun" e a maioria das outras no Record Plant, mas algumas, como "Since I Don't Have You", foram gravadas em dias de folga na estrada, provavelmente durante a turnê *Skin and Bones*, porque contavam com Dizzy ao piano.

O álbum foi lançado em novembro de 1993, e o single, de modo algum a melhor ideia, foi "Since I Don't Have You", embora fosse uma ótima versão dessa música. Fizemos um clipe para ela também. Por volta dessa época eu farreava muito com Gary Oldman e, no dia da minha gravação, levei-o comigo ao set. Depois de "November Rain" e "Estranged", estava farto dos clipes superproduzidos da banda, e aquele prometia ser mais um – todos idealizados por Axl. Quase deixei o local quando me disseram que eu precisaria ficar de pé numa piscina, fazendo pose e tocando minha guitarra durante algo em torno de umas quinze tomadas. Foi Gary quem interveio:

– Não, não, cara. Vai ficar bom. Aguente as pontas.

Ele desapareceu na sala de maquiagem e figurino por bastante tempo. Enfim, voltou numa autêntica e completa fantasia vitoriana, arrumado para parecer o Marquês de Sade. Segurava remos também e decidiu que me levaria num passeio de barco pelo rio Estige, enquanto eu tocaria meu solo sob uma chuva torrencial. Quando chegou o momento de gravarmos, Gary perdera a fantasia e acabou fazendo o papel de um demônio de cara branca com short preto e justo… quase fez um trabalho bom demais. Após aquela tarde, tenho certeza de que quando ouvi falar de novo dele, Gary estava numa clínica de reabilitação.

DUFF, AXL, MATT, GILBY E EU NOS REUNÍAMOS VEZ OU OUTRA PARA escrever material novo, o que acabou não sendo nada inspirador. A essa altura, o grupo de apoio com o qual eu sempre contara para me ajudar a lidar com Axl se fora – Izzy fora o último da banda que conseguira chegar até ele em termos criativos. Duff e eu simplesmente não tínhamos as ferramentas apropriadas para estabelecer essa comunicação de maneira eficaz.

Depois de uns poucos meses em que cada um se ocupou com assuntos próprios e em que não produzíamos nada quando nos encontrávamos, Axl despediu Gilby sem consultar ninguém. Sua argumentação: Gilby sempre fora um "funcionário" contratado e não conseguia compor com ele. Axl, então, insistiu em contratar Paul Huge, um cara que conhecia de Indiana e, por alguma razão, também chama a si mesmo de Paul Tobias. Tinham um histórico: os dois compuseram "Back Off Bitch" em parceria, entre outras músicas. Mostrei-me aberto à ideia… até que Paul apareceu. Ele não tinha personalidade alguma, nem nenhum estilo particular de guitarra ou som com o qual eu pudesse me identificar. Era, sem dúvida, o cara menos interessante, mais monótono segurando uma guitarra que eu já conhecera. Empenhei-me ao máximo para trabalhar com ele, mas sem conseguir chegar a lugar algum. Foi ainda mais constrangedor do que parece porque a nossa falta de interação acontecia durante os ensaios com todos nos observando.

Tentei aceitar a situação, mas não era o único a achar que estavam nos empurrando um cara sem habilidades inatas que não merecia, nem conseguiria lidar com o posto. Mas foi inútil. Não conseguimos dissuadir Axl. Fiz o que pude. Por várias vezes tentei me comunicar com Huge para ver se eu estava deixando passar despercebido algum brilho mais profundo e especial em seu caráter que só Axl vira. Não, foi em vão; o camarada era irremediável. Era como conversar com uma porta, uma porta com um péssimo humor. Era completamente arrogante e transmitia a vibração de que era o amigo de Axl, estava no grupo e os demais teriam de aceitar isso. Em suma, sua atitude era do tipo: "Eu sou bom; vocês que se fodam!". E a minha reação era simples: "É mesmo? Quem liga?".

Duff e eu o odiávamos, Matt o odiava e Axl se viu em menor número, mas determinado a levar o plano adiante. Não soube por que, mas eu queria que ele tivesse absoluta certeza de como nos sentíamos. Assim, chamei-o de lado um dia.

— Ouça, Axl – falei. – Tenho tentado trabalhar com Huge e ver como ele pode contribuir para a banda, mas não há nada, cara. Não temos química como músicos, e ele não tem química com os outros caras. Não vejo como as coisas podem dar certo com esse sujeito... Nem sequer consigo tomar uma cerveja com ele.

Axl pareceu aborrecido.

— Por que precisa tomar uma cerveja com ele?

— Você sabe o que quero dizer.

— Não, não *sei*.

Não havia como se chegar a um diálogo daquele jeito.

Ensaiamos com Huge e tentamos compor algumas músicas inéditas com ele no pequeno estúdio que eu montara na nova casa (depois de ter vendido a Casa Walnut), mas a situação só ficava mais e mais tensa a cada dia. Renee odiava o fato de estarmos lá, porque o astral negativo impregnava cada canto... e ela sequer entrava no estúdio. Era um clima tão tenso e pesado que Duff e eu chegamos a discutir, o que nunca acontecera no estúdio antes. E foi a gota d'água para mim. Na manhã seguinte, disse a Doug que informasse a todos que teríamos de ensaiar em outro lugar, porque não haveria mais reuniões no meu estúdio.

Axl ficou desapontado e um tanto zangado. Quando tornei a vê-lo, tratou de tirar satisfações:

— Por que não podemos compor na sua casa? Qual é o problema?

— Minha paciência está se esgotando, cara. O clima lá está pesado demais, e é a *minha* casa. Só o que estamos conseguindo produzir no momento é energia negativa.

Foi a última vez que Axl e eu nos falamos por algum tempo. Depois disso, eu me concentrei no Snakepit. Não fiquei surpreso, quando lhe enviei algumas demos, com o fato de ele não se mostrar nem um pouco interessado na música que eu estava compondo.

———•※•———

SE ALGUM DIA VOCÊ SE PERGUNTOU COMO É O SOM DE UMA BANDA se separando, ouça o cover do Guns N' Roses de "Sympathy for the Devil", que foi gravado para a trilha sonora de *Entrevista com o vampiro*, no outono de 1994. Se há uma faixa do Guns que eu nunca mais gostaria de ouvir é essa.

Tom Zutaut providenciou a coisa toda e foi uma ótima ideia. É uma canção clássica, incrível, o filme seria um grande sucesso, e estaríamos trabalhando juntos novamente, dando algo novo ao público. Não nos encontrávamos em turnê para divulgar *The Spaghetti Incident* e não tínhamos planos para começar a compor um álbum novo. Assim, Tom estava sendo prático — talvez aquele fosse o nosso único lançamento por algum tempo. Fico espantado que Axl tenha concordado com isso porque, àquela altura, parara de falar de vez com Tom Zutaut. Pouco a pouco, Axl fora eliminando e substituindo todos que haviam ajudado a banda a ser construída a partir da estaca zero até onde chegara. Sempre tinha um motivo. Acho que no caso de Tom, Axl alegou que o apanhara tentando dar em cima de Erin. Mas não tenho certeza.

De qualquer modo, topei a ideia de fazer esse cover porque conhecia bem os livros de Anne Rice. Eu os julgava excelentes e foi por isso que achei difícil imaginar Brad Pitt e Tom Cruise desempenhando aqueles papéis. Em todo caso, Axl e eu fomos ver prévias do filme separadamente e discordamos por completo do que vimos. *Eu o odiei*, achei-o uma merda.

Liguei para Tom logo em seguida.

— Oi, Tom, é o Slash.

— E então, o que achou?
— Uma bosta. Odiei.
— Oh...
— Sim. É horrível mesmo. Diga aos produtores para licenciarem a versão dos Stones, porque não faremos o cover.

Axl, por outro lado, adorou o filme. Achou-o brilhante e queria fazer o cover. Eu não poderia ter me sentido mais desapontado, puto, frustrado e confuso. O único lado bom que eu via em fechar aquele acordo era que ele nos levaria a fazer algo que não havíamos conseguido ao longo dos sete meses anteriores: reuniria todos nós num estúdio.

Reservando o Rumbo, fizemos as faixas básicas com Mike Clink em poucos dias. Duff, Matt e eu aparecíamos sempre juntos, basicamente deixando tudo de lado para fazer algo que apenas Axl queria fazer e nem *uma vez sequer* ele apareceu numa sessão. Desde as faixas básicas até a mixagem final dos sons, não vimos nem sinal de Axl. Já estávamos gravando contra a nossa vontade e, portanto, o descaso dele para conosco gerou uma faixa instrumental nada inspiradora. E nem é preciso dizer que o grau de amargura e ressentimento chegou ao máximo. Agravante ainda maior foi o fato de que, depois de termos concluído nossa versão mediana de "Sympathy for the Devil", ele levou mais de uma semana para ir ao estúdio gravar seus vocais.

Quando, enfim, ouviu a faixa instrumental, teve suas críticas.

Por meio de muitos comunicados através de intermediários, fui informado de que precisava regravar o meu solo de guitarra para que soasse mais parecido com o original de Keith Richards. Aquilo me tirou do sério, principalmente porque a mensagem chegou até mim três vezes.

Minha primeira reação, claro, foi dizer "não". Ative-me ao que eu fizera. Afinal, por que imitaria Keith se aquela deveria ser a *nossa* versão da canção? A resposta, através de mensageiros, foi: "Se você não mudar a sua parte, não vou cantar".

Engoli meu orgulho — mais uma vez — e fui gravar uma introdução mais parecida com a de Keith, embora fosse a última coisa que eu queria fazer. Keith toca de uma maneira tão esplêndida naquela canção que eu nem sequer queria chegar perto, mas foi o que fiz. E fazer isso me deixou ainda mais puto e estressado do que nunca.

Uma semana ou pouco mais depois, soube que Axl finalmente reservara um horário para ir gravar seus vocais e, assim, fui até lá vê-lo. Esperei três horas. Quando ele apareceu, entrou na sala de estar do estúdio e começou a falar comigo por detrás de uma revista, sem me olhar nos olhos, por uns quinze minutos... Não pude tolerar aquilo e vazei de lá.

Quando recebi uma cópia da canção com os vocais de Axl, notei que havia outra guitarra encobrindo o meu solo. Axl fizera Paul Huge tocar por cima da minha música. Em outras palavras, o cara copiara o que eu estava tocando em outra faixa e a sobrepuseram na minha. Foi um plágio da pior qualidade.

Para mim, bastava. Outro guitarrista gravando por cima da minha música sem que sequer me avisassem foi desrespeito demais para tolerar. Lavei as mãos em relação àquela canção e ao Guns naquele momento, e concentrei minha energia nas minhas próprias composições e no meu próprio projeto: a estreia do disco do Slash's Snakepit, *It's Five O'Clock Somewhere*.

UMA VEZ QUE O SNAKEPIT DESLANCHOU, FIQUEI FELIZ DA VIDA. Pela primeira vez em anos, fazer uma turnê era fácil, meus companheiros de banda, divertidos e quase não faziam drama, e cada apresentação girava em torno apenas de tocarmos rock and roll – não de provar algo ou de fazer um espetáculo grandioso. Tudo rolou bem: o disco vendeu, a turnê foi boa; eu estava na estrada sem previsão para voltar. Achávamo-nos no processo de agendar mais uma etapa quando fui informado pela Geffen que tínhamos vendido um milhão de cópias de *It's Five O'Clock Somewhere* e, considerado o lucro, eles não viam mais razão para continuar a turnê. Eu devia retornar a Los Angeles porque Axl estava pronto para começar a trabalhar no disco seguinte do Guns N' Roses. Haviam pensado em tudo: caso eu objetasse, deixaram claro que o apoio financeiro de turnê para o Snakepit terminaria.

Voltei a Los Angeles temendo o que me aguardava e tinha um bom motivo para isso; o que me aguardava era o começo do fim – a conclusão de negócios inacabados, desagradáveis. Levando-se tudo em conta, o fim começara muito antes; eu voltava para casa apenas para o funeral. É engraçado; quando os fãs me perguntam, como fazem quase diariamente, se o Guns, em sua formação original, voltará a se reunir algum dia, é difícil levá-los a sério. Acho essa pergunta tão imbecil! Se eles conhecessem a

UMA VEZ QUE VOCÊ LEVAR ISSO EM CONSIDERAÇÃO, A RESPOSTA PARA A PERGUNTA SOBRE UM RETORNO DA BANDA DEVE FICAR BASTANTE CLARA, A MEU VER. ESTAMOS ENTENDIDOS?

história verdadeira, já saberiam a resposta. Mas o que digo é sempre o mesmo: "Dê uma olhada no que todos estamos fazendo agora. Duff, Matt e eu somos parte de uma banda de grande sucesso. Izzy está contente com seus assuntos; Steven também. E Axl se encontra em turnê com o 'novo Guns'. Ninguém tem dado telefonemas para ver quando poderemos nos reunir de novo".

É nessa realidade concreta que todos estamos. Uma vez que você levar isso em consideração, a resposta para a pergunta sobre um retorno da banda deve ficar bastante clara, a meu ver. Estamos entendidos?

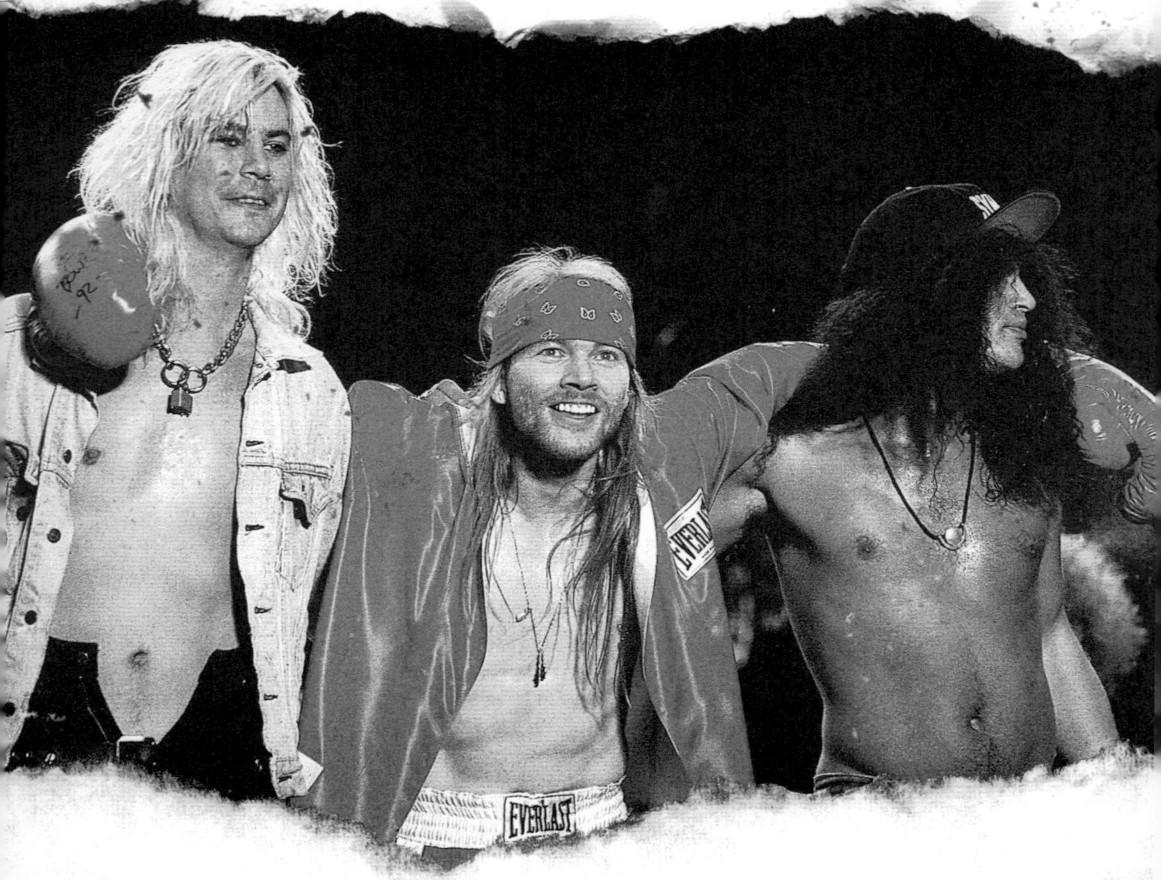
EVERLAST
EVERLAST

12
ROMPIMENTO

Às vezes, a verdade está bem diante de seus olhos e faz tão pouco sentido que você simplesmente não a enxerga. É como observar seu reflexo no espelho de um parque de diversões – fica difícil de acreditar que a figura distorcida a encará-lo é você. O Guns tornara-se um monstro semelhante. Éramos uma versão tão bizarra do que havíamos sido que eu mal conseguia reconhecer a nós mesmos. Mas, ao contrário da casa dos espelhos, eu não podia escapar; quando me afastei do espelho, o reflexo continuava lá.

Recebi ordens para voltar à estrada. Disseram-me para parar com algo de que eu estava gostando em todos os aspectos. Relutei em fazê-lo. Queria manter a turnê acontecendo para além do Japão. Desejava levá-la à Austrália, terminar o que havíamos nos proposto fazer. Pode parecer algo inconsistente, porque o Snakepit era encarado como um projeto temporário e um pouco como uma banda para diversão, mas eu tinha ambições em relação a ela. Quando me determino a alcançar algo, fecho os olhos para tudo o mais e sigo adiante até chegar lá. E não alcançara exatamente o que almejara naquele caso.

Estava com essa determinação e ideia fixa quando levei o disco para a Geffen. Não levei em conta e nem percebi o que acontecia com a gravadora em 1994, quando apareci para a minha reunião. A indústria fonográfica inteira se encontrava prestes a passar por uma enorme mudança. Todas as grandes gravadoras fariam fusão, seriam vendidas ou dissolvidas numa questão de poucos anos. Na época, eu não sabia, nem me importava. Toquei o material do Snakepit para Zutaut, a gravadora concordou em lançar o disco e foi tudo o que me importei em ouvir. Não vi a confusão que acontecia lá, nem na indústria como um todo, e não reconheci a óbvia ansiedade que havia em torno do álbum do Guns N' Roses. Não fazia ideia de que David Geffen estava prestes a vender a gravadora e que a perspectiva de um novo álbum do Guns poderia ter mudado isso, mas, mesmo que eu estivesse a par do fato, não haveria muito que pudesse ter feito para entregar um álbum novo "a tempo".

Olhando para trás, percebo que, embora eles achassem que eu estava colocando o futuro do Guns em risco ao me dedicar ao Snakepit, decidiram que era mais importante não me contrariar. Roeram as unhas o tempo inteiro, mas, se Zutaut ou quaisquer outros tivessem manifestado suas preocupações, eu teria lhes dito a verdade: não pretendia deixar o Guns N' Roses. Por mais puto da vida que estivesse, eu sempre pensava que voltaria, depois de algum tempo longe, quando fosse o momento certo.

Assim, a Geffen lançou e apoiou *It's Five O'Clock Somewhere*. Eles divulgaram o álbum e nos deram apoio financeiro para a turnê... até que o cortaram. Uma vez que Axl informou à gravadora (segundo me contaram) que estava pronto para começar sessões de composição para o álbum seguinte do Guns, minha coleira foi puxada abruptamente e recebi ordens para voltar para casa. Da maneira como viam as coisas, eu vendera um milhão de cópias, eles obtiveram lucro e não precisavam mais que eu estivesse na estrada divulgando o disco. O engraçado era que, mesmo depois de todos aqueles anos, ainda não via uma turnê como meio de se promover um álbum – para mim, era apenas um pretexto para tocar.

Aterrissei em Los Angeles e me instalei na nova casa que Renee e eu tínhamos alugado acima da Sunset Plaza, em West Hollywood. O imóvel que compráramos antes e onde eu tivera meu pequeno estúdio fora inteiramente destruído pelo terremoto, como já disse. Assim, transferi todas as minhas cobras para esse novo lugar e fomos vivendo de aluguel indefinidamente. Eu podia estar casado, mas ainda não tinha a mentalidade de chefe de família, àquela altura. Sabia que devia comprar outra casa para assegurar um lar para minha esposa, mas acabei me acomodando. Alugara aquela por um preço razoável logo acima da Sunset, e tinha ali tudo o que precisava. Era o meu canto: eu tinha minhas cobras, Renee e minhas máquinas de fliperama – era um ótimo acampamento de solteiro... para minha esposa e eu.

Assim, voltei à cidade odiando o que teria de fazer, porque, no fundo, sabia que seriam muitas coisas e nem um pouco fáceis. Doug nos arranjara um estúdio chamado Complex, o qual mais tarde apelidamos de "Condomínio". Fui até lá e descobri que Axl já se instalara. O lugar tinha uma ampla sala de ensaio e uma quantidade absurda de equipamento na sala de controle – literalmente cheia de sintetizadores –, como também um arsenal de *softwares* Pro Tools que Axl alugara. Nós dois não havíamos nos falado desde o meu retorno, nem pelo telefone, nem cara a cara. Recebi minhas ordens de trabalho de Doug. Apareci no horário marcado e encontrei meu técnico de som, Adam Day; o técnico de Duff, McBob; Duff, Dizzy Reed, Matt e Paul Huge. Axl não estava. Cheguei naquela primeira noite por volta das oito horas.

Meu primeiro pensamento foi que aquele cenário, que devia ser o da nossa banda, lembrou-me demais da ocasião em que gravara para Michael Jackson em *Dangerous*. Quando fiz aquelas sessões para ele, fiquei perplexo com o total de dinheiro que ia pelo ralo. Havia equipamento alugado por toda parte, e me disseram que Michael mantinha alugados vários estúdios equipados de maneira idêntica distribuídos pelo país, reservados, com as taxas diárias sendo cobradas, para o caso de se sentir inspirado a gravar em algum deles a qualquer momento.

Como sou econômico, aquilo não me pareceu nada sensato. Achei que aquele tipo de ambiente de gravação era um desperdício e que o esquema de Michael estava fora demais do controle. Quando apareci para gravar, a equipe foi tão hospitaleira e mecânica quanto um grupo de carregadores num hotel cinco estrelas.

— E então, o que gostaria de tocar? — lembro que um cara me perguntou.
— Como assim?
— Temos uma grande variedade de guitarras aqui — explicou ele. — Qual gostaria de usar?
— Eu trouxe a minha de casa. Quero tocar com ela.

Aquilo tudo era um cenário musical frio e desconexo. O último lugar em que esperei encontrar aquela atmosfera outra vez foi nas sessões de composição/ensaio/gravação da minha banda. Posso aguentar um milhão de coisas, mas se existe algo que não tolero é falta de integridade. Ao primeiro sinal de leviandade, fico cauteloso. E aquilo com que deparei me preocupou.

Havia fileiras e fileiras de Pro Tools e equipamento pertinente. Foi uma clara indicação de que Axl e eu tínhamos ideias bem distintas sobre como fazer aquele disco. Eu estava aberto a usarmos o *software* Pro Tools, a tentar novas propostas. Todos, porém, têm de falar o mesmo idioma, estar em sintonia, para explorar possibilidades. A banda conseguiu fazer algumas improvisações e produzir algo. Axl pareceu gostar de algumas sugestões que fiz, e foram gravadas no Pro Tools e armazenadas para que ele trabalhasse nelas depois.

Aparecíamos em horários diferentes a cada noite, mas até as oito, geralmente todos da banda já se encontravam lá. Então, esperávamos Axl, que, quando ia, chegava bem, bem mais tarde. Essa era a rotina, uma atmosfera sombria, angustiante, que não tinha rumo algum. Assim, depois de alguns dias, decidi passar minhas noites no bar de *strip-tease* da esquina, com instruções para que os engenheiros fossem me chamar caso Axl decidisse aparecer.

UMA DÉCADA DEPOIS DE TERMOS FORMADO A BANDA, CADA pequeno aspecto que eu sabia fazer parte do Guns N' Roses mudara. Havíamos perdido Steven, Izzy e, embora tivéssemos ganhado Matt, ganhamos e perdemos Gilby. Duff era o único elemento da linha original que permanecia o mesmo; era meu amigo, a única pessoa com quem eu podia contar. Mas estava sóbrio, agora. Em maio de 1994, sofrera um ataque quase fatal em que seu pâncreas estivera perto de explodir. Os anos de bebedeira pesada exerceram seu efeito e, se Duff não se livrasse do álcool, morreria. Ainda éramos unidos, e as coisas continuavam basicamente na mesma, mas já não tomávamos porres juntos. Ele estava se esforçando de verdade para fazer com que as coisas decolassem, mantendo Matt envolvido, porque, afinal, Matt não sabia ao certo como o processo desde a composição até a gravação funcionava no Guns. Duff era a única âncora àquela altura, enquanto eu estava à deriva.

Para mim, beber ainda era uma atividade divertida, recreativa para ser aproveitada diariamente, embora tivesse começado a me embebedar mais para esquecer do que por diversão. Não havia muita vida social acontecendo para o Guns fora do estúdio, de qualquer modo, e assim, desde o momento em que voltei à banda, estava por conta própria. Meu consumo era excessivo, mas ainda me comportava como uma pessoa normal – uma pessoa normal com um nível interno de álcool puro diluído apenas pelo sangue. Eu trabalhara longa e arduamente para me aguentar firme dessa maneira. Tivera de fazê-lo, porque beber era a única coisa que me satisfazia e diminuía todos os problemas com os quais eu teria me visto obrigado a lidar, na banda e em minha vida, caso me permitisse voltar ao normal por algum tempo.

O foco se concentrava em tentar fazer com que tudo voltasse a engrenar. Em meio ao ambiente menos criativo que eu já vivenciara na história do Guns, de algum modo conseguimos, enfim, seguir em frente. Minhas lembranças disso são vagas, porque fazia todo o possível para esquecer. Lembro-me bem ao menos de que ia ao estúdio e ensaiava sem um rumo. Havia animosidade demais bloqueando a minha criatividade. Uma das poucas vezes em que realmente conversei com Axl a respeito ficou muito claro que divergíamos bastante de opinião. Tentei mais uma vez fazê-lo entender como trabalhar com Huge era estressante e nada criativo, do meu ponto de vista.

— Você não precisa ser amigo de uma pessoa para fazer um disco com ela – declarou Axl.

— Talvez não – falei –, mas é preciso que exista respeito mútuo, sabe?

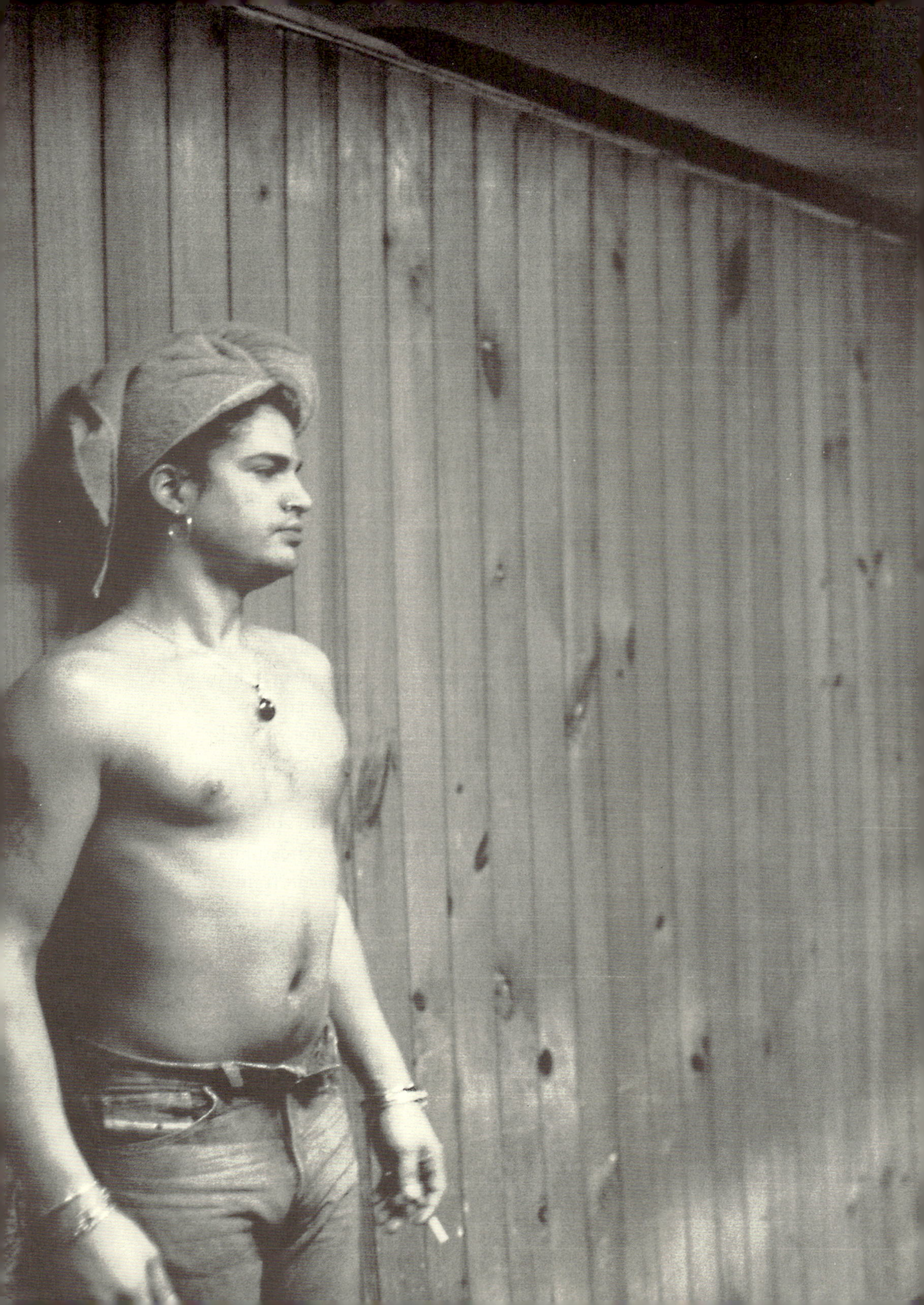

Slash e Axl discutindo nos bastidores da turnê Illusion. Note o meio litro de vodka armazenado na barriga de Slash.

Poderíamos muito bem estar falando sobre nós dois também. O negativismo era tão corrosivo que eu não conseguia me concentrar, focar-me em compor. Havia tanta amargura dentro de mim que permanecer calmo, tranquilo o bastante para tocar era quase impossível. Assim, eu me embebedava direto e tentava tomar parte no que quer que estivéssemos fazendo.

Axl convidou Zakk Wylde para ir ensaiar conosco e com Paul Huge. Provavelmente achou que eu gostaria da ideia porque Zakk era meu amigo e eu o respeitava como guitarrista, mas não pareceu ser a resposta. Sugeri que Gilby voltasse a ser contratado, e a ideia foi rejeitada na hora. Houve uma interminável troca de mensagens, através de Doug Goldstein, sobre as vontades, necessidades e ideias de Axl sobre o que deveríamos fazer. O único meio pelo qual eu "conversava" com Axl era através de Doug, àquela altura. Ele passava a mensagem a Doug, que tinha de dourar a pílula antes de transmiti-la a mim e, então, fazia o mesmo na hora de passar a minha mensagem a Axl. Às vezes, eu telefonava para Axl, mas em geral ele não atendia e nunca retornava as ligações. Quando resolvia aparecer para o ensaio, nunca cantava. Minha lembrança desse período é vaga, porque produzimos bem pouco. Devo dizer, porém, que o equipamento estava sempre a postos. Aquelas sessões ficaram caras demais para um uso tão deprimente e nada produtivo.

Apesar de estar contrariado por ter sido chamado de volta para casa à toa e todo o baixo-astral, meu lado responsável interveio e determinei-me a extrair algo daquela situação. Não sabia o que esperar de Zakk Wylde, mas torci para que fosse o melhor. Ele é um grande sujeito. Eu o conheci no Sunset Marquis na noite em que foi contratado para ser o guitarrista de Ozzy, anos antes. Fizemos uma comemoração no quarto dele até que Zakk apagou e ficou dormindo na banheira quando saí. A personalidade dele é como a de Steven Adler multiplicada por dez. Não mede palavras e não teme confrontos. Não pude ver uma relação de trabalho entre ele e Axl durante mais do que uma semana. Mas, deixando isso de lado, enquanto tocamos juntos, fazendo improvisações no Complex, a coisa não fez o menor sentido para mim. Não éramos como a dupla de guitarristas que compunha o Guns. Éramos dois guitarristas principais tocando músicas nos lados opostos do palco, e era excessivo. Eu estava acostumado a trabalhar e tocar com um músico mais brando de guitarra-base. Se fosse para Zakk e eu fazermos aquilo, seria uma viagem completamente nova... mais como o Judas Priest ou algo assim. Até ele achou que o conceito estava errado.

— Foi legal — disse eu depois de termos tocado um pouco juntos. — Diria... diferente.

— Ouça, cara. Sim, foi legal. A gente poderia continuar assim e que se foda, é o máximo. Mas você e Axl têm de tocar a porra da banda avante, Slash. Vocês têm que se juntar e pôr mãos à obra de novo.

ÀQUELA ALTURA, TODAS AS DECISÕES DA "BANDA" ESTAVAM sendo tomadas por Axl e Doug Goldstein. Duff, eu e os demais integrantes éramos informados sobre as decisões deles por telefone e fax. O Guns N' Roses tornara-se oficialmente uma ditadura. A realidade do que acontecia era opressora; era como afundar em areia movediça. Eu não conseguia encontrar apoio em lugar algum para sair dela. O que deveríamos estar fazendo era simples: contratar um novo guitarrista e fazer um álbum. Mas o processo todo foi conduzido de maneira autocrática por Axl e, embora eu soubesse que ele queria resultados da minha parte, me sentia sufocado pela tensão e não conseguia pensar direito. Ao final do dia era como uma luta de poder entre nós dois, com ele querendo controlar tudo e eu querendo manter as coisas como um esforço de grupo. Com frequência, a percepção do público concentrou-se em Axl e em mim como a alma do Guns N' Roses, e acho que Axl concordava, mas o sucesso que o Guns conquistara até aquele ponto fora resultado de cinco caras trabalhando em equipe, num empenho conjunto em que ninguém fora mais importante do que ninguém, a meu ver. Mas aquela ideia estava ficando no passado e não parecia haver nada que eu pudesse fazer a respeito.

Embora já a tivesse previsto com tanta antecedência, quando a realidade me atingiu em cheio, ainda me recusei a acreditar que fosse verdade. Uma das coisas que reunira nós cinco em primeiro lugar fora o fato de que não receberíamos ordens de ninguém. Com base só nisso, sempre tivemos o apoio uns dos outros. Axl sempre fizera parte desse time — ao menos em espírito, quando não estivera lá pessoalmente. No fundo do nosso coração, mesmo quando ele se comportava de um jeito bizarro qualquer, sabíamos que fizera parte do coletivo. Agora, de repente, não fazia mais. Por mais que talvez tivéssemos ignorado o fato antes desse ponto, Axl deixara bas-

O GUNS N' ROSES TORNARA-SE OFICIALMENTE UMA DITADURA.

tante claro que nós éramos a banda "dele" e que pretendia nos provocar e torturar, conforme lhe aprouvesse, e esperar que ficássemos ao seu inteiro dispor. Pelo jeito, deveríamos agradecer por tal oportunidade.

Por ora, nós nos reuníamos e, durante nosso amplo tempo livre, todos falávamos merda. Era tão negativo... Chegou ao ponto de eu mal poder aparecer porque a animosidade tornou-se insustentável. Passávamos todas as noites no estúdio, talvez compondo e tocando, mas na maior parte ficávamos frustrados, à espera de ver se Axl viria – o que fazia geralmente depois que a maioria de nós tivesse ido embora –, tudo sob o pretexto de que estávamos compondo música para o disco seguinte do Guns. Como se isso não bastante, mais uma questão relativa ao contrato minou uma situação já bastante frágil.

Dessa vez, o alvo fomos Duff e eu – os dois únicos membros restantes da formação original do Guns N' Roses. E a questão foi apresentada de maneira bastante estratégica: o contrato declarava que Axl reteria os direitos do nome da banda e teria permissão para iniciar uma nova banda, que poderia chamar de Guns N' Roses. É claro que Duff e eu poderíamos ser integrantes... mas apenas nos termos dele, o que caiu sobre nós como se estivéssemos sendo definidos como funcionários. Axl contratara um advogado para tratar de tudo aquilo. Duff e eu também contratamos os nossos, e os três começaram a cuidar do caso, fazendo aquelas reuniões festivas de advogados que não resultam em nada, mas apenas consomem o dinheiro dos clientes. Doug Goldstein também ajudou a "facilitar" a coisa toda.

Essa situação desgastou a rocha que eu sou; acabou com a minha paciência, minou minha dedicação, minha determinação – tudo finalmente começou a ruir. Isso tem sido foco de muita especulação. O que de fato aniquilou o Guns N' Roses? Foram diferenças artísticas? Foi o ego de Slash? A atitude de Axl?

Eu não soube mais o que fazer depois que Axl enviou uma carta em 31 de agosto de 1995, dizendo que estava deixando a banda e levando o nome consigo, segundo as cláusulas contratuais. Tentamos resolver o impasse. Ele nos pressionou tanto com essa questão do contrato que Duff e eu cedemos. Assinamos um documento que havíamos concordado em manter em vigência por um certo tempo, para ver se conseguíamos resolver as coisas entre nós. Mas, se não concordássemos em cumprir as cláusulas até certa altura, esse contrato seria anulado. Assim, assinei a papelada e deixei para lá. Só queria seguir em frente, se é que ainda nos restava algum lugar para ir juntos.

Nem preciso dizer que minha confiança em Axl acabou. Aquela situação toda do contrato era a antítese do Guns N' Roses, a meu ver. Tudo girou tanto em torno de Axl desejar o controle que o restante de nós se sentiu sufocado. Fui forçado a um papel secundário, ao passo que Axl estaria oficialmente no comando a partir dali se eu deixasse o contrato dele se tornar válido por vias legais. Certa vez, ele me telefonou para termos uma reunião particular em seu restaurante italiano favorito em Brentwood. Fui até lá e, como ele ainda não tivesse chegado, sentei-me no bar à sua espera. Depois que Axl chegou, nós nos sentamos a uma mesa recuada, num canto escuro, como se fôssemos da máfia. Segundo recordo, a reunião foi uma tentativa de me coagir a aceitar o acordo que ele e seus advogados propunham, mas de uma maneira bem menos truculenta. Axl tratou a situação como se nós dois fôssemos os fatores mais importantes naquilo tudo. Tentou me convencer de que estava tudo bem, de que era algo que nós dois estávamos fazendo como sócios.

Àquela altura, tentava me atrair para o seu mundo, para me mostrar sua versão das coisas à sua maneira, que foi muito agradável, só que não engoli nada daquilo. Sentei lá e ouvi, não dando muito retorno. A tensão era imensa, e havia questões demais não abordadas. Ficou cada vez mais óbvio que nada do que eu dissesse o faria mudar de ideia. E Axl já sabia como eu me sentia. Continuamos nesse clima até que a tempestade desabou mais tarde.

Toda a diversão acabara. A situação se tornara deprimente. Achei espantoso que essa banda tivesse dado tamanha virada. Nós, a banda, concedêramos a Axl a liberdade, ao longo de todos aqueles anos, para transformar o que tínhamos numa realidade mórbida que existia apenas na mente dele.

Tivemos mais umas duas reuniões como essa no escritório de Doug Goldstein. Então, claro, houve intermináveis reuniões com os advogados sobre essa situação. Foi extenuante. Nem sequer pude entender que porra eu estava fazendo lá. Não importando o que pudéssemos acabar criando na forma de um disco, nada daquilo valia a pena.

ROMPIMENTO

OS STONES ESTAVAM NA CIDADE NESSE PERÍODO. HOSPEDADOS no Sunset Marquis, gravavam na casa de Don Was, trabalhando em *Bridges to Babylon*. Fui até lá assistir a algumas sessões e observá-los trabalhar, criar sua magia, fez com que eu me sentisse ainda pior em relação à nossa situação. Tinham uma química que englobava todas as personalidades bem distintas deles sem nunca haver falta de respeito. Keith pegava no pé de Ronnie incansavelmente com suas brincadeiras, mas Ronnie é um cara tão bom e amistoso que sempre levou tudo na esportiva. Só podia ser pelo fato de Keith ser sinistro e supernarcisista e ter de implicar com alguém. Não pode fazer isso com Mick ou Charlie... embora ele tente. Eles são tão resistentes que não dá certo e, assim, tudo sobra para Ronnie. Tudo o que Ronnie diz é: "Keith tem seus humores tirânicos". Por mais que a coisa fique pesada, porém, nunca extrapola os limites do respeito mútuo.

Numa noite em particular, depois que encerraram o trabalho do dia, fui até o quarto de hotel de Ronnie para um bate-papo. Ele perguntou se eu conhecia Keith. Falei que apenas de vista, nunca tínhamos conversado. Assim, Ronnie levou-me até o quarto dele, apresentou-nos e me deixou lá. Estava escuro, um blues antigo tocando no estéreo. A única lâmpada acesa mal iluminava o rosto de Keith sentado no sofá, e o cobria com uma espécie de luz pardacenta e misteriosa. Sentei-me numa poltrona perto da mesa de centro, e ele ficou me estudando. Conversou comigo por alguns minutos e, de repente, tirou uma faca do bolso e girou-a no ar algumas vezes para me mostrar quem mandava no pedaço. Pousou-a com força na mesa entre nós.

– Hum... valeu – falei.

Mais tarde, fomos jantar no Chasen's. Keith e eu ficamos no bar, conversando sobre drogas e cadeia, e pude ver que ele já simpatizava um pouco mais comigo. Eu estivera no estúdio ensaiando o dia todo e, assim, quando a conversa acabou girando em torno da minha banda, desabafei.

Keith ouviu tudo, e aí olhou bem no fundo dos meus olhos para dizer:
– Ouça. Existe apenas uma coisa que você nunca faz... você nunca *sai*.

Entendi o que ele quis dizer. Se você nunca sai, não importa o que digam, estava *lá*. Se é sempre aquele que aparece nos ensaios e fica até o fim, mesmo quando os tempos são difíceis e nem todos se entendem, tudo de que seus companheiros de banda não poderão acusá-lo é de ter abandonado o barco. É verdade. Se você aparece cedo para ensaiar ou gravar e fica até o final, é aquele com quem ninguém pode se meter. Um exemplo perfeito é a grande canção dos Rolling Stones, "Happy", de seu álbum *Exile on Main St*. Segundo a lenda, enquanto Keith aguardava que o restante da banda chegasse, compôs a música inteira sozinho. Quando os demais apareceram, mostrou-a a eles como quem dissesse: "Por que demoraram tanto?". Eu decididamente queria ser esse cara capaz de superar todos os obstáculos e produzir música. Quando está sempre lá, você é aquele que dá as cartas.

Keith me serviu de inspiração. Senti que eu precisava tentar mais. No dia seguinte, procurei voltar a me concentrar no que de fato importava e fui ao Complex determinado a fazer com que tudo desse certo a qualquer custo. E foi quando levei outro tapa na cara. Axl não foi ao ensaio, e as negociações dos advogados dos nossos "contratos de emprego" tinham adquirido um cunho realmente ofensivo. Deus abençoe Keith por ter tentado, mas não havia nada que eu pudesse fazer – eu teria de sair.

Nossos "ensaios" sempre iam até bem tarde; até mais tarde ainda quando Axl resolvia aparecer. Quando aparecia, costumava ser por volta de uma ou duas da manhã. Tocávamos durante uma hora ou pouco mais e, enfim, ficávamos entediados e íamos para casa, deixando-o no estúdio. Nunca o ouvi cantar enquanto estivemos no Complex. Não sei ao certo se o ouvi cantar mais depois daquele show em 1993, e àquela altura estávamos em 1996. Assim, eu nem sequer sabia no que estávamos trabalhando. Deveríamos estar tocando e fazendo improvisações até que ele dissesse "Gostei disso", ou "Gostei daquilo". Ninguém vinha tendo bons momentos e, portanto, ninguém se sentia inspirado. Em geral, eu chegava em casa por volta das três da manhã. E foi uma dessas noites que me impeliu a sair.

Meti-me na cama e adormeci. Duas horas depois, por volta das cinco, acordei suando frio, num estado de espírito sombrio, desesperador e com ideias suicidas. Queria pôr um fim em tudo. Sentia-me tão angustiado que desejava que tudo desaparecesse. Nunca me sentira daquela maneira antes. Jamais quisera acabar com a própria vida – chegara bem perto algumas vezes, mas jamais de propósito. Por meia hora, olhei em torno do quarto. Não tinha nada para fazer aquilo; queria me matar rápido; não pretendia continuar. Se houvesse drogas por perto, teria consumido tudo de uma vez, e teria sido o fim.

Durante a hora seguinte, olhei fixo para o teto e pensei na minha vida, desde o início até aquele ponto. Perguntava-me se valia ou não a pena viver, ponderando sobre como eu chegara aonde estava e decidindo o que poderia fazer a respeito. Por volta de seis da manhã, exausto, acabei adormecendo de novo. Duas horas depois, acordei com um pensamento totalmente claro na cabeça: *Basta*. Exceto por isso, minha mente estava silenciosa.

Até aquele momento, uma parte de mim quisera continuar tentando, a outra não vira futuro. Sob a claridade da manhã, repassei todos os ângulos mais uma vez e cada um deles apontou para a mesma conclusão. A banda não era mais a mesma e eu não queria mais fazer parte dela. Uma vez que disse isso a mim mesmo, não havia mais nada em que pensar.

Levantando-me da cama, liguei para o escritório da nossa direção, a BFD, e informei Doug que eu não voltaria mais.

— Já deu — falei para ele. — Estou caindo fora. Fui! — Desliguei antes que Doug pudesse dizer alguma coisa.

EM RETROSPECTO, VEJO QUE FUI INGÊNUO EM RELAÇÃO À COISA toda. Não me protegi legalmente porque não achei que precisasse. Na minha concepção, o que era um nome sem os músicos? Não achava que tinha dado nada a Axl, porque, para mim, o que poderia fazer com o nome e nada mais que fizesse jus a ele?

Não providenciei para que os meus advogados cuidassem tão bem dessa situação quanto deveria. Estava tão cheio e cansado que nem quis saber. Não quis fazer um comunicado à imprensa, nem causar estardalhaço ou polêmica. Minha intenção era sair de maneira discreta. Não desejei que fosse uma daquelas situações em que se veem dois caras trocando insultos através dos jornais. Não vi razão para algo tão simples se tornar uma séria batalha legal tampouco. Pensei que apenas pegaria a minha parte e iria embora.

A curto prazo, ninguém na corporação do Guns acreditou que eu havia mesmo saído. Axl contatou aqueles mais chegados a mim, dizendo-lhes que eu deveria mudar de ideia. Ligou para o meu pai, meu segurança, minha esposa, Renee, e falou a cada um que eu estava cometendo o maior erro da minha vida. Disse que eu estaria perdendo um bocado de dinheiro por causa da minha decisão. Mas nada disso fez diferença para mim. *Já tinha dado.* A gota d'água fizera o copo transbordar e não havia mais volta.

Para ser franco, ninguém do círculo de Axl acreditou que eu saíra mesmo da banda ao longo de uns dois anos. Fiquei pasmo com a atitude de profunda negação deles. Jamais me comportei como se pretendesse voltar, mas não importava para aqueles caras. Simplesmente não acreditavam que eu preferia *não* estar no Guns N' Roses a ter de lidar com a realidade de estar no Guns N' Roses.

FIZ TUDO QUE PUDE DESDE O DIA EM QUE NOS UNIMOS PARA fazer com que o Guns N' Roses se tornasse a melhor banda do mundo. Coloquei o coração e a alma em tudo o que fizemos e não me arrependo nem um pouco de nenhuma das minhas contribuições. Realizamos coisas que outras bandas apenas sonham. Em poucos anos, ultrapassamos metas que grupos como os Stones levaram décadas para alcançar. Não gosto de contar vantagem, mas, se você pesquisar, verá que o que produzimos no período de tempo em que o fizemos é algo que não foi superado por ninguém na história do rock and roll.

Depois de ter trabalhado para tornar essa banda tudo o que poderia ser durante boa parte da minha vida, dizer adeus à instituição que eu ajudara a construir era algo tão insólito para mim quanto ser lançado no espaço. Mas, uma vez que o fiz, um enorme peso saiu dos meus ombros, o chumbo desprendeu-se dos meus pés. Era como passar pela descompressão após um mergulho em águas profundas. No dia em que tomei a decisão, acordei cedo, comuniquei o fato aos encarregados de divulgar a notícia e voltei a dormir. Não me lembro de mais nada daquele dia a não ser que, quando tornei a despertar, senti-me *revitalizado*. A sensação foi de que dormira durante uma semana. À noite, liguei para Duff, Matt, Adam Day e dei-lhes a notícia. Duff aceitou minha atitude sem questioná-la. Não foi surpresa para Matt também. Fiquei satisfeito, mas havia um sentimento agridoce. Eu nunca desistira de nada até então.

Desfrutei de um período de paz por algum tempo. Comecei a sair e a apenas tocar sem compromisso sempre que tinha a chance. Meus advogados me perguntaram se eu queria mover uma ação por danos morais e ir em busca do máximo que fosse possível, e eu disse que não, de boa-fé. Não posso nem explicar. Exceto por dizer que eles tentavam proteger os meus direitos e que eu provavelmente deveria ter lhes dado ouvidos, a verdade é que eu me achava num estado de negação, recusando-me a aceitar, bem no fundo, que a relação entre mim e o Guns como instituição se tornara tão instável e pouco confiável. Não via as coisas dessa maneira, mas, quando uma pessoa deixa uma empresa, tem de fazer valer os seus direitos. Na época, ainda nutria uma ingênua confiança naquilo que o Guns significava para mim e, portanto, não lidei com a situação. E, até hoje, ainda existem questões não resolvidas que me causam dor.

Levando-se tudo em conta, continuo firme em minha decisão e na maneira como a tomei. Até o meu pai me disse naquela época, quando eu me encontrava num estado de total angústia: "Não afunde com o navio". Considero minha saída do Guns uma das decisões mais inteligentes que já tomei. Não há dúvida de que, se eu tivesse continuado com a banda sob aquelas circunstâncias, com certeza estaria morto a esta altura devido a muito dramalhão desnecessário. Garanto que teria ido ao encontro das drogas outra vez, ou elas ao meu. Se eu soubesse na ocasião o que sei agora, se tivesse tido mais experiência, se tivesse me protegido mais e sido mais desconfiado em relação aos jogadores envolvidos – e nem me refiro tanto a Axl quanto ao pessoal contratado por ele para conduzi-lo nisso –, as coisas talvez tivessem sido diferentes. Axl contratou gente que não tinha nada em mente além de ganhar dinheiro à custa dele. Se tivesse sido diferente, ou se nós dois tivéssemos sido capazes de conversar cara a cara, poderia ter havido um grau maior de preservação dos nossos interesses mútuos como uma banda. Mas não acredito nessa de "e *se* isso e *se* aquilo…".

Tinha de acontecer. O caminho que Axl escolheu percorrer forçou-me a sair. E uma vez que deixei a banda, Duff foi o próximo – ele se demitiu menos de um ano depois. Na sequência, Matt foi despedido. Ao que parece, tomou o meu partido quando fui execrado durante os ensaios, e esse acabou sendo o fim dele.

Em 1998, Axl era o único membro dos cinco originais ainda na "banda" que ele providenciara legalmente para poder chamar de Guns N' Roses. A essa altura, Izzy lançara um punhado de álbuns solo e fizera turnês mundiais, o mesmo tendo sido feito por Gilby. Duff formara uma nova banda e lançara dois discos, e eu também estava na ativa. Minha segunda encarnação do Snakepit ia muito bem, obrigado. Matt, por sua vez, tornara a se reunir ao Cult, gravara um disco e estava em turnê. Steven andava debilitado pelo vício em drogas, mas Axl não tinha essa desculpa. Achei de uma ironia mórbida o fato de que, entre todos nós, o único cara que basicamente nos oprimira e nos pressionara até a submissão para conseguir ficar com o nome fora o único a não fazer muita coisa com ele até aquele ponto.

EM 1996, IMEDIATAMENTE APÓS MINHA SAÍDA DO GUNS, FIZ TUDO o que pude para me manter inspirado pela música. Foi a melhor cura para a minha desilusão com aquilo que a minha banda se tornara. Estive em turnês mundiais de músicos talentosos com estilos diversos, aprendendo o máximo que pude com todos eles. Fui para o Japão por duas semanas com Nile Rodgers e a formação original do Chic – e essa foi uma experiência e tanto em termos de educação musical.

Tenho todo o respeito do mundo por Nile. Tínhamos trabalhado juntos na trilha sonora de *Um tira da pesada III*. Assim, quando ele me ligou para participar da turnê do Chic, foi uma satisfação aceitar. Nile reunira todos os músicos da formação original: Omar Hakim, Bernie Worrell, Bernard Edwards e, pelo menos, uma das cantoras de *backing vocals*. Além de mim, tiveram como convidados Stevie Winwood, Simon Le Bon e Sister Sledge ao longo da turnê, fazendo participações durante os shows.

Durante os ensaios no S.I.R., na cidade de Nova York, no correr de uma das improvisações, dei uma espécie de mergulho bombástico com a minha Les Paul (foi quando aconteceu aquela rachadura mencionada antes). Empurrei o braço da guitarra para a frente com tudo, ao mesmo tempo em que fiz pressão sobre o tróculo (junta do braço), onde o braço é colocado ao corpo. Parti o braço da guitarra, que voou e me atingiu em cheio no rosto. Senti-me como se tivesse levado uma pancada com um bastão de beisebol. Quando me bateu, causou um estrondo e abriu um rombo no meu lábio superior. Alguém estava gravando a sessão em vídeo naquele dia e eu adoraria rever a cena. O ferimento ficou do tamanho de um níquel.

O ruído em si fez com que todos parassem de tocar e olhassem na minha direção. E lá estava eu, com metade da guitarra numa mão, a segunda metade na outra, com sangue escorrendo pelo queixo, pescoço e peito. Fiquei atordoado. Todos apontaram para mim, mas nem fazia ideia do que estavam falando. Considerando que eu me encontrava em Nova York, ou era esperar três horas para ser examinado por um médico do pronto-socorro – ou nada. Optei por ir para o Paramount Hotel, onde sentei no Whiskey Bar com uma compressa de gelo no rosto e uma garrafa de Jack Daniel's diante de mim até que embarquei com os demais na manhã seguinte.

Nesse meio-tempo, Adam levou minha guitarra para um restaurador a fim de ver se havia conserto. Quando o vi a caminho do portão de embarque, ele me disse que seu conhecido conseguira colar as partes de volta.

– Fiz o melhor que pude – falou, parecendo bastante cansado. – Foi algo ao estilo de Frankenstein, mas acho que vai funcionar.

Eu gostaria de reservar um momento para dizer agora mesmo a Adam Day, meu técnico de som ao longo dos últimos dezenove anos, quanto o adoro. Houve muitas ocasiões antes em que eu me senti dessa maneira, e muitas desde então, mas quero lhe dar o mérito que ele merece por ter feito o que fez nesse caso. Aquela coisa quebrou de um jeito que só poderia ser considerada perda total, ou ao menos foi o que pensei, mas Adam ficou acordado a noite inteira providenciando os reparos, e graças a ele, daquele ponto em diante, o som daquela guitarra ficou melhor do que nunca.

AQUELA TURNÊ JAPONESA FOI DEMAIS; CADA SHOW, UM acontecimento. A banda era formada por um grupo incrível de músicos, por isso foi uma verdadeira experiência de aprendizado, além de toda a diversão. Tive um caso com uma das cantoras de *backing vocals*, que era muito gostosa. Na última noite da turnê, estava sentado com ela e algumas outras gatas no camarote de um clube, comemorando. Bernard Edwards estava lá se divertindo com a gente, mas, muito cansado, saiu um pouco cedo; o segurança acompanhou-o até o quarto.

Na manhã seguinte, encontraram-no morto no sofá como resultado de uma grave pneumonia. Receber aquela ligação foi um dos momentos mais irreais da minha vida.

– Eu estive com ele há poucas horas! – falei.

Considerava Bernard tanto como músico quanto como pessoa. Era um cara maneiro, generoso, gentil. Fora um bom amigo, acolhendo-me sob suas asas durante essa turnê, o que foi surpreendente, considerando que eu era um estranho numa terra estranha, tocando com todos aqueles profissionais tão experientes, e Bernard nem sequer sabia tanto sobre mim ou a minha música. Em toda a turnê, não aparentou estar com nenhum problema de saúde, nem que houvesse nada errado com ele; apenas morreu placidamente em seu sono. Foi um tremendo choque para Nile, porque Bernard era seu parceiro de composição e amigo mais próximo, e ambos haviam reatado a amizade após um longo distanciamento. Tinham acabado de reunir a banda outra vez. Havia muitos planos para gravar e embarcar numa nova etapa. Nile ficou em estado de choque. Todos ficamos, aliás. Nós nos separamos no Japão e tornamos a nos ver no funeral de Bernard, em Connecticut.

CONTINUEI A ENCONTRAR INSPIRAÇÃO MOTIVANDO-ME A PARTICIPAR de projetos fora do meu raio esperado de atuação. Um deles foi a música para a trilha sonora do filme *Curdled*, produzido por Quentin Tarantino. Quando a Miramax me pediu para fazê-la, concordei no ato, porque sou um grande fã dele. O filme é ótimo. É sobre uma equipe de limpeza que entra em ação depois que os peritos terminam de colher provas para limpar cenas de crimes. Eles se veem limpando cenas de um assassino em série que tem como alvo mulheres ricas, e um dos membros da equipe – uma garota perfeitamente normal – fica obcecada com o facínora e monta um álbum de recortes sobre os assassinatos. A trama fica muito mais intensa a partir daí.

Conheci Quentin, que me contou tudo sobre o filme, e comecei a compor uma música inspirada em sua protagonista, Gabriella, e na atriz que a interpreta, Angela Jones. Angela parece ser latina, mas é uma garota americana de Pittsburgh, e eu tivera uma queda por ela desde o momento em que a vi em *Pulp Fiction*. Ela fez o papel da taxista que levou Bruce Willis para o hotel depois da briga. Dediquei horas de trabalho a essa música, que é instrumental, totalmente acústica, eclética e com influências do flamenco. Gravei o material com Jed Leiber, que é um excelente engenheiro de som que conheço de Los Angeles.

Fui para Nova York, onde Nile Rodgers produziu a versão eletrônica de algumas faixas. Então, nós dois fomos à Espanha para que a grande estrela espanhola, Martha Sanchez, fizesse os vocais. Ela é basicamente a

Slash e Perla na fase de paquera durante as férias em Palm Springs.

Madonna espanhola, e ficou claro para mim que Nile gastara todo o dinheiro dele para envolvê-la no projeto apenas para poder estar com ela. Por mim, tudo bem. Eu me diverti a valer em Madri. Martha nos levou a todos os bares animados e antigas adegas de vinho nos subterrâneos da cidade. Em cada um deles, havia os melhores guitarristas de flamenco. Aprendi muito tocando de improviso com eles.

Fui para a festa de encerramento em Miami e logo fiz amizade com Quentin, Angela e algumas outras pessoas. Ela e eu começamos a sair em Los Angeles, o que durou meses. Posso dizer que o relacionamento se resumiu a transarmos no carro dela. Nós nos encontrávamos num restaurante e transávamos no carro dela. Conversávamos ao telefone, íamos nos encontrar e transávamos no carro dela.

CONTINUEI A TOCAR A CADA OPORTUNIDADE QUE SURGIU, APENAS tentando resolver o que fazer em seguida. Tinha muito com o que me ocupar, na realidade, porque, enquanto andava envolvido em meus projetos, meu casamento estava ruindo. Não foi algo repentino. Mesmo quando em Los Angeles, eu raramente ficava em casa. E, agora, que superara minha obsessão em relação ao Guns, fiquei obcecado pelo que fazer a seguir.

Quando viajava, nunca levava Renee junto e nunca era fiel na estrada. Nós chegamos a ir à Irlanda para visitar Ronnie Wood e sua família. Havia partes do meu estilo de vida com Renee de que eu gostava. Ela era aspirante a atriz e eu respeitava sua vocação. Ao mesmo tempo, ela parecia não ter uma boa chance, e sua carreira não estava tomando o rumo que esperava. Acho que se sentia frustrada porque eu já me afirmara profissionalmente, deixara a minha marca. Nada daquilo importava na verdade para Renee, de qualquer modo, ou ao menos parecia que não, porque eu não fazia parte do tipo de banda que tocava músicas de que ela gostava. Pensando bem, acho que Renee nem sequer se dava conta da magnitude do que fazíamos. Devia achar que era algo bastante infantil.

À medida que nosso relacionamento desmoronava, ela começou a andar com a mais baixa escória de atores de Hollywood, farreando um pouco demais. Ao mesmo tempo, eu me ocupava com os meus próprios interesses, completamente alheio ao meu papel de marido.

ROMPIMENTO

Depois que recebi a indenização da companhia de seguro pela casa que fora destruída no terremoto, compramos uma nova em Beverly Hills, na Roxbury Drive. Era um imóvel grande e caro em estilo espanhol, construído na década de 20. Também tinha porão, o que é raro em Los Angeles. A casa, sem dúvida, tinha uma aura especial. Era antiga, precisando de uma reforma urgente e, no porão, havia uma grande bola da era disco pendendo do teto. Eu me apaixonei por ela. No terceiro andar, próximo à suíte principal, havia um quarto extra todo branco que parecia ter sido usado como quarto escuro. Havia gavetas compridas e estreitas para guardar fotos e, em cada uma, etiquetas com nomes de garotas como "Candy", "Mônica" e "Michelle".

Nós a compramos de imediato. Excitou-me a ideia de que a casa decerto presenciara algumas sessões de fotos proibidas, e posso muito bem imaginar que tipos de festas aconteceram naquele porão. O que me atraiu mais foi o fato de *haver* um porão – o lugar perfeito para um estúdio de gravação. Comecei a trabalhar nisso de imediato, e foi a primeira vez que não medi despesas para fazer algo que eu queria. Enfim, esbanjei meu dinheiro. Deixei Renee fazer o que desejasse na casa e enterramos recursos nela de todas as formas. O imóvel na Roxbury deveria ter sido o máximo. Tinha um estúdio de gravação, uma porção de quartos, Jäger e Guinness no bar, máquinas de fliperama e jogos eletrônicos, uma mesa de bilhar e tudo o mais, e se situava numa bela área de Beverly Hills. Nada daquilo, porém, significava algo para mim e, portanto, eu não estava realmente feliz. O Snakepit II estava se formando, mas, mesmo assim, eu consumia quantidades absurdas de álcool e andava usando um pouco de heroína, ecstasy e cocaína. Sentia-me um tanto vazio e perdido. Renee adorava a casa, mas eu quase nunca dormia lá. Em vez disso, dediquei-me de maneira pouco saudável a dormir com todo o mulherio.

Passava a maior parte do tempo no Sunset Marquis, fugindo de tudo. Fiquei completamente licencioso depois do Guns N' Roses. Entrei numa fase em que apenas desperdiçava meu tempo e dinheiro na piscina do hotel, azarando garotas, bebendo no bar o dia todo e distanciando-me o máximo possível de tudo em minha vida que considerasse um aborrecimento. Se John Lennon tivera seu fim de semana liberal, eu tive meu ano liberal.

Meu segurança, Ronnie, cuidava de tudo para mim na casa. Nesse meio-tempo, prossegui com a minha turnê de infidelidade por Los Angeles e não demorei a me tornar ainda mais inconsequente. Fui a alguns eventos importantes, nos quais não deveria me comportar mal, porque as pessoas descobririam – inclusive Renee. No geral, foi um período divertido, sem nenhum senso de direção, embora meu desejo de tocar guitarra continuasse o mesmo. Apenas precisava canalizar minha energia.

EU ESTAVA NO BAR DO SUNSET MARQUIS NUMA NOITE QUANDO Perla apareceu com algumas amigas, todas parecendo *perigosas*. Ela foi um colírio para olhos cansados, devo dizer. Estava linda. Conversamos e rimos por algum tempo, e, naquele momento, eu me dei conta de que estava totalmente na dela. Perla me deu seu endereço. Na noite seguinte, apareci para vê-la, nas proximidades do Hollywood Bowl. Uma vodca fresca estava à minha espera; foi o máximo. Acho que não deixei a casa dela por uma semana. Depois que me levantei numa manhã e alimentei seus gatos, nós nos tornamos inseparáveis daquele ponto em diante. Perla possuía um círculo inteiro de amizades que não era muito envolvido no cenário do rock and roll, por isso era como se tudo fosse novidade para mim. Estar ao lado dela era como estar de férias – novos rostos, novos lugares. Era como se finalmente eu tivesse me afastado o bastante da minha vida para poder relaxar. Enfim, encontrara uma garota capaz de festejar tanto quanto eu, se não mais. Mas mantinha-se centrada, totalmente sob controle, e eu a respeitava muito. Era bonita, inteligente e tinha classe, mas também possuía sabedoria, vivência – e todo aquele calor cubano. Nem preciso dizer que me apaixonei.

Perla e eu estávamos na cama por volta do que talvez fosse a nossa décima vez juntos quando ela me fitou com um olhar sério.

– Você é *casado*, sabe – falou.

– Ah, é mesmo! – exclamei, tentando fazer piada. – Tem razão. Eu tinha esquecido.

A verdade foi que eu *tinha* esquecido. Não me sentia casado e, uma vez que comecei a ficar com Perla, casar pareceu-me algo que eu fizera numa outra vida. Foi quase como sair do Guns N' Roses. No fundo, eu já saíra muito antes de ter deixado a banda oficialmente.

Quando tornei a ver Renee, ela tirou satisfações quanto ao que eu andara fazendo. Ficou chocada em saber que eu não tinha a menor vontade de fazer nova tentativa para resolver as coisas entre nós. Eu só queria o divórcio. Mais adiante, voltei para casa numa noite e encontrei um cara na cama com ela; e lhes disse para não se levantarem, pois eu sabia onde era a saída. Apesar das objeções dela, eu insistira para que assinasse um acordo pré-nupcial – talvez minha overdose tenha tido algo a ver com o fato de ter forçado o assunto. Toda essa parte legal foi resolvida depressa e, uma vez que nos separamos, nunca mais tornamos a nos encontrar. Olhando para trás, é um tanto interessante que, subitamente, eu tenha me desligado dos dois relacionamentos mais íntimos e longos que já tivera até então, com apenas um intervalo de meses entre o fim de um e de outro.

UMA VEZ QUE ME DIVORCIEI, PERLA E EU ENTRAMOS NUM relacionamento louco, muito excitante e tumultuado. Tumultuado porque, ao contrário de qualquer uma das mulheres com quem eu já estivera, ela era bastante veemente em relação às obrigações de um relacionamento e o levava muito a sério – não estava de brincadeira. Assim, houve uma certa divergência entre os meus pontos de vista e os dela, o que deixou nossa relação mais apimentada. Fomos nos entendendo. Além do mais, tudo isso acabou resultando numa vida sexual muito intensa e, portanto, eu não iria a lugar algum.

Quando Perla e eu iniciamos um namoro sério, ela me apresentou à mãe, que é uma cubana exuberante que se mudou para os Estados Unidos da maneira tradicional: num barco, depois que Castro subiu ao poder. Gostei dela de cara, uma senhora amável mas firme que, como a filha, é uma alma bastante sábia e observadora. Simpatizou comigo de imediato, principalmente porque a filha gostava de mim – é uma dessas pessoas cuja confiança você tem de conquistar. Conheci o pai de Perla uns dois anos depois, em Miami. Com setenta e poucos anos, era um homem alto e magro que quase não falava inglês. Nós nos entendemos no ato. Ele era uma espécie de caubói cubano durão com um passado difícil. Perla e eu o levamos à Disney World no dia em que o conheci. De manhã, antes de sairmos para o parque, por volta das oito horas, ele tirou umas duas cervejas Heineken para nós da geladeira. Ele e eu nos sentamos em meio a um silêncio agradável, assistindo a TV juntos, uma vez que não falávamos o idioma um do outro, até o momento de sairmos. Partilhamos de uma camaradagem e de uma compreensão tácita um do outro daquele momento em diante. Infelizmente, o pai de Perla morreu mais ou menos um ano depois, de uma doença no coração. Gostaria de ter tido a chance de passar mais tempo com ele.

Perla também me apresentou a um bocado de pessoas das quais me tornei muito amigo, Charlie Sheen e Robert Evans entre elas, além de muitas outras que podem não ser tão famosas, mas são igualmente maneiras. Passávamos a maioria das noites fora, socializando, e eu tocava por diversão em clubes pelo menos umas três ou quatro noites por semana. Enfim, começava a sentir a minha inspiração musical renovada.

Determinei-me a formar uma nova banda. Queria fazer algo como o Snakepit, mas diferente. Teddy Zig Zag começou a me levar às terças à noite para tocar no Baked Potato, em Hollywood. Eu me reunia com uma porção de músicos de blues e tocávamos inúmeros clássicos. Alguns deles com os quais eu nunca tocara antes, e adorei cada minuto. Então, recebi um telefonema de um promotor de eventos para fazer um show, com todas as despesas pagas, em Budapeste, como atração principal num festival de jazz de lá. Concordei no ato. Foi o chute na bunda que eu precisava para agir e formar uma banda. Reuni Johnny Griparic, Alvino Bennett e Bobby Schneck na guitarra-base. Montamos uma seleção de covers que incluía tudo, de B.B. King a Steppenwolf, de Otis Redding a alguns outros do Rhythm & Blues e blues. Partimos, então, para Budapeste fazer o show e foi *sensacional*. Depois disso, rolaram ligações para que fizéssemos mais apresentações. Antes que percebêssemos, havíamos nos tornado uma banda em turnê, fazendo cada show que nos ofereciam, tanto pelo dinheiro quanto pela cerveja. Viramos a mais boêmia banda de turnê que eu já vira e nos divertimos à beça. Viajávamos com uma imensa comitiva e, geralmente, tomávamos conta do pedaço onde quer que aparecêssemos. Eu estava me divertindo a valer tocando em clubes com uma porção de caras que se envolveram naquilo apenas pela música.

Quando a turnê terminou, conversei com Johnny Griparic sobre formarmos uma nova versão do Snakepit. Divulgamos por boca a boca a notícia de que estávamos à procura de um vocalista. A certa altura, um cara entrou em contato comigo dizendo que era o cantor do Jellyfish. Uma vez que eu trabalhara com Eric Dover no último disco, decidi conhecê-lo. Que estranha viagem aquela acabou sendo.

ROMPIMENTO

Esse cara foi ao meu encontro na casa de Perla e, no momento em que pousei os olhos nele, tive minhas dúvidas. Não parecia do ramo. Não tinha o menor estilo de alguém ligado ao rock and roll – parecia mais um operário da construção civil. Convidando-o a entrar, sentamos na sala de estar e peguei uma guitarra. Perla estava no quarto no andar de cima, enquanto o cara começou a me contar sobre uma música que escrevera para uma garota. Pedi-lhe que a cantasse, enquanto eu tocava a música. Descobri que o cara não cantava assim tão bem, e aí desconfiei de que fizesse parte de um grupo vocal. E a letra era uma droga também. Procurando ser educado, acompanhei-o até a porta.

Depois que o cara se foi, Perla disse que tudo o que ele afirmara era mentira e que conhecia a garota para quem a música fora feita. Duvidei, achando que ela estivesse tirando conclusões precipitadas, ou sendo paranoica. Não tinha interesse em trabalhar com ele, mas convidei-o a ir até lá mais uma vez só para tirar a história a limpo. Perla confrontou o sujeito e estava certa em tudo que dissera. Foi quando me dei conta de que era muito mais astuta do que eu imaginava. E, por mais que odiasse admitir, essa foi uma de muitas vezes em que ela me salvou de um possível desastre. Em todo caso, o cara era um farsante e mentira para mim. Assim, tomei as devidas providências. Fui com Ronnie até o barco que fazia as vezes de casa do sujeito e lhe demos um tremendo susto. Ronnie ameaçou fazer um buraco no barco usando a cabeça do camarada e disse-lhe para nunca mais entrar em contato comigo.

Antes, eu me referi a como Ronnie adquiriu uma obsessão ao estilo de *Mulher solteira procura* em relação a mim. Bem, foi justamente neste ponto que aconteceu. Ao longo do tempo, Ronnie tornou-se minha sombra e parecia quase possessivo em relação a minha pessoa. Fizera um excelente trabalho ajudando a levar minhas coisas para a casa nova e sempre foi leal. Mas, quando Perla e eu começamos a namorar, era como se ele estivesse ouvindo nossas conversas. A última gota foi quando descobri que Ronnie capotou com meu carro e o destruiu sem me dizer nada. Percebi que, a um estranho modo, ele estava vivendo imprudentemente através de mim e que queria *ser* eu, de certa forma. Tudo acabou se resolvendo e, por sorte, ele foi embora sem estardalhaço. Desde então, descobri que todas as coisas que eu já lhe dera – os discos de ouro, os troféus de premiações, toda essa porcaria – Ronnie vendeu pelo eBay. Muito bem.

De qualquer modo, continuei minha busca por um vocalista. Quando Johnny colocou uma fita de Rod Jackson para eu ouvir, soube que o havíamos encontrado. Eu gravara demos de três ou quatro canções para que diferentes cantores fizessem testes com elas, e Rod criou excelentes vocais numa música chamada "All Things Considered". A voz dele era incrível. Era rock and roll, mas possuía mais um teor de R&B executado em alta velocidade. Sugeri, então, que o conhecêssemos. Rod era uma verdadeira figura: alto, mestiço, sempre usava óculos escuros e tinha cabelo rastafári. Sendo de Virgínia, também tinha os trejeitos e o sotaque típicos sulistas. E quando canta é capaz de interpretar soul como Otis Redding ou alcançar um timbre mais elevado como Sly Stone, mas também tem uma voz mais suave de blues, como Teddy Pendergrass ou Marvin Gaye. Era um tipo de voz diferente de qualquer uma com a qual eu trabalhara antes, mas eu não tinha nada a perder e, portanto, coloquei todo o meu empenho naquilo.

Escrevemos uma porção de material irado no Mates – Johnny G., Matt Laug, Regan Roxies –, todos juntos. Então, mudei a banda para a minha casa em Beverly Hills, e ensaiamos e gravamos no meu estúdio novo em folha. Trabalhando e tocando arduamente, criamos material suficiente para um álbum em pouco tempo.

DURANTE ESSE PERÍODO, MANTIVE UMA RELAÇÃO PRÓXIMA COM Tom Maher, o cara que estivera mais do meu lado durante a direção da BFD. Quando deixei o Guns, ele me levou a acreditar que parara de trabalhar lá e se tornaria meu empresário, mas não tenho certeza de que foi esse o caso. Era possível que fosse um espião, para deixar Doug a par de cada passo meu. Mas, àquela altura, estava atuando como meu empresário.

Na época, em 1998, a indústria musical passou por uma grande mudança. A Sexta-feira Negra aconteceu, o dia em que centenas de executivos da música foram despedidos. Caminharam literalmente pela Sunset com caixas contendo seus pertences. A maioria dos selos se fundiu, um deles a Geffen, que acabou integrando a Interscope. Era o princípio do fim dos negócios da música como eu os conhecera.

Uma vez que a Geffen foi reestruturada, tive de conhecer uma porção de pessoas com as quais nunca trabalhara. Estava acostumado com uma banda que não tinha nada a ver com o movimento grunge que aconteceu em meados dos anos 90, que, por sinal, foi um ótimo momento, mas de breve duração. E ele foi substituído por uma porcaria de rap-rock e pelas *boys bands*... e a Interscope era mais ou menos toda ligada no rap. Eu não me interessava por nada disso; assim, estava totalmente alheio às mudanças no ramo.

Uma nova safra de executivos se tornara a norma também. Eram bem mais neutros, muito mais tipos corporativos e formais do que as pessoas com quem eu trabalhara. Meu típico charme não iria me levar longe. A única pessoa que continuou a ser um rosto familiar na gravadora foi Lori Earle, que trabalhara na publicidade comigo desde que o Guns assinara contrato.

O cara designado para tratar comigo era Jordan Schur, e lembro-me de ter voltado para casa depois da reunião com ele achando que não confiava nem um pouco no sujeito. Ele me prometeu o mundo e eu só o conhecia havia vinte minutos. A conversa fiada do cara era para boi dormir: "Venderemos milhões de discos, compraremos carros novos", toda essa baboseira. Soube logo de início que o sujeito não estava sendo verdadeiro. Mas era o garoto de confiança do chefe da Interscope, Jimmy Iovine; então, tive de lidar com isso. Eu o fiz ouvir cinco demos do meu novo álbum do Snakepit, e Jordan disse que os adorou e mal podia esperar para lançá-los. Tive uma reunião em seguida com Jimmy Iovine, que sugeriu que eu pedisse a Jack Douglas para produzir meu álbum. Achei a ideia ótima, porque Jack produzira *Rocks* do Aerosmith e trabalhara com John Lennon e outros grandes artistas nos anos 70. Jimmy também comentou que tinha suas dúvidas em relação ao meu vocalista, porque a voz dele soava demais como soul, mas fiquei do lado de Rod e lhe disse:

— Rod tem uma voz incrível. Apenas não é o que se esperaria.

Àquela altura, Izzy fora rejeitado pelo selo e Duff também. Assim, tive minhas dúvidas, mas Jordan pareceu estar genuinamente entusiasmado. Ele marcou outra reunião, mas voltou atrás. De repente, declarou, na maior cara dura, que a música do Snakepit não era do tipo que seu selo produzia. Não me espantei. Eu me senti como se, enfim, as coisas tivessem sido colocadas em pratos limpos. Pude perceber desde o dia em que o conheci que o sujeito tinha duas caras. Com isso, decidi deixar o selo, já tendo investido muito dinheiro para conseguir gravar o disco eu mesmo, propus comprá-lo de volta. Na minha cabeça, eu tinha a casa, o estúdio; eu apenas o gravaria inteiro lá e o venderia em outro lugar. Fui muito obstinado em relação à coisa toda.

Ao mesmo tempo, Tom Maher não fizera nada para me ajudar naquela situação. Decidi procurar outro empresário e fui apresentado por Jack Douglas a Sam Frankel, que, por sua vez, apresentou-me a Jerry Heller. A ideia era a de que Heller fosse meu empresário, enquanto Frankel cuidaria de meus assuntos diários. Eu estava conhecendo algumas pessoas, mas quando fico com ideia fixa em relação a realizar algo, faço o que for preciso com quem quer que possa fazê-lo para conseguir — logo. Jerry era esse cara, mas uma figura bastante suspeita, e ainda continuo na dúvida quanto àquele acerto todo. Levando em conta que eu era alcoólatra e não tinha condições de fazer um julgamento claro, não me importei — eu só queria que tudo estivesse em andamento. Fiz um acordo de cavalheiros com Jerry e Sam, e Jack Douglas começou a produzir meu disco.

Eu me senti como se tivesse voltado aos primeiros tempos da formação do Guns, tentando fazer uma banda dar certo enquanto trabalhava com músicos inaptos. Jack era ótimo, mas não fizera nada recentemente e, embora Jerry Heller tivesse encontrado seu nicho no mundo do hip-hop, não fizera nada digno de mérito no mundo do rock. Sam era um simpático advogado judeu da Costa Leste que visitava a mãe com regularidade e parecia não conhecer absolutamente nada do cenário musical. Foi aquele carnaval todo outra vez, em meio a uma indústria fonográfica que me era totalmente estranha.

No que dizia respeito à banda, as coisas também não estavam tão bem. O vocalista, Rod Jackson, acabou se revelando desmotivado e um viciado; Johnny Griparic era e é um grande baixista, mas não tinha a experiência em turnês que precisaria para aquilo; e Ryan Roxie, o qual eu conhecera da banda de Alice Cooper e contratara como segundo guitarrista, só estava interessado em conseguir o máximo possível sobre os direitos autorais. O baterista, Matt Laug, era o mais experiente e equilibrado do grupo e, é claro, havia eu, bancando o chefe, que era um papel no qual não me sentia à vontade. Reparti as cotas sobre direitos autorais e o adiantamento igualmente com todos e, portanto, pareceu mais um esforço em equipe do que de fato era. No final, restou apenas decepção. Tudo o que eu queria era gravar o disco e colocar o pé na estrada. Fechei um acordo com a Koch Records porque eles fizeram a oferta mais sólida. Acabou sendo um tremendo erro devido ao fato de que eles largaram a bola logo depois que o disco foi lançado, o que só piorou a situação.

    Jerry Heller acabou se revelando um verdadeiro empresário canibal. Tentou arrancar tudo de mim sempre que tinha chance. Já ouvira histórias àquele respeito de outros no ramo também. A única coisa que Jerry realmente fez foi nos conseguir o show de abertura na turnê do AC/DC de divulgação de *Stiff Upper Lip*. E foi como conquistou minha confiança como empresário.

    Nesse meio-tempo, ele tentou me fazer assinar um contrato que lhe daria vinte por cento de todo o dinheiro que eu ganhasse com o Snakepit, além de vinte por cento dos meus ganhos futuros com o Guns... para toda a eternidade. Perla não confiava nele e me aconselhou a não assinar nada. Quando mostrei o contrato ao meu novo advogado, David Codikow, ele me disse que seria suicídio. David discutiu com Jerry e o chamou de bundão na lata. Assim, Jerry despediu-o, o que foi insólito, porque não tinha autoridade alguma para fazê-lo – meu empresário não pode despedir meu advogado –, mas, de qualquer modo, não querendo lhe dar tal satisfação, o próprio David se demitiu. Olhando para trás agora, parece piada, mas na época foi traumático – tive de reunir todos os esforços para não perder a cabeça. Estava sem advogado àquela altura quando, numa noite em que me encontrava em casa com Perla, houve uma batida na porta.

    Era a polícia com um mandado de prisão para ela por violação de condicional. Foi algemada e levada. Perla tivera a carteira de habilitação apreendida recentemente e, mesmo proibida de dirigir, andara ao volante. Enquanto ela cumpria cinquenta e seis dias na cadeia, Jerry me fez assinar aquele contrato quando eu não estava no meu juízo perfeito. Eu ingeria quantidades absurdas de vodca de manhã até a noite e era óbvio que não raciocinava com clareza suficiente para tomar importantes decisões de negócios. Havia sido muito tempo antes, na época da turnê do Mötley Crue, que notara pela primeira vez os tremores de manhã em consequência da bebida. Eu começava a beber no início do dia mais para controlar a reação de abstinência do que curar a ressaca. Foi uma mudança sutil que continuou e piorou mais tarde. Quando Perla estava na cadeia, eu ia dormir com um drinque ao meu lado na mesinha de cabeceira e o terminava de manhã apenas para conseguir sair da cama e ir até a cozinha fazer um novo para começar o dia. Frequentemente a polícia não me deixava entrar

Olhando para trás agora, parece piada, mas na época foi traumático – tive de reunir todos os esforços para não perder a cabeça.

na cadeia para visitá-la por eu estar bêbado. Eu estava um bagaço. Além de mais de três litros de vodca por dia em casa, tomava doses de uísque e cerveja a noite inteira quando saía para ir a clubes. O futuro não parecia promissor em termos de saúde para mim, mas ninguém poderia ter me dito isso na época.

DEPOIS DA TURNÊ DO AC/DC, FIZEMOS OUTRA COMO ATRAÇÃO principal por teatros. Na verdade, aquilo estava me custando dinheiro, em termos pessoais, mas não me importei. Depois de dois meses a Koch nos chutou. A gravadora cortou a nossa verba de turnê e não fez divulgação alguma do nosso trabalho. Aparecíamos para noites de autógrafos, e o disco não estava nas lojas. Eu tinha de dar um telefonema para que uma caixa de cópias fosse enviada num determinado dia – era deplorável.

Conforme a turnê foi chegando ao fim, comecei a me sentir mal, gradativamente. Em Pittsburgh, me ocorreu que devia ir ao hospital antes da passagem de som. Minha lembrança seguinte é a de ter acordado duas semanas depois numa cama de hospital, com Perla sentada ao meu lado, parecendo muitíssimo preocupada. Eu havia sofrido uma miopatia cardíaca. Os anos de bebedeira excessiva tinham feito meu coração inchar quase ao ponto da ruptura, ao ponto em que mal estava forte o bastante para bombear meu sangue como devia. Não pude enfiar na cabeça que eu estava nas últimas, mas estava. Os médicos me deram de seis dias a seis semanas de vida, mas não muito mais. Uma vez que fiquei bem o bastante para pegar um voo de volta para Los Angeles, fiquei de repouso absoluto e proibido de beber e de fazer qualquer tipo de esforço físico.

Os médicos implantaram um desfibrilador para impedir que o meu coração parasse e para manter meus batimentos cardíacos estáveis. Após algum tempo, iniciei a terapia, começando com esforço mínimo e aumentando bem aos poucos. Por milagre, meu coração começou a sarar, e os médicos não puderam acreditar que meu quadro estava melhorando. Por fim, consegui tocar de novo e me determinar a concluir nossa turnê por clubes. Eu estivera fora de circulação por cerca de quatro meses e estava totalmente sóbrio. Quando tornei a ver a banda, dessa vez através de olhos desanuviados, percebi quanto era errada.

Do cantor viciado prestes a apagar a qualquer momento ao baixista, todos pareciam não querer nada exceto desfrutar do estilo de vida que eu tinha fama de manter. Mas em meu novo estado de total clareza mental pareceu que a coisa toda não era nem um pouco profissional e ordenada. Alguns dos caras eram até menos engajados do que os garotos em bandas da minha época do ensino médio haviam sido. Estavam tratando aquilo como um passeio grátis e ninguém carregava o peso. Passei o resto daquelas apresentações na minha cama, quando não estava no palco. Quando retornamos a Los Angeles, após o último show, fiquei lá até todos terem ido embora e foi a última vez que falei com eles por anos. Tenho uma boa amizade com Johnny e Matt novamente, agora que tempo suficiente passou.

A SOBRIEDADE TAMBÉM CONFIRMOU A SENSAÇÃO DE QUE JERRY Heller era um parasita e tinha de ir embora... mas eu assinara aquele contrato e estava preso a ele. Enfim, tive minha chance quando Jerry cometeu um erro que Perla e eu descobrimos depois de uma apurada investigação. No início da nossa sociedade, Jerry me fez gravar uma parte de guitarra para Rod Stewart na canção "Human" do álbum de mesmo nome. Ele negociara aquela gravação para mim, que foi uma prova de quebra de nosso contrato — um empresário não pode agendar algo assim e ganhar comissão, o que ele fez. No final, as próprias atitudes dele me deram os meios legais de que precisava para me livrar do sujeito. Senti-me sortudo.

Esse período em particular, de 1999 a 2001, foi, sem dúvida, o mais sombrio da minha existência neste mundo. O ato de beber socialmente se transformara em *grave* alcoolismo. Permiti que me atirassem aos lobos... todas aquelas pessoas estavam tirando proveito de mim quando tudo o que eu queria era tocar e não ter de lidar com mais nada. Foi um encontro brutal com a realidade.

Acho que paguei os meus pecados depois do Guns. Foi uma fase dura, mas creio que foi algo pelo que tive de passar para ser capaz de me concentrar e ver quanto sou realmente tenaz e resistente. E para redescobrir quanto eu ainda ansiava por prosseguir.

ROMPIMENTO

A ESSA ALTURA, PERLA E EU HAVÍAMOS NOS MUDADO PARA UMA casa nova em Nichols Canyon, determinados a relaxar e começar vida nova. Nós nos acomodamos a uma bela vida pseudodoméstica juntos da melhor maneira que pudemos, enquanto continuei a tocar sempre que quis e esperei que a inspiração me conduzisse à minha situação seguinte com uma banda. Em 2001, concordei em tocar na celebração do aniversário de quarenta anos de Michael Jackson, no Madison Square Garden, e Perla e eu embarcamos para lá. Foi o meu primeiro show depois da operação e, assim, estava ansioso por ele. Acabou sendo memorável... para dizer o mínimo.

Ensaiei por uns dois dias para me preparar para tocar em 8 e 10 de setembro. Prometia ser um evento grandioso. Michael contava com convidados como Jamie Foxx, Liza Minnelli, Marlon Brando, Jackson Five e Gloria Estefan entre outros, no show. Foi um grande espetáculo, e todos na comitiva de Michael Jackson festejavam, embora eu estivesse fazendo o melhor que podia para ficar longe do álcool. Afinal, agora eu tinha um marca-passo, o que tornava as coisas interessantes.

Quando os médicos o implantaram, foi para manter a frequência cardíaca normal. Para a maioria das pessoas, isso não é problema, mas me esqueci de dizer aos especialistas que, quando subo no palco, meu coração bate a mil. Ao entrar no palco com Michael e começar a tocar, fui subitamente atingido no peito por um choque e minha visão ficou ofuscada por uma luz azul brilhante. Isso aconteceu cerca de umas quatro vezes durante cada canção e eu não fazia ideia do que era. Achei que houvesse um curto no fio da minha guitarra ou um flash de um fotógrafo tivesse espoucado diante dos meus olhos. E, a cada vez que aconteceu, tive de ficar lá no palco e fazer de conta que estava tudo normal. Assisti ao show depois na TV e não dá para perceber isso; assim, creio que enfrentei bem a situação. Foi tudo extremamente desconcertante, porém, até que descobri o que acontecera.

Na manhã de 11 de setembro, fomos acordados às oito e quinze por David Williams, o guitarrista de Michael.

— Slash, ligue a TV — disse-me.

— Já está ligada.

— Está no noticiário? — perguntou, olhando para mim com um jeito estranho.

— Não, está no canal E!.

— Ah, então coloque no noticiário!

Vi que um avião atingira as Torres Gêmeas e, momentos depois, o segundo se chocou contra elas. As janelas estavam abertas no meu quarto e, assim, pude ver o que estava acontecendo a distância. Esse deve ter sido um dos acontecimentos mais assustadores que já presenciei. Como se pode imaginar, o hotel inteiro estava num pandemônio. Havia pessoas correndo pelo corredor como se fosse o fim do mundo civilizado. E Perla ainda dormia. Tive de acordá-la e explicar tudo. Acho que levou alguns minutos para assimilar tudo. Michael e sua comitiva imediata haviam deixado o hotel e saído do país em segurança num avião, creio eu. Mas nós estávamos presos lá, numa cidade tomada pelo caos.

Achei que o lugar mais seguro para ficarmos era onde estávamos, mas Perla foi de outra opinião. Queria sair de lá. Convencera-se de que o ar estava impregnado de toxinas, mas não encontramos um meio de partir. E, por alguma razão, muitos dos dançarinos e cantores de *backing vocals* de Michael tinham ido para o nosso quarto, porque estávamos todos presos em Manhattan sem chance de sair. Perla queria muito voltar para casa e, assim ficou num verdadeiro frenesi, tentando pensar numa maneira de atravessarmos o país.

Por fim, encontramos uma limusine que nos levou pela única ponte que estava aberta àquela altura, a George Washington Bridge. Prosseguimos, atravessando Nova Jersey até Poconos, que é uma área de lazer na Pensilvânia. Perla conseguiu um quarto para nós no Pocono Palace, um hotel de tema romântico que ela conhecia — não perguntei como. Aquele lugar era algo que eu só vira em revistas. Havia uma banheira em forma de taça de champanhe, lençóis de cetim e cobertores de veludo numa cama giratória, carpete brega vermelho e espelhos no teto.

Pegamos nossos vales para o jantar na recepção — imagine você! — e nos adiantamos até a sala de refeições pomposa. Como todos os demais casais ali, recebemos um número e tínhamos lugares assinalados numa grande mesa redonda repleta de gente. Sentamos com pessoas idosas de Nova Jersey que haviam renovado seus votos, gente certinha que acabara de casar

HAVIA PESSOAS CORRENDO PELO CORREDOR COMO SE FOSSE O FIM DO MUNDO CIVILIZADO. E PERLA AINDA DORMIA.

Slash e Ray Charles, gravando no lendário estúdio de Ray em Los Angeles.

e uns poucos casais que deveriam ter feito planos melhores. Não havia nada de bonito ou romântico naquele hotel. Todos com quem conversamos estavam visivelmente com medo de nós, mas o que nos assustou mais em relação a eles foi que ninguém sabia da tragédia que acabara de acontecer a pouco mais de cento e cinquenta quilômetros.

Havia uma bosta de banda e um comediante na programação de entretenimento do jantar. E também minigolfe, passeios a cavalo ou de charrete e cada atividade romântica manjada imaginável. O amor era a razão de tudo para todos aqueles panacas. Quando conseguíamos falar com alguns deles que sabiam sobre o ataque, pareciam não se importar. Estavam tão enlevados pelo amor que o 11 de setembro não era um assunto para se discutir. Ficamos presos ali, estranhos no ninho, durante três dias. Enfim, voamos, de escala em escala, de volta a Los Angeles.

TIVE UM INCIDENTE SÉRIO COM HEROÍNA DURANTE ESSE PERÍODO da minha vida. Ficara afastado da droga e perdera o interesse por ela por tanto tempo que realmente acreditei na minha própria conversa fiada quando disse a mim mesmo que jamais voltaria a tocar nela. Mesmo quando comecei a andar em lugares onde poderia haver heroína, ou enquanto fazia planos para conviver com pessoas que provavelmente a usavam, ainda acreditei em mim mesmo. Assegurei a mim e a Perla que aquilo já acabara, que não usaria heroína nunca mais, mas deveria ter sabido – ou ao menos admitido a mim mesmo – que rumo a situação estava tomando.

Numa noite, arrumei um pouco da parada e voltei ao Hyatt na Sunset. Fiquei tão drogado que apaguei e adormeci com todo o peso do corpo em cima de uma perna. Quando acordei, não conseguia senti-la. Não era capaz de dobrá-la, nem me apoiar de pé nela, e a situação não pareceu melhor quando a estiquei. Viciados fazem isso o tempo todo; alguns interrompem a circulação de maneira tão grave que a gangrena se instala.

Tive de ligar para a emergência e fui levado para o Cedars-Sinai, que estava completamente lotado na época. Assim, colocaram-me numa ala da enfermaria até poderem me arranjar um quarto. Enquanto fiquei deitado lá, fumando cigarros, o que contrariou a todos, entraram em contato com Perla, que foi a meu encontro, e eu lhe contei o que acontecera. O incidente todo a assustou a ponto de ela ameaçar me deixar se eu continuasse naquele caminho. Fiquei internado durante uma semana. Foi uma ótima chance de conseguir um pouco de paz e tranquilidade... e de assistir ao History Channel.

Ver Perla no hospital apenas serviu de confirmação de que ela era a mulher da minha vida. Eu a pedi em casamento, e graças a Deus ela aceitou. Tivemos uma bela e discreta cerimônia em Maui e passamos uma semana juntos, curtindo um ao outro. Sem dúvida, as coisas estavam melhorando.

Antes da lua-de-mel, eu levava minha guitarra comigo e vivia organizando sessões, embora tudo a minha volta permanecesse caótico. Munido da agenda e do celular, tentava fazer com que as coisas seguissem avante musicalmente. Faltava-me o foco, mas eu estava engajado e, às vezes, meus esforços levavam a um feliz acontecimento. Um deles foi trabalhar com o lendário Ray Charles. No dia em que Perla e eu voltamos da nossa lua--de- mel, fui até a parte central-sul de Los Angeles para gravar "God Bless America Again" com ele. Usei minha Telecaster e foi uma das mais incríveis sessões de que participei, uma grande honra e uma experiência digna de reverência. Não pensei que Ray sequer tivesse ouvido falar de mim, mas lá estávamos nós tocando juntos.

Ray tinha um projeto de caráter beneficente para jovens carentes com interesse em música — ele os deixava gravar em seu estúdio, usar seu equipamento e, às vezes, Ray até tocava com eles. Trabalhavam em canções, técnicas e arranjos, enquanto ele os orientava. Eu ia até lá às vezes para tocar algumas músicas com os garotos. Ajudá-los dava uma sensação incrível.

Também contribuí para certas partes da trilha sonora do filme *Ray*; toquei com caras *bem* acima do meu naipe, músicos de blues e jazz das grandes bandas dos tempos antigos. Toquei guitarra em "Sorry Is the Hardest Word" no álbum dele *Ray and Friends*, mas, depois que Ray morreu, o produtor executivo usou um amigo no meu lugar e retirou a minha parte, embora Ray tivesse achado que eu levava mais jeito no blues.

Meu período de desarraigamento no sentido musical estava prestes a terminar. Eu havia tocado com muita gente boa e aprendido. Via-me pronto para voltar a ficar centrado e recomeçar. Já era tempo. Reuni-me a Pete Angelus, que fora empresário do Black Crowes e quisera ser o meu. Ele me colocou em contato com Steve Gorman, o baterista do Crowes, e Alan Niven apresentou-me um baixista. Começamos a compor e fizemos a base do que se tornou "Fall to Pieces". Tudo o que precisávamos era de um cantor – novamente. Mas, então, meu bom amigo Randy Castillo faleceu, fui a seu funeral e da morte dele saiu um renascimento que eu jamais poderia ter imaginado.

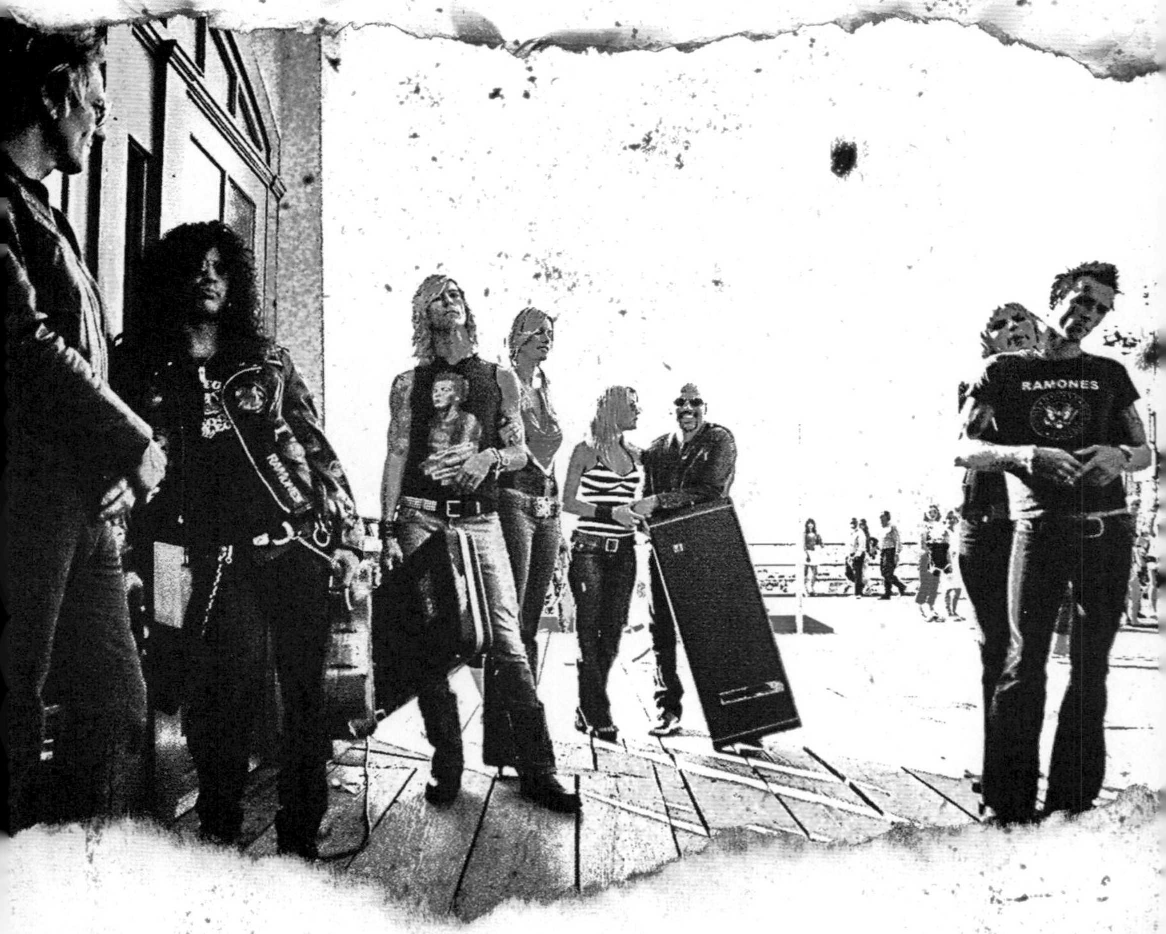
RAMONES

13
VOLTA POR CIMA

Você não pode ficar à espera de que o destino lhe dê o que pensa merecer; você tem de conquistar, mesmo que pense ter pago suas dívidas. Pode ter alcançado o que queria, mas tem certeza de que aprendeu a lição?

Em 2002, fui à Irlanda e me reuni a Ronnie Wood para participar da turnê do disco solo dele. Ele a chamou de *Not for Beginners*. Perla me acompanhou e nós ficamos com Ronnie e sua esposa, Joo, e nos divertimos a valer. Ensaiávamos no bar de Ronnie: ele tem uma construção separada da casa que é um pub próprio, com uma mesa de sinuca e Guinness à vontade. Tocamos um material ótimo: coisas do Woodie, dos Stones, músicas do Faces, uma música do Guns N' Roses e uma do Snakepit. Ensaiamos sessenta canções, com uma banda excelente para tocá-las, formada pelo filho de Ronnie, Jessie, dois dos amigos de Jessie no baixo e na bateria e uns dois outros caras, além da filha de Ronnie, Leah, fazendo os *backing vocals*. Foi muito legal porque tocamos em vários pequenos clubes por todo o Reino Unido. O The Coors se reuniu a nós para cantar e tocávamos o clássico do Faces, "Ooh La La" todas as noites. Havia diversão e Guinness de sobra. Como Perla e eu descobrimos mais tarde, foi onde nosso filho London foi concebido.

Depois dessa série de apresentações, voltamos para casa e rumamos para Las Vegas para o Ano-Novo. Antes da viagem ao Reino Unido, havíamos passado um fim de semana lá, durante a inauguração de um hotel chamado Green Valley Ranch, e na revista *Vegas* em nosso quarto notamos um anúncio de um show ao vivo do Guns N' Roses no Ano-Novo no Hard Rock Hotel & Casino. Decidimos que tínhamos de dar uma olhada.

Liguei para um promotor de eventos que conhecia e ele disse que nos colocaria lá sem problemas. Chegamos ao Hard Rock para fazer o *check-in* em nosso quarto algumas horas antes da apresentação e, ao atravessarmos o saguão, as pessoas nos notaram porque havia fãs do Guns em toda parte. Estávamos no quarto fazia apenas dez minutos quando ouvimos uma batida na porta. Eu a abri e dei de cara com seguranças do hotel.

— Ah, oi! — falei. — Algo errado?

— Senhor, viemos informá-lo de que não terá permissão para assistir ao show do Guns N' Roses esta noite.

— É mesmo? E por que não?

— Temos ordens rigorosas do empresário do Guns N' Roses para não deixá-lo entrar em circunstância alguma. Lamento.

— Qual é, cara? Isso é ridículo — argumentei. — Apenas me deixem entrar discretamente. Não estou aqui para arranjar encrenca. Só quero ver o show. Com certeza, você deve entender por quê.

— Lamento, senhor, não há nada que possamos fazer a respeito.

Entrei em contato com meu amigo promotor e não havia nada que ele pudesse fazer também. Disse que a notícia se espalhara de que eu fora visto com a minha guitarra e a minha cartola como se pretendesse subir ao palco. Era um absurdo — eu sequer estava com uma guitarra! De nada adiantou; a equipe inteira tinha instruções para me manter longe a qualquer custo. Decidimos que não valia a pena; não sou do tipo que arma barraco.

Perla e eu deixamos o hotel e nos hospedamos no Green Valley Ranch, onde assistimos à grande abertura do Whiskey Blue e nos divertimos a valer na grande festa de Ano-Novo que estavam tendo. Naquela noite, deparei com um cara que vira antes, mas não conhecia muito bem, embora ele me conhecesse. O homem me levou ao banheiro e dispôs o que pareceu coca para eu cheirar.

Adoro ser desafiador e fazer o que não devo, o que inclui consumir quaisquer drogas que me são dadas sem realmente perguntar o que são, ou querer saber de onde vieram. Cheirei o pó e, em cinco minutos, uma euforia bastante familiar tomou conta de mim. Conhecia bem aquela sensação; não era coca, era um opiáceo... aquilo era alguma forma de heroína. E muito boa, na verdade, porque, de repente, tudo no mundo ficou maravilhoso para mim.

Pedi-lhe mais e ele me deu um punhado de pílulas.

— O que é isto? — perguntei. — É o mesmo que acabei de usar?

— É OxyContin — respondeu ele. — Basicamente heroína sintética. Você a esmaga e cheira. Tenho uma ótima fonte.

Sem dúvida que tinha: o cara acabara de vencer um câncer e tinha acesso irrestrito a prescrições médicas. Aquilo era um remédio controlado.

— Uau! — exclamei, mal conseguindo esconder o entusiasmo. — Vou me lembrar disso.

Perla e eu passamos os primeiros anos do nosso casamento e relacionamento fazendo loucuras. Ela era a garota mais incrível e sensacional do mundo: não importando a quantas festas fôssemos, quanta besteira ela ou eu fizéssemos, ou o que estivesse rolando à nossa volta, Perla estava sempre sob controle. Conseguia manter-se firme e equilibrada em circunstâncias insanas e era sempre aquela que cuidava de quem quer que precisasse de ajuda. Durante essa fase, bebíamos muito, consumíamos um bocado de ecstasy e coca, mas se havia algo que Perla não tolerava era que alguém ficasse completamente dopado. Ela ameaçou me deixar depois do meu incidente no Hyatt e não haveria jeito de ela aceitar aquela tremenda burrada – o que tornava tudo ainda mais atraente.

Disse a mim mesmo que contaria a ela enquanto esmagava mais um comprimido de OxyContin e o inalava, entrando num estado de puro contentamento. Levei esse hábito para Los Angeles e usei essa droga em segredo por algum tempo. Comecei a ligar para o meu novo amigo para me arranjar mais... ele ficava de lá para cá entre Los Angeles e Las Vegas para me manter abastecido. Não demorou para eu sacar que me metera num novo tipo de encrenca.

CHEGAMOS A 2002, E O AEROSMITH TOCAVA NO FORUM DE Los Angeles com Cheap Trick fazendo a abertura. Eu estava pronto para ir, e o meu amigo de Las Vegas estava na cidade com um grande suprimento de OxyContin, e estávamos armados até os dentes e preparados para ter uma *ótima* noite. Perla e eu tivemos uma briga feia por causa de algo insignificante um pouco antes de eu ter de sair. Já era ruim o bastante que não quisesse que eu fosse – ela queria esclarecer tudo antes disso.

Eu estava chapado e teimoso; não queria ouvir nada daquilo. Iria ao show quer tivéssemos resolvido as coisas, quer não. Meu amigo estava à espera no carro e eu tentava sair da casa. Adiantei-me até a porta, enquanto Perla permanecia ao pé da escadaria, ainda falando comigo apesar do meu silêncio.

– *Slash*! – gritou ela. – Estou *grávida*!

Apesar de chapado como eu estava, aquilo penetrou direto na minha mente. Encarei-a por um longo momento. Foi como se o tempo tivesse parado.

– Está bem, Perla. Vamos conversar quando eu voltar.

Fiquei chapado para caralho naquela noite, de uma maneira tão deliberada e óbvia que os caras do Aerosmith, os do Cheap Trick e todos que

Assim, fiquei limpo e me senti inspirado por Perla: desde o instante em que ela soube estar grávida até o dia em que teve o bebê, não tocou em álcool e parou de fumar no ato.

encontrei perceberam. Sob tais circunstâncias, fiz a única coisa que pareceu lógica: fiquei ao lado de David Lee Roth a noite inteira. Mas, no fundo, não conseguia tirar da cabeça o que Perla havia me dito.

Quando voltei para casa, conversamos sobre tudo. Estávamos casados fazia mais de um ano e juntos havia cinco. Até então, nada acontecera e nunca tínhamos usado proteção. Não demoramos muito para decidir que teríamos o bebê. Concluímos que meu consumo de Guinness na Irlanda devia ter tido algo a ver com minha súbita fertilidade. A piada que fizemos foi a de que chamaríamos a criança de Guinness, mas decidimos não fazê-lo, visto que aquele era o nome do cachorro de Ronnie Wood.

Mais do que qualquer outro incentivo que eu já tivera, a gravidez de Perla me colocou na linha: deixei o OxyContin, ainda sem ter contado a ela que eu o estivera consumindo. Simplesmente o larguei como já fizera no passado – a sangue frio, sem pensar duas vezes. Fiquei mal e disse a Perla que estava com uma virose forte. Mas não adiantou: eu me esquecera de uma reserva que escondera no quarto de hóspedes, e quando ela a encontrou soube na hora o que eu andara aprontando.

Tínhamos vivido de aluguel em aluguel e, finalmente, decidimos que precisávamos comprar um imóvel. Eu estivera com a casa onde gravara o segundo material do Snakepit à venda por algum tempo, e ela enfim foi vendida; portanto, foi como um recomeço. Comecei a nossa busca por uma casa enquanto me desintoxicava por conta própria e suava em profusão durante as visitas a esses lugares. Acho que ainda estava usando a desculpa da virose a essa altura.

Visitamos uma casa que parecia saída de *João e Maria*, dos Irmãos Grimm: era uma choupana medonha que o proprietário decorara ridiculamente. Descobrimos, então, que era a casa de Spencer Proffer, o cara que produzira *Live! Like a Suicide*. Foi apenas um rápido bate-papo, pouco mais que um olá e um até logo. Fiquei surpreso em saber recentemente que ele não tem nada de bom para falar sobre nós. Disse que durante aquelas sessões eu mijei no chão e que Axl injetou-se no estúdio, vomitou na mesa de som e tentou fazer com que Spencer se injetasse também. Pode-se ler essas mentiras e muito mais na extensa biblioteca de histórias não autorizadas sobre o Guns N' Roses disponíveis nas livrarias e na internet. Nada disso é verdade; Proffer deve ter ficado contrariado porque não o contratamos para produzir o disco inteiro.

Assim, fiquei limpo e me senti inspirado por Perla: desde o instante em que ela soube estar grávida até o dia em que teve o bebê, não tocou em álcool e parou de fumar no ato. Passou por uma mudança tão grande e abrupta... O instinto maternal assumiu o controle imediatamente e foi incrível.

Perla teve algumas complicações na gravidez. London manteve-se sentado, numa posição que foi bastante desconfortável e dolorida para ela durante boa parte dos nove meses. Perla teve de permanecer de repouso na cama quase a gravidez inteira.

Durante aqueles meses, comecei a dar alguns passos para formar uma nova banda. Pete Angelus, que fora empresário do Van Halen, de David Lee Roth e do Black Crowes, interessara-se em ser o meu e, assim, reuniu-me a Steve Gorman, o então ex-baterista do Black Crowes, que estava disponível porque, àquela altura, eles haviam se separado. Meu velho amigo Alan Niven deu-me o número de um baixista que, segundo ele, eu deveria ouvir e, assim, nós o chamamos. Não consigo lembrar o nome dele, mas nós três começamos a tocar, apenas improvisando sem nada concreto programado. Eu estava completamente na linha, nem sequer bebendo. Foi a primeira vez desde antes dos meses finais do Snakepit que eu encontrara o meu equilíbrio: estava com a cabeça melhor do que nunca, começara a pensar em formar outra banda e a compor material. Nesse período, criei a música que evoluiu até a composição "Fall to Pieces". Nós tocamos por um período bem curto, mas fui tendo uma porção de ideias, a mais completa sendo aquela música. Foram os primeiros sinais de que eu assumia algum tipo de responsabilidade, um papel adulto na minha vida, porque se há uma coisa que sou é "o eterno adolescente".

FOI POR VOLTA DESSA ÉPOCA QUE SOUBE DO FALECIMENTO DE Randy Castillo. Havíamos nos conhecido no circuito de turnês do metal dos anos 80. Randy era um dos mais requisitados bateristas de sessões e turnês; tocou com Ozzy, Lita Ford e inúmeros outros talentos. Mas ele estava longe de ser o típico músico de metal de Los Angeles. Foi uma das pessoas mais autênticas, de pés no chão e fácil convívio que conheci naquele período todo. Era também sempre uma companhia divertida e sem frescura. Abusava demais da bebida e cocaína, mas sempre foi um excelente baterista com um coração de ouro. Não me lembro bem de como nos conhecemos, mas tínhamos amigos em comum e eu me sentia como se o conhecesse desde sempre. O que o diferenciava de todo mundo em Los Angeles era que parecia muito feliz e nunca julgava ninguém; era um tremendo alto-astral. Ao contrário da maioria das outras figuras da época, ele nunca perdia tempo falando mal de ninguém, nem passava a noite criticando a aparência ou atitude dos demais. Esse tipo de conversa é o comum em Los Angeles. Randy nem ligava – talvez porque ele fosse do Novo México.

Toquei no Novo México com o Snakepit, e foi quando soube que Randy tinha um câncer grave. Quando chegamos, ele foi até o show e ficou no ônibus com a gente. Estava sendo submetido à quimioterapia e não parecia nada bem. Ficara muito magro e fraco, mas me alegrei com o fato de ele ter ido até lá.

Pouco depois, soube que seu câncer desaparecera e melhorara muito. Quando tornei a vê-lo, era um cara completamente diferente – parecia *ótimo*. Ao receber o telefonema, uns cinco meses depois disso, avisando que Randy morrera, fiquei aturdido. Eu sequer soubera que ele tivera uma séria recaída.

O funeral foi no Forest Lawn Cemetery e todos que Randy conhecia compareceram, todos os velhos amigos músicos de todas as bandas em que já estivera, incluindo Ozzy, toda a família de Randy e todos os amigos que o estimaram tanto – foi uma reunião gigantesca. Logo após a cerimônia, encontrei Matt Sorum, que me disse que ele e um grupo de pessoas estavam promovendo uma angariação de fundos para a família de Randy e organizando um show beneficente para levantar recursos e homenageá-lo. Matt me perguntou se eu queria tocar no show e achei que era uma excelente ideia; qualquer desculpa para tocar guitarra num palco é tudo do que preciso. Além do mais, quis fazê-lo por Randy.

Matt e eu decidimos que formaríamos um grupo e concordamos em ligar para Duff, que se mudara de volta para Seattle, para lhe perguntar se tinha interesse. Ele formara uma banda chamada Neurotic Outsiders com Steve Jones dos Sex Pistols, e haviam gravado um disco e feito uma turnê. Então, se separaram. Duff montara outra banda com alguns amigos de Seattle chamada Loaded. Eu o vira umas poucas vezes ao longo do ano anterior: ele aparecera para o meu aniversário, e tocamos com Izzy num estúdio uma vez. Portanto, estávamos mantendo contato.

Precisávamos de um cantor (como de costume) e de um músico para a guitarra-base. Eu estava de olho em Josh Todd e Keith Nelson, do Buckcherry. Tinha ouvido dizer que a banda deles rompera; assim, era uma opção. Gostava da voz de Josh em alguns dos trabalhos deles que ouvira, e essa pareceu uma boa oportunidade para testá-lo.

Queríamos tornar aquilo algo especial. Por isso, Matt ligou para B-Real e Sen Dog, do Cypress Hill, para ver se estavam dispostos a nos encontrar e fazer uma música ou algo assim conosco. Eles toparam e, desse modo, todos nos juntamos para ensaiar. Foi uma tarde marcante. Quando entramos no Mates, houve uma vibração palpável: o fato de estar outra vez com Matt e Duff transportou-me no ato de volta à química que havíamos partilhado no palco a cada noite com o Guns. Nós nos preparamos enquanto os demais caras observavam e, no momento em que tocamos o primeiro acorde, houve uma confiança e uma camaradagem musical que falou por si mesma. E o que disse foi:

– É assim que se faz, caras.

Tocamos "Paradise City", "It's So Easy", "Mama Kin", "Jailbreak" do Thin Lizzy, "Rock-'n'-Roll Superstar" e "Bodies" dos Sex Pistols. B-Real e Sen Dog reuniram-se a nós e cantaram a letra de "Paradise City". Foi bom pra cacete. Pela primeira vez desde o Snakepit inicial, me senti realizado musicalmente. Estava rodeado de músicos que de fato sabiam como fazer um som maneiro, marcante, e mantê-lo até o fim. O núcleo harmonioso formado por Matt, Duff e eu era inegável. Quando começamos a tocar, os que estavam ensaiando ou trabalhando no Mates naquele dia começaram a se aproximar para assistir e ouvir. Logo, tínhamos uma pequena plateia, e nós a deixamos de queixo caído.

O tributo ao falecido baterista Randy Castillo se deu no Key Club em 29 de abril de 2002. Foi a primeira vez que tantos integrantes do Guns tocaram juntos depois de anos. Tocamos por último e enlouquecemos a todos. Steven Tyler subiu ao palco e cantou "Mama Kin" com a gente. Foi uma noite memorável. Fiquei radiante.

Eu estava em casa com Perla no dia seguinte quando Duff ligou:

– Ei, cara. Foi demais ontem à noite. Demais *mesmo*.

– Sim, foi – concordei. – Fiquei pensando nisso a manhã inteira.

O que eu estivera pensando era que andara perdendo tempo. Estivera perambulando com outros músicos; caras talentosos, sem dúvida, mas nenhum deles era o certo para mim. Procurava por aquilo que esteve diante dos meus olhos o tempo todo.

— Duff, devíamos fazer alguma coisa com isso — propus. — Seríamos burros se deixássemos passar. Fodam-se todas as óbvias conotações ligadas ao Guns N' Roses.

— Está bem... beleza — respondeu ele. — Vamos em frente.

Duff e eu nunca comentamos isso, mas evitamos conscientemente trabalhar um com o outro. Não queríamos ser rotulados. Não queríamos nos resignar ao plano a que havíamos sido relegados — um projeto paralelo de ex-integrantes do Guns. Àquela altura, tempo bastante já passara e, mesmo que não tivesse sido o caso, sentimos energia tocando juntos outra vez o suficiente para saber que poderíamos ir além de qualquer merda de expectativas que pudessem ser despejadas em nós.

Matt também topou e, uma vez que Josh e Keith queriam participar, começamos a nos reunir alguns dias por semana no espaço de ensaios deles em North Hollywood. Eu não tinha certeza quanto a eles, porque não os conhecia, mas estava disposto a fazer uma tentativa.

Keith e Josh levaram umas duas boas composições nas quais trabalhamos, e Duff e eu começamos a fazer as coisas na hora, com a naturalidade de sempre. Uma coisa que eu não gostava naquele espaço era que não conseguia ouvir Josh cantar. Começou a me preocupar o fato de que, após algumas semanas, enquanto nos envolvíamos mais e mais, eu ainda não fazia ideia de como a banda soava como um todo. Comecei a gravar fitas dos ensaios e, cara, fiquei surpreso. Quando as ouvi, foi um choque: a voz de Josh era linear e rangia demais; era uma desvirtuação da música, sem mencionar uma certa desafinação.

Sinto-me embaraçado em admitir que desejei desistir do grupo prematuramente por causa disso. Presumi que Duff e Matt tivessem ouvido as mesmas fitas das nossas sessões que eu; e a culpa é minha por essa suposição, uma vez que ninguém objetou ao que fazíamos. Todos pareciam de acordo.

— Não posso fazer mais isso — falei a Duff e Matt depois de termos tocado, um dia. — Estou caindo fora.

— Ei! Do que está falando? — perguntou Duff.

— Qual é o problema? — Matt quis saber.

— Vocês têm ouvido as fitas destas sessões que andamos fazendo?

— Não — responderam os dois.

— Bem, deveriam.

Naquela noite, os dois as ouviram e, no dia seguinte, todos estávamos falando o mesmo idioma. A voz de Josh é perfeita para o Buckcherry, mas não era musical o bastante para o que tínhamos em mente. Fico feliz em dizer que o Buckcherry voltou e que o grande single da banda em 2006, "Crazy Bitch", foi uma das músicas em que trabalhamos durante aquele período.

Dissemos a Josh que não queríamos continuar com ele e foi tudo bastante amigável, mas não soubemos ao certo como lidar com a situação quando Keith falou que pretendia continuar trabalhando conosco. Os dois compunham em parceria, eram amigos e companheiros de banda. Sempre pensamos neles como um pacote completo e achamos que Keith também sairia quando Josh saiu.

— Foda-se — falou ele. — Gosto do que estamos fazendo aqui. Vou ficar.

Havia apenas um problema: geralmente Keith apenas tocava o que quer que eu tocasse ao mesmo tempo. Não havia interação, e ele não tinha a iniciativa de complementar o que eu tocava. Assim, o som que obtínhamos era basicamente o de duas Les Paul tocando de maneira idêntica. Ele ficou por mais duas semanas, achamos que talvez entendesse a deixa... mas não. Assim, tivemos de dispensá-lo. Mais uma vez, fiquei feliz em saber que aqueles caras reuniram o Buckcherry.

MATT, DUFF E EU COMEÇAMOS A TOCAR E COMPOR FRENETICAMENTE. Eu mantinha olhos e ouvidos atentos para um outro guitarrista e um vocalista. Tinha ido com Josh Todd ver Duff tocar com o Loaded numa noite como parte do Metal Shop, um evento de glam metal semanal, no Viper Room. Entrei pela porta dos fundos e foi como se tivesse voltado a 1984. Vi pessoas que não vira mais desde então, e elas pareciam exatamente as mesmas. Avistei garotas e caras de lugares diferentes — do Troubadour, do Whiskey, do Rainbow — parecendo os mesmos de vinte anos antes. Havia alguns caras das bandas Faster Pussycat, L.A. Guns, e todas as mesmas garotas que conhecia da época. Era como se tivessem sido apanhados por um vórtice do tempo; todos com as mesmas roupas, a mesma maquiagem, parecendo fazer a mesma merda. E, é claro, Gene Simmons estava lá, deixando que tirassem sua foto com um bando de garotas. Para completar, Ron Jeremy, com algumas atrizes de filmes pornôs.

Duff me falara sobre o show ainda naquele dia.

— Ei, cara — disse ele —, o guitarrista da minha banda alegou que é um dos seus melhores amigos do ensino fundamental.

— É mesmo? — Eu não fazia ideia de quem poderia ser.

— Sim, falo sério. Ele se chama Dave Kirschner. Jura de pés juntos que vocês eram amigos. Eu só queria contar a você que ele está na minha banda.

Era verdade, Dave e eu tínhamos sido amigos no fundamental; ele costumara ir aos meus shows do Tidus Sloan antes de sequer ter pegado numa guitarra. Dave é um cara superlegal e eu sempre pensei o melhor dele durante todos esses anos. Na última vez em que o vira ele trabalhava na Tower Video, quando o Guns N' Roses ainda começava a decolar. Na ocasião, Dave dava início a um vício bastante sério com a bebida. Trabalhara no porão entre as lojas de som e vídeo, empacotando e descarregando mercadorias, bebendo a valer lá embaixo, ao que parecera. Ele vencera o alcoolismo, porém, e àquela altura já estava sóbrio fazia quinze anos. Fiquei um tanto curioso de revê-lo.

A atmosfera sufocante dos anos 80 no Metal Shop me revirou o estômago bem depressa naquela noite, mas tive chance de dizer olá a Dave antes de ir embora. Foi muito bom vê-lo. Depois que Keith saiu, Duff sugeriu que Dave fosse tocar com a gente, e eu concordei no ato. Nós nos entrosamos instantaneamente; Dave levou uma vibração legal ao que estávamos fazendo. Não havia nada deliberado; era aquilo, uma combinação perfeita. Ele deu uma nova dimensão ao som da banda e introduziu um interessante estilo de guitarra que complementava o meu, como o meu complementava o dele. A formação era agora com Duff, Matt, Dave e eu, e a música fluía com toda a naturalidade. Tínhamos apenas aquele antigo e irritante problema: nada de vocalista. Essa é a minha sina, não é?

Para um grupo de músicos profissionais, experientes, é de se pensar que saberíamos como encontrar um cantor. Nem de longe. Nós nos entreolhamos sem a menor ideia do processo adequado para um grupo como o nosso arranjar um vocalista.

— Devemos colocar um anúncio no *The Recycler*? — perguntei um dia, durante os ensaios.

— Cara, eu não sei — falou Duff. — Acho que sim. Não conhecemos nenhum cantor.

— Isto está parecendo a primeira vez que nos juntamos — comentei. — Quando Steven e eu o conhecemos e tínhamos uma banda. Escrevemos coisas ótimas, mas encontrar um vocalista era praticamente impossível.

— Tem razão. A gente está na estaca zero nesse ponto — disse Duff. — É uma pena, cara. Mas que diabo! Acho que a gente deve pôr um anúncio no jornal, sim.

Antes de fazermos isso, no entanto, decidimos pôr numa lista o nome de cada cantor de rock bom existente, a despeito do fato de já estar numa banda ou não. Nossa lista ficou bem curta: entre outros, havia Sebastian Bach, Ian Astbury e Steve Jones. Houve outro nome que parecia uma unanimidade na banda: Scott Weiland... mas, pelo que sabíamos, ele ainda estava no Stone Temple Pilots.

Como quase todos que relacionamos tinham seus compromissos, pusemos, de fato, um anúncio no *The Recycler* e um no *Music Connection*. Chegamos a colocar um também no *Hollywood Reporter*. Mas o mais importante que fizemos foi divulgar um comunicado na MTV.com. Jamais poderíamos ter feito isso nos velhos tempos e, talvez, eu tenha sido ingênuo quanto ao impacto que aquilo teria. Logo aprendi a lição: aquele único anúncio enviou uma avalanche de demos em CDs e fitas cassete na nossa direção. Chegavam diariamente, enquanto nosso pequeno começo de banda se tornava de conhecimento público.

Nosso "projeto" começou a ser divulgado no rádio, nos blogs da internet. De repente, havíamos atraído atenção demais com a simples tentativa de encontrar um vocalista com relativa discrição. Começamos a receber material de duzentos candidatos por semana de todo o mundo, lotando minha caixa postal. Eu aparecia para recolher essas imensas caixas de merda, e os caras na agência do correio, que tinham observado essa banda daquela fase em diante, passaram a piscar para mim de maneira significativa desde então.

RECEBI UM TELEFONEMA AO ACASO CERTO DIA.

— Alô?

— Ei, Slash, o que anda fazendo? É o Izzy.

— Oi, cara, tudo bem. Na verdade, estou saindo para tocar. Tenho trabalhado com Duff, Matt e um camarada chamado Dave. Temos algo muito bom rolando.

— Beleza. Vou até aí.

Era típico de Izzy. Ele é tão fugidio; aparece do nada, fica ativamente e, então, desaparece por uns dois meses. Izzy foi até o estúdio com sua guitarra e seu amplificador e levou umas duas demos. Nós tocamos com ele durante duas semanas e foi sensacional: escrevemos cerca de doze músicas que teriam, fácil, formado o melhor disco do Guns N' Roses. Conversamos sobre os velhos tempos, compartilhamos histórias de guerra; rimos muito e nos divertimos para valer.

Ao mesmo tempo, continuamos a busca por um cantor, o que não interessou a Izzy nem um pouco. Sempre que falávamos do assunto, ele não queria ter nada a ver com a conversa de forma alguma; queria distanciar-se o máximo possível. Não desejava fazer parte da banda, se era o que pretendíamos. Pretendia apenas curtir nossa companhia por algum tempo. Falar sobre onde poderíamos arranjar um vocalista era demais para Izzy. Ele costumava ser avesso a vocalistas líderes de banda. Nem imagino por quê.

A questão do vocalista fora um problema para mim em todas as bandas que já integrei. Não podia acreditar que, depois de todo aquele tempo, ainda fosse algo a me atormentar.

— Tenho uma ideia — anunciou Izzy num dia, enquanto tocávamos. — Sabem o que devemos fazer? Duff e eu cantaremos, e nós faremos uma turnê entre os clubes num furgão.

Izzy disse aquilo à sua maneira típica, o que significava que era difícil saber se estava falando sério ou brincando.

Eu me determinara a encontrar um bom vocalista, de qualquer modo, porque levava aquele projeto muito a sério. Não aguentava mais o fato de não estarmos saindo por aí e tocando. Não deixaria que aquela situação se prolongasse até o ponto da desistência. Mas tenho de admitir, a ideia me pegou... por um minuto.

Ligamos para o lendário representante de gravadora, John Kalodner, para pedir sua orientação sobre vocalistas. John foi nos ver tocar e achou que éramos ótimos... mas disse que não conhecia bons cantores que estivessem disponíveis.

Izzy sugeriu que fôssemos gravar algumas das composições em que trabalhamos no Rumbo, o que fizemos. Na época, perguntei-me o que Izzy estaria pensando: na minha cabeça, o que fazíamos com ele era apenas zoar e nos divertir, sem expectativas de onde aquilo nos levaria. Ao mesmo tempo, eu estava engajado naquele projeto, tanto quanto Duff e Matt. Assim, não sabia ao certo por que Izzy desejaria levá-lo à fase seguinte ao sugerir o estúdio.

De qualquer maneira, as músicas que fizemos juntos eram ótimas, e eu não iria pôr um fim naquilo. Nós três também tínhamos andado ouvindo as demos que recebíamos. Encontramos uma que despertou nossa curiosidade: um cara chamado Kelly, da Flórida. Providenciamos tudo para que ele embarcasse para Los Angeles a fim de fazer um teste nos vocais de uma música ou duas, e tão logo ele apareceu no estúdio, Izzy puxou o carro. Não houve atritos, ressentimentos, nem nada, ele apenas teve de ir e disse até logo.

AQUELE CANTOR, KELLY, NÃO SERVIU, MAS FOI UM PASSO NA DIREÇÃO certa. Ainda assim, meses se passaram sem que chegássemos sequer perto de encontrar a parceria certa. Tive a esperança de achar um diamante bruto, algum talento desconhecido por aí. Falei com Gilby, que, na época, aparecia no Mates todos os dias, porque estava produzindo uma banda chamada Bronx. Achou que estávamos malucos.

— Vocês nunca vão arranjar um vocalista — disse com um sorriso sardônico. — No nível em que estão, simplesmente não podem fazer isso. Não podem procurar um talento cru; isso está bem longe do nível de vocês. Há poucos cantores por aí que sequer poderiam ser levados em conta, e conhecemos todos!

Eu não seria desencorajado; perseverei. Continuávamos recebendo inúmeras fitas e tinha de haver algo de valor ali — ou ao menos era o que eu pensava. Tocávamos cinco dias por semana, sendo que três horas por dia eram usadas para compor e mais duas para ouvir a montanha de fitas que chegava. Ouvimos *todas*. Era penoso. Mais do que isso: desanimador. Fico surpreso que tenhamos conseguido nos manter como uma banda. Aguentamos as pontas por dez meses fazendo isso. Nem sei ao certo como explicar quanto as coisas ficaram desoladoras. Afinal, ouvíamos aquelas fitas *depois* de termos tocado. Geralmente, eram ruins a ponto de precisarmos ir para casa apenas para conseguir começar de cabeça fresca no dia seguinte.

A maioria era tão horrível que achamos que talvez estivessem gozando com a nossa cara... mas nunca tivemos certeza. Por exemplo, muitas fitas eram do seguinte tipo: um cara qualquer do Wyoming que morava numa garagem nos enviando sua melhor imitação do Guns. Havia um excesso de fitas de cantores que adoravam o Guns em um nível pouco salutar. Quis perguntar a muitos deles se chegavam a ouvir o que nos enviavam, ou pelo menos se pediam para que alguém mais ouvisse e desse uma opinião antes de mandar o material.

Tenho exemplos intermináveis de sujeitos cantando versões realmente péssimas de "Welcome to the Jungle"; gente demais se julgava poeta, enviando letras dramáticas sobre uma variedade de assuntos. Recebemos material de cantores de folk, de trash-metal, de gente que enviou gravações tão precárias que juro que só podem ter sido feitas no microfone de gravadores comuns.

Eu dirigia por North Hollywood certo dia, pensando sobre como aquele processo era estranho. Ao mesmo tempo, ponderei que devia ser documentado, porque sabia que aquilo levaria a algum lugar. Achei que deveria conversar com meu amigo Eric Luftglass, um produtor da VH1, a respeito, mas, por incrível que pareça, antes que essa ideia amadurecesse, ele me telefonou.

— Ei, Slash, é Eric Luftglass. Ouvi dizer que você, Duff e Matt estão formando uma banda e procurando um vocalista.

— Sim, conhece alguém?

— Não, mas eu queria saber se você estaria interessado em nos deixar documentar a sua busca para um especial da VH1. Seria uma excelente arrancada para a banda. Ei, vocês já têm um nome?

— Não, ainda estamos empacados na parte do cantor. Mas espere, eu juro que estava pensando em ligar para conversar sobre tudo isso com você.

Eric enviou dois cinegrafistas ao Mates, e não soubemos ao certo como a coisa funcionaria. Decidimos reservar nossa avaliação para depois que os conhecêssemos. Ambos se chamavam Alex e haviam gravado recentemente o episódio de *Behind the Music* com o Aerosmith, do qual gostei muito. Começamos a sair com eles e foi legal; os dois passaram a fazer filmagens

Achei que deveria conversar com meu amigo Eric Luftglass, um produtor da VH1, a respeito, mas, por incrível que pareça, antes que essa ideia amadurecesse, ele me telefonou.

casuais de nós, do tipo por trás dos bastidores. Havíamos recebido algumas demos interessantes que eram muito boas; a maioria fora gravada por cantores talentosos que apenas não tinham o estilo que buscávamos, mas eram ótimos. Calculo que uma entre cada lote de duzentas demos que ouvimos era de alguém que nos interessou o bastante para levá-lo ao estúdio. Um deles era um cara da Inglaterra, Steve, que era muito bom. Tinha uma banda chamada Little Hell, mas posso estar equivocado quanto a isso. Sua banda era quase de punk rock, cheia de atitude e sarcasmo nas letras. Nós lhe pedimos que viesse, e ele acabou indo parar no nosso especial da VH1, mas não rolou de Steve se reunir à nossa banda.

Àquela altura, cerca de oito meses haviam se passado desde que decidimos levar o plano adiante, e estávamos começando a ficar cansados. Não ajudou muito quando um figurão qualquer da VH1, que tinha assistido à gravação do nosso show, foi ao estúdio nos dizer para "aumentar o drama". Ao que tudo indicava, a nossa realidade por trás dos bastidores não estava tão interessante e, assim, brigamos com os produtores daquele ponto em diante. No final, as gravações realizadas com alguns dos cantores foram feitas para parecerem bem mais dramáticas do que de fato foram. Infelizmente, nossa tentativa com Sebastian Bach, do Skid Row, tornou-se o tema principal daquele programa.

Entre os cantores profissionais que conhecíamos, Ian Astbury do Cult foi dar uma olhada no que estávamos fazendo (fora das câmeras). Sebastian Bach também era um candidato, mas isso nunca foi realmente considerado. Tocamos com Sebastian por algum tempo e ele até foi ao estúdio para colocar os vocais em algumas músicas. Na época, estava cantando numa produção de *Jesus Cristo Superstar* e foi ótimo ver aquele inédito lado profissional de Sebastian. De qualquer modo, não deu certo; soou demais como a soma de nossas partes, não como algo novo – era Skid Roses.

E, ao longo de todo o processo, o nome de Scott Weiland vivia surgindo. Todos da banda o conheciam de uma maneira ou de outra, exceto eu. Dave estivera numa banda chamada Electric Love Hog, que abrira o show do STP, e Matt fez reabilitação com Scott. A esposa de Duff, Susan, era amiga da esposa de Scott, Mary. Eu apenas o achava um excelente cantor e seu nome sempre estivera em minha cabeça para a nossa banda. Era o vocalista conhecido que tinha o tipo de voz que se adequava à perfeição ao que iríamos fazer: tinha algo de John Lennon, um quê de Jim Morrison e um toque quase de David Bowie. Era o melhor cantor que surgira em um longo tempo, na minha opinião.

Uma vez que todos os demais o conheciam, pedi a Duff que lhe telefonasse. Ele o fez e perguntou a Scott se gostaria de ouvir algumas de nossas demos. Scott concordou, e assim gravamos quatro músicas e as levamos pessoalmente ao apartamento dele. Na época, Scott morava em Blackburn, por ironia bem perto de onde eu havia morado com o meu pai, quando garoto. Naquela noite, ele estava fazendo um show com o Stone Temple Pilots, por isso, deixei o CD diante da porta dele e ficamos aguardando ansiosos pelo telefonema de retorno.

Uma semana depois, Scott ligou para nós e, tão positivo quanto foi em relação à música e ao que achava que estávamos fazendo, foi sincero quanto ao fato do Stone Temple Pilots ainda estar junto. Eles andavam tendo seus problemas, mas Scott foi direto quanto ao fato de que pretendia continuar no barco e ver o que aconteceria.

– Ouça – falei –, não quero tentar promover um atrito entre você e sua banda.

Deixamos as coisas dessa maneira. E Duff, Matt, Dave e eu voltamos para a pilha de fitas de candidatos...

RECORREMOS À AJUDA DO MEU ANTIGO ADVOGADO, QUE SE tornou empresário, Dave Codikow em nossa busca. Foi bom ter feito isso, porque, uma vez que ela continuou infrutífera, poucos meses depois, David nos contou que o Stone Temple Pilots havia se dissolvido. Fiquei feliz em saber – por razões totalmente egoístas. Não fiz a menor cerimônia. Pedi a Duff que ligasse para Scott e lhe perguntasse se estava interessado em ir falar conosco.

Tínhamos acabado de compor a música "Set Me Free" e entregamos a demo a Scott. Pedimos a ele que a ouvisse e, caso gostasse, fosse nos ver tocar – sem pressão. Scott ficou com a música por uma semana e, nesse meio-tempo, levou-a a seu próprio estúdio e lhe acrescentou os vocais. Na época, nós estávamos contando demais com ele, ao passo que Scott ainda tentava traçar um plano para si mesmo. Não tinha certeza de que o que estávamos fazendo era o certo para ele, mas quando ouvimos seus vocais para aquela música, soubemos que era *exatamente* o que estivéramos procurando: o que Scott fez foi muito além de qualquer coisa que eu imaginara para aquela música. Ele a levou a um nível superior; ela soou diferente e melhor do que qualquer coisa que fizéramos até ali. Nunca perguntei a Scott como se sentiu depois de ter gravado aquela letra... o que sei é que todos nós ficamos para lá de empolgados. E tive a sensação de que ele também.

Scott entregou a música pessoalmente naquele dia; entrou no Mates usando um daqueles chapéus de pescador sobre os olhos, um moletom com capuz e dois bolsos quase na frente. A porta da nossa sala de ensaio ficava a cerca de cinquenta metros do palco onde estávamos, mas, mesmo a essa distância, discreto como ele era, Scott tinha uma presença marcante que me chamou a atenção de imediato. Quando subiu ao palco para dizer olá, tive a sensação de que o conhecia havia um longo tempo. Conversamos, ouvimos a demo que ele fizera e pareceu mais que estávamos nos reencontrando do que começando do zero.

OS VOCAIS DE SCOTT NOS CATIVARAM; ELES JUNTARAM TODOS OS elementos em que estivéramos trabalhando. Estávamos totalmente engajados. O único problema era que ele não tinha certeza quanto a querer integrar nossa banda. Pensava em gravar outro disco solo, e também tinha alguns assuntos pessoais que vinha tentando resolver.

David Codikow, que fora trabalhar com Dana Define na Immortal como uma equipe de direção, adquiriu um interesse ativo por nós e preparou uma apresentação para a indústria no Mates. Tocamos apenas uma música: "Set Me Free". Nossa plateia era formada por produtores de música, diretores musicais e coordenadores de música dos grandes estúdios de cinema. Tom Zutaut estava lá também – foi mais ou menos como nos velhos tempos.

Foi a primeira vez que a banda tocou junto para um público. E acabou sendo interessante, porque Scott só apareceu momentos antes de termos de fazer a apresentação. Estávamos desesperados para encontrá-lo, e ele chegou no último minuto. Ainda não tínhamos formado o tipo de elo com

Scott que nos permitiria saber o que ele andara fazendo nas vinte e quatro horas anteriores e, portanto, estávamos um tanto tensos.

Não importou porque, quando Scott chegou lá, mandamos brasa e, desde a primeira nota, tudo correu bem. É uma daquelas situações em que se fica nervoso antes de tocar, mas uma vez que se está diante daqueles executivos da indústria, desde a primeira nota em diante, você sabe exatamente quem é e não liga a mínima. Não há nada mais brega do que uma demonstração como aquela, mas estávamos tão concentrados na música que não nos importamos. Apenas fizemos o nosso trabalho e pronto.

Éramos uma banda. Era como se fôssemos nós contra eles outra vez. Causamos uma boa impressão em nossos próprios termos naquele dia. Era apenas o começo, mas eu sabia que seguiríamos em frente e nada nos deteria. A estrada aberta aguardava logo adiante.

CONVERSAMOS MUITO SOBRE SCOTT FICAR LIMPO, PORQUE ISSO era decididamente um problema. Nós lhe dissemos que todos estávamos no mesmo barco e que ficaríamos do lado dele se precisasse do nosso apoio, caso decidisse que queria mesmo ficar limpo. Não o estávamos pressionando, mas apenas mostrando que entendíamos, em primeira mão (para dizer o mínimo), e acho que, no final das contas, foi o que o fez sentir-se mais à vontade. Uma vez que Scott parecia estar conosco, passamos para o estágio seguinte.

ACHO QUE A MELHOR COISA EM RELAÇÃO A ESSA BANDA É QUE nunca nos comportamos como uma banda nova. Desde o início, agimos como se estivéssemos juntos havia anos. Acho que, de algumas maneiras, estivemos. Encontramos um veículo de estreia adequado para uma banda que trabalhava unida fazia algum tempo: David e Dana contataram alguns estúdios de cinema para ver que filmes estavam saindo e precisavam de uma música original. Apresentaram-nos vários, mas nos decidimos por *O incrível Hulk* e *Uma saída de mestre*, que nos foram oferecidos por Kathy

Slash e Scott a plenos pulmões no Avalon Ballroom em Hollywood, em maio de 2007.

Nelson da Universal, principalmente porque pareciam perfeitos e porque gostamos de Kathy.

Fomos para o estúdio com Nick Raskulinecz e fizemos um cover de "Money" do Pink Floyd para *Uma saída de mestre*. Scott concluiu-o, e a coisa toda ficou pronta rápido. Nós o ensaiamos no Mates numa tarde e, então, fomos ao Chalis Studios em Hollywood e o gravamos. Então, para *O incrível Hulk*, fomos ao Oceanway para fazer uma versão adequada de "Set Me Free". Sabíamos que aquela seria a música a estabelecer nosso som e tínhamos visto uma prévia do filme e gostado. Além do mais, estávamos entusiasmados com o fato de Ang Lee ser o diretor. Conseguimos fazer com que Nick produzisse essa música também, mas não foi moleza: tivemos grande dificuldade em fazer a mixagem dela porque não ficava adequada. Acabamos fazendo uma série de mixagens, e a terminamos na manhã do prazo final.

Esse não foi o aspecto mais constrangedor dessa sessão: a caminho do Oceanway Studios para gravar a música recebi uma ligação (de Duff) dizendo que Robert e Dean DeLeo do Stone Temple Pilots estavam produzindo para a banda Alien Ant Farm no estúdio ao lado do nosso. Fiquei bastante preocupado com a maneira como Scott poderia reagir a isso. Cheguei lá antes dele para me certificar de que nada acontecesse e deparei com Robert na máquina de café na sala de estar. Ele se inclinava na minha direção enquanto eu preenchia meu copo descartável com água, sem fazer ideia de quem o cara era.

– Há... Slash? – disse Robert.

– Sim. Oi.

– Oi. Sou Robert DeLeo. Prazer em conhecê-lo... É uma honra.

Ele pareceu simpático, mas eu ainda estava preocupado. Como Scott chegou por uma entrada dos fundos, eles não tiveram de cruzar caminhos no decorrer daquela sessão.

Aqueles trabalhos com trilhas sonoras eram um teste; estávamos nos lançando de uma maneira controlada, limitada. Éramos uma banda sólida de rock and roll, mas não tínhamos dado o salto final: Dave continuava trabalhando como operário de construção, e Scott enfrentara um longo e árduo declínio em sua última banda, por isso continuava cauteloso e frágil. Duff, Matt e eu tínhamos um compromisso de cem por cento com o projeto: largáramos tudo o mais naquele ponto para nos concentrar nele. Assim, persistimos e seguimos em frente.

A escolha de um nome era um tema recorrente, e não havíamos chegado a lugar algum naquele aspecto. Numa noite, Perla e eu fomos ao cinema e não consigo lembrar o que assistimos, mas uma vez que as luzes se apagaram e os créditos se iniciaram, o nome Revolution Studios me chamou a atenção. Perla também mencionou algo a respeito. Tinha algo ali... Gostei do começo da palavra. Então, pensei em Revolver. Pareceu-me um nome apropriado por causa de seus múltiplos significados. Não apenas evocava uma arma – revólver –, mas também havia o verbo "revolver", no sentido de girar, que me fez lembrar os movimentos de uma porta giratória (*revolving door*). E, considerando-se de quantos integrantes de outras bandas aquela era composta, pareceu-me adequadíssimo, pois eles já haviam passado por várias "portas giratórias". Além do mais, é claro, *Revolver* é o nome de um dos melhores álbuns dos Beatles.

No dia seguinte, encontrei-me com a banda na Universal Studios, onde assistiríamos a uma prévia de *O incrível Hulk* para decidir se queríamos colocar nossa música na trilha sonora. Ao deixarmos o escritório de Kathy Nelson rumo à sala de exibição, mencionei minha ideia do nome Revolver como uma possibilidade.

— Legal. Gostei disso — declarou Duff.

— Eu também — disse Matt.

Scott ficou em silêncio por um minuto.

— Que tal Black Velvet Revolver? — sugeriu. — Aprecio a ideia de algo íntimo como veludo (*velvet*) justaposto a algo letal como uma arma.

Pensei a respeito. Concordei plenamente com o que ele quis dizer, mas parecia um nome longo demais.

— Ei! — falei. — Que tal apenas Velvet Revolver?

— Perfeito! — afirmou Scott.

Todos os demais concordaram.

Estávamos todos com o pensamento alinhado, e me senti inspirado; sentando-me, comecei a desenhar logotipos de imediato. Cheguei ao VR que ainda usávamos, e todos pareceram gostar dele também.

Estávamos a todo vapor: marcamos uma pequena coletiva de imprensa e uma apresentação no El Rey Theater, primeiro para o pessoal da indústria, mas o público geral pode comparecer também. Queríamos anunciar que éramos oficialmente uma banda, com um vocalista e um nome, e que gravaríamos um CD muito em breve. Acabáramos de compor "Slither" e a tocamos, bem como "Set Me Free", "It's So Easy", "Negative Creep" do Nirvana e "Pretty Vacant" dos Sex Pistols. Não foi muito uma questão de seleção de músicas; na época essas eram as únicas que sabíamos.

Não importou; o grau de energia estava tão elevado que era quase palpável. A química da banda ao vivo era poderosa, envolvente. Esse foi o momento de definição para nós: éramos, enfim, um grupo. Tínhamos trabalhado juntos em todos os aspectos, exceto no mais essencial – uma apresentação ao vivo. Aquele show no El Rey foi o momento da verdade. Em seguida, no camarim, sentíamo-nos tão inspirados por nossa química no palco que nem sequer sabíamos o que fazer. Devíamos gravar um CD ou sair em turnê – naquele momento?

OPTAMOS POR GRAVAR UM CD PORQUE ERA A COISA MAIS PRÁTICA a fazer. Além do mais, na ocasião estávamos numa fase fértil para composições e criando material novo bem rápido. Antes de nos reunirmos a Scott, estivéramos compondo por mais de dez meses, e por isso não é exagero dizer que o abarrotamos de canções em potencial para as quais escrever letras. Nós lhe demos mais do que se pode esperar que alguém ouça.

Scott tirou de letra, porém: escolheu algumas músicas e transformou-as em composições que jamais havíamos esperado, e adoramos assim mesmo. Scott tem um pequeno estúdio e um espaço para ensaio em Toluka Lake chamado Lavish, onde trabalha com seu engenheiro, Doug Grean. Eles pegaram aquelas demos e refizeram os arranjos das músicas para acomodar os vocais que Scott criou. Daquele imenso material, obtivemos "Big Machine" e "Dirty Little Thing", enquanto continuamos a compor coisas novas, como "You Got No Right", "Slither" e "Sucker Train Blues", nas quais todos trabalhamos, como também uma música chamada "Do It for the Kids", entre outras. Ficaram mesmo muito boas.

Tudo parecia ir maravilhosamente bem até que Scott foi preso no estacionamento do Lavish, certa noite: foi apanhado sentado lá com uma garota, e eles tinham drogas no carro. Scott já estava na condicional, e aquela foi a gota d'água. Foi um verdadeiro ponto de virada para ele. Quando saiu da cadeia, não voltou para casa. Rumou direto para seu estúdio. Concentrou-se numa música que nós tínhamos dado a ele algum tempo antes, e escreveu a letra da composição que se tornou "Fall to Pieces". Scott desabafou nessa música. É um retrato mais sincero de onde ele estava e daquilo com que lidava naquela ocasião em particular do que qualquer um poderia esperar ver. Cria, de fato, um panorama do que se passava com ele e, em consequência, conosco também.

NÃO SABÍAMOS AO CERTO QUEM DEVERIA PRODUZIR NOSSO DISCO e, assim, tentamos algumas pessoas. Citamos ao acaso alguns nomes diferentes: Rick Rubin, Brendan O'Brien e alguns outros. Não sei quem sugeriu Bob Ezrin, mas fomos até o estúdio e gravamos "Slither" com ele no Henson Studios. Erzin acabara de produzir o último disco do Jane's Addiction, mas, exceto por isso, seu trabalho passado com todo mundo, desde Alice Cooper a Pink Floyd, falava por si. As coisas não correram tão bem quanto esperei, contudo. A contribuição criativa de Bob para a música foi produzida demais. Tinha muita coisa acontecendo de uma vez, estava usando efeitos sonoros excessivos. O resultado final soou congestionado e muito complexo para o que víamos como uma música simples de uma banda razoavelmente simples de rock and roll.

Decidimos, então, gravar uma música com Josh Abraham, a quem todos nós conhecíamos. Era mais ou menos novo no mercado; sua fama surgiu com a produção do disco *Stained*, que foi um grande sucesso. Ao menos, eu estava familiarizado com o disco e, na época, ele trabalhava no novo CD de Courtney Love. Fizemos um teste de gravação de uma nova música chamada "Headspace" no NRG Studios em North Hollywood. A música ficou boa, a bateria, as guitarras e os vocais soando bem. Foi o bastante para decidirmos gravar o restante do CD com ele.

Àquela altura, a notícia sobre o Velvet Revolver já se espalhara, e estávamos atraindo o interesse de todas as grandes gravadoras, embora não tivessem restado muitas naquela época em particular. Havia a Chrysalis, a Elektra, a RCA e a Warner's, e estavam todas interessadas. Ao final, acabamos fechando com a RCA.

Mas, primeiro, seguimos todo o ritual de... digamos... "bombons e flores", almoçando e jantando de graça em Nova York por uma semana ou mais. Não foi difícil decidir com quem ficaríamos uma vez que Clive Davis desembarcou de um avião com seu assistente, Ashley Newton, para nos ver tocar em Toluca Lake. Foi uma grande demonstração de integridade e solidariedade, considerando o cenário à volta. Sentaram-se numa sala que tinha cerca de seis metros de comprimento, com uma mesa de sinuca separando-os de nós e todos os nossos amplificadores bem na cara deles. Ouviram cinco músicas dessa maneira. Queriam enxergar através da fama que então circundava a banda e nos ver tocar em nosso hábitat natural.

– Isso foi ótimo, ótimo mesmo – declarou Clive quando terminamos.
– Obrigado.

Eles adoraram "Slither" e "Fall to Pieces", e logo depois disso tomamos nossa decisão. Ficaríamos com a RCA.

Depois da pré-produção com Josh no Lavish, fomos para o NRG fazer as gravações básicas. Por coincidência, no estúdio ao lado, Dean e Robert do Stone Temple Pilots trabalhavam em material novo, mais uma vez, bem perto de nós. Naquela ocasião foi impossível evitá-los; estavam literalmente na porta ao lado e dividíamos uma sala de estar. Foi apenas uma questão de tempo até Scott dar de cara com eles, não importando o que fizéssemos; mas foi bom. Eles superaram tudo. Dean sentou-se com Scott e não sei sobre o que conversaram, mas, depois disso, não houve ressentimentos. Scott até tocou nossas demos para ele, todos nós nos reunimos e ficou tudo bem. Foi quando conheci Dean. Tenho visto os dois por aí desde então e sempre tem sido ótimo. São sem dúvida bons sujeitos.

QUANDO CHEGOU A HORA DE GRAVAR AS MINHAS PARTES DE guitarra para o CD, quis ir a um estúdio menor para economizar algum dinheiro da banda e, portanto, Josh sugeriu que o fizéssemos no dele, na esquina sul da Highland e Sunset Boulevards. Foi onde Jimi Hendrix gravou *Axis: Bold as Love*. Entrando lá, notei que o lugar estava um tanto abandonado: carpete gasto, paredes precisando de pintura nova, baratas... coisas assim. Entrei no estúdio com Josh e havia uma excelente mesa de mixagem, mas olhei para cima e percebi que tinha apenas dois pequenos alto-falantes Yamaha AS-10, que são ótimos para se ouvir o som de retorno, mas gravo minha guitarra no estúdio colocando meus amplificadores na sala principal, onde ficam os microfones, e tocando na sala de controle, onde o produtor e a mesa de som ficam. Faço isso principalmente porque não suporto os fones de ouvido. Aquele lugar não serviria em absoluto aos meus propósitos. Até então, como regra, eu gravava as faixas básicas de guitarra ao vivo e as refazia na sala de controle a níveis de megadecibéis, de modo que pareciam um show de verdade quando eu de fato as concluía. Os alto-falantes são meus pontos de referência do que estou gravando; assim, precisam ser grandes e fazer um som *alto*. O par à minha frente não resolveria.

— Então, é assim que você grava guitarras? — perguntei a Josh.

— Bem... sim, em geral esses alto-falantes de estúdio são o suficiente.

— Nunca toquei desse jeito e posso lhe dizer agora mesmo que não soarão alto o suficiente.

Naquele momento, pensei no que a minha esposa, Perla, me disse repetidas vezes: gosto de fazer as coisas do jeito difícil. Pude ver que deixaria Josh e todo seu estúdio em polvorosa. Querendo conter aquela minha tendência, em vez de criar caso e insistir que arranjássemos outro estúdio e talvez um produtor novo, resolvi me adaptar.

— Ouça, apenas mande vir uns alto-falantes maiores e faremos isto dar certo — propus.

Josh pareceu sinceramente aliviado.

Não posso dizer que foi uma experiência agradável. Os engenheiros do estúdio alugaram alto-falantes para nós várias vezes, mas nenhum produziu um resultado aceitável. Não é verdade — eles conseguiram o par certo bem no último dia da gravação. No final, fiquei satisfeito com o meu trabalho no nosso álbum de estreia, mas, quando olho em retrospectiva, tenho de dizer que foi uma sessão bastante desconfortável e sufocante para mim. A maneira como toco naquele CD é bem reservada, e é por essa razão que não há tantos solos quanto poderia ter havido. Eu me senti restrito demais para improvisar da maneira que costumo fazer.

Acho que David obteve muito mais no estúdio digital do que eu quando foi gravar a sua parte. Fez um excelente trabalho; acrescentou todas aquelas texturas de som que realmente tornam as guitarras completas.

Na época, Scott recebera ordem do tribunal para cumprir pena em regime semiaberto, uma sentença que resultou de sua prisão. Ele ia ao estúdio gravar os vocais e voltava direto para lá. Só tinha permissão para trabalhar três horas por dia.

Duff e eu fomos à cidade de Nova York para acompanhar as sessões de mixagem com George Marino no comando e, então, *Contraband* estava terminado. Tomei meu primeiro drinque depois de mais de um ano daquela noite. Mantive-me bastante reservado quanto aos meus sentimentos em relação à situação do GN'R/Axl, até que Duff e eu fizemos uma turnê de divulgação do lançamento do primeiro CD do Velvet Revolver. Até aquele ponto, eu ainda não fora a público falar sobre o que acontecera entre mim e Axl e não planejara fazê-lo. Mas a mídia queria saber minha opinião, e não houve como evitar. Não tive nada agradável a dizer. Era como se tivessem tocado numa ferida aberta e, de repente, tudo o que saiu da minha boca foi amargo e rancoroso – o completo oposto de como eu queria reagir. Quando o GN'R e eu nos separamos, quisera sinceramente manter a discrição e nunca dizer nada à imprensa, sobretudo porque muitos artistas antes de mim tinham seguido aquele caminho e eu achara tal atitude de mau gosto. Mas ali estava eu, acuado pela imprensa toda, sedenta por desavença e cutucando aquela ferida. Não consegui controlar minhas respostas. Tudo o que falei sobre Axl foi negativo; quase emocional. Isso, claro, deixou Axl puto e foi o gatilho para os ataques contra mim no comunicado dele à imprensa em 2005, sem mencionar as complicações ainda maiores no processo judicial do GN'R.

O CD estava prestes a sair, e Duff e eu partimos numa turnê para promovê-lo na Europa e no Japão por algumas semanas. A banda pôs o pé na estrada antes mesmo que ele fosse lançado. Nossa primeira apresentação foi no Kansas e, a partir de lá, tocamos em todas as cidades de quase todos os estados. Conseguimos despertar tanto interesse que, quando o disco foi lançado, em junho de 2004, alcançou o primeiro lugar em sua segunda semana. Estávamos em Las Vegas para um show quando Clive nos ligou para dizer que atingíramos o topo das paradas. Tenho de admitir que, mesmo depois de tudo o que já vi e fiz, receber um telefonema do lendário Clive Davis com uma notícia como aquela conseguiu me arrepiar: era uma *vitória*, ao meu modo de ver. Foi o começo de uma turnê que pareceu prosseguir indefinidamente, ganhando mais e mais importância na medida em que se estendia. Permanecemos na estrada por um ano e sete meses, tocando em todos os lugares, de clubes a festivais e estádios.

A banda tocou para multidões de milhares ao redor do mundo, e nosso CD vendeu três milhões de cópias em todo o globo. Trabalhamos pra cacete naquela turnê; costumávamos tocar cinco noites por semana, numa cidade diferente a cada noite. Fizemos tudo num ônibus, em acomodações apertadas. Tocamos no Live 8, no Donnington Festival; fizemos três videoclipes para esse CD. Foi um grande sucesso. De repente, estávamos outra vez numa banda importante.

Nossa última apresentação foi em Orlando e, então, todos voltamos para casa e retomamos nossas vidas. E uma vez que fizemos isso, fomos envolvidos em todo tipo de merda. Houve rumores de que estávamos nos separando, de que todos nós tínhamos voltado às drogas e estávamos à beira da autodestruição. E por aí vai.

EU, POR MINHA VEZ, TIVE NOVAMENTE DIFICULDADE PARA ME readaptar de fato à vida em casa. Quando estávamos compondo para *Contraband*, muito antes de termos gravado o CD, meu filho London nasceu, em agosto de 2002. Eu acompanhara Perla quando ela fez a ultrassonografia e, na época, ainda estava me acostumando à ideia de que tinha um filho a caminho – obviamente, aquela seria uma experiência nova para mim. Assim que soube que teríamos um bebê, achei que queria uma menina, imaginando que seria igualzinha à mãe e ambas seriam inseparáveis, uma ideia que alimentou minha negação em relação às novas responsabilidades das quais não podia fugir.

Essa era a minha pequena e idílica visão da paternidade até que me dei conta de algo que estivera ignorando: tive muitos problemas com mulheres adultas; devia esquecer as pequenas. Uma filha na certa seria meu fim. Soltei um suspiro de alívio quando Perla deu à luz um menino bonito, saudável, de quatro quilos. Demos a ele o nome London não apenas porque foi concebido no Reino Unido, mas porque tive um amigo London na escola e nunca me esqueci de como achava esse nome legal.

Eu não tinha experiência alguma em criar filhos, lógico, mas obtive algum treinamento. Perla foi tomada por uma dominadora onda de instinto maternal quando ficou grávida e, um dia, levou para casa um filhote de lulu da Pomerânia que comprara na loja de animais. O cãozinho tornou-se imediatamente minha responsabilidade, em especial quando Perla recebeu ordens médicas para passar alguns meses de repouso na cama. Fui obriga-

Fui obrigado a cuidar daquele cachorro, e esse foi o meu preparo para a paternidade. Era a única experiência que tinha em criar algo, porque uma coisa é certa — ter gatos e cobras não conta de verdade.

do a cuidar daquele cachorro, e esse foi o meu preparo para a paternidade. Era a única experiência que tinha em criar algo, porque uma coisa é certa – ter gatos e cobras não conta de verdade. Considerando a situação, devo ter feito algo certo, porque nosso cachorro era muito bem-comportado na época em que London nasceu.

Ter um filho forçou-me a estar presente, a honrar minha sobriedade. Quando eu não estava com o Velvet Revolver, estava em casa com a minha esposa, criando nosso filho. Fui o típico pai coruja, ajudando a decorar o quarto do bebê, comprando brinquedos, montando-os. E, então, Perla engravidou de novo. Descobrimos que era outro menino, e soltei mais um suspiro de alívio. Nosso novo bebê se encontrava numa posição pouco convencional também, embora as complicações só tenham surgido mais ao final da gestação. Foi difícil para Perla mais uma vez.

Eu estava em turnê quando o meu segundo filho nasceu. Conseguia viajar de volta para casa com regularidade para visitar Perla na maternidade. Eu teria, porém, de fazer um show na véspera do dia em que o meu segundo filho estava para nascer. Para tanto, precisei deixar a maternidade e pegar um voo noturno para Atlantic City, e então pegar outro voo noturno para estar lá a tempo do nascimento dele, na manhã seguinte. Perdi o voo de retorno a Los Angeles, mas tive sorte o bastante para conseguir outro. Tiveram de adiar um pouco a cesariana de Perla até a minha chegada. Fui direto para a maternidade e cheguei pouco antes de ele vir ao mundo. Passei aquela noite e a manhã seguinte com Perla e meu perfeito novo garotinho de três quilos e meio. Aí, peguei outro voo e encontrei a banda para a apresentação seguinte. Foi nesse ritmo de vida que meus dois filhos nasceram.

Não soubemos como chamar nosso segundo filho até que nos lembramos do que nosso bom amigo e manda-chuva do cinema Robert Evans nos dissera quanto ao nome que deveríamos dar ao nosso primeiro garoto. Como de costume, ele teve uma forte opinião que não pude refutar:

– Vocês devem lhe dar o nome mais incrível que um homem pode ter – disse-nos em seu inconfundível tom de barítono. – Eu sugiro Cash.

– Robert, é tarde demais – falei. – Ele se chama London.

– Ok. Mas, se tiverem outro, façam a coisa certa.

Após um período muito breve de reflexão, concluímos que ele tinha razão. Assim, nosso segundo filho recebeu o nome de Cash.

A família Hudson: Slash, London, Perla e Cash em um cruzeiro da Disney em 2006, no qual eram inquestionavelmente os excêntricos.

DEPOIS DE DOIS ANOS NO RITMO FEBRIL QUE É UMA TURNÊ ininterrupta, fui lançado novamente no mundo real e, por mais familiarizado que estivesse com essas condições, não foi mais fácil de suportar – na verdade, tornou-se até uma adaptação mais difícil. Quando tudo aquilo com que você se importa é a responsabilidade de ir de apresentação em apresentação, quando o show seguinte é tudo o que você espera por um longo período de tempo, quando o serviço de quarto e o seu quarto de hotel são sua recompensa, você tem um modo de viver preestabelecido.

Em casa, não importando quem você seja, não é assim. Quando está em casa, você tem de levantar a bunda da cadeira e fazer as coisas com as próprias mãos; torna-se o mais normal possível porque tem de contar com as suas habilidades. No passado, eu contara com a bebida e com as drogas para enfrentar a transição e torná-la um pouco mais fácil a curto prazo. Uma vez que se tem filhos, se o cara pretende ser um pai com o qual se pode contar, essa opção vai para o saco. Quando você deixa a estrada e é pai, vai para casa e tem de lidar com sua rotina doméstica. Sai de uma situação em que os outros cuidam de você para aquela em que você cuida deles.

Não foi fácil nem para Perla nem para mim quando voltei ao nosso lar. Eu começara a beber vinho – muito vinho – na turnê, e ela estivera me observando retomar meus antigos hábitos. Por qualquer que tenha sido a razão, quando Perla ia me visitar na turnê, eu escolhia esse dia para me sentar no bar e beber, sob o pretexto de estar à espera dela. Tudo o que conseguia era ficar bêbado ao ponto de estar inútil quando Perla enfim chegava. Eu dizia olá e apagava. Assim, tínhamos alguns problemas com os quais lidar.

Quando o Velvet Revolver assinou contrato, gravou CD e preparou-se para a turnê, passamos por uma mudança na direção com a qual não concordei de jeito nenhum. Isso acabou me levando a arranjar um empresário próprio, à parte da banda. Pareceu-me a solução lógica, mas tudo o que consegui fazer, na verdade, foi me distanciar dos outros caras e causar um elevado grau de animosidade entre nós e entre as equipes de gerenciamento sempre que um acordo de negócios surgia. Essa situação acrescentou um nível extra de estresse que dois anos na estrada só tinham contribuído para aumentar. A tensão nunca afetou a nossa química no palco nem a criatividade, mas num nível interpessoal diário, a situação ficou delicada e, ao final da turnê, todos já estavam avançando uns nos pescoços dos outros. Mantive minha decisão, mas entendo agora que ela me tornou o pé no saco da banda aos olhos dos demais integrantes. Entendo por que os enlouqueci.

Foi por volta dessa ocasião que Axl decidiu fazer uma declaração à imprensa que só serviu para colocar lenha na fogueira. Foi muito divulgada e, portanto, não perderei tempo discorrendo sobre tudo. Mas, em suma, Axl alegou que eu havia passado por sua casa, extremamente coerente, no início de uma manhã para lhe pedir o favor de entrar num acordo em relação ao processo judicial entre nós, que já se arrastara durante anos até aquele ponto. Também disse que nós dois conversamos por algum tempo e que eu só tive comentários ofensivos a fazer sobre Scott Weiland e todos na minha banda.

A verdade é que não troco uma palavra pessoalmente com Axl desde que deixei a banda, em 1996. É triste, mas é verdade. Passei, de fato, pela casa dele numa noite, mas estava bêbado – Perla, sóbria, era quem dirigia. Adiantei-me até a porta e deixei um bilhete que dizia algo do tipo "Vamos resolver isto. Me ligue. Slash". Mas não o entreguei a Axl e, sim, ao assistente dele.

De qualquer modo, Axl fez sua declaração, e causou sensação na imprensa porque era a primeira vez que ia a público com sua opinião sobre mim, o processo judicial ou algo assim.

Como comentei, esse incidente foi amplamente divulgado pela imprensa e na internet, e qualquer pessoa que esteja interessada pode ler tudo a respeito, se fizer questão.

O problema foi que esse incidente e o resultante efeito negativo que teve sobre o Velvet Revolver me desconcertou bastante. Ainda mal consigo falar disso, quanto mais recriá-lo com todos os detalhes aqui. Achei que veria ruir tudo pelo que eu lutara tanto para conquistar.

Para começar, o processo judicial foi um pesadelo que se arrastou por tempo demais. Para evitar maiores complicações, a maneira mais fácil de explicá-lo é dizer que, desde 2001, nós nos envolvemos num processo ligado a direitos autorais e lucros. Foi um típico litígio de rompimento de bandas, em que uma das partes se queixa de ter sido mal paga pela outra. A estrada do rock é manchada por esse tipo de merda.

Mas o que doeu mais foi eu ter de me defender para a minha banda. Insisti que o que fora alegado era mentira, mas que Axl escrevera sua declaração a fez tão casual que todos pareceram achar verdadeira.

Os rapazes se mostraram bastante desconfiados em relação à minha história. Ao mesmo tempo, fui completamente sincero, disse-lhes a verdade. Em princípio, achei que deveria responder publicamente e informei à minha banda que o faria, mas acabei concluindo que isso só agravaria o problema e o prolongaria.

Não soube ao certo o que fazer. Ainda queria tomar uma atitude – minha credibilidade dependia daquilo. Tivemos uma reunião com a banda alguns dias depois, e Scott não apareceu. Ficou óbvio para mim que, uma vez que eu não dera nenhum passo, o desapontara.

Então, Scott deu a própria resposta. Atacou Axl de todas as maneiras. Minha reação instintiva não foi "Você está certo", mas "Você não pode falar merda sobre Axl!". Eu posso falar merda sobre Axl, posso fazer isso o dia inteiro se quiser – porque tive de lidar com ele durante anos. Mas nem Scott, nem ninguém mais tinha esse direito.

As tensões na banda cresceram e, em consequência, retirei meu equipamento do estúdio na casa de Matt Sorum, onde estivéramos compondo e ensaiando.

Os rumores eram de que eu deixara o Velvet Revolver para voltar ao Guns N' Roses. Não sei quem deu início a eles, mas se espalharam o bastante para causar uma exaustiva batalha interna. A mídia passou a ter um interesse especial por essa história. Especulou-se que Slash havia largado os antigos parceiros de banda do Guns para voltar a se reunir a Axl em qualquer que fosse a ideia dele de Guns N' Roses àquela altura. Acho que *Chinese Democracy* ainda estava sendo esperado, naqueles tempos.

Se você pegasse qualquer publicação sobre música da época, ou ouvisse o rádio ou checasse os blogs na internet, o assunto era inevitável. Estava gravado em pedra: eu deixara o Velvet Revolver e voltaria para o Guns. A realidade é que nada disso aconteceu: durante aqueles poucos meses, apenas fiquei em casa, gravando ideias de músicas na minha aparelhagem digital.

Foi literalmente uma questão de dar tempo ao tempo. Demoramos muito para superar toda essa merda. Enfim, quando tudo passou, voltamos ao trabalho. Fui à casa de Matt um dia como se nada tivesse acontecido.

— Ouça, cara — falei. — Tudo aquilo foi ridículo e tudo isso é ridículo. Posso te contar o que realmente aconteceu?

— Pode, cara.

Falei tudo o que tinha a dizer, relatando de novo a história da maneira como acontecera. Com toda a clareza, o tempo provara que eu não tivera conversa alguma com Axl e que não voltaria para o Guns N' Roses — porque não tinha nada a ver! Aquilo pareceu convencer os rapazes de que a minha versão era a verdadeira. Nunca pensara que precisaria me explicar para esses caras, mas precisei, o que sempre me deixou puto. Mas superei tudo, e eles também. Depois da minha conversa com Matt, tive uma com Kirschner, e em seguida com Duff e com Scott. No final das contas, foi um drama desnecessário. Eu simplesmente não tinha tempo para aquilo. Contudo, nós o enfrentamos e superamos. E estamos bem melhores por causa disso hoje.

A BANDA ENFIM SE REUNIU E COMEÇOU A ENSAIAR NA CASA DE Matt, no estúdio de gravação dele na garagem. Nós todos passamos a nos entender bem outra vez e começamos a trabalhar em material novo para nosso próximo CD. Foi nessa época que abri o pulso malhando na academia e fui ao médico. Ele me prescreveu alguns exercícios de fisioterapia e um frasco de Vicodin. Eu sabia muito bem o que era Vicodin e que efeito exercia em mim, mas, na forma de uma receita do meu médico, pareceu tudo bem e muito necessário. Tomei o remédio conforme as instruções, um a cada quatro horas. Logo, passou a ser dois a cada quatro horas; então, um por hora, depois um a cada quinze minutos — é dessa maneira que rola comigo.

Não apenas a situação da minha banda corria risco, Perla e eu estávamos nos desentendendo como nunca. Eu seguia por um caminho com o Vicodin e ela por outro. Após o nascimento de Cash, Perla queria perder todo o peso que ganhara com a maternidade e, fazendo isso, ficou viciada nas pílulas receitadas para emagrecimento. Pílulas de emagrecimento são — sejamos francos — uma forma de cocaína *gourmet*, e ela as estivera tomando por um longo período e indiscriminadamente, a ponto de isso ter alterado sua personalidade. Já era uma pessoa muitíssimo atenta e assertiva que estava sempre alguns passos adiante de mim. Somando-se cocaína de qualquer tipo a essa equação, tais características foram acentuadas ao ponto de ela ter se tornado intensa demais para que eu pudesse lidar.

Nossa convivência ficou cada vez mais agitada e, portanto, fui a Las Vegas para participar do Rock Honors da VH1, em 2006, onde, junto com meu amigo Tommy Lee, fizemos uma apresentação com músicas do Kiss. Lá, reencontrei meu amigo do OxyContin e obtive mais pílulas do que poderia dar conta. Meu amigo vencera o câncer, mas, nesse meio-tempo, parece que sofreu um acidente de carro quase fatal e tinha uma nova prescrição interminável para pílulas. Quando alguém lhe diz que tem uma prescrição desse tipo, você não faz perguntas.

Àquela altura, eu já estava acostumado o bastante com a droga para me perguntar o que aconteceria se eu esmagasse as pílulas e as derretesse para transformá-las em líquido injetável. Fiquei bastante satisfeito em descobrir que dava certo. Diverti-me muito em Las Vegas; era o lugar perfeito para se fugir da realidade. Fiquei ali mais alguns dias além do necessário. Apenas fiquei chapado com um pouco da droga. Não tinha mais um vício, disse a mim mesmo; eu apenas a usava de vez em quando.

Voltei para casa e, com meu relacionamento declinando, eu me automedicava. Tinha um bom suprimento de Vicodin e OxyContin. Perla e eu terminamos de repente. Ficamos separados por um dia. Fui para um hotel próximo ao aeroporto. Coloquei minhas roupas e o meu gato no nosso Hummer e, na minha cabeça, nunca mais voltaria. Estava longe de ser um santo, mas não consegui lidar com o estado em que minha esposa se achava. Eu lhe disse que ela precisava ir para uma clínica de reabilitação.

Perla concordou.

— Já que eu vou, você cuida das crianças — foi a última coisa que me disse.

QUANDO PERLA ESTAVA NA REABILITAÇÃO, AS COISAS FICARAM FEIAS. Nossa babá cuidava dos meninos, enquanto eu mantinha o uso do OxyContin. Descobri um contato em Los Angeles e consegui um suprimento para cerca de três meses. E, embora não o usasse todos os dias, a certa altura passei a usá-lo todas as noites. Escondi isso da banda, assim como da minha família. Mas, então, acabou ficando óbvio: eu me injetaria antes de tocarmos. Buscaria a vibração criativa na banda com um claro estado mental, mas não demorou para que estivesse daquele jeito outra vez... confuso, desnorteado. A situação ficou tão fora de controle que eu andava me injetando no banheiro de Matt, e tornou-se evidente para todos que eu estava drogado. Porém, ninguém disse uma palavra, ao menos por um tempo, e isso diz muito sobre a nossa tolerância coletiva. Eu sequer estava tentando esconder meu vício de uma banda de caras que haviam tido seus problemas e de um vocalista que ainda tinha o seu. Fui tão imbecil em relação a isso que Matt até encontrou sangue na parede. Se meu ar chapado durante os ensaios ainda não me denunciara, aquilo o fez, com certeza.

Nós continuamos, mas sem obter real progresso, um tanto estagnados em termos de composições e criatividade. Acompanhei Matt a uma apresentação em Camp Freddy, em Las Vegas, mais para estar perto do meu fornecedor de OxyContin e me abastecer do que para ver o show. Pensei que soubesse o que estava fazendo, mas acho que não me dei conta da rapidez com que me tornara a ovelha negra. Lembro-me de ter ficado nos bastidores daquele evento: todos se calavam quando eu entrava lá. Começava a ser assim a qualquer lugar que eu ia.

Meu empresário da época e de agora é Carl Stubner e, durante minha ida a Las Vegas para assistir ao show com Matt, ele me telefonou. Conversamos um pouco e, embora eu não tivesse me dado conta na ocasião, Carl estava ouvindo cuidadosamente, tentando avaliar o meu estado. Não me lembro do que eu estava falando, mas, de repente, Carl me interrompeu:

– Seja franco comigo, Slash. Você está bem?

– Sim, sim, cara – menti. – Estou bem. Por quê?

– Ouça... Não vou lhe dizer como levar sua vida e não estou aqui para bancar o juiz. Só quero saber se você está bem. Porque, se não estiver, pode contar com o meu apoio. Mas tem de ser sincero comigo.

– Estou bem, é verdade... Estou mesmo.

Assisti ao show, encontrei-me com meu fornecedor de OxyContin, como planejara, e voltei para Los Angeles. Sabia que estava fodido demais para ficar perto de Perla, que voltara para casa limpa e sóbria, quanto mais ficar próximo dos nossos filhos. Tomei a única a atitude que pareceu fazer sentido: hospedei-me num hotel em West Hollywood e marquei o dia em que me internaria numa clínica de reabilitação. Até aquela ma-

Slash e seus filhos.

nhã, eu pretendera acabar com as drogas que comprara ali mesmo no meu quarto ou aonde quer que talvez elas me levassem. Perla e todos os demais estavam preocupados comigo. Mas ela foi paciente, tolerante, e é por isso que nos amamos tanto.

Eu não estava bem. E me via quase pronto para admitir aquilo. Sabia que o meu abuso tinha de terminar. Planejara me distanciar um pouco da minha esposa e da banda depois que tivesse me permitido os meses predeterminados para me recuperar totalmente; sabia que necessitava de um pouco de solidão e quietude. E consegui. Dessa vez, a reabilitação acabou sendo de fato boa para mim, porque me rendi. Primeiro, larguei as drogas, depois desanuviei a mente e refleti para tentar entender por que eu gostava de colocar a mim mesmo repetidamente na mesma situação. No início da manhã de 3 de julho de 2006, internei-me numa clínica de reabilitação. Fiquei um mês inteiro, rendi-me por completo... Aprendi mais sobre mim mesmo do que jamais julguei possível. E tenho permanecido sóbrio desde então.

―•※•―

UMA VEZ QUE ME REENCONTREI, A BANDA TAMBÉM SE reencontrou e começamos a trabalhar no nosso segundo CD, *Libertad*. Foi uma experiência incrível; éramos pessoas diferentes explorando novas ideias, unidas por nossa camaradagem. Houve uma liberdade na coisa toda que foi revigorante. Era como se tivéssemos crescido de verdade, ou talvez apenas passado a nos sentir à vontade com quem somos como uma banda.

Começáramos a trabalhar com Rick Rubin antes de eu ter ficado sóbrio; na realidade, acredito que tenha sido antes e depois da minha orgia com o OxyContin. Ficamos empolgados com isso por razões óbvias – o trabalho de Rick em gravação é lendário. Mas não deu realmente certo. Rick tem seus métodos; tem sua equipe lá para fazer a produção e de poucos em poucos dias aparece para ver como vão as coisas. Em geral, mantém algumas bandas desse modo pela cidade.

Isso não funcionou para a gente. Rick ouvia uma parte do que estávamos fazendo e nos dizia para tirar um trecho de uma música e combiná-la com outra coisa que ouvira e gostara. Também nos enciumamos com o fato de que ele estava dividindo seu foco, fazendo quatro CDs ao mesmo tempo. A sensação era de que sempre nos deixava para ver outro de seus parceiros e, quando estava presente, não havia uma ligação entre nós – ficava sentado lá e nos largava por conta própria. Sob tais circunstâncias, a impressão era de que levaríamos um ano ou mais para completar aquele CD.

Nós nos desligamos de Rick e levamos nossa operação para o estúdio de Scott, o Lavish. Scott sugeriu que fizéssemos uma tentativa com Brendan O'Brien, que produzira a maioria dos discos do Stone Temple Pilots. Eu só o conhecia por isso. Gostei bastante dele quando conversamos por telefone e, assim, pedimos que fosse ao estúdio, e tudo pareceu se encaixar. Brendan gostava de trabalhar rápida e arduamente e insistiu para que cada integrante da banda estivesse presente em todas as sessões. Acho que é um dos melhores conselhos que posso dar a qualquer banda.

Brendan se recusava a começar enquanto todos não estivéssemos presentes, algo que nos colocou na linha depressa e nos motivou a comparecer. Mas ele incluiu mais do que disciplina na equação; deu-lhe uma musicalidade proveniente do fato de que ele toca guitarra, baixo e bateria. A qualquer dado momento, podia tocar com a gente, e isso auxiliava, de fato, o processo. Com alguém assim tão informado, progredimos rápido.

NOSSAS SESSÕES ERAM CONSISTENTES; TODOS COMPARECIAM, contribuíam, reconheciam e apreciavam o que cada músico fazia. Não achei que fosse possível, mas a química resultante dessa participação mútua superou a das primeiras sessões do Guns. Todos estavam inspiradíssimos, e tudo o que fazíamos, até mesmo cada experimento, era bastante musical. Estávamos tocando esplendidamente, Scott, cantando esplendidamente, e o que acabamos usando como as faixas definitivas do álbum foi, na maioria, a primeira ou a segunda gravação acústica de cada canção. Esse álbum é o que acontece quando se combina uma banda muito boa de rock que ama o que faz com um produtor que a entende de verdade e sabe muitíssimo bem o que ele próprio está fazendo.

TODOS OS DIAS AGRADEÇO MUITO POR TER ENCONTRADO FORÇA PARA SEGUIR PELA ESTRADA CERTA.

PERLA E EU ESTAMOS COMPLETAMENTE LIMPOS AGORA E SOMOS muito felizes. Em julho de 2007 será o meu aniversário de um ano, e realizei mais ao longo dele do que nos dois anteriores juntos. Não se tem uma segunda chance muitas vezes; corre-se o risco de que seja a última algum dia. Até agora, tenho tido muita sorte e, portanto, não vou me arriscar mais. Um viciado tem apenas duas opções, e tenho uma longa lista de amigos em ambos os lados do muro. Eles podem ficar limpos, ou podem morrer, e todos os dias agradeço muito por ter encontrado força para seguir pela estrada certa.

LIBERTAD

SE NÃO ME FALHA A MEMÓRIA

Perguntaram-me várias vezes por que decidi escrever este livro e eis a razão: algumas pessoas que me conhecem bem viviam me dizendo que eu deveria fazer isso – e acabei concordando com elas. Tinha extrema relutância em contar minha vida da maneira que fosse, ainda mais num veículo aberto para o consumo do público, em grande parte porque considerava uma autobiografia algo que se escreve quando não se tem mais uma carreira sobre a qual falar. Esse não é o meu caso, mas, mesmo se fosse, não teria muito interesse em algo assim. Não é natural contemplar sua vida objetivamente, mas, uma vez que o fiz, percebi que a minha história até agora daria um bom material de entretenimento. Também compreendi que, se eu não o fizesse agora, haveria um risco razoável de que esquecesse tudo. Ao final, dei-me conta de que o livro serviria para outro propósito: encerraria uma era da minha carreira e marcaria o começo do restante dela.

Gostaria de deixar mais uma coisa bem clara, porque é mais uma pergunta que me persegue quase diariamente, em geral por ser feita por pessoas que não me conhecem nem um pouco. Gostaria de declarar, de maneira bem simples, mais uma vez, por que decidi não continuar no Guns N' Roses, para que ninguém sinta a necessidade de me perguntar isso nunca mais quando me vir na rua. Aqui vai: 1) o constante desrespeito para com todos os envolvidos com atrasos sem motivo algum noite após noite após noite, 2) a manipulação judicial que Axl usou contra nós, desde a exigência dos direitos sobre o nome até nos diminuir, contratualmente, a meros funcionários, e 3) a perda de Izzy e Steven, que eram uma parte inerente do som e da personalidade da banda... sem eles, o Guns deixou de ter a sua química inicial.

Minha saída nada teve a ver com diferenças artísticas, como muitas pessoas alegam saber. Não foi algo tão simples como: "Axl queria sintetizadores e Slash era da velha guarda". Não teve nada a ver com o fato de Axl querer passar para o digital e Slash continuar no analógico. Achar que dissolveríamos o tipo de banda e de química musical que tínhamos por causa de algo tão banal é pura imbecilidade. É verdade, sou da velha guarda e gosto de manter as coisas simples — mas jamais tive a mente fechada. Na verdade, fui mais do que flexível e sempre me mostrei disposto a tentar qualquer tipo de técnica de gravação ou explorar qualquer novo som, desde que estivesse fazendo isso num campo de jogo igual, com músicos que trabalhassem juntos rumo a uma meta comum. Eu teria permanecido lá com Axl até ao longo de um disco industrial, ou do que quer mais que ele quisesse tentar, se a vibração criativa entre nós fosse positiva. Minha flexibilidade foi a única coisa que me manteve na banda por todo o tempo que fiquei — é como uma equipe trabalha. Infelizmente, paramos de ser uma equipe em algum ponto ao longo do caminho.

Quanto ao restante de como tudo se desenrolou, aprendi, olhando para trás, que as pessoas que Axl contratou para "representar seus interesses", no decorrer de toda a dissolução da banda, poderiam ter sido um pouco mais espertas do que foram. Talvez inteligência não tenha nada a ver com isso: se elas tivessem se importado o bastante com ele e com o Guns N' Roses como uma banda para terem-no aconselhado a seguir qualquer outro caminho, em vez daquele que ele escolheu, esta história poderia ter tido um final diferente. Qualquer um poderia ter previsto a falta de um resultado positivo adiante, no caminho escolhido por Axl. Mas, por outro lado, talvez tenha sido como ele quis.

MEU MELHOR AMIGO MARC CANTER ESTÁ LANÇANDO UM LIVRO que é o acompanhamento visual de tudo o que você leu aqui. Esse é um cara que, muito tempo atrás, quando eu morava na casa da minha mãe, antes do ensino fundamental, sempre tinha uma câmera na mão e tirou fotos. Marc foi a tantas de minhas apresentações no ensino médio, em Hollywood e no Guns quanto lhe foi possível. Sua câmera sempre presente já era parte dele. Nunca me dei conta disso, nem imaginei que quaisquer dessas fotos seriam vistas de novo. Jamais me ocorreu que desse *hobby* nasceria uma extensa e íntima cronologia de tudo o que o Guns N' Roses fez antes de 1988. Tudo esteve guardado na casa de Marc durante todos esses anos – até agora. E se transformou num livro de fotos chamado *Reckless Road*. Quem diria que meu amigo de infância seria capaz de tirar fotos como essas?

ANTES DE ENCERRAR, TENHO ALGO IMPORTANTE A DIZER SOBRE OS meus pais. Ao contar minha infância, enfatizei mais o lado negativo do que o positivo, porque os aspectos negativos de como minha família evoluiu acabaram influenciando mais as minhas decisões quando garoto do que os positivos. O lado negativo é o que explica o caminho que segui na minha juventude. Mas o que não foi relatado na minha história é como as influências positivas dos meus pais me ensinaram a ser a pessoa que sou.

Meus pais exerceram uma influência muito importante e encorajadora em mim quando criança, durante os anos em que lutei para descobrir quem eu seria. Não poderia ter pedido orientadores melhores, porque eles são, de verdade, duas das pessoas mais criativas que já conheci – e a esta altura já conheci muitas. Ambos são surpreendentemente talentosos e, embora tenham descoberto que não eram o melhor um para o outro, olharam, de fato, para além de suas diferenças para criar os filhos de uma maneira única e sábia. O modo como criaram meu irmão e a mim não foi convencional, mas repleto de um amor e de uma disciplina que nunca se alteraram a ponto de se tornarem sufocantes.

VIVO TANTO PARA O MOMENTO QUE NUNCA HAVIA SONHADO acordado com o futuro para além do amanhã. Nunca fui como aquelas pessoas que fazem um planejamento de cinco anos para suas vidas. Por mais que pessoas assim pensem que têm controle sobre sua realidade, permita-me discordar, porque quanto alguém pode realmente "planejar" do que vai acontecer para além das próximas vinte e quatro horas? Não é que não me importe com o que acontecerá daqui a cinco anos; porém, tenhamos em mente que as próximas vinte e quatro horas são o passo inicial para se chegar lá.

Descobri que apenas *ser*, dia após dia, só à espera de ver o que virá e seguir a partir daí é o único meio de crescer. É contado aqui como lidei com o Velvet Revolver sempre da melhor maneira: chegamos tão longe em tão pouco tempo. Toda vez que estamos no palco, é algo imediatamente tão familiar e empolgante que parece o nosso primeiro show, embora seja o milésimo. Estou entregue sem reserva alguma ao que estamos fazendo, tenho orgulho do trabalho realizado no álbum *Libertad* e sinto que estamos numa posição na qual temos todas as condições de extrair tudo de que esta banda é de fato capaz.

Na ocasião em que este livro estava sendo escrito, nosso segundo CD foi lançado, mas mal posso esperar para ver como se sairá o próximo. Temos sorte; deparamos com algo que está apenas começando a evoluir, e isso está se dando de uma maneira tão positiva! Enquanto este livro estava prestes a ser concluído, o Velvet Revolver se preparava para embarcar em nossa primeira turnê como banda principal por estádios e arenas. Chegamos a esse nível ao final de nossa divulgação de dois anos de *Contraband*, mas isto é diferente. Estamos começando de onde paramos e, a partir daí, só poderemos construir algo bem maior.

Estou mais feliz do que nunca musicalmente. Esta banda compõe rock and roll criativo, franco, complexo. Não é exatamente irônico, mas, na minha opinião, é sem dúvida engraçado que eu tenha encontrado meu futuro ao visitar meu passado. Depois de ter olhado ao redor e ignorado o óbvio para evitar qualquer coisa que parecesse uma repetição, acabei me reunindo aos caras com os quais passei a melhor parte da minha carreira e da minha vida. E, depois que fizemos isso, o passado ficou para trás, na lembrança. E o presente tem sido melhor do que nunca.

Quanto ao futuro, além de continuar tocando no Velvet Revolver, a certa altura quero fazer um CD com todos os músicos com os quais toquei e tenho admirado ao longo dos anos. Tenho a lista deles, e é bem longa. No momento, tudo o que sei é que planejo chamá-lo de *Slash and Friends*. Na verdade, estou olhando para a minha lista dos colaboradores que gostaria de ter agora mesmo e, não, não vou contar quem está nela.

FICO FELIZ EM DIZER QUE SEI QUE, NO VERÃO DE 2007, STEVEN Adler estava melhor. Eu o tenho ajudado a ajudar a si mesmo a se livrar do crack, da heroína e de toda a perigosa combinação de drogas, do vício múltiplo que vem arruinando a existência dele ao longo do último quarto de século. A contar desde antes de Steve ter sido demitido do GN'R, este é o período mais longo em que tem se mantido limpo. Tem gente muito boa à volta dele agora e fico contente em relatar que Steven parece genuinamente feliz.

Ron Schneider, meu baixista no Tidus Sloan, está trabalhando com ele como orientador, dando-lhe apoio técnico e moral. É engraçado como as coisas formam um círculo completo, mesmo quando você acha que seu círculo se expandiu infinitamente. Ao mesmo tempo, ouvindo sobre a situação de Ron, não pude deixar de me dar conta de que quase todos que andaram muito com o Guns N' Roses acabaram se tornando viciados em um dado momento.

QUANDO VOCÊ REVÊ SUA VIDA DESSE JEITO, É ESTRANHO. HOUVE partes para as quais olhei como se não tivesse estado lá – li algumas dessas histórias como se fosse a primeira vez. Contudo, mais do que qualquer coisa, você adquire perspectiva. Esse tipo de exercício não é fácil, mas, no final das contas, é uma excelente ideia.

É bom entender realmente como e por que eu sou o mesmo e, ainda assim, diferente do que sempre fui. É como se minha personalidade permanecesse, mas minha sabedoria tivesse aumentado. Se houve uma coisa que cessou minha estupidez toda foi a paternidade. A realidade de que seria o pai de alguém só foi de fato assimilada quando me vi olhando fixo para as instruções de montagem de um berço. Tínhamos acabado de pintar o quarto de hóspedes e lá estava eu tendo de montar aquela coisa. Não havia volta. E por mais que tivesse entrado em pânico no momento, depois daquilo eu não *queria* voltar atrás. Na verdade, corri na direção do que estava acontecendo, não na oposta: deixei-me envolver por coisas de bebê, o que é ótimo, porque gosto disso.

Apesar de tudo, as coisas acabaram se dando naturalmente. Uma vez que montei o berço, soube que era real, que nos tornaríamos pais em breve. Por volta da ocasião em que Perla, London e eu fomos fotografados para a capa de uma revista sobre bebês, cujo nome não lembro, eu já assimilara por completo a nova realidade e me sentia feliz com ela. Aquela foto não era a capa da *Creem* nem da *Rolling Stone*, mas eu estava empolgado – havíamos alcançado o sucesso no circuito dos bebês. E eu era um papai orgulhoso.

Ser pai tem seus momentos em que você se vê fazendo as coisas de costume, só que com essa nova e pequena vida que passou a fazer parte da sua bem... *ali*. Os filhos tornam-se parte de sua existência diária de modo tão instintivo e natural que, antes que você se dê conta, eles estão lá... e você não consegue se lembrar de como era a existência sem eles.

Meus filhos têm três e cinco anos e comecei a me admirar, ao menos uma ou duas vezes por dia, dando-me conta de como mudam e crescem depressa. É um constante mergulho na realidade. Como poderia não ser? Quando seu filho de quatro anos para diante de você com ar desafiador e argumenta como se estivesse falando de igual para igual, como é possível não se perguntar: "Isto está *acontecendo*? Estou negociando com uma criança de quatro anos?". Eu não queria que tivesse sido de nenhuma outra maneira: Perla e eu geramos filhos lindos, e nossas personalidades são tão fortes neles que é divertido para nós. Os dois são decididamente fruto de seus pais... Na verdade, são um espelho deles: desafiadores, mas, ainda assim, amorosos.

Meus filhos têm três e cinco anos e comecei a me admirar, ao menos uma ou duas vezes por dia, dando-me conta de como mudam e crescem depressa. É um constante mergulho na realidade.

SAIBA MAIS

SOM
NA CAIXA

*O clube de livros dos
apaixonados por música.*

www.somnacaixaclub.com.br

Este livro foi composto em Jenson e impresso em pólen bold 80 g pela gráfica Impress, em agosto de 2021.